L'intégralité de votre livre* accessible en ligne

avec une simple connexion Internet !

OFFERT
LIVRE EN LIGNE

+ Des outils utiles et intuitifs :

- sommaire interactif
- surlignage en couleurs
- notes personnelles et marque-page.

Smartphone Tablette PC/Mac

Pour ACTIVER votre livre en ligne

- Rendez-vous sur www.nathan.fr/livre-en-ligne .
- Créez un compte **Nathan** en suivant les indications en ligne
- Cliquez sur « Activer un livre », saisissez votre clé d'activation personnelle puis le mot du livre qui vous sera demandé.

Votre clé d'activation personnelle :

OEK7R9-2GW-B24G

Pour toute CONNEXION ULTÉRIEURE

Connectez-vous sur www.nathan.fr/livre-en-ligne avec vos identifiants **Nathan**

IMPORTANT

Votre clé d'activation est unique et personnelle : une fois utilisée, elle ne sera plus valide. Elle offre un accès de 24 mois à compter de la date d'activation. Elle est réservée à un seul utilisateur et ne peut être partagée.

Configuration minimale requise : Internet Explorer 8, Mozilla Firefox 3.4, Chrome, Safari, Opera toutes versions.

Retrouvez les conditions générales d'utilisation sur www.nathan.fr/livre-en-ligne.

*Service disponible à partir du 30 septembre 2020, pour l'intégralité du manuel et de son corrigé.

DCG 10 Comptabilité approfondie 978-2-09-167151-2

Nathan

ÉPREUVE

DCG 10

Comptabilité approfondie

2020/2021

Manuel & Applications

Odile Barbe
Laurent Didelot
Jean-Luc Siegwart

L'ouvrage a été dirigé et coordonné par Odile Barbe et Laurent Didelot.

Groupe Revue Fiduciaire

Nathan

Édition : José Guerra

Coordination artistique : Vincent Rioult

Conception intérieure : Anne-Danielle Naname

Conception couverture : Vincent Rioult

Fabrication : Christine Aubert

Mise en pages : JOUVE

ISBN 978-2-09-167151-2

Mode d'emploi

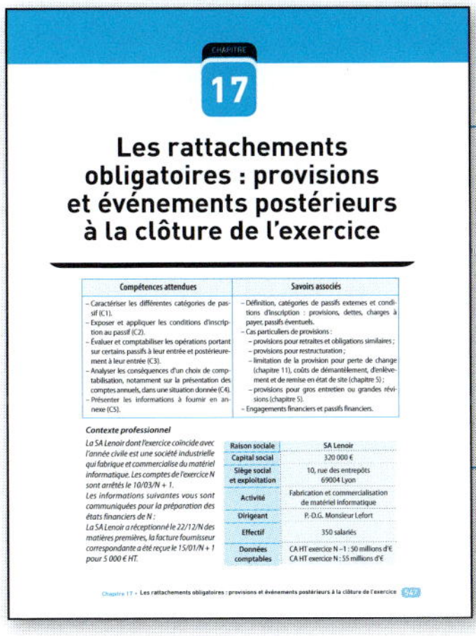

Un **cours** présenté de manière claire et structurée et illustré de nombreux exemples avec des renvois à des « références » à consulter plus loin.

Une mise en situation professionnelle comportant un exposé du contexte en début de chapitre, des questions tout au long du chapitre illustrant le thème, et les réponses aux questions en fin de chapitre.

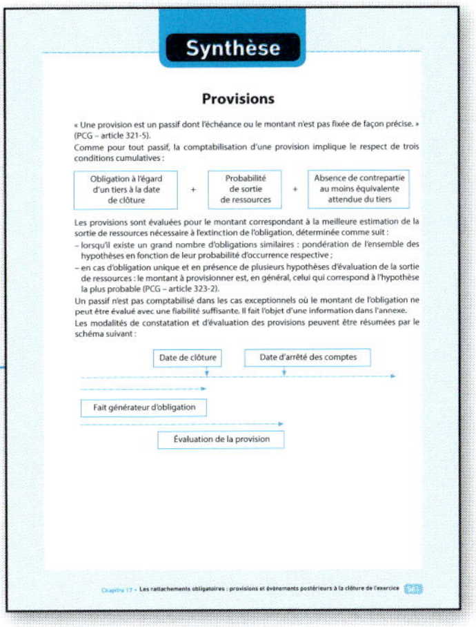

Une **synthèse du cours** sous forme de texte, de tableau ou de schéma en fonction des points traités.

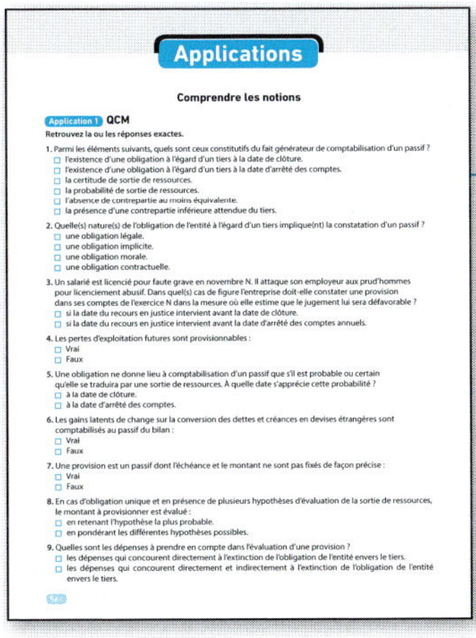

De nombreuses **applications :**

– des exercice de compréhension des notions, pour vérifier l'assimilation des éléments du cours ;

– des exercices de mise en œuvre des compétences, pour réinvestir les compétences du chapitre.

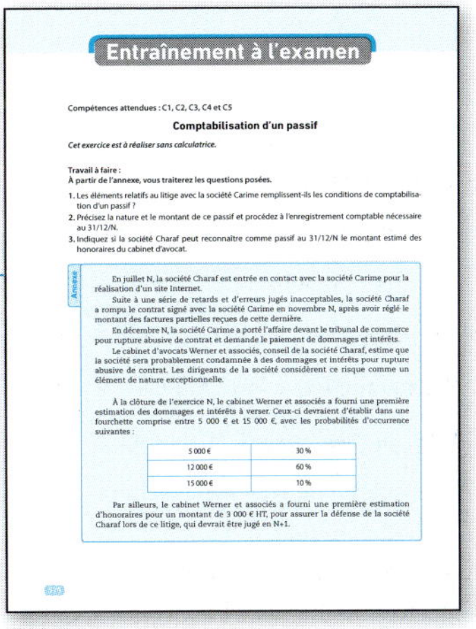

Des **entraînements à l'examen** pour se préparer à l'épreuve.

Sommaire

Programme : UE 10
Comptabilité approfondie

L'UE de « comptabilité approfondie », dans la continuité de l'UE de « comptabilité », vise à compléter et approfondir les notions comptables de base.

Niveau L : 170 heures – 14 ECTS

1. PROFESSION ET NORMALISATION COMPTABLE (15 heures)

Sens et portée de l'étude

Connaître les enjeux actuels de la comptabilité à travers la présentation de la profession comptable et de la normalisation comptable.

1.1 Profession comptable

Sens et portée de l'étude

Positionner le rôle de la profession comptable au sein du monde économique.

Compétences attendues	Savoirs associés
– Identifier les modalités d'exercice de la profession, ses missions et ses responsabilités. – Expliquer les rôles des organisations professionnelles et le statut de leurs membres. – Appliquer les règles déontologiques à respecter par les experts-comptables et les commissaires aux comptes, dans une situation donnée.	– Organisations professionnelles, leurs principaux rôles et leurs liens avec les régulateurs publics : – ordre des experts comptables ; – compagnie nationale des commissaires aux comptes ; – haut conseil du commissariat aux comptes. – Diversité des statuts et des modalités d'exercice de la profession : – expert-comptable ; – commissaire aux comptes ; – comptable salarié ; – comptable public. – Principales missions de l'expert-comptable et du commissaire aux comptes. – Nature des responsabilités du comptable salarié, du comptable public, de l'expert-comptable et du commissaire aux comptes. – Notion d'éthique et de déontologie et principes fondamentaux de comportement à observer par la profession.

1.2 Normalisation comptable

Sens et portée de l'étude

Comprendre l'importance de la normalisation comptable et sa place dans une économie mondialise.

Compétences attendues	Savoirs associés
– Identifier les normalisateurs internationaux et nationaux, analyser leurs rôles. – Positionner le Plan comptable général (PCG) dans le contexte évolutif de la normalisation internationale.	– Normalisateurs internationaux et principaux rôles : – « *International Accounting Standards Board* » (IASB) ; – « *International Public Sector Accounting Standards Board* » (IPSASB).

Compétences attendues	Savoirs associés
– Identifier les principes fondamentaux de la comptabilité et justifier le rôle d'un cadre conceptuel. – Citer les référentiels comptables applicables en France.	– Normalisateurs nationaux et principaux rôles : – Autorité des normes comptables (ANC) ; – Autorité des marchés financiers (AMF) ; – Conseil de normalisation des comptes publics (CNOCP). – Principes comptables applicables en France pour les comptes individuels. – Notion de groupe et référentiels comptables applicables en France pour les comptes consolidés. – Définition et rôle d'un cadre conceptuel. – Comparaison du cadre français et du cadre conceptuel des « *International Financial Reporting Standards* » (IFRS) dont la notion de juste valeur et le principe de la prééminence de la réalité sur l'apparence.

2. ACTIF (70 heures)

Sens et portée de l'étude

Identifier et comprendre les problèmes posés par la comptabilisation des actifs, les solutions apportées et leurs impacts.

2.1 Principes généraux

Sens et portée de l'étude

Connaître la définition de l'actif et les réglés d'activation.

Compétences attendues	Savoirs associés
– Caractériser les différentes catégories d'actif. – Exposer les conditions d'activation. – Exposer les principes d'évaluation des actifs.	– Définition, catégories d'actif et conditions d'activation. – Principes d'évaluation des actifs à l'entrée et postérieurement leur entrée.

2.2 Immobilisations corporelles et incorporelles

Sens et portée de l'étude

Définir les immobilisations corporelles et incorporelles et appliquer les règles de leur évaluation et de leur comptabilisation.

Compétences attendues	Savoirs associés
– Identifier et distinguer les immobilisations corporelles et incorporelles. – Exposer et appliquer les réglés d'inscription à l'actif, d'évaluation et d'enregistrement des immobilisations corporelles et incorporelles. – Évaluer et comptabiliser les opérations portant sur les immobilisations corporelles et incorporelles à l'entrée et postérieurement à leur entrée. – Analyser les conséquences d'un choix de comptabilisation, notamment sur la présentation des comptes annuels, dans une situation donnée. – Présenter les informations fournir en annexe.	– Principes d'évaluation des immobilisations corporelles et incorporelles à l'entrée et postérieurement à leur entrée : – détermination de la valeur d'entrée et incorporation des frais et charges ; – évaluation à l'inventaire (amortissement comptable, amortissement fiscal et dépréciation éventuelle) ; – sortie des immobilisations et prise en compte des frais de cession ; – comptabilisation des régularisations de TVA. – Opérations de location-financement.

Compétences attendues	Savoirs associés
	– Cas spécifique de la clause de réserve de propriété. – Cas spécifiques relatifs aux immobilisations corporelles : – composants ; – sinistres ; – réévaluation libre. – Cas spécifiques relatifs aux immobilisations incorporelles : – redevances annuelles ; – opérations de recherche et développement ; – brevets et marques ; – logiciels et sites internet ; – fonds commerciaux.

2.3 Stocks

Sens et portée de l'étude

Définir les stocks et mettre en œuvre les règles de leur évaluation et de leur comptabilisation.

Compétences attendues	Savoirs associés
– Exposer et appliquer les réglés d'inscription à l'actif, d'évaluation et d'enregistrement des stocks. – Évaluer et comptabiliser les opérations portant sur les stocks à l'entrée et postérieurement à leur entrée. – Analyser les conséquences d'un choix de comptabilisation, notamment sur la présentation des comptes annuels, dans une situation donnée. – Presenter les informations fournir en annexe.	– Principes d'évaluation des stocks à l'entrée et postérieurement à leur entrée. – Cas spécifique – quotas d'émission de gaz à effet de serre et instruments assimilés ; – clause de réserve de propriété ; – sinistres.

2.4 Actifs financiers

Sens et portée de l'étude

Définir les actifs financiers et appliquer les règles de leur évaluation et de leur comptabilisation.

Compétences attendues	Savoirs associés
– Identifier et caractériser les différentes catégories d'actifs financiers. – Exposer et appliquer les réglés d'inscription à l'actif, d'évaluation et d'enregistrement des titres. – Évaluer et comptabiliser les opérations portant sur les financiers à l'entrée et postérieurement à leur entrée. – Analyser les conséquences d'un choix de comptabilisation, notamment sur la présentation des comptes annuels, dans une situation donnée. – Présenter les informations à fournir en annexe.	– Définitions et catégories d'actifs financiers. – Principes d'évaluation des actifs financiers à l'entrée et postérieurement leur entrée : – détermination de la valeur d'entrée et incorporation des frais d'acquisition ; – actions entièrement et partiellement libérées, actions gratuites ; – évaluation à l'inventaire. – Cas de rachats par l'entité de ses propres actions et obligations. – Acquisition et cession de droits préférentiels de souscription et de droits d'attribution, de bons de souscription d'actions et d'obligations. – Obligations souscrites à l'émission, acquises ou vendues après leur émission.

3. PASSIF (40 heures)

Sens et portée de l'étude

Identifier et comprendre les problèmes posés par la comptabilisation des passifs, les solutions apportées et leurs impacts.

3.1 Capitaux propres

Sens et portée de l'étude

Définir les capitaux propres et maîtriser les règles de leur évaluation et de leur comptabilisation.

Compétences attendues	Savoirs associés
– Exposer et appliquer les règles relatives aux opérations de variation des capitaux propres des sociétés selon leur forme juridique. – Analyser les opportunités et les risques d'une modalité d'augmentation de capital, et/ou d'affectation du résultat. – Évaluer et comptabiliser les variations de capitaux propres dans les comptes individuels. – Analyser les conséquences d'un choix de comptabilisation, notamment sur la présentation des comptes annuels, dans une situation donnée. – Présenter les informations à fournir en annexe.	– Variations du capital : – apports initiaux ; – augmentation de capital ; – réduction de capital ; – amortissement du capital ; – traitement comptable des frais liés aux opérations sur le capital ; – cas particuliers : apports partiellement libérés et leurs appels ultérieurs, versements anticipés et actionnaires retardataires ou défaillants, bons de souscription d'actions, droits préférentiels de souscription et droits d'obligations. – Affectation du résultat, y compris les cas particuliers du paiement des dividendes en actions et du versement d'acomptes sur dividendes. – Provisions réglementées : définition et principes de comptabilisation.

3.2 Passif externe

Sens et portée de l'étude

Définir les passifs externes et appliquer les règles de leur évaluation et de leur comptabilisation.

Compétences attendues	Savoirs associés
– Caractériser les différentes catégories de passif. – Exposer et appliquer les conditions d'inscription au passif. – Évaluer et comptabiliser les opérations portant sur certains passifs à leur entrée et postérieurement à leur entrée. – Analyser les conséquences d'un choix de comptabilisation, notamment sur la présentation des comptes annuels, dans une situation donnée. – Présenter les informations à fournir en annexe.	– Définition, catégories de passifs externes et conditions d'inscription : provisions, dettes, charges à payer, passifs éventuels. – Cas particuliers de provisions : – provisions pour retraites et obligations similaires ; – provisions pour restructuration ; – limitation de la provision pour perte de change, coûts de démantèlement, d'enlèvement et de remise en état de site ; – provisions pour gros entretien ou grandes révisions. – Engagements financiers et passifs financiers. – Emprunts obligataires, dans leur forme ordinaire, non convertibles, avec ou sans prime de remboursement : – émission, service de de l'emprunt, régularisations d'inventaire ; – émission de bons de souscription d'obligations ; – annulation par de ses propres obligations.

4. CHARGES ET PRODUITS (30 heures)

Sens et portée de l'étude

Appréhender l'importance de la notion de temps dans le processus comptable et la question de rattachement des charges et des produits au résultat de l'exercice.

Compétences attendues	Savoirs associés
– Exposer et appliquer les traitements comptables relatifs au rattachement des charges et des produits. – Évaluer et comptabiliser les opérations citées et plus particulièrement celles se déroulant sur plusieurs exercices. – Analyser les conséquences d'un choix de comptabilisation, notamment sur la présentation des comptes annuels, dans une situation donnée. – Présenter les informations à fournir en annexe.	– Abonnement des charges et des produits. – Évènements postérieurs à la clôture. – Contrats à long terme. – Dispositifs associant le personnel aux performances de l'entreprise. – Impôt sur les sociétés. – Aides aux entreprises : subventions, aides à l'emploi, abandons de créance. – Changements comptables.

5. CHARGES ET PRODUITS (15 heures)

Sens et portée de l'étude

Identifier et appliquer les adaptations des règles de comptabilisation aux associations et aux collectivités territoriales.

Compétences attendues	Savoirs associés
– Exposer les spécificités propres aux associations et aux collectivités territoriales. – Citer les principales particularités comptables des associations et des collectivités territoriales. – Évaluer et comptabiliser les principales opérations.	– Associations : – cadre légal et réglementaire ; – principales sources de financement et obligations d'information liées ; – principales opérations comptables ; – documents de synthèse. – Collectivités locales : – cadre légal et réglementaire ; – principe de séparation de l'ordonnateur et du comptable public et leurs fonctions ; – notions de budget et d'équilibre budgétaire ; – principales opérations comptables ; – contrôle des comptes.

Fiche méthode

Conseils pour l'épreuve

I Lecture du sujet

L'épreuve écrite d'une durée de trois heures porte sur l'étude d'une ou de plusieurs situations pratiques et/ou un ou plusieurs exercices et/ou une ou plusieurs questions.
Le programme couvre les thèmes suivants :
- la profession comptable et la normalisation comptable ;
- la technique comptable approfondie ;
- la comptabilité d'entités spécifiques.

Les candidats doivent démontrer pour cette épreuve
- leur connaissance de la profession comptable et des mécanismes de normalisation ;
- leur maîtrise des principes et techniques comptables liés à la traduction des opérations de l'entreprise.

II Conseils pour la préparation à l'épreuve

L'épreuve requiert à la fois de solides connaissances théoriques afin de répondre aux questions de ce type et un savoir-faire pratique pour la résolution des exercices et applications.
Elle est de moins en moins orientée sur les écritures comptables pures et de plus en plus sur la réflexion quant aux principes comptables et méthodes d'évaluation applicables, ainsi qu'à la présentation de l'information dans les états financiers.

Notre ouvrage a été conçu pour répondre à ces objectifs avec :
- une présentation pédagogique de la logique de traitement des opérations présentées ;
- une mise en situation professionnelle avec des questions posées tout au long de chaque chapitre, et résolues en fin de chapitre ;
- des références systématiques aux textes corn tables de base ;
- des QCM pour tester l'assimilation du cours ;
- des exemples illustratifs et des exercices pratiques, dont certains réalisables sans calculatrice ;
- des sujets d'entraînement à l'examen ;
- la référence systématique aux compétences visées par chaque cas d'application.

Les aspects fiscaux relatifs au thème traité dans un chapitre sont clairement identifiables par une police de caractères de couleur différente.

La synthèse, en fin de chapitre, présente les principes de base et donne un aperçu de l'ensemble du thème traité. Nous conseillons au lecteur d'effectuer sa lecture préalablement afin d'aborder le cours avec plus de facilité.

III Conseils pour le jour de l'épreuve

Ces conseils sont de l'ordre du bon sens, mais doivent néanmoins rester présents à l'esprit du candidat tout au long du déroulement de l'épreuve :

- Avant de commencer à traiter le sujet, le candicat doit lire la totalité de l'énoncé pour tenir compte d'éventuelles consignes particulières (par exemple : négliger la TVA, retenir un taux d'IS de 30 %, etc.).
- Le sujet se présentant sous la forme de dossiers séparés, le candidat doit traiter l'ensemble des dossiers proposés. Il est rare de ne pouvoir répondre à aucune question d'un dossier donné, sauf en cas d'impasse totale sur le sujet.
- Il importe de bien gérer son temps en fonction des points attribués à chaque dossier et de répartir dès le début de l'épreuve le temps maximal à consacrer à chaque partie du sujet.
- Le candidat doit lire attentivement les questions posées pour ne pas risquer de faire du « hors sujet ».
- Il ne faut pas négliger les questions de cours qui occupent une part conséquente dans le barème de l'épreuve.
- Les éléments d'évaluation et autres éléments calculatoires doivent être justifiés. Ils permettent notamment d'obtenir des fractions de points pour les résultats partiellement exacts.
- Il est indispensable de soigner la forme de la copie : les qualités rédactionnelles et l'absence de fautes d'orthographe et de grammaire donnent au correcteur une impression générale favorable sur cette dernière.

Effectuer un raisonnement comptable

Les enregistrements comptables reposent sur un raisonnement basé sur des principes, des règles propres à un référentiel comptable. Ils suivent donc une certaine logique, qu'il convient de connaître, même si parfois l'existence d'exceptions vient la perturber.

I Connaître les points fondamentaux

La maîtrise des principes comptables fondamentaux et la connaissance des exceptions les plus fréquentes sont nécessaires pour mener à bien le raisonnement conduisant au bon enregistrement comptable d'une opération. Le référentiel comptable français relatif à l'établissement des comptes sociaux (PCG) s'appuie sur :

- les principes de prudence, des coûts historiques, d'indépendance des exercices, de non-compensation, de permanence des méthodes, d'importance relative, de continuité d'exploitation et d'intangibilité du bilan d'ouverture ;
- des définitions précises d'éléments comptables fondamentaux tels qu'« actif », « passif », « immobilisation corporelle » etc. ;
- des conditions de comptabilisation, notamment la capacité à évaluer de manière fiable un coût de production.

II Savoir adapter les connaissances

Tous ces éléments doivent être connus et maîtrisés avant de procéder à des enregistrements comptables, car ceux-ci ne doivent pas résulter d'un apprentissage « par cœur » sans réflexion. En effet, il n'est pas possible de connaître toutes les opérations qu'une entreprise peut réaliser, tous les contrats auxquels elle sera partie prenante. Il faut donc être capable de s'adapter et de trouver l'enregistrement auquel il convient de procéder à l'aide d'un raisonnement méthodologique.

Exemple 1

Une entité acquiert un bâtiment, par acte notarié, situé 3 place Grangier à Dijon, pour y loger ses services fonctionnels pour les 12 ans à venir. Prix d'acquisition de 1 000 000 € HT (TVA récupérable). Comment enregistrer cette dépense ?

Toute dépense peut constituer soit un remboursement de dette, soit l'acquisition d'un actif, soit une charge. L'acquisition du bâtiment n'est pas un remboursement de dette. Constitue-t-elle un actif ou une charge ?

Un actif est un élément identifiable, que l'entité contrôle et dont elle attend des avantages économiques futurs. Examinons si l'acquisition du bâtiment respecte ces trois caractéristiques :

- élément identifiable ? Oui car l'acte notarié fournit toutes les précisions nécessaires (adresse, surfaces, etc.) ;
- contrôle ? Oui car seule l'entité peut l'utiliser, le donner en location, le vendre sans demander d'autorisation particulière ;

– avantages économiques futurs ? L'entité pourra récupérer l'argent investi initialement en donnant le bâtiment en location ou en le cédant. Si elle l'utilise elle économisera les loyers qu'elle aurait dû verser si elle ne l'avait pas acquis. Le bâtiment procurera donc des avantages économiques dans le futur ;
– s'agit-il d'une exception ? Non.

L'acquisition de ce bâtiment constitue donc un actif. Doit-on le comptabiliser comme tel ?

Le PCG conditionne son enregistrement à l'actif du bilan à la satisfaction de deux conditions :
– la probabilité de bénéficier d'avantages économiques futurs ;
– la capacité à évaluer son coût de production.

Ces deux conditions sont manifestement satisfaites, par conséquent ce bâtiment doit être enregistré à l'actif du bilan en immobilisation corporelle car il est destiné à être utilisé à des fins de gestion interne pendant plusieurs exercices (voir la définition d'une immobilisation).

Exemple 2

Une entité exploitant un restaurant crée et dépose (protège juridiquement) le nom de ce restaurant en 1975. En 2015, le restaurant est mondialement connu et l'entité facture très cher l'utilisation de la marque à des sociétés qui l'inscrivent sur toutes sortes de produits (casquettes, maillots, sacs etc.). Cette marque peut-elle figurer à l'actif du bilan de l'entité qui l'a créée ?

La réponse est non car bien qu'elle réponde à la définition d'un actif, son coût de production n'est pas évaluable de manière fiable. En effet, si cette marque est connue pour de multiples raisons :
– les repas servis dans le restaurant sont excellents (matières premières et cuisiniers de très grande qualité) ;
– le service est remarquable ;
– l'emplacement, la décoration, l'ambiance du restaurant sont exceptionnels ;
– les dépenses de publicité ont permis de faire venir de nombreux clients au restaurant et de faire connaître la marque ;
– etc.

Tous ces éléments ont généré des coûts qu'il conviendrait de répartir entre les coûts de production des repas et de la création de la marque. Mais il n'est pas possible d'effectuer cette répartition de manière fiable, en conséquence, tous ces frais, initialement comptabilisés en charges le resteront et ne pourront pas être activés.

Fiche compétence

Exposer et appliquer les règles d'inscription en comptabilité

La qualité des réponses aux questions de l'étude de cas résulte de la bonne compréhension des attentes des correcteurs qui s'expriment par le(s) verbe(s) utilisé(s) dans la question.

• Identifier

Dans un énoncé, on recherche les éléments correspondant à l'objet de la question posée.

« Identifier les stocks » : parmi les différents comptes regroupés dans une balance, où se situent les stocks ?

• Distinguer

Il s'agit ici de déterminer une ou plusieurs catégories d'éléments en fonction de certains critères.

« Distinguer les immobilisations incorporelles et corporelles » : parmi une liste de comptes, rechercher ceux qui correspondent à la première et à la seconde catégories.

• Caractériser

On indique les spécificités de l'élément qui fait l'objet de la question.

« Caractériser les apports de l'associé » : s'agit-il d'apports en nature ou en numéraire ?

Ces trois verbes préparent à

• Exposer

Le candidat fait ici appel à ses connaissances et indique les règles qui lui sont demandées.

« Exposer les conditions d'inscription à l'actif des frais de développement » : il faut ici mentionner les différentes conditions requises pour que ces frais puissent constituer un actif.

• Appliquer

Le candidat utilise soit ses connaissances, soit des indications fournies (article du PCG donné en annexe, par exemple) pour traiter le problème sous une forme demandée : calculs, tableau, écriture comptable…

« Appliquer les règles générales de comptabilisation des écarts de conversion à la situation du client X » : on passe les écritures comptables qui traduisent la situation exposée pour le client X en tenant compte des indications exposées ou fournies.

Fiche compétence

Traiter (évaluer et comptabiliser) une opération

I Les phases de la comptabilisation d'une opération

La comptabilisation d'une opération est un processus qui se découpe en plusieurs phases :

- **identifier la nature de la transaction** afin de déterminer s'il s'agit d'un actif, un passif, une charge, ou un produit ;

▸ Exemple pour une dépense

Constitue-t-elle un actif ou une charge ? Il convient de se référer aux 3 éléments de la définition d'un actif (identifiabilité, contrôle et avantages économiques futurs).

- **déterminer** si les conditions de fait générateur de comptabilisation sont réunies.

▸ Exemple pour un actif

Les avantages économiques futurs iront-ils à l'entité et l'actif est-il évaluable de manière fiable ?

II Évaluer et comptabiliser une opération

Se pose ensuite le problème de l'évaluation et de la comptabilisation.

A) Pour quel montant comptabiliser la transaction ?

Par exemple pour un actif : le coût d'acquisition, le coût de production, ou la valeur vénale.

B) Y a t-il un choix de méthode comptable prévu par le PCG ?

- Si pas de choix, appliquer la méthode du PCG.
- Si choix, identifier s'il y a une méthode de référence et si l'entité a prévu de l'appliquer.

▸ Exemple

Les coûts de démantèlement font systématiquement partie du coût d'entrée de l'actif. En revanche, les droits de mutation, honoraires ou commissions et frais d'actes peuvent être rattachés au coût d'acquisition de l'immobilisation (méthode de référence) ou comptabilisés en charges.

C) Dans quels comptes comptabiliser la transaction ?

Le plan de comptes ne doit être qu'un outil accessoire et pas le document qui va répondre aux questions soulevées précédemment.

D) Comment présenter la transaction dans les états financiers ?

À partir de l'écriture comptabilisée au journal, être capable d'identifier l'impact sur le bilan et sur le compte de résultat.

▸ Exemple

Augmentation de l'actif immobilisé, diminution du résultat d'exploitation…

E) Y a-t-il une information à faire figurer dans l'annexe ?

Méthode comptable retenue en cas de choix de méthode comptable.

Exemple
Inscription à l'actif (méthode de référence) ou en charge des frais d'acquisition d'immobilisations.

Information chiffrée sur certains postes (variation des éléments d'actifs, de provisions…).

Exemple
Tableau de variation des valeurs brutes des immobilisations, tableau de variation des provisions.

CHAPITRE

1

La profession comptable

Compétences	Savoirs associés
- Identifier les modalités d'exercice de la profession, ses missions et ses responsabilités (C1).	- Organisations professionnelles, leurs principaux rôles et leurs liens avec les régulateurs publics : - ordre des experts-comptables ; - compagnie nationale des commissaires aux comptes ; - haut conseil du commissariat aux comptes.
- Expliquer les rôles des organisations professionnelles et le statut de leurs membres (C2).	- Diversité des statuts et des modalités d'exercice de la profession : - expert-comptable ; - commissaire aux comptes ; - comptable salarié ; - comptable public.
- Appliquer les règles déontologiques à respecter par les experts-comptables et les commissaires aux comptes, dans une situation donnée (C3).	- Principales missions de l'expert-comptable et du commissaire aux comptes. - Nature des responsabilités du comptable salarié, du comptable public, de l'expert-comptable et du commissaire aux comptes. - Notion d'éthique et de déontologie et principes fondamentaux de comportement à observer par la profession.

Contexte professionnel

La SA Desjardins, au capital de 100 000 € vient d'être constituée à Dijon. M. Wery, P.-D.G. de la société, se pose des questions quant au recours éventuel à un expert-comptable et/ou un commissaire aux comptes. Le beau-frère de M. Wery est expert-comptable inscrit au tableau de l'Ordre de Bourgogne Franche-Comté et commissaire aux comptes inscrit près la cour d'appel de Dijon.

Raison sociale	SA Desjardins
Capital social	100 000 €
Siège social et exploitation	28, Grande Rue 25 610 Arc-Et-Senans
Activité	Conception et mise en place d'espaces verts
Dirigeant	P.-D.G. Monsieur Wery
Effectif	9 salariés

Le Code de commerce impose à tout commerçant, personne physique ou morale, la tenue d'une comptabilité. La communication financière des entreprises s'appuie sur le système d'information comptable. Les scandales financiers anglo-saxons et européens de la fin du XXe siècle (Enron, Worldcom, Parmalat, etc.) ont mis l'accent sur la nécessité d'accroître la transparence financière pour assurer la fiabilité de l'information transmise et la sécurité des investisseurs.

La comptabilité est ainsi devenue un enjeu de taille pour l'ensemble des parties prenantes à la chaîne de l'information financière. La profession comptable joue dans ce cadre un rôle prépondérant dans l'élaboration et le contrôle de l'information financière.

I Les différents statuts de la profession comptable

La profession comptable se scinde en deux grandes parties : la profession comptable libérale et la profession comptable salariée.

A) La profession comptable libérale

La profession comptable libérale recouvre deux métiers distingués par la nature des missions réalisées : l'expert-comptable et le commissaire aux comptes.

1. La mission contractuelle de l'expert-comptable

Aucune disposition légale ou réglementaire n'impose à tel ou tel type d'entité d'avoir recours à un expert-comptable. La mission de l'expert-comptable est donc de nature contractuelle. C'est une décision de gestion du dirigeant de faire appel ou non aux services d'un expert-comptable, en fonction notamment du niveau de qualification de son équipe comptable et/ou financière.

a) Les missions de l'expert-comptable

L'expert-comptable intervient dans tous les secteurs d'activité : le commerce et l'artisanat, l'industrie, les services, l'agriculture, les professions libérales, les associations et le secteur public.

La mission première confiée à l'expert-comptable est d'établir des comptes annuels, selon les normes définies par la profession qui garantissent la qualité de ses travaux (voir le d. de la présente partie). De manière plus large, il est le conseiller permanent et privilégié du chef d'entreprise. En ce sens, il intervient également en matière de conseil en gestion, droit des affaires, fiscalité, droit social, etc.

+

La loi Macron du 6 août 2015 a étendu le périmètre des missions de l'expert-comptable. Ainsi, l'expert-comptable a la possibilité de réaliser toutes études ou travaux d'ordre statistique, économique, administratif, ainsi que tous travaux et études à caractère administratif ou technique dans le domaine social et fiscal, y compris au profit de clients pour lesquels il n'effectue aucune mission comptable. Il peut également donner des consultations, effectuer toutes études ou tous travaux d'ordre juridique, fiscal ou social, mais seulement s'il s'agit d'entreprises dans lesquelles il assure une mission d'ordre comptable ou d'accompagnement déclaratif et administratif de caractère permanent ou habituel ou dans la mesure où lesdites consultations, études, travaux ou avis sont directement liés aux travaux comptables dont il est chargé. La seule condition à respecter est que ce type de missions ne constitue pas l'activité principale du professionnel.

+

La Loi PACTE (loi n° 2019-486 du 22 mai 2019) a élargi aux domaines financier, environnemental et numérique, la liste des travaux et études réalisables sans autre mission, prévues à l'article 22 de l'ordonnance du 19 septembre 1945.

▸ Exemples

Interventions de l'expert-comptable en matière de :

- gestion : assistance à la création d'entreprise, mise en place d'une comptabilité de gestion, établissement de tableaux de bord, projets d'investissements, aide au recrutement, choix et mise en place d'un logiciel de gestion, etc. ;
- droit des affaires : choix d'une forme juridique, suivi juridique courant, etc. ;
- fiscalité : établissement des déclarations fiscales, optimisation fiscale, etc. ;

– droit social : préparation de la paie et des déclarations sociales, mise en place d'un système d'intéressement, etc.

L'expert-comptable peut également assister les personnes physiques dans la réalisation matérielle de leurs déclarations fiscales, sociales ou administratives.

Enfin, le décret n° 2011-1997 du 28 décembre 2011 a octroyé le statut de tiers de confiance aux experts-comptables. Ainsi, le contribuable bénéficiant d'avantages fiscaux peut, dans le cadre du dépôt de sa déclaration annuelle de revenus, remettre l'ensemble des pièces justificatives correspondantes à une personne exerçant la mission de tiers de confiance. Sur la base d'un contrat conclu avec le contribuable, le tiers de confiance réceptionne les pièces justificatives venant à l'appui des déductions, réductions ou crédits d'impôt, établit la liste de ces pièces, atteste l'exécution de ces opérations, assure la conservation de ces pièces jusqu'à l'extinction du délai de reprise de l'administration et les transmet à l'administration sur sa demande (CGI art. 170 ter, I nouveau). Cette mission est réservée aux avocats, aux notaires et aux experts-comptables.

b) Expert-comptable : un titre protégé

Le titre d'expert-comptable est légalement protégé par l'ordonnance n° 45-2138 du 19 septembre 1945. Ce texte institue l'Ordre des Experts-Comptables et réglemente le titre et la profession d'expert-comptable : les missions, les incompatibilités, l'inscription au tableau, la discipline, etc.

› Voir texte de référence 1

Sous l'effet de la transposition de la directive européenne « Services », la loi 2010-853 du 23 juillet 2010 relative aux réseaux consulaires, au commerce, à l'artisanat et aux services a modifié en profondeur l'ordonnance de 1945 (forme juridique des cabinets, conditions de détention du capital et des droits de vote, incompatibilités et limitations…). Les conditions d'exercice de la profession se trouvent ainsi modernisées et notablement assouplies.

Les professionnels titulaires du Diplôme d'Expertise Comptable (DEC) peuvent se prévaloir du titre de « diplômé d'expertise comptable ». Pour pouvoir exercer sa profession à titre libéral, l'expert-comptable doit obligatoirement être inscrit au tableau de l'Ordre des Experts-Comptables. Il porte alors le titre d'« expert-comptable diplômé ». Avec cette inscription, il a le statut de professionnel indépendant. S'il est salarié d'un membre de l'ordre ou d'une société d'expertise-comptable, l'inscription au tableau n'est pas impérative. Enfin, les sociétés d'expertise comptable et les associations de gestion et de comptabilité sont également inscrites au tableau de l'ordre.

c) Conditions d'inscription à l'Ordre des Experts-Comptables (OEC)

L'inscription est réalisée auprès du Conseil Régional de l'Ordre des Experts-Comptables (CROEC) dont dépend l'expert-comptable, c'est-à-dire celui de la région où se situe son cabinet : « l'inscription au tableau est demandée au conseil régional de l'ordre dans la circonscription duquel le candidat est établi. […] » (ordonnance du 19 septembre 1945 – article 42).

Pour pouvoir être inscrit au tableau de l'ordre, l'expert-comptable doit répondre à un certain nombre d'obligations (ordonnance du 19 septembre 1945 – article 3) :

1. « […] abrogé (plus de condition de nationalité) ;
2. jouir de ses droits civils ;
3. n'avoir subi aucune condamnation criminelle ou correctionnelle de nature à entacher son honorabilité et notamment aucune condamnation comportant l'interdiction du droit de gérer et d'administrer les sociétés ;
4. être titulaire du diplôme français d'expertise comptable ou répondre aux conditions prévues pour les ressortissants étrangers ;
5. présenter les garanties de moralité jugées nécessaires par le conseil de l'ordre ».

d) Respect des normes professionnelles

Les experts-comptables se sont dotés volontairement d'un ensemble de règles obligatoires à respecter :

– le référentiel nominatif et déontologique (voir le chapitre 2. II.).

L'OEC veille au respect des normes par ses membres au travers du contrôle qualité.

Les règles de déontologie applicables aux professionnels de l'expertise comptable figurent dans le décret n° 2012-32 du 30 mars 2012 relatif à l'exercice de l'activité d'expertise comptable (art. 141 et ss.).

e) Incompatibilités

L'exercice professionnel d'un expert-comptable inscrit au tableau est incompatible avec certaines fonctions. Les interdictions visent notamment les situations suivantes (ordonnance du 19 septembre 1945 – article 22) :

– emploi salarié (sauf chez un autre membre de l'ordre, chez un membre de la Compagnie Nationale des Commissaires aux Comptes ou dans une association de gestion et de comptabilité) ;
– accomplissement d'acte de commerce ou d'intermédiaires, autres que ceux que comporte l'exercice de la profession, sauf s'il est réalisé à titre accessoire et n'est pas de nature à compromettre l'indépendance ou l'exercice de la profession et le respect de la déontologie ;
– administrateur judiciaire, mandataire, liquidateur ;
– travaux d'expertise comptable dans des entreprises dans lesquelles il a des intérêts substantiels.

La modification de l'ordonnance de 1945 résultant de la loi du 23 juillet 2010 permet désormais aux experts-comptables :

– de réaliser des actes de commerce à titre accessoire (exemple : domiciliation d'entreprises) ;
– d'exercer des mandats sociaux dans toute société, groupement ou association, dès lors qu'il n'est pas de nature à porter atteinte à l'indépendance ;
– de manier des fonds à titre accessoire : fonction de tiers payant assurée directement (paiement de dettes fiscales et sociales de clients pour lequel un mandat a été confié au professionnel) ou indirectement (fonds déposés sur des comptes ouverts dans les livres du Fonds de règlement des experts-comptables, exemple : rémunération des assistants parlementaires des députés européens).

f) Rémunération de l'expert-comptable

L'expert-comptable perçoit une rémunération sous forme d'honoraires définis dans sa lettre de mission. Celle-ci est le contrat cosigné par l'expert-comptable et son client, définissant la mission de l'expert-comptable et précisant les droits et obligations de chacune des parties. La rémunération des travaux de l'expert-comptable est librement négociée entre les parties ; il n'existe pas de barème professionnel : « Les honoraires sont fixés librement entre le client et les experts-comptables, en fonction de l'importance des diligences à mettre en œuvre, de la difficulté des cas à traiter, des frais exposés ainsi que de la notoriété de l'expert-comptable » (Décret du 30/03/2012 – article 158).

L'article 24 de l'ordonnance de 1945 dispose en outre que « ces honoraires doivent être équitables et constituer la juste rémunération du travail fourni comme du service rendu [...]. Ils ne peuvent en aucun cas être calculés d'après les résultats financiers obtenus par les clients ».

> **+**
> Dans la pratique, des taux de facturation horaires différenciés sont pratiqués en fonction du niveau de compétence des différents intervenants de la mission.

Les honoraires peuvent être également forfaitaires : forfait au bulletin de paie pour une mission d'établissement de la paie et des déclarations sociales par exemple.

Honoraires de succès : La Loi PACTE (loi n° 2019-486 du 22 mai 2019) permet à l'expert-comptable de bénéficier de rémunérations complémentaires, liées à la réalisation d'un objectif préalablement fixé par écrit et déterminé avec le client dans le cadre de toute mission, à l'exception de celles faisant l'objet de la prérogative d'exercice ou participant à la détermination de l'assiette fiscale ou sociale du client.

Contexte SA Desjardins

La SA Desjardins doit-elle faire appel à un expert-comptable ? Si oui, par qui est-il nommé ?

L'expert-comptable choisi par la SA Desjardins pourra-t-il conseiller l'entreprise sur la mise en place de son système informatique ? Pourra-t-il rédiger les contrats de travail des nouveaux salariés ?

2. La mission légale du commissaire aux comptes (CAC)

La mission légale du commissaire aux comptes est dans le Code de commerce et dans d'autres textes légaux, en fonction de la nature de l'entité contrôlée. La mission permanente du commissaire aux comptes a pour objectif principal la vérification de la régularité, de la sincérité et de l'image fidèle des comptes.

a) Entités soumises au commissariat aux comptes

La loi PACTE (loi n° 2019-486 du 22 mai 2019) a aligné les seuils de la certification légale obligatoire avec les seuils européens.

Ainsi, le Code de commerce rend obligatoire la nomination par l'assemblée générale ordinaire d'au moins un commissaire aux comptes dans les sociétés commerciales suivantes :

- Sociétés commerciales quelle que soit leur forme (SA, SCA, SNC, SARL, SAS) qui dépassent à la clôture d'un exercice deux des trois seuils suivants : total bilan de 4 000 000 €, chiffre d'affaires hors taxes de 8 000 000 € et nombre moyen de salariés permanents de 50 ;
- Sociétés têtes de groupes de sociétés commerciales : sociétés (hors EIP) qui contrôlent d'autres sociétés, dès lors que l'ensemble formé par la mère et ses filiales excède les seuils d'audit précédents ;
- Filiales significatives de groupes de sociétés commerciales : sociétés contrôlées directement ou indirectement par les personnes et entités contrôlantes ci-dessus et qui dépassent les seuils d'audit précédents ;
- EIP (entités d'intérêt public).

Le Code de commerce et d'autres textes rendent également obligatoire la nomination d'un commissaire aux comptes dans les entités suivantes (liste non exhaustive, non modifiée par la loi PACTE) :

- personnes morales de droit privé non commerçantes ayant une activité économique dépassant deux des trois seuils suivants (Code de commerce) : total bilan > 1 550 000 €, chiffre d'affaires > 3 100 000 € et effectif > 50 ;
- sociétés d'assurance (Code des assurances) ;
- caisses de mutualité sociale agricole, coopératives agricoles dont le chiffre d'affaires est supérieur à 110 000 € (Code rural) ;
- centres de formation d'apprentis (Code du travail) ;
- établissements de crédit (Code monétaire et financier) ;
- associations recevant des subventions publiques annuelles supérieures à 153 000 € (Code de commerce – article L. 612-4).

+

Même en l'absence de disposition légale, une entité peut décider de nommer volontairement un commissaire aux comptes afin de fournir aux tiers une opinion sur la qualité de son information financière.

b) Commissaire aux comptes : un titre protégé

Le titre de commissaire aux comptes était légalement protégé par le décret n° 69-810 du 12 août 1969. Ce texte organisait la profession de commissaire aux comptes et son statut professionnel et a créé la Compagnie Nationale des Commissaires aux Comptes (CNCC), placée sous l'autorité du ministère de la Justice. Ce décret a été progressivement transféré dans la partie législative du Code de commerce (articles L. 820-1 à 823-21), et dans sa partie réglementaire (articles R. 821-1 à 823-22).

Ainsi, « les fonctions de commissaire aux comptes sont exercées par des personnes physiques ou par des sociétés inscrites sur une liste établie par le Haut Conseil du commissariat aux comptes… » (Code de commerce – article L. 822-1).

c) Conditions d'inscription à la Compagnie Nationale des Commissaires aux Comptes (CNCC)

Le Code de commerce (article L. 822-1-1) requiert que pour être inscrite sur la liste des commissaires aux comptes, une personne physique doit remplir les conditions suivantes :

- être française, ressortissante d'un État membre de l'Union européenne, d'un État partie à l'accord sur l'espace économique européen ou d'un autre État étranger lorsque celui-ci admet les nationaux français à exercer le contrôle légal des comptes ;
- n'avoir pas été l'auteur de faits contraires à l'honneur ou à la probité ayant donné lieu à condamnation pénale ;
- n'avoir pas été l'auteur de faits de même nature ayant donné lieu à une sanction disciplinaire de radiation ;
- n'avoir pas été frappé de faillite personnelle ou de l'une des mesures d'interdiction ou de déchéance […] ;
- avoir accompli un stage professionnel, jugé satisfaisant, d'une durée fixée par voie réglementaire, chez un commissaire aux comptes ou une personne agréée par un État membre de l'Union européenne pour exercer le contrôle légal des comptes ;
- avoir subi avec succès les épreuves du certificat d'aptitude aux fonctions de commissaire aux comptes ou être titulaire du diplôme d'expertise comptable. […] ».

+

La durée du stage professionnel est fixée à 3 ans (Code de commerce – article R. 822-3).

d) Respect des normes professionnelles

Les commissaires aux comptes doivent respecter dans l'exercice de leurs missions :

- le Code de déontologie professionnelle ;
- les normes d'exercice professionnel (voir chapitre 2. II.).

L'activité professionnelle des commissaires aux comptes fait l'objet de plusieurs types de contrôles (Code de commerce – article L. 821-9) :

- lorsqu'ils concernent des commissaires aux comptes exerçant des missions auprès d'entités d'intérêt public, les contrôles de leur activité professionnelle sont effectués par des contrôleurs du Haut Conseil du commissariat aux comptes (H3C) ;
- lorsqu'ils concernent des commissaires aux comptes n'exerçant pas de missions auprès d'entités d'intérêt public, les contrôles de leur activité professionnelle peuvent être effectués par

des contrôleurs du Haut Conseil. Ils peuvent également être délégués par le Haut Conseil à la Compagnie nationale des commissaires aux comptes, en application d'une convention homologuée par arrêté du garde des Sceaux, ministre de la Justice, et qui détermine le cadre, les orientations et les modalités des contrôles ;

– les contrôles prévus ci-dessus peuvent être effectués avec le concours de l'Autorité des marchés financiers ou de l'Autorité de contrôle prudentiel et de résolution.

e) Incompatibilités

Les incompatibilités en matière de commissariat aux comptes sont de deux ordres :

– les incompatibilités générales liées à l'exercice de la fonction de commissaire aux comptes : « Les fonctions de commissaire aux comptes sont incompatibles :

1. avec toute activité ou tout acte de nature à porter atteinte à son indépendance ;

2. avec tout emploi salarié ; toutefois, un commissaire aux comptes peut dispenser un enseignement se rattachant à l'exercice de sa profession ou occuper un emploi rémunéré chez un commissaire aux comptes ou chez un expert-comptable ;

3. avec toute activité commerciale, qu'elle soit exercée directement ou par personne interposée, à l'exception des activités commerciales accessoires à la profession d'expert-comptable... » (Code de commerce – article L. 822-10).

– les incompatibilités relatives à la société contrôlée : « Le commissaire aux comptes veille à ce que son indépendance ne soit pas compromise par un conflit d'intérêts. [...] » (Code de déontologie – article 5).

Exemples

Un commissaire aux comptes ne peut être nommé dans une société où il exerce une fonction d'expert-comptable du fait de l'impossibilité de contrôler des comptes que l'on a établis.

Un commissaire aux comptes ne peut être nommé dirigeant, administrateur, membre du conseil de surveillance ou occuper un poste de direction d'entité contrôlée, moins de trois ans après la cessation de ses fonctions (Code de commerce – article L. 822-12).

Une personne ayant été dirigeant ou salarié d'une entité ne peut pas être nommée commissaire aux comptes de cette entité moins de cinq années après la cessation de ses fonctions (Code de commerce – article L. 822-13).

f) Rémunération du commissaire aux comptes

« Les honoraires des commissaires aux comptes sont supportés par la personne ou l'entité dont ils sont chargés de certifier les comptes [...] » (Code de commerce – article L. 823-18).

Selon le Code de déontologie (article 29), la rémunération du commissaire aux comptes doit être en rapport avec l'importance des diligences à mettre en œuvre, compte tenu de la taille, de la nature et de la complexité des activités de l'entité contrôlée.

La lettre de mission, document fixant les termes et les conditions de l'intervention du commissaire aux comptes, doit préciser le budget d'honoraires, ainsi que les modalités de facturation liées.

Le Code de commerce fixe une fourchette de nombre normal d'heures de travail en fonction de la taille de l'entité contrôlée (Code de commerce – article R. 823-12). En revanche, le ou les taux horaires de facturation sont librement négociés entre le commissaire aux comptes et l'entité contrôlée.

› Voir texte de référence 2

Contexte SA Desjardins

SA Desjardins doit-elle faire appel à un commissaire aux comptes si elle recourt aux services d'un expert-comptable ? Si oui, par qui est-il nommé ?

B) La profession comptable salariée

La profession comptable non libérale comporte deux types de professionnels :
- les comptables publics ;
- les comptables salariés.

De plus, la loi PACTE (loi n° 2019-486 du 22 mai 2019) a créé le statut d'expert-comptable en entreprise.

1. Contrat de droit public : le comptable public

Le comptable public est un fonctionnaire ou un agent de l'État dépendant du corps des comptables du Trésor. Il est chargé d'exécuter les dépenses et les recettes (double fonction de caissier et de payeur) selon les indications de l'ordonnateur (maire, président du conseil général ou régional), sans lui être subordonné. L'application du budget est en effet gouvernée par un principe fondamental : la séparation des ordonnateurs et des comptables.

Le titre de comptable public est obtenu par voie de concours public organisé par le ministère de l'Économie et des Finances. Sous réserve des règles propres à certaines personnes morales, les comptables publics sont nommés par le ministre chargé du budget.

Le comptable public est donc un agent de droit public ayant la charge exclusive de manier les fonds et de tenir les comptes des personnes morales soumises aux règles de la comptabilité publique. En tant que caissier, il a le monopole de la manutention des deniers publics, soit directement, soit par l'intermédiaire d'agents sous son contrôle et sa responsabilité. En tant que payeur lui revient la charge de faire les vérifications sur la régularité des opérations décidées par l'ordonnateur (correcte imputation des crédits, existence de pièces justificatives…).

Les comptables publics sont principaux ou secondaires. Les comptables principaux sont ceux qui rendent directement leurs comptes au juge des comptes. Les comptables secondaires sont ceux dont les opérations sont centralisées par un comptable principal.

2. Contrat de droit privé : le comptable salarié

Le comptable salarié est lié par un contrat de travail à un employeur de droit privé. Sa fonction est très diversifiée en fonction notamment de la taille de l'entreprise et du niveau de formation du comptable salarié. Les principaux métiers de la comptabilité générale sont les suivants :
- directeur financier : présent dans les entités d'une certaine taille, il a pour mission d'optimiser la gestion financière de l'entreprise. Outre la compétence, il doit posséder des qualités relationnelles et de négociation. Le plus souvent titulaire d'un diplôme de niveau mastère, il peut en outre être diplômé d'expertise comptable ;
- chef comptable : il anime et coordonne l'équipe comptable. Il doit, à ce titre, posséder à la fois de solides connaissances techniques et des compétences managériales. De formation comptable supérieure, il est le plus souvent titulaire du DCG voire du DSCG ;
- comptable unique : il effectue l'ensemble des opérations comptables d'une PME (tenue des livres, déclarations fiscales et sociales, établissement des documents de synthèse). Son niveau de formation est de type bac + 2 ;
- comptable/assistant comptable : ses fonctions sont spécialisées (comptabilité clients, comptabilité fournisseurs, gestion des immobilisations, etc.).

Depuis 2004, l'Académie des sciences et techniques comptables et financières rassemble, aux côtés des experts-comptables libéraux, l'ensemble des professionnels salariés de la comptabilité, de l'audit, de la finance et de la gestion. Les principaux objectifs de l'Académie sont les suivants :
- développer les compétences des professionnels par l'échange d'expériences, la production doctrinale et technique et la diffusion des savoirs ;
- renforcer l'excellence de la filière du chiffre et son rayonnement international.

Exemples

L'Académie organise des conférences et des petits-déjeuners sur des thèmes d'actualité.

L'Académie publie les *Cahiers de l'académie* issus des réflexions des groupes de travail (exemple : cahiers n° 1 et 6 : Guide de lecture de la norme IAS 36 – dépréciation des actifs).

3. Le statut d'expert-comptable en entreprise

La loi PACTE (loi n° 2019-486 du 22 mai 2019) a créé le statut d'expert-comptable en entreprise (article 13 de l'ordonnance du 19 septembre 1945).

Les titulaires du diplôme d'expertise comptable (DEC), salariés d'une entité juridique non inscrite au tableau, peuvent être inscrits au tableau en qualité d'expert-comptable en entreprise. L'entité qui les emploie doit avoir donné son accord.

Toutefois, les experts-comptables en entreprise ne sont pas membres de l'Ordre. Ils ne peuvent pas accomplir les missions réservées aux professionnels de l'expertise comptable telles que celles faisant l'objet de la prérogative d'exercice ou les missions légales prévues par des législations spécifiques, à l'exception de celles fournies au bénéfice de l'entité juridique qui les emploie.

II Les différentes formes d'exercice de la profession d'expert-comptable

Les experts-comptables exercent leur profession :

- soit à titre individuel et en leur propre nom ;
- soit en qualité de salarié d'un autre expert-comptable, d'une association de gestion et de comptabilité ou d'une société d'expertise comptable ;
- soit en qualité de mandataire social d'une société d'expertise comptable.

Ces différentes formes d'exercices sont compatibles entre elles (ordonnance du 19 septembre 1945 – article 12).

A) L'exercice à titre individuel

L'expert-comptable indépendant doit être inscrit au tableau de l'ordre. Le non-respect de cette disposition constitue l'exercice illégal de la profession, délit sanctionné pénalement (ordonnance du 19 septembre 1945 – article 20).

L'expert-comptable indépendant est imposable fiscalement dans la catégorie des bénéfices non commerciaux.

> **+**
> Le statut d'autoentrepreneur est interdit aux professionnels qui exercent une activité libérale réglementée dont le régime de retraite est géré par une caisse autonome, donc la profession d'expert-comptable qui relève de la CAVEC.

B) L'exercice sous forme de société

Les experts-comptables sont également admis à exercer leur activité sous forme de sociétés.

1. Les sociétés d'expertise comptable

Les experts-comptables sont autorisés à constituer, pour exercer leur profession, des entités dotées de la personnalité morale, à l'exception des formes juridiques qui confèrent à leurs associés la qualité de commerçant (ordonnance du 19 septembre 1945 – article 7.I). L'exercice de la profession est donc autorisé sous toute forme sociale, à l'exclusion de la société en commandite par actions et de la société en nom collectif.

Les sociétés d'expertise comptable doivent être inscrites au tableau de l'Ordre et satisfaire aux conditions suivantes :

- détention minimale de 2/3 des droits de vote par des personnes physiques ou morales exerçant légalement la profession d'expertise comptable dans l'un des États membres de l'UE ou partie à l'accord sur l'espace économique européen ;
- direction : les gérants, le président du conseil d'administration ou les membres du directoire doivent être des experts-comptables, membres de la société ;
- aucune personne ou groupement d'intérêts extérieur à l'Ordre ne doit détenir, directement ou par personne interposée, une partie des droits de vote de nature à mettre en péril l'exercice de la profession ou l'indépendance des associés experts-comptables, ainsi que le respect par ces derniers des règles inhérentes à leur statut et à leur déontologie ;
- l'offre au public de titres financiers n'est autorisée que pour des titres excluant l'accès même différé ou conditionnel au capital.

2. Les sociétés de participations

Les experts-comptables peuvent également constituer des sociétés ayant pour objet exclusif la détention de parts ou d'actions de sociétés d'expertise comptable sous forme commerciale (ordonnance du 19 septembre 1945 – article 7-II). Elles portent le nom de sociétés de participations d'expertise comptable et sont inscrites au tableau de l'Ordre. Elles doivent respecter les conditions mentionnées au 1. *supra*.

C) L'exercice sous forme associative

L'activité d'expertise comptable peut également être exercée au sein d'associations de gestion et de comptabilité, qui ne sont pas membres de l'Ordre des Experts-Comptables. Ces associations ont pour objet de fournir les prestations dévolues aux experts-comptables, et notamment d'apporter conseil et assistance en matière de gestion, à l'ensemble de leurs adhérents.

Elles sont créées à l'initiative de chambres de commerce et d'industrie, de chambres de métiers ou de chambres d'agriculture, ou d'organisations professionnelles d'industriels, de commerçants, d'artisans ou d'agriculteurs (ordonnance du 19 septembre 1945 – article 7 ter).

D) Les sociétés pluriprofessionnelles d'exercice

La loi Macron du 6 août 2015 a créé les sociétés pluriprofessionnelles d'exercice. Ainsi, les experts-comptables peuvent s'associer avec d'autres professions juridiques ou judiciaires réglementées pour exercer leurs professions au sein d'une société commune d'exercice.

Professions libérales pouvant être exercées en commun

Professions d'avocat, d'avocat au Conseil d'État et à la Cour de cassation, de commissaire-priseur judiciaire, d'huissier de justice, de notaire, d'administrateur judiciaire, de mandataire judiciaire, de conseil en propriété industrielle, de commissaire aux comptes.

L'ordonnance n° 2016-394 du 31 mars 2016 a fixé les dispositions relatives à la profession d'expert-comptable par la modification de l'ordonnance de 1945 (article 7 *sexies* inséré) :

- la société comprend, parmi ses associés, une personne physique qui remplit les modalités de mise en œuvre de ces structures ;

– au moins un membre de la profession d'expert-comptable exerçant au sein de la société, en qualité d'associé ou de salarié, doit être membre du conseil d'administration ou du conseil de surveillance de la société ;
– les sociétés pluriprofessionnelles d'exercice ne sont pas membres de l'Ordre des Experts-Comptables. Elles sont inscrites au tableau.

La création d'une SPE est possible depuis le 8 mai 2017, suite à la parution des décrets d'application (décrets 2017-794 à 801).

III Les différentes formes d'exercice de la profession de commissaire aux comptes

Les formes et modalités d'exercice du commissariat aux comptes sont définies par le Code de commerce (partie législative : articles L. 820-1 à L. 823-21, partie réglementaire : articles R. 821-1 à R. 823-22).

Les commissaires exercent leur profession :
– soit à titre individuel et en leur propre nom ;
– soit au sein d'une société de commissaires aux comptes.

Les fonctions de commissaire aux comptes sont exercées par des personnes physiques ou par des sociétés inscrites sur une liste établie par le Haut Conseil du commissariat aux comptes (H3C).

A) L'exercice à titre individuel

Les commissaires aux comptes personnes physiques inscrits sur la liste mentionnée à l'article L. 822-1 sont rattachés à la Compagnie régionale de la cour d'appel dans le ressort de laquelle se trouve leur domicile ou l'établissement dans lequel ils exercent leur activité. Ils peuvent exercer leur profession sur l'ensemble du territoire national (Code de commerce – article R. 822-1).

B) Les sociétés de commissaires aux comptes

Les sociétés de commissaires aux comptes sont constituées sous quelque forme que ce soit.

Elles doivent respecter les caractéristiques suivantes (Code de commerce – articles L. 822-1-3 et L. 822-9) :
– la majorité des droits de vote de la société est détenue par des commissaires aux comptes ou des sociétés de commissaires aux comptes inscrits sur la liste à l'article L. 822-1 ou des contrôleurs légaux des comptes régulièrement agréés dans un autre État membre de l'Union européenne. Lorsqu'une société de commissaires aux comptes détient une participation dans le capital d'une autre société de commissaires aux comptes, les actionnaires ou associés non-commissaires aux comptes ne peuvent détenir plus de la majorité de l'ensemble des droits de vote des deux sociétés ;
– les fonctions de gérant, de président, de président du conseil d'administration ou du directoire, de directeur général unique, de président du conseil de surveillance, de directeur général et de directeur général délégué sont assurées par des commissaires aux comptes inscrits sur la liste prévue à l'article L. 822-1 ou régulièrement agréés dans un autre État membre de l'Union européenne pour l'exercice du contrôle légal des comptes ;
– la majorité au moins des membres des organes de gestion, d'administration, de direction ou de surveillance doivent être des commissaires aux comptes inscrits sur la liste prévue à l'article

L. 822-1 ou régulièrement agréés dans un autre État membre de l'Union européenne pour l'exercice du contrôle légal des comptes. Les représentants permanents des sociétés de commissaires aux comptes associés ou actionnaires doivent être des commissaires aux comptes inscrits sur la liste prévue au I de l'article L. 822-1 ou régulièrement agréés dans un autre État membre de l'Union européenne pour l'exercice du contrôle légal des comptes.

– dans les sociétés de commissaires aux comptes inscrites, les fonctions de commissaire aux comptes sont exercées, au nom de la société, par des commissaires aux comptes personnes physiques associés, actionnaires ou dirigeants de cette société. Ces personnes ne peuvent exercer les fonctions de commissaire aux comptes qu'au sein d'une seule société de commissaires aux comptes. Les membres du conseil d'administration ou du conseil de surveillance peuvent être salariés de la société sans limitation de nombre ni condition d'ancienneté au titre de la qualité de salarié.

Les sociétés ayant qualité pour être commissaires aux comptes sont inscrites par la commission régionale dans le ressort de laquelle se trouve leur siège (Code de commerce – article R. 822-1).

IV Les organisations professionnelles

A) Historique

1. La profession d'expert-comptable (d'après le site Internet de l'Ordre des Experts-Comptables)

Si l'origine du métier de comptable remonte à plus de 2000 ans avant Jésus-Christ, la première organisation importante de comptables en France fut créée en 1881 sous le nom de la Société de Comptabilité de France. Elle distinguait alors trois niveaux de compétences au sein de la discipline comptable, la tenue de livres, le comptable et l'expert-comptable, et regroupait en son sein l'ensemble des comptables salariés et libéraux.

Ce n'est qu'en 1912 qu'apparaît la Compagnie des Experts-Comptables de Paris. Cette dernière ne rassemble alors plus que les professionnels libéraux. La fin de la Première Guerre mondiale s'accompagne de la naissance en France d'une fédération regroupant les compagnies comptables créées depuis 1912. Deux diplômes voient de plus le jour durant cette période :

– le brevet d'expert-comptable en 1927 ;

– le brevet professionnel comptable en 1931.

Toutefois, aucun de ces deux diplômes ne protège alors le titre d'expert-comptable.

En 1941, une commission interministérielle est formée pour prendre en charge d'une part la formation professionnelle des experts-comptables et d'autre part les projets de statuts de l'ordre.

L'Ordre des Experts-Comptables et des Comptables Agréés, placé sous la tutelle du ministère des Finances, est ensuite institué par la loi du 3 avril 1942, puis redéfini par l'ordonnance n° 45-2138 du 19 septembre 1945. Cette dernière demeure le texte de base de l'organisation comptable actuelle en France. Les grandes missions confiées à l'ordre sont les suivantes :

– assurer la promotion de la profession ;

– protéger les intérêts de ses membres ;

– affirmer sa contribution à l'évolution et au redressement de l'économie du pays et préconiser toutes les mesures susceptibles d'atteindre ces objectifs dans l'intérêt général du public.

L'ordonnance de 1945, modifiée par de nombreux textes dont la loi PACTE le plus récemment, reste aujourd'hui le texte fondateur pour toute personne désirant exercer la profession d'expert-comptable à titre libéral.

2. La profession de commissaire aux comptes (d'après le site Internet de la Compagnie Nationale des Commissaires aux Comptes)

Le commissariat aux comptes a été créé en France il y a plus d'une centaine d'années. Toutefois, il ne peut être considéré comme une profession organisée que depuis peu de temps.

La qualification de « commissaire » apparaît pour la première fois en 1863. Mais ce sera la loi du 24 juillet 1867 sur les sociétés qui donne naissance au statut de « commissaire de sociétés » à l'époque de la révolution industrielle.

En 1935, le commissaire aux comptes voit ses pouvoirs prendre de l'ampleur en raison des scandales financiers qui marquent cette période de l'histoire. Une procédure d'agrément par les cours d'appel est alors mise en place pour les commissaires aux comptes qui contrôlent les sociétés faisant publiquement appel à l'épargne. Il est ainsi fait obligation à ces derniers de révéler au procureur de la République les faits délictueux portés à sa connaissance.

La période suivant la Seconde Guerre mondiale est marquée par la nécessité de promouvoir le marché financier pour soutenir l'expansion économique. Elle entraîne donc une réforme importante du commissariat aux comptes, instituée par la loi du 24 juillet 1966 sur les sociétés commerciales.

Le commissariat aux comptes devient une profession organisée par le décret du 12 août 1969. La Compagnie Nationale des Commissaires aux Comptes (CNCC) est créée et placée sous l'autorité du ministre de la Justice.

B) Fonctionnement actuel

1. L'Ordre des Experts-Comptables

L'Ordre des Experts-Comptables a pour vocation de gérer et d'animer le plus grand réseau français de professionnels libéraux au service de l'entreprise (21 000 personnes physiques et 22 000 sociétés d'expertise comptable).

a) Organisation

L'Ordre des Experts-Comptables (OEC) est un organisme de droit privé, doté de la personnalité civile. Il est en charge d'une mission de service public. Par délégation de l'État, il dispose, dans ce cadre, d'un pouvoir de contrôle de la compétence et de la moralité de ses ressortissants.

L'Ordre des Experts-Comptables est composé du Conseil Supérieur de l'Ordre des Experts-Comptables (CSOEC), dont le siège est à Paris et de seize Conseils Régionaux de l'Ordre des Experts-Comptables (CROEC) :

CSOEC Exercice des droits attachés à la personnalité civile	CROEC Représentation de l'ordre dans les circonscriptions régionales
– Composition : présidents des vingt-deux conseils régionaux et membres élus. Le nombre des membres élus est le double de celui des présidents des conseils régionaux. – Fonctionnement : un président élu pour une durée de deux ans, assisté d'un bureau (quinze membres élus tous les deux ans au scrutin secret), et d'une commission permanente. – Responsabilité des études et projets confiée à des commissions spécifiques (exercice professionnel et formation professionnelle, évolution des marchés, administration et finances, relations internationales, etc.). Le président de chaque commission fait partie de la commission permanente.	– Composition et organisation similaires à celles du conseil supérieur. – Chaque conseil régional se compose de membres élus suite à un vote des autres experts pour une durée de quatre ans. Leur nombre varie en fonction du nombre de membres de l'ordre inscrits dans la circonscription.

La tutelle des pouvoirs publics sur l'ordre des experts-comptables est exercée par le ministre chargé de l'économie qui, à cet effet, est représenté par un commissaire du gouvernement auprès du conseil supérieur de l'ordre, et par un commissaire régional du gouvernement auprès de chaque conseil régional de l'ordre.

b) Rôle

Les missions du conseil supérieur et des conseils régionaux sont fixées respectivement par :
- le décret n° 2012-432 du 30 mars 2012 relatif au fonctionnement des instances ordinales nationales (article 29) ;
- l'ordonnance du 19 septembre 1945 pour les CROEC (article 31).

Elles peuvent être résumées comme suit :

CSOEC	CROEC
– préparer le code des devoirs professionnels, en faire respecter les prescriptions ; – assurer l'administration de l'ordre et la gestion de son patrimoine ; – délibérer sur toute question intéressant la profession, élaborer les règles professionnelles qui sont soumises à l'agrément du ministre chargé du budget et organiser le contrôle de leur application ; – représenter l'ordre auprès des pouvoirs publics et leur donner son avis, par l'intermédiaire de l'autorité de tutelle sur les questions dont il est saisi par eux ; – procéder à son initiative ou à la demande de l'autorité de tutelle, à toute étude relevant de sa compétence ;	– surveiller dans sa circonscription l'exercice de la profession d'expert-comptable ; – assurer la défense des intérêts matériels de l'ordre et en gérer les biens ; – représenter l'ordre dans sa circonscription dans tous les actes de la vie civile, mais sans pouvoir se constituer partie civile, ce droit étant réservé au conseil supérieur ; – prévenir et concilier toutes contestations ou conflits d'ordre professionnel ; – statuer sur les demandes d'inscription ou au tableau ; – surveiller et contrôler les stages ; – fixer et recouvrer le montant des cotisations qui doivent être versées par les membres de l'ordre ; – saisir le conseil supérieur de toutes requêtes ou suggestions concernant la profession d'expert-comptable.
– assurer le fonctionnement régulier des divers organismes de l'ordre et coordonner l'activité des conseils régionaux ; – adresser à l'autorité de tutelle des avis sur les conditions d'exercice de la profession et du stage ainsi que sur le programme des examens comptables ; – participer au plan international aux organisations professionnelles et actions intéressant l'exercice de la profession.	En tant que représentant de l'ordre dans sa circonscription : – délibérer sur toute question intéressant la profession relevant de sa compétence ; – saisir la chambre régionale de discipline de la région ou de toute autre région, des fautes professionnelles relevées à l'encontre des membres de l'ordre et des personnes physiques soumises à sa surveillance et à son contrôle disciplinaire ; – créer dans sa circonscription, après avis du conseil supérieur, des organes de coopération, de mutualité, d'assistance ou de retraite au bénéfice de ses membres et de leurs familles.

Contexte SA Desjardins
Comment M. Wery peut-il avoir connaissance de la liste des experts-comptables exerçant à Dijon ?

2. La Compagnie Nationale des Commissaires aux Comptes

La CNCC rassemble et fédère 12 343 commissaires aux comptes et 6 267 sociétés de commissariat aux comptes. Elle a pour objet le bon exercice de la profession, sa surveillance ainsi que la défense de l'honneur et de l'indépendance de ses membres.

a) Organisation

L'organisation professionnelle des commissaires aux comptes comporte deux niveaux :

- la Compagnie Nationale des Commissaires aux Comptes (CNCC) : instituée auprès du garde des Sceaux, ministre de la Justice, c'est un établissement d'utilité publique doté de la personnalité morale. Chargée de représenter la profession de commissaire aux comptes auprès des pouvoirs publics, elle regroupe tous les commissaires aux comptes, ainsi que toutes les sociétés de commissaires aux comptes inscrits sur la liste ;
- les Compagnies Régionales des Commissaires aux Comptes (CRCC) : instituées par ressort de cour d'appel, elles sont dotées de la personnalité morale. Elles regroupent tous les commissaires aux comptes et les sociétés de commissaires aux comptes figurant sur la liste dressée par la commission régionale pour le ressort de chaque cour d'appel. Elles sont au nombre de trente-trois.

CNCC	CRCC
– Composition du conseil national : commissaires aux comptes délégués par les compagnies régionales (élus pour 4 ans, conseil renouvelable par moitié tous les 2 ans) ; – Fonctionnement : le conseil national élit pour 2 ans le bureau composé d'un président, trois vice-présidents et six membres ; – Création de commissions spécialisées qui rendent compte au conseil national (commission des études comptables, commission qualité, commission développement, etc.).	– Composition du conseil régional : six à vingt-six membres élus en fonction du nombre de personnes physiques membres de la compagnie régionale (élus pour 4 ans, conseil renouvelable par moitié tous les 2 ans) ; – Fonctionnement : le conseil régional élit pour 2 ans le bureau composé d'un président, un ou deux vice-présidents, un secrétaire et un trésorier.

+

Le découpage géographique des conseils régionaux de l'OEC ne correspond pas à celui des Compagnies Régionales des Commissaires aux Comptes.

Exemples

Un expert-comptable/commissaire aux comptes exerçant son activité professionnelle à Besançon est membre du Conseil Régional de l'Ordre des Experts-Comptables de Bourgogne/Franche-Comté et de la Compagnie Régionale des Commissaires aux Comptes de Besançon/Dijon.

Un expert-comptable/commissaire aux comptes exerçant son activité professionnelle à Nevers est lui aussi membre du Conseil Régional de l'Ordre des Experts-Comptables de Bourgogne/Franche-Comté, mais il fait en revanche partie de la Compagnie Régionale des Commissaires aux Comptes de Versailles-Bourges-Orléans.

En outre, la Compagnie Nationale des Commissaires aux Comptes comprend un département des marchés financiers (DMF), institué pour concourir à l'exercice de ses missions. Ce département regroupe les commissaires aux comptes et les représentants des sociétés de commissaires aux comptes exerçant des fonctions de contrôle légal des comptes auprès de sociétés cotées sur un marché réglementé.

b) Rôle

Le Code de commerce dispose que la Compagnie Nationale des Commissaires aux Comptes concourt au bon exercice de la profession, à sa surveillance ainsi qu'à la défense de l'honneur et de l'indépendance de ses membres (article L. 821-6).

Le détail des missions confiées au conseil national et aux conseils régionaux est précisé dans la partie réglementaire du Code de commerce et est résumé dans le tableau suivant (articles R. 821-25, R.821-46 à R. 821-48 et R. 821-63) :

<table>
<tr><th>CNCC</th><th>CRCC</th></tr>
<tr><td colspan="2">Mission
– concours au bon exercice de la profession, à sa surveillance ainsi qu'à la défense de l'honneur et de l'indépendance de ses membres ;
– représentation de la profession et défense de ses intérêts moraux et matériels ;
– contribution à la formation et au perfectionnement professionnel de leurs membres, ainsi qu'à la formation des candidats aux fonctions de commissaires aux comptes.</td></tr>
<tr><td>Activités
Conseil national :
– administrer la compagnie nationale et gérer ses biens ;
– donner son avis, lorsqu'il y est invité par le garde des Sceaux, ministre de la Justice, sur les projets de lois et de décrets qui lui sont soumis, ainsi que sur les questions entrant dans ses attributions ;
– soumettre aux pouvoirs publics toutes propositions utiles relatives à l'organisation professionnelle et à la mission des commissaires aux comptes ;
– adopter le budget de la Compagnie nationale, en répartir la charge entre les compagnies régionales et adopter son règlement intérieur.</td><td>Activités
– administrer la compagnie régionale et gérer son patrimoine ;
– surveiller l'exercice de la profession de commissaire aux comptes dans la circonscription ;
– adopter le règlement intérieur de la compagnie régionale ;
– examiner toutes réclamations de la part des tiers contre les commissaires aux comptes membres de la compagnie régionale, à l'occasion de l'exercice de la profession ;
– donner son avis, s'il y est invité par l'une des parties ou par le ministère public, sur l'action en responsabilité intentée contre un commissaire aux comptes en raison d'actes professionnels ;</td></tr>
<tr><td>Bureau :
– coordonner l'action des conseils régionaux, notamment en ce qui concerne la défense des intérêts moraux et matériels de la profession et la discipline générale des commissaires aux comptes ;
– examiner les suggestions des conseils régionaux, en leur donnant la suite qu'elles comportent ;
– prévenir et concilier les différends d'ordre professionnel entre les conseils régionaux ou entre les commissaires aux comptes n'appartenant pas à une même compagnie régionale ;
– préparer les délibérations du Conseil national dont le président fixe l'ordre du jour ;
– préparer l'avis du Conseil national sur les projets de normes qui lui sont soumis par le H3C ;
– transmettre au H3C les informations figurant dans les déclarations d'activité.</td><td>– fixer et recouvrer le montant des cotisations dues par les membres de la compagnie régionale ;
– saisir le conseil national de toutes requêtes ou suggestions concernant la profession ;
– mettre à la disposition de ses membres les services d'intérêt commun qui apparaîtraient nécessaires au bon exercice de la profession.</td></tr>
</table>

3. Le Haut Conseil du Commissariat aux Comptes (H3C)

Depuis sa création en 2003 par la loi de sécurité financière, le H3C représente une autorité indépendante rattachée au garde des Sceaux. En charge de la supervision publique des contrôleurs légaux des comptes et des cabinets d'audit, il en assume la responsabilité finale. La transposition de la réforme européenne de l'audit en droit français a été l'occasion de redéfinir les missions de cet organe de supervision (ordonnance 2016-315 du 17 mars 2016 et décret 2016-1026 du 26 juillet 2016).

a) Organisation

Le Haut Conseil du commissariat aux comptes est une autorité publique indépendante. Les missions qui lui sont confiées sont exercées par un collège de quatorze membres.

La composition du H3C est fixée par l'article L. 821-2 du Code de commerce.

› Voir texte de référence 3

b) Rôle

Le Haut Conseil exerce les missions suivantes (Code de commerce – article L. 821-1) :
- il procède à l'inscription des commissaires aux comptes et des contrôleurs de pays tiers et tient les listes afférentes ;
- il adopte les normes relatives à la déontologie des commissaires aux comptes, au contrôle interne de qualité et à l'exercice professionnel ;
- il définit les orientations générales et les différents domaines sur lesquels l'obligation de formation continue peut porter et veille au respect des obligations des commissaires aux comptes dans ce domaine ;
- il prend des mesures spécifiques prononcées par son bureau ;
- il définit le cadre et les orientations des contrôles, il en supervise la réalisation et peut émettre des recommandations dans le cadre de leur suivi ;
- il diligente des enquêtes et prononce des sanctions ;
- il statue comme instance d'appel sur les décisions prises par les commissions régionales en matière de contentieux des honoraires ;
- il coopère avec ses homologues ;
- il suit l'évolution du marché de la réalisation des missions de contrôle légal des comptes des entités d'intérêt public.

Le Haut Conseil peut déléguer à la Compagnie Nationale des Commissaires aux Comptes la réalisation des missions suivantes ou de certaines d'entre elles :
- l'inscription et la tenue de la liste des commissaires aux comptes ;
- le suivi du respect des obligations de formation continue des commissaires aux comptes ;
- les contrôles de l'activité professionnelle des commissaires aux comptes n'exerçant pas de missions auprès d'entités d'intérêt public.

Les conditions de la délégation sont fixées par une convention homologuée par arrêté du garde des Sceaux, ministre de la Justice.

4. La Cour des comptes

Napoléon est à l'origine de la création de la Cour des comptes par la loi du 16 septembre 1807 et le décret impérial du 28 septembre 1807.

L'organisation de la Cour des comptes, ses attributions et ses pouvoirs sont définis depuis 1994 par le livre Ier du Code des Juridictions financières.

› Voir texte de référence 4

La Cour des comptes est une juridiction administrative qui assure quatre types de missions :
- le contrôle de la gestion publique : la Cour des comptes effectue un contrôle sur la qualité et la régularité de la gestion, sur l'efficience et sur l'efficacité des actions menées au regard des objectifs fixés par les pouvoirs publics ou l'organisme concerné ;

La Cour des comptes rend publiques ses observations les plus significatives dans un rapport public annuel ou dans des rapports publics thématiques.

– l'activité juridictionnelle : la Cour des comptes met en cause la responsabilité des comptables publics au terme d'une procédure dite de jugement des comptes. À ce titre, elle analyse les comptes et les pièces justificatives. Elle vérifie si les recettes ont été recouvrées et si les dépenses ont été payées conformément aux règles en vigueur. Par un arrêt, elle donne décharge au comptable si les comptes sont réguliers, elle le met en débet (situation d'un comptable public, ou d'un comptable de fait, déclaré débiteur d'un organisme public en raison d'irrégularités commises dans la gestion ou la conservation des deniers de ce dernier) si des recettes n'ont pas été recouvrées ou si des dépenses ont été irrégulièrement effectuées ;
– la certification des comptes : la Cour des comptes est chargée de certifier la régularité, la sincérité et la fidélité des comptes de l'État, mais aussi des organismes nationaux du régime général et des comptes combinés des branches et du recouvrement du régime général de la Sécurité sociale ;
– l'assistance au Parlement : la mission d'assistance au Parlement et au gouvernement concerne l'exécution des lois de finances et des lois de financement de la Sécurité sociale (contrôle du respect de l'autorisation budgétaire votée par les deux Assemblées).

V L'éthique professionnelle

A) Distinction entre éthique et déontologie

1. L'éthique

Le terme éthique est issu du latin *ethica* et du grec *êthikos* qui signifient « en lien avec morale ». L'éthique est la science de la morale et des mœurs. Elle fait appel à l'adhésion des personnes aux valeurs, plutôt qu'au respect d'obligations définies. L'intérêt de l'éthique réside dans son objectif qui est de développer, au cas particulier chez les professionnels comptables, leur capacité à prendre eux-mêmes des décisions responsables.

2. La déontologie

Le mot déontologie vient du grec « *déon, ontos* » et « *logos* » dont les acceptions sont respectivement « ce qu'il faut faire » et discours. La déontologie est l'ensemble des règles dont une organisation se dote, imposant des consignes et obligations quant à la conduite des personnes concernées. La déontologie est donc l'application de l'éthique à une profession donnée. Elle fixe la limite entre ce qui est acceptable et ce qui ne l'est pas. Une dérogation à la déontologie est susceptible d'entraîner des sanctions.

Exemple

Un membre de l'Ordre des Experts-Comptables qui n'a pas respecté une incompatibilité d'exercice peut faire l'objet d'une sanction disciplinaire allant de la réprimande à la radiation de l'ordre comportant interdiction définitive d'exercer la profession, en passant par le blâme avec inscription au dossier, la suspension pour une durée déterminée avec sursis ou la suspension pour une durée déterminée.

B L'éthique des professionnels comptables

1. L'engagement des professionnels

L'éthique des professionnels comptables libéraux s'exprime en particulier au travers de la prestation de serment formulée lors de leur inscription aux organisations professionnelles :

- pour les experts-comptables : « Je jure d'exercer ma profession avec conscience et probité, de respecter et faire respecter les lois dans mes travaux. » (décret n° 2012-432 du 30 mars 2012 – article 143) ;
- pour les commissaires aux comptes : « Je jure d'exercer ma profession avec honneur, probité et indépendance, de respecter et faire respecter les lois. » (Code de commerce – article L. 822-3).

Membres de professions libérales, l'expert-comptable et le commissaire aux comptes ont l'obligation de respecter une déontologie rigoureuse définie par leur profession :

- le Code de déontologie des professionnels de l'expertise comptable (décret n° 2012-432 du 30 mars 2012) pour les experts-comptables ;
- des normes relatives au comportement professionnel, regroupées dans le Code de déontologie (Annexe 8-1 du Livre VII du Code de commerce partie réglementaire) pour les commissaires aux comptes.

L'expert-comptable doit, par ailleurs, respecter la devise de l'ordre qui fédère les membres de la profession : « Science, conscience, indépendance ».

Exemple

Le sigle de la revue mensuelle de l'OEC *SIC* correspond à ces trois qualités professionnelles (Science, Indépendance, Conscience).

2. Le Code de déontologie des commissaires aux comptes

Le Code de déontologie des commissaires aux comptes constitue une annexe à la partie réglementaire du Code de commerce. (Annexe 8-1 du livre VIII du Code de commerce, partie réglementaire.)

Le respect du Code de déontologie est obligatoire. Ce point fait l'objet de vérifications lors des contrôles et enquêtes auxquels sont soumis les commissaires aux comptes (Code de déontologie – articles 1 et 2).

› Voir texte de référence 5

Le titre 1er du Code de déontologie est consacré aux principes fondamentaux de comportement qui sont au nombre de sept :

- intégrité ;
- impartialité ;
- indépendance et prévention des conflits d'intérêts ;
- scepticisme professionnel et esprit critique ;
- compétence ;
- confraternité ;
- secret professionnel et discrétion.

a) Intégrité

« Le commissaire aux comptes exerce sa profession avec honnêteté et droiture. Il s'abstient, en toutes circonstances, de tout agissement contraire à l'honneur et à la probité » (Code de déontologie – article 3).

L'intégrité des professionnels est la base de la confiance qui leur est accordée par leurs clients et par les tiers. Ceux-ci s'appuient, en effet, sur le rapport d'opinion du commissaire aux comptes quant à la fiabilité de l'information financière produite par l'entité auditée.

Exemple

Un commissaire aux comptes ne peut accepter de cadeau de valeur significative de la part de son client.

b) Impartialité

« Dans l'exercice de ses missions, le commissaire aux comptes conserve en toutes circonstances une attitude impartiale. Il fonde ses conclusions et ses jugements sur une analyse objective de l'ensemble des données dont il a connaissance, sans préjugé ni parti pris. Il évite toute situation qui l'exposerait à des influences susceptibles de porter atteinte à son impartialité » (Code de déontologie – article 4).

L'impartialité est liée à l'objectivité. La démarche professionnelle du commissaire aux comptes doit être menée en dehors de toutes influences extérieures ou conflits d'intérêts. La notion d'impartialité est très liée à celle d'intégrité.

Exemple

Un commissaire aux comptes audite une société qui connaît des difficultés financières importantes. Il doit examiner l'ensemble des faits pour déterminer si la continuité d'exploitation est menacée, afin de déclencher le cas échéant une procédure d'alerte. Son jugement ne doit pas être influencé par l'attitude de la direction contre ce type de procédure.

c) Indépendance et prévention des conflits d'intérêts

L'article 5 du Code de déontologie précise que :

- le commissaire aux comptes doit être indépendant de la personne ou de l'entité dont il est appelé à certifier les comptes. Cette exigence s'applique durant l'exercice contrôlé, la réalisation des travaux de contrôle des comptes et jusqu'à la date d'émission de son rapport ;
- l'indépendance du commissaire aux comptes s'apprécie en réalité et en apparence. Elle se caractérise par l'exercice en toute objectivité des pouvoirs et des compétences qui sont conférés par la loi. Elle garantit qu'il émet des conclusions exemptes de tout parti pris, conflit d'intérêts, risque d'autorévision ou influence liée à des liens personnels, financiers ou professionnels ;
- le commissaire aux comptes veille à ce que son indépendance ne soit pas compromise par un conflit d'intérêts, une relation d'affaires ou une relation directe ou indirecte, existante ou potentielle, entre ses associés, salariés ou toute autre personne qui serait en mesure d'influer directement ou indirectement sur la mission de certification, ainsi que les membres de son réseau d'une part, et la personne ou l'entité dont il est chargé de certifier les comptes d'autre part ;
- tant à l'occasion qu'en dehors de l'exercice de sa mission, le commissaire aux comptes évite de se placer dans une situation qui compromettrait son indépendance à l'égard de la personne ou de l'entité dont il est appelé à certifier les comptes ou qui pourrait être perçue comme de nature à compromettre l'exercice impartial de cette mission.

Pour restaurer la confiance des marchés financiers en matière d'indépendance des commissaires aux comptes, le Code de commerce (article L. 822-14) organise une rotation des associés signataires, en interdisant au commissaire aux comptes personne physique et aux membres signataires d'une société de commissaire aux comptes de certifier durant plus de six exercices consécutifs les comptes des entités d'intérêt public.

Exemples

Les honoraires facturés au titre d'une mission légale ne doivent pas créer de dépendance financière du commissaire à l'égard de l'entité dont il certifie les comptes.

Un commissaire aux comptes ne peut accepter la mission d'audit légal d'une entité dans laquelle il a un lien familial avec une personne occupant une fonction sensible. La notion de lien familial est très large.

Un commissaire aux comptes ne peut obtenir un prêt ou une avance de la part d'une entité qu'il contrôle.

d) Scepticisme professionnel et esprit critique

« Le commissaire aux comptes, tout au long de sa mission, adopte une attitude caractérisée par un esprit critique, en étant attentif aux éléments qui pourraient révéler l'existence d'éventuelles anomalies significatives dues à une erreur ou à une fraude et en procédant à une évaluation critique des éléments probants pour la certification des comptes » (Code de déontologie – article 6).

Cette notion a été introduite en 2017 dans le Code de déontologie pour prendre en compte la réforme européenne de l'audit.

e) Compétence

« Le commissaire aux comptes doit posséder les connaissances théoriques et pratiques nécessaires à l'exercice de ses missions. Il maintient un niveau élevé de compétence, notamment par la mise à jour régulière de ses connaissances et la participation à des actions de formation.

Le commissaire aux comptes veille à ce que ses collaborateurs disposent des compétences appropriées à la bonne exécution des tâches qu'il leur confie et à ce qu'ils reçoivent et maintiennent un niveau de formation approprié.

Lorsqu'il n'a pas les compétences requises pour réaliser lui-même certains contrôles indispensables à l'exercice de sa mission, le commissaire aux comptes fait appel à des experts indépendants de la personne ou de l'entité pour les comptes de laquelle leur concours est requis » (Code de déontologie – article 7).

La compétence repose à la fois sur la formation initiale, l'expérience professionnelle, et la formation continue tout au long de l'activité du commissaire aux comptes et de ses collaborateurs.

Exemple

Le commissaire aux comptes d'une entité souhaite procéder à l'audit informatique d'un logiciel spécifique de gestion des ventes élaboré par son client et qui incrémente le chiffre d'affaires de la société. Il fait appel à un spécialiste informatique pour l'aider dans cette évaluation indispensable à l'exercice de sa mission.

f) Confraternité

« Dans le respect des obligations de la mission de contrôle légal, les commissaires aux comptes entretiennent entre eux des rapports de confraternité. Ils se gardent de tout acte ou propos déloyal à l'égard d'un confrère ou susceptible de ternir l'image de la profession.

Ils s'efforcent de résoudre à l'amiable leurs différends professionnels. Si nécessaire, ils recourent à la conciliation du président de leur compagnie régionale ou, s'ils appartiennent à des compagnies régionales distinctes, des présidents de leur compagnie respective » (Code de déontologie – article 8).

La confraternité implique le respect des confrères et de leurs travaux.

Exemple

Il n'est pas confraternel pour un commissaire aux comptes de dénigrer la qualité des travaux professionnels d'un de ses confrères.

g) Secret professionnel et discrétion

« Le commissaire aux comptes respecte le secret professionnel auquel la loi le soumet. Il ne communique les informations qu'il détient qu'aux personnes légalement qualifiées pour en connaître. Il fait preuve de prudence et de discrétion dans l'utilisation des informations qui concernent des personnes ou entités à l'égard desquelles il n'a pas de mission légale » (Code de déontologie – article 9).

Pour les commissaires aux comptes, il y a obligation de secret professionnel vis-à-vis de différents acteurs ou organismes externes (Code de commerce – article L. 822-15).

› Voir texte de référence 6

Exemples

- le CAC a obligation de secret professionnel vis-à-vis de conseillers juridiques, avocats, conseils fiscaux, d'agents de l'administration fiscale, du tribunal de grande instance (sauf exception), du conseil des prud'hommes, du tribunal de commerce (sauf exception) ;
- face à une infraction pénale d'un client, le commissaire aux comptes a l'obligation de révéler le fait délictueux au procureur de la République.

+

A contrario, le secret professionnel ne peut être opposé aux commissaires aux comptes dans le cadre de leur mission, sauf par les auxiliaires de justice.

Contexte SA Desjardins

L'expert-comptable choisi par SA Desjardins pourrait-il également remplir la fonction de commissaire aux comptes ? Le beau-frère de M. Wery pourrait-il être nommé expert-comptable ou commissaire aux comptes de la SA Desjardins ?

3. Le Code de déontologie des experts-comptables

Les règles de comportement des experts-comptables sont analogues à celles des commissaires aux comptes.

Le Code de déontologie des professionnels de l'expertise comptable est divisé en quatre chapitres.

a) Devoirs généraux

L'article 145 fixe les qualités essentielles d'exercice de la profession.

› Voir texte de référence 7

Toute mission doit faire l'objet d'une lettre de mission, contrat définissant la mission et précisant les droits et obligations de chacune des parties (article 151).

L'article 152 permet aux experts-comptables de réaliser des opérations de communication et de promotion.

› Voir texte de référence 8

b) Devoirs envers les clients ou adhérents

Les experts-comptables sont tenus à un devoir d'information et de conseil vis-à-vis de leurs clients (article 155).

Les honoraires sont fixés librement entre le client et les experts-comptables en fonction de l'importance des diligences à mettre en œuvre, de la difficulté des cas à traiter, des frais exposés ainsi que de la notoriété de l'expert-comptable (article 158).

c) Devoirs de confraternité

Les membres de l'ordre se doivent assistance et courtoisie réciproques (article 161).

d) Devoirs envers l'ordre

Le membre de l'ordre qui, en raison de faits liés à sa profession, fait l'objet de poursuites judiciaires, en informe sans délai le président du conseil régional de l'ordre de la circonscription dans laquelle il est inscrit (article 167).

Contexte SA Desjardins

M. Wery doit-il signer une lettre de mission avec son expert-comptable ?

VI Les responsabilités du professionnel comptable

A) Les responsabilités de l'expert-comptable

L'expert-comptable encourt une responsabilité civile, pénale et/ou disciplinaire pour tout manquement aux règles légales ou déontologiques.

1. Responsabilité civile

La responsabilité contractuelle est celle qui résulte de l'inexécution ou de la mauvaise exécution d'un contrat. Trois éléments sont nécessaires : une faute, un dommage et un lien de causalité entre les deux. Si un client estime que les agissements de son expert-comptable lui ont causé un préjudice, il peut mettre en jeu sa responsabilité civile, mais devra prouver la faute et son préjudice. Les juges sont souverains pour apprécier l'étendue de la faute.

L'expert-comptable est tenu responsable, à l'égard de ses clients et des tiers, des conséquences dommageables des fautes et négligences commises dans l'exercice de ses fonctions. Il a donc l'obligation (personne physique ou morale) de souscrire un contrat d'assurance responsabilité civile professionnelle. Le défaut de conseil constitue la plus grande source d'actions en responsabilité.

+

La lettre de mission revêt toute son importance pour bien délimiter les droits et obligations de l'expert-comptable et de son client.

2. Responsabilité pénale

Dans l'exercice de ses fonctions, l'expert-comptable peut notamment être tenu responsable des infractions suivantes :
- violation du secret professionnel ;
- exercice illégal de la profession ;
- usage abusif du titre d'expert-comptable ;
- négligence ou inobservation des règlements ;
- omission d'écriture ou écritures inexactes ou fictives ;
- fausse comptabilité, fraude fiscale.

3. Responsabilité disciplinaire

En cas de contravention aux lois et règlements, d'infraction aux règles professionnelles et au code de déontologie, l'expert-comptable s'expose à des sanctions disciplinaires (réprimande, blâme, suspension, radiation).

B) Les responsabilités du commissaire aux comptes

Le commissaire aux comptes encourt également une responsabilité civile, pénale et/ou disciplinaire dans le cadre de ses fonctions.

1. Responsabilité civile

Le commissaire aux comptes est responsable, à l'égard de la personne (ou de l'entité) et des tiers, des conséquences dommageables des fautes et négligences qu'il peut commettre dans l'exercice de ses fonctions (investigation insuffisante, certification d'un bilan inexact, etc.).

2. Responsabilité pénale

Le commissaire aux comptes est responsable en cas d'infractions commises dans l'exercice de sa mission et notamment :
- rapport sur les comptes annuels incomplet ;
- information mensongère sur la situation de la société ;
- défaut de révélation de faits délictueux ;
- violation du secret professionnel.

3. Responsabilité disciplinaire

En cas d'infraction aux lois et règlements, aux normes professionnelles et au code de déontologie, de négligence grave, ou de fait contraire à la probité, à l'honneur ou à l'indépendance (même ne se rattachant pas à l'exercice de la profession) le commissaire aux comptes s'expose à des sanctions disciplinaires (avertissement, blâme, interdiction temporaire, radiation).

C) Les responsabilités du comptable salarié

1. Responsabilité civile

La responsabilité civile des comptables est celle de droit commun, à savoir que la victime doit apporter la preuve de la faute du salarié et de la relation de cause à effet entre la faute et le dommage subi.

Exemples

Un chef comptable accepte d'enregistrer des écritures destinées à dissimuler des détournements de fonds effectués par le dirigeant de son entreprise. Les actionnaires peuvent se retourner contre lui et lui demander de rembourser les sommes détournées par le dirigeant si ce dernier n'est pas en mesure de rembourser lui-même.

Un comptable salarié qui ne respecte pas son obligation de discrétion commet une faute grave et peut devoir indemniser la victime, y compris son employeur, pour le préjudice ainsi causé.

2. Responsabilité pénale

La responsabilité pénale du comptable salarié obéit aux principes généraux applicables à tous les salariés qui commettent des faits délictueux. Toutefois, ayant accès aux informations les plus sensibles de l'entreprise, les comptables salariés ont des responsabilités plus lourdes que celles de la plupart des autres salariés. Le lien de subordination n'a pas pour effet de faire obstacle à la responsabilité pénale.

Exemples

Détournement de fonds.

Complicité de délits commis par le chef d'entreprise (abus de biens sociaux, escroquerie, présentation de bilan inexact, distribution de dividendes fictifs).

3. Responsabilité disciplinaire

La responsabilité disciplinaire résulte du lien de subordination existant entre le comptable salarié et son employeur. Ce dernier la met en cause en cas de non-respect des règles fixées par son contrat de travail ou le règlement intérieur de l'entreprise. Les sanctions disciplinaires vont de l'avertissement au licenciement pour faute grave. La faute grave prive le salarié de toute indemnité de rupture du contrat de travail et du préavis de licenciement. Les sanctions peuvent faire l'objet d'un recours aux Prud'hommes.

D) La responsabilité personnelle et pécuniaire du comptable public

« Les comptables publics sont personnellement et pécuniairement responsables des actes et contrôles qui leur incombent » (art. 17 du décret relatif à la gestion budgétaire et comptable publique (GBCP)). Cela signifie que les comptables publics sont tenus sur leurs deniers personnels de leurs manques en caisse, qui peuvent résulter, le plus souvent, de leur défaut de vigilance dans les vérifications comptables préalables à la dépense, ou de diligences insuffisantes dans les opérations de recouvrement des recettes.

Compte tenu des sommes qui peuvent être en jeu dans les flux financiers publics, la responsabilité des comptables peut vite devenir très importante, ce qui explique qu'un système de cautionnement obligatoire existe afin de mutualiser les risques entre les comptables. De plus, ceux-ci souscrivent des assurances pour couvrir les risques de leur responsabilité.

La responsabilité des comptables peut être mise en œuvre par le ministre des Finances, à travers un arrêté de débet. La Cour des comptes et les chambres régionales et chambres territoriales des comptes engagent la responsabilité des comptables par des arrêts de débet, pour la première, ou des jugements de débet, pour les secondes. S'il n'y a pas lieu d'engager la responsabilité, la juridiction rend une décision de décharge.

Exemples

Le comptable public est personnellement et pécuniairement responsable :
- du recouvrement des recettes ;
- du paiement des dépenses ;
- de la garde des fonds et valeurs appartenant ou confiés à l'État, aux collectivités locales et aux établissements publics nationaux ou locaux ;
- du maniement des fonds et des mouvements des comptes de disponibilités ;
- de la conservation des pièces justificatives des opérations et documents de comptabilité ;
- de la tenue de comptabilité du poste comptable qu'ils dirigent.

Correction contexte SA Desjardins

1. Mission de l'expert-comptable

La mission de l'expert-comptable est de nature contractuelle. Aucune disposition légale ou réglementaire n'impose à une entité d'avoir recours à un expert-comptable. C'est une décision de gestion du dirigeant de faire appel ou non aux services d'un expert-comptable, en fonction notamment du niveau de qualification de son équipe comptable et/ou financière. L'expert-comptable est choisi par le dirigeant de l'entreprise M. Wery.

Un expert-comptable peut conseiller une entreprise sur la mise en place de son système informatique même s'il n'effectue aucune mission comptable pour cette dernière. En revanche, il peut rédiger des contrats de travail uniquement dans les entités dans lesquelles il effectue une mission comptable ou une mission d'accompagnement déclaratif administratif. Dans les 2 cas, ce type de mission ne doit pas constituer son activité principale.

Au cas particulier, l'expert-comptable de la SA Desjardins ayant la mission comptable, il pourra réaliser les 2 autres missions.

2. Mission du commissaire aux comptes

La mission légale du commissaire aux comptes est précisée dans le Code de commerce et dans d'autres textes légaux, en fonction de la nature de l'entité contrôlée. Le Code de commerce rend obligatoire la nomination par l'assemblée générale ordinaire d'au moins un commissaire aux comptes dans toutes les sociétés commerciales qui ne sont pas des petites entreprises au sens communautaire (franchissement de 2 des 3 seuils suivants : total bilan > 4M €, chiffre d'affaires 8M €, effectif > 50).

En l'espèce, compte tenu de son effectif, la SA Desjardins est très probablement une petite entreprise, la nomination d'un commissaire aux comptes est facultative.

La présence d'un expert-comptable ne dispense pas l'entité de la nomination d'un commissaire aux comptes : la mission permanente du commissaire aux comptes a pour objectif principal la vérification de la régularité, de la sincérité et de l'image fidèle des comptes, alors que celle de l'expert-comptable est d'établir les comptes annuels.

3. Choix d'un expert-comptable

M. Wery peut obtenir la liste des experts-comptables exerçant à Dijon auprès du conseil régional de l'Ordre de Bourgogne Franche-Comté. Le CRO est chargé du suivi du Tableau et statue sur les inscriptions des experts-comptables, des sociétés d'expertise comptable et des associations de gestion et de comptabilité.

4. Expert-comptable et commissaire aux comptes

Étant donné les fonctions respectives de l'expert-comptable et du commissaire aux comptes, il est impossible de contrôler les comptes que l'on a établis (situation d'autorévision contraire au principe d'indépendance et conflit d'intérêts).

Le beau-frère de M. Wery ne peut être ni l'expert-comptable, ni le commissaire aux comptes de la SA Desjardins. L'article 146 du code de déontologie des experts-comptables dispose que ceux-ci doivent éviter toute situation qui pourrait faire présumer d'un manque d'indépendance. Ils doivent être libres de tout lien extérieur d'ordre personnel, professionnel ou financier qui pourrait être interprété comme constituant une entrave à leur intégrité ou à leur objectivité. L'article 5 du Code de déontologie des commissaires aux comptes précise que le commissaire aux comptes doit être indépendant de la personne ou de l'entité dont il est appelé à certifier les comptes. Le lien de parenté interdit donc au beau-frère de M. Wery d'être l'expert-comptable ou le commissaire aux comptes de la SA Desjardins.

5. Lettre de mission

La lettre de mission est obligatoire pour fixer les droits et obligations de la SA Desjardins et de son expert-comptable, ainsi que les conditions financières de la prestation. Elle est requise par le code de déontologie des experts-comptables.

Synthèse

Aperçu de l'organisation de la profession comptable française

	Métier	Nature de la mission	Instance de contrôle	Nature de responsabilité
Profession comptable libérale	Expert-comptable	Mission contractuelle	Ordre des experts-comptables	Civile Pénale Disciplinaire
	Commissaire aux comptes	Mission légale	Compagnie Nationale des Commissaires aux Comptes	Civile Pénale Disciplinaire
Profession comptable non libérale	Comptable public	Gestion des deniers publics	Cour des comptes	Personnelle Pécuniaire
	Comptable salarié	Selon le contrat de travail	Employeur	Civile Pénale Disciplinaire

Les principes d'éthique des professionnels comptables libéraux

Intégrité	Exercice de la profession avec honnêteté et droiture.
Impartialité	Analyse objective des données, sans préjugé, ni parti pris.
Indépendance et conflits d'intérêts	Exercice en toute liberté des pouvoirs et des compétences. Se caractérise à la fois par l'indépendance d'esprit et le désintéressement. Le professionnel doit éviter les situations qui compromettent son indépendance ou l'exercice impartial de sa mission.
Scepticisme professionnel et esprit critique	Attention portée aux éléments qui pourraient révéler l'existence d'éventuelles anomalies significatives dues à une erreur ou à une fraude et évaluation critique des éléments probants.
Compétence	Nécessité de connaissances théoriques et pratiques régulièrement actualisées.
Confraternité	Courtoisie à l'égard des confrères.
Secret professionnel et discrétion	Secret professionnel sauf cas particuliers et devoir de discrétion.

Références

Experts-comptables :

- Ordonnance n° 45-2138 du 19 septembre 1945.
- Décret n° 2012-432 du 30 mars 2012 relatif à l'exercice de l'activité d'expertise comptable.

Commissaires aux comptes :

- Code de commerce : articles L. 820-1 à 823-21 (partie législative) et R. 821-1 à R. 823-23 (partie réglementaire).
- Code de déontologie (Annexe 8-1 du Livre VII du Code de commerce partie réglementaire).

Comptabilité publique :

- Code des juridictions financières.
- Décret n° 2012-1246 du 7 novembre 2012 relatif à la gestion budgétaire et comptable publique (GBCP).

1 Ordonnance n° 45-2138 du 19 septembre 1945 – article 1 (extrait)

Il est créé un ordre des experts-comptables, doté de la personnalité civile, groupant les professionnels habilités à exercer la profession d'expert-comptable dans les conditions fixées par la présente ordonnance.

À sa tête est placé un conseil supérieur de l'ordre, dont le siège est à Paris.

L'ordre a pour objet d'assurer la défense de l'honneur et de l'indépendance de la profession qu'il représente.

Il peut présenter aux pouvoirs publics et aux autorités constituées toute demande relative à la profession et être saisi par ces pouvoirs et autorités de toute question la concernant.

2 Code de commerce – article R. 823-12

Les diligences estimées nécessaires à l'exécution du programme de travail doivent comporter pour un exercice, en fonction du montant du bilan de la personne ou de l'entité, augmenté du montant des produits d'exploitation et des produits financiers, hors TVA, un nombre d'heures de travail normalement compris entre les chiffres suivants :

Montant total du bilan et des produits d'exploitation et des produits financiers, hors taxes, et nombre normal d'heures de travail :

- jusqu'à 305 000 € : 20 à 35 heures ;
- de 305 000 à 760 000 € : 30 à 50 heures ;
- de 760 000 à 1 525 000 € : 40 à 60 heures ;
- de 1 525 000 à 3 050 000 € : 50 à 80 heures ;
- de 3 050 000 à 7 622 000 € : 70 à 120 heures ;
- de 7 622 000 à 15 245 000 € : 100 à 200 heures ;
- de 15 245 000 à 45 735 000 € : 180 à 360 heures ;
- de 45 735 000 à 122 000 000 € : 300 à 700 heures.

3 Code de commerce – article L. 821-2

Le collège du Haut Conseil du commissariat aux comptes comprend :

1. quatre magistrats, dont :

a) un membre de la Cour de cassation, président du Haut Conseil,

b) deux magistrats de l'ordre judiciaire, dont l'un est président de la formation restreinte prévue au II,

c) un magistrat de la Cour des comptes ;

2. le président de l'Autorité des marchés financiers ou son représentant, le président de l'Autorité de contrôle prudentiel et de résolution ou son représentant, le directeur général du Trésor ou son représentant ;

3. un professeur des universités spécialisé en matière juridique, économique ou financière ;

4. quatre personnes qualifiées en matière économique et financière ; la première est choisie pour ses compétences dans les domaines des offres au public et des sociétés dont les titres sont admis aux négociations sur un marché réglementé, la deuxième pour ses compétences dans le domaine de la banque ou de l'assurance, la troisième pour ses compétences dans le domaine des petites et moyennes entreprises, des personnes morales de droit privé ayant une activité économique ou des associations, la quatrième pour ses compétences en matière de comptabilité nationale et internationale ;

5. deux personnes ayant exercé la profession de commissaire aux comptes. [...]

4 Code des juridictions financières – article L. 112-1

La Cour des comptes est composée du premier président, de présidents de chambre, de conseillers maîtres, de conseillers référendaires et d'auditeurs.

5 Code de déontologie de la profession de commissaire aux comptes – articles 1er et 2

Article 1er

Le commissaire aux comptes exerce une mission d'intérêt général dans les conditions fixées par la loi.

Le présent code définit la déontologie à laquelle est soumis le commissaire aux comptes dans l'accomplissement de sa mission. Ses dispositions s'imposent à tout commissaire aux comptes, quel que soit son mode d'exercice.

Le respect des dispositions du présent code fait l'objet de vérifications lors des contrôles et des enquêtes auxquels sont soumis les commissaires aux comptes.

Article 2

Le commissaire aux comptes doit se conformer aux lois et règlements ainsi qu'aux dispositions du présent code.

6 Code de commerce – article L. 822-15

Sous réserve des dispositions de l'article L. 823-12 et des dispositions législatives particulières, les commissaires aux comptes, ainsi que leurs collaborateurs et experts, sont astreints au secret professionnel pour les faits, actes et renseignements dont ils ont pu avoir connaissance à raison de leurs fonctions. Toutefois, ils sont déliés du secret professionnel à l'égard du président du tribunal de commerce ou du tribunal de grande instance lorsqu'ils font application des dispositions du chapitre IV du titre III du livre II ou du chapitre II du titre Ier du livre VI.

Lorsqu'une personne morale établit des comptes consolidés, les commissaires aux comptes de la personne morale consolidante et les commissaires aux comptes des personnes consolidées sont, les uns à l'égard des autres, libérés du secret professionnel. Ces dispositions s'appliquent également lorsqu'une personne établit des comptes combinés.

Les commissaires aux comptes procédant à une revue indépendante ou contribuant au dispositif de contrôle de qualité interne sont astreints au secret professionnel.

7 Code de déontologie des professionnels de l'expertise comptable – article 145 (décret n° 2012-432 du 30 mars 2012 – Titre III chapitre II)

Les personnes mentionnées à l'article 1er exercent leur activité avec compétence, conscience professionnelle et indépendance d'esprit. Elles s'abstiennent, en toutes circonstances, d'agissements contraires à la probité, l'honneur et la dignité.

Elles doivent en conséquence s'attacher :

1. À compléter et mettre à jour régulièrement leur culture professionnelle et leurs connaissances générales ;

2. À donner à chaque question examinée tout le soin et le temps qu'elle nécessite, de manière à acquérir une certitude suffisante avant de faire toute proposition ;

3. À donner leur avis sans égard aux souhaits de celui qui les consulte et à se prononcer avec sincérité, en toute objectivité, en apportant, si besoin est, les réserves nécessaires sur la valeur des hypothèses et des conclusions formulées ;

4. À ne jamais se placer dans une situation qui puisse diminuer leur libre arbitre ou faire obstacle à l'accomplissement de tous leurs devoirs ;

5. À ne jamais se trouver en situation de conflit d'intérêts.

Les personnes morales mentionnées à l'article 141 veillent à ce que les professionnels de l'expertise comptable qu'elles emploient fassent preuve des mêmes qualités et adoptent le même comportement.

8 Code de déontologie des professionnels de l'expertise comptable – article 152 (décret n° 2012-432 du 30 mars 2012 – Titre III chapitre II)

Les actions de promotion réalisées par les personnes mentionnées à l'article 141 ont pour objet de procurer au public qu'elles visent une information utile. Ces personnes ne peuvent proposer des services à des tiers n'en ayant pas fait la demande que dans des conditions compatibles avec les règles déontologiques et professionnelles d'exercice de leur profession. Les moyens auxquels il est recouru pour procéder à ces actions de promotion ou de démarchage sont mis en œuvre avec discrétion, de façon à ne pas porter atteinte à l'indépendance, à la dignité et à l'honneur de la profession, pas plus qu'aux règles du secret professionnel et à la loyauté envers les clients et les autres membres de la profession.

Lorsqu'elles présentent leur activité professionnelle à des tiers, par quelque moyen que ce soit, les personnes mentionnées à l'article 141 ne doivent adopter aucune forme d'expression qui soit de nature à compromettre la dignité de leur fonction ou l'image de la profession.

Ces modes de communication ainsi que tous autres ne sont admis qu'à condition que l'expression en soit décente et empreinte de retenue, que leur contenu ne comporte aucune inexactitude ni ne soit susceptible d'induire le public en erreur et qu'ils soient exempts de tout élément comparatif.

Applications

Comprendre les notions

Application 1 QCM

Retrouvez la ou les réponses exactes.

1. La mission de l'expert-comptable est d'origine :
- ☐ légale.
- ☐ contractuelle.

2. La mission du commissaire aux comptes est d'origine :
- ☐ légale.
- ☐ contractuelle.

3. Le titre d'expert-comptable est légalement protégé :
- ☐ Vrai
- ☐ Faux

4. Un comptable salarié peut-être expert-comptable et inversement :
- ☐ Vrai
- ☐ Faux

5. La rémunération de l'expert-comptable est fixée selon un barème professionnel :
- ☐ Vrai
- ☐ Faux

6. Dans quel texte est la mission légale du commissaire aux comptes ?
- ☐ le Code de commerce.
- ☐ le Code monétaire et financier.
- ☐ le Code rural.
- ☐ le Code du travail.
- ☐ cela dépend de la nature de l'entité visée.

7. Parmi les entités suivantes, lesquelles sont systématiquement soumises à un contrôle légal des comptes ?
- ☐ les sociétés anonymes.
- ☐ les sociétés à responsabilité limitée.
- ☐ les associations.
- ☐ les établissements de crédit.
- ☐ les sociétés d'assurance.
- ☐ les sociétés par actions simplifiées.
- ☐ les coopératives agricoles.

8. La déontologie des commissaires aux comptes est fixée par :
- ☐ les normes de comportement.
- ☐ le Code de déontologie.
- ☐ les normes d'exercice professionnel.

9. La rémunération du commissaire aux comptes est supportée par :

- ☐ l'État.
- ☐ les actionnaires.
- ☐ l'entité contrôlée.
- ☐ le H3C.

10. Le barème professionnel des commissaires aux comptes concerne :

- ☐ uniquement la fourchette de nombre normal d'heures de travail.
- ☐ uniquement le taux horaire de facturation.
- ☐ les deux éléments précédents.

11. Le comptable public est recruté par voie de concours publics :

- ☐ Vrai
- ☐ Faux

12. Le comptable public est responsable de sa fonction sur ses deniers privés :

- ☐ Vrai
- ☐ Faux

13. Le président du Conseil Supérieur de l'Ordre des Experts-Comptables est élu pour :

- ☐ 1 an.
- ☐ 2 ans.
- ☐ 4 ans.
- ☐ 5 ans.

14. Les Compagnies Régionales des Commissaires aux Comptes recouvrent les mêmes zones géographiques que les Compagnies Régionales de l'Ordre des Experts-Comptables :

- ☐ Vrai
- ☐ Faux

15. Le H3C est l'organe de surveillance de la profession d'expert-comptable :

- ☐ Vrai
- ☐ Faux

16. « Science, conscience, indépendance » est la devise des experts-comptables :

- ☐ Vrai
- ☐ Faux

17. Parmi les principes suivants, lesquels font partie de la déontologie des commissaires aux comptes ?

- ☐ Sincérité.
- ☐ Compétence.
- ☐ Impartialité.
- ☐ Honneur.
- ☐ Confraternité.
- ☐ Discrétion.
- ☐ Objectivité.

18. La liste des commissaires aux comptes est établie dans le ressort :
- ☐ du chef-lieu du département.
- ☐ de la cour d'appel.
- ☐ du tribunal de commerce.
- ☐ de la préfecture.
- ☐ du tribunal de grande instance.

19. Avec quelle périodicité minimale doit se faire la rotation des associés signataires des entités d'intérêt public ?
- ☐ tous les ans.
- ☐ tous les 3 ans.
- ☐ tous les 5 ans.
- ☐ tous les 6 ans.

20. Lorsqu'une personne morale établit des comptes consolidés, les commissaires aux comptes de la personne morale consolidante et les commissaires aux comptes des personnes consolidées sont, les uns à l'égard des autres :
- ☐ tenus au secret professionnel.
- ☐ libérés du secret professionnel.

Mettre en œuvre les compétences

Application 1 Expert-comptable/commissaire aux comptes/comptable salarié

Compétences attendues : C1 et C2

Monsieur Rossignol vient d'obtenir son diplôme d'expert-comptable. Il hésite sur le choix de son projet professionnel : exercer en libéral, être salarié d'un expert-comptable, ou être directeur financier en entreprise.

1. **Quelles sont les conditions à remplir pour s'inscrire à l'Ordre des Experts-Comptables ?**
2. **Un expert-comptable peut-il s'inscrire comme commissaire aux comptes ? Inversement, un professionnel titulaire du certificat d'aptitude à la fonction de commissaire aux comptes peut-il s'inscrire comme expert-comptable ?**
3. **M. Rossignol envisage de créer son cabinet sans racheter de clientèle : peut-il travailler, à temps partiel, en libéral et chez un expert-comptable comme salarié ?**
4. **M. Rossignol peut-il travailler, à temps partiel, comme salarié membre de l'OEC, chez un expert-comptable, et dans une entreprise comme directeur financier ?**
5. **M. Rossignol peut-il travailler, à temps partiel, comme salarié non inscrit à l'OEC, chez un expert-comptable, et dans une entreprise comme directeur financier ?**

Application 2 Nature des responsabilités

Compétences attendues : C1 et C3
Indiquez pour chacune des situations suivantes la nature des responsabilités encourues par les professionnels comptables.

1. **M. Didier, expert-comptable de la SA INVENT a une mission d'établissement des comptes annuels et de l'ensemble des déclarations fiscales de l'entreprise formalisée par une lettre de mission. Il a omis de faire bénéficier à celle-ci du crédit d'impôt recherche auquel elle pouvait prétendre compte tenu de ses activités.**
2. **Mme Allemand, expert-comptable de la SA INTER a une mission d'établissement des comptes annuels formalisée par une lettre de mission. La SA INTER l'assigne en responsabilité, au motif qu'elle ne l'a pas alerté du franchissement du seuil de 50 salariés et du risque encouru en matière de mise en place obligatoire d'un accord de participation des salariés.**
3. **M. Cac est commissaire aux comptes de la SA DEBIT. Il a indiqué à plusieurs reprises que le compte courant de l'associé principal, M. DELIT, était débiteur, pour un montant significatif. Malgré ses relances, la situation n'a pas évolué.**
4. **M. Bretin est chef comptable de la SA GEMO. A la demande du dirigeant de l'entreprise, il a surévalué de manière significative le montant du stock final de marchandises dans les états financiers de l'exercice N, afin de masquer les difficultés provisoires rencontrées dans l'activité de la société.**

Application 3 Comptable public

Compétences attendues : C1, C2 et C3
Monsieur Lamorlette, soucieux de la poursuite de sa carrière dans la filière comptable, s'interroge sur le métier de comptable public.

1. **Comment devient-on comptable public ?**
2. **Quels sont le statut et la nature des travaux d'un comptable public ?**
3. **Quelles sont les responsabilités du comptable public ?**
4. **Par quel organisme son activité est-elle contrôlée ?**

CHAPITRE

2

La normalisation comptable et professionnelle

Compétences attendues	Savoirs associés
- Identifier les normalisateurs internationaux et nationaux, analyser leurs rôles (C1). - Positionner le Plan comptable général (PCG) dans le contexte évolutif de la normalisation internationale (C2). - Citer les référentiels comptables applicables en France (C3).	– Normalisateurs internationaux et principaux rôles : – « *International Accounting Standards Board* » (IASB) ; – « *International Public Sector Accounting Standards Board* » (IPSASB). – Normalisateurs nationaux et principaux rôles : – Autorité des normes comptables (ANC) ; – Autorité des marchés financiers (AMF) ; – Conseil de normalisation des comptes publics (CNOCP). – Notion de groupe et référentiels comptables applicables en France pour les comptes consolidés.

Contexte professionnel

Le Groupe allemand Lamda, coté à la bourse de Francfort, a acquis en juin N 80 % des titres de la SA Beta, société non cotée implantée à Dijon. La SA Beta détient 80 % des parts de la SARL Alpha et 60 % des actions de la SA Gamma et présente volontairement des comptes consolidés. Le directeur financier du groupe, M. Britzel, s'interroge quant au référentiel applicable aux différents états financiers établis par le groupe et les sociétés du groupe.

Raison sociale	Groupe Lamda
Siège social et exploitation	Francfort et implantation européenne
Activité	Fabrication et commercialisation d'appareils électroménagers
Filiales et participations	En France : SA BETA à Dijon
Effectif	950 salariés

La prise de décision de l'investisseur nécessite une information claire et comparable relative aux règles d'élaboration de l'information financière et à sa fiabilité.

Ces objectifs entraînent l'élaboration de deux séries de normes :
- les normes comptables : elles définissent les principes comptables et les règles d'évaluation et de présentation de l'information financière. Elles doivent être connues de l'ensemble des parties prenantes à la chaîne de l'information financière (préparateurs de comptes, auditeurs, analystes financiers, utilisateurs) ;
- les normes professionnelles (d'audit en particulier) : ces normes définissent le contenu et la méthodologie de mise en œuvre des missions des professionnels comptables. Elles doivent être maîtrisées par les experts-comptables et les commissaires aux comptes.

Ces règles d'élaboration et de contrôle de l'information financière ont d'abord été établies au plan national (Code de commerce et Plan comptable général (PCG), normes d'audit de la CNCC). Le phénomène d'internationalisation des marchés financiers a ensuite rendu nécessaire l'émergence de normes communes d'élaboration et de contrôle de l'information financière aux plans européen (règlement du 19 juillet 2002 portant adoption des IFRS, directive européenne relative aux contrôles légaux des comptes annuels et des comptes consolidés) et international (normes comptables IFRS, normes d'audit ISA).

Ainsi, trois référentiels comptables (ensemble de règles applicables à l'élaboration et à la présentation de l'information financière) coexistent aujourd'hui en France :
- le référentiel IFRS : pour les comptes consolidés (comptes de groupes incluant la société mère et ses filiales) des sociétés cotées, et pour les comptes consolidés des sociétés non cotées ayant opté pour les IFRS ;
- le règlement CRC 99-02 (règles françaises de consolidation) pour les comptes consolidés des sociétés non cotées n'ayant pas opté pour les IFRS ;
- le Plan Comptable Général pour les comptes individuels (ou comptes annuels ou comptes sociaux d'une entité) de l'ensemble des sociétés.

I La normalisation comptable et ses normalisateurs

A) Distinction comptes individuels/comptes consolidés

L'information financière produite par les entreprises peut concerner les comptes individuels et/ou les comptes consolidés.

1. Comptes individuels

Les comptes individuels, appelés aussi comptes annuels ou comptes sociaux, sont les documents de synthèse d'un commerçant, personne physique ou morale.

2. Comptes consolidés

Les comptes consolidés désignent les documents de synthèse d'un groupe (sociétés mère et entreprises sur lesquelles elle exerce un contrôle exclusif, un contrôle conjoint ou une influence notable).

Les comptes consolidés sont l'information comptable et financière la plus significative et pertinente pour une société à la tête d'un groupe. En effet, les comptes de la société mère (entité qui a une ou plusieurs filiales), ne peuvent à eux seuls informer l'utilisateur des états financiers sur la situation financière et la performance réelle du groupe :
- dans le bilan de la société mère, les titres de participation détenus figurent à leur prix d'acquisition, minoré le cas échéant par les dépréciations ultérieures, mais non majoré en cas de

plus-values latentes (voir chapitres 3 et 9). Ceci ne permet pas de connaître la prise de valeur de cet investissement ;

– le bilan de la société mère ne fait pas ressortir le potentiel économique dont elle dispose, ni l'endettement auquel il lui convient de faire face pour bénéficier de ce potentiel. Une situation financière saine de la société mère peut ainsi être compromise par un endettement élevé dans une ou plusieurs filiales du groupe ;
– dans le compte de résultat de la société mère, les performances des filiales ne sont appréhendées que par les dividendes reçus, ou les dépréciations constatées sur la valeur des titres. Le lecteur des comptes ne peut pas mesurer les résultats réels des filiales ;
– dans le compte de résultat de la société mère, le chiffre d'affaires peut correspondre intégralement à des ventes extérieures au groupe, ou en partie à un transfert de stocks à une société du groupe. C'est le cas d'une société mère qui serait une société de production et qui vendrait à ses filiales de commercialisation.

Les comptes consolidés permettent de pallier ces lacunes des comptes annuels. En outre, ils fournissent une information apurée des évaluations à caractère fiscal.

Exemple

Information financière du Groupe l'Oréal

L'Oréal S.A. est une société française, dont le siège se trouve en France et qui exerce une activité commerciale spécifique à ce pays. En parallèle, L'Oréal S.A. exerce une fonction de holding et de coordination stratégique d'une part et, scientifique, industrielle et marketing du Groupe L'Oréal dans le monde d'autre part. Les filiales dans leur majorité ont un rôle de commercialisation des produits fabriqués par les usines du Groupe dans les pays ou zones d'implantation de celui-ci.

Le rapport financier annuel du groupe l'Oréal comporte à la fois :
– les comptes individuels de l'Oréal SA ;
– les comptes consolidés du Groupe l'Oréal.

Contexte Groupe Lamda

Qu'entend-on par états financiers individuels et états financiers consolidés au niveau du groupe Lamda ?

B) Typologie et définition des textes publiés

Comme les autres branches du droit, le droit comptable est soumis à une hiérarchie de ses sources, qui s'établit comme suit de manière décroissante :
– la réglementation internationale et européenne ;
– les textes législatifs et réglementaires français ;
– la jurisprudence (décisions des tribunaux) ;
– la doctrine (prises de position des organismes professionnels et autres sources).

Seules les deux premières sources ont un caractère obligatoire. La jurisprudence et la doctrine n'ont qu'un caractère incitatif, mais complètent de manière significative le dispositif normatif.

1. Réglementation internationale et européenne

Sur le plan comptable, il n'existe pas de traité international. Le niveau de texte le plus élevé est constitué par les textes de niveau européen qui sont de deux ordres :
– les règlements ;
– les directives.

a) Règlements européens

Les règlements européens sont des textes de portée générale qui s'appliquent directement et de manière obligatoire à l'ensemble des États membres de l'UE. Lorsqu'un règlement comporte des options, un texte national d'application est néanmoins nécessaire pour préciser la position retenue par l'État concerné.

Exemple

D'après le règlement CE n° 1606/2002 du Parlement européen et du Conseil du 19 juillet 2002 sur l'application des normes comptables internationales :

- les sociétés de l'Union européenne qui font appel public à l'épargne sont tenues d'établir leurs comptes consolidés selon le référentiel IFRS pour les exercices ouverts à compter du 1er janvier 2005 : cette disposition du règlement s'applique de plein droit à tous les États membres de l'UE, sans texte national d'application ;
- concernant les comptes consolidés des sociétés non cotées et les comptes individuels de l'ensemble des sociétés, cotées ou non, le règlement a laissé l'option aux États membres du choix du référentiel comptable à appliquer : cette disposition du règlement implique un texte national d'application dans chaque État membre ;
- en France, l'ordonnance 2004-1382 du 20 décembre 2004 précise les options retenues : application facultative du référentiel IFRS pour les comptes consolidés des sociétés non cotées (choix entre IFRS et règlement CRC 99-02) et interdiction d'application de ce même référentiel pour les comptes individuels de l'ensemble des sociétés (PCG obligatoire).

b) Directives européennes

Les directives européennes sont des textes nécessitant une transposition dans le droit national de chaque État membre, par voie législative, réglementaire ou par instruction administrative.

L'Europe s'est dotée le 26 juin 2013 d'une nouvelle directive comptable remplaçant les 4e directive du 25 juillet 1978 relative aux comptes annuels et 7e directive du 13 juin 1973 relative aux comptes consolidés. Les dispositions de cette directive sont applicables aux exercices ouverts à compter du 1er janvier 2016.

Contexte Groupe Lamda

La directive comptable européenne s'applique-t-elle aux états financiers individuels des sociétés du groupe Lamda et aux états financiers consolidés du groupe ?

2. Textes législatifs et réglementaires nationaux

Les textes législatifs et réglementaires sont constitués par :

- les lois et les ordonnances ;
- les décrets et les arrêtés.

En matière comptable, les textes de référence sont formés par :

- l'ordonnance 2015-900 et le décret 2015-903 du 23 juillet 2015 relatifs aux obligations comptables des commerçants. Ces deux textes, pris en application de la directive comptable européenne du 26 juin 2013, modifient respectivement la partie législative et la partie réglementaire du Code de commerce ;
- le Plan comptable général résultant de l'arrêté ministériel du 8 septembre 2014 d'homologation du règlement ANC 2014-03 et modifié par les règlements ANC ultérieurs.

a) Le Code de commerce : partie législative

• Comptes sociaux

Les articles L. 123-12 à L. 123-28 du Code de commerce constituent le cadre des règles comptables générales applicables à tous les commerçants, qu'ils soient des personnes physiques ou morales.

C'est le Code de commerce qui impose aux commerçants la tenue d'une comptabilité : « Toute personne physique ou morale ayant la qualité de commerçant doit procéder à l'enregistrement comptable des mouvements affectant le patrimoine de son entreprise [...] » (Code de commerce – article L. 123-12).

• Comptes consolidés

Les articles L. 233-16 à L. 233-28 du Code de commerce fixent les règles générales d'établissement des comptes consolidés.

b) Le Code de commerce : partie réglementaire

• Comptes sociaux

La partie réglementaire du Code de commerce (articles R. 123-172 à 123-208) comporte les dispositions prises en application des articles L. 123-12 à L. 123-28 du Code de commerce. Ces dispositions concernent notamment :

– les documents comptables obligatoires à produire ;
– le détail de la composition des comptes annuels ;
– les seuils d'application des mesures de présentation simplifiée des comptes annuels ;
– les informations devant figurer en annexe.

• Comptes consolidés

La partie réglementaire du Code de commerce (articles R. 233-3 à 233-16) comporte les dispositions prises en application des articles L. 233-16 à L. 233-28 du Code de commerce. Ces dispositions concernent notamment :

– les méthodes de consolidation (intégration globale, intégration proportionnelle ou mise en équivalence) ;
– le processus de consolidation ;
– les documents comptables obligatoires à produire ;
– les seuils et conditions d'exemption à l'établissement de comptes consolidés.

c) Le Plan comptable général

L'élaboration d'un Plan comptable général résulte de la nécessité ressentie de réglementer la comptabilité, afin d'obtenir une information financière homogène. Le premier PCG date de 1947. Deux autres PCG lui ont succédé en 1957 puis en 1982, avec une mise à jour en 1986.

En 1999, le PCG est refondu et réécrit à droit quasi constant (arrêté ministériel du 22 juin 1999 portant homologation du règlement CRC 99-03). La réécriture du PCG sous forme d'articles numérotés vise à faciliter son actualisation. En effet, depuis 1999, le PCG fait l'objet de modifications et de compléments réguliers *via* les règlements CRC et ANC (voir I B. 3.). Il s'agit donc d'un document en constante évolution, qui ne peut plus être daté.

Le règlement ANC 2014-03 a abrogé le règlement CRC 99-03 (PCG 99) et les règlements modificatifs subséquents. Le travail mené par l'ANC a consisté essentiellement à réorganiser l'actuel PCG autour d'un nouveau plan thématique et d'une nouvelle numérotation, sans apporter de modification aux dispositions comptables contenues dans le PCG, la refonte ayant été menée à droit constant.

Le PCG s'applique à toute personne physique ou morale soumise à l'obligation légale d'établir des comptes annuels. Il est structuré en cinq livres, avec des titres, des chapitres, des sections et sous sections.

Exemples

Livre I – Principes généraux applicables aux différents postes des documents de synthèse
Livre II – Modalités particulières d'application des principes généraux
Livre III – Modèles de comptes annuels
Livre IV – Fonctionnement et plan de comptes
Livre V – Adaptations du PCG

Le PCG ne traite pas :

- des règles relatives aux comptes consolidés, qui font l'objet d'un règlement spécifique (voir § d. infra) ;
- de la comptabilité analytique (ou comptabilité de gestion) qui a été supprimée du droit comptable national en raison de son caractère facultatif.

d) Le Règlement CRC 99-02

Le règlement CRC 99-02 modifié par les règlements CRC et ANC ultérieurs constitue le référentiel français en matière d'établissement de comptes consolidés. Il définit les règles comptables spécifiques relatives à la consolidation :

- périmètre et méthodes de consolidation ;
- règles de consolidation ;
- méthodes d'évaluation et de présentation ;
- documents de synthèse consolidés.

3. Jurisprudence

La jurisprudence est constituée de l'ensemble des décisions rendues par les tribunaux. Elle n'a pas de caractère obligatoire, mais constitue de fait une source de droit importante, dans la mesure où elle contribue à fournir la solution généralement donnée à une question de droit. Les tribunaux sont en effet amenés à se prononcer sur l'interprétation de textes législatifs ou réglementaires ou sur des points faisant l'objet d'un vide juridique. Les jugements rendus comportant des aspects comptables concernent plus particulièrement les délits de :

- présentation ou publication de bilan inexact ;
- distribution de dividendes fictifs.

4. Doctrine

La doctrine est constituée par l'ensemble des avis et interprétations sur des points non précisés par les textes législatifs et réglementaires.
Elle ne présente pas de caractère obligatoire, mais les entreprises suivent de fait largement les préconisations figurant dans ces textes.

Exemples

Au niveau européen : recommandations de l'ESMA (*European Securities and Markets Authority*), comité indépendant des régulateurs européens de valeurs (voir III. B.).

Au niveau national :

- réponses ministérielles ;
- avis et recommandations de l'ANC ;
- recommandations de l'OEC, de l'AMF ;
- bulletins CNCC.

5. Le Recueil des normes comptables françaises

Publié par l'ANC et mis à jour régulièrement (dernière mise à jour au 1er janvier 2020), le *Recueil des normes comptables françaises* réunit l'ensemble des textes qui régissent l'établissement des comptes annuels des entreprises industrielles et commerciales en un corpus unique. Sous chaque article du PCG sont insérés les textes non réglementaires du CNC et de l'ANC s'y référant. En cela l'accès au droit comptable des utilisateurs est simplifié.

Le *Recueil des normes comptables françaises* s'articule en deux parties :

– les articles du Code de commerce (parties législative et réglementaire) relatifs aux obligations comptables applicables à tous les commerçants ainsi qu'aux dispositions applicables à certains d'entre eux uniquement ;

– le PCG et les sources non réglementaires (autres règlements de l'ANC, recommandations du CRC et de l'ANC, avis CNC et leur note de présentation, notes de présentation des règlements de l'ANC, communiqués et prises de position du CNC).

Les dispositions relatives aux comptes consolidés ne sont pas comprises dans ce recueil.

> **Contexte Groupe Lamda**
> Quels référentiels comptables sont applicables :
> – aux états financiers individuels de la SA Beta, de la SARL Alpha et de la SA Gamma ?
> – aux états financiers consolidés du sous-groupe Beta et groupe Lamda ?

C) Les normalisateurs internationaux

Les sources comptables internationales sont de deux ordres :

– les normes IFRS (*International Financial Reporting Standards*) publiées par l'IASB (*International Accounting Standards Board*) ;

– les US GAAP (*Generally Accepted Accounting Principles*) publiés par le FASB (*Financial Accounting Standards Board*).

Seuls ces deux référentiels peuvent se prévaloir d'un caractère international. Ils sont élaborés par les deux organismes privés que sont l'IASB et le FASB.

1. L'IASB (*International Financial Standards Board*)

Les représentants des principales organisations comptables de différents pays (dont la France) ont fondé en 1973 un organisme privé appelé IASC (*International Accounting Standards Committee*) ayant pour objectifs :

– de publier des normes comptables à observer pour la présentation des états financiers ;

– de promouvoir leur acceptation dans le monde.

En 2001, afin de faire face aux enjeux de la normalisation comptable internationale, une réforme de structure de l'IASC a permis de définir une nouvelle structure organisationnelle, l'IASB (*International Accounting Standards Board*), comprenant un organe de surveillance (IFRS *Foundation*), une instance normalisatrice (IASB), un organe de conseil (IFRS *Advisory Council*) et une instance interprétative (IFRS *Interpretation Committee*).

a) L'IFRS *Foundation*

Ce conseil de surveillance est composé de vingt-deux membres (appelés « *Trustees* ») qui sont des auditeurs, des industriels, des banquiers, des régulateurs d'Europe, d'Amérique du Nord, d'Asie et du reste du monde. Il est chargé du financement de l'institution et de la désignation des membres des trois instances que sont l'IASB, l'IFRS *Advisory Council* et l'IFRS *Interpretation Committee*.

b) L'IASB *(International Accounting Standards Board)*

Ce conseil exécutif est composé de quatorze membres salariés de la structure, ayant une compétence professionnelle et une expérience complémentaire : préparateurs d'états financiers, auditeurs, utilisateurs d'états financiers et universitaires. Un Français est actuellement membre de l'IASB : Françoise Flores (ancienne Présidente de l'EFRAG). L'IASB a pour objectifs principaux :

- d'élaborer les normes comptables internationales appelées IFRS (*International Financial Reporting Standards*). Celles publiées avant la réforme de 2001 sont appelées IAS (*International Accouting Standards*) ;
- d'approuver les interprétations préparées par l'IFRS *Interpretation Committee*.

c) L'IFRS *Advisory Council*

Ce comité consultatif de normalisation est constitué d'une quarantaine de membres, d'origine et de formation diverses, non rémunérés. Les responsabilités de ce comité sont de trois ordres :

- conseiller l'IASB sur son programme de travail et définir les travaux prioritaires ;
- informer l'IASB des avis que les organisations et les particuliers lui adressent sur les principaux projets de normalisation ;
- conseiller, d'une manière générale, l'IASB et ses *trustees*.

d) L'IFRS *Interpretations Committee*

Ce comité permanent d'interprétations connu auparavant sous le nom de SIC (*Standard Interpretations Committee*) est composé de quatorze membres votants, choisis pour leur capacité à se tenir au courant des questions actuelles et pour leur compétence technique à les résoudre (professionnels comptables en entreprise et en profession libérale et utilisateurs d'états financiers). L'IFRS *Interpretation Committee* a pour rôle de fournir des commentaires relatifs :

- aux questions de *reporting* financier nouvellement identifiées qui n'ont pas été spécifiquement traitées dans les IFRS ;
- aux questions qui donnent lieu ou qui pourraient donner lieu à des interprétations non satisfaisantes ou contradictoires.

Ce comité vise également à promouvoir l'application rigoureuse et uniforme des IFRS. Il aide l'IASB à assurer la convergence internationale des normes comptables en coopérant avec des groupes similaires patronnés par des normalisateurs comptables nationaux.

> **+**
>
> Le référentiel IFRS est composé de l'ensemble des normes et interprétations publiées par l'IASB :
>
> - les normes IAS (ancienne appellation) et les normes IFRS ;
> - les interprétations SIC (ancienne appellation) et IFRIC.
>
> Pour se prévaloir du référentiel IFRS, une entité doit respecter l'ensemble du référentiel.
>
> Le référentiel IFRS est très évolutif. Le rythme de publication des normes par l'IASB est soutenu entre les nouvelles normes, les révisions de normes anciennes, les interprétations, etc. Il est composé actuellement d'une quarantaine de normes et d'une vingtaine d'interprétations.

2. Le FASB (*Financial Accounting Standards Board*)

Depuis 1973, le FASB est l'organisation chargée d'élaborer les normes comptables et de reporting du secteur privé aux États-Unis. Ces normes appelées US GAAP (*Generally Accepted Accounting Principles*) s'imposent pour la préparation des états financiers. Leur autorité est reconnue de manière officielle par la SEC (*Securities and Exchange Commission*), organisme fédéral de réglementation et de contrôle des marchés financiers américains, et l'AICPA (*American Institute of Certified Public Accountants*), organisation nationale et professionnelle pour tous les comptables publics certifiés.

D) Les normalisateurs européens

La normalisation comptable est du ressort de la Commission européenne. La normalisation comptable à ce niveau a d'abord été effectuée par le biais de directives, avant que la Commission ne choisisse d'imposer le référentiel IFRS aux sociétés cotées de l'UE.

Enfin, Accountancy Europe joue un rôle de représentation de la profession comptable européenne.

1. La Commission européenne

La Commission européenne élabore les règlements et directives (voir I A. 1. a.).

Dans le domaine de la normalisation comptable, la directive comptable unique du 26 juin 2013 est applicable aux exercices ouverts à compter du 1er janvier 2016.

Cette directive a abrogé la 4e directive relative aux comptes annuels et la 7e directive relative aux comptes consolidés.

La directive comptable est fondée sur le principe « priorité aux PME ». Elle a pour objectif de simplifier les obligations en matière d'information financière, et de réduire les charges administratives des PME. Elle définit notamment quatre catégories d'entreprises et trois catégories de groupes en fonction de critères quantitatifs basés sur le total du bilan, le chiffre d'affaires et le nombre moyen de salariés. Ces seuils européens permettent aux États membres d'opter pour certaines mesures de simplification ou d'exemption. La directive impose également certaines modifications en matière d'établissement des comptes individuels et consolidés et d'informations à fournir en annexe ou dans le rapport de gestion.

Les directives comptables ont donné un cadre à l'harmonisation de l'information financière au sein de l'UE, mais contiennent surtout des dispositions générales relatives à l'établissement, la publicité et le contrôle des comptes. Les nombreuses options comptables en matière d'évaluation offertes par ces directives ont montré leurs limites. Pour atteindre l'objectif de normalisation comptable européenne, la Commission européenne a choisi la stratégie d'adoption de normes existantes : le référentiel IFRS. Ce choix a été matérialisé par le règlement européen du 19 juillet 2002 qui rend obligatoire le référentiel IFRS pour l'établissement des comptes consolidés des sociétés cotées de l'Union européenne pour les exercices ouverts à compter du 1er janvier 2005.

Toutefois, les normes IFRS et interprétations IFRIC publiées par l'IASB ne sont pas directement applicables par les pays membres de l'UE. La Commission européenne a prévu une procédure de filtrage des normes, *via* un mécanisme d'adoption qui repose essentiellement sur deux organismes :

- l'EFRAG (*European Financial Reporting Advisory Group*) ;
- l'ARC (*Accounting Regulatory Committee*).

2. L'EFRAG (*European Financial Reporting Advisory Group*)

L'EFRAG est un organisme technique de droit privé composé de professionnels de la comptabilité (préparateurs de comptes, analystes financiers et représentants des Bourses de valeur).

L'EFRAG a deux objectifs principaux :

- apporter une contribution proactive aux travaux de l'IASB,
- et donner un avis quant à l'adoption des normes comptables internationales de l'IASB en effectuant une évaluation technique des normes et interprétations, avant leur adoption en Europe.

La structure de gouvernance de l'EFRAG est la suivante :

- un conseil de surveillance (*Board*), composé de parties prenantes européennes (sociétés industrielles et commerciales, banques et compagnies d'assurances, profession comptable et utilisateurs) et de normalisateurs comptables nationaux (notamment français, allemand, italien et britannique). Il est responsable de l'ensemble des prises de position de l'EFRAG, avec l'objectif de représenter la voix de l'Europe de manière unique et renforcée ;

– un groupe d'experts techniques (TEG, *Technical Expert Group*) qui assume un rôle consultatif en fournissant des conseils techniques au Board.

3. L'ARC (*Accounting Regulatory Committee*)

Ce comité européen de la réglementation comptable est un organe à vocation politique présidé par la Commission européenne. L'ARC associe les représentants de tous les États membres et rend des avis sur l'adoption des normes et interprétations IFRS sur la base des avis techniques de l'EFRAG.

La décision d'applicabilité de la norme ou interprétation est ensuite rendue par la Commission européenne. Ce mécanisme d'adoption des IFRS en Europe se termine par la traduction des textes dans chacune des langues de l'UE, puis leur publication sous forme de règlement au *Journal Officiel de l'Union Européenne* (JOUE).

4. Accountancy Europe (ex-FEE)

Trente ans après sa création, la Fédération Européenne des Experts-comptables (FEE) a changé de nom en décembre 2016 pour devenir « Accountancy Europe ».

Accountancy Europe est un organisme de représentation de la profession comptable au sens large dans les instances internationales, les institutions membres fédérant plus de 800 000 professionnels travaillant dans différents milieux : cabinets d'audit et d'expertise comptables, entreprises de toutes tailles, secteur public et éducation.

Les organisations françaises membres d'Accountancy Europe sont l'Ordre des Experts-Comptables (OEC), la Compagnie Nationale des commissaires aux comptes (CNCC) et l'Institut Français des Experts-Comptables (IFEC). Cet organisme joue également le rôle d'organe consultatif auprès des institutions européennes. Il a constitué des groupes de travail (audit et certification, *reporting* financier et non financier, secteur public et fiscalité) qui publient notamment des études visant à contribuer au développement de politiques publiques européennes.

E) Le normalisateur national et les instances professionnelles

Le processus français de normalisation comptable a été profondément remanié à plusieurs reprises :

– la rénovation du Conseil National de la Comptabilité (CNC) et la création de son Comité d'urgence en août 1996 ;

– la création du Comité de la Réglementation Comptable (CRC) par la loi du 6 avril 1998.

Une nouvelle réforme des institutions comptables a été menée à partir de 2007 afin de mieux répondre au nouveau défi de participation à l'évolution de la normalisation comptable internationale (référentiel IFRS).

Elle a abouti à la création de l'Autorité des Normes Comptables (ANC), qui a remplacé le CNC et le CRC.

Les organismes professionnels que sont l'Ordre des Experts-Comptables (OEC) et la Compagnie Nationale des Commissaires aux Comptes (CNCC) sont également amenés à fournir des avis ou recommandations sur des questions d'ordre comptable.

1. Le CNC (Conseil National de la Comptabilité)

Le CNC était un organisme consultatif placé sous l'autorité du ministère de l'Économie et des Finances.

Il avait pour mission d'émettre, dans le domaine comptable, des avis et recommandations concernant l'ensemble des secteurs économiques.

Certains avis étaient ensuite soumis au CRC pour intégration dans le PCG. Les avis et recommandations du CNC sont un élément de doctrine comptable. Largement suivis par les entreprises, ils indiquent la bonne pratique comptable.

Exemple 1

Avis du CNC soumis au CRC :

- avis CNC 2004-15 relatif à la définition, la comptabilisation et l'évaluation des actifs ;
- règlement CRC 2004-06 relatif à la définition, la comptabilisation et l'évaluation des actifs.

Exemple 2

Avis du CNC non soumis au CRC (texte interprétatif) : avis 2004-11 du CNC relatif aux modalités d'application de la comptabilisation par composants et des provisions pour gros entretien dans les organismes de logement social.

Exemple 3

Recommandation du CNC (texte interprétatif) : recommandation CNC n° 2003-R-01 relative aux règles de comptabilisation et d'évaluation des engagements de retraite et avantages similaires.

2. Le Comité d'urgence du CNC

Le Comité d'urgence du CNC avait été créé lors de la réforme du CNC en 1996 pour accroître la réactivité du processus de normalisation comptable.

Ce comité était saisi par le président du conseil ou le ministre chargé de l'Économie sur toute question relative à l'interprétation ou l'application d'une norme comptable nécessitant un avis urgent. Il devait statuer dans un délai maximal de trois mois à compter de la date de saisine.

Les avis du Comité d'urgence du CNC sont également des textes interprétatifs qui viennent compléter la doctrine comptable.

Exemple

Avis 2005-J du Comité d'urgence du CNC relatif aux modalités d'exercice de l'option de comptabilisation des droits de mutation, honoraires, commissions et frais d'acte.

3. Le CRC (Comité de la Réglementation Comptable)

Le CRC était un organisme décisionnel créé par la loi du 6 avril 1998 relative à la réforme de la normalisation comptable. Il détenait le monopole d'établissement des règles comptables françaises vis-à-vis de toute personne physique ou morale soumise à l'obligation d'établir des comptes annuels.

Le CRC adoptait sous forme de règlements les avis qui lui étaient soumis par le CNC. Homologués par arrêté ministériel, ces règlements sont venus modifier le PCG et sont d'application obligatoire.

Exemple

Règlement CRC 2002-10 relatif à l'amortissement et à la dépréciation des actifs adopté sur la base de l'avis CNC 2002-07 relatif à l'amortissement et à la dépréciation des actifs.

4. L'ANC (Autorité des Normes Comptables)

Pour répondre aux enjeux actuels, le CNC devait passer, selon un rapport établi par Jean-François Lepetit, son président, du stade d'organisme consultatif à celui de régulateur des normes comptables.

À cet effet, un nouvel organisme intitulé Autorité des Normes Comptables (ANC), a été créé par l'ordonnance n° 2009-79 du 22 janvier 2009. L'ANC se substitue au Conseil national de la comptabilité et au Comité de la réglementation comptable.

L'ordonnance ministérielle fixe dans son article 1 le rôle de l'ANC :

« L'Autorité des normes comptables (ANC) exerce les missions suivantes :

1° Elle établit sous forme de règlements les prescriptions comptables générales et sectorielles que doivent respecter les personnes physiques ou morales soumises à l'obligation légale d'établir des documents comptables conformes aux normes de la comptabilité privée ;

2° Elle donne un avis sur toute disposition législative ou réglementaire contenant des mesures de nature comptable applicables aux personnes visées au 1°, élaborée par les autorités nationales ;

3° Elle émet, de sa propre initiative ou à la demande du ministre chargé de l'économie, des avis et prises de position dans le cadre de la procédure d'élaboration des normes comptables internationales ;

4° Elle veille à la coordination et à la synthèse des travaux théoriques et méthodologiques conduits en matière comptable ; elle propose toute mesure dans ces domaines, notamment sous forme d'études et de recommandations. »

L'Autorité des normes comptables comprend un collège, deux commissions spécialisées et un comité consultatif.

a) Le collège

Organe exécutif de l'ANC, il comprend seize membres, nommés par arrêté ministériel. Le collège arrête les orientations stratégiques de l'ANC et valide le programme de travail de deux commissions spécialisées sur lesquelles il s'appuie pour mener à bien ses missions. Le collège est l'instance de décision ; il adopte les règlements soumis à homologation ministérielle, les avis, les prises de position, les recommandations et peut adopter des communications.

b) Les commissions spécialisées

Présidées et vice-présidées par deux membres du collège, elles comportent chacune neuf membres. La commission des normes internationales établit son programme sur la base des échéances principales des travaux de l'IASB, de l'IFRS *Interpretations Committee* et de l'EFRAG. La commission des normes privées a pour mission première de rédiger des projets de règlements et des projets d'avis. Pour mener à bien leur mission, les deux commissions constituent des groupes de travail pour traiter les sujets qui nécessitent une expertise spécifique approfondie.

c) Le comité consultatif

Il est composé de vingt-cinq représentants du monde économique et social. Le comité examine le programme de travail et le rapport d'activité annuel et peut être appelé à formuler des observations sur une question stratégique ou examiner une question particulière.

L'organisation de l'ANC peut être schématisée comme suit (Source : site Internet de l'ANC) :

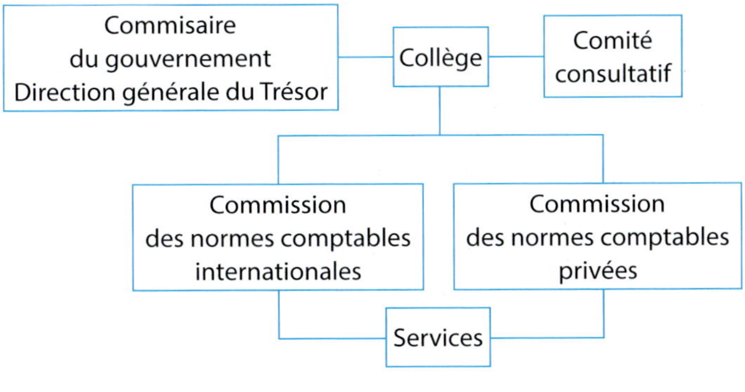

La normalisation comptable du secteur public est du ressort du CNoCP, le Conseil de Normalisation des Comptes Publics (arrêté du 29 avril 2009). L'ANC collabore étroitement au processus d'élaboration des normes relatives aux comptes publics en participant au collège du CNoCP.

Exemples

Lettre de commentaire de l'ANC relative à l'exposé sondage de l'IASB sur les contrats d'assurance (13 janvier 2011).

Règlement de l'ANC n° 2010-10 du 7 octobre 2010 relatif à la présentation simplifiée des comptes annuels.

Recommandation ANC 2013-03 du 7 novembre 2013 relative au format des comptes consolidés des entreprises établis selon les normes comptables internationales.

5. L'OEC (Ordre des Experts-Comptables)

En matière comptable, l'OEC publie des avis et recommandations qui viennent alimenter la doctrine comptable.

Exemples

Recommandation n° 1-12 « Événements postérieurs à la date de clôture » (1982).

Avis n° 1-30 « Le tableau des flux de trésorerie » (1997).

6. La CNCC (Compagnie Nationale des Commissaires aux Comptes)

La Commission des études comptables de la CNCC répond aux questions comptables et relatives à l'information financière posées par les commissaires aux comptes dans son bulletin trimestriel. Ces réponses constituent des éléments de doctrine comptable.

Exemple

Bulletin n° 140 de la CNCC (décembre 2005) : communiqué relatif aux modalités d'application à certaines catégories d'immeubles de la norme IAS 16 « Immobilisations corporelles » et du règlement CRC n° 2002-10 relatif à l'amortissement et à la dépréciation des actifs.

II La normalisation professionnelle et ses normalisateurs

Pour réaliser leurs missions de contrôle de l'information financière, les professionnels doivent respecter un ensemble de normes définies :

– au plan international par l'IFAC (*International Federation of Accountants*) ;

– au plan national par les institutions professionnelles : la CNCC et l'OEC.

Les scandales financiers européens tels que Parmalat et Ahold ont par ailleurs conduit l'Union européenne à publier une directive en matière de contrôle légal des comptes afin de restaurer la confiance des investisseurs dans le fonctionnement du marché européen des capitaux.

A) Sur le plan international

L'IFAC (*International Federation of Accountants*) est le normalisateur de la profession d'auditeur au plan international.

1. Historique et composition de l'IFAC

Créée en 1977, l'IFAC regroupe cent soixante-quinze organisations professionnelles représentant cent trente pays et 3 millions de professionnels comptables et d'auditeurs exerçant en libéral, en entreprise, dans la fonction publique ou dans l'enseignement. La France y est représentée par l'OEC et la CNCC.

2. Objectif et missions de l'IFAC

Le principal objectif de l'IFAC est de favoriser le développement d'une profession comptable mondiale homogène ayant des pratiques professionnelles et des comportements harmonisés.
Ainsi, les missions de l'IFAC sont de :

- promouvoir les normes et le développement de la profession en publiant des informations techniques et professionnelles et en encourageant l'adoption de normes comptables et professionnelles ;
- promouvoir le rôle, les responsabilités et la réussite de la profession ;
- aider à la formation et au développement des organisations nationales et régionales ;
- coopérer avec les organisations internationales.

3. Organisation et publications de l'IFAC

L'IFAC est composée de plusieurs comités parmi lesquels :

- l'IAASB (*International Auditing and Assurance Standards Board*) qui travaille à l'harmonisation des pratiques d'audit et d'expression d'assurance (missions d'opinion) à travers le monde par le biais de la publication de normes d'audit internationales, dénommées ISA (*International Standards on Auditing*) ;

Exemple

ISA 300. *Planning an audit of financial statements* (planification de la mission).

- l'IAESB (*International Accounting Education Standards Board*), qui publie des normes en matière de formation à la comptabilité appelées IES (*International Education Standards*) ;

> **+**
>
> La réforme des programmes du cursus d'expertise comptable est en conformité avec les normes IES 1 à 6 qui organisent les compétences professionnelles à acquérir en trois champs disciplinaires :
> - comptabilité, finance et disciplines associées (droit et fiscalité) ;
> - management ;
> - technologies de l'information et de la communication.

- l'IESBA (*International Ethics Standards Board for Accountants*) qui publie le code de déontologie à l'attention des professionnels comptables ;
- l'IPSASB (*International Public Sector Accounting Standards Board*) qui publie les normes comptables relatives au secteur public (voir *infra* IV. 2.B.)

4. Normes publiées par l'IAASB de l'IFAC

Les principales normes publiées par le comité d'audit et d'expression d'assurance de l'IFAC sont les normes ISA (*International Standards on Auditing*). Un comité de surveillance d'intérêt général, le PIOB (*Public Interest Oversight Board*) a été créé en vue d'assurer la supervision de la mise en place de ces normes d'audit internationales.

Les autres normes publiées par l'IAASB concernent :

- les missions d'examen limité avec les ISRE (*International Standards on Review Engagements*) ;

Exemple

ISRE 2410. *Review of Interim Financial Information Performed by the Independant Auditor of the entity* (examen limité de l'information intermédiaire effectué par l'auditeur indépendant de l'entité).

- les missions d'opinion sur de l'information autre que financière historique avec les ISAE (*International Standards on Assurance Engagements*) ;

Exemple

ISAE 3400. *The Examination of Prospective Financial Information* (examen de l'information financière prévisionnelle).

- les missions de compilation et de procédures convenues avec les ISRS (*International Standards on Related Services*).

Exemple

ISRS 4410. *Engagements to compile financial information* (obligations en matière d'information financière compilée).

Enfin, l'IAASB publie des normes de contrôle qualité, les ISQC (*International Standards on Quality Control*) pour l'ensemble des missions relevant des ISA, des ISAE et des ISRS.

B) Sur le plan européen

La directive relative au contrôle légal des comptes annuels et des comptes consolidés (abrogeant la 8e directive du 10 avril 1984) a été adoptée le 17 mai 2006 (directive 2006/43/CE) en vue d'harmoniser les exigences en matière de contrôle légal des comptes au sein de l'Union européenne. Elle a été transposée en droit national par l'ordonnance n° 2008-1278 du 8 décembre 2008.

Les principales dispositions de cette directive sont les suivantes :

- application obligatoire des normes ISA approuvées par la Commission européenne dans le cadre des missions d'audit légal ;
- mise en place dans chaque État membre de l'UE d'un organe de surveillance de la profession d'audit indépendant de la profession ;

Exemple

En France, ce rôle est rempli par le Haut Conseil du commissariat aux comptes (H3C), voir II C. 1. b.).

- mise en place d'un système d'assurance qualité, afin de s'assurer notamment que les professionnels respectent les normes d'audit internationales ;
- publication des honoraires versés aux auditeurs dans l'annexe des états financiers ;
- rotation des auditeurs des sociétés cotées (rotation tous les sept ans de l'associé principal) ;
- comité d'audit obligatoire pour les sociétés cotées.

Initiée au lendemain de la crise financière de 2008, la réforme européenne de l'audit a abouti à la publication de deux textes :

- la directive 2014/56/UE du 16 avril 2014 modifie la directive 2006/43/CE concernant les contrôles légaux des comptes annuels et des comptes consolidés. L'ordonnance 2016-315 du 17 mars 2016 et le décret 2016-1026 du 26 juillet 2016 ont transposé la directive en droit national ;
- le règlement UE 537/2014 du 16 avril 2014 relatif aux exigences spécifiques applicables au contrôle légal des comptes des entités d'intérêt public (EIP) prévoit notamment la rédaction par les contrôleurs légaux des comptes d'un rapport complémentaire destiné au comité d'audit. Ce règlement est applicable depuis le 17 juin 2016.

Les éléments essentiels de la réforme sont les suivants :

- pour les services non-audit, désormais ce qui n'est pas interdit est autorisé ;
- corrélativement, le concept de DDL (diligences directement liées) est abandonné ;

– la différenciation est encore plus poussée entre les mandats EIP et ceux non-EIP ;
– le contenu du rapport d'audit est différent selon qu'il concerne les comptes d'une EIP ou non ;
– l'indépendance des commissaires aux comptes est assurée par une rotation obligatoire des cabinets d'audit dans les EIP avec une durée de mandat maximale de 10 ans, avec prolongation possible en cas d'appel d'offres et de co-commissariat aux comptes, ainsi qu'un plafonnement des honoraires liés à des services autres que la certification des comptes ;
– un renforcement du rôle des comités d'audit des EIP dans la désignation et le suivi des travaux des commissaires aux comptes ;
– de nouvelles prérogatives pour le H3C.

C) Sur le plan national

La normalisation professionnelle est réalisée en France par les institutions professionnelles : la CNCC et l'OEC.

1. Normes professionnelles des commissaires aux comptes

Depuis la loi de sécurité financière du 1er août 2003, les normes d'exercice professionnel des commissaires aux comptes ont une portée réglementaire, puisqu'elles doivent être homologuées par arrêté du garde des Sceaux. Ces normes revêtent donc un caractère obligatoire pour les commissaires aux comptes dans l'exercice de leurs missions.

a) Typologie des normes professionnelles

Les normes professionnelles comportent :
– les normes relatives au comportement professionnel, regroupées dans le Code de déontologie (annexé à la partie réglementaire du Code de commerce) ;

Exemple

Le Code de déontologie traite des thèmes suivants :
– principes fondamentaux de comportement (intégrité, indépendance, compétence, discrétion, etc.) ;
– interdictions – situations à risque et mesures de sauvegarde ;
– acceptation, conduite et maintien de la mission du commissaire aux comptes ;
– exercice en réseau ;
– liens personnels, financiers et professionnels ;
– honoraires ;
– publicité.

– les normes d'exercice professionnel (NEP) homologuées ou en cours d'homologation par le H3C. Les NEP font l'objet d'arrêtés ministériels. Ce caractère public les rend opposables aux tiers ;

Exemples

– NEP 300 – Planification de la mission (transposition de la norme ISA 300) ;
– NEP 520 – Procédures analytiques (transposition de la norme ISA 520).

– les bonnes pratiques professionnelles identifiées par le H3C.

Exemple

Bonne pratique professionnelle relative à la révélation des faits délictueux (décision 2014-02).

b) Rôle du H3C (Haut Conseil du Commissariat aux Comptes)

Le H3C, de sa propre initiative ou à la demande du garde des Sceaux, de l'Autorité des marchés financiers (AMF), de l'Autorité de contrôle prudentiel et de résolution (ACPR) ou de la CNCC, adopte les normes relatives à la déontologie, au contrôle interne de qualité et à l'exercice professionnel. Les projets de normes sont élaborés par une commission placée auprès du Haut conseil et composée à parité de membres du collège du H3C et de commissaires aux comptes, ou à défaut par le H3C lui-même sur demande du ministre de la Justice. Les normes sont adoptées par le H3C, après avis de la CNCC et sont homologuées par arrêté du garde des Sceaux, ministre de la Justice (Code de commerce – articles L. 821-1, L. 821-2 et L. 821-14).

c) Rôle de la CNCC (Compagnie Nationale des Commissaires aux Comptes)

La CNCC élabore le référentiel normatif des commissaires aux comptes en s'inspirant largement des normes internationales d'audit ISA, mais en tenant compte également du contexte légal français.

2. Normes professionnelles de l'OEC

Les experts-comptables se sont dotés depuis le 1er janvier 1993 d'un corps de normes professionnelles répondant à un double objectif :

– garantir les clients de la qualité des prestations fournies par leurs soins ;

– assurer la reconnaissance publique de la compétence professionnelle des experts-comptables.

Le Conseil Supérieur de l'OEC a adopté en juillet 2010 un nouveau référentiel normatif et déontologique des missions de l'expert-comptable conforme au référentiel international de l'IFAC, en l'adaptant aux spécificités nationales (mission de présentation). Après obtention de l'agrément ministériel (arrêtés ministériels du 20 juin 2011), le nouveau référentiel normatif est entré en application au 1er janvier 2012 et a fait l'objet d'une révision en 2016.

a) Statut réglementaire des normes

Leur agrément ministériel confère aux normes professionnelles un caractère réglementaire. Cela implique que leur non-respect est susceptible de mettre en cause la responsabilité civile du professionnel.

b) Textes applicables à toutes les missions

Les quatre textes suivants s'appliquent, quelle que soit la mission réalisée par l'expert-comptable :

– ordonnance n° 45-2138 du 19 septembre 1945 ;

– Code de déontologie des professionnels de l'expertise comptable ;

– norme professionnelle NMPQ « maîtrise de la qualité des missions au sein des structures d'exercice professionnel » ;

– norme « anti-blanchiment ».

La norme NMPQ définit les obligations d'une structure d'exercice professionnel concernant son système de maîtrise de la qualité. Elle décrit les politiques et les procédures à mettre en œuvre afin d'assurer le respect des règles professionnelles déontologiques et normatives.

La norme « anti-blanchiment » fixe les règles des professionnels de l'expertise comptable pour la prévention de l'utilisation du système financier aux fins de blanchiment de capitaux et de financement du terrorisme.

Ainsi, à l'issue de la collecte d'informations résultant de l'exercice de leur obligation de vigilance, les professionnels doivent déposer, le cas échéant, une déclaration à TRACFIN portant sur :

– les opérations mettant en jeu des sommes dont ils savent ou soupçonnent qu'elles proviennent d'une infraction passive d'une peine privative de liberté supérieure à un an ou participent au financement du terrorisme ;

– les sommes ou opérations dont ils savent ou soupçonnent qu'elles proviennent d'une fraude fiscale.

c) Cadre de référence des missions

Le cadre de référence définit la typologie des missions de l'expert-comptable. Il distingue trois grandes natures de missions :

– les missions d'assurance sur des comptes complets historiques ;

Exemple

Missions de présentation de comptes qui permettent d'exprimer une assurance modérée sur la cohérence et la vraisemblance des comptes annuels.

– les autres missions d'assurance ;

Exemple

Missions de l'expert-comptable d'assistance au comité d'entreprise.

– les missions sans assurance.

Exemples

Missions d'assistance en matière comptable, juridique, fiscale, sociale.

Missions de conseil.

III Le rôle des autres organismes en matière de normalisation comptable et professionnelle

Les autres organismes jouant un rôle dans la normalisation comptable et professionnelle sont essentiellement les régulateurs boursiers. Leurs publications concernent donc les sociétés cotées et leurs auditeurs. Ces structures de régulation existent à la fois :

– sur le plan international : l'IOSCO (*International Organisation of Securities Commissions*) ou OICV (Organisation Internationale des Commissions de Valeurs mobilières) ;

– sur le plan européen : l'EMSA (*European Securities and Markets Authority*) ;

– sur le plan national : l'AMF (Autorité des Marchés Financiers).

A) L'IOSCO (*International Organisation of Securities Commissions*) ou OICV (Organisation Internationale des Commissions de Valeurs mobilières)

L'OICV est une organisation internationale créée en 1983 qui regroupe les régulateurs des principales Bourses dans le monde.

1. Rôle de l'OICV

L'objectif de l'OICV est d'établir des standards internationaux permettant :

– de renforcer l'efficacité et la transparence des marchés de valeurs mobilières ;

– de protéger les investisseurs ;

– de faciliter la coopération entre les régulateurs afin de lutter contre le crime financier.

L'AMF est membre du comité exécutif de l'OICV.

2. Publications de l'OICV

L'OICV a adopté au cours des dernières années plusieurs séries de principes en réponse à la crise des marchés financiers concernant en particulier :

– l'indépendance et les règles de surveillance des professions de l'audit ;

– la publication des informations et la transparence financière.

B) L'ESMA (*European Securities and Markets Authority*)

Le règlement européen n° 1095/2010 du 14 novembre 2010 institue à compter du 1er janvier 2011 une Autorité européenne des marchés financiers, l'ESMA (*European Securities and Markets Authority*). L'Autorité fait partie du système européen de surveillance financière (SESF), mis en place pour pallier les lacunes mises en lumière par la crise financière de 2007-2008.

L'ESMA est une autorité indépendante de l'Union européenne, dont les missions sont les suivantes :

- contribuer au maintien de la stabilité du système financier européen en assurant l'intégrité, la transparence, l'efficacité et le bon fonctionnement des marchés, et en contribuant également au renforcement de la protection des investisseurs ;
- coopérer régulièrement et étroitement avec les autres autorités de surveillance :
  - le Conseil européen du risque systémique (ESRB, *European Systemic Risk Board*), qui est chargé d'identifier les risques potentiels pour le système financier et de prodiguer des conseils afin de réduire les menaces possibles pour la stabilité financière de l'Union,
  - l'Autorité bancaire européenne (EBA, *European Banking Authority*),
  - l'Autorité européenne des assurances et pensions professionnelles (EIOPA, *European Insurance and Occupational Pensions Authority*).

Les travaux de l'ESMA sur la législation en matière de valeurs mobilières doivent contribuer à l'élaboration d'un code unique de règles en Europe.

L'ESMA joue un rôle important de coordination de l'action de ses membres en faveur d'une application cohérente et homogène du référentiel IFRS.

> **+ Recommandation**
> ESMA32/63/791 : recommandation relative aux priorités pour les états financiers 2019.

C) L'AMF (Autorité des Marchés Financiers)

Créée par la loi de sécurité financière (LSF) du 1er août 2003, l'AMF est issue de la fusion de la COB (Commission des Opérations de Bourse), du CMF (Conseil des Marchés Financiers) et du CDGF (Conseil de Discipline de la Gestion Financière). C'est un organisme public indépendant, doté de la personnalité morale et disposant d'une autonomie financière. L'AMF est membre de l'ESMA.

1. Rôle de l'AMF

Les missions de l'AMF sont de veiller :

- à la protection de l'épargne investie dans les instruments financiers et tout autre placement donnant lieu à appel public à l'épargne ;
- à l'information des investisseurs ;
- au bon fonctionnement des marchés d'instruments financiers.

2. Publications de l'AMF

L'AMF est associée à l'évolution des textes réglementaires et de doctrine comptable française, dans la mesure où son directeur des affaires comptables est membre du collège de l'ANC.

Par ailleurs, l'AMF publie :

- des instructions ;

Exemple

Instruction AMF DOC-2016-04 sur l'information à diffuser en cas d'offre au public ou d'admission aux négociations de titres financiers sur un marché réglementé.

– des recommandations. L'AMF, comme l'ESMA, publie ainsi chaque année, avant la date de clôture, une recommandation relative aux sujets comptables qui paraissent importants, principalement dans le contexte IFRS.

Exemple

– Recommandation AMF – Arrêté des comptes 2019 et travaux de revue des états financiers – DOC-2019-13.

Contexte Groupe Lamda

Sur quels textes de doctrine peut s'appuyer M. Britzel :

– pour l'établissement des comptes consolidés 2019 du groupe Lamda ?

– pour l'établissement des comptes consolidés 2019 en référentiel IFRS du sous-groupe Beta ?

IV La normalisation comptable dans le secteur public

A) Points-clés d'évolution

La comptabilité publique a été conçue dans les années qui ont suivi la Révolution française, comme un outil de contrôle démocratique de l'administration (art. 15 de la Déclaration des droits de l'homme et du citoyen). L'exécution du budget annuel est alors le principal objet de la tenue des comptes et l'ensemble des règles y afférentes constituent le cœur de la comptabilité publique, dont la séparation de l'ordonnateur et du comptable est le socle, associée au principe de responsabilité personnelle et pécuniaire des comptables publics (voir chapitre 1).

À la fin du XIXe siècle, avec le développement du capitalisme et de l'économie de marché, se pose la question de l'élargissement de la comptabilité publique au domaine de la gestion opérationnelle des finances publiques.

Dans les années 1950, la comptabilité publique intègre le principe d'identité avec la comptabilité d'entreprise, sauf spécificité de la gestion publique.

Les années 1990 marquent le nouveau départ de la modernisation de la comptabilité publique, avec la nécessité de mettre en œuvre une véritable comptabilité patrimoniale. La convergence de la comptabilité publique vers la comptabilité privée a été portée en 2001 par la loi organique relative aux lois de finances (LOLF).

B) La normalisation de la comptabilité publique

1. Définition de la comptabilité publique

La comptabilité publique repose sur 2 textes principaux :

– la loi organique relative aux lois de finances (LOLF) promulguée le 1er août 2001 a institué de nouvelles règles d'élaboration et d'exécution du budget de l'État. Elle introduit notamment une démarche de performance pour améliorer l'efficacité des politiques publiques qui permet de faire passer l'État d'une logique de moyens à une logique de résultats ;

– le décret du 7 novembre 2012 relatif à la gestion budgétaire et comptable publique (GBCP).

Le décret GBCP définit ainsi la comptabilité publique (art. 53) : « La comptabilité publique est un système d'organisation de l'information financière permettant :

1° de saisir, de classer, d'enregistrer et de contrôler les données des opérations budgétaires, comptables et de trésorerie afin d'établir des comptes réguliers et sincères ;

2° de présenter des états financiers reflétant une image fidèle du patrimoine, de la situation financière et du résultat à la date de clôture de l'exercice ;

3° de contribuer au calcul du coût des actions ou des services ainsi qu'à l'évaluation de leur performance.

Elle est également organisée en vue de permettre le traitement de ces opérations par la comptabilité nationale. »

Ainsi, la comptabilité publique comporte une comptabilité générale et, sous des formes adaptées à chaque catégorie de personnes morales (État, collectivités territoriales, établissements publics de santé, autres personnes morales de droit public…), une comptabilité budgétaire. La comptabilité publique comme la comptabilité privée est aujourd'hui une base de données financière, synthétisée dans des états financiers.

+

La comptabilité publique n'est plus une administration. L'ancien Trésor public a été fusionné à la Direction générale des impôts pour devenir la DGFiP (Direction Générale des Finances Publiques).

2. Normalisateurs

a) Normalisateur international

L'IPSASB (*International Public Sector Accounting Standards Board*) est le comité de l'IFAC (voir *supra* II.A) qui publie les normes comptables relatives au secteur public, les IPSAS (*International Public Sector Accounting Standards*). Ces normes s'appuient sur le référentiel IFRS, tout en développant une doctrine originale sur les sujets spécifiques au secteur public.

Exemples

IPSAS 1. *Presentation of financial statements* (présentation des états financiers).

IPSAS 23. *Revenue from non exchange transactions – taxes and transfers* (revenus découlant d'opérations sans contrepartie – impôts et paiements de transferts).

En France, dans le cadre de la réforme de la loi organique du 1er août 2001 (LOLF), les normes du secteur public ont été définies en référence aux normes IPSAS.

b) Normalisateur national

Le Conseil de normalisation des comptes publics (CNoCP) est un organisme consultatif créé en 2009, placé auprès du Ministre chargé des comptes publics, en charge de la normalisation comptable de toutes les personnes publiques et privées exerçant une activité non marchande et financées majoritairement par des ressources publiques, et notamment des prélèvements obligatoires. Entrent dans le champ de compétence du CNoCP l'État et les organismes dépendant de l'État, les organismes de sécurité sociale, ainsi que les collectivités territoriales et les établissements publics locaux.

Les missions du CNoCP sont les suivantes :

- il est chargé d'émettre des avis préalables sur tous les projets de normes comptables que contiennent les projets de textes législatifs ou réglementaires applicables aux personnes publiques et privées entrant dans son champ de compétence ;
- il rend un avis préalable sur les dispositions de nature normative figurant dans les instructions ou circulaires qui lui sont présentées par les administrations compétentes ;

– il propose aux ministres compétents des normes comptables, des modifications ou des interprétations de normes comptables applicables à ces personnes ;
– il participe en son nom aux débats internationaux sur la normalisation comptable du secteur public et répond aux consultations des institutions et organisations internationales.

Tous les avis préalables, les avis relatifs aux normes comptables, les réponses aux consultations internationales et les prises de position du Conseil de normalisation des comptes publics sont rendus publics.

Exemples

– Avis n° 2017-01 du 3 juillet 2017 relatif au prélèvement exceptionnel sur le fonds de roulement des établissements publics.
– Réponse aux Consultations de l'IPSAS *Board* – 23 janvier 2017 – Document de consultation « *Public sector specific financial instruments* »

Correction contexte Groupe Lamda

1. États financiers individuels et états financiers consolidés

Les états financiers individuels sont notamment ceux de la société mère allemande du groupe Lamda et des sociétés françaises SA Beta, SARL Alpha et SA Gamma.

Les états financiers consolidés sont ceux du groupe Lamda et du sous-groupe Beta.

2. Directive comptable européenne

La directive comptable du 26 juin 2013, appelée directive comptable unique, concerne aussi bien les comptes annuels (ou comptes individuels) que les comptes consolidés. Elle s'applique donc aux états financiers individuels des sociétés du groupe Lamda et aux états financiers consolidés du groupe Lamda et du sous-groupe Beta. Toutefois, une directive ne s'applique pas directement, ce sont donc les textes nationaux de transposition, textes français et textes allemands qui s'appliquent dans chacun des contextes nationaux.

3. Référentiels comptables applicables

Les états financiers individuels de la SA Beta, de la SARL Alpha et de la SA Gamma doivent être présentés selon les règles du PCG, le normalisateur français ayant interdit les IFRS pour la présentation des comptes individuels.

Les états financiers consolidés du sous-groupe Beta, non coté, peuvent être présentés au choix selon le référentiel IFRS ou les règles françaises de consolidation (règlement CRC 99-02).

Les états financiers consolidés du groupe Lamda doivent être présentés selon le référentiel IFRS dans la mesure où il s'agit d'un groupe coté sur un marché réglementé.

4. Textes de doctrine

Pour l'établissement des comptes consolidés 2019 du groupe Lamda, M. Britzel peut s'appuyer sur la recommandation annuelle relative à l'arrêté des comptes publiée par l'ESMA, le régulateur boursier européen.

Pour l'établissement des comptes consolidés 2019 en référentiel IFRS du sous-groupe Beta, M. Britzel peut s'appuyer sur la recommandation annuelle relative à l'arrêté des comptes publiée par l'AMF, le régulateur boursier français.

Synthèse

La normalisation en matière comptable repose sur deux catégories de normes :

– les normes comptables : ces normes définissent les principes comptables et règles d'évaluation et de présentation de l'information financière. Elles doivent être connues de l'ensemble des parties prenantes à la chaîne de l'information financière (préparateurs de comptes, auditeurs, analystes financiers et utilisateurs) ;

– les normes professionnelles (d'audit en particulier) : elles définissent le contenu et la méthodologie de mise en œuvre des missions des professionnels comptables. Elles doivent être maîtrisées par les experts-comptables et les commissaires aux comptes.

Ces normes sont établies aux niveaux international, européen et national.

Normes comptables

Niveau de normalisation	Textes publiés	Organisme
International	US GAAP (normes comptables américaines). IFRS.	FASB IASB
Européen	*Directives* : – Directive du 26 juin 2013 relative aux états financiers annuels, aux états financiers consolidés et aux rapports y afférents de certaines formes d'entreprises.	Commission européenne
	Règlements : – Règlement du 19/07/02 introduisant les IFRS. – Règlements d'adoption des normes IFRS et interprétations IFRIC de l'IASB.	
National	*Loi* : – Partie législative du Code de commerce (comptes individuels : articles L. 123-12 à L. 123-28, comptes consolidés : articles L. 233-16 à L. 233-28).	Parlement
	Décret : – Partie réglementaire du Code de commerce (comptes individuels : articles R. 123-172 à R. 123-208, comptes consolidés : articles R. 233-3 à L. 233-16).	Gouvernement
	Arrêtés ministériels : – comptes individuels : arrêté du 08/09/2014 homologuant le règlement ANC 2014-03 (PCG) – comptes consolidés : arrêté du 22/06/1999 homologuant le règlement CRC 99-02 – comptes individuels et consolidés : Arrêtés homologuant les règlements ANC ultérieurs.	Ministres
	Jurisprudence	Tribunaux
	Doctrine : – Avis et recommandations. – Avis. – Avis et recommandations. – Bulletin trimestriel et notes techniques.	CNC/ANC CU du CNC/ANC OEC CNCC

Synthèse

Compte tenu de la réglementation actuelle, il existe aujourd'hui en France trois référentiels comptables à respecter :

Référentiel comptable	Nature de comptes et types de société
IFRS	– Comptes consolidés des sociétés cotées. – Comptes consolidés des sociétés non cotées ayant opté pour les IFRS.
Règlement CRC 99-02	– Comptes consolidés des sociétés non cotées n'ayant pas opté pour les IFRS.
PCG	– Comptes individuels de l'ensemble des sociétés.

Normes professionnelles

Niveau de normalisation	Textes publiés	Organisme
International	ISA	IFAC
Européen	*Directives* : – Directive 2006/43/CE relative au contrôle légal des comptes annuels et des comptes consolidés adoptée le 17 mai 2006 modifiée par la Directive 2014/56/UE du 16 avril 2014 *Règlements* : – Règlement UE 537/2014 du 16 avril 2014 relatif aux exigences spécifiques applicables au contrôle légal des comptes des entités d'intérêt public.	Commission européenne
National	*Commissaires aux comptes* : – Code de déontologie (Annexe 8-1 du livre VIII du Code de Commerce, partie réglementaire). – Normes d'exercice professionnel (NEP) adoptées par le H3C. – Bonnes pratiques professionnelles.	Gouvernement Arrêté ministériel
	Experts-comptables : – Code de déontologie (décret 2012-432 du 30 mars 2012). – Normes générales applicables à toutes les missions de l'expert-comptable. – Normes spécifiques à certaines missions de l'expert-comptable.	Gouvernement Arrêté ministériel Arrêté ministériel

Références

Normes comptables :

- Règlement CE 1606/2002 du 19/07/02 sur l'application des normes comptables internationales.
- Ordonnance 2004-1832 du 20/12/04 précisant les options IFRS du règlement européen retenues par la France.
- Directive du 26 juin 2013 relative aux états financiers annuels, aux états financiers consolidés et aux rapports y afférents de certaines formes d'entreprises.
- Code de commerce – articles L. 123-12 à L. 123-28 et R. 123-172 à 123-208.
- Règlement ANC 2014-03 modifié par les règlements ANC ultérieurs (PCG).
- Règlement CRC 99-02 modifié par les règlements CRC et ANC ultérieurs (comptes consolidés).
- Référentiel IFRS (normes et interprétations).
- Décret n° 2012-1246 du 7 novembre 2012 relatif à la gestion budgétaire et comptable publique (GBCP)

Normes professionnelles :

- Normes ISA de l'IFAC.
- Directive 2006/43/CE et directive 2014/56/UE relatives au contrôle légal des comptes annuels et des comptes consolidés.
- Règlement UE 537/2014 relatif aux exigences spécifiques applicables au contrôle légal des comptes des entités d'intérêt public.
- Code de déontologie des commissaires aux comptes (Annexe 8-1 du Livre VII du Code de commerce partie réglementaire)
- Normes d'exercice professionnel de la CNCC.
- Référentiel normatif de l'Ordre des Experts-Comptables.

Principaux sites Internet :

- Européens (règlements, directives et versions françaises des normes IFRS adoptées par l'UE) : https://ec.europa.eu/info/business-economy-euro/company-reporting-and-auditing/company-reporting/financial-reporting_en#ifrs-financial-statements
- Français :
  - www.legifrance.gouv.fr

Références

- Organismes normalisateurs et organisations professionnelles :
  - Internationaux :
    - – IASB : www.ifrs.org
    - – IFAC : www.ifac.org
    - – OICV/IOSCO : www.iosco.org
  - Américains :
    - – FASB : www.fasb.org
    - – AICPA : www.aicpa.org
    - – SEC : www.sec.gov
  - Européens :
    - – EFRAG : www.efrag.org
    - – Accountancy Europe : www. accountancyeurope.eu
    - – ESMA : www.esma.europa.eu
  - Nationaux :
    - – ANC : www.anc.gouv.fr
    - – CNoCP : www.economie.gouv.fr/cnocp
    - – H3C : www.h3c.org
    - – AMF : www.amf-france.fr
    - – OEC : www.experts-comptables.com
    - – CNCC : www.cncc.fr

Sites généraux d'information :

- www.focusifrs.com
- www.focuspcg.com

Applications

Comprendre les notions

Application 1 QCM

Retrouvez la ou les réponses exactes.

1. Une directive européenne est d'application immédiate dans chacun des États membres :
- ☐ Vrai
- ☐ Faux

2. Un règlement européen s'applique directement et de manière obligatoire à l'ensemble des États membres de l'UE :
- ☐ Vrai
- ☐ Faux

3. Les règles comptables françaises en matière de comptes annuels (comptes individuels) doivent respecter les dispositions :
- ☐ de la 4e directive européenne.
- ☐ de la 7e directive européenne.
- ☐ de la 8e directive européenne.
- ☐ de la directive du 26 juin 2013 relative aux états financiers annuels, aux états financiers consolidés et aux rapports y afférents de certaines formes d'entreprises.

4. Quels sont les textes qui viennent modifier le PCG ?
- ☐ Les avis de l'ANC
- ☐ Les règlements de l'ANC
- ☐ Les avis du Comité d'urgence du CNC

5. Le PCG comporte les dispositions relatives :
- ☐ aux comptes individuels.
- ☐ aux comptes consolidés.
- ☐ à la comptabilité de gestion.

6. Le CNC était un organisme :
- ☐ consultatif.
- ☐ décisionnel.

7. Le collège de l'ANC est un organisme :
- ☐ consultatif.
- ☐ décisionnel.

8. La protection de l'épargne et des investisseurs est réalisée au niveau européen par :
- ☐ l'AMF.
- ☐ la COB.
- ☐ l'ESMA.
- ☐ l'OICV.
- ☐ la SEC.

9. Le règlement européen du 19/07/02 impose à l'ensemble des sociétés de l'Union européenne d'établir leurs comptes consolidés selon le référentiel IFRS :

- ☐ Vrai
- ☐ Faux

10. Les normes professionnelles (normes d'audit) internationales sont publiées par :

- ☐ l'IASB.
- ☐ l'IAASB.
- ☐ l'OICV.
- ☐ Accountancy Europe.

11. Concernant les comptes consolidés des sociétés françaises non cotées, l'application des normes IFRS est :

- ☐ obligatoire.
- ☐ facultative.
- ☐ interdite.

12. Concernant les comptes individuels des sociétés françaises, l'application des normes IFRS est :

- ☐ obligatoire.
- ☐ facultative.
- ☐ interdite.

13. Le règlement CRC 99-02 s'applique :

- ☐ aux comptes individuels.
- ☐ aux comptes consolidés des sociétés cotées.
- ☐ aux comptes consolidés des sociétés non cotées ayant opté pour les IFRS.
- ☐ aux comptes consolidés des sociétés non cotées n'ayant pas opté pour les IFRS.

14. La tenue d'une comptabilité est imposée aux commerçants par :

- ☐ le Code de commerce.
- ☐ le PCG.

15. Quels sont les trois comités parmi les suivants qui sont nommés par les *trustees* de l'IFRS *Foundation* ?

- ☐ le SIC.
- ☐ l'IFRS *Interpretation Committee.*
- ☐ l'EFRAG.
- ☐ l'IASC.
- ☐ l'IASB.
- ☐ l'ARC.
- ☐ l'IFRS *Advisory Council.*

16. Une norme publiée par l'IASB est immédiatement applicable aux sociétés cotées de l'Union européenne pour l'établissement de leurs comptes consolidés :

- ☐ Vrai
- ☐ Faux

17. Pour être déclarés conformes au référentiel IFRS, quels textes doivent respecter les états financiers d'une entité ?
- ☐ les IFRS.
- ☐ les IAS et les IFRS.
- ☐ les IFRS et les IFRIC.
- ☐ les IAS, les IFRS, les IFRIC.
- ☐ les IAS, les IFRS, les SIC et les IFRIC.

18. Les normes d'exercice professionnel des commissaires aux comptes sont adoptées par :
- ☐ l'ANC.
- ☐ l'ARC.
- ☐ le H3C.
- ☐ la CNCC.

19. Les normes d'audit de la CNCC et de l'OEC sont conformes aux normes ISA :
- ☐ Vrai
- ☐ Faux

20. Le Code de déontologie des commissaires aux comptes concerne :
- ☐ les normes de comportement.
- ☐ les normes d'exercice professionnel.
- ☐ les normes de comportement et les normes d'exercice professionnel.

21. La normalisation comptable du secteur public est du ressort :
- ☐ de l'ANC
- ☐ de l'AMF
- ☐ du CNoCP

Mettre en œuvre les compétences

Application 1 Normes comptables

Compétences attendues : C1, C2 et C3

- **Complétez le tableau suivant à l'aide d'une croix afin d'indiquer pour chaque type de texte s'il est d'application obligatoire ou facultative pour l'établissement des comptes individuels d'une entité :**

Nature du texte	Application obligatoire	Application facultative
Code de Commerce	☐	☐
Avis de l'ANC	☐	☐
Plan comptable général	☐	☐
Recommandations de l'Ordre des Experts-Comptables	☐	☐
Règlements ANC homologués par arrêté ministériel	☐	☐

Applications

Nature du texte	Application obligatoire	Application facultative
Notes techniques de la CNCC	☐	☐
Partie réglementaire du Code de commerce	☐	☐
Avis du Comité d'urgence du CNC	☐	☐
Recommandations de l'AMF	☐	☐
Jurisprudence	☐	☐

Application 2 Normes professionnelles

• **Complétez le tableau suivant en précisant par quel(s) organisme(s) sont publiés les textes concernés :**
Compétences attendues : C1

Nature du texte	Organisme
Code de déontologie des commissaires aux comptes	
Normes ISA	
Norme professionnelle applicable à la mission de présentation des comptes	
Norme d'exercice professionnel – les demandes de confirmation des tiers	
Norme ISRE	
Norme anti-blanchiment	
Bonne pratique professionnelle	

CHAPITRE

3

Le cadre conceptuel

Compétences attendues	Savoirs associés
– Identifier les principes fondamentaux de la comptabilité et justifier le rôle d'un cadre conceptuel.	– Principes comptables applicables en France pour les comptes individuels. – Définition et rôle d'un cadre conceptuel. – Comparaison du cadre français et du cadre conceptuel des « *International Financial Reporting Standards* » (IFRS) dont la notion de juste valeur et le principe de la prééminence de la réalité sur l'apparence.

Contexte professionnel

Le Groupe allemand Lamda, coté à la Bourse de Francfort, a acquis en juin N 80 % des titres de la SA Beta implantée à Dijon. Le directeur financier du groupe, M. Britzel, se pose certaines questions quant au cadre conceptuel applicable en France, par rapport à celui en vigueur au plan international avec le référentiel IFRS.

Raison sociale	Groupe Lamda
Siège social et exploitation	Francfort et implantation européenne
Activité	Fabrication et commercialisation d'appareils électroménagers
Filiales et participations	En France : SA BETA à Dijon
Effectif	950 salariés

La comptabilité est une construction sociale, une technique qui a évolué dans le temps pour répondre à différents besoins :
- besoin interne du chef d'entreprise de mesure des résultats ;
- besoins externes des apporteurs de capitaux et des tiers d'obtenir des informations sur la rentabilité et la solvabilité de l'entreprise ;
- besoin de l'État pour le calcul de l'assiette de différents impôts, etc.

La réglementation de la comptabilité s'est effectuée différemment en fonction de l'environnement économique, juridique et culturel afférent à chaque pays. Deux modèles comptables ont ainsi émergé : le modèle anglo-saxon et celui de l'Europe continentale.

Les pays anglo-saxons se sont dotés d'un cadre conceptuel, c'est-à-dire d'une structure de référence théorique qui sert de support et de guide à l'élaboration des normes comptables, alors que les pays latins se sont davantage focalisés sur le processus comptable au travers d'un Plan comptable général.

L'utilité d'un cadre conceptuel est aujourd'hui unanimement reconnue. Le cadre conceptuel IFRS comporte plus de 80 pages, alors que le cadre français contenu dans le PCG ne comporte que 5 pages.

I Les modèles comptables anglo-saxon et continental

La distinction entre le modèle anglo-saxon et le modèle d'Europe continentale est liée aux caractéristiques économiques, juridiques et culturelles des pays utilisant chaque modèle.

A) Le modèle anglo-saxon

1. Pays concernés

Le modèle comptable anglo-saxon, né au XIXe siècle avec la révolution industrielle, s'applique à des pays tels que les États-Unis, l'Australie, le Canada, la Grande-Bretagne, les Pays-Bas, la Nouvelle-Zélande et la presque totalité des pays membres du Commonwealth.

2. Caractéristiques du modèle anglo-saxon

a) Caractéristiques économiques

Les besoins en capitaux engendrés par la révolution industrielle ont favorisé le développement des marchés financiers avec une prépondérance des sociétés anonymes. La comptabilité est conçue comme un moyen de diffusion très large de l'information financière, à destination des investisseurs. Pour que l'économie de marché fonctionne, il faut que des investisseurs acceptent de financer des entreprises, que des banquiers ou des fournisseurs fassent crédit. Ces risques ne sont acceptables qu'à la condition d'avoir confiance dans l'information fournie par les entreprises.

Exemple

L'ASB (*Accounting Standards Board*), normalisateur anglais, définit l'objectif de la comptabilité financière comme étant de fournir aux utilisateurs des états financiers des informations utiles sur la situation financière, la performance et l'adaptabilité financière d'une entreprise, pour qu'ils puissent prendre leurs décisions d'investissement.

Le droit comptable anglo-saxon s'appuie dès lors sur le concept d'image fidèle et sur le principe comptable de prééminence du fond sur la forme :

- le respect de l'image fidèle (« *true and fair view* ») doit permettre aux états financiers de traduire la réalité de la situation économique et financière de l'entreprise. Le respect des normes comptables conduit en principe à atteindre cet objectif ;
- le principe de prééminence du fond sur la forme (ou de prééminence de la réalité économique sur l'apparence juridique, « *substance over form* ») implique que les transactions de l'entreprise soient traduites comptablement conformément à leur substance et à leur réalité financière, au-delà de leur forme juridique.

Exemple

Traitement comptable des contrats de location financement : selon le modèle anglo-saxon dans lequel prévaut le principe de « *substance over form* », le preneur bénéficie des avantages et supporte les risques liés à la propriété de l'actif. En substance, le contrat de location financement constitue un achat à crédit de l'actif concerné. Le bien faisant l'objet du contrat est enregistré à l'actif du preneur, avec pour contrepartie une dette financière. Les loyers sont ventilés entre le remboursement de la dette et les charges financières.

b) Caractéristiques juridiques

Les pays anglo-saxons sont des pays de droit coutumier, où la jurisprudence, les usages et la pratique sont prépondérants. Les lois se contentent d'énoncer les principes généraux et ce sont les instances professionnelles qui sont chargées d'établir les normes comptables. Les règles peuvent ainsi s'adapter rapidement à l'évolution de l'environnement économique.

Exemples

Aux États-Unis, le FASB (*Financial Accounting Standards Board*) est l'organisation chargée depuis 1973 d'élaborer les normes comptables et de reporting du secteur privé, les US GAAP (*Generally Accepted Accounting Principles*).

En Grande-Bretagne, l'ASB (*Accounting Standards Board*), créé en 1990, remplit un rôle équivalent par la publication des FRS (*Financial Reporting Standards*), en complément des dispositions de la loi sur les sociétés (*The Company Act*).

Par ailleurs, la fiscalité est déconnectée de la comptabilité et n'a pas d'influence sur le droit comptable. Le résultat fiscal est calculé indépendamment du résultat comptable, aboutissant à un double jeu de comptes : ceux destinés à l'information financière et ceux destinés à des besoins fiscaux.

c) Caractéristiques culturelles

L'individualité des entreprises est prépondérante. Il n'y a pas de nomenclature comptable imposée, ni d'états de synthèse normalisés, afin de permettre aux entreprises de trouver la solution la mieux adaptée à leur taille et à leurs besoins.

Les préparateurs de l'information financière et les auditeurs font référence à un cadre conceptuel, défini comme « un système cohérent d'objectifs et de principes fondamentaux liés entre eux, susceptible de conduire à des normes solides et d'indiquer la nature, le rôle et les limites de la comptabilité financière et des états financiers » (« Cadres comptables conceptuels », *in Encyclopédie de comptabilité, de contrôle de gestion et d'audit*, Bernard Colasse (dir.), Economica, Paris, 2009).

B) Le modèle d'Europe continentale

Le modèle d'Europe continentale présente les caractéristiques contraires du modèle anglo-saxon.

1. Pays concernés

Le modèle comptable d'Europe continentale recouvre les systèmes comptables de la France, l'Allemagne, la Belgique, la Suisse, l'Espagne, le Portugal, la Grèce, mais aussi du Japon.

2. Caractéristiques du modèle d'Europe continentale

a) Caractéristiques économiques

Depuis la révolution industrielle, les sociétés familiales représentent une large part du tissu économique. Elles sont largement financées par le secteur bancaire. L'information financière est donc historiquement peu diffusée, utilisée essentiellement à des fins de gestion interne.

Le droit comptable privilégie les principes comptables de prudence et de prééminence de la forme sur le fond :

- l'application extensive du principe comptable de prudence permet, par la prise en compte uniquement des moins-values latentes à l'exclusion des plus-values latentes, de minimiser le résultat et donc le paiement de l'impôt et d'éviter le risque de distribution de dividendes fictifs. Le respect très strict de ce principe se fait au détriment de l'objectif d'image fidèle ;

+

Cela aboutit également à donner une image plutôt pessimiste de l'entreprise. Le créancier potentiel n'est donc pas trompé lors de sa prise de décision par une présentation trop avantageuse des comptes. Les états de synthèse sont établis en priorité pour les créanciers, plutôt que pour les investisseurs.

– le principe de prééminence de la forme sur le fond implique que l'analyse juridique des transactions de l'entreprise prime sur leur réalité économique.

Exemple

Traitement comptable des contrats de location financement : en France, dans les comptes individuels, les contrats de location financement ne peuvent pas être activés. La primauté juridique du contrat prévaut : le preneur n'est pas propriétaire du bien, il ne peut l'enregistrer à l'actif de son bilan. Les loyers sont enregistrés en charges au compte de résultat.

b) Caractéristiques juridiques

Les pays d'Europe continentale sont des pays de droit écrit. L'État joue un rôle prépondérant dans le processus de normalisation comptable. L'évolution des textes comptables est, de ce fait, plus lente.

Exemple

En France, l'ANC est placé sous l'autorité du ministère de l'Économie et des Finances.

La comptabilité et la fiscalité sont connectées, l'impôt sur les bénéfices étant directement lié au résultat comptable. Cette relation entre comptabilité et fiscalité induit deux types de conséquences :

– la sous-évaluation des résultats des entreprises, afin de minimiser l'impôt ;
– la pollution des états financiers par les règles fiscales (comptabilisation d'amortissements dérogatoires et autres provisions réglementées pour bénéficier d'avantages fiscaux).

Exemples

En France, les entreprises doivent respecter les règles édictées par le PCG pour la détermination du résultat fiscal, à condition qu'elles ne soient pas incompatibles avec les règles applicables pour l'assiette de l'impôt (CGI – article 38 *quater* de l'annexe III).

En cas de divergence entre les règles comptables et les règles fiscales, des réintégrations ou des déductions sont effectuées sur le tableau n° 2058-A de détermination du résultat fiscal.

+

La connexion comptabilité – fiscalité constitue un frein à la convergence du PCG avec les IFRS. Cette connexion a pour conséquence le maintien d'options comptables après le processus de convergence, afin de ne pas perdre le bénéfice d'avantages fiscaux. Ainsi, le normalisateur a introduit l'option, dans les comptes individuels uniquement, de rattachement des droits de mutation, honoraires, commissions et frais d'acte au coût d'acquisition de l'immobilisation ou de comptabilisation en charges. Cette mesure permet le maintien de la déductibilité immédiate de telles dépenses concernant des immobilisations.

c) Caractéristiques culturelles

La tutelle de l'État est prépondérante. La réglementation comptable porte à la fois sur le processus comptable (saisie, stockage et traitement de l'information et existence d'un plan de comptes) et sur l'information produite (états financiers de synthèse normalisés). Il n'y a pas de véritable cadre conceptuel mais des principes comptables, une terminologie et des règles d'évaluation.

Contexte Groupe Lamda

Le groupe Lamda et la SA Beta relèvent-ils du même modèle comptable ?

C) Le cadre conceptuel américain

1. Origine

La nécessité d'un cadre conceptuel est apparue aux États-Unis au début des années 1970 à la suite de scandales financiers. Les normes comptables américaines, établies par l'AICPA (*American Institute of Certified Public Accountants*), ont alors été critiquées pour leurs lacunes et leur incohérence interne.

Un comité mis en place par l'AICPA, le comité Trueblood, émet en 1973 un rapport faisant ressortir que l'utilisation d'un cadre conceptuel mettrait plus de rigueur et de cohérence dans les normes comptables.

En 1973, l'AICPA crée le FASB (*Financial Accounting Standards Board*), qui est chargé de l'élaboration de deux types de normes :

- des normes de concept, les normes SFAC (*Statements of Financial Accounting Concepts*), pour fixer les objectifs permettant d'élaborer des normes cohérentes et qui servent de guides aux normalisateurs confrontés au traitement comptable d'une opération pour laquelle il n'existe encore aucune réglementation. Ces normes constituent le cadre conceptuel ;
- des normes techniques, les normes SFAS (*Statements of Financial Accounting Standards*), portant sur des problèmes comptables particuliers.

Exemple

La norme SFAS 144 « *Accounting for the impairment or disposal of long-lived assets* », publiée en août 2001, traite des procédures relatives à la dépréciation des actifs.

2. Contenu

Le cadre conceptuel américain a été défini comme « un système cohérent d'objectifs interdépendants et de concepts qui permettent d'aboutir à une comparabilité et à des informations financières uniformes ».

Il se compose de sept normes SFAC publiées entre 1978 et 2000. Le cadre conceptuel américain est très détaillé ; il comporte plus de trois cents pages.

Exemple

La norme SFAC 7 « Utilisation de l'information sur les flux de trésorerie et sur la valeur actuelle dans l'information comptable » pose le problème de l'utilisation de la juste valeur comme méthode d'évaluation et présente les méthodologies d'utilisation des flux de trésorerie actualisés et de la valeur actuelle dans l'évaluation des actifs et des passifs.

II Le cadre conceptuel des IFRS

Le premier cadre conceptuel des IFRS a été adopté par l'IASB en avril 2001. Des travaux de développement d'un cadre conceptuel commun IFRS/US GAAP ont été menés par l'IASB et le FASB, aboutissant en 2010 à l'adoption de la première partie d'un cadre conceptuel concernant l'objectif des états financiers et les caractéristiques qualitatives de l'information financière. Suite à l'arrêt des travaux de convergence, l'IASB a poursuivi seul la révision de son cadre, et publié en mars 2018 un nouveau cadre conceptuel, qui fournit un ensemble complet des concepts utilisés pour l'information financière en IFRS.

Le cadre conceptuel ne constitue ni une norme comptable internationale, ni une interprétation. Il n'a donc pas à être adopté en droit communautaire. Il offre néanmoins une base d'appréciation pour la résolution de problèmes comptables, notamment dans le cas où il n'existe ni norme, ni interprétation applicable à un élément des états financiers.

A) Objectif et thèmes traités

Le cadre conceptuel des IFRS définit les concepts qui sont à la base de la préparation et de la présentation des états financiers à l'usage des utilisateurs externes.

1. Objectif du cadre conceptuel

L'objectif du cadre conceptuel est d'aider :

- l'IASB à développer des normes d'information financière internationales basées sur des concepts cohérents ;
- les responsables de la préparation des états financiers à utiliser des méthodes comptables cohérentes lorsqu'aucune norme ne s'applique à une transaction spécifique ou lorsqu'une norme autorise un choix de méthode comptable ;
- l'ensemble des parties prenantes à comprendre et interpréter les normes.

Le cadre conceptuel des IFRS n'est pas une norme et ne saurait en aucun cas supplanter une norme d'information financière internationale avec laquelle il présenterait des divergences.

Le cadre conceptuel s'inscrit dans l'objectif de l'IASB de développer des normes qui apportent de la transparence, de la responsabilité et de l'efficacité aux marchés financiers dans le monde entier.

2. Thèmes traités

Le cadre conceptuel traite notamment des questions suivantes :

- objectif de l'information financière à usage général ;
- caractéristiques qualitatives d'une information financière utile ;
- états financiers et entités de *reporting* ;
- éléments des états financiers ;
- comptabilisation et décomptabilisation ;
- évaluation ;
- présentation et informations à fournir ;
- concepts de capital et de maintien du capital.

Le cadre conceptuel traite à la fois les états financiers individuels et les états financiers consolidés, de toutes les entreprises commerciales, industrielles et autres. Ces états financiers sont préparés et présentés au moins une fois par an pour satisfaire les besoins des utilisateurs.

B) Contenu du cadre conceptuel

1. Objectif de l'information financière à usage général

L'objectif de l'information financière à usage général est de fournir au sujet de l'entité qui la présente des informations utiles aux investisseurs, aux prêteurs et aux autres créanciers actuels et potentiels aux fins de leur prise de décisions en tant que fournisseurs de ressources de l'entité. Ces décisions concernent l'achat, la vente, ou la détention d'instruments de dettes et de capitaux propres, l'octroi ou le règlement de prêts ou d'autres formes de crédit, l'exercice de droits de vote ou d'une influence sur les actions de la direction ayant un impact sur l'utilisation des ressources économiques de l'entité.

Le cadre conceptuel stipule que les états financiers ne sont pas conçus pour fournir la valeur de l'entité, mais qu'ils donnent des informations pour aider les parties prenantes à estimer cette valeur.

Enfin, il est spécifié que les états financiers sont fondés dans une large mesure sur des estimations, des jugements et des modèles plutôt que sur des représentations exactes. Le cadre conceptuel établit les concepts qui sous-tendent ces estimations, jugements et modèles.

2. Caractéristiques qualitatives d'une information financière utile

Les caractéristiques qualitatives déterminant l'utilité des informations contenues dans les états financiers sont classées en deux catégories :
- les caractéristiques qualitatives essentielles ;
- les caractéristiques qualitatives auxiliaires.

De plus, la contrainte de coût doit être prise en compte.

a) Caractéristiques qualitatives essentielles

Le cadre conceptuel en distingue deux : la pertinence (*relevance*) et la représentation fidèle (*faithfull representation*).

- L'information est pertinente si elle est susceptible d'influencer les décisions prises par les utilisateurs. Une information financière est susceptible d'influencer les décisions si elle a une valeur prédictive, de confirmation ou les deux. Une valeur prédictive peut être utilisée pour prédire les résultats futurs. Une valeur de confirmation confirme ou modifie des évaluations précédentes.

Exemple

Des données sur le chiffre d'affaires réalisé au cours d'une période peuvent être utilisées comme base pour la prévision de produits de l'année à venir.

La pertinence s'appuie sur le principe d'importance relative (*materiality*). L'information est significative si son omission ou sa falsification peut influencer les décisions des utilisateurs de l'information financière.

L'information doit représenter fidèlement la substance (*substance*) de ce qu'elle est censée représenter. Les termes explicites et implicites du contrat sont à analyser pour déterminer la substance des droits et obligations de l'entité.

- L'information donne une représentation fidèle quand elle dépeint un phénomène économique de façon complète, neutre (sans biais dans la sélection et la présentation de l'information) et exempte d'erreurs significatives.

La neutralité s'appuie sur le principe de prudence. La prudence est l'exercice de l'attention en formulant des jugements dans un contexte d'incertitude. L'application du principe de prudence :
- doit conduire à ne pas surévaluer ou sous-évaluer les actifs, les passifs, les charges et les produits ;
- ne soutient pas l'asymétrie de comptabilisation, à savoir la comptabilisation des actifs ou des produits avec un haut degré de certitude, et celles des passifs ou des charges dès qu'ils sont probables.

b) Caractéristiques qualitatives auxiliaires

Le cadre conceptuel en distingue quatre : la comparabilité (*comparability*), la vérifiabilité (*verifiability*), la rapidité (*timeless*) et l'intelligibilité (*understandability*).

- La comparabilité permet aux utilisateurs de relever les similitudes et les divergences entre deux entités ou pour une même entité dans le temps. La cohérence et la permanence des méthodes comptables permettent d'atteindre cet objectif.
- La vérifiabilité permet d'assurer aux utilisateurs que l'information donne une image fidèle des phénomènes économiques qu'elle prétend représenter.

Exemples

Vérification directe : comptage de la caisse.

Vérification indirecte : vérification des stocks par le contrôle des quantités et des prix en utilisant la méthode retenue (CUMP ou FIFO).

– La rapidité répond au besoin de rendre l'information accessible aux décideurs à temps pour permettre d'influencer leurs décisions. En règle générale, l'ancienneté de l'information la rend moins utile.
– L'intelligibilité est obtenue par une information classée, définie et présentée de façon claire et concise. Les états financiers sont préparés pour des utilisateurs qui ont une connaissance raisonnable des activités commerciales et économiques et qui examinent et analysent les informations fournies avec diligence.

c) Contrainte de coût

L'application de la contrainte de coût est systématique et amène à évaluer s'il est probable que les avantages procurés par l'information financière justifieront les coûts entraînés par sa production et son utilisation.

Exemples

Les coûts pour les préparateurs sont liés à la collecte, au traitement, à la vérification et la diffusion de l'information financière ;

Les coûts pour les utilisateurs sont liés à l'analyse et l'interprétation de l'information financière transmise.

3. États financiers et entités de *reporting*

Ce chapitre précise que l'objectif des états financiers est de fournir une information financière relative aux actifs, passifs, capitaux propres, charges et produits de l'entité de *reporting*, qui soit utile aux utilisateurs des états financiers pour leur appréciation des prévisions de flux de trésorerie nets futurs et de la gestion par les dirigeants des ressources économiques de l'entité.

Il met en avant l'hypothèse de continuité d'exploitation. L'entreprise est censée poursuivre ses activités dans un avenir prévisible. Si l'entreprise a l'intention ou est dans la nécessité de mettre fin à ses activités ou de réduire de façon importante la taille de ses activités, les états financiers doivent être préparés sur une base différente qui doit être indiquée.

4. Éléments des états financiers

Le cadre conceptuel des IFRS définit les notions d'actif, de passif, de capitaux propres, de charges et de produits,

a) Actif

Un actif est une ressource économique actuelle contrôlée par l'entité résultant d'événements passés. Une ressource économique est un droit qui a le potentiel de produire des avantages économiques.

+

La définition d'un actif reprise dans le PCG – article 211.1 (voir chapitre 4) correspond à celle de l'ancien cadre conceptuel IFRS.

b) Passif

Un passif est une obligation actuelle de l'entité de transférer une ressource économique résultant d'événements passés.

+ La définition d'un passif reprise dans le PCG – article 321-1 (voir chapitre 17) correspond à celle de l'ancien cadre conceptuel IFRS.

c) Capitaux propres

Les capitaux propres sont l'intérêt résiduel dans les actifs de l'entreprise après déduction de tous ses passifs.

d) Charge

Une charge est une diminution des actifs ou une augmentation des passifs qui entraîne une diminution des capitaux propres, autre que celles relatives aux distributions aux détenteurs de droits sur les capitaux propres.

Exemples

Charges résultant des activités ordinaires : coût des ventes, salaires, amortissements.

Pertes : pertes résultant de catastrophes naturelles (incendie) ou de la sortie d'actifs non courants, pertes latentes résultant de l'augmentation du cours de change d'une monnaie étrangère sur les emprunts de l'entreprise dans cette monnaie.

e) Produit

Un produit est une augmentation des actifs ou une diminution des passifs qui entraîne une augmentation des capitaux propres, autre que celles provenant des contributions des détenteurs de droits sur les capitaux propres.

Exemples

Produits des activités ordinaires : ventes, intérêts, dividendes, redevances, loyers.

Autres produits : profit résultant de la vente d'actifs à long terme, profit provenant de la réévaluation de titres négociables sur un marché.

5. Comptabilisation et décomptabilisation

La comptabilisation des actifs et des passifs est fonction des critères de pertinence et de représentation fidèle, dans le respect de la contrainte de coût. Elle est donc en lien avec les caractéristiques qualitatives d'une information financière utile.

Exemples

La pertinence de la comptabilisation d'un actif ou d'un passif peut être affectée par l'incertitude relative à son existence ou la faible probabilité d'un flux d'avantages économiques.

La représentation fidèle d'un actif ou d'un passif peut être affectée par une forte incertitude en matière d'évaluation.

6. Évaluation

Le cadre conceptuel IFRS décrit deux grandes bases d'évaluation : le coût historique et la valeur actuelle.

a) Coût historique

Le coût historique d'un actif acquis ou créé est la valeur des coûts encourus pour acquérir ou produire l'actif, majoré des coûts de transaction. Le coût historique d'un passif est la valeur de la contrepartie reçue diminuée des coûts de transaction.

b) Valeur actuelle

La valeur actuelle fournit une information mise à jour pour tenir compte des conditions à la date d'évaluation. Elle inclut la juste valeur, la valeur d'utilité ou de réalisation et le coût actuel.

- La juste valeur est le prix qui serait reçu pour la vente d'un actif ou payé pour le transfert d'un passif lors d'une transaction normale entre des participants de marché à la date d'évaluation.
- La valeur d'utilité (actif) est la valeur actuelle des flux de trésorerie que l'entité s'attend à retirer de l'utilisation d'un actif et de sa sortie.
- La valeur de réalisation (passif) est la valeur actuelle des flux de trésorerie que l'entité s'attend à devoir transférer pour emplir son obligation.
- Le coût actuel d'un actif est le coût d'un actif équivalent à la date d'évaluation, comprenant la contrepartie qui serait payée à la date d'évaluation majorée des coûts de transaction encourus à cette date.
- Le coût actuel d'un passif est la contrepartie qui serait reçue pour un passif équivalent à la date d'évaluation, minorée des coûts de transaction encourus à cette date.

+

Dans certains cas, la juste valeur peut être déterminée directement par les prix observés sur un marché actif. Dans d'autres cas, elle est déterminée en utilisant des techniques d'évaluation (flux de trésorerie futurs actualisés).

La valeur d'utilité et la valeur de réalisation ne sont pas directement observables et sont déterminées en utilisant des techniques d'évaluation, mais avec des paramètres spécifiques à l'entité, et non pas du point de vue d'un participant de marché.

Le coût actuel, comme le coût historique, est une valeur d'entrée qui reflète les prix du marché dans lequel l'entité pourrait acquérir l'actif ou encourir le passif. Il diffère de la juste valeur et des valeurs d'utilité et de réalisation qui sont des valeurs de sortie. Toutefois, contrairement au coût historique, il reflète les conditions à la date d'évaluation.

Contexte Groupe Lamda
Le cadre conceptuel des IFRS est-il applicable au groupe Lamda ?

III Le cadre comptable français

Il n'existe pas à proprement parler de cadre conceptuel dans le référentiel français. Le titre I du livre I du PCG intitulé « Objet et principes de la comptabilité » énonce simplement les principes comptables et définit les comptes annuels. Ces éléments figurent également dans le Code de commerce.

A) Caractéristiques de qualité des comptes annuels

« Les comptes annuels doivent être réguliers, sincères et donner une image fidèle du patrimoine, de la situation financière et du résultat de l'entreprise » (Code de commerce – article L. 123-14 § 1).

Le PCG reprend ces trois caractéristiques, en mettant en avant l'objectif d'image fidèle :

- « La comptabilité est un système d'organisation de l'information financière permettant de saisir, classer, enregistrer des données de base chiffrées et présenter des états reflétant une image fidèle du patrimoine, de la situation financière et du résultat de l'entité à la date de clôture. » (PCG – article 121-1) ;

– « La comptabilité est conforme aux règles et procédures en vigueur qui sont appliquées avec sincérité afin de traduire la connaissance que les responsables de l'établissement des comptes ont de la réalité et de l'importance relative des événements enregistrés. [...] » (PCG – article 121-3).

+

Ces caractéristiques font l'objet de la formule de certification des comptes du commissaire aux comptes dans son rapport d'opinion.

1. La régularité

La régularité est assurée par le respect des règles et procédures en vigueur.

2. La sincérité

La sincérité permet de traduire la connaissance que les responsables de l'établissement des comptes ont de la réalité et de l'importance relative des événements enregistrés. Elle implique la bonne foi des dirigeants.

3. L'image fidèle

L'image fidèle est la traduction du concept anglo-saxon de « *true and fair view* ». Elle n'est pas définie par les textes législatifs et réglementaires.

La notion d'image fidèle induit le respect des principes comptables et l'obligation de fournir toute information utile et pertinente pour permettre aux tiers d'avoir une perception exacte de la réalité économique de l'entreprise au travers de ses états financiers.

Le Code de commerce et le PCG indiquent toutefois que dans le cas exceptionnel où l'application d'une règle comptable se révèle impropre à donner une image fidèle, il doit y être dérogé, la justification et les conséquences de la dérogation faisant l'objet d'une mention dans l'annexe.

Exemple

Selon la CNCC, la dérogation à des règles comptables ne peut être qu'exceptionnelle dans le temps et spécifique à une entreprise déterminée.

Contexte Groupe Lamda
Le cadre conceptuel français est-il applicable au groupe Lamda ?

B) Les principes comptables

Les principes comptables sont des conventions édictées par le Code de commerce et le PCG.

1. La continuité d'exploitation ou d'activité

Le principe de continuité d'exploitation ou d'activité est énoncé par les articles L. 123-20 du Code de commerce et 121-2 du PCG. Selon ce principe, l'entité est considérée comme devant continuer son activité dans un avenir proche (en général l'exercice suivant), sans avoir l'intention ni l'obligation de cesser son exploitation ou de déposer son bilan.

› Voir textes de référence 1 et 2

En cas de non-respect de ce principe, l'entité doit évaluer ses comptes en valeurs liquidatives et le mentionner en annexe de ses comptes.

+

L'évaluation en valeurs liquidatives impose que les actifs soient évalués à leur valeur de réalisation. Ainsi, les frais d'établissement et les frais de développement (sauf si acquéreur) sont constatés immédiatement en charges, les immobilisations corporelles sont évaluées à la valeur vénale, etc.

2. L'indépendance des exercices

Le principe d'indépendance des exercices ou de spécialisation est énoncé par les articles L. 123-13 du Code de commerce et 511-3 et 512-4 du PCG.

›Voir textes de référence 3 et 4

Ce principe est la conséquence du découpage de l'activité de l'entreprise en périodes, les exercices comptables, afin de déterminer les résultats liés à la gestion passée et d'en informer les utilisateurs de l'information financière (actionnaires, créanciers, personnel, État, etc.).

La mise en œuvre pratique de ce principe s'effectue par le biais des comptes de régularisation : « [ ] Les comptes de régularisation sont utilisés pour répartir les charges et les produits dans le temps, de manière à rattacher à chaque exercice les charges et les produits qui le concernent effectivement, et ceux-là seulement. » (PCG – article 934-1).

+

Ce principe souffre de certaines exceptions : ainsi, les engagements de retraite peuvent être comptabilisés sous forme de provisions ou mentionnés dans l'annexe. Seule la première méthode, méthode de référence selon le PCG, permet de respecter le principe d'indépendance des exercices. En effet, l'engagement de l'entreprise est lié au service rendu par le salarié et devrait dès lors être comptabilisé au fur et à mesure des périodes travaillées.

3. La prudence

Le principe de prudence résulte des articles L. 123-20 du Code de commerce et 121-4 du PCG.

›Voir textes de référence 1 et 5

Son respect induit une différence de traitement entre les charges et les produits :
- un produit n'est constaté que lorsqu'il est réalisé ;
- une charge doit être comptabilisée dès lors qu'elle est probable.

Les conséquences du respect de ce principe sont les suivantes :
- seuls les bénéfices réalisés à la date de clôture d'un exercice peuvent être inscrits dans le résultat de cet exercice (Code de commerce – article L. 123-21 et PCG – article 513-3) sauf exception comme les contrats à long terme ;
- la plus-value constatée entre la valeur actuelle d'un bien et sa valeur d'entrée n'est pas comptabilisée (Code de commerce – article L. 123-18 et PCG – article 214-20) sauf exception comme pour une réévaluation ou une mise en équivalence ;
- même en cas d'absence ou d'insuffisance du bénéfice, il doit être procédé aux amortissements, provisions et dépréciations nécessaires (Code de commerce – article L. 123-20 et PCG – articles 214-7 et 322-3) ;
- si la valeur d'un élément d'actif devient inférieure à sa valeur nette comptable, cette dernière est ramenée à la valeur d'inventaire à la clôture de l'exercice, que la dépréciation soit définitive ou non (Code de commerce – article L. 123-18 et PCG – article 214-17) ;
- il doit être tenu compte des passifs qui ont pris naissance au cours de l'exercice ou d'un exercice antérieur, même s'ils sont connus entre la date de clôture et celle de l'établissement des comptes (Code de commerce – article L. 123-20 et PCG – article 513-4).

L'application du principe de prudence ne doit toutefois pas être effectuée au détriment de l'objectif d'image fidèle. Une prudence excessive nuit en effet à l'image fidèle.

Exemple

Les règles de comptabilisation et d'évaluation des provisions définies par le PCG permettent d'éviter la constatation de provisions à caractère de réserves latentes (voir chapitre 17).

Contexte Groupe Lamda

Le principe de prudence a-t-il les mêmes conséquences dans le cadre conceptuel des IFRS et dans le cadre conceptuel français ?

4. La permanence des méthodes

Le principe de permanence des méthodes est énoncé par les articles L. 123-17 du Code de commerce, et les articles 121-5, 122-1 et 122-2 du PCG. Il implique que les méthodes comptables (évaluation et présentation) utilisées par l'entreprise soient identiques d'un exercice à l'autre.

›Voir textes de référence 6, 7 et 8

La permanence des méthodes est indispensable pour atteindre l'objectif de comparabilité dans le temps de l'information financière.

Les changements de méthodes comptables constituent l'exception à ce principe et sont strictement encadrés par le normalisateur (voir chapitre 23).

5. Le nominalisme monétaire (coûts historiques)

Le principe du nominalisme monétaire (ou des coûts historiques) est par les articles L. 123-18 du Code de commerce et 213-1 du PCG.

›Voir textes de référence 9 et 10

Ce principe consiste à tenir compte de la valeur nominale de la monnaie, sans tenir compte de la variation de son pouvoir d'achat. Il est largement controversé pour les raisons suivantes :

- en période d'inflation, ce principe n'est pas pertinent en raison de la variation du pouvoir d'achat de la monnaie ;
- la valeur de marché est dans certains cas plus appropriée que le coût historique : elle permet l'évaluation à leur juste valeur des actifs susceptibles d'être cédés à tout moment (ex. : immeubles de placement, valeurs mobilières de placement, etc.) ;
- ce principe fausse les calculs de rentabilité, d'endettement réel, etc.

La réévaluation des immobilisations corporelles et financières constitue une exception au principe du nominalisme. Ses modalités sont définies par l'article 214-27 du PCG (voir chapitre 7).

6. La non-compensation

Le principe de non-compensation des postes d'actifs et de passifs, d'une part, et de charges et de produits, d'autre part, est énoncé par les articles L. 123-19 du Code de commerce et 112-1 et 112-2 du PCG.

›Voir textes de référence 11 et 12

Ce principe n'a pas d'impact en matière d'évaluation, mais uniquement en matière de présentation de l'information financière.

Le PCG précise que « la compensation des comptes est interdite, sauf lorsqu'elle est expressément prévue par les dispositions en vigueur » (PCG – article 911-5).

7. L'importance relative

Le principe d'importance relative a été introduit dans le PCG lors de sa réécriture en 1999. Énoncé à l'article 121-3 du PCG, il n'est pas défini de manière explicite. En pratique, ce principe constitue une limite à l'exhaustivité de l'information comptable. L'importance relative ou le caractère significatif d'une information est établie lorsque son omission ou son inexactitude est susceptible d'influencer les décisions économiques prises par les utilisateurs des états financiers.

Exemple

Il n'est pas utile de présenter le détail des charges à payer ou des charges constatées d'avance dans l'annexe d'une entité si ces éléments n'ont pas d'importance significative.

8. L'intangibilité du bilan d'ouverture

Le principe d'intangibilité du bilan d'ouverture est énoncé par les articles L. 123-19 du Code de commerce et 112-2 du PCG.

› Voir textes de référence 11 et 12

Le bilan d'ouverture d'un exercice doit correspondre au bilan de clôture de l'exercice précédent. Il en résulte notamment, en cas de changement de méthode comptable, la nécessité de présenter en annexe des comptes pro forma de l'exercice précédent.

+

Ce principe comptable n'existe pas en normes IFRS, ce qui permet, en cas de changement de méthode comptable, de retraiter directement les états financiers de l'année N–1 pour la présentation comparative des comptes d'une entité.

Correction contexte Groupe Lamda

1. Modèle comptable

L'Allemagne et la France relèvent du même modèle comptable, celui d'Europe continentale. Les sociétés allemandes et françaises présentent donc des comptes individuels selon ce modèle.

En revanche, les comptes consolidés du groupe devant être établis selon le référentiel IFRS (groupe coté), c'est le modèle anglo-saxon qui s'applique pour les comptes du groupe.

2. Cadre conceptuel IFRS

Le cadre conceptuel des IFRS est applicable au groupe Lamda pour l'établissement de ses comptes consolidés qui doivent être établis selon le référentiel IFRS.

3. Cadre conceptuel français

Le cadre conceptuel français est applicable à la SA Beta pour l'établissement de ses comptes annuels (ou comptes individuels) qui doivent être établis selon les règles comptables françaises, c'est-à-dire le PCG.

4. Comparaison du principe de prudence

Le principe de prudence existe dans les 2 cadres conceptuels international et français mais son application est différente.

Dans le cadre conceptuel français, la prudence implique un produit n'est constaté que lorsqu'il est réalisé, alors qu'une charge doit être comptabilisée dès lors qu'elle est probable. L'application asymétrique du principe de prudence entre le traitement des produits et des charges correspond au modèle comptable d'Europe continentale. Elle a pour objectif de sécuriser les créanciers en leur présentant une image pessimiste du patrimoine de l'entité.

Dans le cadre conceptuel IFRS, la prudence ne soutient pas l'asymétrie de comptabilisation, à savoir la comptabilisation des actifs ou des produits avec un haut degré de certitude, et celles des passifs ou des charges dès qu'ils sont probables. Cette position est liée au modèle comptable anglo-saxon, l'information est destinée d'abord aux investisseurs en capitaux propres, qui sont intéressés à la fois par le risque à la hausse et à la baisse. Ainsi par exemple, en IFRS, le risque à la baisse est pris en compte par la constatation des amortissements, des dépréciations et des provisions. Le risque à la hausse est enregistré également, pour les éléments évalués selon le modèle de la juste valeur ou celui de la réévaluation. L'application du principe de prudence ne doit pas se faire au détriment de l'objectif de représentation fidèle.

Synthèse

Les modèles comptables anglo-saxon et continental

La distinction entre le modèle anglo-saxon et le modèle d'Europe continentale est liée aux caractéristiques économiques, juridiques et culturelles des pays appartenant à chaque modèle.

	Modèle anglo-saxon	Modèle d'Europe continentale
Exemples de pays concernés	États-Unis, Canada, Grande-Bretagne	France, Allemagne, Japon
Caractéristiques économiques – sources de financement – principes prédominants	– Marchés financiers – Image fidèle et « *substance over form* »	– Secteur bancaire – Prudence et prédominance de la forme sur le fond
Caractéristiques juridiques	– Droit coutumier – Règles établies par les instances professionnelles – Déconnexion comptabilité/fiscalité	– Droit écrit – Rôle prédominant de l'État dans la normalisation comptable – Connexion comptabilité/fiscalité
Caractéristiques culturelles	– Individualité des entreprises – Cadre conceptuel	– Tutelle de l'État – Pas de véritable cadre conceptuel

Le cadre conceptuel des IFRS

Le cadre conceptuel définit les concepts qui sont à la base de la préparation et de la présentation des états financiers à l'usage des utilisateurs externes.

Principaux éléments du cadre conceptuel	
Objectif des états financiers	Fournir une information financière, au sujet d'une entité qui soit utile aux investisseurs, aux prêteurs et autres créanciers actuels et potentiels pour prendre des décisions en tant que fournisseurs de ressources de l'entité.
Utilisateurs des états financiers	Les apporteurs de capitaux (investisseurs, prêteurs et autres créanciers) sont privilégiés.
Hypothèse d'élaboration des états financiers	– Continuité d'exploitation
Caractéristiques qualitatives des états financiers	– Principales : pertinence et représentation fidèle – Auxiliaires : comparabilité, vérifiabilité, rapidité et intelligibilité – Prise en compte de la substance et du principe de prudence – Contrainte de coût

Principaux éléments du cadre conceptuel	
Définition des éléments des états financiers	– Actif – Passif – Capitaux propres – Charges – Produits
Fait générateur de comptabilisation d'un élément	Fonction des critères de pertinence et de représentation fidèle, dans le respect de la contrainte de coût.

Le cadre comptable français

Il n'existe pas à proprement parler de cadre conceptuel dans le référentiel français. Le Code de commerce et le PCG énoncent essentiellement les caractéristiques qualitatives des comptes annuels ainsi que les principes comptables.

Code de commerce et PCG	
Caractéristiques de qualité des comptes annuels	– Régularité – Sincérité – Image fidèle
Principes comptables	– Continuité d'exploitation – Indépendance des exercices – Prudence – Permanence des méthodes – Nominalisme monétaire (coûts historiques) – Non-compensation – Importance relative – Intangibilité du bilan d'ouverture

Références

- Cadre conceptuel des IFRS.
- Normes SFAC du FASB.
- Code de commerce.
- PCG.

1 Code de commerce – article L. 123-20

Les comptes annuels doivent respecter le principe de prudence. Pour leur établissement, un commerçant, personne physique ou morale, est présumé poursuivre ses activités.

Même en cas d'absence ou d'insuffisance du bénéfice, il doit être procédé aux amortissements et provisions nécessaires.

Il doit être tenu compte des passifs qui ont pris naissance au cours de l'exercice ou d'un exercice antérieur, même s'ils sont connus entre la date de la clôture de l'exercice et celle de l'établissement des comptes.

2 PCG – article 121-2

La comptabilité permet d'effectuer des comparaisons périodiques et d'apprécier l'évolution de l'entité dans une perspective de continuité d'activité.

3 Code de commerce – article L. 123-13

[…] Le compte de résultat récapitule les produits et les charges de l'exercice, sans qu'il soit tenu compte de leur date d'encaissement ou de paiement. […]

4 PCG – articles 511-3 et 512-4

Pour calculer le résultat par différence entre les produits et les charges de l'exercice, sont rattachés à l'exercice :

- les produits acquis à cet exercice, auxquels s'ajoutent éventuellement les produits acquis à des exercices précédents mais qui, par erreur ou omission, n'ont pas alors fait l'objet d'un enregistrement comptable ; (512-4)
- les charges supportées par l'exercice, auxquelles s'ajoutent éventuellement les charges afférentes à des exercices précédents mais qui, par erreur ou omission, n'ont pas alors fait l'objet d'un enregistrement comptable. (511-3)

5 PCG – article 121-4

La comptabilité est établie sur la base d'appréciations prudentes, pour éviter le risque de transfert, sur des périodes à venir, d'incertitudes présentes susceptibles de grever le patrimoine et le résultat de l'entité.

6 Code de commerce – article L.123-17

Sauf dans des cas exceptionnels, afin de donner une image fidèle du patrimoine, de la situation financière et du résultat de l'entreprise et dans les conditions prévues par un règlement de l'Autorité des normes comptables, les méthodes comptables retenues et la structure du bilan et du compte de résultat ne peuvent être modifiées d'un exercice à l'autre. Si des modifications interviennent, elles sont décrites et justifiées dans l'annexe et signalées, le cas échéant, dans le rapport des commissaires aux comptes.

7 PCG – article 121-5

La cohérence des informations comptables au cours des périodes successives repose sur la permanence des méthodes comptables et de la structure du bilan et du compte de résultat.

Les méthodes comptables sont les principes, règles et pratiques spécifiques appliqués par une entité lors de l'établissement de ses comptes annuels. [...]

8 PCG – article 122-2

Un changement de méthode comptable à l'initiative de l'entité n'est possible qu'à la double condition qu'il existe un choix entre plusieurs méthodes comptables conformes aux principes d'établissement des comptes annuels et que le changement de méthode conduise à fournir une meilleure information financière. [...]

9 Code de commerce – article L. 123-18

À leur date d'entrée dans le patrimoine de l'entreprise, les biens acquis à titre onéreux sont enregistrés à leur coût d'acquisition, les biens acquis à titre gratuit à leur valeur vénale et les biens produits à leur coût de production.

[...] La plus-value constatée entre la valeur d'inventaire d'un bien et sa valeur d'entrée n'est pas comptabilisée. [...]

10 PCG – article 213-1

[...] À leur date d'entrée dans le patrimoine de l'entité, la valeur des actifs est déterminée dans les conditions suivantes :

– les actifs acquis à titre onéreux sont comptabilisés à leur coût d'acquisition ;

– les actifs produits par l'entité sont comptabilisés à leur coût de production ;

– les actifs acquis à titre gratuit sont comptabilisés à leur valeur vénale ;

– les actifs acquis par voie d'échange sont comptabilisés à leur valeur vénale. [...]

11 Code de commerce – article L. 123-19

Les éléments d'actif et de passif doivent être évalués séparément.

Aucune compensation ne peut être opérée entre les postes d'actif et de passif du bilan ou entre les postes de charges et de produits du compte de résultat, sauf dans des cas exceptionnels prévus par un règlement de l'Autorité des normes comptables.

Le bilan d'ouverture d'un exercice correspond au bilan de clôture de l'exercice précédent.

12 PCG – articles 112-2 et 112-3

Article 112-2

[...] Les éléments d'actif et de passif sont évalués séparément.

Aucune compensation ne peut être opérée entre les postes d'actif et de passif.

Le bilan d'ouverture d'un exercice correspond au bilan de clôture avant répartition de l'exercice précédent.

Article 112-3

[...] Aucune compensation ne peut être opérée entre les postes de charges et de produits.

Applications

Comprendre les notions

Application 1 Principes comptables

• **Indiquez pour chacun des événements suivants quel principe comptable est concerné et sa conséquence sur l'élaboration des comptes annuels de l'exercice N selon les règles du PCG (les écritures comptables ne sont pas demandées).**

1. Un litige en cours avec un client concernant une livraison de l'année N laisse présager le versement de dommages et intérêts estimés par l'avocat à 10 000 €.
2. La prime d'assurance annuelle de 6 000 € payée le 1/09/N couvre la période du 1/09/N au 31/08/N+1.
3. Le compte collectif « Fournisseurs » laisse apparaître un solde global créditeur de 478 400 €, tenant compte de comptes fournisseurs débiteurs pour un montant total de 14 352 €, correspondant à des avoirs reçus non encore imputés.
4. L'entreprise a acquis un terrain en N–4 pour un montant de 20 000 €. Un expert a estimé la valeur du terrain fin N à 30 000 €.
5. L'entreprise a cautionné un prêt bancaire de 3 000 € accordé à l'un de ses salariés.
6. L'entreprise souhaite passer de la méthode CUMP à la méthode FIFO, sans justification particulière.
7. Les difficultés financières de l'entreprise vont l'amener à cesser son activité d'ici au 30/06/N+1.

Application 2 QCM

Retrouvez la ou les réponses exactes.

1. Quelles sont les notions ou principes comptables mis en avant dans le modèle comptable anglo-saxon ?

- ☐ Prééminence du fond sur la forme
- ☐ Prééminence de la forme sur le fond
- ☐ Image fidèle
- ☐ Prudence

2. Quelles sont les notions ou principes comptables mis en avant dans le modèle comptable d'Europe continentale ?

- ☐ Prééminence du fond sur la forme
- ☐ Prééminence de la forme sur le fond
- ☐ Image fidèle
- ☐ Prudence

3. Le modèle comptable anglo-saxon est caractérisé par la déconnexion comptabilité/fiscalité :

- ☐ Vrai
- ☐ Faux

4. Les pays d'Europe continentale sont des pays :

- ☐ de droit écrit.
- ☐ de droit coutumier.

5. La notion de cadre conceptuel est prépondérante :
- ☐ dans les pays d'Europe continentale.
- ☐ dans les pays anglo-saxons.

6. Le cadre conceptuel américain actuel est l'œuvre :
- ☐ du FASB.
- ☐ de l'IASB.
- ☐ de l'AICPA.
- ☐ de la SEC.

7. Parmi les affirmations suivantes, laquelle (lesquelles) est (sont) exacte(s) ?
- ☐ Le cadre conceptuel des IFRS a été adopté par l'Union européenne.
- ☐ Le cadre conceptuel des IFRS ne constitue pas une norme.
- ☐ Le cadre conceptuel des IFRS supplante les normes IFRS.

8. Parmi les caractéristiques qualitatives suivantes des états financiers, laquelle ne figure pas dans le cadre conceptuel des IFRS ?
- ☐ L'intelligibilité
- ☐ La pertinence
- ☐ La sincérité
- ☐ La vérifiabilité
- ☐ La comparabilité

9. Le cadre conceptuel des IFRS ne privilégie aucun utilisateur des états financiers :
- ☐ Vrai
- ☐ Faux

10. Selon le cadre conceptuel des IFRS, un actif est une ressource économique actuelle possédée par l'entité résultant d'événements passés :
- ☐ Vrai
- ☐ Faux

11. Selon le cadre conceptuel des IFRS, selon quelle hypothèse sont préparés les états financiers ?
- ☐ Coûts historiques
- ☐ Permanence des méthodes
- ☐ Continuité d'exploitation
- ☐ Prudence

12. Selon le cadre conceptuel des IFRS, un élément qui satisfait à la définition d'un actif, d'un passif, d'une charge ou d'un produit doit être comptabilisé si :
- ☐ il répond au critère de pertinence
- ☐ il répond au critère de représentation fidèle.
- ☐ il répond aux 2 critères précédents
- ☐ il répond aux 2 critères précédents dans le respect de la contrainte de coût

13. La contrainte de coût est un élément du cadre conceptuel :
- ☐ IFRS.
- ☐ Français.
- ☐ Ni l'un, ni l'autre.
- ☐ Les 2.

14. Les éléments liés au cadre conceptuel français figurent dans :
- ☐ le PCG
- ☐ le Code de commerce
- ☐ le Code de commerce et le PCG

15. La certification des comptes annuels d'une entité par son/ses commissaires aux comptes repose sur le respect des caractéristiques qualitatives de :
- ☐ régularité
- ☐ intelligibilité
- ☐ image fidèle
- ☐ pertinence
- ☐ sincérité
- ☐ comparabilité

16. Selon le cadre conceptuel français, le respect des principes comptables fondamentaux :
- ☐ fournit une présomption simple d'image fidèle.
- ☐ fournit une présomption irréfragable d'image fidèle.
- ☐ est sans rapport avec la notion d'image fidèle.

17. La notion d'image fidèle s'applique :
- ☐ au bilan.
- ☐ au compte de résultat.
- ☐ à l'annexe.

18. Le respect du principe de continuité d'exploitation a un impact sur les modalités d'évaluation des comptes annuels :
- ☐ Vrai
- ☐ Faux

19. Les conséquences de l'application du principe de prudence dans le cadre conceptuel français sont que :
- ☐ les plus-values probables sont comptabilisées.
- ☐ les plus-values réalisées sont comptabilisées.
- ☐ les moins-values probables sont comptabilisées.
- ☐ les moins-values réalisées sont comptabilisées.

20. Le respect du principe de permanence des méthodes est justifié par l'objectif de :
- ☐ stabilité.
- ☐ comparabilité.
- ☐ neutralité.
- ☐ intelligibilité.

CHAPITRE

4

Définition et règles générales d'évaluation des actifs

Compétences attendues	Savoirs associés
– Caractériser les différentes catégories d'actif (C1). – Exposer les conditions d'activation (C2). – Exposer les principes d'évaluation des actifs (C3).	– Définition, catégories d'actif et conditions d'activation. – Principes d'évaluation des actifs à l'entrée et postérieurement à leur entrée.

Contexte professionnel

La SA Technik est une société industrielle qui fabrique et commercialise des composants électroniques. Son savoir-faire repose sur la compétence de deux ingénieurs, qui viennent de mettre au point un nouveau procédé de fabrication brevetable. La SA Technik a un parc de machines constitué de matériels acquis au comptant, de matériels acquis par voie d'emprunt et de matériels faisant l'objet d'un contrat de location financement. Les matières premières utilisées dans le cadre du cycle de production n'ont pas été entièrement consommées à la clôture de l'exercice. La mairie du village où est installée l'entreprise lui a fait don d'un terrain, en vue d'y construire un entrepôt de stockage complémentaire.

Raison sociale	SA Technik
Capital social	200 000 €
Siège social et exploitation	2, rue Rodolphe Molère 32 330 Gondrin
Activité	Fabrication et commercialisation de composants électroniques
Effectif	25 salariés
Exercice comptable N	CA HT : 7 000 000 € Total bilan : 5 000 000 €

La définition et les règles générales d'évaluation des actifs s'inscrivent dans le cadre d'un processus de convergence des règles comptables françaises avec le référentiel IFRS en matière :
– d'actifs : définition, évaluation initiale et évaluation postérieure ;
– de passifs et de provisions.
Concernant les actifs, les règlements CRC ayant modifié le PCG sont les suivants :
– le règlement CRC 2002-10 relatif à l'amortissement et à la dépréciation des actifs ;
– le règlement CRC 2004-06 relatif à la définition, la comptabilisation et l'évaluation des actifs.
Ces deux règlements ont été abrogés lors de la réécriture à droit constant du PCG en 2014 (règlement ANC 2014-03).

I Définition et fait générateur de comptabilisation d'un actif

A) Définition d'un actif

« Un actif est un élément identifiable du patrimoine de l'entreprise ayant une valeur positive pour l'entité, c'est-à-dire un élément générant une ressource que l'entité contrôle du fait d'événements passés et dont elle attend des avantages économiques futurs. » (PCG – article 211-1)

›Voir texte de référence 1

La définition d'un actif implique ainsi le respect de trois conditions cumulatives :
– le caractère identifiable de l'actif ;
– le contrôle de l'actif par l'entreprise ;
– les avantages économiques futurs liés à l'actif.

1. Le caractère identifiable de l'actif

Le caractère identifiable d'un actif ne soulève pas de problème pour les immobilisations corporelles et les stocks, par essence identifiables. En revanche, cette notion a été précisée pour les immobilisations incorporelles car elle peut soulever des difficultés. Deux situations (non cumulatives) permettent de considérer cette condition comme remplie (PCG – article 211-5) :
– première situation : l'immobilisation est séparable des activités de l'entité. Il s'agit du cas où l'actif peut être vendu, transféré, loué ou échangé de manière isolée ou avec un contrat, un autre actif ou un passif ;

Exemple

Un portefeuille clients, même en l'absence de droit permettant de le protéger, peut, dans certaines hypothèses, faire l'objet d'une inscription à l'actif si des transactions d'échanges portant sur des relations clients similaires démontrent le contrôle et le caractère séparable.

– seconde situation : il existe un droit légal ou contractuel. Si l'immobilisation résulte d'un tel droit, le caractère identifiable est rempli, même si ce droit n'est pas transférable ou séparable de l'entité ou des autres droits et obligations.

Exemple

Les contrats liant l'entreprise à son personnel ne peuvent, en règle générale, être reconnus en tant qu'actifs. Ils ne pourraient constituer un actif que s'il existait une protection juridique qui permettrait à l'entreprise de bénéficier des avantages économiques futurs attendus de ses salariés.

2. Le contrôle de l'actif

a) Le principe général

Les critères juridiques (par exemple, la propriété) ne sont pas essentiels pour déterminer le contrôle d'une ressource. Les critères économiques sont également à prendre en compte. Sont ainsi considérés comme des actifs :
– des immeubles construits sur sol d'autrui ;
– des agencements ou installations réalisés dans des immeubles détenus en location.

Quant à la notion de patrimoine retenue dans la définition, elle ne se réfère pas à la notion juridique mais à une notion comptable de patrimoine.

En application de cette définition des actifs, si, en vertu d'un contrat de crédit-bail, l'entreprise dispose du contrôle de l'immobilisation et en attend des avantages économiques futurs, cette immobilisation devrait faire partie de son patrimoine comptable (alors qu'elle ne fait pas partie de son patrimoine juridique) et elle serait à porter à l'actif du bilan.

b) Exceptions

Toutefois, l'avis CNC 2004-15 relatif à la définition, la comptabilisation et l'évaluation des actifs a exclu tous les contrats de location, au sens de la norme IAS 17 « Contrats de location », du champ de son étude.

Les règles en matière d'actifs ne leur sont donc pas applicables, de même que pour les éléments suivants :

- les contrats de louage de marques et de brevets ;
- les instruments financiers ainsi que les dépenses liées comme les frais d'émission des emprunts, les primes d'émission et les primes de remboursement d'emprunts ;
- les actifs d'impôts différés ;
- les contrats de délégation de service public, dont les contrats de concession.

c) Les conséquences effectives

Les seuls éléments activables, découlant de la notion de patrimoine comptable, sont les immobilisations mises à disposition gratuitement par le propriétaire et dont le contrôle est effectivement exercé par le bénéficiaire.

Exemple

Des moules qui sont la propriété juridique du donneur d'ordre et que celui-ci met à la disposition d'un sous-traitant, si ce dernier assume les risques et les avantages liés à la propriété de ces moules.

3. La notion d'avantages économiques futurs

« L'avantage économique futur représentatif d'un actif est le potentiel qu'a cet actif de contribuer, directement ou indirectement, à des flux de trésorerie au bénéfice de l'entité. Le potentiel de services attendus de l'utilisation d'un actif par une association ou une entité relevant du secteur public est fonction de l'utilité sociale correspondant à son objet ou à sa mission. » (PCG – article 211-2)

La notion de potentiel vise aussi bien la possibilité de générer un flux de trésorerie positif (ex. : le stock qui va être vendu), que celle de réduire les sorties de trésorerie (ex. : le siège social propriété de l'entité lui permettant ainsi d'économiser des loyers).

Ces flux de trésorerie sont ceux attendus de l'exploitation de l'actif ainsi que ceux qui découleront de la revente de celui-ci. Ainsi, un actif qui n'est plus exploité, mais qui a une valeur vénale, est à maintenir à l'actif. En revanche, une machine mise au rebut et qui ne peut plus être revendue doit être sortie de l'actif.

Contexte SA Technik

La SA Technik peut-elle immobiliser le capital humain représenté par ses deux ingénieurs ?

B) Définitions des actifs concernés

Le PCG définit les actifs concernés par les précédentes règles : ce sont les immobilisations corporelles et incorporelles, les stocks et les charges constatées d'avance.

1. Les immobilisations corporelles et incorporelles

« Une immobilisation corporelle est un actif physique détenu soit pour être utilisé dans la production ou la fourniture de biens ou de services, soit pour être loué à des tiers, soit à des fins de gestion interne et dont l'entreprise attend qu'il soit utilisé au-delà de l'exercice en cours » (PCG – article 211-6), c'est-à-dire sur une durée supérieure à douze mois (avis n° 2005-D du Comité d'urgence du CNC du 1er juin 2005).

Exemples

Les DVD acquis par une entreprise dont l'activité est la location sont une immobilisation corporelle si elles sont utilisées au-delà de l'exercice.

Le linge acquis par une blanchisserie industrielle pour être loué aux restaurants est également une immobilisation corporelle.

« Une immobilisation incorporelle est un actif non monétaire sans substance physique. » (PCG – article 211-5)

2. Les stocks et les charges constatées d'avance

« Un stock est un actif détenu pour être vendu dans le cours normal de l'activité, ou en cours de production pour une telle vente, ou destiné à être consommé dans le processus de production ou de prestation de services, sous forme de matières premières ou de fournitures. » (PCG – article 211-7)

« Les charges constatées d'avance sont des actifs qui correspondent à des achats de biens ou de services dont la fourniture ou la prestation interviendra ultérieurement. » (PCG – article 211-8)

Contexte SA Technik

Le nouveau procédé de fabrication, le parc de machines, les matières premières non consommées et le terrain constituent-ils des actifs ? Si oui, quelle catégorie d'actif ?

C) Le fait générateur de comptabilisation d'un actif

Pour qu'un actif soit comptabilisé, deux conditions cumulatives s'ajoutent à celles résultant de la définition d'un actif (PCG – article 212-1) :

›Voir texte de référence 2

– l'entreprise doit bénéficier des avantages économiques futurs ;

– elle doit pouvoir évaluer le coût avec une fiabilité suffisante.

Ces conditions de comptabilisation s'appliquent aux coûts initiaux d'acquisition ou de production d'une immobilisation comme aux coûts encourus postérieurement pour ajouter ou remplacer des éléments. Si ces conditions d'activation ne sont pas respectées, l'élément est comptabilisé en charges.

1. La probabilité de bénéficier des avantages économiques futurs

Pour comptabiliser un actif, il doit être probable que l'entité bénéficiera des avantages économiques futurs relatifs à cet actif.

Un jugement doit donc être apporté sur le degré de certitude attaché aux flux d'avantages économiques futurs. Ce jugement est fait sur la base des éléments d'information disponibles lors de la comptabilisation initiale.

Exemple

On ne peut pas porter à l'actif des dépenses de publicité car la probabilité de bénéficier des avantages économiques correspondants n'est pas assurée.

La certitude suffisante demande que l'on s'assure que l'entreprise recevra les avantages attachés à cet actif et assumera les risques associés. Cette assurance n'existe en général que lorsque les risques et les avantages ont été transférés à l'entreprise. Selon le référentiel IFRS, avant que cela se produise, la transaction pour acquérir l'actif peut, en général, être annulée sans pénalité importante et, en conséquence, l'actif n'est pas comptabilisé.

2. La capacité d'évaluer le coût

Cette condition est généralement satisfaite parce que la transaction d'échange attestant l'acquisition de l'actif permet d'identifier son coût. Dans le cas d'un actif produit par l'entité pour elle-même, une évaluation fiable du coût peut être faite à partir des transactions conclues avec des tiers extérieurs à l'entité pour l'acquisition des matières premières, de la main-d'œuvre et autres éléments utilisés au cours du processus de construction.

Contexte SA Technik

La SA Technik souhaite faire construire l'entrepôt de stockage par ses propres salariés. Pourra-t-elle comptabiliser l'entrepôt en tant qu'actif ?

D) Les limitations de portée et les conséquences effectives

Les limitations de portée concernant la définition des actifs dans le PCG sont liées :
- à la hiérarchie des sources du droit comptable français ;
- au rythme de convergence retenu se matérialisant par des exclusions du champ d'application des règlements CRC/ANC.

1. La hiérarchie des sources du droit comptable français

Bien que ne répondant pas à la définition d'un actif, certains éléments peuvent être comptabilisés à l'actif lorsqu'un texte de niveau supérieur (Code de commerce) impose ou permet cette comptabilisation.

a) Les écarts de conversion-actif

Les écarts de conversion-actif relatifs aux pertes latentes sur les créances et dettes en monnaie étrangère sont obligatoirement portés à l'actif du bilan dans les comptes individuels (Code de commerce, art. R. 123-182).

b) Les frais de constitution, de transformation et de premier établissement

Les frais de constitution, de transformation et de premier établissement peuvent être inscrits à l'actif des comptes sociaux et consolidés comme des frais d'établissement (Code de commerce, art. R. 123-186).

Leur inscription en compte de résultat constitue toutefois une méthode de référence.

c) Les frais d'augmentation de capital, de fusion et de scission

Les frais d'augmentation de capital, de fusion et de scission peuvent être inscrits à l'actif comme « frais d'établissement » dans les comptes individuels. En application de l'article L. 232-9 du Code de commerce, ces frais peuvent être imputés sur la prime d'émission. En cas d'insuffisance de la prime d'émission, les frais restants sont comptabilisés en charges (PCG – article 212-9).

Trois traitements comptables sont donc possibles dans les comptes individuels pour ces frais :
– leur comptabilisation en charges ;
– leur comptabilisation en frais d'établissement ;
– leur imputation sur la prime d'émission avec un complément éventuel en charges.

2. Le rythme de convergence retenu

L'exclusion de certains éléments du champ d'application des règles sur les actifs en réduit la portée de manière significative :
– la définition des actifs reposant sur la notion de contrôle et non plus de propriété juridique aurait dû se matérialiser par l'activation des contrats de location financement. Mais la décision de ne pas intégrer la norme sur les contrats de location (IFRS 16), en raison de sa complexité, a conduit à l'exclusion des contrats de location du champ d'application des règles sur les actifs ;
– les instruments financiers sont également exclus des règles sur les actifs. Ainsi subsistent à l'actif, bien que ne correspondant pas à la définition de ces éléments :
  - les frais d'émission d'emprunt, au niveau des charges à répartir,
  - les primes de remboursement des obligations.

II L'évaluation d'un actif à la date d'entrée

A) Les principes généraux

Les immobilisations corporelles ou incorporelles et les stocks doivent être évalués initialement à leur coût (PCG – article 213-1).

› Voir texte de référence 3

« À leur date d'entrée dans le patrimoine de l'entreprise, la valeur des actifs est déterminée dans les conditions suivantes :
– les actifs acquis à titre onéreux sont comptabilisés au coût d'acquisition ;
– les actifs produits par l'entreprise sont comptabilisés à leur coût de production ;
– les actifs acquis à titre gratuit sont comptabilisés à leur valeur vénale ;
– les actifs acquis par voie d'échange sont comptabilisés à leur valeur vénale » (PCG – article 213-1).

Les notions de coût d'acquisition et de coût de production sont étudiées par catégories d'actif dans les chapitres suivants.

B) Les biens échangés, apportés ou acquis à titre gratuit

Le PCG définit un traitement comptable spécifique pour les biens acquis à titre gratuit, échangés ou apportés de façon isolée. L'actif est en principe enregistré à sa valeur vénale. La valeur vénale est le montant qui pourrait être obtenu, à la date de clôture, de la vente d'un actif lors d'une transaction conclue à des conditions normales de marché, nette des coûts de sortie. Les coûts de sortie sont les coûts directement attribuables à la sortie d'un actif, à l'exclusion des charges financières et de la charge d'impôt sur le résultat (PCG – article 214-6).

1. Les échanges

a) Le principe général : l'évaluation à la valeur vénale

« Une immobilisation corporelle ou incorporelle acquise en échange d'un ou plusieurs actifs non monétaires ou d'une combinaison d'actifs monétaires (soulte) et non monétaires est évaluée à la valeur vénale à moins que :

– la transaction d'échange n'ait pas de substance commerciale ;
– ou que la valeur vénale de l'immobilisation reçue ou de l'immobilisation donnée ne puisse être évaluée de façon fiable.

Un échange n'a une substance commerciale que s'il entraîne une modification des flux de trésorerie futurs résultant de la transaction, ou si l'analyse de la transaction confirme de manière explicite la substance commerciale » (PCG – article 213-3).

Ainsi, un échange a une substance commerciale :
– si la configuration des flux de trésorerie (risque, calendrier et montants) de l'actif reçu diffère de la configuration des flux de trésorerie de l'actif transféré ;
– ou si la valeur des flux de trésorerie attendus est modifiée à l'issue de l'opération ;
– ou si l'une ou l'autre des différences ci-dessus est significative par rapport à la valeur vénale des actifs échangés.

Exemple

L'entreprise Alpha échange avec l'entreprise Bêta une machine A contre un robot B. Elle estime que ses flux de trésorerie futurs augmenteront suite à cette transaction d'échange. L'échange a donc bien une substance commerciale. Le robot B est inscrit à l'actif d'Alpha pour sa valeur vénale, alors que la machine A doit être sortie de l'actif pour sa VNC. La différence constitue une charge ou un produit exceptionnel (le).

L'entité n'a pas à procéder à ces calculs quand l'analyse des conditions d'échange confirme de manière explicite la substance commerciale. Aucune compensation ne peut être effectuée entre la valeur vénale de l'actif reçu et la valeur vénale de l'actif donné.

b) Cas particulier : l'évaluation à la valeur comptable de l'actif cédé

« Si l'immobilisation acquise ne peut pas être évaluée à la valeur vénale, son coût est évalué à la valeur comptable de l'actif cédé » (PCG – article 213-3). Dans ce cas, aucune plus- ou moins-value n'est dégagée.

Il s'agit des cas dans lesquels l'échange n'a pas de substance commerciale, ou dans lesquels la valeur vénale de l'immobilisation donnée en échange ne peut être évaluée de façon fiable.

2. Les apports

Les apports en nature d'actifs corporels ou incorporels isolés sont assimilés à des échanges. S'agissant des actifs corporels et incorporels reçus par voie d'apport, ils sont évalués dans le traité d'apport à la valeur vénale.

Ne sont pas visées ici les opérations d'apport d'une entreprise ou d'une activité, soumises au traitement comptable particulier des opérations de fusions et opérations assimilées.

Exemple

L'apport isolé d'un terrain valorisé dans le traité d'apport à une valeur vénale de 100 000 € est comptabilisé au bilan de l'entité bénéficiaire de l'apport pour un montant de 100 000 €.

3. L'acquisition à titre gratuit

Les biens acquis à titre gratuit, c'est-à-dire sans aucune contrepartie présente ou future, monétaire ou non monétaire, sont comptabilisés en les estimant à leur valeur vénale (PCG – article 213-4).

La notion de valeur vénale, définie précédemment, correspond à celle de juste valeur nette de coûts de sortie retenue par le référentiel IFRS.

Contexte SA Technik

Comment la SA Technik doit-elle valoriser le terrain donné par la commune ?

C Les coûts d'emprunt

L'évaluation initiale d'un actif pose la problématique d'incorporation ou non des frais financiers dans la valorisation de cet actif.

Le PCG aligne le traitement comptable du coût des emprunts sur la norme IAS 23 relative aux coûts d'emprunt, qui autorisait alors deux traitements : la comptabilisation des coûts d'emprunt en charges ou leur incorporation au coût de l'actif.

> **+**
> Dans le cadre de la convergence des normes IFRS et US GAAP, l'amendement à la norme IAS 23 « Coûts d'emprunt » a supprimé la possibilité de comptabilisation en charges des coûts d'emprunt relatifs aux actifs éligibles.

1. Le champ d'application

L'option d'activation de ces coûts concerne tant les immobilisations incorporelles et corporelles que les stocks, et tant leur coût d'acquisition que leur coût de production.

2. Les conditions d'activation

Les coûts d'emprunt directement destinés à financer l'acquisition ou la production d'un actif éligible, immobilisation incorporelle, corporelle ou stock, peuvent être inclus dans le coût de l'actif lorsqu'ils remplissent les deux conditions suivantes :

- ils concernent la période de production de cet actif, jusqu'à la date d'acquisition ou de réception définitive ;
- ils se rapportent à un actif éligible, c'est-à-dire qui exige une longue période de préparation ou de construction avant de pouvoir être utilisé ou vendu (PCG – article 213-9).

Précisons qu'aucune durée minimale n'est requise au plan comptable.

3. La méthode comptable

L'option est globale : le traitement retenu doit être appliqué, de façon cohérente et permanente, à tous les coûts d'emprunt directement attribuables à l'acquisition ou à la production de tous les actifs éligibles de l'entité. L'annexe doit mentionner explicitement la méthode comptable adoptée pour les coûts d'emprunt si l'entité dispose d'actifs éligibles.

4. La nature des charges activables

Les coûts d'emprunt peuvent inclure :

- les intérêts sur découverts bancaires et emprunts à court et long termes ;
- l'amortissement des primes d'émission ou de remboursement relatives aux emprunts ;
- l'amortissement des coûts accessoires encourus pour la mise en place des emprunts (frais d'émission) ;
- les charges financières relatives aux contrats de location financement dans les comptes consolidés ;
- les différences de change résultant des emprunts en monnaie étrangère, dans la mesure où elles sont assimilées à un ajustement des coûts d'intérêt.

5. Les montants incorporables

Lorsqu'une entité emprunte des fonds spécifiquement en vue de l'acquisition d'un actif éligible, les coûts d'emprunt sont facilement identifiables ; dans le cas inverse (lorsque le financement couvre différents projets), le montant incorporable au coût de l'actif est déterminé en appliquant un taux de capitalisation aux dépenses relatives à l'actif, c'est-à-dire une moyenne pondérée du coût des emprunts non affectés de l'entité en cours au titre de l'exercice.

L'annexe doit mentionner le montant des coûts d'emprunt incorporés durant l'exercice par catégorie d'actifs, ainsi que le taux de capitalisation utilisé le cas échéant.

Exemples

1. Emprunt spécifique

Soit une immobilisation créée par l'entreprise dont les dépenses au titre de l'exercice N s'élèvent à 300 000 €. Ces dépenses sont payées selon l'échéancier suivant et sont financées par deux emprunts spécifiques. Le taux d'intérêt de ces emprunts est de 6 %. Les frais financiers incorporables au coût de l'actif sont déterminés de la façon suivante :

Date de la dépense	Montant de la dépense (en €)	Frais financiers (en €)
30 juin	100 000	3 000 (a)
30 novembre	200 000	1 000 (b)
Total	**300 000**	**4 000**

(a) 100 000 × 6/12 × 6 % (b) 200 000 × 1/12 × 6 %

2. Emprunt non spécifique

Une entreprise nouvellement constituée a contracté trois emprunts remboursables en intégralité au 31/12/N pour le financement du démarrage de son activité : E1 : 100 000 € à 4 % le 1/01/N ; E2 : 200 000 € à 5 % le 1/03/N ; E3 : 300 000 € à 6 % le 1/04/N.

Ces emprunts participent notamment au financement d'une construction par la société pour elle-même débutant le 1/04/N et s'achevant le 15/12/N, évaluée à 300 000 €.

Entre le début de la construction et son achèvement, les dépenses ont été engagées ainsi :

	1er avril	15 septembre	1er décembre
Dépenses engagées	200 000	50 000	50 000
Cumul	200 000	250 000	300 000

La société a opté pour l'incorporation des coûts d'emprunt au coût des actifs éligibles.

Le taux de capitalisation applicable aux investissements réalisés est calculé par pondération sur les emprunts non spécifiques : (100 000 × 4 %) + (200 000 × 5 %) + (300 000 × 6 %) / 600 000 = 5,33 %.

	1er avril	15 septembre	1er décembre
Dépenses engagées	200 000	50 000	50 000
Nombre de mois sur la période de construction	8,5 mois	3 mois	0,5 mois

Coûts d'emprunt incorporables = (200 000 × 5,33 % × 8,5/12) + (50 000 × 5,33 % × 3/12) + (50 000 × 5,33 % × 0,5/12) = 8 328 €.

		15/12/N		
213		Construction	308 328	
721		Production immobilisée		300 000
796		Transfert de charges financières		8 328

+

Le traitement fiscal des coûts d'emprunt

Aux termes de l'article 38 *undecies* de l'annexe III du CGI, sur option de l'entreprise, les coûts d'emprunt qui financent l'acquisition ou la production d'une immobilisation, corporelle ou incorporelle, ou d'un élément inscrit en stock ou en en-cours peuvent être compris dans le coût d'origine de l'immobilisation ou du stock. Il s'agit en pratique d'un alignement sur le traitement comptable des frais d'emprunt retenu par l'instruction fiscale du 30 décembre 2005. L'option exercée sur le plan comptable vaut option fiscale.

Contexte SA Technik

Des coûts d'emprunt peuvent-ils être incorporés au coût d'entrée de certains actifs de la SA Technik ? Lesquels ?

III L'évaluation d'un actif postérieurement à sa date d'entrée

A) À l'inventaire

1. Le principe de l'inventaire

Le Code de commerce (article L. 123-12) précise que tout commerçant doit contrôler par inventaire, au moins une fois tous les douze mois, l'existence et la valeur des éléments actifs et passifs du patrimoine de l'entreprise. Il s'agit donc d'une double opération de recensement et d'évaluation.

2. La valeur d'inventaire

Pour les éléments d'actif immobilisé, les valeurs retenues dans l'inventaire doivent, s'il y a lieu, tenir compte des plans d'amortissement (Code de commerce – article L. 123-18).

Par application de cet article, l'article R. 123-178-5° du Code de commerce précise que la valeur d'inventaire est égale à la valeur actuelle ; toutefois, lorsque la valeur d'inventaire d'une immobilisation non financière n'est pas jugée notablement inférieure à sa valeur comptable nette, cette dernière est retenue comme valeur d'inventaire.

Selon le PCG, la valeur actuelle est la valeur la plus élevée entre la valeur vénale et la valeur d'usage. La valeur d'usage d'un actif est la valeur des avantages économiques futurs attendus de son utilisation et de sa sortie. Elle est calculée à partir des flux nets de trésorerie actualisée attendus (PCG – article 214-6).

Concernant les immobilisations corporelles et incorporelles, à l'exception des fonds commerciaux, la détermination de la valeur actuelle n'est effectuée qu'en présence d'un indice de perte de valeur (PCG – article 214-15).

Ces points seront examinés en détail dans les chapitres suivants en fonction des catégories d'actifs concernés.

B) À l'arrêté des comptes

À l'arrêté des comptes, une comparaison doit être effectuée, élément par élément, entre la valeur comptable et la valeur actuelle résultant de l'inventaire :

- valeur actuelle > valeur comptable : les plus-values latentes ne sont pas comptabilisées (principe de prudence) ;

Exemple

Pour des valeurs mobilières de placement acquises 100 dont la valeur actuelle s'élève à 120 à la clôture de l'exercice, le produit financier latent de 20 n'est pas constaté en comptabilité, il ne sera enregistré que lors de la cession des titres.

- valeur actuelle < valeur comptable : la moins-value latente donne lieu à la constatation d'une dépréciation.

Exemple

Soit un terrain acquis 1 000 dont la valeur actuelle ressort à 800 suite à une menace d'expropriation. Une dépréciation de 200 doit être constatée pour ramener la valeur du terrain à sa valeur actuelle au bilan de l'entité.

Correction contexte SA Technik

1. Capital humain

Le capital humain ne constitue pas un actif car la SA Technik n'a pas le contrôle suffisant des avantages économiques futurs attendus de ses deux ingénieurs. Ceux-ci peuvent rompre leur contrat de travail.

2. Catégories d'actif

Le nouveau procédé de fabrication est brevetable. Un brevet déposé bénéficie d'une protection juridique (actif identifiable), il est contrôlé par la SA Technik et génère des avantages économiques du fait de son utilisation. Le brevet est une immobilisation incorporelle.

Les matériels acquis au comptant et par voie d'emprunt constituent des immobilisations corporelles. En revanche, les matériels faisant l'objet d'un contrat de location financement ne peuvent être activés, bien qu'ils soient identifiables, constituent une ressource contrôlée et génèrent des avantages économiques, car l'avis 2004-15 du CNC a exclu tous les contrats de location du champ d'application des règles sur les actifs.

Les matières premières non consommées constituent un stock, car elles sont détenues pour participer au processus de production de la SA Technik.

Le terrain constitue une immobilisation corporelle.

3. Fait générateur de comptabilisation

L'entrepôt de stockage est une immobilisation corporelle qui pourra être activée si l'entité est capable d'évaluer son coût avec une fiabilité suffisante. En pratique, le coût de production de l'entrepôt pourra être évalué de manière fiable si la SA Technik dispose d'un système de comptabilité de gestion.

4. Évaluation à la date d'entrée

Le terrain donné par la commune doit être évalué à sa valeur vénale, dans la mesure où il a été acquis à titre gratuit. Dans la pratique, la SA Technik se référera au prix de transaction du m2 de terrain sur la commune où est sise l'entreprise.

5. Coûts d'emprunt

Seuls les coûts d'emprunt afférents aux actifs éligibles peuvent être incorporés au coût d'entrée des actifs. Pour la SA Technik, il pourrait s'agir uniquement des frais financiers encourus pendant la période de construction de l'entrepôt, si celle-ci s'étale sur une longue période.

Synthèse

Définition et fait générateur de comptabilisation d'un actif

A) Définition

« Un actif est un élément identifiable du patrimoine de l'entreprise ayant une valeur positive pour l'entité, c'est-à-dire un élément générant une ressource que l'entité contrôle du fait d'événements passés et dont elle attend des avantages économiques futurs » (PCG – article 211-1).

Cette approche économique et non pas juridique de l'actif a de fait des conséquences limitées en raison :

- de la hiérarchie des sources du droit comptable français : certains éléments peuvent être comptabilisés à l'actif bien que ne répondant pas à la définition des actifs lorsqu'un texte de niveau supérieur (Code de commerce) impose ou permet cette comptabilisation (écarts de conversion-actif, frais d'établissement) ;
- du rythme de convergence retenu se matérialisant par des exclusions du champ d'application des règles sur les actifs (contrats de location, instruments financiers).

B) Fait générateur et comptabilisation

Pour qu'une immobilisation soit comptabilisée à l'actif, deux conditions cumulatives s'ajoutent à celles résultant de la définition d'un actif :

- l'entreprise doit bénéficier des avantages économiques futurs ;
- l'entreprise doit pouvoir évaluer le coût avec une fiabilité suffisante.

L'évaluation d'un actif à la date d'entrée

Les immobilisations corporelles ou incorporelles et les stocks doivent être évalués initialement à leur coût (PCG – article 213-1).

L'option comptable relative aux coûts d'emprunt (comptabilisation en charges ou incorporation au coût de l'actif) concerne l'ensemble des actifs éligibles (immobilisations incorporelles, corporelles et stocks).

L'évaluation d'un actif postérieurement à sa date d'entrée

À l'arrêté des comptes, l'évaluation d'un élément d'actif tient compte des amortissements et dépréciations éventuels.

Références

- Règlement ANC 2014-03 relatif au Plan comptable général.
- Règlement ANC 2015-06 modifiant le règlement ANC 2014-03 relatif au Plan comptable général.
- Instruction fiscale du 30 décembre 2005.
- Note de présentation du règlement ANC 2015-06.
- Avis CNC 2004-15 relatif à la définition, la comptabilisation et l'évaluation des actifs

1 PCG – article 211-1

Un actif est un élément identifiable du patrimoine ayant une valeur économique positive pour l'entité, c'est-à-dire un élément générant une ressource que l'entité contrôle du fait d'événements passés et dont elle attend des avantages économiques futurs.

2 PCG – article 212-1

Une immobilisation corporelle, incorporelle ou un stock est comptabilisé à l'actif lorsque les conditions suivantes sont simultanément réunies :

- il est probable que l'entité bénéficiera des avantages économiques futurs correspondants – ou du potentiel de services attendus pour les entités qui appliquent le règlement 99-01 ou relèvent du secteur public ;
- son coût ou sa valeur peut être évalué avec une fiabilité suffisante, y compris, par différence et à titre d'exception, lorsqu'une évaluation directe n'est pas possible […].

3 PCG – article 213-1

Les immobilisations corporelles ou incorporelles et les stocks, répondant aux conditions de définition et de comptabilisation définies aux articles 211-1 et suivants et 212-1 et suivants, doivent être évalués initialement à leur coût.

À leur date d'entrée dans le patrimoine de l'entreprise, la valeur des actifs est déterminée dans les conditions suivantes :

- les actifs acquis à titre onéreux sont comptabilisés à leur coût d'acquisition ;
- les actifs produits par l'entreprise sont comptabilisés à leur coût de production ;
- les actifs acquis à titre gratuit sont comptabilisés à leur valeur vénale ;
- les actifs acquis par voie d'échange sont comptabilisés à leur valeur vénale. […]

Applications

Comprendre les notions

Application 1 QCM

Retrouvez la ou les réponses exactes.

1. La définition d'un actif implique :
- ☐ la propriété de l'actif.
- ☐ le contrôle de l'actif.
- ☐ le caractère identifiable de l'actif.
- ☐ l'évaluation fiable de l'actif.
- ☐ l'obtention d'avantages économiques futurs de l'actif.

2. La définition d'un actif repose sur une approche :
- ☐ économique.
- ☐ juridique.

3. La définition d'un actif a pour conséquence effective l'activation des contrats de location financement dans les comptes individuels :
- ☐ Vrai
- ☐ Faux

4. Les biens acquis par voie d'échange sont évalués à la valeur vénale :
- ☐ Vrai
- ☐ Faux
- ☐ Cela dépend

5. Les biens acquis à titre gratuit sont évalués à leur valeur vénale :
- ☐ Vrai
- ☐ Faux

6. Les coûts d'emprunt sont systématiquement incorporables au coût d'acquisition ou de production d'un actif :
- ☐ Vrai
- ☐ Faux

7. La valeur actuelle est la valeur la plus élevée :
- ☐ de la valeur nette comptable et de la valeur d'usage.
- ☐ de la valeur vénale et de la valeur d'usage.
- ☐ de la valeur brute et de la valeur d'usage.
- ☐ de la valeur nette comptable et de la valeur vénale.

8. La dépréciation d'un actif correspond à l'excédent :
- ☐ de la valeur nette comptable sur la valeur d'usage.
- ☐ de la valeur nette comptable sur la valeur actuelle.
- ☐ de la valeur actuelle sur la valeur nette comptable.
- ☐ de la valeur d'usage sur la valeur nette comptable.

Mettre en œuvre les compétences

Application 1 Actif ou pas actif ?

Compétences attendues : C1 et C2

- **Précisez si les dépenses suivantes constituent ou non des actifs selon les règles du plan comptable général. Si oui, indiquez s'il s'agit d'immobilisations incorporelles, corporelles, de stocks ou de charges constatées d'avance.**

– Frais de campagne publicitaire télévisée
– Catalogues publicitaires fabriqués non encore distribués
– Entrepôt de stockage construit par l'entreprise
– Matériel loué en crédit-bail
– Matières premières non encore consommées
– Marque acquise
– Part de marché
– Prime de remboursement d'un emprunt obligataire

Application 2 Incorporation des coûts d'emprunt : emprunt spécifique

Compétences attendues : C2 et C3
La société Prodac a opté pour l'incorporation à l'actif des coûts d'emprunt.
Elle a acquis le 15/01/N une machine de production, pour une valeur de 200 000 €. Cet investissement est financé par un emprunt spécifique contracté à la même date au taux annuel de 5,4 %, remboursable en 5 ans par annuités constantes.
L'installation de la machine débute le 1/02/N et se termine le 1/08/N (la machine est prête à fonctionner).
La machine est mise en service le 1/09/N.

1. Quel est le montant des frais financiers incorporables au coût d'acquisition de la machine de production ?
2. Précisez l'enregistrement comptable afférent à cette opération.

Application 3 Incorporation des coûts d'emprunt : emprunt non spécifique

Compétences attendues : C2 et C3
Soit une entreprise qui lance le 1/07/N la construction d'une usine. Les dépenses relatives à cette construction s'élèvent au total à 1 000 K€ répartis sur les exercices clos le 31/12/N, le 31/12/N + 1 et le 31/12/N + 2, de la manière suivante :
– 200 K€ payés le 1/07/N ;
– 500 K€ payés le 1/01/N + 1 ;
– 300 K€ payés le 1/01/N + 2.
La réception intervient le 30/06/N + 2. L'entreprise décide d'opter pour l'incorporation des coûts d'emprunt à la valeur des actifs.
Elle n'a pas souscrit d'emprunt spécifique. Quatre emprunts généraux sont en cours au titre des trois exercices au cours desquels l'usine est construite. Les caractéristiques des emprunts sont les suivantes :

Applications

	Exercice N	Exercice N + 1	Exercice N + 2
Emprunt A En-cours moyen (K€) Taux	 400 3 %	 200 3 %	–
Emprunt B En-cours moyen Taux	 300 4 %	–	–
Emprunt C En-cours moyen Taux	 1 000 5 %	 800 4 %	 500 4 %
Emprunt D En-cours moyen Taux	–	–	 1 500 3 %

- **Déterminez la valeur d'inscription de l'usine à l'actif du bilan.**

Application 4 Transactions d'échange

Compétences attendues : C3

– L'entreprise A échange avec l'entreprise B une machine à café contre un distributeur de bières. L'entreprise A reçoit, en plus du distributeur de bières, une somme de 200 €. Les VNC et valeurs vénales des deux machines sont les suivantes à la date de l'opération (en €) :

	Valeur d'origine	VNC	Valeur vénale
Machine à café	800	650	700
Distributeur de bières	900	400	500

L'entreprise A estime que ses flux de trésorerie augmenteront suite à la transaction.

– Les entreprises C et D s'échangent mutuellement leur photocopieur. L'entreprise C reçoit en plus la somme de 100 €. Les VNC et valeurs vénales des photocopieurs sont les suivantes à la date de l'opération (en €) :

	Valeur d'origine	VNC	Valeur vénale
Photocopieur de C	13 000	10 000	9 000
Photocopieur de D	11 500	8 500	8 900

Les flux de trésorerie futurs que C obtiendra de l'utilisation du photocopieur reçu en échange ne devraient pas différer de ceux qu'elle avait obtenus de l'utilisation de son précédent photocopieur.

1. **Qualifiez les deux transactions.**
2. **Comptabilisez les deux transactions chez les entreprises A et C.**

CHAPITRE

5

Les immobilisations corporelles

Compétences attendues	Savoirs associés
– Identifier et distinguer les immobilisations corporelles et incorporelles (C1). – Exposer et appliquer les règles d'inscription à l'actif, d'évaluation et d'enregistrement des immobilisations corporelles et incorporelles (C2). – Évaluer et comptabiliser les opérations portant sur les immobilisations corporelles et incorporelles à l'entrée et postérieurement à leur entrée (C3). – Analyser les conséquences d'un choix de comptabilisation, notamment sur la présentation des comptes annuels, dans une situation donnée (C4). – Présenter les informations à fournir en annexe (C5).	– Principes d'évaluation des immobilisations corporelles et incorporelles à l'entrée et postérieurement à leur entrée : – détermination de la valeur d'entrée et incorporation des frais et charges ; – évaluation à l'inventaire (amortissement comptable, amortissement fiscal et dépréciation éventuelle) ; – sortie des immobilisations et prise en compte des frais de cession ; – comptabilisation des régularisations de TVA. – Cas spécifiques relatifs aux immobilisations corporelles : – composants ;

Contexte professionnel

La SA Technik a acquis une machine pour la fabrication de ses composants électroniques dont les caractéristiques sont les suivantes :
Prix d'achat HT le 1/01/N : 85 000 €, frais d'installation 15 000 €, frais de formation du personnel utilisateur : 5 000 €, durée d'utilisation estimée à 15 ans avec une consommation linéaire des avantages économiques. Les pratiques de l'entreprise sur ce type de matériel sont de procéder à une grande révision tous les 5 ans.

Raison sociale	SA Technik
Capital social	200 000 €
Siège social et exploitation	2, rue Rodolphe Molère 32 330 Gondrin
Activité	Fabrication et commercialisation de composants électroniques
Dirigeant	P.-D.G. Madame Pradel
Effectif	25 salariés
Exercice comptable N	CA HT : 7 000 000 € Total bilan : 5 000 000 €

Le coût d'une révision est évalué à 10 000 €. Mise en service de la machine le 1/03/N. Aucun élément destiné à être remplacé n'a été identifié lors de l'acquisition.

10 ans après la mise en service, le moteur de la machine est hors service. Il est remplacé pour un prix d'acquisition HT de 12 000 €. Les données comptables (CA, total bilan, effectif) sont comparables à celles de l'année N.

Ce chapitre étudie les règles générales concernant les immobilisations corporelles relatives à :
– leur évaluation initiale ;
– leur évaluation postérieurement à la date d'entrée (amortissement et dépréciation) ;
– leur sortie de l'actif.
Les cas particuliers d'évaluation sont abordés plus loin (voir chapitre 7).

I Définition et éléments constitutifs des immobilisations corporelles

A) Définition d'une immobilisation corporelle

Le Plan comptable général définit une immobilisation corporelle comme un « actif physique détenu, soit pour être utilisé dans la production ou la fourniture de biens ou de services, soit pour être loué à des tiers, soit à des fins de gestion interne, et dont l'entité attend qu'il soit utilisé au-delà de l'exercice en cours » (PCG – article 211-6).

› Voir texte de référence 1

Au-delà de son caractère physique, les critères d'objectif poursuivi par l'entité et de durée d'utilisation de l'actif permettent donc d'identifier une immobilisation corporelle.

1. La distinction entre une immobilisation corporelle et un stock

Les critères de distinction entre immobilisation corporelle et stock sont de deux ordres :
- la destination de l'élément : à la différence d'une immobilisation corporelle, un stock est destiné à être vendu dans le cours normal de l'activité ou consommé dans le processus de production ou de prestation de services ;

▸ Exemple

Un micro-ordinateur est une immobilisation corporelle pour une entreprise qui l'utilise pour sa gestion interne (suivi comptable, travaux de secrétariat…) et un stock pour un négociant en matériel informatique qui va le céder.

- la durée d'utilisation de l'élément : une immobilisation corporelle est destinée à servir de façon durable l'activité de l'entreprise, c'est-à-dire sur une durée supérieure à douze mois, alors qu'un stock est consommé au premier usage ou rapidement.

▸ Exemple

Les pièces de rechange et le matériel d'entretien sont habituellement inscrits en stock et comptabilisés dans le résultat lors de leur consommation. Toutefois, les pièces de rechange principales et le stock de pièces de sécurité constituent des immobilisations corporelles si l'entité compte les utiliser sur plus d'une période (PCG – article 213-21).

2. La distinction entre une immobilisation corporelle et une charge

Une dépense est immobilisable si, outre les éléments de définition, elle répond aux deux critères cumulatifs de comptabilisation d'un actif :
- il est probable que l'entité bénéficiera des avantages économiques futurs associés à l'immobilisation ;
- le coût ou la valeur de l'immobilisation peut être évalué(e) avec une fiabilité suffisante (PCG – article 212-1).

Ces critères s'apprécient lors de l'engagement initial de la dépense, mais aussi lors des dépenses ultérieures liées à une immobilisation.

Exemple

Constituent ainsi des dépenses immobilisables :
- l'échange standard d'un moteur ;
- les dépenses afférentes à une immobilisation permettant, lors de leur engagement, d'augmenter la durée d'utilisation du bien, de réduire ses coûts de fonctionnement, d'augmenter la capacité de production, etc.

3. Exception : les biens de peu de valeur

Par dérogation, le PCG prévoit que les éléments d'actif non significatifs peuvent ne pas être inscrits au bilan ; dans ce cas, ils sont comptabilisés en charges de l'exercice (PCG – article 212-6).

Cette possibilité constitue ainsi une décision de gestion à prendre par l'entreprise.

Le PCG ne précise pas les éléments concernés, ni le seuil d'application de cette tolérance. En conséquence, les règles fiscales sont appliquées en comptabilité :
- champ d'application : matériel et outillage, matériel de bureau, renouvellement courant de meubles meublants de bureau (chaises, tables, etc.) à l'exclusion de l'équipement initial ;
- seuil d'application : valeur unitaire n'excédant pas 500 € HT.

B) Décomposition des immobilisations corporelles

L'approche par composants est issue du référentiel IFRS (norme IAS 16 « Immobilisations corporelles »).

1. Définition et comptabilisation d'un composant

Il résulte de l'article 214-9 du PCG qu'un composant est un élément principal d'une immobilisation corporelle qui a une utilisation différente ou procure des avantages économiques selon un rythme différent de celui de l'immobilisation dans son ensemble.

› Voir texte de référence 2

Ces caractéristiques spécifiques aux composants nécessitent l'utilisation soit d'un taux, soit d'un mode d'amortissement propre ne correspondant pas à celui retenu, d'un point de vue général, pour l'immobilisation concernée.

Exemple

Ainsi, peuvent avoir des durées d'utilisation différentes un immeuble et sa toiture ou ses ascenseurs, un avion et ses moteurs ou ses sièges, un four et son revêtement intérieur.

Le composant identifié doit cependant être significatif et doit conserver ce caractère au moment du remplacement ou de la décomptabilisation — sortie de l'actif — (avis 03-E du CU du CNC du 9 juillet 2003).

En pratique, plus la durée d'utilisation dans l'entreprise d'une immobilisation donnée est longue et plus son coût est élevé, plus il est nécessaire de faire apparaître des composants, afin de refléter au mieux les conditions d'utilisation de l'actif *via* le plan d'amortissement.

Exemple

Une entreprise acquiert des locaux neufs pour lesquels elle prévoit une durée d'utilisation longue de 40 ans. Il est probable que cette durée d'utilisation fasse apparaître des composants tels que toiture, chaufferie, ascenseurs qui devront être renouvelés sur une durée plus courte que 40 ans. En revanche, si elle prévoit une durée d'utilisation de son actif sur 20 ans (avec, au besoin, la prise en compte d'une valeur résiduelle à l'issue des 20 ans liée à la revente), il est possible qu'aucun composant ayant une durée d'utilisation plus rapide ne soit mis en évidence.

Les composants identifiés doivent être comptabilisés séparément dès l'origine et lors des remplacements (même s'ils n'avaient pas été identifiés à l'origine) et faire l'objet d'un plan d'amortissement séparé.

La partie principale de l'immobilisation décomposée est appelée « structure ».

Exemple

Une entreprise acquiert une machine le 1er janvier N pour une valeur de 1 000 €. Elle identifie lors de l'acquisition que ce bien est composé d'une structure de 800 avec une durée d'utilisation de 10 ans et d'un composant de 200 renouvelable au bout de 5 ans. Le composant doit finalement être remplacé au bout de 4 ans pour une valeur de 210. La TVA est négligée dans cet exemple.

Écritures comptables

À l'acquisition de la machine :

	1/01/N		
215.1	Matériel - Structure	800	
215.2	Matériel - Composant	200	
512	Banque		1 000

À la clôture de l'exercice N :

	31/12/N		
681	Dotation aux amortissements	120	
2815.1	Amortissement matériel - structure		80
2815.2	Amortissement matériel - composant		40

Lors du renouvellement du composant :

– sortie du composant remplacé :

	1/01/N+4		
2815.2	Amortissement matériel - composant	160	
675	VNC des éléments d'actif cédés	40	
215.2	Matériel - Composant		200

– immobilisation du nouveau composant :

	1/01/N+4		
215.2	Matériel - composant	210	
512	Banque		210

On remarque que le renouvellement d'un composant peut avoir pour conséquence une augmentation de la valeur d'origine de l'immobilisation corporelle.

2. Les catégories de composants

En pratique, deux catégories de composants peuvent être identifiées au plan comptable :

a. les composants de 1re catégorie : les éléments destinés à être remplacés ;

b. les composants de 2e catégorie : les dépenses d'entretien faisant l'objet de programmes pluriannuels de gros entretiens ou de grandes révisions.

a) Les composants de 1re catégorie

Il s'agit des éléments principaux d'une immobilisation corporelle devant faire l'objet de remplacements à intervalles réguliers pendant la durée d'utilisation prévue pour l'immobilisation.

Exemple

Décomposition d'un immeuble

L'avis du CNC relatif à la comptabilisation par composants des immeubles détenus par les organismes de logement social (CNC, avis 2004-11) a prévu une décomposition minimale de ceux-ci en cinq composants. Les durées d'utilisation les plus fréquentes sont indiquées entre parenthèses, avec une marge de plus ou moins 20 %, sachant que des durées d'utilisation différentes peuvent être retenues dès lors qu'il s'agit de durées réelles et justifiées. La décomposition minimale ainsi retenue est la suivante :

- structure et ouvrages assimilés (amortissement sur 50 ans) ;
- menuiseries extérieures (amortissement sur 25 ans) ;
- chauffage collectif ou individuel (amortissements respectifs sur 25 et 15 ans) ;
- étanchéité (amortissement sur 15 ans) ;
- ravalement avec amélioration (amortissement sur 15 ans).

En outre, trois composants supplémentaires peuvent être identifiés selon la situation et l'état de l'immeuble (ils sont alors déduits du composant structure et ouvrages assimilés) :

- électricité (amortissement sur 25 ans) ;
- plomberie/sanitaire (pour les éléments d'une durée de vie inférieure à 50 ans) (amortissement sur 25 ans) ;
- ascenseurs (amortissement sur 15 ans).

b) Les composants de 2e catégorie

« Les dépenses d'entretien faisant l'objet de programmes pluriannuels de grosses réparations ou de grandes révisions en application de lois, règlements ou de pratiques constantes de l'entreprise doivent être comptabilisées dès l'origine comme un composant distinct de l'immobilisation, si aucune provision pour gros entretien ou grande révision n'a été constatée [...] (PCG – article 214-10). Les dépenses d'entretien concernées sont celles ayant pour seul objet de vérifier le bon état de fonctionnement des installations et d'y apporter un entretien sans prolonger leur durée de vie au-delà de celle prévue initialement.

Exemples

Dans le secteur du transport routier de marchandises : obligation de remise en état des semi-remorques frigorifiques aux termes de la 6e et de la 9e années ; contrôle des citernes hydrocarbures tous les 3 ans (contrôle visuel) et tous les 6 ans (contrôle d'étanchéité) imposé par le règlement des transports de matières dangereuses par route ;

Dans le secteur des organismes de logement social : travaux d'entretien des couvertures et traitement des charpentes, travaux d'entretien importants des équipements (ascenseurs, chaudières...), travaux d'élagage (note de présentation de l'avis 2004-11 du CNC relatif aux modalités d'application de la comptabilisation par composants et des provisions pour gros entretiens dans les organismes de logement social).

La méthode de comptabilisation par composants de gros entretiens ou de grandes révisions exclut la constatation de provisions pour gros entretiens ou grandes révisions. Une option comptable est donc à prendre par les entreprises entre les deux méthodes comptables suivantes :

– approche par composants ;

– constitution d'une provision pour gros entretiens ou de grandes révisions.

La méthode comptable retenue doit être mentionnée dans l'annexe.

+

Seule l'approche par composants est compatible avec le référentiel IFRS. En effet, les dépenses de 2e catégorie ne répondent pas aux critères de définition d'un passif. La dépense de gros entretien/grande révision ne génère pas d'obligation actuelle, elle ne sera réalisée que si l'entité veut continuer à utiliser l'actif dans le futur.

Exemple

Comparatif des deux méthodes de comptabilisation

Un matériel acquis en début d'année 1 d'un coût total de 42 000 € amortissable sur 6 ans doit faire l'objet d'une grande révision au bout de 3 ans estimée à 6 000 €.

Comparons l'impact sur le résultat de l'entité des deux méthodes de comptabilisation de la dépense de 2e catégorie en supposant que les prix restent constants.

1. Si l'entreprise choisit de provisionner la grande révision :

Année	Dotation aux amortissements	Dotation à la provision pour gros entretien/grande révision	Charge annuelle
1	7 000	2 000	9 000
2	7 000	2 000	9 000
3	7 000	2 000	9 000
4	7 000	-	7 000
5	7 000	-	7 000
6	7 000	-	7 000
Total	**42 000**	6 000	**48 000**

À la fin de l'année 3, la dépense de révision est constatée en charge. Elle est neutralisée dans le compte de résultat par la reprise de provision pour gros entretien/grande révision.

2. Si l'entreprise choisit l'approche par composants : elle comptabilise séparément la structure du matériel pour 36 000 € amortissables sur 6 ans, et le composant gros entretien/grande révision amortissable sur 3 ans. À la fin de l'année 3, le composant est sorti de l'actif pour une VNC nulle et la dépense de révision est constatée à l'actif sous forme d'un nouveau composant amortissable sur 3 ans.

Année	Dotation aux amortissements structure	Dotation aux amortissements composant	Charge annuelle
1	6 000	2 000	8 000
2	6 000	2 000	8 000
3	6 000	2 000	8 000
4	6 000	2 000	8 000
5	6 000	2 000	8 000
6	6 000	2 000	8 000
Total	**36 000**	**12 000**	**48 000**

On constate que la 2e méthode est plus conforme à la réalité économique : elle permet de linéariser le coût total de l'actif sur sa durée d'utilisation. La 1re méthode est plus avantageuse fiscalement. Elle permet en effet de déduire plus vite les dépenses relatives à l'actif.

+

Traitement fiscal des composants de 2e catégorie

L'approche par composants a été introduite au plan fiscal par le décret n° 2005-1428 du 14 novembre 2005 modifiant l'annexe II au CGI. Sont considérés comme des composants les éléments principaux d'une immobilisation corporelle qui satisfont cumulativement aux deux conditions suivantes :

- ils doivent avoir une durée réelle d'utilisation différente de celle de l'immobilisation à laquelle ils se rattachent ;
- ils doivent faire l'objet de remplacement au cours de la durée réelle d'utilisation de l'immobilisation corporelle à laquelle ils se rattachent.

En revanche, les dépenses d'entretien doivent demeurer des charges et n'entrent pas dans le champ d'application des composants. Pour cette raison, la durée d'amortissement des composants de « seconde catégorie » identifiés lors de l'acquisition ou de la création de l'immobilisation (structure ou composant(s) de « première catégorie ») à laquelle ils se rattachent ne doit pas être différente de celle de cette immobilisation.

Dès lors, dans l'hypothèse où l'entreprise a choisi de considérer ces dépenses comme un composant, les dotations excédentaires constatées sur le plan comptable doivent être réintégrées extra-comptablement.

▶ **Exemple**

Reprenons les données de l'exemple précédent.

1. Si l'entreprise choisit de provisionner la grande révision : la provision pour grande révision est une charge déductible.

2. Si l'entreprise choisit l'approche composant : le composant gros entretien/grande révision n'est pas reconnu au plan fiscal. Il ne peut pas faire l'objet d'un plan d'amortissement propre. L'annuité d'amortissement fiscalement déductible est limitée à 1 000 (6 000/6). L'entreprise doit donc procéder à la réintégration extra-comptable d'une fraction de la dotation annuelle égale à 2 000 – 1 000 = 1 000 au titre des années 1 à 3.

Lors du renouvellement du composant, le coût de remplacement est déduit de manière extra-comptable, soit 6 000.

L'amortissement du nouveau composant ne peut être admis en déduction, celle-ci ayant déjà été effectuée en fin d'année 3. Il devrait en principe être réintégré lors de la détermination du résultat fiscal. Toutefois, il est admis que l'amortissement non admis en déduction au titre du composant d'origine, soit 1 000 × 3 = 3 000 vienne minorer cette réintégration sur la durée résiduelle d'amortissement de la structure à laquelle il est rattaché, soit 3 ans. Ainsi, après le remplacement, les réintégrations fiscales s'élèveront à 2 000 – 1 000 = 1 000.

C) Méthodologie de détermination des composants

Le Comité d'urgence du CNC a précisé qu'il n'était pas envisageable de donner une méthode de décomposition des immobilisations par secteur d'activité avec des durées propres à chaque composant. En revanche, il fournit une méthodologie de détermination des composants pouvant être mise en œuvre par l'entreprise (CNC, Comité d'urgence, avis 03-E du 9 juillet 2003).

Il convient d'identifier les éléments principaux des immobilisations corporelles :

- devant faire l'objet de remplacement à intervalles réguliers ;
- ayant des durées d'utilisation différentes ou procurant des avantages économiques à l'entreprise selon un rythme différent.

En conséquence, le Comité d'urgence du CNC définit deux étapes :

– une première étape technique : une étude préalable doit être faite par les services techniques de l'entreprise quant aux possibilités de ventilation des éléments principaux en composants et aux fréquences de renouvellement de ces derniers ;
– une deuxième étape comptable : les données techniques doivent être rapprochées des règles de comptabilisation des actifs. Les propositions techniques confrontées aux données historiques de remplacement ou, le cas échéant, de constatation de provisions pour grosses réparations seront, le plus souvent, revues pour arrêter un nombre plus réduit de composants. Il convient, à cet égard, de prendre notamment en compte le caractère significatif de la décomposition mise en évidence (importance relative du composant par rapport à la valeur totale de l'immobilisation).

+

Suivant la nature de l'activité et son importance, un élément peut être considéré comme composant par une entreprise ou un groupe et pas par une autre selon l'utilisation de l'immobilisation (activité principale, activité annexe ou autre).

Par ailleurs, l'apparition de composants dépendant de l'utilisation de l'immobilisation dans l'entreprise, il n'est, bien entendu, pas possible de préciser des durées types d'utilisation par secteur d'activité.

Exemple

L'analyse technique d'un tracteur fait ressortir les composants suivants : moteur, boîte, pont, pneumatiques, groupe hydraulique, sellettes d'attelage, chronotachygraphe numérique.

La durée d'utilisation des composants, hors pneumatiques, est proche de la durée d'utilisation de la structure. Toutefois la boîte de vitesses a parfois une durée d'utilisation plus courte et peut, dans ce cas, être considérée comme un composant. S'agissant des pneumatiques, leur valeur n'étant pas significative en termes d'incidence sur le résultat et le suivi du composant très complexe, leur renouvellement constitue une charge d'exploitation.

Source : *Guide méthodologique pour la profession du transport routier*,
publié par la Fédération nationale des transports routiers (FNTR) et le cabinet KPMG.

+

Traitement fiscal des composants

L'instruction fiscale du 30 décembre 2005 a souligné que les composants identifiés d'un point de vue comptable ne seront pas remis en cause sur le plan fiscal, sauf cas manifestement abusif de décomposition. L'administration fiscale a par ailleurs instauré des seuils de tolérance en deçà desquels les entreprises ne seront pas tenues de justifier de l'absence de décomposition :

– la valeur d'acquisition du composant : il doit avoir une valeur significative. Par parallélisme avec la tolérance relative aux immobilisations de faible valeur, les composants ayant une valeur unitaire inférieure à 500 € hors taxes peuvent ne pas être identifiés en tant que tels, sous réserve des précisions ci-après (3e tiret) ;
– la valeur relative du composant par rapport à l'ensemble de l'immobilisation : il doit avoir une valeur significative par rapport au prix de revient total de l'immobilisation. Ainsi, il est admis que les éléments, dont la valeur est inférieure à 15 % du prix de revient de l'immobilisation dans son ensemble pour des biens meubles et 1 % pour les immeubles, ne soient pas considérés comme des éléments principaux et identifiés en tant que composants ;
– l'importance du composant eu égard à l'activité de l'entreprise : lorsque les éléments pris individuellement ne sont pas considérés comme principaux selon les critères définis ci-dessus mais que l'entreprise dispose d'un grand nombre de ces éléments, elle peut considérer nécessaire d'identifier un composant à raison de l'élément concerné.

> Ce dernier critère est particulièrement opérant pour les immobilisations qui sont l'objet même de l'activité de l'entreprise, telles que les biens donnés en location par une entreprise spécialisée dans cette activité.
> Enfin, il est admis que les éléments principaux d'une immobilisation, c'est-à-dire ses composants potentiels, dont la durée d'utilisation prévue par l'entreprise est égale à 80 % ou plus de la durée réelle d'utilisation de l'immobilisation prise dans son ensemble, ne soient pas identifiés en tant que tels.

Contexte SA Technik
Quels composants peuvent être identifiés sur la machine acquise par la SA Technik ? Quel choix comptable peut faire la société ?

II Évaluation d'une immobilisation corporelle à la date d'entrée

L'évaluation des immobilisations corporelles échangées, apportées ou acquises à titre gratuit a été traitée dans le chapitre précédent. Seront successivement analysés dans cette partie :
- l'évaluation des immobilisations corporelles acquises à titre onéreux ;
- l'évaluation des immobilisations corporelles produites par l'entreprise ;
- les aspects particuliers liés à la TVA.

A) Immobilisation corporelle acquise à titre onéreux

Les actifs acquis à titre onéreux sont comptabilisés à leur coût d'acquisition.
Selon le PCG (article 213-8), le coût d'acquisition d'une immobilisation corporelle est constitué :

› Voir texte de référence 3

- de son prix d'achat ;
- de tous les coûts qui lui sont directement attribuables ;
- des coûts relatifs à son démantèlement (le cas échéant) ;
- des coûts d'emprunts (sur option comptable d'activation, ce dispositif étant limité aux actifs éligibles, voir chapitre 4).

Tous les coûts qui ne font pas partie du prix d'acquisition de l'immobilisation et qui ne peuvent pas être rattachés directement aux coûts rendus nécessaires pour mettre l'actif en place et en état de fonctionner conformément à l'utilisation prévue par la direction sont comptabilisés en charges.

1. Le prix d'achat

Le prix d'achat inclut les droits de douane et taxes non récupérables mais s'entend net des remises, rabais commerciaux et escomptes de règlement obtenus.

> +
> Aucune disposition n'est prévue en cas de différé de règlement au-delà des conditions habituelles de crédit. Précisons que les normes IAS 16 « Immobilisations corporelles » et IAS 38 « Immobilisations incorporelles » prévoient, dans ces circonstances, de retenir la valeur actualisée du paiement comme coût d'entrée.

2. Les coûts directement attribuables

a) Nature des coûts

Il s'agit des coûts directement engagés pour mettre l'actif en place et en état de fonctionner selon l'utilisation prévue par la direction.

Exemple

Coûts directement attribuables :

- coûts des rémunérations et autres avantages au personnel résultant directement de la construction ou de l'acquisition de l'immobilisation ;
- coûts de préparation du site et frais de démolition nécessaires à la mise en place de l'immobilisation ;
- frais de livraison et de manutention initiaux ;
- frais de transport, d'installation, de montage nécessaires à la mise en état d'utilisation des biens ;
- coûts liés aux essais de bon fonctionnement, déduction faite des revenus nets provenant de la vente des produits obtenus durant la mise en service (tels que des échantillons) ;
- honoraires de professionnels comme les architectes, géomètres, experts, évaluateurs, conseils, etc.

Coûts qui ne font pas partie des coûts des immobilisations :

- coûts d'ouverture d'une nouvelle installation ;
- coûts d'introduction d'un nouveau produit ou service (incluant les coûts de publicité et de promotion) ;
- coûts de relocalisation d'une affaire dans un nouvel emplacement ou avec une nouvelle catégorie de clients (incluant le coût de la formation du personnel) ;
- coûts administratifs et autres frais généraux à l'exception des coûts des structures dédiées ;
- coûts des rémunérations et autres avantages au personnel ne résultant pas directement de la construction ou de l'acquisition de l'immobilisation.

Source : extrait de l'avis 2004-15 du CNC.

b) Période d'incorporation des coûts

« Les coûts sont attribués au coût de l'immobilisation à compter de la date à laquelle la direction a pris, et justifie au plan technique et financier, la décision de l'acquérir ou de la produire pour l'utiliser ou la céder ultérieurement, et démontre qu'elle générera des avantages économiques futurs [...] » (PCG – article 213-10).

Les coûts cessent d'être activés lorsque l'immobilisation est en place et est en état de fonctionner selon l'utilisation prévue par la direction.

En conséquence, les coûts supportés en dehors de la période comprise entre ces deux dates doivent être comptabilisés en charges.

Exemple

Les coûts suivants sont exclus du coût des immobilisations corporelles :

- les coûts encourus lorsque des actifs, en état de fonctionner conformément à l'utilisation prévue par la direction, ne sont pas encore mis en production ou fonctionnent en dessous de leur pleine capacité ;
- les pertes d'exploitation initiales ;
- les inefficiences clairement identifiées et les pertes opérationnelles initiales encourues avant qu'un actif atteigne le niveau de performance prévu ;
- les coûts de réinstallation ou de réorganisation d'une partie ou de la totalité des activités de l'entité.

Source : extrait de l'avis 2004-15 du CNC.

L'incorporation des coûts directs au coût d'acquisition d'une immobilisation corporelle peut être schématisée comme suit :

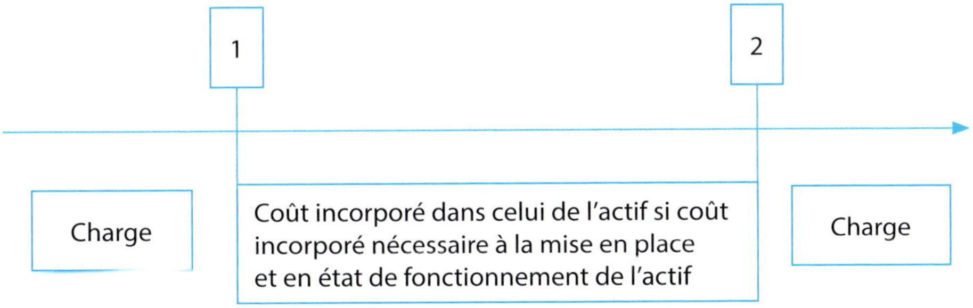

1. Décision d'acquisition de la direction et preuve d'avantages économiques futurs
2. Immobilisation en état de fonctionner selon l'utilisation prévue par la direction

c) Cas particulier des droits de mutation, honoraires, commissions et frais d'actes

La définition des coûts directement attribuables à l'acquisition ou à la construction de l'actif inclut les droits de mutation, honoraires ou commissions et frais d'actes. Le PCG prévoit toutefois un traitement alternatif dans les comptes individuels : ces frais peuvent, sur option, être comptabilisés en charges (PCG – article 213-8).

›Voir texte de référence 3

Dans les comptes individuels, deux méthodes comptables sont donc autorisées :
- rattachement au coût d'acquisition de l'immobilisation (méthode de référence – PCG article 121-5) ;
- ou comptabilisation en charges (solution non compatible avec le référentiel IFRS).

La comptabilisation en charges permet de ne pas pénaliser les entreprises d'une perte éventuelle de la déductibilité fiscale immédiate. En effet, leur inclusion dans le coût de l'immobilisation a pour conséquence d'étaler leur déduction fiscale (au fur et à mesure de l'amortissement du bien) ou même de la reporter jusqu'à la date de sortie de l'immobilisation dans le cas d'immobilisations non amortissables (terrains, par exemple).

Le choix de méthode comptable concernant le traitement des frais d'acquisition d'immobilisations s'applique à toutes les immobilisations corporelles et incorporelles acquises. Une option distincte s'applique aux titres immobilisés, y compris titres de participation, et aux titres de placement (avis 2005-J du 6 décembre 2005 du Comité d'urgence du CNC).

Dans les comptes consolidés, ces frais doivent être inclus dans le coût d'acquisition de l'immobilisation.

d) Cas particulier des frais de formation externes

Le règlement ANC 2019-09 du 18 décembre 2019 précise que les frais externes afférents à des formations nécessaires à la mise en service de l'immobilisation peuvent, sur option :
- être rattachés au coût d'acquisition de l'immobilisation ;
- ou comptabilisés en charges.

Cette option est exercée indépendamment de celle concernant les frais d'acquisition d'immobilisations.

+

L'autorisation par le normalisateur d'activer les frais de formation externes introduit une nouvelle divergence avec le référentiel IFRS. En IFRS, les frais de formation ne peuvent être activés car ils sont liés à l'exploitation de l'activité et non à la mise en état d'utilisation de l'actif.

Exemple

Une entreprise acquiert le 1er mars N un outillage spécifique de production, dont les coûts liés sont les suivants (en €) :

- prix d'achat HT : 25 000 ;
- escompte pour paiement comptant : 2 % ;
- frais d'installation et de montage : 2 000 ;
- tests de fonctionnement de l'outillage : 3 000 ;
- coût de formation du personnel en interne : 1 800 ;
- honoraires de l'ingénieur-conseil supervisant les opérations de mise en état de fonctionnement : 2 500 ;
- perte d'exploitation initiale liée à la période de démarrage de la production : 4 500.

Déterminons le coût d'acquisition de cette immobilisation.

L'escompte de règlement doit être déduit du coût d'entrée de l'immobilisation : 25 000 × 2 % = 500.

Les frais de montage et d'installation (2 000 €) ainsi que les tests de fonctionnements (3 000 €) sont des coûts directs liés à la mise en état de fonctionnement de l'actif. Ils doivent être inclus dans le coût d'entrée.

Les coûts de formation du personnel ne sont pas incorporables car il ne s'agit pas de frais externes.

Les honoraires de l'ingénieur-conseil sont obligatoirement activés, car il ne s'agit pas de frais d'acquisition d'immobilisations. Les frais d'acquisition d'immobilisations concernent en effet uniquement ceux liés directement à la transaction (les honoraires d'agence, par exemple).

La perte d'exploitation initiale n'est pas incorporable au coût de l'actif car elle est subie après la mise en état d'utilisation de l'actif. Elle n'entre donc pas dans la période d'incorporation des coûts.

Le coût d'acquisition de l'actif s'établit donc à :

32 000 € (25 000 – 500 + 2 000 + 3 000 + 2 500).

3. Coûts de démantèlement

a) Principe

Le coût d'acquisition d'une immobilisation corporelle comprend en outre l'estimation initiale des coûts de démantèlement, d'enlèvement et de restauration du site sur lequel elle est située, en contrepartie de l'obligation encourue, soit lors de l'acquisition, soit en cours d'utilisation de l'immobilisation pendant une période donnée à des fins autres que de produire des éléments de stocks (PCG – article 213-8).

› Voir texte de référence 3

b) Dépenses visées

Les dépenses concernées s'inscrivent dans l'une des trois situations suivantes :

- le démantèlement touche les grandes installations de type centrale nucléaire, plate-forme pétrolière et plus généralement toutes les constructions qui entraînent une dégradation immédiate ;
- l'enlèvement concerne les éléments démantelés et les déchets pollués ou non ;
- la remise en état de site vise à redonner au site son aspect initial ou un aspect naturel, sur un sol dépollué ou décontaminé selon le cas.

Il convient par ailleurs de distinguer deux types de coûts :

- les coûts de démantèlement, d'enlèvement et de restauration de site encourus dès la mise en exploitation d'une installation industrielle (dégradation immédiate) ; ces coûts font l'objet d'un traitement comptable spécifique ;

– les coûts encourus au fur et à mesure de l'exploitation (dégradation progressive) ; ils sont constatés par des provisions étalées sur la durée de l'exploitation, incorporables au coût de production des stocks, au rythme effectif de la dégradation (dépréciation des carrières, par exemple).

c) Modalités de comptabilisation

L'avis 2005-H du 6 décembre 2005 du CU du CNC précise les modalités de comptabilisation des coûts de démantèlement, d'enlèvement et de remise en état de site dans les comptes individuels.

L'obligation de l'entité est constatée sous la forme d'une provision, car il s'agit d'un passif pour lequel le montant et/ou l'échéance ne sont pas connus avec précision.

L'actif enregistré en contrepartie de la provision pour démantèlement, enlèvement et remise en état, est évalué de la même façon que le passif et comprend les coûts directement nécessaires à l'extinction de l'obligation. Il en est ainsi, par exemple des coûts directement attribuables aux opérations de démantèlement, d'enlèvement et de remise en état de site, proprement dites, qu'elles soient réalisées par l'entreprise elle-même ou par des prestataires externes, y compris les études préalables d'estimation, de faisabilité et de préparation.

Exemple

Une usine de retraitement de déchets dont le coût initial est de 40 000 € est titulaire d'une autorisation d'exploitation pendant 30 ans moyennant une obligation de démantèlement de ses installations à l'issue de cette période. Le coût estimé des travaux est de 3 000 €.

À l'acquisition de l'usine :

		15/12/N		
213		Constructions	43 000	
	512	Banques		40 000
	1581	Provisions pour remise en état		3 000

4. Cas particulier des dépenses de sécurité et environnementales

Les immobilisations corporelles acquises pour des raisons de sécurité ou liées à l'environnement, bien que n'augmentant pas directement les avantages économiques futurs se rattachant à un actif existant donné, sont comptabilisées à l'actif si elles sont nécessaires pour que l'entité puisse obtenir les avantages économiques futurs de ses autres actifs (PCG – article 212-4).

Selon l'avis du 2005-D du Comité d'urgence, ces dispositions ne concernent pas toutes les dépenses de mise en conformité, mais seulement les dépenses d'acquisition, de production d'immobilisations et d'amélioration répondant de manière cumulative aux trois conditions suivantes :

– dépenses engagées pour des raisons de sécurité des personnes ou environnementales ;
– dépenses imposées par des obligations légales ;
– dépenses dont la non-réalisation entraînerait l'arrêt de l'activité ou de l'installation de l'entreprise.

Ces dépenses peuvent concerner :

– la création d'immobilisations nouvelles (exemple : station d'épuration, installation de filtres dans une cheminée) ;
– les améliorations apportées à des installations existantes qui donneront lieu à la comptabilisation d'une immobilisation distincte (exemple de nouveaux processus de manipulation de produits chimiques cité par l'avis CNC 04-15) ;
– les dépenses ultérieures de sécurité ou environnementales à réaliser sur les immobilisations existantes acquises ou créées.

B) Immobilisation corporelle produite

« Les actifs produits par l'entité sont comptabilisés à leur coût de production [...] » (PCG – article 213-1).

1. Coût de production

« Le coût d'une immobilisation produite par l'entité pour elle-même est déterminé en utilisant les mêmes principes que pour une immobilisation acquise. Il peut être calculé par référence au coût de production des stocks si l'entité produit des biens similaires pour la vente » (PCG – article 213-14).

Le coût de production d'une immobilisation corporelle est égal :

- au coût d'acquisition des matières consommées ;
- augmenté des autres coûts engagés au cours des opérations de production, c'est-à-dire des charges directes et indirectes qui peuvent être raisonnablement rattachées à la production du bien ou du service. Les charges directes sont les charges qu'il est possible d'affecter, sans calcul intermédiaire, au coût d'un bien ou d'un service déterminé (PCG – article 213-15).

› Voir texte de référence 4

Les coûts d'emprunts peuvent être rattachés au coût de production des actifs éligibles si cette méthode comptable a été retenue (voir chapitre 4).

La quote-part de charges correspondant à la sous-activité de l'entreprise n'est pas incorporable au coût de production. Le taux d'activité correspond au rapport de l'activité réelle de l'entité sur son activité normale.

2. Période d'activation des coûts

Comme pour une immobilisation corporelle acquise, les coûts incorporables au coût de production sont ceux engagés à compter de la date à laquelle la direction a pris – et justifie au plan technique et financier – la décision de la produire pour l'utiliser ou la céder ultérieurement, et démontre qu'elle générera des avantages économiques futurs. L'activation des coûts cesse lorsque l'immobilisation est en place et en état de fonctionner selon l'utilisation prévue par la direction.

3. Schémas comptables

La production d'une immobilisation corporelle est comptabilisée en plusieurs phases :

- dépenses comptabilisées en comptes de charges par nature au fur et à mesure de leur réalisation ;
- si l'opération n'est pas achevée à la clôture de l'exercice, ces charges sont neutralisées en créditant le compte 722. Production immobilisée – Immobilisations corporelles par le débit du compte 231. Immobilisations corporelles en cours ;
- à l'issue de la période de fabrication, l'immobilisation est enregistrée au débit du compte de classe 2 concerné, par le crédit des comptes 231 pour la partie en cours à la clôture de l'exercice précédent, et 722 pour les coûts engagés durant le présent exercice ;
- si l'entreprise a opté pour l'incorporation des coûts d'emprunt, ces derniers sont d'abord enregistrés en charges financières, puis contrepassés par le crédit du compte 796. Transferts de charges financières, afin de ne pas fausser le résultat courant de l'entité.

Exemple

La société Étape a construit un entrepôt de stockage de ses marchandises. La période de production s'est étalée du 1er septembre N au 31 mai N + 1. Les coûts engagés ont été les suivants :

	N	N+1
Matières premières et consommables	20 000	15 000
Salaires et charges sociales	28 000	35 000
Charges indirectes fixes raisonnablement rattachables	10 000	12 000
Frais d'administration générale	2 000	3 000

Le taux d'activité de l'entreprise ressort à 90 % en N et 95 % en N + 1.

L'entreprise a contracté un emprunt spécifique de 100 000 € le 15 août N pour financer la production du bâtiment, remboursable par amortissement constant annuellement sur 5 ans au taux de 4 %.

L'entrepôt n'est pas décomposable.

Déterminons le coût de production de l'immobilisation et présentons les écritures comptables afférentes à cette opération.

Le coût de production de l'immobilisation s'établit à :

En-cours au 31/12/N :

Matières premières et consommables :........................	20 000	
Salaires et charges sociales :..	28 000	
Charges indirectes fixes (90 %).....................................	9 000	(*)
Frais financiers (100 000 × 4 % × 4/12)......................	1 333	(**)
	58 333	

Coût de production de N + 1 :

Matières premières et consommables :........................	15 000	
Salaires et charges sociales :..	35 000	
Charges indirectes fixes (95 %).....................................	11 400	(*)
Frais financiers (100 000 × 4 % × 5/12)......................	1 667	(**)
Coût de production total	121 400	

(*) La quote-part de charges correspondant à la sous-activité n'est pas incorporable au coût de production.

(**) Les frais financiers ne sont incorporables que sur la période de production : du 1/09/N au 31/05/N + 1.

Les frais d'administration générale ne constituent pas des charges indirectes pouvant raisonnablement être rattachées à la production de l'entrepôt.

Écritures comptables :

	31/12/N		
231	Immobilisations corporelles en cours	58 333	
722	Immobilisations corporelles		57 000
796	Tranferts de charges financières		1 333
	31/05/N+1		
213	Constructions	121 400	
231	Immobilisations corporelles en cours		58 333
722	Immobilisations corporelles		61 400
796	Transferts de charges financières		1 667

C) Aspects particuliers liés à la TVA

1. Règles générales

La TVA relative aux biens et services acquis par une entreprise redevable est déductible dans la mesure où ces derniers sont destinés à la réalisation d'opérations situées dans le champ d'application de la TVA.

Toutefois, la TVA n'est pas déductible sur certaines opérations, comme celles liées aux véhicules de tourisme. La TVA non récupérable est alors incluse dans le coût d'acquisition de l'immobilisation.

Exemple

Achat le 15 avril N par une entité d'un véhicule de tourisme d'une valeur HT de 16 000 € après d'un concessionnaire automobile :

	15/04/N		
2182	Matériel de transport	19 200	
512	Banques		19 200

2. Le coefficient de déduction

a) Principe

La TVA grevant un bien ou un service qu'un assujetti à cette taxe acquiert, importe ou se livre à lui-même est déductible à proportion de son coefficient de déduction (CGI – annexe II, article 205). Le coefficient de déduction est propre au bien ou au service et varie donc en fonction des éléments propres à chaque situation.

Il est déterminé comme suit (CGI – annexe II, article 206) :

$$\text{Coefficient de déduction} = \text{Coefficient d'assujettissement} \times \text{Coefficient de taxation} \times \text{Coefficient d'admission}$$

b) Coefficient d'assujettissement

Le coefficient d'assujettissement est égal, pour chaque bien ou service, à la proportion d'utilisation de ce bien ou service à des opérations imposables.

Si le bien ou service est utilisé exclusivement pour la réalisation d'opérations imposables, le coefficient d'assujettissement est égal à 1.

Exemple

Un entrepreneur individuel acquiert pour 600 000 € un appartement neuf de 200 m² qu'il souhaite affecter partiellement à son activité professionnelle. Il conserve dans son patrimoine privé la partie de l'appartement qu'il réserve à son usage privatif (logement à usage d'habitation), soit 50 m².

Le coefficient d'assujettissement de l'appartement déterminé lors de son acquisition est égal à : (200 – 50) / 200 = 0,75.

c) Coefficient de taxation

Le coefficient de taxation traduit le principe selon lequel, au sein des opérations imposables, seule peut être déduite la taxe grevant des biens ou services utilisés à des opérations ouvrant droit à déduction.

Si le bien ou service est utilisé exclusivement pour la réalisation d'opérations imposables ouvrant droit à déduction, le coefficient de taxation est égal à 1.

Si le bien ou service est utilisé exclusivement pour la réalisation d'opérations non imposables ou imposables mais n'ouvrant pas droit à déduction, le coefficient de taxation est égal à 0.

Dans les autres cas, le coefficient de taxation est déterminé de manière forfaitaire. Ces cas correspondent à l'utilisation de façon mixte du bien ou service, c'est-à-dire concurremment à des opérations imposables ouvrant droit à déduction et à des opérations imposables n'ouvrant pas droit à déduction.

Le coefficient forfaitaire de taxation correspond au prorata de déduction qui s'appliquait auparavant aux redevables partiels. Il est calculé comme suit :

$$\frac{\text{Montant total annuel du CA afférent aux opérations ouvrant droit à déduction (*)}}{\text{Montant total annuel du CA afférent aux opérations imposables (*)}}$$

(*) Y compris subventions.

d) Coefficient d'admission

Le coefficient d'admission traduit l'existence de dispositifs particuliers d'exclusion ou de restriction du droit à déduction (coefficient lié à la réglementation).

Si le bien ou service ne fait l'objet d'aucune mesure d'exclusion ou de restriction du droit à déduction, le coefficient d'admission est égal à 1.

Si le bien ou service fait l'objet d'une mesure de restriction du droit à déduction, le coefficient d'admission est inférieur à 1.

Si le bien ou service est exclu du droit à déduction, le coefficient d'admission est nul.

Exemple

Pour l'acquisition d'un véhicule de tourisme, le coefficient d'admission est nul. Pour les frais de gazole afférents à ce véhicule, le coefficient d'admission est égal à 0,8.

e) Fixation provisoire puis définitive du coefficient de taxation

Chacun des coefficients est d'abord déterminé de manière provisoire. Lorsque le coefficient de taxation doit être calculé de manière forfaitaire, la régularisation doit intervenir avant le 25 avril de l'année suivante.

En cas de différence entre le coefficient provisoire et le coefficient définitif, une déduction complémentaire ou un reversement de taxe doit être effectué, quel que soit le montant de l'écart.

Le Code général des impôts prévoit que les biens d'investissement ouvrant droit à déduction sont inscrits en comptabilité pour leur prix d'achat ou de revient diminué de la déduction définitive à laquelle ils donnent droit. Il y a donc lieu de modifier si nécessaire le coût d'entrée provisoire de l'immobilisation (CGI – annexe II, article 209).

Exemple

Une société acquiert le 16 février N un matériel industriel utilisé à la fois à des opérations ouvrant droit à déduction et à des opérations exonérées n'ouvrant pas droit à déduction :

- coût d'acquisition HT : 50 000 € ;
- coefficient d'assujettissement et coefficient d'admission : 1 ;
- coefficient de taxation provisoire : 70 % ;
- coefficient de taxation définitif : 68 %.

1. À l'acquisition

Le coefficient de déduction provisoire est égal à : 1 × 0,70 × 1 = 0,70.

La TVA déductible lors de l'acquisition est de : 50 000 x 20 % x 70 % = 7 000.

La fraction de TVA non déductible est incorporée au coût d'acquisition de l'immobilisation : 50 000 × 20 % × 30 % = 3 000.

Enregistrement comptable lié à l'acquisition :

	16/02/N		
2154	Matériel industriel	53 000	
44562	TVA sur immobilisations	7 000	
404	Fournisseurs d'immobilisations		60 000

2. En fin d'exercice

Le coefficient de déduction définitif est égal à : 1 × 0,68 × 1 = 0,68 (coefficient de déduction de référence).

L'entreprise doit reverser une quote-part de la TVA initialement déduite :
50 000 × 20 % × (70 % – 68 %) = 200.

La régularisation de la TVA déductible modifie en théorie la valeur d'entrée de l'immobilisation (CGI – annexe II, article 209).

	31/12/N		
2154	Matériel industriel	200	
4455	TVA à décaisser		200

Toutefois, l'administration fiscale a précisé que lorsque l'écart entre le coefficient de déduction provisoire et le coefficient de déduction définitif n'excède pas 5 %, il peut être comptabilité en résultat (rescrit n° 2007-46 du 23 octobre 2007).

Exemple

Au cas particulier, la régularisation du coefficient de déduction peut donc être comptabilisée comme suit :

	31/12/N		
6788	Charges exceptionnelles diverses	200	
4455	TVA à décaisser		200

f) Régularisation du droit à déduction

La TVA initialement déduite doit faire l'objet d'une régularisation annuelle, en plus ou en moins, lorsque le coefficient de déduction de référence varie de plus de 10 points sur une période de cinq ans pour les biens immobilisés et de vingt ans pour les immeubles (CGI – annexe II, article 207).

L'assujetti doit régulariser la taxe initialement déduite pendant cinq ans par cinquièmes pour les biens immobilisés autres que les immeubles, et pendant vingt ans par vingtièmes pour les immeubles.

Pour l'appréciation de la période de régularisation, l'année au cours de laquelle le bien immobilisé a été acquis ou achevé compte pour une année entière.

Exemple

Reprenons les données de l'exemple précédent, en supposant que le coefficient de déduction évolue comme suit : N + 1 : 68 % ; N + 2 : 69 % ; N + 3 : 80 % ; N + 4 : 75 %.

Aucune régularisation n'est à effectuer au titre des années N + 1 et N + 2 (variation du coefficient inférieure à 10 points).

Au titre de N + 3, la variation du coefficient entre N et N + 3 est supérieure à 10 points. La TVA déduite initialement doit faire l'objet d'une régularisation.

Les régularisations annuelles de TVA s'analysent, au plan comptable, comme des opérations qui n'affectent pas le compte d'immobilisations et sont à constater comme un élément du résultat exceptionnel.

L'administration fiscale s'est alignée sur la position comptable en admettant, par mesure de tolérance, que ces régularisations ne remettent pas en cause les valeurs d'inscription des biens à l'actif immobilisé de l'entreprise (rescrit n° 2008-32 du 16 décembre 2008).

Le complément de TVA déductible ressort à : 50 000 × 20 % × (80 % - 68 %) × 1/5 = 240.

	31/12/N+3		
44562	TVA sur immobilisations	240	
7788	Produits exceptionnels divers		240

Aucune régularisation n'est à effectuer au titre de l'exercice N + 4 (variation du coefficient inférieure à 10 points).

Contexte SA Technik

Déterminer le coût d'entrée de la machine acquise par la SA Technik.

III Traitement comptable des dépenses ultérieures

A) Règles générales

Les dépenses ou les coûts qui ne correspondent pas aux conditions générales de comptabilisation d'un actif sont comptabilisées en charges (PCG – article 213-19). Rappelons qu'une immobilisation corporelle est comptabilisée à l'actif uniquement si les deux conditions suivantes sont simultanément réunies :

– il est probable que l'entité bénéficiera des avantages économiques futurs correspondants ;

– son coût ou sa valeur peut être évalué(e) avec une fiabilité suffisante.

Les critères de comptabilisation sont identiques pour tous les coûts d'immobilisation au moment où ils sont encourus, qu'il s'agisse des coûts initiaux ou des coûts encourus ultérieurement pour ajouter, remplacer des éléments ou incorporer des coûts de gros entretiens ou grandes révisions.

Ainsi, les dépenses ultérieures peuvent correspondre à :

– des dépenses courantes d'entretien et de maintenance : elles sont comptabilisées en charges car elles n'augmentent pas les avantages économiques futurs ;

– des coûts significatifs de remplacement ou renouvellement d'un composant ou d'un élément d'immobilisation, comptabilisés à l'actif, la valeur nette comptable du composant remplacé ou renouvelé étant comptabilisée en charges.

B) Renouvellement d'un composant

Deux cas de figure peuvent se présenter :

– le composant a été identifié à l'origine ;

– le composant n'a pas été identifié à l'origine.

1. Composant identifié à l'origine

Les coûts de renouvellement du composant sont enregistrés à l'actif et amortis en fonction de son utilisation. Lors du remplacement du composant, la valeur nette comptable du composant remplacé est comptabilisée en charges.

Exemple

Soit une machine de valeur d'origine 100 acquise début N et amortie linéairement sur 10 ans dans laquelle est identifié un composant A pour 20 dont la durée d'utilité prévue est de 5 ans. Ce composant est comptabilisé séparément et amorti sur 5 ans.

Fin N + 3, soit 4 ans après l'acquisition, le composant A est remplacé pour un coût de 30. La durée d'utilisation prévue pour ce composant A est de 6 ans. Il est fait abstraction de la TVA.

Le plan d'amortissement de l'immobilisation s'établit comme suit :

Année	Base amortissable		Amortissement	
	Structure	Composant A	Structure	Composant A
N	80	20	8	4
N+1	80	20	8	4
N+2	80	20	8	4
N+3	80	20	8	4
N+4	80	30	8	5
N+5	80	30	8	5
N+6	80	30	8	5
N+7	80	30	8	5
N+8	80	30	8	5
N+9	80	30	8	5
Total			**80**	**46**

Les enregistrements comptables liés au remplacement du composant A sont les suivants :

– sortie du composant remplacé :

	31/12/N+3		
2815.2	Amortissement matériel - composant	16	
675	Valeurs comptables des éléments d'actif cédés	4	
215.2	Matériel - composant		20

– immobilisation du nouveau composant :

	31/12/N+3		
215.2	Matériel - composant	30	
512	Banques		30

L'impact total sur le compte de résultat ressort bien au coût total de la machine sur les 10 ans : 100 + 30 = 130, soit 126 d'amortissements et 4 de VNC des actifs cédés.

2. Composant non identifié à l'origine

« Un composant séparé, qui n'a pas été identifié à l'origine, doit l'être ultérieurement, si les conditions de comptabilisation d'un actif sont remplies, y compris pour les dépenses d'entretien faisant l'objet de programmes pluriannuels de gros entretiens ou de grandes révisions, si aucune provision pour gros entretiens ou grande révision n'a été constatée […] » (PCG – article 213-20).

Les dispositions pratiques d'application de cette règle ne sont pas précisées par les textes comptables.

Dans l'instruction du 30 décembre 2005, l'administration fiscale apporte les précisions suivantes quant aux modalités de reconstitution de la VNC de l'élément remplacé en deux temps :

– en reconstituant la valeur brute de l'élément remplacé à la date du remplacement, selon l'une des deux méthodes rationnelles et cohérentes explicitées ci-dessous, lorsque le prix d'origine de l'élément remplacé ne peut être déterminé avec précision. Il est ainsi possible de reconstituer la valeur du composant :
  - soit en déterminant la valeur de chaque élément par rapport au coût total de l'immobilisation en fonction du coût actuel à neuf des différents éléments ayant les mêmes caractéristiques techniques,
  - soit à partir de la ventilation opérée pour des immobilisations semblables en tenant compte des différences techniques et de l'évolution des prix ;

Exemple

Lorsque le remplacement porte sur un élément incorporé à un immeuble, la valeur brute de l'élément remplacé peut être reconstituée à partir de la valeur à neuf du nouveau composant corrigée du taux d'inflation depuis la date d'investissement d'origine ou de l'indice du coût de la construction.

– en reconstituant les amortissements pratiqués sur cet élément à partir de sa valeur brute reconstituée et en fonction de la durée d'amortissement de l'immobilisation.

Cependant, il est admis, à titre de simplification, que pour les petites entreprises, la valeur brute de l'élément remplacé est égale au coût du remplacement. Sont concernées les entreprises qui ne dépassent pas, à la clôture de l'exercice, deux des trois critères suivants :

– un total du bilan inférieur ou égal à 4 000 000 € ;

– un chiffre d'affaires inférieur ou égal à 8 000 000 € ;

– un nombre moyen de salariés permanents employés au cours de l'exercice inférieur ou égal à 50.

Exemple

Soit un camion acquis le 1er janvier N par une entreprise A, qui a prévu de le revendre après cinq ans d'exploitation. Ce camion a été acheté pour une valeur de 50 000 €. Aucun remplacement d'élément significatif du camion n'ayant été prévu par l'entreprise A, aucun composant n'a été identifié. Le véhicule est par conséquent amorti selon cinq annuités de 10 000 €.

Toutefois, en janvier N + 2, le moteur du camion tombe en panne accidentelle et doit être intégralement remplacé pour que le camion puisse être exploité. La valeur du moteur neuf est égale à 5 000 €.

Pour comptabiliser cette dépense, il convient d'analyser les avantages économiques futurs à la date de remplacement du moteur : en l'absence de remplacement, le camion est inutilisable. Le moteur de remplacement répond donc aux critères de définition des actifs et doit être traité par l'entreprise comme un composant : en contrepartie de l'inscription à l'actif de la dépense de 5 000 €, la VNC du moteur remplacé doit être sortie en charges. Cependant l'entreprise ne connaît pas avec précision la valeur d'origine du moteur acquis avec le camion.

▼ Hypothèse 1

L'entreprise procède à la reconstitution de la VNC du moteur du camion en fonction de sa valeur estimée, par hypothèse, à 3 000 €, et de la durée d'amortissement courue, soit 2/5. La VNC ainsi reconstituée, soit 1 800 € (3 000 × 3/5), est comptabilisée en charges.

– sortie du composant non identifié à l'origine :

	1/01/N+2		
28182	Amortissement matériel de transport	1 200	
675	Valeurs comptables des éléments d'actif cédés	1 800	
2182	Matériel de transport (composant)		3 000

– immobilisation du nouveau composant :

	1/01/N+2		
2182.2	Matériel de transport (composant)	5 000	
44562	TVA sur immobilisations	980	
512	Banques		5 980

▼ **Hypothèse 2**

Si l'entreprise A est une petite entreprise en dessous des seuils précédemment évoqués, elle est admise à considérer que la valeur brute du moteur en panne est de 5 000 €. Elle doit, dans ce cas, reconstituer les amortissements calculés jusqu'à la date de l'accident, et déduire la VNC ainsi déterminée en charges, soit au cas d'espèce 3 000 € (5 000 × 3/5).

– sortie du composant non identifié à l'origine :

	1/01/N+2		
28182	Amortissement matériel de transport	2 000	
675	Valeurs comptables des éléments d'actif cédés	3 000	
2182	Matériel de transport (composant)		5 000

– immobilisation du nouveau composant :

	1/01/N+2		
2182.2	Matériel de transport (composant)	5 000	
44562	TVA sur immobilisations	980	
512	Banques		5 980

Source : instruction fiscale du 31 décembre 2005.

C) Pièces de rechange et matériel d'entretien

Les pièces de rechange et le matériel d'entretien sont habituellement inscrits en stock et comptabilisés dans le résultat lors de leur consommation. Toutefois, les pièces de rechange principales et le stock de pièces de sécurité constituent des immobilisations corporelles dans deux cas de figure :

- si l'entité compte les utiliser sur plus d'une période ;
- si les pièces de rechange et le matériel d'entretien ne peuvent être utilisés qu'avec une immobilisation corporelle (PCG – article 213-21).

Contexte SA Technik

Déterminer le traitement comptable du remplacement du moteur de la machine.

IV L'amortissement d'une immobilisation corporelle

A) Définitions et principes généraux

1. Actif amortissable

a) Principe

Le Code de commerce dispose que « les éléments de l'actif immobilisé dont la durée d'utilisation est limitée sont amortis sur cette durée selon un plan d'amortissement » (article R. 123-179).

« Un actif immobilisé dont la durée d'utilisation est limitée fait l'objet d'un amortissement [...] » (PCG – article 214-1).

Ces deux textes fixent ainsi le principe d'amortissement pour les actifs à durée d'utilisation limitée.

« Le caractère limité de la durée d'utilisation d'un actif est déterminé, soit à l'origine, soit en cours d'utilisation, au regard des critères, généralement physiques, techniques, juridiques, ou économiques, inhérents à l'utilisation par l'entité de l'actif considéré » (PCG – article 214-1).

b) Modalités de détermination de la durée d'utilisation

La note de présentation du règlement ANC 2015-06 précise que l'usage est limité dans le temps dès lors que l'un des critères suivants est applicable, soit à l'origine, soit en cours d'utilisation :

- critère physique : l'actif subit une usure physique par l'usage qu'en fait l'entité ou par le passage du temps ;
- critère technique : l'évolution technique entraîne une obsolescence de l'actif, son utilisation devenant inférieure à celle qui serait fondée sur sa seule usure physique. Il en est notamment ainsi en cas de nouvelles normes de conformité rendant l'actif obsolète ;
- critère juridique : l'utilisation est limitée dans le temps pour des raisons légales ou contractuelles, notamment en raison de l'expiration d'une protection ;
- critère économique : l'utilisation est limitée dans le temps en raison du cycle de vie des produits générés par cet actif.

Lorsque différents critères sont applicables, il convient de retenir celui qui aboutit à la durée d'utilisation la plus courte.

Exemple

Une entité acquiert un outillage industriel au début de l'exercice N. Sa durée de vie est de 15 ans mais, en raison de l'évolution technologique, il sera obsolète au bout de 10 ans. Cet outillage sera amorti sur 10 ans.

c) Durée d'utilisation non limitée et conséquences

Une immobilisation est considérée comme ayant une durée d'utilisation non limitée lorsque, sur la base d'une analyse de tous les faits pertinents, il n'y a pas de limite prévisible à la durée durant laquelle il est attendu que cette immobilisation procurera des avantages économiques à l'entreprise. Elle n'est donc pas amortissable.

Les actifs corporels, physiques par essence, ont le plus souvent une durée d'utilisation limitée. Les terrains font généralement exception à cette règle en raison de l'absence de limites à l'obtention d'avantages économiques. Sont ainsi amortissables les constructions, les installations techniques, les matériels et outillages industriels, le matériel de transport, le matériel informatique, le mobilier, etc.

2. Amortissement

Selon le PCG, l'amortissement d'un actif est la répartition systématique de son montant amortissable en fonction de son utilisation (PCG – article 214-13).

Cette définition de l'amortissement constitue une approche davantage économique et financière que juridique et patrimoniale.

3. Plan d'amortissement

« L'amortissement est déterminé par le plan d'amortissement établi en fonction de la durée et du mode d'amortissement propres à chaque actif amortissable, tels qu'ils sont déterminés par l'entité » (PCG – article 214-13).

Il intègre plusieurs variables qui permettent de déterminer le montant de la dotation aux amortissements afférente à chaque période.

4. Caractère obligatoire des amortissements

L'article L 123-20 du Code de commerce détermine que « même en cas d'absence ou d'insuffisance du bénéfice, il doit être procédé aux amortissements et provisions nécessaires ». Le PCG précise par ailleurs qu'à la clôture de l'exercice une dotation aux amortissements est comptabilisée conformément au plan d'amortissement pour chaque actif amortissable même en cas d'absence ou d'insuffisance de bénéfice (PCG – article 214-11).

+

Caractère obligatoire des amortissements au plan fiscal

Le CGI (art. 39-2) prévoit que le résultat imposable de chaque exercice est déterminé sous déduction de toutes les charges, dont les amortissements. De plus, l'article 39B pose le principe de l'amortissement minimum égal à l'amortissement linéaire cumulé.

Les amortissements différés en contravention avec les dispositions de l'article 39B du CGI sont qualifiés d'amortissements irrégulièrement différés. Leur déductibilité est définitivement perdue pour l'entreprise.

B) Le plan d'amortissement

1. Caractéristiques générales de détermination du plan d'amortissement

Le plan d'amortissement est déterminé, par la direction de l'entreprise, à la date d'entrée du bien à l'actif. Toutefois, ce plan n'est pas figé et des ajustements du plan initial sont à opérer, en cas de modification significative dans l'utilisation prévue du bien (PCG – article 214-14).

« Lorsque des éléments constitutifs d'un actif sont exploités de façon indissociable, un plan d'amortissement unique est retenu pour l'ensemble de ces éléments. Cependant, si, dès l'origine, un ou plusieurs de ces éléments ont chacun des utilisations différentes, chaque élément est comptabilisé séparément et un plan d'amortissement propre à chacun des éléments est retenu [...] » (PCG – article 214-9). Cette décomposition de l'amortissement est la traduction de l'approche par composants.

›Voir texte de référence 2

Par ailleurs, les actifs de même nature ayant des conditions d'utilisation identiques doivent être amortis de la même manière (PCG – article 214-13).

La détermination du plan d'amortissement repose sur quatre paramètres : la base amortissable du bien ; la durée d'amortissement ; le mode d'amortissement et la date de départ de l'amortissement.

2. La base amortissable

« Le montant amortissable d'un actif est sa valeur brute sous déduction de sa valeur résiduelle (PCG – article 214-4-1).

Notons toutefois dès à présent que la comptabilisation d'une dépréciation modifie, de manière prospective, la base amortissable (voir titre V).

a) La valeur brute

La valeur brute d'un actif est sa valeur d'entrée dans le patrimoine ou sa valeur réévaluée.

> **+**
>
> – La décomposition de l'élément d'actif en différents composants ne peut pas aboutir à un montant différent de cette valeur brute ou valeur réévaluée.
>
> – Le remplacement d'un composant totalement amorti par un composant d'une valeur d'entrée-supérieure conduit à une augmentation globale du coût de l'immobilisation.

b) Déduction de la valeur résiduelle

« La valeur résiduelle est le montant, net des coûts de sortie attendus, que l'entreprise obtiendrait de la cession de l'actif sur le marché à la fin de son utilisation […] » (PCG – article 214-4-2).

« Les coûts de sortie sont les coûts directement attribuables à la sortie d'un actif, à l'exclusion des charges financières et de la charge d'impôt sur le résultat » (PCG – article 214-6-5). Il peut s'agir de coûts externes et internes permettant de mettre l'actif en état d'être vendu (frais d'acte, frais de timbre et taxes similaires liées à la transaction, coûts d'enlèvement de l'actif et coûts marginaux directement engagés pour mettre l'actif en état d'être vendu).

Cette valeur résiduelle est déterminée lors de l'entrée du bien à l'actif.

« […] La valeur résiduelle n'est prise en compte pour la détermination du montant amortissable que lorsqu'elle est à la fois significative et mesurable » (PCG – article 214-4-3) :

- la valeur résiduelle est significative si sa prise en compte modifie sensiblement le montant des amortissements. Il en est ainsi lorsque la durée prévue d'utilisation de l'actif dans l'entreprise est sensiblement plus courte que la durée de vie économique du bien (exemple : politique de renouvellement systématique de la flotte automobile tous les 3 ans) ;
- la valeur résiduelle d'un actif n'est mesurable que s'il est possible de déterminer de manière fiable, dès l'origine, la valeur de marché à la revente du bien en fin de période d'utilisation (contrat de vente ferme, option de vente, catalogue de prix d'occasion, etc.).

Dans la pratique, la problématique de la valeur résiduelle n'intervient que si dès l'acquisition, l'entité a l'intention de se séparer du bien avant la fin de sa durée de vie économique.

> **+**
>
> La valeur résiduelle d'un actif peut augmenter jusqu'à atteindre ou excéder la valeur nette comptable de l'actif. Dans ce cas, la dotation à l'amortissement de l'actif est nulle.
>
> **Position fiscale en matière de base d'amortissement**
>
> La base de l'amortissement correspond, en application de l'article 15 de l'annexe II au CGI, au prix de revient de l'immobilisation. Pour les biens dont la valeur résiduelle n'est pas nulle, il existe donc une distorsion entre les bases d'amortissement comptable et fiscale.
>
> En conséquence, à la clôture de l'exercice, la somme des amortissements comptabilisés peut se trouver inférieure au montant cumulé des amortissements linéaires calculés sans déduction de la valeur résiduelle (CGI art. 39 B). Dans les comptes individuels, la constatation dans cette hypothèse d'un amortissement dérogatoire permet à l'entreprise de ne pas être pénalisée fiscalement.

Exemple

Soit un matériel acquis le 1er janvier N pour 200 dont la durée de vie économique résultant des usages est de 5 ans. Ce matériel est repris pour un prix de 140 contre l'acquisition d'un matériel neuf plus performant au bout de 2 ans d'utilisation.

L'amortissement comptable est de : (200 – 140) / 2 = 30 en N et N + 1.

L'amortissement fiscal minimal est de 200 / 5 = 40 pour chacune de ces 2 années.

Un amortissement dérogatoire doit être constaté à hauteur de 10 en N et N + 1 pour ne pas perdre la déductibilité fiscale de cette quote-part d'amortissement.

	31/12/N et 31/12/N+1		
681	Dotations aux amortissements - Charges d'exploitation	30	
68725	Dotations aux amortissements exceptionnels des immobilisations	10	
28154	Amortissement du matériel industriel		30
145	Amortissements dérogatoires		10

3. La durée d'amortissement de l'actif

a) Règle comptable générale

L'amortissement d'un actif est la répartition systématique de son montant amortissable en fonction de son utilisation (PCG art. 214-13).

C'est l'utilisation probable telle qu'elle a été arrêtée par la direction de l'entreprise qui permet de préciser le rythme de consommation de l'actif. C'est donc aux caractéristiques propres de l'entreprise qu'il convient de se référer pour déterminer la durée d'amortissement, et non à des usages ou des pratiques généralement admis pour certaines catégories de biens.

En effet, la politique de gestion des actifs d'une entreprise peut faire intervenir la sortie d'actifs au bout d'un délai spécifié ou après consommation d'une certaine quantité d'avantages économiques futurs, représentatifs de cet actif. En conséquence, la durée d'utilisation d'un actif peut être plus courte que sa vie économique.

+

Position fiscale en matière de durée d'amortissement

Conformément aux dispositions de l'article 39, les amortissements déductibles fiscalement sont les amortissements réellement effectués par l'entreprise, dans la limite de ceux qui sont généralement admis d'après les usages de chaque nature d'industrie, de commerce ou d'exploitation. Le taux de l'amortissement fiscal admis en déduction continue à être déterminé par référence aux précisions données dans la doctrine administrative. La durée normale d'utilisation (durée d'usage) doit être retenue pour la détermination du bénéfice imposable, quelle que soit la durée réelle d'utilisation du bien.

Dans ces conditions, le principe selon lequel les durées d'amortissement sont nécessairement identiques sur le plan comptable et sur le plan fiscal est rapporté (instruction fiscale du 30 décembre 2005).

Deux situations doivent être distinguées :

– *cas où la durée d'utilisation comptable est plus longue que la durée d'usage* : lorsque la durée d'utilisation comptable est plus longue que la durée d'usage de référence, il peut en résulter un amortissement comptable inférieur à l'amortissement déductible fiscalement. Cette situation est la plus fréquente, les durées résultant des usages étant généralement inférieures aux durées réelles d'utilisation. L'administration fiscale admet toutefois que les entreprises qui retiennent une durée réelle d'amortissement plus longue que la durée d'usage applicable ne soient pas pénalisées par l'application des dispositions de l'article 39 B, sauf cas manifestement abusif. L'amortissement fiscalement différé peut donc être déduit au fur et à mesure de l'amortissement comptable. La constatation d'un amortissement dérogatoire n'est justifiée dans ce cas que si l'entité souhaite bénéficier de la déductibilité la plus rapide de ses amortissements ;

– *cas où la durée d'utilisation comptable est plus courte que la durée d'usage de référence :* lorsque la durée d'utilisation comptable est plus courte que la durée d'usage de référence, il peut en résulter un amortissement comptable supérieur à l'amortissement déductible fiscalement. Dans ce cas, les entreprises doivent procéder à la réintégration extra-comptable de la fraction de l'amortissement comptable qui excède le montant de l'amortissement fiscalement déductible. Cette fraction de l'amortissement comptable ainsi reportée du point de vue fiscal sera admise en déduction :
  - lors de la cession ou de la mise au rebut de l'immobilisation,
  - ou extra-comptablement de manière linéaire sur la durée résiduelle d'usage.

Exemple

Soit un matériel de 100 000 € acquis le 1er janvier N, amortissable en linéaire. La durée d'usage fiscale est 5 ans. La politique de l'entreprise pour ce type de matériel est de le céder après 3 ans d'utilisation, avec un montant prévu de reprise de 25 000 €.

Amortissement comptable annuel : (100 000 – 25 000) / 3 = 25 000.

Amortissement fiscalement déductible : 100 000 / 5 = 20 000.

Pour la détermination de chacun des résultats de N, N + 1 et N + 2, devra intervenir une réintégration annuelle extra-comptable de 5 000 €.

Il reste donc, début N + 3, lors de la cession du bien, 15 000 € d'amortissement dont la déduction fiscale a été reportée. Cette somme est déduite du montant du résultat fiscal de cession.

Source : instruction fiscale du 30 décembre 2005.

b) Dérogation comptable concernant les petites entreprises

Par mesure de simplification, le PCG autorise les petites entreprises à retenir, dans les comptes individuels, la durée d'usage pour déterminer le plan d'amortissement des immobilisations (PCG – article 214-13).

La note de présentation du règlement ANC 2015-06 précise que la durée d'usage définie à l'article 214-13 est la durée fiscale définie à l'article 39-1-2 du Code général des impôts.

Les petites entreprises, définies à l'article 123-16 du Code de commerce, sont celles qui ne dépassent pas, à la clôture de l'exercice, deux des trois critères suivants :

– un total du bilan inférieur ou égal à 6 000 000 € ;

– un chiffre d'affaires inférieur ou égal à 12 000 000 € ;

– un nombre moyen de salariés permanents employés au cours de l'exercice inférieur ou égal à 50.

Pour les entreprises qui font usage de cette mesure, les durées d'amortissement fiscale et comptable sont alignées, avec l'avantage d'éviter la constatation d'un amortissement dérogatoire lié à la durée. Toutefois, cette mesure simplificatrice ne s'appliquant pas aux autres paramètres du plan d'amortissement (mode et base), des amortissements dérogatoires liés à ces autres caractéristiques peuvent, voire doivent, être constatés.

Lorsqu'une entreprise qui appliquait la mesure simplificatrice dépasse les seuils de la petite entreprise, elle peut maintenir l'amortissement des immobilisations en retenant la durée d'usage fiscale pour les actifs inscrits à son bilan à la date de dépassement des seuils. En revanche, le plan d'amortissement des actifs inscrits au bilan de l'entité postérieurement à la date de dépassement des seuils suit la règle normale sans bénéficier de la simplification (PCG art. 214-13)

+

Les comptes des PME utilisant cette simplification doivent être retraités s'ils sont inclus, le cas échéant, dans un ensemble consolidé.

Exemple

Soit une immobilisation de 36 000 € acquise au 1er janvier N, pour laquelle aucun composant n'est identifiable, dont la durée d'utilisation prévue par l'entreprise est de 9 ans. Fiscalement, elle ne bénéficie pas de l'amortissement dégressif et la durée d'usage est de 6 ans.

L'amortissement comptable est de 36 000 / 9 = 4 000.

L'amortissement fiscalement admis, déterminé en fonction de la durée d'usage, est de 6 000 €.

▼ **Hypothèse 1 :** l'entité n'est pas une petite entreprise.

L'administration fiscale admet le recours à l'amortissement dérogatoire pour 2 000 €, de façon à ce que les entreprises puissent déduire un amortissement de 6 000 pendant 6 ans.

L'entreprise a le choix entre la comptabilisation de l'annuité économique seulement (solution 1), ou de l'annuité fiscale avec une quote-part d'amortissement dérogatoire (solution 2).

– solution 1 :

	31/12/N		
681	Dotations aux amortissements, ... - Charges d'exploitation	4 000	
281	Amortissements des immobilisations corporelles		4 000

L'amortissement fiscalement différé (2 000 €) pourra être déduit au fur et à mesure de l'amortissement comptable.

– solution 2 :

	31/12/N		
681	Dotations aux amortissements, ... - Charges d'exploitation	4 000	
68725	Dotations aux amortissements exceptionnels des immobilisa.	2 000	
281	Amortissements des immobilisations corporelles		4 000
145	Amortissements dérogatoires		2 000

▼ **Hypothèse 2 :** la mesure simplificatrice dans les comptes individuels des petites entreprises leur permet d'enregistrer en amortissement comptable des dotations de 6 000.

	31/12/N		
681	Dotations aux amortissements, ... - Charges d'exploitation	6 000	
281	Amortissements des immobilisations corporelles		6 000

4. Le mode d'amortissement de l'actif

« Le mode d'amortissement doit permettre au mieux de traduire le rythme de consommation des avantages économiques attendus de l'actif par l'entité. [...] » (PCG – article 214-13).

Cette consommation peut être déterminée :

– en unités de temps ;

– en unités d'œuvre lorsque ces dernières reflètent plus correctement le rythme de consommation des avantages économiques attendus de l'actif.

Le mode d'amortissement peut, en conséquence, être linéaire, croissant ou décroissant, etc. (unités de temps) ou calculé en fonction du nombre de kilomètres parcourus, de pièces produites, d'heures de travail, etc. (unités d'œuvre) si cette référence est plus apte à mesurer le rythme de consommation des avantages économiques.

« Le mode linéaire est appliqué à défaut de mode mieux adapté [...] » (PCG – article 214-13).

En tout état de cause, la détermination du mode d'amortissement doit s'appuyer sur une démarche explicite et documentée.

+

Position fiscale en matière de mode d'amortissement

Sur le plan fiscal, les modes d'amortissement possibles sont le linéaire, le dégressif fiscal et l'amortissement variable :

– le linéaire (régime de droit commun) : le mode d'amortissement linéaire constitue la référence de calcul pour l'application de la règle de l'amortissement minimal prévue à l'article 39 B ;

– le dégressif fiscal : les entreprises peuvent constater un amortissement dégressif pour les biens entrant dans le champ d'application mentionné à l'article 39 A. Le complément d'amortissement résultant de l'application du mode dégressif peut être comptabilisé en amortissements dérogatoires ;

– l'amortissement variable : ce mode est d'ores et déjà admis sur le plan fiscal pour les moules spécialement conçus en vue de l'exécution d'un marché. Il est également admis pour tous les biens pour lesquels la consommation d'avantages mesurée par des unités d'œuvre reflète une dépréciation effective et définitive, et dont le rythme de consommation des avantages économiques mesuré en unités d'œuvre est connu de manière fiable dès l'origine et ne varie pas de manière aléatoire. Pour les autres biens, pour lesquels la comptabilisation d'un amortissement comptable en unités d'œuvre est pratiquée, il convient :
  - de comptabiliser un amortissement dérogatoire complémentaire, si la dotation aux amortissements comptable est inférieure à l'amortissement minimum linéaire prévu par les dispositions de l'article 39 B ou dégressif en cas d'application du mode dégressif sur le plan fiscal ;
  - de réintégrer de manière extra-comptable la fraction d'amortissement excédentaire, si l'amortissement en fonction des unités d'œuvre est supérieur à l'amortissement fiscalement admis.

Exemple

Une entité acquiert et met en service le 1er janvier N un outillage industriel non décomposable pour une valeur HT de 50 000 € (achat d'occasion).

La durée d'utilisation de l'outillage est de 5 ans, avec une capacité de production totale de 100 000 pièces.

L'entreprise sait que cet outillage ne sera pas utilisé de manière constante, mais avec une montée en puissance jusqu'à atteindre son plein régime. Elle décide en conséquence de pratiquer un amortissement variable en fonction du nombre de pièces fabriquées.

Fiscalement, l'amortissement variable n'est pas autorisé car la consommation des avantages économiques n'est pas connue de manière fiable dès l'origine. L'immobilisation n'est pas éligible au mode dégressif (matériel d'occasion), elle doit donc être amortie linéairement sur 5 ans.

Le nombre de pièces fabriquées est le suivant :

Année	Nombre de pièces fabriquées	Année	Nombre de pièces fabriquées
1	10 000	4	25 000
2	18 000	5	22 000
3	25 000	**Total**	**100 000**

Le plan d'amortissement comptable et fiscal de l'outillage est le suivant :

Année	Dotation aux amortissements comptable	Dotation aux amortissements fiscale	Dotation (reprise) aux amortissements dérogatoires	Cumul amortissements déduits
1	5 000 (*)	10 000	5 000	10 000
2	9 000	10 000	1 000	20 000

Année	Dotation aux amortissements comptable	Dotation aux amortissements fiscale	Dotation (reprise) aux amortissements dérogatoires	Cumul amortissements déduits
3	12 500	10 000	(2 500)	30 000
4	12 500	10 000	(2 500)	40 000
5	11 000	10 000	(1 000)	50 000
Total	**50 000**	**50 000**	**0**	**50 000**

(*) 50 000 × 10 000 / 100 000

Si le nombre de pièces fabriquées la première année s'élevait à 25 000, la dotation aux amortissements comptable serait de 12 500 et l'entreprise devrait réintégrer extra-comptablement la fraction d'amortissement excédentaire : 12 500 – 10 000 = 2 500.

5. La date de départ de l'amortissement de l'actif

« L'amortissement d'un actif commence à la date de début de consommation des avantages économiques qui lui sont attachés. Cette date correspond généralement à la mise en service de l'actif » (PCG – article 214-12).

Cette disposition comptable n'a pas d'effet sur le point de départ de l'amortissement fiscal.

C) La révision du plan d'amortissement

Le plan d'amortissement est déterminé à l'origine, lors de l'entrée de l'immobilisation dans l'entreprise. Ultérieurement, l'estimation de l'utilisation faite à l'origine peut ne plus paraître appropriée. Le plan d'amortissement doit alors être modifié en cours d'utilisation. Cette situation est prévue à la fois par le Code de commerce (article R. 123-179) et par le PCG (article 214-14).

› Voir textes de référence 5 et 6

Deux situations différentes, mais qui peuvent se cumuler, sont à l'origine d'un changement du plan d'amortissement :

– la modification significative de l'utilisation prévue ;

– la modification de la base amortissable.

1. Modification significative de l'utilisation prévue

Toute modification significative de l'utilisation prévue, par exemple durée ou rythme de consommation des avantages économiques attendus de l'actif, entraîne la révision prospective du plan d'amortissement (PCG – article 214-14).

Ainsi, les modifications des conditions d'exploitation du bien (augmentation ou réduction du temps d'utilisation prévu, capacité de production modifiée...), les changements techniques ou les évolutions du marché peuvent conduire à augmenter ou réduire la durée d'utilisation ou à modifier le rythme de cette utilisation.

La modification significative de l'utilisation prévue entraîne une révision prospective du plan d'amortissement.

L'utilisation et, en conséquence, le taux d'amortissement sont ajustés pour l'exercice en cours et les exercices postérieurs en application des dispositions du PCG relatives au changement d'estimation (PCG – article 122-3, voir chapitre 18).

Exemple

Compte tenu de son utilisation prévue, le plan d'amortissement d'un matériel de production de 100 €, acquis et mis en service en janvier N, retient une durée d'utilisation sur 5 ans avec un rythme de consommation des avantages économiques régulier. La valeur résiduelle est nulle.

Après 2 ans d'utilisation, il est nécessaire d'augmenter les capacités de production et l'utilisation du matériel de production est plus importante que prévu. Il est alors décidé d'amortir le bien sur les 2 années qui suivent, au lieu de retenir les 3. Le rythme de consommation des avantages économiques reste linéaire.

Le plan d'amortissement est le suivant :

Année	Plan initial			Révision du plan	
	Annuité	Amort. cumulé	VNC	Annuité révisée	Cumul amort. révisé
1	20	20	80	-	20
2	20	40	60	-	40
3	20	60	40	30	70
4	20	80	20	30	100
5	20	100	0	-	

Les amortissements constatés de l'année 1 à l'année 2 ne sont pas modifiés. L'impact de la révision du plan est uniquement prospectif.

2. Modification de la base amortissable

Il peut s'agir d'une augmentation ou d'une diminution de la base amortissable. Ses variations peuvent provenir :

- de la constatation d'une dépréciation ou de la variation d'une dépréciation antérieure résultat d'une évolution de la valeur actuelle (voir V du présent chapitre) ;
- de la modification de la valeur résiduelle (bien qu'une telle situation ne soit pas explicitement prévue par le PCG).

« Le montant amortissable d'un actif est sa valeur brute, sous déduction de sa valeur résiduelle [...] » (PCG – article 214-4-1).

En conséquence, toute modification de la valeur résiduelle devrait engendrer une modification de la base amortissable. Toutefois, l'article 214-14 du PCG ne prévoit pas explicitement la révision de la valeur résiduelle.

Selon nous, dans un souci de cohérence, toute variation significative de la valeur résiduelle, notamment en cas de modification de la durée d'utilisation doit entraîner une révision de cette valeur.

Exemple

Une compagnie aérienne acquiert le 1er janvier N un avion Alba pour le prix de 10 000 000 €. Sa durée de vie est d'environ 20 ans. Cette compagnie aérienne a pour habitude de céder ses avions après 5 à 10 ans d'utilisation.

Au moment de l'acquisition, la compagnie estime conserver l'avion 5 ans et le revendre à l'issue de cette période au prix de 8 000 000 €. L'entité estime que la dépréciation subie par l'avion est proportionnelle au kilométrage parcouru. En 5 ans l'avion Alba devrait effectuer 3 000 000 de km.

Au 31 décembre N, les hypothèses initiales restent valables et l'avion a parcouru 450 000 km.

Au 31 décembre N + 1, la compagnie révise ses hypothèses de la manière suivante :

- la durée d'utilisation sera de 7 ans ;

– la valeur résiduelle est estimée à 6 500 000 € ;
– le kilométrage total attendu de l'avion devrait s'élever à 4 000 000 de km ;
– le kilométrage effectué en N + 1 est de 550 000 km.

Déterminons le montant des amortissements en N et N + 1 (hypothèse simplificatrice : il n'y a pas de composants).

Pour l'exercice N :
– la base d'amortissement est de : 10 000 000 – 8 000 000 = 2 000 000 ;
– le mode d'amortissement est variable : nombre de km parcourus/nombre de km pouvant être effectués ;
– annuité d'amortissement : 2 000 000 × 450 000 / 3 000 000 = 300 000.

Pour l'exercice N + 1 :
– la base d'amortissement est de : 10 000 000 – 300 000 – 6 500 000 = 3 200 000 ;
– le mode d'amortissement est variable : nombre de km parcourus/nombre de km pouvant être effectués ;
– annuité d'amortissement : 3 200 000 × 550 000 / (4 000 000 – 450 000) = 495 775.

D) L'amortissement d'une immobilisation corporelle décomposable

« Lorsque des éléments constitutifs d'un actif sont exploités de façon indissociable, un plan d'amortissement unique est retenu pour l'ensemble de ces éléments. Cependant, si dès l'origine, un ou plusieurs de ces éléments ont chacun des utilisations différentes, chaque élément est comptabilisé séparément et un plan d'amortissement propre à chacun de ces éléments est retenu […] » (PCG – article 214-9).

❯ Voir texte de référence 2

La décomposition d'une immobilisation en plusieurs composants a pour conséquence la nécessité d'établir un plan d'amortissement séparé pour chaque composant.

Les règles d'établissement du plan d'amortissement d'un composant sont les mêmes que celles concernant une immobilisation non décomposée. L'application du critère de durée d'utilisation conduit à amortir les composants sur la durée séparant deux remplacements ou deux gros entretiens/grandes révisions.

Exemple

Soit un bâtiment acquis neuf début N pour 100. La durée d'utilisation prévue de ce bâtiment est de 40 ans, mais avec un renouvellement de la toiture au bout de 20 ans. L'estimation de la valeur d'origine du composant toiture est de 20.

Pour les années N à N + 19, l'amortissement annuel de ce bâtiment est le suivant :
– amortissement du composant structure (80 / 40) : 2 ;
– amortissement du composant toiture (20 / 20) : 1 ;
– soit une annuité d'amortissement totale de 3.

Fin N + 19, la toiture, totalement amortie, est remplacée. Le coût des travaux s'élève à 30 et la durée prévue d'utilisation est toujours de 20 ans. Le montant des travaux est comptabilisé en immobilisation et, pour les années N + 20 à N + 39, l'amortissement annuel s'établit ainsi :
– amortissement du composant structure (80 / 40) : 2 ;
– amortissement du composant toiture (30 / 20) : 1,5 ;
– soit une annuité d'amortissement totale de 3,5.

Pour une même immobilisation, les plans d'amortissement vont différer en raison de la durée d'utilisation, mais peuvent également différer en fonction du mode d'amortissement retenu pour ses différents composants. Ainsi, il peut être adopté un mode d'amortissement pour un composant différent de celui appliqué à la structure.

+

Règles fiscales d'amortissement des immobilisations décomposables

• Base fiscale d'amortissement des composants et de la structure

La structure et les composants sont amortis sur la base de leur prix de revient. Comme pour les immobilisations non décomposables, il n'est pas tenu compte de la valeur résiduelle.

• Durée d'amortissement des composants

Deux cas de figure sont à distinguer.

Composant identifié à l'origine

En l'absence d'usage identifié pour les composants, la durée d'amortissement retenue sur le plan fiscal pour ces derniers correspond à la durée normale d'utilisation du bien apprécié individuellement, c'est-à-dire comme en comptabilité.

Par ailleurs, dans le cas où la durée normale d'utilisation du premier composant identifié à l'origine serait supérieure à la durée d'usage de la structure, il est admis que ce composant puisse être amorti sur la durée d'usage de la structure, et non sur sa durée propre d'utilisation. Cette différence entre la durée d'amortissement fiscale et la durée comptable peut être constatée par voie d'amortissements dérogatoires.

Lors du renouvellement du composant d'origine, trois situations doivent être distinguées :

a. Le composant doit à nouveau être remplacé avant la fin de la période d'amortissement fiscal de la structure ; dans ce cas, le nouvel élément inscrit à l'actif doit être amorti sur la durée normale d'utilisation du composant d'origine, sauf changement des conditions d'utilisation.

▶ Exemple

Soit un bien décomposé dont la structure est amortie sur sa durée réelle d'utilisation, c'est-à-dire 15 ans, et pour lequel la durée d'usage est de 10 ans. Le composant, dont la durée de vie est de 5 ans, est renouvelé au bout de 5 ans.

La durée d'amortissement du nouveau composant sera de 5 ans si les conditions d'utilisation de celui-ci ne sont pas modifiées.

b. Plus aucun remplacement du composant ne doit intervenir, ce nouvel élément inscrit à l'actif est amorti sur la durée d'utilisation résiduelle (comptable) de la structure.

▶ Exemple

Dans l'exemple ci-dessus, si la durée d'utilisation du composant est de 9 ans, le composant renouvelé au bout de 9 ans sera amorti comptablement et fiscalement sur 6 ans (durée résiduelle d'utilisation de la structure).

– le remplacement du composant intervient alors même que la structure est totalement amortie sur le plan fiscal, ce nouvel élément inscrit à l'actif est amorti sur la durée normale d'utilisation plafonnée, le cas échéant, à la durée réelle d'utilisation résiduelle (comptable) de la structure.

▶ Exemple

Dans l'exemple ci-dessus, la durée d'utilisation du composant est de 10 ans. Le composant renouvelé sera amorti sur 5 ans.

Composant identifié en cours de vie

En cas d'identification d'un composant en cours de vie, l'administration indique qu'il ne doit pas être considéré, sauf cas manifestement abusifs, que l'entreprise a différé irrégulièrement une fraction de l'amortissement en contravention avec les dispositions de l'article 39 B et donc que l'élément sorti de l'actif est insuffisamment amorti. Dans ces conditions, la valeur nette comptable correspondant à l'élément d'origine est intégralement déductible.

Par ailleurs, la durée d'amortissement du composant identifié en cours de vie doit correspondre à sa durée normale d'utilisation appréciée à la date où il a été identifié, sous réserve des précisions apportées ci-dessus.

Exemple

Une entreprise acquiert le 1er janvier N une immobilisation d'une valeur de 100 000 €. Elle n'identifie aucun composant à la date d'acquisition. L'immobilisation est amortissable sur 20 ans selon le mode linéaire (dotation annuelle de 5 000 €).

Fin N + 3, l'entreprise identifie un élément devant être remplacé au bout de 6 ans, c'est-à-dire fin N + 5. Cet élément répondant à la définition des composants, l'entreprise procède à sa comptabilisation séparée à l'actif du bilan.

La valeur nette comptable de l'immobilisation fin N + 3 est donc de 80 000 € [100 000 – (4 × 5 000)]. L'entreprise évalue, par hypothèse, la valeur brute du composant à 15 000 €. Fin N + 3, la valeur nette du composant est donc égale à 12 000 € [15 000 – (15 000 × 4 / 20)]. Les plans d'amortissement de la structure et du composant sont alors établis prospectivement de la manière suivante :

– structure : VNC de 68 000 € amortie sur 16 ans, soit une dotation de 4 250 € ;

– composant : 12 000 € amortis sur 2 ans, soit une dotation de 6 000 €.

Source : instruction fiscale du 30 décembre 2005.

• Durée d'amortissement de la structure

Il est admis que la structure d'un bien décomposable soit amortie sur la durée d'usage fiscale applicable à l'immobilisation corporelle prise dans son ensemble, sauf cas particulier des immeubles de placement (voir § E du présent chapitre). L'écart entre l'amortissement comptable calculé sur la durée réelle d'utilisation et l'amortissement fiscal calculé sur la durée d'usage (plus courte en général) peut être porté en amortissement dérogatoire pour permettre à l'entreprise la déductibilité maximale de ses amortissements.

• Le mode d'amortissement dégressif

La structure et les composants des immobilisations décomposées peuvent être amortis selon un rythme dégressif dans les mêmes conditions que l'immobilisation prise dans son ensemble.

Ainsi, si une immobilisation est éligible, compte tenu de sa nature, à un régime d'amortissement dégressif, sa structure l'est également. Pour la structure, le coefficient de majoration du taux d'amortissement linéaire doit être déterminé par référence à la durée d'amortissement de l'immobilisation elle-même, en l'occurrence la durée d'usage fiscale.

S'agissant des composants, ils peuvent être amortis sur un mode dégressif (y compris lorsqu'ils sont remplacés, à condition que ce ne soit pas par un composant d'occasion) dans deux cas de figure :

1. s'ils sont eux-mêmes éligibles à ce mode d'amortissement, compte tenu de leur nature,
2. ou si l'immobilisation d'ensemble à laquelle ils se rattachent est éligible à ce mode d'amortissement.

Dans ces deux cas, le coefficient applicable est déterminé par référence à la durée d'amortissement du composant, et non à la durée d'amortissement de l'immobilisation ou de la structure. En pratique, il s'agit de la durée réelle d'utilisation telle que définie en matière comptable. Toutefois, lorsque le composant est amorti sur une durée plus courte, le coefficient d'amortissement dégressif applicable est celui correspondant à cette durée d'amortissement fiscale.

Exemple

Un matériel industriel est acquis le 1er janvier N pour 10 000 € et affecté à des opérations de recherche bénéficiant de l'amortissement dégressif fiscal. En comptabilité, ce matériel est amorti en linéaire sur les bases suivantes :

– un composant A de 4 000 €, dont la durée d'utilisation est de 5 ans ;

– un composant S (structure) dont la durée d'utilisation est de 10 ans.

La durée d'usage de ce type de matériel est de 8 ans.

Taux dégressifs : selon la durée d'utilisation, les coefficients dégressifs sont les suivants, s'agissant de matériel affecté à des opérations de recherche :
- 3 ou 4 ans : 1,50 ;
- 5 ou 6 ans : 2 ;
- supérieur à 6 ans : 2,50.

Soit un taux de :
- composant A (durée d'utilisation : 5 ans) : 2 × 20 % = 40 % ;
- structure S (durée d'usage : 8 ans) : 2,5 × 12,5 % = 31,25 %.

	Amortissement composant A (4 000) (hors renouvellement)			Amortissement structure S(6 000)		
Année	**Linéaire 20 %**	**Dégressif 40 %**	**Dérogatoire**	**Linéaire 10 %**	**Dégressif 31,25 %**	**Dérogatoire**
N	800	1 600	+ 800	600	1 875	+ 1 275
N +1	800	960	+ 160	600	1 289	+ 689
N +2	800	576	– 224	600	886	+ 286
N +3	800	432	– 368	600	609	+ 9
N +4	800	432	– 368	600	419	– 181
N +5				600	308	– 292
N +6				600	307	– 293
N +7				600	307	– 293
N +8				600	–	– 600
N +9				600	–	– 600
Total	**4 000**	**4 000**	**0**	**6 000**	**6 000**	**0**

+

• **Cas particuliers**

La notion fiscale d'immeubles de placement

La notion fiscale d'immeubles de placement introduite par la loi de finances pour 2006 n'existe pas dans le PCG. En revanche, le référentiel IFRS contient une norme spécifique concernant les immeubles de placement (norme IAS 40 « Immeubles de placement »).

• **Définition fiscale**

Il s'agit des biens immobiliers inscrits à l'actif immobilisé (terrains, bureaux, immobilier industriel…) et non affectés par l'entreprise à sa propre exploitation industrielle, commerciale, agricole ou à l'exercice d'une profession non commerciale.

Sont par conséquent visés les actifs immobiliers utilisés par les entreprises pour en retirer des loyers ou valoriser le capital. À l'inverse, ne sont donc pas concernés les biens immobiliers occupés par leur propriétaire, ni les biens immobiliers destinés à la revente dans le cadre d'activités de marchands de biens ou de promoteurs immobiliers. Les hôtels ne sont pas non plus inclus dans la catégorie des immeubles de placement, dès lors qu'ils sont exploités directement par leurs propriétaires ou par une société qui leur est liée.

• Cas spécifique des immeubles loués aux entreprises liées

Ce principe implique que lorsqu'une entreprise, spécialisée ou non dans la gestion d'un parc immobilier, loue un immeuble, à titre principal, à une ou plusieurs entreprises liées, l'immeuble concerné n'est pas considéré comme immeuble de placement.

Dans ce cas, des liens de dépendance sont réputés exister entre les deux entreprises liées :

- lorsque l'une détient directement ou par personne interposée la majorité du capital social de l'autre ou y exerce en fait le pouvoir de décision ;
- lorsqu'elles sont placées l'une et l'autre, dans les conditions définies au a., sous le contrôle d'une même tierce entreprise.

Le caractère principal de l'occupation de l'immeuble par des entreprises liées s'apprécie par référence à la proportion des superficies louées aux entreprises liées par rapport à la superficie totale de l'immeuble. Par mesure de simplification, il est considéré que les immeubles occupés effectivement à plus de 50 % par des entreprises liées à l'entreprise bailleresse ne sont pas considérés comme des immeubles de placement. Ce caractère est déterminé immeuble par immeuble.

Cette condition d'occupation doit être appréciée au cours d'un exercice donné en tenant compte des changements d'affectation intervenus. Le seuil de 50 % doit, par conséquent, correspondre au taux d'occupation moyen par des entreprises liées au titre de l'exercice. Les surfaces vacantes ne sont pas considérées comme mises à la disposition d'entreprises liées et doivent être prises en compte dans la superficie totale de l'immeuble utilisée au dénominateur du prorata.

▸ Exemple

Une entreprise A détient un immeuble qu'elle donne en location. Au titre de l'année N, l'occupation de l'immeuble qu'elle détient est répartie dans le temps de la façon suivante :

- du 1/01 au 30/04 : location à 100 % à des sociétés tierces ;
- du 1/05 au 31/08 : location à 60 % à des sociétés liées et à 40 % à des sociétés tierces ;
- du 1/09 au 31/12 : location à 70 % à des sociétés liées et à 30 % à des sociétés tierces.

Le taux d'occupation par des sociétés liées est de :

(60 % × 4 / 12) + (70 % × 4 / 12) = 43,33 %.

L'immeuble est, par conséquent, considéré comme un immeuble de placement, car il n'est pas donné en location à titre principal à des sociétés liées.

Source : instruction fiscale du 30 décembre 2005.

• L'amortissement fiscal des immeubles de placement

Lorsqu'un immeuble répond à la définition d'un immeuble de placement, les amortissements relatifs aux composants et à la structure de l'immeuble sont calculés en retenant la durée normale (effective) d'utilisation de chaque élément.

▸ Exemple

Une entreprise acquiert un immeuble d'une valeur de 2 000 000 € et identifie deux composants (la toiture et les agencements intérieurs) en plus de la structure (gros œuvre) :

	Valeur	Durée
Toiture	300 000	20 ans
Agencements intérieurs	200 000	16 ans
Structure	1 500 000	60 ans
Total	**2 000 000**	

La durée d'usage de cet immeuble est de 40 ans.

Envisageons les deux hypothèses suivantes :

- l'immeuble est qualifié d'immeuble de placement : la structure doit être amortie, tant fiscalement que comptablement sur sa durée réelle d'utilisation ;
- l'immeuble n'est pas qualifié d'immeuble de placement : sa structure peut être amortie fiscalement sur la durée d'usage fiscale de l'immeuble (40 ans) et un amortissement dérogatoire peut être constaté résultant de l'écart entre amortissement comptable (sur 20 ans) et amortissement fiscal.

L'incidence sur la dotation annuelle aux amortissements est illustrée dans le tableau ci-dessous :

	Dotation annuelle fiscale aux amortissements si qualification comme immeuble de placement	Dotation annuelle fiscale aux amortissements si non-qualification comme immeuble de placement
Toiture	15 000	15 000
Agencements intérieurs	12 500	12 500
Structure	25 000	37 500 (1)
Total	**52 500**	**65 000**

(1) Cette dotation de 37 500 € est composée de deux parties : 25 000 € d'amortissements économiques et 12 500 € d'amortissements dérogatoires.

Remarque

Le changement de qualité de l'immeuble n'entraîne aucune correction rétrospective des amortissements pratiqués. Il en est seulement tenu compte de manière prospective, en modifiant le plan d'amortissement de la structure de l'immeuble sur la durée d'amortissement restant à courir.

Les dispositifs fiscaux d'amortissements exceptionnels

Les dispositifs fiscaux prévus aux articles 39 AB à 39 AK portent sur l'amortissement exceptionnel d'une fraction des investissements éligibles dès leur acquisition. Ces systèmes d'amortissement accéléré sont un élément de la politique d'incitation fiscale de l'État en faveur de certains investissements.

▶ Exemple

Un amortissement exceptionnel peut être comptabilisé pour les biens suivants :

- amortissement exceptionnel sur 24 mois des imprimantes 3D acquises ou créées par une PME au sens communautaire entre le 1er octobre 2015 et le 31 décembre 2017 ;
- amortissement exceptionnel sur 24 mois des robots acquis ou créés par une PME au sens communautaire entre le 1er octobre 2013 et le 31 décembre 2016 (PME au sens communautaire : effectif < 250 personnes et chiffre d'affaires annuel < 50 M€ ou total bilan annuel < 43 M€).

Cette durée d'amortissement ne peut pas être justifiée économiquement, ni donc comptablement. Les amortissements supplémentaires d'origine fiscale sont constatés en comptabilité au moyen de l'amortissement dérogatoire.

▶ Exemple

Une PME a acquis le 1er mars N une imprimante 3D pour 10 000 € HT. La durée d'utilisation est estimée à 8 ans et la consommation des avantages économiques est linéaire.

Le plan d'amortissement de l'immobilisation se présente comme suit :

Année	Dotation économique	Dotation fiscale	Dotation (reprise) dérogatoire
N	1 042 (*)	4 167	3 125
N + 1	1 250	5 000	3 750
N + 2	1 250	833	– 417
N + 3	1 250	–	– 1 250
N + 4	1 250	–	– 1 250
N + 5	1 250	–	– 1 250
N + 6	1 250	–	– 1 250
N + 7	1 250	–	– 1 250
N + 8	208	–	– 208
Total	**10 000**	**10 000**	**0**

(*) 10 000 x 12,5 % x 10/12.

Enregistrement de la première annuité d'amortissement :

	31/12/N		
681	Dotations aux amortissements, … – Charges d'exploitation	1 042	
68725	Dotations aux amortissements, … – Charges exceptionnelles	3 125	
28154	Amortissements du matériel industriel		1 042
145	Amortissements dérogatoires		3 125

Contexte SA Technik

Déterminer les paramètres comptables du plan d'amortissement de la machine et présenter le plan d'amortissement comptable des années N, N + 1 et N + 2. La SA Technik a retenu l'approche provision pour ses dépenses de grandes révisions.

V La dépréciation d'une immobilisation corporelle

Le mécanisme de l'amortissement permet de faire ressortir à la clôture de chaque exercice la valeur nette comptable d'une immobilisation corporelle. Dans certains cas, la valeur actuelle d'un bien peut être inférieure à sa valeur nette comptable. Cette moins-value latente, mise en évidence après le calcul de l'annuité d'amortissement de la période, doit également être constatée en comptabilité par le biais d'une dépréciation.

A) Principe général et définitions

1. Principe général

Le PCG précise qu'à chaque clôture des comptes, l'entreprise doit apprécier s'il existe un indice montrant qu'un actif a pu perdre de la valeur. Lorsqu'il existe un indice de perte de valeur, un test de dépréciation est effectué (PCG – article 214-15).

2. Définitions

« La dépréciation d'un actif est la constatation que sa valeur actuelle est devenue inférieure à sa valeur nette comptable » (PCG – article 214-5).

Le PCG définit ces valeurs de la manière suivante (article 214-6) : « La valeur actuelle est la plus élevée de la valeur vénale ou de la valeur d'usage [...].

La valeur vénale est le montant qui pourrait être obtenu, à la date de clôture, de la vente d'un actif lors d'une transaction conclue à des conditions normales de marché, net des coûts de sortie. Les coûts de sortie sont les coûts directement attribuables à la sortie d'un actif, à l'exclusion des charges financières et de la charge d'impôt sur le résultat.

La valeur d'usage d'un actif est la valeur des avantages économiques futurs attendus de son utilisation et de sa sortie.

La valeur nette comptable d'un actif correspond à sa valeur brute diminuée des amortissements cumulés et des dépréciations. »

Ces dispositions sont directement issues de la norme IAS 36 « Dépréciation d'actifs » relative à ce thème. Toutefois, les textes français étant moins précis que le référentiel IFRS, nous sommes conduits à faire référence à cette norme afin d'illustrer l'application pratique de certaines dispositions.

B) Méthodologie de détermination d'une dépréciation

La détermination d'une dépréciation nécessite les étapes suivantes :

a) L'entité doit tout d'abord apprécier s'il existe un indice montrant qu'un actif a pu perdre de la valeur. En l'absence d'indice, l'entité considère qu'aucune dépréciation ne s'est produite, les étapes suivantes ne sont pas exécutées.

b) En présence d'indice de perte de valeur, un test de dépréciation doit être effectué. Il consiste à comparer la valeur nette comptable de l'actif à sa valeur actuelle. La valeur actuelle étant la plus élevée de la valeur vénale ou de la valeur d'usage, l'entité détermine chacune des deux dernières valeurs et retient la plus grande comme valeur actuelle.

c) La valeur actuelle précédemment déterminée est comparée à la valeur nette comptable. Une dépréciation est constatée uniquement si la valeur actuelle est plus faible que la valeur nette comptable. Cette dépréciation est égale à la différence entre ces deux valeurs.

> **+**
> Dans un premier temps, il est judicieux de ne déterminer que la valeur vénale. En effet, si celle-ci est supérieure à la valeur nette comptable il est inutile d'estimer la valeur d'usage car, quel que soit son montant, aucune dépréciation ne devra être constatée.

La méthodologie de détermination d'une dépréciation peut être schématisée ainsi :

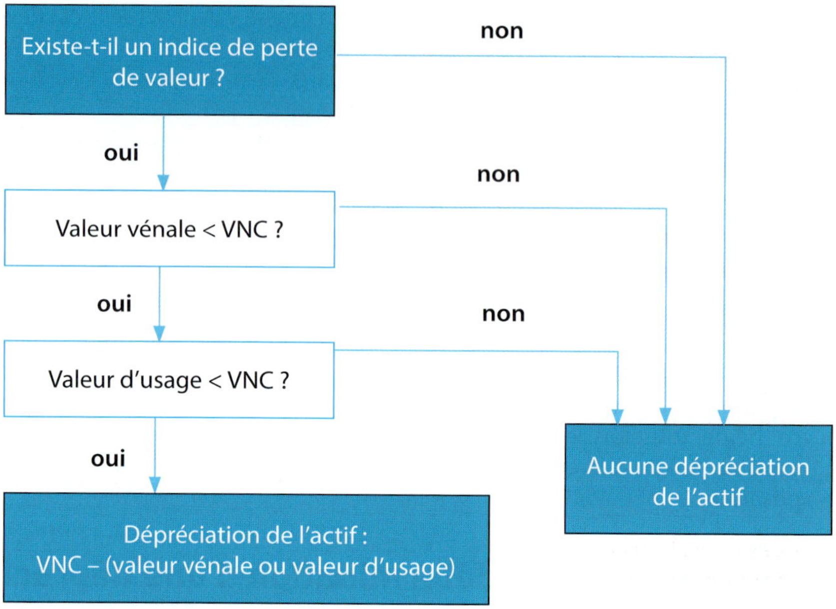

Exemple

Soit une immobilisation corporelle dont la valeur brute est de 100 € et les amortissements cumulés ressortent à 30 au 31 décembre N.

Examinons différentes hypothèses de valeur d'usage et valeur vénale, afin d'en déduire la nécessité ou non de constater une dépréciation.

Cas	VNC	Valeur vénale	Valeur d'usage	Valeur actuelle	Dépréciation VNC – Valeur actuelle
1	70	80	–	80	Néant
2	70	60	65	65	5
3	70	60	50	60	10
4	70	60	75	75	Néant

C) Mise en œuvre de la méthodologie

1. Existence d'un indice de perte de valeur (étape 1)

Le Plan comptable général (article 214-16) donne une liste d'indices externes et internes qui sont, au minimum, à considérer. Cette liste n'est pas exhaustive. Une entreprise peut identifier d'autres indices laissant penser qu'un actif a pu perdre de la valeur.

a) Indices externes

Les indices externes sont liés à l'environnement de l'entreprise. Il s'agit notamment des cas suivants :

– la valeur de marché d'un actif a diminué durant l'exercice de façon plus importante que du seul effet attendu du passage du temps ou de l'utilisation normale de l'actif ;

- des changements importants, ayant un effet négatif sur l'entreprise, sont intervenus au cours de l'exercice ou surviendront dans un proche avenir :
  - dans l'environnement technique, économique ou juridique,
  - ou sur le marché dans lequel l'entreprise opère ou auquel l'actif est dévolu ;
- les taux d'intérêt du marché ou autres taux de rendement du marché ont augmenté durant l'exercice et il est probable que ces augmentations diminuent de façon significative les valeurs vénales et/ou d'usage.

b) Indices internes

Les indices internes sont liés à l'utilisation du bien par l'entité. Le PCG cite les trois cas de figure suivants :

- il existe un indice d'obsolescence ou de dégradation physique d'un actif non prévu par le plan d'amortissement ;
- des changements importants, ayant un effet négatif sur l'entreprise, sont intervenus au cours de l'exercice ou sont susceptibles de survenir dans un proche avenir, dans le degré ou le mode d'utilisation d'un actif tel qu'il est utilisé ou tel que l'on s'attend à l'utiliser. Ces changements incluent les plans d'abandon ou de restructuration du secteur d'activité auquel l'actif appartient ou des plans de sortie d'un actif avant la date préalablement prévue ;
- des indications provenant d'un système d'information interne montrent que la performance économique d'un actif est ou sera moins bonne que celle attendue.

c) Conséquence de l'existence d'indices

L'existence d'un indice de perte de valeur a pour conséquence l'obligation d'effectuer le test de dépréciation.

2. Mise en œuvre du test de dépréciation (étape 2)

a) Détermination de la valeur actuelle : valeur vénale

La valeur vénale d'un actif est le montant net des coûts de sortie qui pourrait être obtenu de sa vente dans des conditions normales de marché, à la date de clôture.

La note de présentation du règlement ANC 2015-06 précise les modalités de détermination de la valeur vénale.

La meilleure indication de la valeur vénale d'un actif est le prix figurant dans un accord de vente irrévocable signé à l'occasion d'une transaction dans des conditions de concurrence normale ou résultant d'un marché actif, prix duquel sont déduits les coûts de sortie.

S'il n'existe ni accord de vente irrévocable, ni marché actif pour l'actif considéré, la valeur vénale est estimée à partir de la meilleure information disponible. Pour déterminer ce montant, l'entité tient compte de transactions récentes portant sur des actifs similaires dans le même secteur d'activité.

Les conditions de concurrence normale de marché concernent des transactions intervenant entre des parties bien informées, indépendantes et consentantes.

Les coûts directement attribuables à la sortie d'un actif peuvent être des coûts externes et internes à l'entreprise permettant de mettre l'actif en état d'être vendu.

Exemple

Il en est ainsi :
- des frais d'actes ;
- des frais de timbre et taxes similaires liées à la transaction ;
- des coûts d'enlèvement de l'actif ;
- des coûts marginaux directement engagés pour mettre l'actif en état d'être vendu.

b) Détermination de la valeur actuelle : valeur d'usage

« La valeur d'usage d'un actif est la valeur des avantages économiques futurs attendus de son utilisation et de sa sortie. Ceux-ci correspondent à l'estimation des flux nets de trésorerie actualisée attendus de l'actif ou du groupe d'actifs [...] » (PCG – article 214-6).

La note de présentation du règlement ANC 2015-06 précise les modalités de détermination de la valeur d'usage.

Principe et permanence des méthodes

Les critères et la méthode de calcul des avantages économiques futurs retenus pour un actif sont appliqués de façon permanente à chaque évaluation de la valeur d'usage de cet actif.

Détermination des flux de trésorerie

Les projections de flux de trésorerie utilisées pour déterminer la valeur d'usage distinguent généralement :

- une période couverte par des documents prévisionnels pluriannuels ;
- une période couverte par les flux extrapolés ;
- et, le cas échéant, une estimation d'une valeur de sortie.

+

Les projections de flux de trésorerie qui couvrent la période de prévisions budgétaires :

- sont fondées sur des hypothèses raisonnables et cohérentes entre elles, reprises dans les documents prévisionnels pluriannuels, les plus récents et élaborés par le niveau approprié de la direction ;
- représentent la meilleure estimation faite par la direction de l'ensemble des conditions d'utilisation de l'actif. Les hypothèses de croissance et de marge retenues sont documentées. Une analyse des écarts entre les budgets et les réalisations constitue un élément permettant de documenter la fiabilité des hypothèses retenues pour l'élaboration des prévisions de flux de trésorerie ;
- couvrent une période qui ne peut être supérieure à 5 ans sauf si l'entité peut démontrer sa capacité à établir des prévisions fiables au-delà de cette période ;
- sont déterminés sur la base de l'actif dans son état actuel.

Au-delà de la période de prévisions budgétaires, les projections de flux de trésorerie sont estimées par l'extrapolation des données budgétaires en appliquant un taux de croissance stable ou décroissant en fonction des perspectives économiques ; ce taux de croissance n'excède pas le taux de croissance moyen à long terme pour les produits, les secteurs d'activité ou le(s) pays dans le(s) quel(s) l'entreprise opère ou pour le marché pour lequel l'actif est utilisé, sauf si un taux de croissance différent peut être justifié.

Ces flux peuvent être extrapolés soit à l'infini sur la base d'un flux de trésorerie normatif, soit sur une période déterminée à l'issue de laquelle est envisagée et prise en compte une sortie de l'actif. Dans ce dernier cas, l'estimation de la valeur de sortie est nette des coûts de sortie.

Détermination du taux d'actualisation

Le taux d'actualisation est un taux reflétant la valeur temps de l'argent et les risques spécifiques à l'actif dans la perspective d'utilisation de l'actif par l'entité. Il ne reflète pas les risques et avantages déjà pris en compte dans les estimations de flux de trésorerie.

+

Ces modalités de détermination de la valeur d'usage ont été inscrites dans les commentaires du PCG via la note de présentation du règlement ANC 2015-06. Elle pallie ainsi un vide des textes précédents. Ces modalités sont directement issues et conformes aux dispositions de la norme IAS 36 « Dépréciation d'actifs ».

Exemple

La VNC d'une machine au 31 décembre N ressort à 2 400. Les flux de trésorerie futurs attendus de l'utilisation de l'actif et de sa sortie sont les suivants :

– N + 1 : 600 ;

– N + 2 : 600 ;

– N + 3 : 500 ;

– N + 4 : 500 ;

– N + 5 : 400.

Le taux d'actualisation retenu est de 10 %.

La valeur d'usage de la machine au 31 décembre N +1 s'élève à :

$(600 / 1{,}1) + (600 / 1{,}1^2) + (500 / 1{,}1^3) + (500 / 1{,}1^4) + (400 / 1{,}1^5) = 2\ 007$.

En supposant que la valeur actuelle est égale à la valeur d'usage, une dépréciation de l'actif de 393 doit être constatée au 31 décembre N.

3. Constatation de la dépréciation (étape 3)

« Si la valeur actuelle d'un actif immobilisé devient inférieure à sa valeur nette comptable, cette dernière, si l'actif continue à être utilisé, est ramenée à sa valeur actuelle par le biais d'une dépréciation. » (PCG – article 214-17).

Le PCG ne précise pas la nature d'une dépréciation. L'entreprise a donc le choix de la constater en résultat d'exploitation, si elle estime que la dépréciation revêt un caractère courant, ou en résultat exceptionnel.

Les textes ne précisent pas davantage comment procéder à l'affectation d'une dépréciation concernant une immobilisation décomposée.

Exemple

Reprenons les données de l'exemple précédent.

La dépréciation de la machine est constatée comme suit :

	31/12/N		
681 ou	Dotations aux amortissements, ... - Charges d'exploitation	393	
687	Dotations aux amortissements, ... - Charges exceptionnelles		
29154	Dépréciation du matériel industriel		393

4. Cas particulier des groupes d'actifs

Le PCG envisage le cas où il n'est pas possible de déterminer la valeur actuelle d'un actif pris isolément. Il convient alors de déterminer la valeur actuelle du groupe d'actifs auquel il appartient (PCG – article 214-15).

a) Modalités de détermination des groupes d'actifs

La note de présentation du règlement ANC 2015-06 précise les modalités de détermination des groupes d'actifs :

– les actifs ou groupes d'actifs au niveau desquels est réalisé le test de dépréciation sont déterminés de façon cohérente et permanente à chaque évaluation de la valeur actuelle ;

– les actifs ou groupes d'actifs au niveau desquels est réalisé le test de dépréciation sont déterminés en fonction du mode de gestion et de suivi des activités de l'entité (par ligne de produits, secteurs d'activité, implantation géographique…). Le fait de générer des avantages économiques autonomes est un indicateur permettant d'identifier le niveau (d'actif ou groupe d'actifs) auquel un actif doit être testé.

Exemple

Une ligne de production est constituée de deux machines A et B. Les deux machines ne génèrent pas de flux de trésorerie indépendamment l'une de l'autre. A contrario, la ligne de production est susceptible de générer des entrées de trésorerie (chiffre d'affaires) et des sorties de trésorerie (coûts d'exploitation de la ligne – matières premières, main-d'œuvre, etc., hors dotation aux amortissements). Le groupe d'actifs correspond ici à la ligne de production.

En cas d'indice de perte de valeur, le test de dépréciation doit être réalisé au niveau de ce groupe d'actifs ensemble d'actifs.

+

Ces groupes d'actifs sont dénommés « unité génératrice de trésorerie » (UGT) par le référentiel IFRS.

b) Modalités d'allocation de la dépréciation d'un groupe d'actifs

La détermination d'une dépréciation globale afférente à un groupe d'actifs pose le problème de sa répartition au niveau de chacun des actifs du groupe.

La note de présentation du règlement ANC 2015-06 précise que lorsqu'une dépréciation est comptabilisée dans un groupe d'actifs, cette dépréciation est allouée, en premier, au fonds commercial puis aux autres actifs appartenant à ce groupe d'actifs.

Pour les autres actifs, la répartition doit être faite au prorata de leur valeur nette comptable.

D) Conséquences comptables d'une dépréciation

Les conséquences comptables d'une dépréciation sont de deux ordres :

– l'impact sur le plan d'amortissement ;

– le suivi comptable ultérieur lié au caractère réversible de la dépréciation.

1. Impact d'une dépréciation sur le plan d'amortissement

« Si l'actif considéré est amortissable, la comptabilisation d'une dépréciation modifie de manière prospective la base amortissable » (PCG – article 214-17).

En conséquence : nouvelle base amortissable = VNC avant dépréciation – dépréciation.

Exemple

Un matériel acquis le 1er janvier N pour 1 000 € est amorti sur 5 ans selon le mode linéaire. Sa valeur résiduelle est nulle.

Suite à une restructuration d'activité, un test de dépréciation est effectué fin N + 1 et la valeur actuelle du matériel ressort à 510.

Par hypothèse, les paramètres du plan d'amortissement restent inchangés après la dépréciation.

La VNC du matériel au 31 décembre N + 1 ressort à : 1 000 – (1 000 × 20 % × 2) = 600.

La valeur actuelle étant inférieure à la VNC, une dépréciation du matériel doit être constatée sur ce différentiel : 600 – 510 = 90.

La base d'amortissement du matériel pour l'exercice N + 2 ressort à : 600 – 90 = 510.

Cette base est répartie sur la durée d'amortissement résiduelle du bien = 5 – 2 = 3 ans.

Le plan d'amortissement révisé s'établit comme suit :

Année	Base amortissable	Amortissement		Valeur actuelle	Dépréciation	VNC
		Dotation	Cumul			
N	1 000	200	200			800
N+1	1 000	200	400	510	90	510
N+2	510	170	570			340

Année	Base amortissable	Amortissement		Valeur actuelle	Dépréciation	VNC
		Dotation	Cumul			
N+3	510	170	740			170
N+4	510	170	910			0

2. Le suivi comptable d'une dépréciation

Les règles relatives à l'évaluation des dépréciations lors de leur première constatation s'appliquent à leur évaluation postérieure. En conséquence, contrairement à l'amortissement, la dépréciation d'une immobilisation a un caractère réversible.

La disparition ou la diminution de l'indice de perte de valeur peut donc ramener la valeur actuelle de l'actif à un montant supérieur à sa valeur nette comptable et justifier une reprise de dépréciation. Cette dernière est toutefois plafonnée comme l'indique l'avis 2002-7 du CNC (§ 2.2.3.) : « La valeur nette comptable d'un actif, augmentée suite à la reprise d'une dépréciation, ne doit pas être supérieure à la valeur nette comptable qui aurait été déterminée si aucune dépréciation n'avait été comptabilisée pour cet actif au cours des exercices antérieurs ».

Cette disposition, qui vise à éviter la réévaluation ultérieure d'immobilisations dépréciées, implique la conservation en mémoire du plan d'amortissement initial de l'actif.

Le mécanisme de plafonnement de la reprise de dépréciation peut être illustré par le schéma suivant :

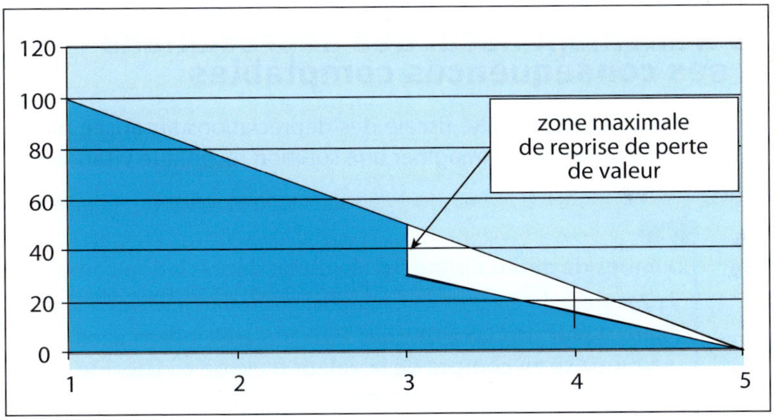

Exemple

Reprenons les données de l'exemple précédent.

La dépréciation au 31 décembre N + 1 a été constatée en résultat exceptionnel.

On suppose que suite à une amélioration des performances de l'entreprise, la valeur actuelle du matériel ressort à 430 au 31 décembre N + 2.

La VNC du matériel au 31 décembre N + 2 est de 340. Une reprise de dépréciation doit donc être effectuée.

La VNC du matériel au 31 décembre N + 2 en l'absence de dépréciation en N + 1 serait de :

1 000 – (1 000 × 20 % × 3) = 400.

La reprise de dépréciation de N + 2 ne peut aboutir à une VNC du matériel supérieure à 400. En conséquence, la reprise de dépréciation s'élève à : 400 – 340 = 60.

La reprise de dépréciation du matériel est constatée comme suit :

	31/12/N		
29154	Dépréciation du matériel industriel	60	
787	Reprises sur provisions et dépréciations (à inscrire dans les produits exceptionnels)		60

La base d'amortissement N + 2 du matériel se trouve à nouveau modifiée 340 + 60 = 400.
Cette base est répartie sur la durée d'amortissement résiduelle du bien = 5 – 3 = 2 ans.
Le plan d'amortissement révisé s'établit comme suit :

Année	Base amortissable	Amortissement		Valeur actuelle	Dépréciation(reprise)	VNC
		Dotation	Cumul			
N	1 000	200	200			800
N+1	1 000	200	400	510	90	510
N+2	510	170	570	430	60	400
N+3	400	200	770			200
N+4	400	200	970			0

E) Le traitement fiscal des dépréciations et ses conséquences comptables

La limitation de déductibilité fiscale des dépréciations autorisée par l'administration fiscale a conduit le normalisateur à imaginer une solution technique visant à ne pas pénaliser les entreprises.

+

Limites de déductibilité fiscale d'une dépréciation comptable

Les sources de divergence comptabilité/fiscalité relatives à la dépréciation des immobilisations corporelles et incorporelles sont de quatre ordres.

• Non-prise en compte de la valeur d'usage en fiscalité

L'instruction fiscale du 30/12/05 (§ 145) rappelle que les provisions, pour être déductibles, doivent être constituées en vue de faire face à des pertes ou des charges nettement précisées et que des événements en cours rendent probables.

Ainsi, la dépréciation d'une immobilisation doit être étayée par référence soit à des événements particuliers ayant affecté la valeur de l'immobilisation, soit à une valeur de marché, soit à une valeur d'expertise indépendante. Une dépréciation calculée par référence à la valeur vénale est donc déductible.

A contrario, les dépréciations calculées à partir de la valeur d'usage ne sont pas déductibles. La prise en compte de flux de trésorerie futurs liés à l'actif s'apparente en effet à la constitution d'une provision pour manque à gagner.

Les conséquences pratiques de cette disposition semblent toutefois limitées :

– si la valeur actuelle est égale à la valeur vénale, la dépréciation comptable est déductible fiscalement ;

– si la valeur actuelle est égale à la valeur d'usage, la valeur vénale est alors inférieure à la valeur d'usage et la dépréciation calculée par rapport à la valeur vénale supérieure à celle calculée par rapport à la valeur d'usage. La dépréciation comptable est également déductible fiscalement.

La limite de déductibilité prévue par l'administration fiscale ne trouverait à s'appliquer qu'en l'absence de valeur vénale du bien.

• Base de calcul de la dépréciation différente

L'instruction fiscale du 30 décembre 2005 (§ 146) précise que la déduction d'une dépréciation est limitée, en tout état de cause, à la valeur nette fiscale de l'immobilisation dépréciée, c'est-à-dire après constatation des amortissements dérogatoires. Ainsi, la dépréciation comptable d'une immobilisation amortie sur une durée d'utilisation supérieure à la durée d'usage ou selon le mode dégressif s'avère partiellement non déductible, même si elle est déterminée à partir d'une valeur vénale.

• Valeur vénale différente en fiscalité

Sur le plan fiscal, la valeur vénale est déterminée abstraction faite des coûts de sortie. En conséquence, la fraction de dépréciation comptable correspondant aux coûts de sortie n'est pas déductible.

• Non-prise en compte de la dépréciation dans la base de calcul de l'amortissement fiscal

Sur le plan fiscal, la base de calcul des amortissements correspond au prix de revient de l'immobilisation (art. 15 de l'annexe II du CGI), et non à la valeur comptable amortissable diminuée des dépréciations.

L'avis 2006-12 du CNC du 24 octobre 2006 apporte une solution technique permettant d'assurer la déductibilité fiscale des dépréciations comptables : le transfert de la dépréciation en compte d'amortissement à hauteur du montant acquis à chaque clôture.

Le montant du transfert est égal à la différence entre le montant des dotations aux amortissements calculé sur la nouvelle base amortissable, et le montant des dotations aux amortissements qui aurait été comptabilisé en l'absence de dépréciation. Cette reprise est étalée sur la durée d'utilisation restant à courir. Les reprises de la dépréciation et les dotations aux amortissements sont constatées en résultat exceptionnel.

Exemple

Un bien est acquis le 1er janvier N pour une valeur de 1 000 K€.

Amortissement comptable et amortissement fiscal réalisés sur 10 ans selon le mode linéaire.

Absence de valeur résiduelle.

Dépréciation comptable constatée au 31 décembre N + 4 de 200 K€ considérée comme fiscalement non déductible.

Dépréciation non remise en cause au cours des exercices ultérieurs.

Le plan d'amortissement comptable et fiscal de ce bien s'établit comme suit :

Année	Comptabilité				Fiscalité
	Base	Dotation	VNC	Dépréciation	Dotation
N	1 000	100	900		100
N+1	1 000	100	800		100
N+2	1 000	100	700		100
N+3	1 000	100	600		100
N+4	1 000	100	500	200	100
N+5	300	60	240		100
N+6	300	60	180		100
N+7	300	60	120		100

Année	Comptabilité				Fiscalité
	Base	Dotation	VNC	Dépréciation	Dotation
N+8	300	60	60		100
N+9	300	60	0		100

Montant annuel du transfert de N + 5 à N + 9 = dotation aux amortissements sans dépréciation – dotation aux amortissements après dépréciation = 100 – 60 = 40.

Vérifions que ce montant correspond bien à la quote-part de dépréciation devenue définitive :

– VNC du bien déprécié au 31 décembre N + 5 : 240 ;

– VNC du bien au 31 décembre N + 5 en l'absence de dépréciation : 400 ;

– reprise maximum de dépréciation : 400 – 240 = 160 ;

– dépréciation devenue définitive en N + 5 : 200 – 160 = 40.

Les écritures de transfert à constater au 31 décembre N + 5, N + 6, N + 7, N + 8, N + 9 sont les suivantes :

	31/12/N+5...		
29	Dépréciations des immobilisations	40	
7876	Reprises sur dépréciations exceptionnelles		40
	31/12/N+5...		
6871	Dotations aux amortissements exceptionnels des immobilisations	40	
28	Amortissements des immobilisations		40

La dépréciation constatée en N + 4 ayant été réintégrée extra-comptablement, la reprise de dépréciation effectuée de N + 5 à N + 9 est non imposable, d'où une déduction extra-comptable annuelle de 40, soit 200 (5 × 40) sur la durée d'utilisation restant à courir.

Source : d'après la note de présentation de l'avis 2006-12 du CNC.

Contexte SA Technik

Quelle est la conséquence du début d'obsolescence technique de la machine constatée à la clôture de l'exercice N + 2 ?

Par hypothèse la valeur vénale de la machine au 31/12/N + 2 est égale à 70 000 € et la valeur d'usage à 75 000 €. Quelles sont les conséquences de ces informations sur les comptes de l'exercice N et sur ceux des exercices suivants ?

VI L'évaluation d'une immobilisation corporelle à la sortie du patrimoine

La sortie d'une immobilisation corporelle du patrimoine peut avoir plusieurs origines :

– la cession volontaire à un tiers (ex. : vente) ;

– la cession forcée à un tiers (ex. : expropriation, voir chapitre 7) ;

– le retrait d'actif volontaire (ex. : mise au rebut) ;

– le retrait d'actif forcé (ex. : destruction par sinistre, voir chapitre 7).

Nous examinerons successivement :

– les conséquences comptables liées à une sortie d'immobilisation corporelle ;

– les régimes de TVA sur cessions d'immobilisations.

Nous n'aborderons pas la détermination du résultat fiscal de cession, qui est sans impact sur les enregistrements comptables liés à la cession.

A) Conséquences comptables de la sortie du patrimoine

Les enregistrements comptables liés à la sortie du patrimoine d'une immobilisation corporelle comprennent :
– la constatation de l'annuité d'amortissement au titre de l'exercice de cession ;
– la constatation du prix de cession ;
– la sortie de l'immobilisation du patrimoine ;
– la reprise des amortissements dérogatoires et dépréciations éventuels.

1. L'amortissement au titre de l'exercice de cession

Bien que les textes ne le requièrent pas de manière explicite, il convient de constater la dotation aux amortissements de l'immobilisation corporelle relative à la période courue depuis le début de l'exercice de cession jusqu'à la date de cession. En effet, la non-constatation de cette quote-part d'annuité conduirait à transférer une charge d'exploitation (la dotation aux amortissements) en charge exceptionnelle (la VNC de l'actif cédé).

2. La constatation du prix de cession

Le prix de cession est celui indiqué dans l'acte, indépendamment des modalités de son règlement. Il est constaté en résultat exceptionnel (compte 775. Produits des cessions d'éléments d'actif) par le débit d'un compte de trésorerie ou de tiers (compte 462. Créances sur cessions d'immobilisations) et le crédit du compte 4457. Taxes sur le chiffre d'affaires collectées par l'entreprise.

Les frais de cession (honoraires, commissions…) sont enregistrés dans les comptes de charges par nature.

+ Fiscalement, le prix de vente s'entend net, c'est-à-dire après déduction des frais de cession.

3. La sortie de l'immobilisation

La valeur brute et les amortissements cumulés liés à l'immobilisation sont soldés par le débit du compte 675. Valeurs comptables des éléments d'actif cédés.

Les immobilisations mises au rebut doivent être complètement amorties avant d'être sorties de l'actif. Ce complément d'amortissement constitue une charge exceptionnelle.

Exemple

Une machine ayant une valeur d'origine de 2 500 € et dont les amortissements cumulés au 31 décembre N ressortent à 2 420 est mise au rebut le 31 décembre N.

Les enregistrements comptables liés à la sortie de l'actif sont les suivants :

		31/12/N		
687		Dotations aux amortissements, … - Charges exceptionnelles	80	
	28154	Amortissement du matériel industriel		80
		31/12/N		
28154		Amortissement du matériel industriel	2 500	
	2154	Matériel industriel		2 500

4. La reprise des amortissements dérogatoires et dépréciations éventuels

a) Amortissements dérogatoires

L'amortissement dérogatoire est purement fiscal. Il n'est donc pas pris en compte pour la détermination de la valeur comptable des éléments d'actif cédés.

L'amortissement dérogatoire est annulé par le crédit du compte 787. Reprises sur provisions et dépréciations (à inscrire dans les produits exceptionnels).

b) Dépréciations

La dépréciation, devenue sans objet suite à la sortie de l'actif du patrimoine, doit être reprise par le crédit du compte 7816. Reprises sur provisions et dépréciations (à inscrire dans les produits d'exploitation) ou du compte 7876. Reprises pour dépréciations exceptionnelles, selon que la dotation a été constatée en résultat d'exploitation ou en résultat exceptionnel.

Exemple

Un matériel acquis le 1er janvier N pour 1 000 € est amorti sur 5 ans selon le mode linéaire. Sa valeur résiduelle est nulle.

Suite à une restructuration d'activité, une dépréciation du matériel de 90 € a été constatée en résultat exceptionnel au 31 décembre N + 1.

Le matériel est cédé à crédit le 1er octobre N + 2 pour une valeur HT de 400 €.

L'annuité d'amortissement N + 2 doit être calculée du 1er janvier jusqu'à la date de cession, soit un *prorata temporis* de 9/12.

La base d'amortissement du matériel pour l'exercice N + 2 ressort à : 600 – 90 = 510.

Cette base est répartie sur la durée d'amortissement résiduelle du bien = 5 – 2 = 3 ans.

Soit, dotation aux amortissements N + 2 : 510 / 3 x 9 / 12 = 127,5.

Les enregistrements comptables liés à la vente du matériel sont les suivants :

	1/10/N+2		
681	Dotations aux amortissements, … - Charges d'exploitation	127,50	
28154	Amortissement du matériel industriel		127,50
462	Créances sur cessions d'immobilisations	480,00	
775	Produits des cessions d'éléments d'actif		400,00
4457	Taxes sur le CA collectées par l'entreprise		80,00
28154	Amortissement du matériel industriel	527,50	
675	Valeurs comptables des éléments d'actif cédés	472,50	
2154	Matériel industriel		1 000,00
29154	Dépréciations du matériel industriel	90	
7876	Reprises pour dépréciations exceptionnelles		90

Le résultat comptable de cession ressort à : 400 – 472,5 + 90 = 17,50 (plus-value).

B) Régimes de TVA sur cessions d'immobilisations

La cession d'une immobilisation corporelle comporte des conséquences au plan fiscal en matière de TVA.

1. Le régime de droit commun : l'imposition à la TVA

Selon le Code général des impôts, la cession d'un bien immobilier d'investissement usagé est imposable à la TVA sur son prix de vente, dès lors qu'il a ouvert droit à une déduction totale ou partielle lors de son acquisition (CGI – article 261.3).

Lors de la cession, le cédant doit établir une facture faisant mention de la TVA collectée.

A contrario, la cession d'un bien n'ayant pas ouvert droit à déduction lors de son acquisition (cas des véhicules de tourisme) n'est pas soumise à la TVA.

Le cédant peut toutefois, sur option, soumettre l'opération à la TVA si la cession est effectuée au profit d'un négociant en matériel d'occasion. Le cessionnaire peut alors bénéficier d'un droit à déduction.

2. Le régime exceptionnel : le reversement de TVA sur les immeubles

Fiscalement, la cession d'un immeuble est exonérée de TVA, sauf si la première vente a lieu dans les 5 ans suivant l'achèvement. En contrepartie, la cession rend exigible le reversement d'une fraction de la TVA initialement déduite :

TVA à reverser = (TVA effectivement déduite) – (TVA déduite × 1/20 × nombre d'années ou fraction d'années écoulées depuis l'achat du bien)

+ La régularisation s'opère par 1/10 pour les immeubles livrés ou acquis avant le 1er janvier 1996.

La TVA à reverser constitue un élément du coût de revient de l'immeuble.

Exemple

Un immeuble acquis courant N (après 1996) pour un montant de 800 000 € HT est revendu le 1er septembre N + 7 pour 700 000 €.

Les amortissements cumulés à la date de cession s'élèvent à 240 000 €.

La TVA déduite initialement est de : 800 000 × 20 % = 160 000.

Le nombre d'années acquis est de : 8 ans (N à N + 7 incluse, chaque fraction d'année comptant pour une unité).

La TVA à reverser est de : 160 000 – (160 000 × 8/20) = 96 000.

Les enregistrements comptables liés à la vente de l'immeuble sont les suivants :

	1/09/N+7		
213	Constructions	96 000	
4457	Taxes sur le CA collectées par l'entreprise		96 000
462	Créances sur cessions d'immobilisations	700 000	
775	Produits des cessions d'éléments d'actif		700 000
2813	Amortissements des constructions	240 000	
675	Valeurs comptables des éléments d'actif cédés	656 000	
213	Constructions		896 000

Le résultat comptable de cession ressort à : 700 000 – 656 000 = 44 000 (plus-value).

Il se justifie comme suit :

Prix de vente :	700 000
VNC de l'actif : 800 000 – 240 000 + 96 000	= 656 000
Résultat :	**44 000**

3. Le régime des déductions complémentaires de TVA

Selon le Code général des impôts, la cession d'une immobilisation effectuée avant l'expiration du délai de régularisation peut donner lieu à une déduction complémentaire de TVA.

a) Conditions d'application

La régularisation est possible lorsque les trois conditions cumulatives suivantes sont réunies :
- la cession intervient avant l'expiration du délai de régularisation de la déduction initiale, c'est-à-dire avant le début de la 4e année suivant celle de l'acquisition ;
- la déduction initiale de TVA a été partielle ou nulle ;
- la cession est assujettie à la TVA.

b) Montant de la déduction

La déduction complémentaire est égale à la somme des régularisations annuelles qui auraient été effectuées jusqu'au terme de la période de régularisation en considérant que, pour chacune des années restantes de cette période, le coefficient de déduction est égal à 1.

La TVA à déduire constitue une réduction du coût de l'immobilisation.

Exemple

Un matériel acquis courant N pour un montant de 50 000 € HT est revendu en juin N + 2 pour 35 000 € HT.

Les amortissements cumulés à la date de cession s'élèvent à 15 625 €.

La TVA initialement déduite est de 7 000 (coefficient de déduction de 70 %).

Le nombre d'années écoulé depuis l'acquisition est de : 3 ans (N à N + 2 incluse, chaque fraction d'année comptant pour une unité).

La déduction complémentaire de TVA ressort à : 10 000 × (1 – 0,7) × 1/5 × 2 = 1 200.

Les enregistrements comptables liés à la vente du matériel sont les suivants :

	06/N+2		
44562	TVA sur immobilisations	1 200	
2154	Matériel industriel		1 200
462	Créances sur cessions d'immobilisations	42 000	
775	Produits des cessions d'éléments d'actif		35 000
4457	Taxes sur le CA collectées par l'entreprise		7 000
28154	Amortissement du matériel industriel	15 625	
675	Valeurs comptables des éléments d'actif cédés	36 175	
2154	Matériel industriel		51 800

Le résultat comptable de cession ressort à : 35 000 – 36 175 = 1 175 (moins-value).

Il se justifie comme suit :

Prix de vente :	35 000
VNC de l'actif : 53 000 – 15 625 – 1 200	= 36 175
Résultat :	**– 1 175**

VII Les informations à fournir en annexe

Le contenu de l'annexe dépend de la catégorie de l'entité (PCG article 810-8) :
- personnes morales relevant du régime simplifié d'imposition ;
- petites entreprises bénéficiant du régime simplifié de présentation des comptes ;

– autres personnes morales ;
– personnes physiques bénéficiant du régime simplifié de présentation des comptes ;
– autres personnes physiques.

Par ailleurs, les microentreprises sont dispensées d'annexe mais doivent fournir certaines informations à la suite de leur bilan.

Pour la suite de cet ouvrage, nous présenterons les informations à fournir par petites entreprises bénéficiant du régime simplifié de présentation des comptes. Les petites entreprises sont celles qui ne dépassent pas, à la clôture de l'exercice, deux des trois critères suivants :
– un total du bilan inférieur ou égal à 6 000 000 € ;
– un chiffre d'affaires inférieur ou égal à 12 000 000 € ;
– un nombre moyen de salariés permanents employés au cours de l'exercice inférieur ou égal à 50.

A) État de l'actif immobilisé

Pour chaque catégorie d'immobilisation, les informations suivantes sont fournies :
– modalités de détermination de la valeur brute comptable : modalités de détermination du coût de revient ou du prix d'acquisition ;
– rapprochement entre la valeur comptable à l'ouverture et à la clôture de l'exercice, faisant apparaître :
  • les entrées,
  • les sorties ou mises au rebut,
  • le coût estimé de démantèlement, d'enlèvement et de restauration des sites,
  • les augmentations ou les diminutions résultant des réévaluations effectuées durant l'exercice.

B) Amortissements

Pour chaque catégorie d'immobilisations, une information est fournie sur :
– l'utilisation ou les taux d'amortissement utilisés ;
– les modes d'amortissement utilisés ;
– le(s) poste(s) du compte de résultat dans le(s) quel(s) est incluse la dotation aux amortissements ;
– la nature et l'incidence d'un changement d'estimation comptable ayant un impact significatif sur l'exercice ou dont on peut s'attendre à ce qu'il ait un impact significatif sur les exercices ultérieurs :
  • durée de l'amortissement,
  • mode d'amortissement,
  • valeur résiduelle ;
– le détail et la justification des amortissements exceptionnels liés à la législation fiscale.

En cas de comptabilisation séparée des différents éléments d'un actif du fait d'utilisations différentes, indication de la valeur brute, de l'utilisation ou du taux d'amortissement et du mode d'amortissement utilisé pour chacun des éléments.

C) Dépréciations

Pour les dépréciations comptabilisées ou reprises au cours de l'exercice pour des montants individuellement significatifs, une information est fournie sur :
– le montant de la dépréciation comptabilisée ou reprise ;

– la valeur actuelle retenue : valeur vénale ou valeur d'usage ; si la valeur vénale est retenue, la base utilisée peut déterminer ce prix (par référence à un marché actif ou de toute autre façon) ; si la valeur d'usage est retenue, les modalités de détermination de celle-ci ;
– le(s) poste(s) du compte de résultat dans le(s) quel(s) est incluse la dotation ;
– les événements et circonstances qui ont conduit à comptabiliser ou à reprendre la dépréciation ;
– le détail et la justification des dépréciations exceptionnelles liées à la législation fiscale.

D) État de rapprochement

Un rapprochement entre les valeurs comptables à l'ouverture et à la clôture de l'exercice en distinguant :
– les amortissements comptabilisés au cours de l'exercice ;
– les dépréciations comptabilisées au cours de l'exercice ;
– les dépréciations reprises au cours de l'exercice.

Dans la pratique, les rapprochements sont présentés sous forme de tableaux tels que les modèles proposés par le PCG (articles 841-1 à 841-3) :

Tableau des immobilisations :

Situations et mouvements (b) / Rubriques (a)	A	B	C	D
	Valeur brute à l'ouverture de l'exercice	**Augmentations**	**Diminutions**	**Valeur brute à la clôture de l'exercice (c)**
Immobilisations incorporelles				
Immobilisations corporelles				
Immobilisations financières				
TOTAL				

(a) A développer si nécessaire selon la nomenclature des postes du bilan. Lorsqu'il existe des frais d'établissement, ils font l'objet d'une ligne séparée.

(b) Les entités subdivisent les colonnes selon leurs besoins [cf. ci-dessous développement des colonnes B (augmentations) et C (diminutions)].

(c) La valeur brute à la clôture de l'exercice est la somme algébrique des colonnes précédentes (A + B – C = D).

Tableau des amortissements :

Situations et mouvements (b) / Rubriques (a)	A	B	C	D
	Amortissements cumulés au début de l'exercice	**Augmentations : dotations de l'exercice**	**Diminutions d'amortissements de l'exercice**	**Amortissements cumulés a la fin de l'exercice (c)**
Immobilisations incorporelles				
Immobilisations corporelles				

Rubriques (a) \ Situations et mouvements (b)	A	B	C	D
	Amortissements cumulés au début de l'exercice	Augmentations : dotations de l'exercice	Diminutions d'amortissements de l'exercice	Amortissements cumulés a la fin de l'exercice (c)
Immobilisations financières				
TOTAL				

(a) À développer si nécessaire selon la même nomenclature que celle du tableau des immobilisations.

(b) Les entités subdivisent les colonnes pour autant que de besoin [cf. ci-dessous développement des colonnes B (augmentations) et C (diminutions)].

(c) Les amortissements cumulés à la fin de l'exercice sont égaux à la somme algébrique des colonnes précédentes (A + B – C = D).

Tableau des dépréciations :

	Situations et mouvements (b)			
	A	B	C	D
Rubriques (a)	Dépréciations au début de l'exercice	Augmentations : dotations de l'exercice	Diminutions : reprises de l'exercice	Dépréciations à la fin de l'exercice (c)
Immobilisations incorporelles				
Immobilisations corporelles				
Stocks				
Créances				
Immobilisations financières				
TOTAL				

(a) À développer si nécessaire.

(b) Les entités subdivisent les colonnes pour autant que de besoin.

(c) Le montant des dépréciations à la fin de l'exercice est égal à la somme algébrique des colonnes précédentes (A + B – C = D).

D) Coûts d'emprunt

En cas d'incorporation de coûts d'emprunt dans les coûts d'acquisition ou de production des immobilisations corporelles et incorporelles, l'annexe doit mentionner les éléments suivants :

- traitement utilisé pour la comptabilisation des coûts d'emprunt ;
- montant des coûts d'emprunt incorporés dans le coût des actifs durant l'exercice par catégorie d'actifs ;
- taux de capitalisation utilisé pour déterminer le montant des coûts d'emprunt pouvant être incorporé dans le coût des actifs (en cas de coûts non attribuables directement).

Correction contexte SA Technik

1. Composants

La SA Technik n'a identifié aucun élément destiné à être remplacé lors de l'acquisition. Il n'y a donc pas de composant de 1re catégorie.

En revanche, la dépense de grande révision devant intervenir tous les 5 ans constitue un composant de 2e catégorie. La société a le choix entre 2 schémas de comptabilisation :

– comptabiliser cette dépense en tant que composant et l'amortir sur 5 ans (méthode IFRS). Le composant de 10 000 € est inclus dans le coût d'entrée de la machine ;

– constituer une provision pour gros entretien/grande révision de 10 000/5 = 2 000 € par an.

2. Évaluation à la date d'entrée

Le coût d'acquisition de la machine est égal au prix d'achat majoré des coûts directement attribuables pour mettre la machine en état de fonctionnement. Les frais de formation ne sont pas activables, dans la mesure où ils sont réalisés en interne.

Le coût d'entrée s'établit à : prix d'achat (85 000) + frais d'installation (15 000) = 100 000 €

3. Renouvellement d'un composant

Aucun composant n'a été identifié à l'origine. Toutefois, le moteur constitue un composant lors de son remplacement. Il convient donc de sortir du patrimoine le moteur hors service et d'immobiliser le nouveau moteur. La SA Technik est une petite entreprise (en deçà des seuils fixés par le Code de commerce), elle peut donc choisir la méthode simplifiée en retenant comme valeur d'origine du moteur remplacé son coût de remplacement.

Le moteur remplacé a fonctionné pendant 10 ans. Sa VNC au moment du remplacement est donc égale à : 12 000 x 5/15 = 4 000

– sortie du composant non identifié à l'origine :

	1/03/N+10		
28154	Amortissement matériel industriel	8 000	
675	Valeurs comptables des éléments d'actif cédés	4 000	
2154	Matériel industriel (composant)		12 000

– immobilisation du nouveau composant :

	1/03/N+10		
2154.2	Matériel industriel (composant)	12 000	
44562	TVA sur immobilisations	2 400	
512	Banques		14 400

4. Amortissement

Les paramètres du plan d'amortissement de la machine sont les suivants.

Base : 100 000, durée : 15 ans, mode : linéaire, date de début : 1/03/N (mise en service).

Les trois premières années du plan d'amortissement comptable sont les suivantes :

Année	Dotation	Cumul	VNC
N	5 556	5 556	94 444
N + 1	6 667	12 223	87 777
N + 2	6 667	18 890	81 110

Dotation de N = 100 000 x 1/15 x 10/12 = 5 556

Dotation de N + 1 = 100 000 x 1/15 = 6 667

5. Dépréciation

Le début d'obsolescence technique de la machine constaté à la clôture de l'exercice N + 2 constitue un indice de perte de valeur. La SA Technik doit mettre en œuvre le test de dépréciation de la machine.

La valeur vénale de la machine au 31/12/N + 2 étant égale à 70 000 € et sa valeur d'usage à 75 000 €, sa valeur actuelle est donc égale à 75 000 €.

La valeur actuelle étant inférieure à la VNC, il y a lieu de constater une dépréciation : 81 110 – 75 000 = 6 110 €

L'impact sur les comptes de l'exercice N est une minoration du résultat comptable avant impôt de 6 110 €.

La dépréciation de la machine est constatée comme suit :

	31/12/N+2		
681 ou	Dotations aux amortissements,… — Charges d'exploitation		
687	Dotations aux amortissements,… — Charges exceptionnelles	6 110	
29154	Dépréciation du matériel industriel		6 110

L'impact sur les exercices suivants est une modification de la dotation aux amortissements. Si les paramètres du plan demeurent inchangés, la durée d'utilisation résiduelle de la machine est de = 15 ans – 2 ans 10 mois = 146 mois (12 ans et 2 mois). La nouvelle base d'amortissement est la VNC après dépréciation, soit 75 000 €. La dotation annuelle aux amortissements à partir de l'exercice N + 3 ressort à : 75 000/146*12 = 6 164 € au lieu de 6 667 € dans le plan d'amortissement initial.

Synthèse

Définition et principes généraux

Une immobilisation corporelle est un actif physique détenu :
– soit pour être utilisé dans la production ou la fourniture de biens ou de services ;
– soit pour être loué à des tiers ;
– soit à des fins de gestion interne.
et dont l'entité attend qu'il soit utilisé au-delà de l'exercice en cours.

Par dérogation, le PCG prévoit que les éléments d'actif non significatifs peuvent ne pas être inscrits au bilan (seuil fiscal : 500 € HT).

L'approche par composants implique la comptabilisation séparée, dès l'origine et lors des remplacements, des éléments principaux d'immobilisations corporelles devant faire l'objet de remplacement à intervalles réguliers, ayant des utilisations différentes ou procurant des avantages économiques selon un rythme différent. Le principe comptable d'importance relative doit permettre d'appliquer cette règle afin de déterminer un nombre limité de composants sur les immobilisations significatives.

Évaluation d'une immobilisation corporelle à la date d'entrée

A) Les immobilisations corporelles acquises

Les actifs acquis à titre onéreux sont comptabilisés à leur coût d'acquisition, qui comprend :
- le prix d'achat (y compris droits de douane et taxes non récupérables, après déduction des remises, rabais commerciaux et escomptes de règlement) ;
- les coûts directement attribuables ;
- les coûts de démantèlement (le cas échéant) ;
- les coûts d'emprunts (sur option comptable d'activation et limités aux actifs éligibles).

Les frais externes afférents à des formations nécessaires à la mise en service de l'immobilisation peuvent, sur option, être rattachés au coût de l'immobilisation (solution non compatible avec le référentiel IFRS) ou comptabilisés en charges.

Dans les comptes individuels, deux méthodes comptables sont autorisées pour la comptabilisation des droits de mutation, honoraires ou commissions et frais d'actes :
- rattachement au coût d'acquisition de l'immobilisation (méthode de référence) ;
- ou comptabilisation en charges (solution non compatible avec le référentiel IFRS).

B) Les immobilisations corporelles produites

Les immobilisations corporelles produites sont évaluées à leur coût de production, égal :
- au coût d'acquisition des matières consommées ;
- augmenté des autres coûts engagés au cours des opérations de production, c'est-à-dire des charges directes et indirectes qui peuvent être raisonnablement rattachées à la production du bien ou du service concerné.

Amortissement d'une immobilisation corporelle

L'amortissement d'un actif est la répartition systématique de son montant amortissable en fonction de son utilisation.

Cette définition a pour conséquence la fixation des paramètres du plan d'amortissement comptable selon une approche économique et une déconnexion des règles comptables et fiscales en la matière, synthétisée par le tableau ci-dessous :

Paramètre	Comptabilité		Fiscalité	
	Structure	Composants	Structure	Composants
Base	Prise en compte de la valeur résiduelle si significative et mesurable.		Valeur résiduelle non prise en compte : amortissement dérogatoire ou réintégration obligatoire pour la différence.	
Durée	Durée d'utilisation (sauf dérogation autorisée pour les petites entreprises : retenir la durée d'usage).		Durée d'usage (amortissement dérogatoire possible). Sauf immeubles de placement : durée d'utilisation.	Durée d'utilisation (sauf cas particuliers).
Mode	Unités de temps ou autres unités d'œuvre. Linéaire par défaut.		Linéaire, dégressif, variable sous conditions. Amortissement dérogatoire possible ou obligatoire selon les cas.	
Date de départ	Début de consommation des avantages économiques = généralement mise en service.		Selon le mode d'amortissement choisi.	

L'amortissement dérogatoire doit être utilisé pour tenir compte des différences entre les règles comptables et les règles fiscales en matière d'amortissements (annuité fiscale > annuité comptable au début du plan d'amortissement).

Lorsque l'utilisation de l'immobilisation corporelle est modifiée de manière significative, le plan d'amortissement doit être révisé de manière prospective (changement d'estimation).

Dépréciation d'une immobilisation corporelle

La dépréciation d'une immobilisation corporelle est égale à l'excédent de sa valeur actuelle sur sa valeur nette comptable. Elle est déterminée selon les modalités suivantes :

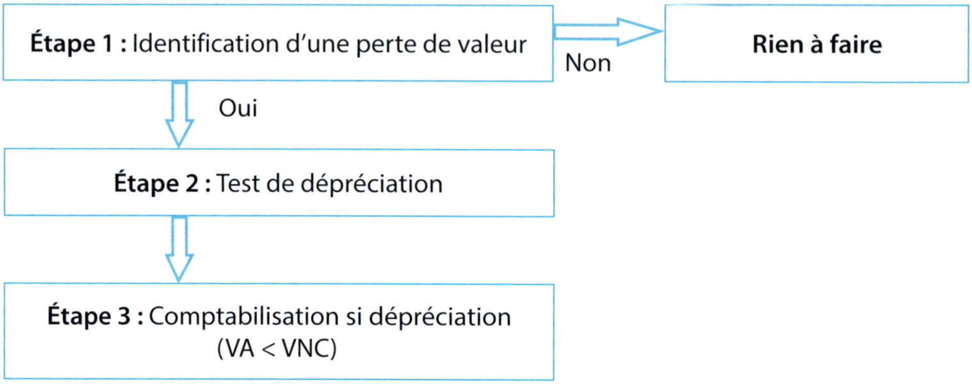

La comptabilisation d'une dépréciation modifie de manière prospective la base amortissable de l'actif déprécié : nouvelle base amortissable = VNC avant dépréciation - dépréciation.

La disparition ou la diminution de l'indice de perte de valeur peut ramener la valeur actuelle de l'actif à un montant supérieur à sa valeur nette comptable et justifier une reprise de dépréciation. Cette dernière est toutefois plafonnée : « La valeur nette comptable d'un actif, augmentée suite à la reprise d'une dépréciation, ne doit pas être supérieure à la valeur nette comptable qui aurait été déterminée si aucune dépréciation n'avait été comptabilisée pour cet actif au cours des exercices antérieurs ».

Sortie du patrimoine d'une immobilisation corporelle

Qu'elle soit volontaire (vente, mise au rebut) ou forcée (expropriation, sinistre), la sortie du patrimoine d'une immobilisation corporelle implique :

– la constatation de l'annuité d'amortissement liée au titre de l'exercice de sortie ;
– la constatation du prix de cession ;
– la sortie de l'immobilisation du patrimoine ;
– la reprise des amortissements dérogatoires et dépréciations éventuels.

Références

- Règlement ANC 2014-03 relatif au Plan comptable général.
- Règlement ANC 2015-06 modifiant le règlement ANC 2014-03 relatif au Plan comptable général.
- Note de présentation du règlement ANC 2015-06 modifiant le règlement ANC 2014-03 relatif au Plan comptable général.
- Avis CNC 2004-15 relatif à la définition, la comptabilisation et l'évaluation des actifs.
- Avis 2004-11 du CNC relatif aux modalités d'application de la comptabilisation par composants et des provisions pour gros entretien dans les organismes de logement social.
- Avis 2006-12 du CNC relatif aux modalités de reprise des dépréciations comptables et de neutralisation des incidences fiscales dans les comptes individuels.
- Avis 2003-E du Comité d'urgence du CNC concernant les modalités de première application de la comptabilisation par composants et des dispositions transitoires prévues à l'article 15 du règlement n° 02-10 du CNC relatif à l'amortissement et à la dépréciation des actifs.
- Avis 2005-D du Comité d'urgence du CNC afférent aux modalités d'application des règlements n° 2002-10 relatif à l'amortissement et à la dépréciation des actifs et n° 2004-06 relatif à la définition, la comptabilisation et l'évaluation des actifs.
- Avis 2005-H du Comité d'urgence du CNC relatif à la comptabilisation des coûts de démantèlement, d'enlèvement et de remise en état de site dans les comptes individuels.
- Avis 2005-J du Comité d'urgence du CNC relatif aux modalités d'exercice de l'option de comptabilisation des droits de mutation, honoraires, commissions et frais d'acte.
- Code Général des Impôts.
- Instruction fiscale du 30/12/05.
- Rescrit n° 2007-46-TCA du 23/10/07.

1 PCG – article 211-6

Une immobilisation corporelle est un actif physique détenu, soit pour être utilisé dans la production ou la fourniture de biens ou de services, soit pour être loué à des tiers, soit à des fins de gestion interne et dont l'entité attend qu'il soit utilisé au-delà de l'exercice en cours.

2 PCG – article 214-9

Lorsque des éléments constitutifs d'un actif sont exploités de façon indissociable, un plan d'amortissement unique est retenu pour l'ensemble de ces éléments.

Cependant, si dès l'origine, un ou plusieurs de ces éléments ont chacun des utilisations différentes, chaque élément est comptabilisé séparément et un plan d'amortissement propre à chacun de ces éléments est retenu.

Les éléments principaux d'immobilisations corporelles devant faire l'objet de remplacement à intervalles réguliers, ayant des utilisations différentes ou procurant des avantages économiques à l'entité selon un rythme différent et nécessitant l'utilisation de taux ou de modes d'amortissement propres, doivent être comptabilisés séparément dès l'origine et lors des remplacements.

3

PCG – article 213-8

Le coût d'acquisition d'une immobilisation corporelle est constitué de :

- son prix d'achat, y compris les droits de douane et taxes non récupérables, après déduction des remises, rabais commerciaux et escomptes de règlement ;
- de tous les coûts directement attribuables engagés pour mettre l'actif en place et en état de fonctionner selon l'utilisation prévue par la direction.

Les frais externes afférents à des formations nécessaires à la mise en service de l'immobilisation peuvent, sur option, être rattachés au coût de l'immobilisation ou comptabilisés en charges.

Dans les comptes individuels, les droits de mutation, honoraires ou commissions et frais d'acte, liés à l'acquisition, peuvent sur option, être rattachés au coût d'acquisition de l'immobilisation ou comptabilisés en charges. Leur rattachement au coût d'acquisition de l'immobilisation constitue la méthode de référence.

Ces deux options peuvent être exercées indépendamment l'une de l'autre.

- de l'estimation initiale des coûts de démantèlement, d'enlèvement et de restauration du site sur lequel elle est située, en contrepartie de l'obligation encourue, soit lors de l'acquisition, soit en cours d'utilisation de l'immobilisation pendant une période donnée à des fins autres que de produire des éléments de stocks. Dans les comptes individuels, ces coûts font l'objet d'un plan d'amortissement propre tant pour la durée que le mode.

Les coûts d'emprunts peuvent être rattachés au coût d'acquisition selon les dispositions prévues à l'article 213-9.

4

PCG – article 213-15

Le coût de production d'une immobilisation corporelle est égal au coût d'acquisition des matières consommées augmenté des autres coûts engagés, au cours des opérations de production, c'est-à-dire des charges directes et indirectes qui peuvent être raisonnablement rattachées à la production du bien ou du service.

Les charges directes sont les charges qu'il est possible d'affecter, sans calcul intermédiaire, au coût d'un bien ou d'un service déterminé.

5

Code de commerce – article R. 123-179

[...] Toute modification significative des conditions d'utilisation du bien justifie la révision du plan en cours d'exécution. [...]

6

PCG – article 214-14

Le plan d'amortissement est défini à la date d'entrée du bien à l'actif. Toutefois, toute modification significative de l'utilisation prévue, par exemple durée ou rythme de consommation des avantages économiques attendus de l'actif, entraîne la révision prospective de son plan d'amortissement.

De même, en cas de dotation ou de reprise de dépréciations résultant de la comparaison entre la valeur actuelle d'un actif immobilisé et sa valeur nette comptable, il convient de modifier de manière prospective la base amortissable.

Applications

Comprendre les notions

Application 1 L'évaluation initiale des immobilisations corporelles

Retrouvez la ou les réponses exactes.

1. Les biens de peu de valeur (inférieure ou égale à 500 € HT) doivent être constatés immédiatement en charges :

- ☐ Vrai
- ☐ Faux

2. Parmi les éléments suivants, lesquels sont obligatoirement à prendre en compte dans le coût d'acquisition d'une immobilisation corporelle ?

- ☐ Les escomptes de règlement
- ☐ Les honoraires
- ☐ Les frais de transport
- ☐ Les coûts de démantèlement
- ☐ Les frais d'installation
- ☐ Les commissions
- ☐ Les ristournes obtenues
- ☐ La TVA non récupérable
- ☐ Les coûts d'emprunt

3. Les frais d'acquisition d'immobilisations sont :

- ☐ systématiquement constatés en charges.
- ☐ systématiquement activés dans le coût d'acquisition de l'immobilisation.
- ☐ soit constatés en charges, soit activés dans le coût d'acquisition de l'immobilisation au cas par cas.
- ☐ soit constatés en charges, soit activés dans le coût d'acquisition de l'immobilisation en fonction de la méthode comptable retenue.

4. La contrepartie des coûts de démantèlement enregistrés à l'actif est :

- ☐ un produit.
- ☐ une dette.
- ☐ une provision.
- ☐ une réserve.

5. La méthode des composants est d'application :

- ☐ obligatoire.
- ☐ facultative.
- ☐ cela dépend de la taille de l'entreprise.

6. Les dépenses de gros entretien/grandes révisions :

- ☐ sont systématiquement des composants au plan fiscal.
- ☐ sont systématiquement des composants au plan comptable.
- ☐ peuvent être des composants au plan comptable.
- ☐ peuvent être des composants au plan fiscal.
- ☐ ne sont jamais des composants au plan comptable.
- ☐ ne sont jamais des composants au plan fiscal.

7. La valeur brute d'une immobilisation décomposée peut être modifiée suite au remplacement d'un composant :
- ☐ Vrai
- ☐ Faux

8. Lors du renouvellement d'un composant, le composant remplacé est :
- ☐ maintenu à l'actif.
- ☐ sorti de l'actif pour sa VNC.
- ☐ amorti complètement, puis sorti de l'actif.

9. Selon le PCG, les subventions d'investissement peuvent être déduites du coût de revient de l'actif financé :
- ☐ Vrai
- ☐ Faux

10. L'application de la méthode des composants implique le respect du principe comptable :
- ☐ de prudence.
- ☐ d'importance relative.
- ☐ d'indépendance des exercices.
- ☐ des coûts historiques.

Application 2 QCM – L'amortissement des immobilisations corporelles

Retrouvez la ou les réponses exactes.

1. Tous les actifs sont amortissables :
- ☐ Vrai
- ☐ Faux

2. Un matériel a une durée d'utilisation de 8 ans. Compte tenu de l'obsolescence technique, il devra être renouvelé au bout de 5 ans. Quelle est sa durée d'amortissement comptable ?
- ☐ 5 ans
- ☐ 8 ans
- ☐ 5 ou 8 ans, au choix de l'entreprise

3. La révision du plan d'amortissement est :
- ☐ obligatoire à chaque fin d'exercice.
- ☐ obligatoire en cas de modification significative d'utilisation de l'actif.
- ☐ obligatoire en cas de modification d'utilisation de l'actif, significative ou non.
- ☐ toujours facultative.

4. La valeur résiduelle d'un actif doit être prise en compte dans le plan d'amortissement :
- ☐ systématiquement.
- ☐ uniquement si elle est significative.
- ☐ uniquement si elle est mesurable.
- ☐ uniquement si elle est significative et mesurable.
- ☐ uniquement fiscalement.
- ☐ jamais fiscalement.

5. En comptabilité, la durée d'amortissement correspond :
- ☐ à la durée réelle d'utilisation.
- ☐ à la durée d'usage.

6. En comptabilité, le mode d'amortissement peut être :
- ☐ linéaire.
- ☐ croissant.
- ☐ décroissant.
- ☐ variable.

7. En comptabilité, l'amortissement d'un actif commence :
- ☐ le 1er jour du mois d'acquisition.
- ☐ à la date de début de consommation des avantages économiques qui lui sont rattachés.
- ☐ à la date de facturation.
- ☐ à la date de livraison.

8. Les composants sont amortis :
- ☐ sur la durée d'amortissement de la structure.
- ☐ sur la durée séparant deux remplacements.
- ☐ sur la durée d'usage.

9. Pour les petites entreprises, les immobilisations peuvent être amorties comptablement sur leur durée d'usage :
- ☐ Vrai
- ☐ Faux

10. Pour les petites entreprises, les immobilisations peuvent être amorties comptablement selon le mode dégressif :
- ☐ Vrai
- ☐ Faux

Application 3 QCM – La dépréciation des immobilisations corporelles

Retrouvez la ou les réponses exactes.

1. La dépréciation d'un actif est déterminée comme suit :
- ☐ valeur actuelle – VNC.
- ☐ valeur d'usage – VNC.
- ☐ valeur actuelle – valeur d'usage.
- ☐ VNC – valeur actuelle.
- ☐ VNC – valeur d'usage.

2. La mesure de la dépréciation d'un actif est réalisée :
- ☐ à chaque clôture d'exercice.
- ☐ en cas d'indice de perte de valeur.
- ☐ de manière facultative.

3. L'obtention de performances inférieures aux prévisions peut conduire à la dépréciation d'un actif :
- ☐ Vrai
- ☐ Faux

4. La dépréciation d'un actif n'est constatée que si elle est significative :
- ☐ Vrai
- ☐ Faux

5. La dépréciation d'un actif :
- ☐ a un impact sur le plan d'amortissement futur.
- ☐ n'a pas d'impact sur le plan d'amortissement futur.
- ☐ entraîne la révision rétrospective des amortissements antérieurement pratiqués.
- ☐ n'entraîne pas la révision rétrospective des amortissements antérieurement pratiqués.

6. La dépréciation d'un actif :
- ☐ peut faire l'objet d'une reprise ultérieure totale.
- ☐ peut faire l'objet d'une reprise ultérieure plafonnée.
- ☐ est irréversible.

7. La dépréciation d'un actif :
- ☐ est toujours déductible fiscalement.
- ☐ n'est jamais déductible fiscalement.
- ☐ est déductible fiscalement dans certains cas.

8. La dépréciation comptable d'une immobilisation :
- ☐ est toujours déductible.
- ☐ est non déductible.
- ☐ peut être déductible ou non déductible, selon le cas.

9. La valeur vénale d'un actif est déterminée :
- ☐ avant coûts de sortie.
- ☐ après coûts de sortie.

10. La valeur d'usage d'un actif est déterminée :
- ☐ d'après sa VNC.
- ☐ en fonction du marché.
- ☐ en fonction des flux de trésorerie attendus.

Mettre en œuvre les compétences

Application 1 Programme pluriannuel de gros entretien/grande révision

Compétences attendues : C1, C2, C3 et C4

Un matériel a été acquis le 1/01/N au prix de 72 000 € HT.
La durée d'utilisation du bien par l'entreprise est estimée à 6 ans, selon un mode d'amortissement linéaire.
Compte tenu des obligations de sécurité qui pèsent sur ce matériel, des travaux de grande révision devront être entrepris au bout de 3 ans.

À la date d'acquisition du matériel, le montant des travaux de grande révision dans la valeur globale de l'immobilisation est estimé à 9 000 € HT.
À la date d'acquisition du matériel, le montant des travaux de grande révision qui seront effectués dans 3 ans est estimé à 9 300 € HT.
Les travaux sont effectivement réalisés début N + 3 pour un montant de 9 600 € HT.

1. Quels sont les traitements comptables possibles des travaux de grande révision lors de l'acquisition de cette immobilisation selon le PCG ?

2. Précisez si ces méthodes sont compatibles avec le référentiel IFRS.

3. Effectuez les enregistrements comptables afférents à chaque méthode :

a. À la date d'acquisition du matériel ;

b. Au 31/12/N en précisant les conséquences fiscales ;

c. Au 1/01/N +3 lors de la réalisation des travaux de grande révision en précisant les conséquences fiscales.

Application 2 Acquisition d'une immobilisation corporelle décomposable – renouvellement du composant

Compétences attendues : C1, C2, C3 et C4
En janvier N, la direction de la société Gemeaux a demandé à son expert-comptable une étude de rentabilité concernant un nouveau projet d'investissement (honoraires facturés : 1 500 €).
Après examen des résultats de l'étude démontrant la rentabilité du programme d'investissement, l'entreprise décide lors de la réunion de son conseil d'administration le 5/03/N d'acquérir le matériel nécessaire à la réalisation de ce projet.
Le 15/03/N, la machine est acquise aux conditions suivantes :

- prix d'achat HT : 200 000 € ;
- remise : 2 % ;
- escompte de règlement : 1 %.

Les coûts de transport s'élèvent à 5 000 €, majorés d'une prime d'assurance y afférente de 1 060 €.
Les frais de montage et d'installation ressortent à 8 000 €.
Début avril N, le personnel est formé en interne à l'utilisation de la machine (4 000 €).
À la mi-avril débutent les tests de fonctionnement d'un coût de 21 060 €, dont 5 160 € d'honoraires d'un consultant externe.
Le 30/04/N, la machine est en état de fonctionner selon l'utilisation prévue par la direction.
En mai et juin, la machine n'ayant pas encore atteint son niveau de performance, une perte opérationnelle de 8 000 € est constatée.
Afin d'optimiser le processus de production, l'atelier de production est réorganisé. Les coûts de réinstallation de la machine en juillet N s'élèvent à 3 500 €. On vous communique par ailleurs les éléments d'information suivants :

- l'entreprise clôture son exercice avec l'année civile ;
- l'entreprise a opté pour la comptabilisation en charges des frais d'acquisition d'immobilisations ;
- la durée d'utilisation de la machine est estimée à 10 ans avec une consommation linéaire des avantages économiques.

1. Déterminez la période d'incorporation des coûts au coût d'acquisition de la machine.

2. Les coûts d'emprunt sont-ils incorporables au coût d'acquisition de la machine ?

3. Déterminez le coût d'acquisition de la machine.

4. Lors de la comptabilisation initiale, le moteur de la machine a fait l'objet d'une comptabilisation séparée pour un montant de 44 000 € HT, sa durée d'utilisation étant estimée à 5 ans. De fait, le 1/11/N + 4, le moteur est hors d'usage. Il fait l'objet d'un remplacement pour une valeur de 48 000 € HT. Précisez les enregistrements comptables liés au remplacement du moteur.

5. On suppose que le moteur hors d'usage n'avait pas fait l'objet d'une comptabilisation séparée lors de l'acquisition. Comment doit être enregistré son remplacement dans les deux hypothèses suivantes :

a. L'entreprise est en deçà des seuils de la petite entreprise.

b. L'entreprise est au-delà des seuils de la petite entreprise.

La reconstitution de la valeur du composant est effectuée à partir de sa valeur de renouvellement, corrigée d'un taux d'inflation annuel de 2 % (fraction d'année supérieure ou égale à 6 mois comptée pour une année entière).

Application 3 Plan d'amortissement

Compétences attendues : C2 et C3

Un matériel de production acquis au prix de 100 000 € HT est mis en service le 1/01/N.

Fiscalement, le bien est amortissable en dégressif sur 10 ans (coefficient 2,25).

La durée d'utilisation du bien par l'entreprise est estimée à 4 ans, aucun composant n'ayant été identifié à l'origine. À l'issue de cette période, l'entreprise envisage de le céder au prix de 32 000 € HT. Les coûts de sortie sont estimés à 2 000 € HT.

Les avantages économiques générés par cette immobilisation seront consommés à raison de 35 % la première année, 45 % la seconde et 10 % les deux années suivantes. Ces prévisions sont susceptibles de varier en fonction du nombre de commandes effectives.

1. Quels sont les paramètres du plan d'amortissement comptable (base, durée, mode, date de départ de l'amortissement) ?

2. Comparez avec les paramètres à retenir au plan fiscal.

3. Déterminez le plan d'amortissement comptable et fiscal du matériel de N à N + 3.

4. Enregistrez les annuités d'amortissement correspondantes et préciser les conséquences fiscales de ces écritures.

5. Déterminez le résultat de cession comptable si le matériel est effectivement cédé aux conditions initialement prévues. En déduire la caractéristique des règles comptables en matière d'amortissement.

Application 4 Plan d'amortissement – Mesures simplificatrices petites entreprises

Compétences attendues : C2, C3 et C4

Une société anonyme a acquis une installation industrielle non décomposable de valeur d'origine 80 000 € HT le 1/07/N.

Sa durée d'utilisation est de 12 ans. Sa valeur résiduelle est nulle. Les avantages économiques générés par cette immobilisation seront consommés de manière linéaire.

Fiscalement, ce bien est amortissable en linéaire sur 8 ans.

La société souhaite bénéficier des déductions fiscales maximales. Deux hypothèses sont envisagées ici :
– hypothèse 1 : l'entreprise est en deçà des seuils de la petite entreprise ;
– hypothèse 2 : l'entreprise est au-delà des seuils de la petite entreprise.

1. **Rappelez les mesures simplificatrices en matière d'amortissement applicables aux petites entreprises (champ d'application et modalités).**
2. **Quels sont les enregistrements comptables possibles relatifs à la dotation aux amortissements de l'année N dans chacune des deux hypothèses présentées ?**

Application 5 Révision du plan d'amortissement

Compétences attendues : C1, C2, C3 et C4
Un matériel de production, d'une durée d'utilisation de 8 ans sans valeur résiduelle, est acquis et mis en service le 1/01/N pour 12 000 €.
Le mode d'amortissement retenu est le linéaire.
Après 3 ans d'utilisation, il est nécessaire d'augmenter la cadence de production. La durée d'utilisation totale est ramenée à 5 ans.

1. **Rappelez les conditions de révision d'un plan d'amortissement et le traitement comptable applicable.**
2. **Présentez le plan d'amortissement du matériel.**
3. **Quelle est la conséquence de la révision du plan d'amortissement sur les comptes des exercices N + 3 et suivants ?**

Application 6 Détermination d'une dépréciation

Compétences attendues : C3 et C4
Une immobilisation corporelle a été acquise le 1/01/N pour une valeur HT de 10 000 €. Sa durée d'utilisation est de 8 ans et son mode d'amortissement économique est linéaire.
Fiscalement, l'immobilisation est amortissable selon le mode dégressif. Sa durée d'usage est de 5 ans.
La société souhaite bénéficier des déductions fiscales maximales.
Les informations suivantes sont fournies au 31/12/N + 1 :

Cas	Valeur vénale	Valeur d'usage
1	7 800	–
2	7 200	7 300
3	7 400	7 200
4	7 300	7 600

1. **Calculez les dépréciations éventuelles selon les cas.**
2. **Précisez l'impact de ces dépréciations sur l'annuité d'amortissement N + 2.**

Application 7 Détermination et suivi d'une dépréciation

Compétences attendues : C3 et C4

Une machine, acquise le 1/04/N à un prix de 120 000 € HT, est amortissable sur 10 ans selon le mode linéaire. Suite à l'identification d'un indice de perte de valeur, un test de dépréciation est effectué, faisant ressortir une valeur actuelle de l'actif fin N + 2 de 80 000 €.

Au 31/12/N + 3, suite à une augmentation de la valeur à neuf de ce type de machines, la valeur actuelle est de 77 000 €.

1. **Présentez le plan d'amortissement de la machine de N à N + 3 inclus.**
2. **Enregistrez les écritures relatives aux dépréciations au 31/12/N + 2 et au 31/12/N + 3, sachant qu'elles ne sont pas considérées comme relatives à l'exploitation.**
3. **Déterminez l'annuité d'amortissement de la machine relative à N + 4.**

Entraînement à l'examen

Évaluation initiale et ultérieure d'une immobilisation corporelle

Compétences attendues : C1, C2, C3, C4 et C5

Cet exercice est à réaliser sans calculatrice.

La société VIC, dont l'exercice comptable correspond à l'année civile, a implanté au 1er janvier N une nouvelle usine sur un site situé à Besançon, dédié à la fabrication de produits chimiques. Elle envisage l'exploitation de cette usine de manière constante pendant une période de 20 ans, à l'issue de laquelle elle devra remettre le site en état (démantèlement et restauration).

L'ancienne usine d'une valeur d'origine de 5 000 000 € a été vendue le 1/04/N pour un montant de 3 000 000 €. Elle figurait dans les comptes annuels de N-1 pour une valeur nette comptable de 2 000 000 €. La dotation aux amortissements de l'exercice N relative à l'ancienne usine ressort à 50 000 €.

La société VIC ne possède pas d'autre construction.

Travail à faire :
À partir de l'annexe, vous traiterez les questions posées.

1. Effectuez l'enregistrement comptable lié à l'acquisition de l'usine au 1/01/N.
2. Selon quelle autre méthode comptable auraient pu être comptabilisés les frais d'acquisition ? Quel en aurait été l'impact sur les comptes et l'intérêt pour la société VIC ?
3. Présentez l'écriture d'inventaire au 31/12/N concernant l'usine.
4. Présentez l'extrait de l'annexe de l'exercice N concernant le rapprochement entre les valeurs comptables à l'ouverture et à la clôture de l'exercice de la valeur brute des constructions.
5. Présentez l'extrait de l'annexe de l'exercice N concernant le rapprochement entre les valeurs comptables à l'ouverture et à la clôture de l'exercice des amortissements des constructions.

Annexe

- Prix d'acquisition de l'usine : 9 500 000 € HT (TVA : 1 900 000 €), payable à terme à un fournisseur.
- Frais d'acquisition (honoraires notariés, droits d'enregistrement et commissions d'intermédiaires) : 500 000 HT (TVA sur les honoraires et commissions : 18 000 €) réglés par chèque le 1/01/N.
- Pour la société VIC, l'ensemble de ces éléments est constitutif du coût d'acquisition de l'usine au prorata des composants identifiés.

Élément	Prix d'acquisition HT	Frais d'acquisition	Coût d'acquisition	Durée d'utilisation
Structure	6 650 000	350 000	7 000 000	20 ans
Toiture	950 000	50 000	1 000 000	10 ans
Agencements intérieurs	1 900 000	100 000	2 000 000	50 ans
Total	9 500 000	500 000	10 000 000	

- Les coûts de remise en état du site sont estimés au 1/01/N à 800 000 €.
- La mise en service de l'usine est intervenue au 1/01/N.

CHAPITRE

6

Les immobilisations incorporelles

Compétences attendues	Savoirs associés
– Identifier et distinguer les immobilisations corporelles et incorporelles (C1). – Exposer et appliquer les règles d'inscription à l'actif, d'évaluation et d'enregistrement des immobilisations corporelles et incorporelles (C2). – Évaluer et comptabiliser les opérations portant sur les immobilisations corporelles et incorporelles à l'entrée et postérieurement à leur entrée (C3). – Analyser les conséquences d'un choix de comptabilisation, notamment sur la présentation des comptes annuels, dans une situation donnée (C4). – Présenter les informations à fournir en annexe (C5).	– Principes d'évaluation des immobilisations corporelles et incorporelles à l'entrée et postérieurement à leur entrée : – détermination de la valeur d'entrée et incorporation des frais et charges ; – évaluation à l'inventaire (amortissement comptable, amortissement fiscal et dépréciation éventuelle) ; – sortie des immobilisations et prise en compte des frais de cession ; – Cas spécifiques relatifs aux immobilisations incorporelles : – opérations de recherche et développement ; – fonds commerciaux.

Contexte professionnel

La SA Technik commercialise ses composants électroniques sous la marque Electra. Deux ingénieurs de l'entreprise ont travaillé au cours des années N–1 et N à la mise au point d'un nouveau procédé de fabrication brevetable. Les frais de personnel engagés sur le projet, déterminés à partir de la comptabilité de gestion, sont les suivants :

- *recherche de solutions alternatives pour développer un nouveau procédé : 30 000 € en N–1, 7 000 € du 1/01 au 30/04/N ;*
- *tests sur le nouveau procédé : 12 000 € du 1/05/N au 31/07/N*
- *frais de dépôt du brevet auprès de l'INPI le 1/09/N : 4 000 €*
- *utilisation du brevet : constante sur 5 ans*

Raison sociale	SA Technik
Capital social	200 000 €
Siège social et exploitation	2, rue Rodolphe Molère 32 330 Gondrin
Activité	Fabrication et commercialisation de composants électroniques
Dirigeant	PDG Madame Pradel
Effectif	25 salariés
Exercice comptable N	CA HT : 7 000 000 € Total bilan : 5 000 000 €

La SA Technik a opté pour la méthode de référence en matière de traitement comptable des frais de recherche et développement.

Ce chapitre nous permet d'étudier les règles générales suivantes relatives aux immobilisations incorporelles, qu'elles soient acquises à titre onéreux ou créées en interne :
– leur évaluation initiale ;
– leur amortissement ;
– leur dépréciation ;
– leur sortie de l'actif.
Les cas particuliers d'évaluation des immobilisations incorporelles (logiciels, sites Internet...) sont abordés au chapitre 7.

I Définition et éléments constitutifs des immobilisations incorporelles

A) Définition et critères de comptabilisation d'une immobilisation incorporelle

« Une immobilisation incorporelle est un actif non monétaire sans substance physique » (PCG – article 211-5).

› Voir texte de référence 1

Exemples
Brevet, logiciel, fonds de commerce, marque, etc.

Une immobilisation incorporelle doit donc remplir les trois conditions cumulatives répondant à la définition d'un actif (voir chapitre 4) :
– caractère identifiable ;
– élément contrôlé par l'entité ;
– probabilité d'obtention d'avantages économiques futurs.

1. Caractère identifiable d'une immobilisation incorporelle

Le caractère identifiable d'une immobilisation incorporelle est démontré lorsque l'une des deux conditions suivantes est remplie (PCG – article 211-5) :
– l'immobilisation est séparable des activités de l'entité, c'est-à-dire susceptible d'être vendue, transférée, louée ou échangée de manière isolée ou avec un contrat, un autre actif ou un passif ;

Exemples
Une marque peut être vendue. C'est un élément identifiable.
Un portefeuille clients, même en l'absence de droit permettant de le protéger, peut, dans certaines hypothèses, faire l'objet d'une inscription à l'actif si des transactions d'échanges portant sur des relations clients similaires démontrent le contrôle et le caractère séparable.

– l'immobilisation résulte d'un droit légal ou contractuel, même si ce droit n'est pas transférable ou séparable de l'entité ou de ses autres droits et obligations.

Exemple

Un brevet déposé bénéficie d'une protection juridique.

2. Critères de comptabilisation d'une immobilisation incorporelle

Comme pour l'ensemble des actifs, la comptabilisation d'une immobilisation incorporelle nécessite que deux conditions cumulatives soient réunies (PCG – article 212-1) :
– l'entreprise doit bénéficier des avantages économiques futurs générés par l'immobilisation ;
– elle doit pouvoir évaluer son coût avec une fiabilité suffisante.

Exemple

Une marque générée en interne est une immobilisation incorporelle, mais elle ne peut pas être comptabilisée à l'actif car les coûts nécessaires pour développer la marque ne peuvent être évalués avec une fiabilité suffisante. En effet, les coûts supportés pour la création d'une marque ne peuvent être distingués du coût de développement de l'activité dans son ensemble.

B) Éléments constitutifs des immobilisations incorporelles

Les immobilisations incorporelles peuvent être scindées en trois catégories :
– les immobilisations incorporelles représentatives d'un droit de propriété ;
– les immobilisations incorporelles générées en interne ;
– les autres éléments susceptibles d'être portés en immobilisations incorporelles.

1. Immobilisations incorporelles représentatives d'un droit de propriété

Cette rubrique comporte les éléments suivants :
– concessions et droits similaires, brevets, licences, marques, procédés, logiciels, droits et valeurs similaires (compte 205) : il s'agit des dépenses faites pour l'obtention de l'avantage que constitue la protection accordée, sous certaines conditions, au titulaire d'une concession, à l'inventeur, à l'auteur ou au bénéficiaire du droit d'exploitation d'un brevet, d'une licence, d'une marque, d'un procédé, de droits de propriété littéraire ou artistique. Le compte 205 enregistre également :
  • les dépenses d'acquisition ou de création de logiciels qui peuvent être inscrites en immobilisations incorporelles (voir chapitre 7),
  • les quotas d'émission (voir chapitre 10) ;
– droit au bail (compte 206) : appelé aussi « pas-de-porte », il correspond au montant versé ou dû au locataire précédent en considération du transfert à l'acheteur des droits résultant tant des conventions que de la législation sur la propriété commerciale ;
– fonds commercial (compte 207) : il s'agit des éléments incorporels du fonds de commerce, qui ne font pas l'objet d'une évaluation et d'une comptabilisation séparée au bilan (ex. : stock) et qui concourent au maintien ou au développement du potentiel d'activité de l'entité. La note de présentation du règlement ANC 2015-06 précise que le fonds commercial, notion juridique spécifique en droit comptable français, constitue la partie « pivot » du fonds de commerce, notion consacrée par le droit commercial français. Il est composé principalement de la clientèle, de l'achalandage, de l'enseigne, du nom commercial et, plus largement, des parts de marché ;
– autres immobilisations incorporelles (compte 208) : fichiers clients acquis (listes et autres bases de données), etc.

2. Immobilisations incorporelles générées en interne

Cette catégorie d'immobilisations incorporelles concerne les coûts de développement engagés par une entité. Les conditions d'activation et méthodes de comptabilisation de ces coûts sont étudiées en détail dans la suite de ce chapitre (voir II B.).

3. Autres éléments susceptibles d'être portés en immobilisations incorporelles : les frais d'établissement

Il s'agit des éléments qui peuvent être comptabilisés en immobilisations incorporelles en application des textes de niveau supérieur (Code de commerce), bien qu'ils ne correspondent pas aux critères de définition d'un actif énoncés par le PCG (absence d'avantages économiques futurs et de caractère identifiable).

a) Frais de constitution, de transformation et de premier établissement

« Les frais de constitution, de transformation et de premier établissement peuvent être inscrits à l'actif comme frais d'établissement. Leur inscription en compte de résultat constitue néanmoins la méthode de référence [...] » (PCG – article 212-9).

La méthode de comptabilisation retenue doit faire l'objet d'une information dans l'annexe.

b) Frais d'augmentation de capital, de fusion et de scission

« Les frais d'augmentation de capital, de fusion et de scission peuvent être inscrits à l'actif en frais d'établissement ou imputés sur les primes d'émission et de fusion ; en cas d'insuffisance, ces frais sont comptabilisés en charges [...] » (PCG – article 212-9).

Trois traitements comptables sont donc possibles dans les comptes individuels pour ces frais :

- leur comptabilisation en charges ;
- leur comptabilisation en frais d'établissement ;
- leur imputation sur la prime d'émission avec un complément éventuel en charges.

La méthode de comptabilisation retenue doit ici aussi faire l'objet d'une information dans l'annexe.

> **Contexte SA Technik**
> La marque Electra doit-elle figurer au bilan de la SA Technik ? Envisager le cas échéant plusieurs hypothèses.

II Évaluation d'une immobilisation incorporelle à la date d'entrée

L'évaluation initiale d'une immobilisation incorporelle est à distinguer selon que celle-ci est acquise ou générée en interne. Dans le deuxième cas de figure, les règles comptables en matière de conditions d'activation sont très précises.

A) Immobilisation incorporelle acquise à titre onéreux

Les actifs acquis à titre onéreux sont comptabilisés à leur coût d'acquisition.

1. Coût d'acquisition d'une immobilisation incorporelle

Selon le PCG (article 213-22), le coût d'acquisition d'une immobilisation incorporelle est constitué :

› Voir texte de référence 2

- de son prix d'achat, y compris les droits de douane et taxes non récupérables, après déduction des remises, rabais commerciaux et escomptes de règlement ;
- et de tous les coûts directement attribuables à la préparation de cet actif en vue de l'utilisation envisagée par l'entreprise ;
- des coûts d'emprunt (si l'option comptable d'activation a été choisie pour les actifs éligibles, voir chapitre 4) [PCG – article 213-24].

Les règles d'évaluation sont identiques à celles des immobilisations corporelles, le PCG apportant quelques précisions concernant l'application des principes généraux, notamment sur la notion de coûts directs.

2. Coûts directement attribuables

a) Nature des coûts

Il s'agit des coûts directement attribuables à la préparation de cet actif en vue de son utilisation.

Exemple

Constituent des coûts attribuables au coût d'acquisition :
- le coût des rémunérations et autres avantages au personnel résultant directement de la mise en condition de fonctionnement de l'actif ;
- les honoraires de professionnels tels qu'experts, évaluateurs, conseils, etc. ;
- les coûts des tests permettant de s'assurer que l'actif fonctionne correctement.

Constituent des coûts qui ne peuvent pas être comptabilisés au titre d'une immobilisation incorporelle :
- les coûts d'introduction d'un nouveau produit ou service (incluant les coûts de publicité et de promotion) ;
- les coûts de relocalisation d'une affaire dans un nouvel emplacement ou avec une nouvelle catégorie de clients (incluant le coût de la formation du personnel) ;
- les coûts administratifs et autres frais généraux à l'exception des coûts des structures dédiées.

Source : extrait de l'avis 2004-15 du CNC.

b) Période d'incorporation des coûts

Le point de départ d'attribution des coûts est le même que pour les immobilisations corporelles : c'est la date à laquelle la direction a pris, et justifie au plan technique et financier, la décision d'acquérir ou de produire l'immobilisation incorporelle pour l'utiliser ou la céder ultérieurement, et démontre qu'elle générera des avantages économiques futurs (PCG – article 213-10).

« Les coûts cessent d'être activés lorsque l'immobilisation incorporelle est en état de fonctionner selon l'utilisation prévue par la direction. En conséquence, les coûts supportés lors de l'utilisation ou du redéploiement de l'actif sont exclus du coût de cet actif » [...] (PCG – article 213-25).

Exemple

Les coûts suivants sont exclus du coût des immobilisations incorporelles :
- les coûts encourus lorsque des actifs, en état de fonctionner conformément à l'utilisation prévue par la direction, ne sont pas encore mis en service ;
- les pertes d'exploitation initiales.

Source : extrait de l'avis 2004-15 du CNC.

Enfin, les opérations qui interviennent avant ou pendant le développement de l'immobilisation incorporelle et qui ne sont pas nécessaires pour mettre l'actif en état de fonctionner conformément à l'utilisation prévue par la direction sont comptabilisées en charges.

Exemple

Formation du personnel.

Source : extrait de l'avis 2004-15 du CNC.

L'incorporation des coûts directs au coût d'acquisition d'une immobilisation incorporelle peut être schématisée comme suit :

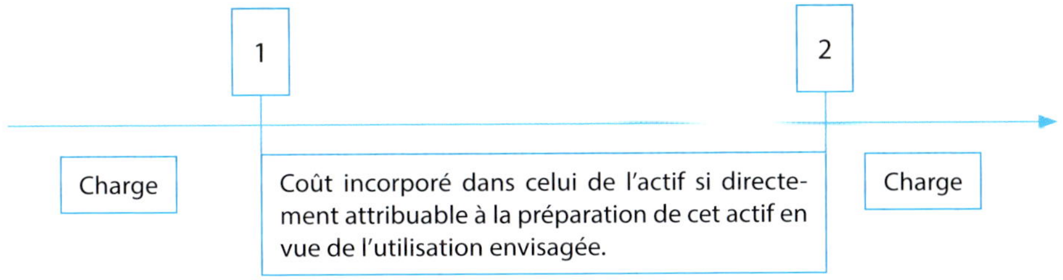

1. Décision d'acquisition de la direction et preuve d'avantages économiques futurs.
2. Immobilisation en état de fonctionner selon l'utilisation prévue par la direction.

c) Cas particulier des droits de mutation, honoraires, commissions et frais d'actes

La définition des coûts directement attribuables à l'acquisition ou à la construction de l'actif inclut les droits de mutation, honoraires ou commissions et frais d'actes. Le PCG prévoit toutefois un traitement alternatif dans les comptes individuels : ces frais peuvent, sur option, être comptabilisés en charges (PCG – article 213-22).

› Voir texte de référence 2

Dans les comptes individuels, deux méthodes comptables sont donc autorisées :

- le rattachement au coût d'acquisition de l'immobilisation (méthode de référence – PCG article 121-5) ;
- la comptabilisation en charges (attention : cette solution n'est pas compatible avec le référentiel IFRS).

La comptabilisation en charges permet de ne pas pénaliser les entreprises d'une perte éventuelle de la déductibilité fiscale. En effet, leur inclusion dans le coût de l'immobilisation a pour conséquence d'étaler leur déduction fiscale (au fur et à mesure de l'amortissement du bien) ou même de la reporter jusqu'à la date de sortie de l'immobilisation dans le cas d'immobilisations non amortissables (fonds de commerce par exemple).

Le choix de méthode comptable concernant le traitement des frais d'acquisition d'immobilisations s'applique à toutes les immobilisations corporelles et incorporelles acquises. Une option distincte s'applique aux titres immobilisés, y compris les titres de participation, et aux titres de placement (avis 2005-J du 6 décembre 2005 du CU du CNC).

d) Cas particulier des droits de mutation, honoraires, commissions et frais d'actes frais de formation externes

Le règlement ANC 2019-09 du 18 décembre 2019 énonce que les frais externes afférents à des formations nécessaires à la mise en service de l'immobilisation peuvent, sur option :

- être rattachés au coût d'acquisition de l'immobilisation ;
- ou comptabilisés en charges.

Cette option est exercée indépendamment de celle concernant les frais d'acquisition d'immobilisations (droits de mutation, honoraires…).

mentionnées ci-dessus comprend toutes les dépenses pouvant lui être directement attribuées et qui sont nécessaires à la création, la production et la préparation de l'actif afin qu'il soit en mesure de fonctionner selon l'utilisation prévue par la direction (PCG – article 213-27).

❯ Voir texte de référence 3

Cette définition du coût d'une immobilisation incorporelle générée en interne est homogène avec celle du coût d'acquisition ou de production d'une immobilisation corporelle en termes :
- d'inclusion des seuls coûts directement attribuables ;
- de période d'incorporation des coûts que l'on peut schématiser comme suit :

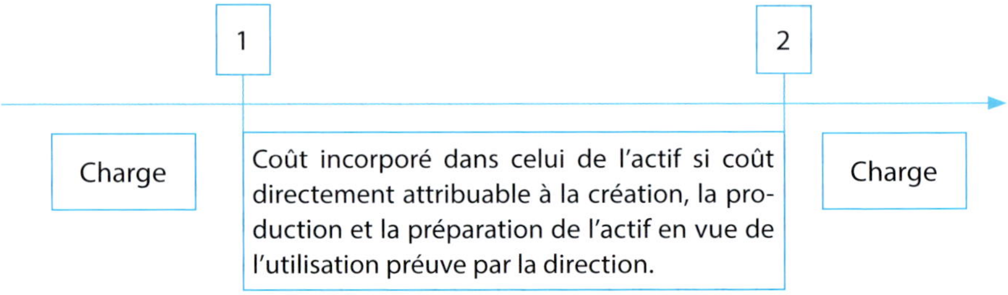

1. Date à laquelle les six critères d'activation sont réunis.
2. Immobilisation en état de fonctionner selon l'utilisation prévue par la direction.

Les frais de développement ne sont activables qu'à partir de la date à laquelle les conditions d'activation sont remplies. Les dépenses comptabilisées en charges antérieurement à cette date ne peuvent plus être activées.

Exemple 1

Constituent des coûts de développement :
- les coûts au titre des matériaux et services utilisés ou consommés pour générer l'immobilisation incorporelle ;
- les salaires et autres coûts liés aux personnels directement engagés pour générer l'actif ;
- les droits d'enregistrement ;
- l'amortissement des brevets acquis et licences utilisés pour générer l'actif ;
- les coûts de dépôt de brevet ;
- les coûts directement liés à l'acquisition et au développement de logiciels (logiciels de gestion intégrés).

Entrent dans les coûts non attribuables aux coûts de développement :
- les coûts de vente, coûts administratifs et autres frais généraux, à moins que ces dépenses puissent être directement attribuées à la préparation de l'actif en vue de son utilisation ;
- les inefficiences clairement identifiées et les pertes opérationnelles initiales encourues avant qu'un actif n'atteigne le niveau de performance prévu ;
- les dépenses au titre de la formation du personnel réalisée pour utiliser l'actif.

Source : extrait de l'avis 2004-15 du CNC.

Exemple 2

La société Arwind, dont l'exercice coïncide avec l'année civile, engage des frais de développement entre le 1er avril N et le 1er mars N + 1 pour un montant total de 25 000 €. Le détail des frais engagés s'établit comme suit :
- entre le 1er avril N et le 14 octobre N : 10 500 ;
- entre le 15 octobre N et le 31 décembre N : 10 000 ;
- entre le 1er janvier N + 1 et le 31 janvier N + 1 : 2 000 ;
- entre le 1er février N + 1 et le 1er mars N + 1 : 2 500.

Les critères de reconnaissance du caractère immobilisable des dépenses sont réunis le 15 octobre N.

L'actif est en état d'utilisation le 1er février N + 1.

Les coûts engagés entre le 1er février et le 1er mars N + 1 correspondent aux pertes opérationnelles initiales relatives au projet.

Déterminons le montant immobilisable des frais de développement, sachant que la société a opté pour la comptabilisation à l'actif des frais de développement.

Les dépenses engagées en dehors de la période de production ne sont pas incorporables au coût d'une immobilisation incorporelle générée en interne. Elles constituent des charges. Il s'agit des coûts engagés avant la réunion des six critères d'activation (10 500) et de ceux engagés après la date de mise en état de fonctionner de l'immobilisation (2 500).

Le coût de l'immobilisation incorporelle générée en interne correspond donc aux dépenses engagées entre le 15 octobre N et le 31 janvier N + 1, soit : 10 000 + 2 000 = 12 000.

5. Schémas comptables

La production d'une immobilisation incorporelle générée en interne est comptabilisée en plusieurs phases :

1. Les dépenses sont comptabilisées en comptes de charges par nature au fur et à mesure de leur réalisation.
2. Si l'opération n'est pas achevée à la clôture de l'exercice, ces charges sont neutralisées à partir de la date à laquelle les six conditions d'activation sont réunies, en créditant le compte 721. Production immobilisée – Immobilisations incorporelles par le débit du compte 203. Frais de recherche et de développement, s'il s'agit de coûts de développement, ou par celui du compte 232. Immobilisations incorporelles en cours pour les autres éléments incorporels.
3. À l'achèvement du projet, l'immobilisation incorporelle est enregistrée au débit du compte d'immobilisation incorporelle concerné ou à celui du compte 203. Frais de recherche et de développement, par le crédit des comptes 232. Immobilisations incorporelles en cours pour la partie en cours à la clôture de l'exercice précédent, et 721. Production immobilisée – Immobilisations incorporelles pour les coûts engagés durant la période en cours.
4. Si l'entreprise a opté pour l'incorporation des coûts d'emprunt, ces derniers sont enregistrés d'abord en charges financières, puis contre-passés par le crédit du compte 796. Transferts de charges financières, afin de ne pas fausser le résultat courant de l'entité.
5. La production par l'entité de biens immatériels utilisés pour les besoins de son exploitation s'analyse au plan fiscal comme une prestation de services. La livraison à soi-même n'est donc pas soumise à la TVA.

Exemple

Comptabilisons les frais de développement de la société Arwind selon les données de l'exemple ci-dessus.

Remarque : la TVA est négligée dans cet exemple.

		1/04/N au 31/12/N			
6		Comptes de charges par nature		20 500	
	512/401	Banques/Fournisseurs			20 500
		31/12/N			
203		Frais de recherche et de développement		10 000	
	721	Production immobilisée - Immobilisa. incorporelles			10 000
		1/01/N+1 au 1/03/N+1			
6		Comptes de charges par nature		4 500	

512/401	Banques/Fournisseurs		4 500
	31/01/N+1		
203	Frais de recherche et de développement	2 000	
721	Production immobilisée - Immobilisa. incorporelles		2 000

6. Dépenses non admises comme coûts activables de développement

Les dépenses suivantes ne répondent pas aux critères d'activation car elles ne peuvent pas être distinguées du coût de développement de l'activité dans son ensemble (PCG – article 212-3-3) :

– création en interne de fonds commerciaux ;

– création en interne de marques ;

– création en interne de titres de journaux, de magazines et autres éléments similaires en substance.

À ces dépenses, il convient d'ajouter celles engagées ultérieurement relatives à ces dépenses internes, comme, par exemple, les frais de dépôt d'une marque créée en interne.

C'est donc le critère d'évaluation fiable du coût qui n'est pas rempli pour ce type d'incorporels générés en interne.

+

Traitement fiscal des immobilisations incorporelles générées en interne

• Dépenses de recherche et développement

Sur le plan fiscal, les mêmes définitions qu'en comptabilité sont retenues. Ainsi, les mêmes critères d'immobilisation des coûts de développement que ceux prévus par le PCG s'appliquent en fiscalité.

Par ailleurs, l'instruction fiscale du 30 décembre 2005 (§ 18) précise, s'agissant des dépenses de développement, que le traitement comptable retenu par l'entreprise d'activation ou de déduction en charges de ces dépenses détermine le régime fiscal applicable à ces dépenses. L'option prise par l'entreprise sur le plan comptable constitue par conséquent une décision de gestion qui lui est opposable.

• Frais de dépôt de marques créées en interne

Les dépenses engagées pour créer en interne notamment des marques ne doivent pas être comptabilisées en tant qu'immobilisations incorporelles, dans la mesure où ces dépenses ne peuvent pas être distinguées du coût de développement de l'activité dans son ensemble. Il en va de même des coûts ultérieurement engagés relatifs à ces dépenses internes.

Du point de vue fiscal, les coûts de cette nature, notamment les frais de recherche d'antériorité et de dépôt de marque à l'INPI ou de renouvellement liés aux marques développées en interne, doivent également être déduits immédiatement en charges. L'instruction fiscale du 30 décembre 2005 (§ 13) aligne sur ce point la fiscalité sur la comptabilité.

• Brevets développés en interne

Comptablement, les brevets créés en interne peuvent être immobilisés ou comptabilisés en charges dans les mêmes conditions que les frais de développement. Fiscalement, il convient d'appliquer aux frais de dépôt de brevets le régime suivant : ces frais sont en principe constitutifs d'immobilisations incorporelles, mais peuvent faire l'objet d'une déduction immédiate si l'option en ce sens a été exercée globalement pour l'ensemble des frais de développement par l'entreprise (instruction fiscale du 30 décembre 2005, § 18).

Contexte SA Technik

Analyser la nature des dépenses engagées au titre de la mise au point du nouveau procédé de fabrication et en déduire les écritures comptables correspondantes.

III Traitement comptable des dépenses ultérieures

A) Règles générales

Les dépenses ultérieures relatives à une immobilisation ne sont activables que si les deux conditions suivantes sont simultanément réunies (PCG – article 212-1) :
- il est probable que l'entité bénéficiera des avantages économiques futurs correspondants ;
- son coût ou sa valeur peut être évaluée avec une fiabilité suffisante.

Ces critères de distinction entre charges et immobilisations s'appliquent à toutes les immobilisations mais plus particulièrement aux immobilisations incorporelles.

B) Application aux immobilisations incorporelles

Selon l'avis 2004-15 du CNC (§ 4.3.3.), les dépenses ultérieures effectuées sur des immobilisations incorporelles sont rarement activables.

En effet, ces dépenses correspondent le plus souvent à :
- des dépenses courantes d'entretien et de maintenance des éléments existants, qui n'augmentent pas les avantages économiques futurs ;
- ou des dépenses non directement attribuables à une immobilisation spécifique, mais à l'activité dans son ensemble.

IV L'amortissement d'une immobilisation incorporelle

L'ensemble des règles générales relatives à l'amortissement des immobilisations corporelles sont applicables aux immobilisations incorporelles (voir chapitre 5 § IV A, B et C) :
- seules les immobilisations incorporelles dont la durée d'utilisation par l'entité est limitée sont amortissables ;
- le plan d'amortissement d'une immobilisation incorporelle est la traduction comptable de la répartition de la valeur amortissable de cette immobilisation selon le rythme de consommation des avantages économiques attendus en fonction de son utilisation probable.

Notons toutefois que la prise en compte de la valeur résiduelle dans la base d'amortissement d'une immobilisation incorporelle est peu probable car *a priori* non mesurable sauf dans les deux cas suivants :
- un tiers s'est engagé à racheter l'actif à la fin de sa durée d'utilisation ;
- il existe un marché permettant de déterminer la valeur résiduelle de manière fiable (ex. : licence de taxi).

Nous allons préciser comment la notion d'actif amortissable s'apprécie pour les immobilisations incorporelles, avant d'étudier les règles d'amortissement spécifiques à certaines catégories d'actifs incorporels.

A) Le caractère amortissable d'une immobilisation incorporelle

Les actifs incorporels peuvent avoir une durée d'utilisation limitée ou non.

1. Facteurs d'appréciation de la durée d'utilisation

La note de présentation du règlement ANC 2015-06 précise les facteurs suivants à prendre en compte pour déterminer la durée d'utilisation d'une immobilisation incorporelle :

- les cycles de vie des produits résultant de l'actif et les informations publiques concernant l'estimation de la durée d'utilisation d'actifs similaires qui sont utilisés de façon similaire ;
- l'obsolescence technologique, commerciale ou autre ;
- la stabilité du secteur d'activité dans lequel l'actif est utilisé et l'évolution de la demande portant sur les produits ou les services résultant de l'actif ;
- les actions attendues des concurrents ou des concurrents potentiels ;
- le niveau des dépenses de maintenance à effectuer pour obtenir les avantages économiques futurs attendus de l'actif ainsi que la capacité et l'intention de l'entité d'atteindre un tel niveau ;
- le fait que la durée d'utilisation de l'actif dépend (ou non) de la durée d'utilisation d'autres actifs de l'entité.

2. Mise en œuvre des critères d'appréciation

Au regard de ces critères, à titre illustratif, certains actifs incorporels ont une durée de consommation des avantages économiques attendus limitée soit parce que la protection juridique dont ils bénéficient a un terme (brevets, licences…), soit parce que l'entité a décidé d'arrêter leur utilisation (marque…).

A contrario, l'usage est non limité dans le temps dès lors que tous les critères suivants, sont applicables à l'origine :

- physique : l'actif ne subit pas une usure physique par l'usage qu'en fait l'entité ou par le passage du temps ;
- technique : l'évolution technique ne rend pas l'actif obsolète ;
- juridique : l'utilisation n'est pas limitée dans le temps pour des raisons légales ou contractuelles ;
- économique : l'utilisation n'est pas limitée dans le temps en raison du cycle de vie des produits générés par cet actif.

Des immobilisations non amortissables à une date donnée peuvent devenir amortissables ultérieurement à la suite de changements dans les conditions d'exploitation de l'entité.

Exemple

Une marque acquise par une entreprise est exploitée par cette dernière sans échéance déterminée. Elle n'est donc pas amortie. Suite à une réorganisation des activités de l'entité, elle décide de supprimer à une échéance donnée l'exploitation de la marque. Celle-ci devient un actif amortissable. L'amortissement est pratiqué sur la durée résiduelle d'exploitation de la marque prévue par l'entité. Il s'agit d'un changement d'estimation comptable.

B) Règles d'amortissement spécifiques à certaines immobilisations incorporelles

1. L'amortissement des frais de développement

a) Durée d'amortissement

Les coûts de développement immobilisés doivent être amortis selon le PCG sur leur durée réelle d'utilisation.

L'article R. 123-187 du Code de commerce précise que les frais de développement sont amortis sur la durée d'utilisation estimée des projets et que cette durée est justifiée dans l'annexe. Si leur durée d'utilisation ne peut pas être déterminée de manière fiable, les frais de développement sont amortis sur une durée maximale de cinq ans.

Toutefois, en cas d'échec du projet, les frais correspondants sont immédiatement amortis par le débit du compte 687. Dotations aux amortissements, dépréciations et provisions – Charges exceptionnelles (PCG – article 942-20). En effet, ne peuvent être maintenus à l'actif des projets pour lesquels la probabilité d'obtention d'avantages économiques futurs n'existe plus.

b) Date de début d'amortissement

En application des règles comptables générales en matière d'amortissement, les frais de développement sont amortis à compter de la date de début de consommation des avantages économiques futurs, c'est-à-dire le début d'utilisation ou de vente du produit ou du procédé.

Exemple

Comptabilisons l'amortissement des frais de développement de la société Arwind selon les données de l'exemple précédent, en supposant que la durée d'obtention des avantages économiques est estimée à trois ans.

– Montant des frais de développement activés : 12 000 €.

– Date de début de consommation des avantages économiques futurs : 1er février N + 1.

– Dotation comptable aux amortissements de N + 1 : 12 000 × 33,1 / 3 % × 11 / 12 = 3 667.

	31/12/N+1		
68111	Dotations aux amortissements des immobilisa. incorporelles	3 667	
2803	Amorts des imm. incorporelles - Frais de R&D		3 667

c) Frais de développement et distribution de dividendes

Tant que les frais de développement ne sont pas complètement amortis, l'entité ne peut procéder à aucune distribution de dividendes, sauf si le montant des réserves libres est au moins égal à celui des frais non amortis (Code de commerce art. R. 123-187).

Exemple

Les capitaux propres de la SA Renult se présentent comme suit au 31 décembre N :

Capital :	100 000
Réserve légale :	10 000
Réserve facultative :	8 000
Résultat	25 000
Total	**143 000**

Par ailleurs, à l'actif de la SA Renult au 31 décembre N figurent des frais de développement.

Hypothèse 1 : montant net des frais de développement : 15 000.

Hypothèse 2 : montant net des frais de développement : 5 000.

Dans l'hypothèse 1, le montant net des frais de développement (15 000) est supérieur à celui des réserves libres (réserve facultative de 8 000), la SA Renult ne peut pas distribuer de dividendes.

Dans l'hypothèse 2, le montant net des frais de développement (5 000) est inférieur à celui des réserves libres (réserve facultative de 8 000), la SA Renult peut procéder à une distribution de dividendes.

+ Règles fiscales d'amortissement des frais de développement

L'instruction fiscale du 30 décembre 1985 (§ 137) précise que les frais de développement devraient être amortis sur la durée prévisible d'utilisation des résultats de la recherche et des développements activés, dans la limite de cinq ans sauf cas exceptionnels.

Le point de départ de l'amortissement fiscal coïncide avec celui de l'amortissement comptable (mise à jour base BOFiP du 01/12/2014).

2. L'amortissement des brevets

a) Durée d'amortissement

Les brevets ont une durée d'utilisation finie correspondant à celle de leur protection juridique, en principe égale à vingt ans. Toutefois, leur durée d'amortissement comptable peut être plus courte si la durée effective d'utilisation du brevet est plus brève.

b) Date de début d'amortissement

Compte tenu des règles comptables générales applicables en matière d'amortissement, un brevet acquis devrait être amorti à compter de sa date d'acquisition, et un brevet créé à compter de sa date de dépôt.

+ Règles fiscales d'amortissement des brevets

Sur le plan fiscal, l'instruction du 30 décembre 1985 (§ 138) admet que les brevets inscrits à l'actif du bilan puissent être amortis sur une durée équivalente à celle de leur protection juridique, ou sur la durée réelle d'utilisation si elle est inférieure. Elle réaffirme par ailleurs la position de la documentation administrative, selon laquelle les dépenses d'acquisition ou de dépôt de brevets peuvent être amorties sur une période minimale de cinq ans, à condition que la même durée soit retenue en comptabilité. Cette condition empêche la constatation d'amortissements dérogatoires au titre des brevets et fausse ainsi la dotation aux amortissements comptables si l'entité utilise le bien sûr une durée supérieure à cinq ans, tout en souhaitant bénéficier de la déductibilité la plus rapide de ses amortissements. La comptabilité doit s'aligner sur la fiscalité.

3. L'amortissement du fonds commercial

L'article 214-3 du PCG prévoit que le fonds commercial est présumé avoir une durée d'utilisation non limitée, et n'est donc pas amortissable.

Il s'agit toutefois d'une présomption simple. Ainsi, si une durée d'utilisation limitée peut être déterminée au regard de critères physiques, techniques, juridiques ou économiques, le fonds commercial est amorti sur cette durée.

La note de présentation du règlement ANC 2015-06 fournit deux exemples pour lesquels la présomption de durée d'utilisation du fonds commercial non limitée est réfutée :

- le fonds commercial est adossé à un contrat ou à une autorisation légale ayant une durée d'utilisation limitée comme un contrat de concession ou une autorisation d'extraction d'une mine ;
- une décision d'arrêter l'activité à laquelle le fonds commercial est rattaché est prise par l'entité.

Dans ces deux cas, le fonds commercial est amorti sur sa durée d'utilisation.

Toutefois, dans des cas exceptionnels, lorsque la durée d'utilisation des éléments du fonds de commerce inscrits au poste « fonds commercial » ne peut être déterminée de façon fiable, ces éléments sont amortis sur une période de 10 ans (Code de commerce – article R123-187 et PCG – article 214-3).

Enfin, dans un objectif de simplification, le PCG (article 214-3) permet aux petites entreprises définies à l'article L. 123-16 du Code de commerce d'amortir sur 10 ans tous les fonds commerciaux inscrits à leur bilan.

Rappelons que les petites entreprises sont celles qui ne dépassent pas, à la clôture de l'exercice, deux des trois critères suivants :

- un total du bilan inférieur ou égal à 6 000 000 € ;
- un chiffre d'affaires inférieur ou égal à 12 000 000 € ;
- un nombre moyen de salariés permanents employés au cours de l'exercice inférieur ou égal à 50.

Cette mesure simplificatrice d'amortissement du fonds commercial permet aux petites entreprises de ne pas avoir à réaliser le test annuel de dépréciation (voir *infra* V.B.).

Lorsqu'une entreprise qui appliquait la mesure simplificatrice dépasse les seuils de la petite entreprise, elle peut maintenir le plan d'amortissement sur 10 ans des fonds commerciaux inscrits à son bilan à la date de dépassement des seuils. En revanche, le plan d'amortissement des fonds commerciaux inscrits au bilan postérieurement à la date de dépassement des seuils est défini conformément à la règle générale (PCG art. 214-3).

+

Traitement fiscal du fonds commercial

Le fonds commercial n'est pas amortissable (arrêt du conseil d'État du 1er octobre 1999) car il ne se déprécie pas de manière irréversible.

En revanche, le CGI (article 38 *sexies* à l'annexe III) précise que la dépréciation des immobilisations qui ne se déprécient pas de manière irréversible, notamment les fonds de commerce, donne lieu à la constitution de provisions.

4. L'amortissement des frais d'établissement

a) Durée d'amortissement

« [...] Les frais d'établissement sont amortis selon un plan et dans un délai maximum de cinq ans » (PCG – article 212-9).

Cette règle est identique au plan fiscal.

b) Frais d'établissement et distribution de dividendes

Comme pour les frais de développement, l'entité ne peut procéder à aucune distribution de dividendes tant que les frais d'établissement ne sont pas complètement amortis, sauf s'il existe des réserves libres d'un montant au moins équivalent à celui des frais non amortis (Code de commerce, art. R. 123-187).

Ne sont pas concernés par cette disposition les frais de constitution, qui doivent systématiquement être amortis avant toute distribution de bénéfices (Code de commerce – article L. 232-9). À défaut, le délit de distribution de dividendes fictifs serait encouru.

Contexte SA Technik

Déterminer les modalités d'amortissement du brevet et comptabiliser l'annuité d'amortissement au titre de l'exercice N.

Déterminer les modalités d'amortissement de la marque Electra en supposant qu'elle a été acquise.

V La dépréciation d'une immobilisation incorporelle

A) Règles générales

L'ensemble des règles relatives à la dépréciation des immobilisations corporelles sont applicables aux immobilisations incorporelles (voir chapitre 5, § V).

Exemple

Un brevet figure à l'actif de la société Jacquin pour une VNC au 31 décembre N de 30 000 €. Sa durée d'utilisation résiduelle est de 3 ans. Il fait l'objet d'un amortissement linéaire.

Compte tenu de l'évolution technologique, l'entreprise met en œuvre le test de perte de valeur. En l'absence de valeur vénale du brevet, la valeur d'usage est déterminée d'après les flux nets de trésorerie suivants :

- N + 1 : 15 000 € ;
- N + 2 : 10 000 € ;
- N + 3 : 2 000 €.

Le taux d'actualisation retenu est de 5 %.

Déterminons si l'entreprise doit constater une dépréciation du brevet au 31 décembre N et quelles sont les conséquences comptables de cette dépréciation éventuelle, en l'absence de remise en cause de la durée d'utilisation du brevet.

La valeur d'usage du brevet au 31 décembre N ressort à :

$15\,000 / 1{,}05 + 10\,000 / 1{,}05^2 + 2\,000 / 1{,}05^3 = 25\,084$ €.

En l'absence de valeur vénale, la valeur actuelle est égale à la valeur d'usage.

La valeur nette comptable du brevet (30 000) excède sa valeur actuelle (25 084).

Une dépréciation de 30 000 – 25 084 = 4 916 doit être constatée :

	31/12/N		
68161	Dotations pour dépréciations des immobilisations incorporelles	4 916	
2905	Dépréciations des immobilisations incorporelles - Marques …		4 916

La nouvelle base amortissable du brevet s'élève à : VNC avant dépréciation – dépréciation = 30 000 – 4 916 = 25 084.

La durée d'utilisation résiduelle est de 3 ans.

L'annuité d'amortissement N + 1 sera de : 25 084 / 3 = 8 361 €.

B) Cas particulier du fonds commercial

1. Test de dépréciation obligatoire pour les fonds commerciaux non amortis

Les fonds commerciaux qui ne sont pas amortis (durée d'utilisation non limitée), doivent faire l'objet d'un test de dépréciation au moins une fois par exercice qu'il existe ou non un indice de perte de valeur (PCG – article 214-15).

Ce test permet de s'assurer que les fonds commerciaux ne sont pas surévalués (valeur actuelle < VNC). Dans la pratique, le test de dépréciation n'est pas facile à réaliser, car il n'y a pas de valeur vénale pour un fonds de commerce qui est par nature spécifique. De plus, s'agissant de la valeur d'usage, un fonds commercial ne génère pas de façon isolée des avantages économiques futurs. Il convient donc de déterminer le groupe d'actifs auquel il appartient.

La note de présentation du règlement ANC 2015-06 précise que le fonds commercial est généralement affecté à un groupe d'actifs ou un regroupement de groupes d'actifs pour pouvoir être testé. Pour cette affectation, il convient de retenir le niveau pertinent de l'entité auquel le fonds commercial est géré et ses performances suivies.

2. Allocation de la dépréciation

Lorsqu'une dépréciation est comptabilisée dans un groupe d'actifs, cette dépréciation est allouée en premier au fonds commercial, puis aux autres actifs appartenant à ce groupe d'actifs.

3. Caractère irréversible de la dépréciation du fonds commercial

Par exception aux dépréciations relatives aux immobilisations corporelles et aux autres immobilisations incorporelles, les dépréciations comptabilisées sur le fonds commercial ne sont jamais reprises (PCG – article 214-19).

Contexte SA Technik

La SA Technik doit-elle pratiquer un test de dépréciation du brevet à la clôture de l'exercice N ?

La SA Technik doit-elle pratiquer un test de dépréciation de la marque Electra à la clôture de l'exercice N en supposant qu'elle a été acquise ?

VI L'évaluation d'une immobilisation incorporelle à la sortie du patrimoine

Les enregistrements comptables liés à la sortie du patrimoine d'une immobilisation incorporelle concernent :

– la constatation de l'annuité d'amortissement au titre de l'exercice de cession ;

– la constatation du prix de cession ;

– la sortie de l'immobilisation du patrimoine ;

– la reprise des amortissements dérogatoires et dépréciations éventuels.

Les règles sont identiques à celles afférentes à la sortie d'une immobilisation corporelle évoquées au chapitre 5 (§ VI).

VII Les informations à fournir en annexe

Les informations à fournir en annexe sont identiques à celles concernant les immobilisations corporelles (cf. chapitre 5. § VII). Des spécificités concernent les frais de développement et le fonds commercial (PCG, article 832-5).

A) Frais de développement

En matière de frais de développement, l'entité doit préciser :

– la méthode comptable retenue : inscription à l'actif ou comptabilisation en charge ;

– en cas d'inscription à l'actif : la durée d'amortissement retenue ;

– en cas de comptabilisation en charge : le montant comptabilisé au cours de l'exercice.

B) Fonds commercial

En matière de fonds commercial, l'entité doit indiquer :

– les montants inscrits au poste ;

– leurs modalités d'amortissement et de dépréciation : mention de la durée d'utilisation, modalités de mise en œuvre du test de dépréciation et modalités d'affectation à un groupe d'actifs.

Correction contexte SA Technik

1. Marque

L'information sur l'origine de marque n'est pas communiquée. 2 hypothèses doivent être formulées.

Hypothèse 1 : la marque Electra a été acquise séparément à titre onéreux : elle doit figurer au bilan de la SA Technik pour son prix d'achat majoré le cas échéant des coûts directement attribuables ;

Hypothèse 2 : la marque a été générée en interne. Elle ne peut dans ce cas être activée, car les coûts de création de la marque Electra ne peuvent être distingués des coûts de développement de l'activité de la SA Technik dans son ensemble.

2. Immobilisation incorporelle générée en interne

La recherche de solutions alternatives pour développer un nouveau procédé fait partie des activités dites de recherche. Les dépenses correspondantes (37 000 €) doivent être constatées en charge, car la probabilité d'obtention d'avantages économiques est incertaine.

Les tests sur le nouveau procédé (12 000 €) font partie des activités dites de développement. Les dépenses correspondantes doivent être activées dans la mesure où la SA Technik a choisi la méthode de référence de comptabilisation des dépenses de R & D.

Le coût de production du brevet est égal aux coûts de développement, majorés des coûts directement attribuables, c'est-à-dire les frais de dépôt du brevet auprès de l'INPI : 12 000 + 4 000 = 16 000 €.

	31/07/N		
203	Frais de recherche et de développement	12 000	
721	Production immobilisée – Immobilisa. incorporelles		12 000
	1/09/N		
205	Concessions et droits similaires	16 000	
512	Banques		4 000
203	Frais de recherche et de développement		12 000

3. Amortissement d'une immobilisation incorporelle

Modalités d'amortissement du brevet : le brevet est amorti en linéaire sur 5 ans à compter de sa date de dépôt, soit le 1/09/N. L'annuité d'amortissement au titre de l'exercice N est de : 16 000 × 20 % × 4 / 12 = 1 067.

	31/12/N		
68111	Dotations aux amortissements des immobilisa. incorporelles	1 067	
2805	Amorts concessions et droits similaires		1 067

Modalités d'amortissement de la marque Electra en supposant qu'elle a été acquise : Si la marque Electra est exploitée sans échéance déterminée, il s'agit d'une immobilisation incorporelle à durée d'utilisation non limitée. En conséquence, la marque n'est pas amortie.

4. Dépréciation d'une immobilisation incorporelle

Brevet : un test de dépréciation du brevet ne sera réalisé qu'en cas d'indice de perte de valeur de celui-ci.

Marque : un test de dépréciation de la marque Electra ne sera réalisé qu'en cas d'indice de perte de valeur de celle-ci. La réglementation comptable française sur ce point diffère des IFRS qui prévoient que les immobilisations incorporelles non amorties doivent faire l'objet chaque année d'un test de dépréciation.

Synthèse

Définition et éléments constitutifs

A) Définition

Une immobilisation incorporelle est un actif non monétaire sans substance physique.

En tant qu'actif, le caractère identifiable d'une immobilisation incorporelle doit être démontré par la réalisation de l'une des deux conditions suivantes :

- l'immobilisation est séparable des activités de l'entité, c'est-à-dire susceptible d'être vendue, transférée, louée ou échangée de manière isolée ou avec un contrat, un autre actif ou un passif ;
- l'immobilisation résulte d'un droit légal ou contractuel.

B) Types d'immobilisations incorporelles

Les immobilisations incorporelles peuvent être scindées en trois catégories :

- les immobilisations incorporelles représentatives d'un droit de propriété (brevet, logiciel, fonds commercial, marque acquise, etc.) ;
- les immobilisations incorporelles générées en interne (frais de développement) ;
- les autres éléments susceptibles d'être portés en immobilisations incorporelles en application de textes de niveau supérieur (frais d'établissement).

Évaluation d'une immobilisation incorporelle à la date d'entrée

A) Coût d'entrée

Le coût d'entrée d'une immobilisation incorporelle acquise à titre onéreux est égal à son coût d'acquisition constitué :

- de son prix d'achat, y compris les droits de douane et taxes non récupérables, après déduction des remises, rabais commerciaux et escomptes de règlement,
- et de tous les coûts directement attribuables à la préparation de cet actif en vue de son utilisation,
- des coûts d'emprunts (sur option comptable d'activation et pour les actifs éligibles).

Les frais externes de formation nécessaires à la mise en service de l'immobilisation peuvent, sur option être rattachés au coût d'acquisition de l'immobilisation ou comptabilisés en charges.

Dans les comptes individuels, deux méthodes comptables sont autorisées pour la comptabilisation des droits de mutation, honoraires ou commissions et frais d'actes :

- le rattachement au coût d'acquisition de l'immobilisation (méthode de référence) ;
- la comptabilisation en charges (solution non compatible avec le référentiel IFRS).

Ces deux options peuvent être exercées indépendamment l'une de l'autre.

B) Cas des immobilisations incorporelles générées en interne

Concernant les immobilisations incorporelles générées en interne, deux phases doivent être distinguées :

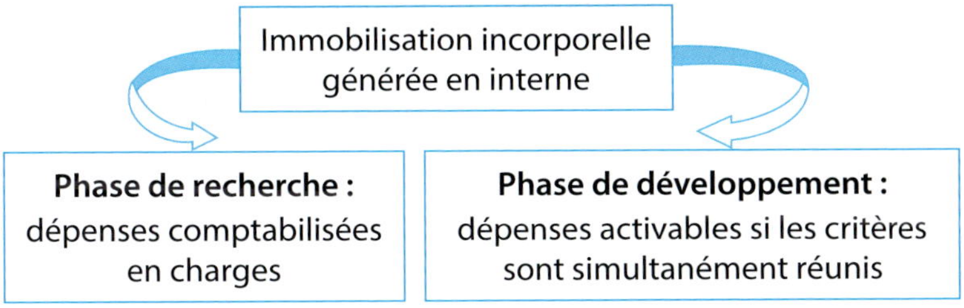

La méthode comptable retenue relative à la comptabilisation des frais de développement doit être appliquée à l'intégralité des actifs concernés de l'entreprise et non pas projet par projet. Elle doit faire l'objet d'une mention dans l'annexe. La comptabilisation à l'actif des coûts de développement constitue la méthode de référence. L'autre méthode est la constatation en charges des coûts de développement.

Amortissement d'une immobilisation incorporelle

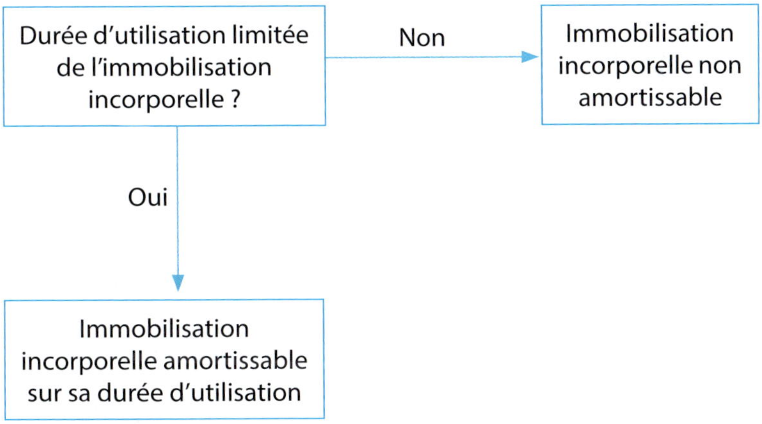

Cas particulier du fonds commercial :

- le fonds commercial est présumé avoir une durée d'utilisation non limitée et n'est donc pas amortissable ;
- lorsque sa durée d'utilisation ne peut être déterminée de façon fiable, il est amorti sur une période de 10 ans ;
- les petites entreprises sont également autorisées à amortir sur 10 ans tous les fonds commerciaux inscrits à leur bilan.

Synthèse

Dépréciation d'une immobilisation incorporelle

La dépréciation d'une immobilisation incorporelle est égale à l'excédent de sa valeur nette comptable sur sa valeur actuelle. Elle est déterminée selon les modalités suivantes :

Étape 1 : Identification d'une perte de valeur

→ Non : **Rien à faire**, sauf fonds commercial non amorti (test de dépréciation obligatoire)

↓ Oui

Étape 2 : Test de dépréciation

↓

Étape 3 : Comptabilisation si dépréciation [VNC – (valeur vénale ou valeur d'usage)]

La comptabilisation d'une dépréciation modifie de manière prospective la base amortissable de l'actif déprécié :

nouvelle base amortissable = VNC avant dépréciation – dépréciation.

La disparition ou la diminution de l'indice de perte de valeur peut ramener la valeur actuelle de l'actif à un montant supérieur à sa valeur nette comptable et justifier une reprise de dépréciation. Cette dernière est toutefois plafonnée : « La valeur nette comptable d'un actif, augmentée suite à la reprise d'une dépréciation, ne doit pas être supérieure à la valeur nette comptable qui aurait été déterminée si aucune dépréciation n'avait été comptabilisée pour cet actif au cours des exercices antérieurs ».

Par exception, les dépréciations comptabilisées sur le fonds commercial ne sont jamais reprises.

Sortie du patrimoine d'une immobilisation incorporelle

Qu'elle soit volontaire (vente, mise au rebut) ou forcée (expropriation, sinistre), la sortie du patrimoine d'une immobilisation incorporelle implique :

- la constatation de l'annuité d'amortissement au titre de l'exercice de sortie ;
- la constatation du prix de cession ;
- la sortie de l'immobilisation du patrimoine ;
- la reprise des amortissements dérogatoires et dépréciations éventuels.

Références

- Règlement ANC 2014-03 relatif au Plan comptable général.
- Règlement ANC 2015-06 modifiant le règlement ANC 2014-03 relatif au Plan comptable général.
- Note de présentation du règlement ANC 2015-06 modifiant le règlement ANC 2014-03 relatif au Plan comptable général.
- Avis CNC 2004-15 relatif à la définition, la comptabilisation et l'évaluation des actifs.
- Avis 2005-J du Comité d'urgence du CNC relatif aux modalités d'exercice de l'option de comptabilisation des droits de mutation, honoraires, commissions et frais d'acte.
- Code Général des Impôts.
- Instruction fiscale du 30/12/05.

1 PCG – article 211-5

Une immobilisation incorporelle est un actif non monétaire sans substance physique [...].

2 PCG – article 213-22

Le coût d'acquisition d'une immobilisation incorporelle acquise séparément est constitué de :

- son prix d'achat, y compris les droits de douane et taxes non récupérables, après déduction des remises, rabais commerciaux et escomptes de règlement, et
- de tous les coûts directement attribuables à la préparation de cet actif en vue de l'utilisation envisagée.

Les frais externes de formation nécessaires à la mise en service de l'immobilisation peuvent, sur option être rattachés au coût d'acquisition de l'immobilisation ou comptabilisés en charges.

Dans les comptes individuels, les droits de mutation, honoraires ou commissions et frais d'acte, liés à l'acquisition, peuvent sur option, être rattachés au coût d'acquisition de l'immobilisation ou comptabilisés en charges. Leur rattachement au coût d'acquisition de l'immobilisation constitue la méthode de référence.

Ces deux options peuvent être exercées indépendamment l'une de l'autre.

3 PCG – article 213-27

Le coût d'une immobilisation incorporelle générée en interne, répondant aux conditions de comptabilisation prévues à l'article 212-3/2, comprend toutes les dépenses pouvant lui être directement attribuées et qui sont nécessaires à la création, la production et la préparation de l'actif afin qu'il soit en mesure de fonctionner selon l'utilisation prévue par la direction.

Applications

Comprendre les notions

Application 4 QCM

Retrouvez la ou les réponses exactes.

1. Les frais de constitution de société :
- ☐ peuvent être activés.
- ☐ doivent être comptabilisés en charges.
- ☐ doivent être comptabilisés à l'actif.
- ☐ peuvent être comptabilisés en charges (méthode de référence).

2. Une marque générée en interne doit être enregistrée en immobilisation incorporelle :
- ☐ Vrai
- ☐ Faux

3. Quels sont les traitements comptables possibles des frais d'augmentation de capital ?
- ☐ Comptabilisation en charges.
- ☐ Comptabilisation en immobilisation corporelle.
- ☐ Comptabilisation en immobilisation incorporelle.
- ☐ Comptabilisation en immobilisation financière.
- ☐ Imputation sur la prime d'émission et constatation en charge du surplus éventuel.

4. Les frais d'établissement sont amortis :
- ☐ sur une durée maximale de 3 ans.
- ☐ sur une durée maximale de 5 ans.
- ☐ sur une durée maximale de 10 ans.
- ☐ sur leur durée probable d'utilisation.

5. Les frais de développement :
- ☐ doivent être comptabilisés en charges.
- ☐ doivent être comptabilisés en immobilisation incorporelle.
- ☐ sont comptabilisés en charge ou en immobilisation incorporelle, projet par projet.
- ☐ sont comptabilisés en charge ou en immobilisation incorporelle en fonction de la méthode comptable choisie par l'entreprise.

6. Toutes les immobilisations incorporelles sont amortissables :
- ☐ Vrai
- ☐ Faux

7. Une marque acquise est un actif amortissable :
- ☐ Systématiquement
- ☐ Jamais
- ☐ Cela dépend

8. Les dépenses constatées en charges lors de la phase recherche d'un projet peuvent être activées ultérieurement lorsque les six conditions d'activation sont réunies :
- ☐ Vrai
- ☐ Faux
- ☐ Cela dépend

9. Une entité ayant activé des frais de développement ne peut procéder à la distribution de dividendes tant que ces frais de développement ne sont pas complètement amortis :
- ☐ Vrai
- ☐ Faux
- ☐ Cela dépend

10. Une entité ayant activé des frais de constitution de société ne peut procéder à la distribution de dividendes tant que ces frais ne sont pas complètement amortis :
- ☐ Vrai
- ☐ Faux
- ☐ Cela dépend

Mettre en œuvre les compétences

Application 1 Identification d'une immobilisation incorporelle

Compétences attendues : C1

- **Complétez le tableau suivant en cochant la case adéquate afin d'identifier parmi les éléments ci-dessous ceux qui peuvent constituer des immobilisations incorporelles au sens du PCG :**

Élément	Immobilisation incorporelle selon les règles du PCG	
Brevet acquis	☐ Oui	☐ Non
Brevet créé	☐ Oui	☐ Non
Marque acquise	☐ Oui	☐ Non
Marque créée	☐ Oui	☐ Non
Frais d'augmentation de capital	☐ Oui	☐ Non
Fonds de commerce acquis	☐ Oui	☐ Non
Fonds de commerce créé	☐ Oui	☐ Non
Frais de recherche	☐ Oui	☐ Non
Coûts de développement	☐ Oui	☐ Non
Logiciel acquis	☐ Oui	☐ Non
Fichier clients acquis	☐ Oui	☐ Non
Fichier clients créé	☐ Oui	☐ Non
Droit au bail	☐ Oui	☐ Non
Frais de transformation de société	☐ Oui	☐ Non

Application 2 Coûts de développement – Frais de transformation/ Frais d'augmentation de capital

Compétences attendues : C1, C2, C3, C4 et C5

La société Devos spécialisée dans les biotechnologies pratique une politique d'activation de ses frais de développement.

L'exercice social coïncide avec l'année civile.

On vous communique les éléments d'information suivants pour la préparation des comptes annuels de l'exercice N :

1. Marques

Le conseil d'administration réuni le 1/10/N a décidé d'arrêter à fin N + 2 l'utilisation de la marque Dev + acquise en N – 9 pour un montant de 15 000 € et entretenue depuis cette date.

Une nouvelle marque Filia a été développée en interne au cours de l'exercice. Les frais de développement s'élèvent à 8 000 € et les frais de dépôt de la marque à 1 000 €.

La marque Demis acquise en N – 2 pour 12 500 € est entretenue depuis cette date. Sa valeur actuelle au 31/12/N ressort à 9 000 €.

2. Projets de recherche et développement

Projet KA : projet de recherche de solutions alternatives pour un procédé existant. Dépenses engagées en N : 5 600 €. L'entreprise n'est pas en mesure de qualifier ce projet.

Projet LM : projet de développement d'un nouvel outil engagé en N – 1. Les dépenses activées au 31/12/N – 1 ressortent à 3 000 €.

Les dépenses engagées au cours des huit premiers mois de N sur le projet sont les suivantes (en €) :

Salaires et charges sociales	8 000
Frais directs de production	4 500
Dotation aux amortissements *dont dérogatoires*	1 200 *200*
Quote-part de frais généraux (fonctions supports)	800
Frais de formation des utilisateurs	1 300

Le nouvel outil a été mis en service le 1/09/N. Sa durée d'utilisation est estimée à 5 ans. La consommation des avantages économiques est constante.

Projet PW : projet de développement amorti en linéaire sur 5 ans depuis le 1/03/N – 1. Coût activé : 15 000 €. Suite à d'importantes pertes d'exploitation, il a été décidé début N d'abandonner le projet.

3. Frais de transformation – Frais d'augmentation de capital

Durant l'exercice N, la société a changé de forme juridique, passant du statut de SARL à celui de SA. Les frais liés à l'opération se sont élevés à 9 000 €. Les frais de constitution de la société en N – 3 avaient été comptabilisés en charges.

Pour financer son développement, la société a procédé en cours d'exercice à une augmentation de capital de 60 000 € avec une prime d'émission de 6 000 €. Les frais afférents à cette opération sont de 4 000 €.

1. **Quelles sont les conséquences comptables de l'arrêt prévisible de l'utilisation de la marque Dev + ?**
2. **La marque Filia peut-elle être immobilisée ? Pour quel coût ?**
3. **Quelle est la problématique concernant la marque Demis ? Déduisez-en l'ajustement comptable nécessaire.**
4. **Indiquez le traitement comptable applicable à chaque projet de recherche et développement.**
5. **Effectuez les enregistrements comptables nécessaires au 31/12/N, sachant que les dépenses engagées durant l'exercice ont été comptabilisées dans les comptes de charges par nature.**
6. **Précisez le (ou les) traitement(s) comptable(s) possible(s) des frais liés à la transformation juridique de la société Devos.**

7. **Précisez le (ou les) traitement(s) comptable(s) possible(s) des frais d'augmentation de capital de la société Devos, sachant que c'est la première fois que l'entité recourt à ce type d'opération.**
8. **Quelles informations devront figurer dans l'annexe de l'exercice N concernant les frais de développement ?**

Application 3 Immobilisation incorporelle générée en interne – Évaluation initiale – Amortissement – Dépréciation

Compétences attendues : C1, C2, C3, et C4

La société Andrea est un laboratoire pharmaceutique. Au 01/01/N, elle démarre un programme de recherche consistant à produire en interne le brevet d'un médicament contre le rhume. Le brevet sera prêt au début de l'exercice N + 1.

La société a déjà engagé 30 000 € de frais de recherche et développement non affectés à un projet précis, entre le 01/01/N – 1 et le 01/04/N – 1, qui ont conduit à la découverte d'une molécule utilisable dans le développement du médicament.

Les dépenses de l'exercice N sont les suivantes :

– frais de recherche : 50 000 € ;
– frais de développement : 180 000 € dont 140 000 € engagés à compter du 16/09/N ;
– frais liés à l'obtention de l'agrément de commercialisation du médicament : 16 000 €.

Les dépenses de l'exercice N + 1 sont les suivantes : frais de dépôt du brevet : 4 000 €.

L'utilisation du brevet débute le 16/01/N + 1. La durée d'utilisation prévue de ce brevet est de 4 ans. Par hypothèse, le mode d'amortissement est linéaire.

La société Andrea a choisi la comptabilisation à l'actif de ses coûts de développement.

L'exercice social coïncide avec l'année civile.

Les flux financiers nets estimés qui seront générés par l'utilisation du brevet sont les suivants (en €) :

N + 1	N + 2	N + 3	N + 4
50 000	100 000	110 000	60 000

Le taux d'actualisation retenu est de 5 %.

1. **Quel est le coût du brevet à immobiliser, sachant que les conditions d'activation ont été satisfaites le 15/09/N ?**
2. **Comptabilisez les écritures nécessaires au 31/12/N, lors de l'achèvement du brevet, et au 31/12/N + 1 (par hypothèse, la comptabilisation des charges par nature a déjà été effectuée).**
3. **Quelle est la valeur d'usage du brevet début N + 1 ?**
4. **L'arrivée sur le marché d'un médicament concurrent fin N + 1 conduit la société à revoir ses prévisions de flux de trésorerie futurs. Ceux-ci s'établissent ainsi :**

N + 2	N + 3	N + 4
50 000	40 000	20 000

Le taux d'actualisation s'élève toujours à 5 %. Le brevet n'a pas de valeur vénale. Déterminez les conséquences comptables de ces éléments.

5. **Quel est le montant de la dotation aux amortissements au titre de l'exercice N + 2 en l'absence de modification de la durée d'utilisation et du mode d'amortissement du brevet ?**

Comptabilisation initiale et ultérieure d'un fonds commercial

Compétences attendues : C1, C2, C3, C4 et C5

Cet exercice est à réaliser sans calculatrice.

La société Ricaud, dans le cadre de ses projets de développement, a acquis début janvier N un fonds commercial moyennant le paiement de redevances annuelles pendant 5 ans.

La société Ricaud estime que le chiffre d'affaires annuel sera de 500 000 € pendant les cinq premières années d'exploitation du fonds.

Le taux d'actualisation retenu est de 5 %.

Travail à faire :
À partir de l'annexe, vous traiterez les questions posées.

1. Présentez la formule de calcul justifiant le coût d'entrée du fonds commercial.
2. Enregistrez l'écriture d'acquisition du fonds commercial au 01/01/N et de paiement de la redevance annuelle au 31/12/N.
3. Précisez si le fonds commercial de la société Ricaud est amortissable en envisageant plusieurs hypothèses. Enregistrez la dotation aux amortissements correspondante.
4. Le fonds commercial de la société Ricaud doit-il faire l'objet d'un test de dépréciation en fonction des hypothèses formulées précédemment ?
5. Comptabilisez le cas échéant la dépréciation du fonds commercial au 31/12/N.
6. Quelles informations devront figurer dans l'annexe de l'exercice N concernant le fonds commercial ?

Annexe 1

Le contrat est libellé comme suit :

- Versement initial au 2 janvier N d'un montant de 10 000 €.
- Versement le 31/12 de chaque année d'une part variable égale à 10 % du chiffre d'affaires réalisé pendant l'année.

Annexe 2

Les données complémentaires suivantes vous sont communiquées :

- La valeur d'entrée du fonds commercial a été déterminée à 226 000 €.
- Le chiffre d'affaires réalisé au cours de l'année N est de 420 000 €.
- Aucun critère physique, technique, juridique ou économique ne permet de conclure à une durée d'utilisation limitée du fonds commercial.
- La valeur actuelle du fonds commercial au 31/12/N est estimée à 218 000 €.

CHAPITRE

7

Cas spécifiques d'évaluation des immobilisations corporelles et incorporelles

Compétences attendues	Savoirs associés
– Identifier et distinguer les immobilisations corporelles et incorporelles (C1). – Exposer et appliquer les règles d'inscription à l'actif, d'évaluation et d'enregistrement des immobilisations corporelles et incorporelles (C2). – Évaluer et comptabiliser les opérations portant sur les immobilisations corporelles et incorporelles à l'entrée et postérieurement à leur entrée (C3). – Analyser les conséquences d'un choix de comptabilisation, notamment sur la présentation des comptes annuels, dans une situation donnée (C4). – Présenter les informations à fournir en annexe (C5).	– Cas spécifique de la clause de réserve de propriété. – Cas spécifiques relatifs aux immobilisations corporelles : – sinistres ; – réévaluation libre. – Cas spécifiques relatifs aux immobilisations incorporelles : – redevances annuelles ; – brevets et marques ; – logiciels et sites internet ;

Contexte professionnel

La SA Technik est une société industrielle qui fabrique et commercialise des composants électroniques.
La machine achetée le 1/01/N par la SA Technik pour la fabrication de ses composants électroniques (voir chapitre 5) a été acquise avec une clause de réserve de propriété (coût d'acquisition : 100 000 € HT).
Madame Pradel souhaiterait appliquer la méthode de la réévaluation à l'ensemble de son actif immobilisé (immobilisations incorporelles, corporelles et financières), afin que le bilan de la société reflète systématiquement la valeur de ces actifs.

Raison sociale	SA Technik
Capital social	200 000 €
Siège social et exploitation	2, rue Rodolphe Molère 32 330 Gondrin
Activité	Fabrication et commercialisation de composants électroniques
Dirigeant	P.-D.G. Madame Pradel
Effectif	25 salariés
Exercice comptable N	CA HT : 7 000 000 € Total bilan : 5 000 000 €

La SA Technik a acquis le 1/10/N pour 1 500 € HT un logiciel de gestion de trésorerie, afin de mieux gérer son budget de trésorerie et de prévoir ses flux de trésorerie. La durée d'utilisation du logiciel est estimée à 3 ans.
La SA Technik dispose d'un site internet permettant aux clients de découvrir les produits et d'effectuer leurs commandes en ligne. Au 15/09/N, 3 000 € HT ont été dépensés pour la modification du site, suite à la commercialisation d'une nouvelle gamme de composants.

L'évaluation des immobilisations corporelles et incorporelles soulève de nombreux problèmes pratiques liés à la diversité des cas rencontrés. Par exemple :
- Quel est le prix de revient d'une immobilisation dont le prix est indexé ?
- Comment ventiler le prix d'acquisition d'un ensemble immobilier entre le prix de revient du terrain et celui de la construction ?
- Peut-on enregistrer à l'actif des immobilisations acquises avec une clause de réserve de propriété ?
- Est-il possible de déroger au principe du nominalisme afin de réévaluer des immobilisations corporelles et incorporelles ?

I Les cas particuliers d'évaluation

A) Immobilisations libellées en monnaie étrangère

1. Principe général

Le coût de l'immobilisation est converti en monnaie nationale au cours du jour de l'opération (PCG – article 420-1).

› Voir texte de référence 1

En application du principe comptable du nominalisme monétaire (ou du coût historique), cette valeur n'est pas modifiée. Elle sert de base au calcul des amortissements et dépréciations éventuels. L'écart entre le cours du jour et le cours effectif de paiement constitue une charge ou un produit financier.
La position fiscale est identique.

Exemple

Une société acquiert le 10 avril N une machine industrielle au prix de 20 000 US $. L'immobilisation est payable pour moitié au comptant, pour moitié à 30 jours fin de mois.
Cours du $:
- au 10 avril N : 1 € = 1,02 $;
- au 31 mai N : 1 € = 1,15 $.

Coût d'entrée du matériel : 20 000 / 1,02 = 19 607,84 €.
Paiement au 31 mai N : 10 000 / 1,15 = 8 695,65 €.
Écart de change : (10 000 / 1,15) – (10 000 / 1,02) = – 1 108,27 (gain de change).
Base de calcul des amortissements : 19 607,84 (moins valeur résiduelle éventuelle).

Écritures comptables :

	10/04/N		
2154	Matériel industriel	19 607,84	
404	Fournisseurs d'immobilisations		9 803,92
512	Banque		9 803,92
	31/05/N		
404	Fournisseurs d'immobilisations	9 803,92	
512	Banque		8 695,65
766	Gains de change		1 108,27

2. Si l'acquisition fait l'objet d'une couverture

En cas de couverture de l'acquisition, l'effet de la couverture est intégré à la valeur d'entrée de l'actif. Les frais engagés pour mettre en place la couverture peuvent être intégrés au coût d'acquisition (PCG – article 420-1).

› Voir texte de référence 1

B Immobilisations acquises pour un prix global

Lorsque des biens sont acquis conjointement ou sont produits de façon conjointe et indissociable pour un coût global d'acquisition ou de production, le coût d'entrée de chacun des biens est ventilé à proportion de la valeur attribuable à chacun d'eux, selon les règles applicables pour la détermination du coût d'acquisition ou de production d'une immobilisation.
« [...] À défaut de pouvoir évaluer directement chacun d'eux, le coût d'un ou de plusieurs des actifs acquis ou produits est évalué par référence à un prix de marché ou forfaitairement s'il n'en existe pas. Le coût des autres actifs s'établira par différence entre le coût d'entrée global et le coût déjà attribué. » (PCG – article 213-7).

▸ Exemple

Un fonds de commerce est acquis le 1er février N pour une valeur globale de 100 000 €.

Il a été possible d'individualiser :

– le droit au bail pour une valeur de 10 000 € ;
– diverses immobilisations corporelles (matériels) pour une valeur de 35 000 € ;
– un stock de produits finis valorisé à 20 000 € ;
– un brevet valorisé par un expert d'après les flux de trésorerie attendus à 18 000 €.

Le fonds commercial est constitué par la différence entre le coût global du fonds et la valeur des autres éléments identifiés :

	1/02/N		
206	Droit au bail	10 000	
2154	Matériel industriel	35 000	
355	Stocks de produits finis	20 000	
205	Concessions et droits similaires, brevets...	18 000	
207	Fonds commercial	17 000	
404	Fournisseurs d'immobilisations		100 000

C) Immobilisations acquises avec clause de réserve de propriété

1. Définition

La clause de réserve de propriété figurant dans un contrat de vente a pour effet de suspendre le transfert de propriété du bien jusqu'au paiement intégral du prix.

2. Traitement comptable

L'article 512-3 du PCG indique que « les transactions assorties d'une clause de réserve de propriété sont comptabilisées à la date de livraison du bien et non à celle du transfert de propriété ».

Cette position est cohérente avec celle de la définition d'un actif qui suppose le contrôle du bien par l'entité. L'acheteur contrôle en effet l'immobilisation dès son acquisition, indépendamment de la date de règlement de la facture d'achat.

Les règles générales en matière d'amortissement et de dépréciation s'appliquent également dès l'acquisition du bien.

De plus, les parties doivent donner une information au pied du bilan concernant l'existence de telles transactions (PCG – articles 821-1, 822-1 et 823-1) :

- à l'actif de l'acquéreur : les actifs avec clause de réserve de propriété sont regroupés sur une ligne distincte portant la mention « dont… avec clause de réserve de propriété » ;
- à l'actif du vendeur : les créances correspondant aux cessions avec clause de réserve de propriété font l'objet d'une mention séparée associée à la rubrique concernée : « dont… avec clause de réserve de propriété ».

> **Contexte SA Technik**
> La machine achetée le 1/01/N par la SA Technik pour la fabrication de ses composants électroniques doit-elle figurer au bilan de la société au 31/12/N ? Une information doit-elle figurer au pied du bilan ?

II Cas particuliers d'évaluation concernant les immobilisations corporelles

A) Immobilisations acquises dont le prix est indexé

1. Définition et problématique

Un contrat de rente viagère peut faire l'objet d'une clause d'indexation, qui permet la revalorisation périodique de la rente.

Une clause d'indexation peut également figurer lors de l'acquisition d'une immobilisation lorsque le crédit fournisseur est accordé sur une longue période, afin de tenir compte du délai de paiement.

Se pose alors le problème du traitement comptable de cette clause d'indexation :

- Quel est son impact sur la valeur de l'immobilisation ?
- Quel est son impact sur le montant de la dette ?
- Comment tenir compte des écarts d'indexation ?

2. Traitement comptable

a) À la date d'acquisition de l'immobilisation

L'immobilisation est enregistrée pour le montant stipulé dans l'acte de manière définitive, indépendamment des modalités de règlement ultérieures.

b) La prise en compte des différences d'indexation

En l'absence de précisions fournies par les textes comptables, il paraît possible de raisonner par analogie avec le traitement des dettes en monnaies étrangères.

Le traitement comptable est, dès lors, le suivant :

- à la date de clôture : le montant de la dette est actualisé en fonction de l'évolution de l'index, la différence d'indexation étant portée dans un compte transitoire 476. Différence d'indexation – Actif ou 477. Différence d'indexation – Passif.

  En cas d'écart d'indexation actif, une provision doit en outre être constituée pour faire face à la charge probable correspondante.

  En cas d'écart d'indexation passif, le profit latent n'est pas constaté en résultat, en application du principe de prudence ;
- lors de l'échéance de la dette : la différence d'indexation réalisée est annulée par la contre-passation de l'écriture d'inventaire précédemment constatée. Le règlement est enregistré, faisant apparaître le boni ou le mali provenant de la clause d'indexation. La provision pour risques est reprise pour la fraction de la charge imputable à l'exercice.

Exemple

Reprenons les données de la société Berard traitée ci-dessus en ajoutant une clause d'indexation au contrat :

- acquisition le 1er juin N d'un ensemble immobilier évalué à 550 000 € (dont 150 000 € pour le terrain), moyennant un versement initial de 100 000 € et le paiement d'une rente viagère annuelle de 50 000 € le 1er juin de chaque année ;
- l'index est de 1,05 au 31 décembre N ;
- la société Berard clôture ses comptes avec l'année civile.

Au 31 décembre N, la dette est revalorisée et une provision est constituée à hauteur du mali d'indexation probable :

	31/12/N		
476	Différence d'indexation – Actif	22 500	
1685	Rentes viagères capitalisées		22 500
	450 000 × (1,05 – 1)		
	31/12/N		
6875	Dotations aux provisions exceptionnelles	22 500	
1518	Autres provisions pour risques		22 500

Lors de l'échéance de la rente, le mali d'indexation est constaté. Il est couvert par la reprise de provision à due concurrence. La différence d'indexation est partiellement reprise à hauteur du montant réalisé :

	1/06/N+1		
1685	Rentes viagères capitalisées	50 000	
6781	Malis provenant de clauses d'indexation	2 500	
512	Banque		52 500
	1/06/N+1		

1685	Rentes viagères capitalisées	2 500	
476	Différences d'indexation-actif		2 500
	1/06/N+1		
1518	Autres provisions pour risques	2 500	
7875	Reprises sur provisions exceptionnelles		2 500

+

Traitement fiscal des immobilisations dont le prix est indexé

La position fiscale est identique au traitement comptable :

- le coût d'entrée de l'immobilisation stipulé dans l'acte est définitif ;
- les écarts éventuels entre le coût d'entrée et les sommes effectivement payées constituent des charges déductibles ou des produits imposables.

Quant aux gains et pertes liés à l'indexation, ils sont pris en compte pour la détermination du résultat imposable lors du remboursement du prêt indexé. Aucun retraitement n'est donc à effectuer sur les différences d'indexation et la provision pour risques en cas de mali d'indexation est a priori déductible (par analogie avec le traitement fiscal des emprunts indexés).

B) Ensembles immobiliers

L'acquisition d'un ensemble immobilier pose la problématique de la ventilation du coût d'acquisition entre le terrain et la construction. Cette répartition n'est pas neutre dans la mesure où le terrain est un actif non amortissable, contrairement à la construction.

Dans son bulletin n° 140 (décembre 2005), la CNCC précise que la démarche pour déterminer la part du foncier dans le prix d'acquisition d'un ensemble immobilier est différente selon la localisation et la demande :

- dans les zones où le foncier est rare et la demande forte (grandes agglomérations notamment), le prix du foncier peut être estimé par différence entre le prix du marché de l'ensemble terrain/immeuble et le coût complet de la construction ;
- dans les autres zones, le prix de l'ensemble immobilier est généralement fixé en additionnant le coût de la construction et celui du terrain.

1. Éléments constitutifs du prix du terrain

Le prix d'entrée du terrain comprend :

- le coût d'achat, hors TVA déductible, augmenté le cas échéant du prix d'acquisition d'une promesse de vente ou d'un droit d'option ;
- le paiement d'une somme pour dépassement du plafond légal de densité ;
- la participation aux travaux de voirie effectués par la commune ;
- les dépenses destinées à rendre le terrain libre et nu (VNC de l'ancienne construction, frais de démolition, indemnité d'éviction ou de résiliation de bail, etc.).

2. Éléments constitutifs du prix de la construction

Le prix d'entrée de la construction comprend :

- le coût d'achat, hors TVA déductible, augmenté le cas échéant du prix d'acquisition d'une promesse de vente ou d'un droit d'option ;
- les travaux d'aménagement et d'installation réalisés lors de l'acquisition ;
- l'indemnité d'éviction ou de résiliation du bail en vue d'obtenir la libre disposition des locaux achetés ;

– la taxe de transformation de locaux d'habitation en locaux de bureaux ;
– les sommes versées afin de restituer à usage d'habitation des immeubles de bureaux ;
– la taxe d'aménagement ;
– les frais d'études et honoraires d'architecte ;
– les travaux de terrassement et d'assainissement du terrain ;
– les frais de démolition d'un immeuble afin d'édifier une nouvelle construction, diminués de la VNC de l'ancienne construction.

C) Constructions sur sol d'autrui

1. Définition et problématique

Lorsqu'une entité a édifié une construction sur un terrain dont elle n'est que locataire, la construction est présumée faite par le propriétaire et lui appartenir (Code civil – articles 552 et 553).

› Voir texte de référence 2

Toutefois, selon la jurisprudence, ce droit d'accession n'entre en vigueur qu'à l'expiration du bail.

Les problèmes comptables posés dans cette situation sont les suivants :
– Qui doit enregistrer la construction à l'actif de son bilan ?
– Quel plan d'amortissement appliquer à la construction pendant la durée du bail ?
– Que se passe-t-il à l'échéance du bail ?

2. Traitement comptable

a) Pendant la durée du bail

Le locataire est temporairement propriétaire de la construction pendant la durée du bail. C'est lui qui contrôle l'actif et en obtient les avantages économiques associés. La construction figure donc à l'actif du bilan du locataire au compte spécifique 214. Constructions sur sol d'autrui.

De plus, en application des règles comptables relatives aux amortissements, la construction doit être amortie :
– sur sa durée réelle d'utilisation, c'est-à-dire la durée du bail ;
– sur une base tenant compte, le cas échéant, de la valeur résiduelle de la construction, au cas particulier, égale à l'indemnité que devra verser le propriétaire à l'expiration du bail.

b) À l'expiration du bail

La construction doit être sortie du patrimoine du locataire, l'indemnité éventuelle perçue par ce dernier étant considérée comme constitutive du prix de cession.

La construction est enregistrée à l'actif du bilan du propriétaire du terrain pour :
– le montant de l'indemnité payée ;
– sa valeur vénale si elle est reçue à titre gratuit.

Elle est amortie sur sa durée réelle d'utilisation appréciée à la date d'entrée dans le patrimoine du nouveau propriétaire.

> **+**
>
> **Traitement fiscal des constructions sur sol d'autrui**
>
> Les règles générales relatives aux amortissements édictées par l'instruction fiscale du 30 décembre 2005 s'appliquent aux constructions sur sol d'autrui. En conséquence, les décalages entre l'amortissement comptable et l'amortissement fiscal de la construction peuvent générer :
> – un amortissement dérogatoire si l'amortissement comptable est inférieur à l'amortissement fiscal,

– ou une réintégration extra-comptable de la fraction d'amortissement comptable excédant l'amortissement fiscalement déductible dans le cas contraire.

Exemple

La société Lamy a construit au 4e trimestre N – 1 un entrepôt de stockage sur un terrain dont elle est locataire et dont le bail expire le 31 décembre N + 9.

Le coût de production de l'entrepôt est de 200 000 €. Les travaux ont été achevés le 29 décembre N – 1. La mise en service de l'entrepôt est intervenue le 1er janvier N. La durée d'usage de l'entrepôt est de 20 ans.

Compte tenu de sa durée réelle d'utilisation, aucun composant n'a été mis en évidence.

À l'expiration du contrat, la société Lamy percevra une indemnité d'éviction de 30 000 €.

La société Lamy clôture ses comptes avec l'année civile.

L'entrepôt constitue une construction sur sol d'autrui, à immobiliser pour son coût de production :

	29/12/N–1		
214	Constructions sur sol d'autrui	200 000	
722	Production immobilisée - Immobilisations corporelles		200 000

Comptablement, l'entrepôt est amorti sur sa durée réelle d'utilisation, soit 10 ans. La base d'amortissement doit tenir compte de la valeur résiduelle, qui correspond au montant de l'indemnité d'éviction, soit 30 000 €.

La dotation aux amortissements comptable pratiquée de N à N + 9 inclus s'élève donc à :

(200 000 – 30 000) × 10 % = 17 000.

La dotation aux amortissements fiscale est déterminée sur la valeur d'origine de l'entrepôt, sur une durée d'usage de 20 ans : 200 000 × 5 % = 10 000.

	31/12/N		
68112	Dotations aux amortissements sur immobilisations corporelles	17 000	
2814	Amortissement des const. sur sol d'autrui		17 000

Chaque année, la société Lamy devra réintégrer extra-comptablement la quote-part d'annuité d'amortissement non déductible fiscalement : 17 000 – 10 000 = 7 000.

À l'expiration du bail, l'entrepôt est sorti de l'actif. L'indemnité d'éviction est constitutive du prix de cession.

	31/12/N+9		
68112	Dotations aux amortissements sur immobilisations corporelles	17 000	
2814	Amortissement des const. sur sol d'autrui		17 000
	31/12/N+9		
512	Banque	30 000	
775	Produits des cessions d'éléments d'actif		30 000
	31/12/N+9		
2814	Amortissement des constructions sur sol d'autrui	170 000	
675	Valeurs comptables des éléments d'actif cédés	30 000	
214	Constructions sur sol d'autrui		200 000

Comptablement, le résultat de cession est nul : 30 000 – 30 000 = 0. Le plan d'amortissement a bien permis de répartir le coût de l'entrepôt sur sa durée réelle d'utilisation.

Le résultat fiscal se détermine comme suit :
- valeur nette fiscale de l'entrepôt : 200 000 – (10 × 10 000) = 100 000 ;
- résultat de cession fiscal : 30 000 – 100 000 = 70 000 (moins-value).

Cette moins-value est déductible extra-comptablement du résultat de l'exercice N + 9. Elle correspond aux amortissements réintégrés chaque année de N + 1 à N + 9 : 7 000 × 10 ans = 70 000.

D) Réévaluation libre

1. Définition et problématique

La réévaluation des immobilisations constitue une exception au principe comptable du nominalisme monétaire (ou des coûts historiques), en application duquel les immobilisations demeurent inscrites à l'actif pour leur coût d'entrée. La réévaluation est une option ponctuelle à l'initiative de l'entité ou prévue par la loi et non une méthode comptable.

La réévaluation des immobilisations corporelles permet d'avoir une meilleure image fidèle :
- du bilan, en présentant à l'actif la valeur actuelle des immobilisations ;
- du compte de résultat, en prenant en considération des dotations aux amortissements calculées sur des valeurs actuelles et non historiques.

Après différents régimes de réévaluation légale mis en place en périodes inflationnistes, dont le dernier date de 1976, le système actuel de réévaluation est qualifié de « réévaluation libre ». C'est ce système en vigueur depuis 1984 que nous allons étudier.

2. Sources et champ d'application

L'article L. 123-18 du Code de commerce et l'article 214-27 du PCG précisent que la réévaluation doit porter sur l'ensemble des immobilisations corporelles et financières.

❯ Voir texte de référence 3

En conséquence :
- il est interdit de réévaluer les immobilisations incorporelles (fonds de commerce, marques…) ;
- la réévaluation ne peut être limitée à certains biens (réévaluation d'un terrain pris isolément).

La réévaluation libre des immobilisations corporelles et financières est une décision de gestion des entreprises.

> **+**
> Dans le référentiel IFRS, la norme IAS 16 « Immobilisations corporelles » prévoit deux méthodes possibles d'évaluation postérieure des immobilisations corporelles, le choix étant à réaliser par catégories d'immobilisations : la méthode du coût et la méthode de la réévaluation. Si l'entité retient la seconde méthode, elle doit réévaluer les immobilisations concernées chaque fois que la valeur comptable s'écarte de manière significative de la juste valeur. Le modèle de la réévaluation est donc une méthode d'évaluation qui doit être appliquée de manière permanente, alors que le modèle français de réévaluation libre est appliqué de manière ponctuelle.

3. Modalités de la réévaluation

a) Détermination de la valeur réévaluée

La valeur réévaluée d'un bien est égale à sa valeur d'utilité. Les modalités de détermination de cette valeur par catégories de biens ont été précisées notamment par les organisations professionnelles (CNCC, OEC) et l'AMF. Les techniques d'évaluation reposent en particulier sur :
- les prix du marché ;

– la valeur d'entrée affectée d'un indice de prix spécifique ;
– la valeur d'entrée affectée d'un indice de variation de prix, etc.

b) Comptabilisation de la réévaluation

L'écart de réévaluation est égal à l'excédent de la valeur actuelle sur la valeur nette comptable de l'immobilisation.

Il est enregistré en augmentation de la valeur d'origine du bien, avec pour contrepartie le compte de capitaux propres 1052. Écart de réévaluation libre.

Il résulte de cette écriture comptable que :

– les amortissements économiques précédemment comptabilisés ne sont pas modifiés ;
– la réévaluation n'a pas d'impact sur le résultat de l'entreprise.

Selon la Compagnie Nationale des Commissaires aux Comptes, les amortissements dérogatoires constatés avant la réévaluation doivent être repris en résultat.

+

Traitement fiscal de l'écart de réévaluation

En application de l'article 38-2 du CGI, l'écart de réévaluation, qui augmente l'actif net, constitue un produit imposable de l'exercice de réévaluation. En conséquence, il doit faire l'objet d'une réintégration extra-comptable.

Exemple

La société Renard a décidé au 31 décembre N de procéder à une réévaluation libre de ses immobilisations. Parmi celles-ci figure un ensemble immobilier acquis le 1er janvier N – 3, dont les caractéristiques sont les suivantes :

– coût d'entrée du terrain : 200 000 € ;
– coût d'entrée de la construction : 600 000 €, amortissable en linéaire sur 30 ans ;
– la valeur d'utilité de l'ensemble immobilier au 31 décembre N est estimée à 1 050 000 €, dont 300 000 € pour le terrain.

L'impact de la réévaluation est le suivant :

	Terrain	Construction
Valeur d'origine	200 000	600 000
Amortissements cumulés au 31/12/N	-	80 000 (*)
VNC avant réévaluation **Valeur d'utilité = VNC réévaluée**	200 000 300 000	520 000 750 000
Écart de réévaluation	100 000	230 000

(*) 600 000 × 1/30 × 4

	31/12/N		
211	Terrains	100 000	
213	Constructions	230 000	
1052	Écart de réévaluation libre		330 000

L'écart de réévaluation de 330 000 € est imposable. Il doit donc être réintégré extra-comptablement.

4. Conséquences de la réévaluation

a) Utilisation de l'écart de réévaluation

L'écart de réévaluation n'est pas repris en résultat. Conformément aux articles L. 123-18 et L. 232-11 du Code de commerce et à l'article 214-27 du PCG, l'écart de réévaluation :

› Voir texte de référence 3

- peut être, en tout ou partie, incorporé au capital ;
- ne peut être utilisé pour compenser des pertes, sauf s'il a été préalablement incorporé au capital ;
- est distribuable uniquement s'il est réalisé (voir d.).

En outre, en tant qu'élément des capitaux propres, il doit être intégré pour la détermination de la perte éventuelle de la moitié du capital social et dans le calcul de la participation des salariés.

b) Amortissement d'un bien réévalué

La dotation aux amortissements d'un bien réévalué est calculée en appliquant à la VNC réévaluée le plan d'amortissement initial.

Fiscalement, les dotations aux amortissements postérieures à la réévaluation sont intégralement déductibles dans la mesure où le supplément d'amortissement résulte de l'écart de réévaluation qui a déjà été imposé.

Exemple

Reprenons les données de l'exemple précédent.

Déterminons la dotation aux amortissements de la construction de la société Renard postérieurement à l'exercice de réévaluation :

- VNC réévaluée : 750 000 ;
- durée d'utilisation résiduelle de la construction : 30 – 4 = 26 ans ;
- dotation aux amortissements annuelle après réévaluation : 750 000 × 1/26 = 28 846,15.

	31/12/N+1		
68111	Dotations aux amortissements sur immobilisations corporelles	28 846,15	
2813	Amortissements des constructions		28 846,15

Cette charge d'amortissement est intégralement déductible.

c) Dépréciation d'un bien réévalué

Lorsque la valeur actuelle d'un bien réévalué devient inférieure à la VNC réévaluée, une dépréciation doit être constatée. Cette dépréciation est constituée selon les règles générales en la matière par le biais d'une dotation aux dépréciations. L'écart de réévaluation n'est pas modifié.

Fiscalement, la dépréciation est déductible dans la mesure où l'écart de réévaluation a été précédemment imposé.

d) Transfert de l'écart de réévaluation à un compte de réserves distribuables

Le PCG ouvre aux entreprises deux possibilités de transfert de l'écart de réévaluation en réserves distribuables :

› Voir texte de référence 3

- en une seule fois lors de la cession de l'immobilisation ;
- ou progressivement lors de chaque exercice bénéficiaire, à hauteur du supplément d'amortissement relatif à la partie réévaluée de l'immobilisation.

Ce transfert en réserves distribuables des écarts de réévaluation réalisés permet de les distribuer et d'obtenir ainsi des sommes distribuables identiques à celles qui auraient été déterminées si la réévaluation n'avait pas eu lieu.

Exemple

Reprenons les données de l'exemple précédent.

Supposons que la société Renard est bénéficiaire en N + 1 et souhaite transférer en réserves distribuables l'écart de réévaluation au fur et à mesure qu'il est acquis.

– dotation aux amortissements annuelle après réévaluation : 750 000 × 1/26 = 28 846,15 ;

– dotation aux amortissements annuelle avant réévaluation : 600 000 × 1/30 = 20 000 ;

– supplément annuel d'amortissement lié à la réévaluation : 28 846,15 – 20 000 = 8 846,15.

	31/12/N+1		
1052	Écart de réévaluation libre	8 846,15	
1068	Autres réserves		8 846,15

Si ce transfert est réalisé chaque année pendant les 26 années restantes du plan d'amortissement, le montant total transféré s'élèvera à : 8 846,15 × 26 = 230 000, correspondant à l'intégralité de l'écart de réévaluation.

e) Cession d'un bien réévalué

Les règles générales relatives aux cessions d'immobilisations s'appliquent dans ce cas.

En outre, l'écart de réévaluation résiduel (non incorporé au capital, ni transféré à un compte de réserves distribuables) est transféré à un compte de réserves distribuables lors de la cession. Il n'a pas à être repris en résultat.

Le résultat comptable de cession est donc déterminé à partir des valeurs réévaluées. Il en est de même pour le résultat de cession fiscal.

Exemple

Reprenons les données de l'exemple précédent.

Supposons que la société Renard revende son ensemble immobilier au 31 décembre N + 2 pour 1 030 000 € dont 320 000 pour le terrain.

Les amortissements cumulés relatifs à la construction s'élèvent à 137 692,30 € :

– amortissements cumulés avant réévaluation (31 décembre N) : 80 000 ;

– amortissements cumulés après réévaluation (31 décembre N + 2) : 28 846,15 × 2 = 57 692,30.

Les écritures comptables liées à la cession sont les suivantes :

	31/12/N+2		
68111	Dotations aux amortissements sur immobilisations corporelles	28 846,15	
2813	Amortissements des constructions		28 846,15
	31/12/N+2		
512	Banque	1 030 000,00	
775	Produits des cessions d'éléments d'actif		1 030 000,00
	31/12/N+2		
2813	Amortissements des constructions	137 692,30	
675	Valeurs comptables des éléments d'actif cédés	692 307,70	
213	Constructions		830 000,00
	31/12/N+2		
675	Valeurs comptables des éléments d'actif cédés	300 000,00	
211	Terrains		300 000,00
	31/12/N+2		
1052	Écart de réévaluation libre	321 153,85	
1068	Autres réserves (330 000 – 8 846,15)		321 153,85

Le résultat comptable de cession ressort à 1 030 000 – 992 307,70 = 37 692,30, soit :
- plus-value sur terrain : 320 000 – 300 000 = 20 000 ;
- plus-value sur construction : 710 000 – 692 307,70 = 17 692,30.

Le résultat fiscal de cession est identique.

Si l'ensemble immobilier n'avait pas été réévalué, la plus-value dégagée aurait été la suivante :
- plus-value sur terrain : 320 000 – 200 000 = 120 000 ;
- plus-value sur construction : 710 000 – (600 000 – 20 000 × 6) = 230 000 ;
- soit une plus-value globale de 350 000, supérieure de 312 307,70 à la plus-value sur l'ensemble réévalué.

L'écart entre les deux plus-values s'explique de la manière suivante :
- écart de réévaluation imposé en N : 330 000 ;
- supplément d'amortissement déduit en N + 1 et N + 2 : 8 846,15 × 2 = 17 692,30.

Nous voyons que la réévaluation libre est défavorable fiscalement aux entreprises puisqu'elle les conduit à anticiper le paiement de l'impôt sur des plus-values non encore réalisées.

E) Immobilisations sinistrées

Lorsqu'une immobilisation corporelle subit un dommage, deux cas de figure peuvent se présenter :
- le dommage est réparable (accident, etc.) ;
- le dommage n'est pas réparable : l'immobilisation est sinistrée (incendie, etc.).

1. Dommage réparable

Les frais de réparation de l'immobilisation sont comptabilisés en charges. L'indemnité d'assurance est constatée au compte 791. Transferts de charges d'exploitation. Elle s'analyse en effet comme une compensation de charges imputables à des tiers.

Exemple

Un véhicule de tourisme de l'entreprise Alpha a été accidenté le 3 janvier N. Les frais de réparation s'élèvent à 3 500 € HT. Compte tenu de la franchise, l'indemnité d'assurance perçue ressort à 2 500 €.

		3/01/N		
615		Entretien et réparations	4 200	
	512	Banque		4 200
512		Banque	2 500	
	791	Transferts de charges d'exploitation		2 500

2. Sinistre

Le traitement comptable des sinistres comporte trois aspects :
- la sortie du patrimoine des immobilisations détruites ;
- l'enregistrement de l'indemnité d'assurance ;
- la prise en compte des conséquences comptables du régime fiscal de faveur.

a) Sortie du patrimoine des immobilisations détruites

L'immobilisation détruite doit être sortie de l'actif à la date du sinistre. Si le bien n'est pas totalement amorti, deux schémas comptables sont possibles :
- la constatation d'un amortissement exceptionnel par le débit du compte 6871. Dotations aux amortissements exceptionnels des immobilisations, pour ramener à zéro la VNC de l'actif, puis la sortie de l'actif de l'immobilisation complètement amortie ;

– le transfert de la VNC à la date du sinistre en charges exceptionnelles. Ce traitement est privilégié lorsque la destruction est couverte par une indemnité d'assurance.

b) Constatation de l'indemnité d'assurance

L'indemnité d'assurance s'analyse comme un substitut du prix de vente. Elle est donc enregistrée au crédit du compte 775. Produits des cessions d'éléments d'actif.

Si l'indemnité n'a pas encore été perçue à la clôture de l'exercice, l'indemnité à recevoir est enregistrée sur la base de l'indemnisation prévue par le contrat d'assurance au crédit du compte 797. Transferts de charges exceptionnelles par le débit du compte 478. Autres comptes transitoires.

c) Traitement fiscal et conséquences comptables liées

Les modalités d'imposition des plus-values résultant de sinistres sont plus favorables que le régime de droit commun :

– la plus-value nette à court terme résultant du sinistre d'immobilisations corporelles amortissables bénéficie d'un étalement sur plusieurs exercices à compter de l'exercice suivant celui de la réalisation de la plus-value. La durée d'étalement s'établit comme suit : durée moyenne d'amortissement déjà pratiquée sur les biens détruits pondérée en fonction du coût d'acquisition (durée en années, arrondie par excès et plafonnée à quinze ans) ;

– la fraction imposable annuellement ressort à : plus-value nette afférente aux biens sinistrés indemnisés/durée d'étalement ;

– la plus-value nette à long terme bénéficie d'un report du paiement de l'IS de deux ans.

+

La plus-value nette à long terme ne concerne que les sociétés soumises à l'IR. Dans les sociétés soumises à l'IS, l'intégralité de la plus-value est à court terme.

Comptablement, les sociétés soumises à l'IS doivent constater une provision pour impôt, relative à la charge d'impôt futur consécutive à l'étalement de la plus-value. Il ne s'agit pas d'une dette car le montant du passif n'est pas certain. Il dépend du taux d'imposition en vigueur à la clôture de chaque exercice d'étalement de la plus-value.

Exemple

La société Reboud a été victime le 1er octobre N d'un début d'incendie dans son usine de production. Trois machines ont été détruites :

Machine	Valeur d'origine (en €)	Date d'acquisition	Amortissement comptable	Amortissement fiscal
M1	35 000	30/09/N–3	Linéaire sur 10 ans	Linéaire sur 10 ans
M2	40 000	1/07/N–2	Linéaire sur 5 ans	Linéaire sur 5 ans
M3	50 000	1/01/N–1	Linéaire sur 5 ans	Dégressif sur 5 ans

La société Reboud a perçu le 15 décembre N une indemnité d'assurance de 90 000 €.

Déterminons l'impact comptable de ce sinistre.

1. Sortie du patrimoine des immobilisations détruites

Les machines doivent être amorties jusqu'à la date du sinistre puis sorties de l'actif :

– M1 :
- dotation aux amortissements de N : 35 000 × 10 % × 9/12 = 2 625,
- VNC à la date du sinistre : 35 000 – (35 000 × 10 % × 3) = 24 500 ;

– M2 :
- dotation aux amortissements de N : 40 000 × 20 % × 9/12 = 6 000,
- VNC à la date du sinistre : 40 000 – (40 000 × 20 % × 2 ans ¼) = 22 000 ;

– M3 :
- dotation aux amortissements économique :

– N – 1 : 50 000 × 20 % = 10 000,
– N : 50 000 × 20 % × 9/12 = 7 500,
– VNC à la date du sinistre : 50 000 – 10 000 – 7 500 = 32 500,
- dotation aux amortissements fiscale :

– N – 1 : 50 000 × 20 % × 1,75 = 17 500,
– N : (50 000 – 17 500) × 20 % × 1,75 × 9/12 = 8 531,25,
- dotation aux amortissements dérogatoire :

– N – 1 : 17 500 – 10 000 = 7 500,
– N : 8 531,25 – 7 500 = 1 031,25.

	1/10/N		
68112	Dotations aux amortissements sur immobilisations corpor. (1)	16 125,00	
68725	Dotations aux amortissements dérogatoires	1 031,25	
28154	Amortissements des matériels et outillages industriels		16 125,00
145	Amortissements dérogatoires		1 031,25
	1/10/N		
2815	Amortissements des matériels et outillages industriels (2)	46 000,00	
675	Valeurs comptables des éléments d'actif cédés	79 000,00	
2154	Matériel industriel		125 000,00

(1) 16 125 = 2 625 + 6 000 + 7 500
(2) 46 000 = 10 500 + 18 000 + 17 500

	1/10/N		
145	Amortissements dérogatoires	8 531,25	
78725	Reprises d'amortissements dérogatoires		8 531,25

2. Constatation de l'indemnité d'assurance

	15/12/N		
512	Banque	90 000,00	
775	Produits des cessions d'éléments d'actif		90 000,00

3. Traitement fiscal et ses conséquences comptables

Déterminons le résultat fiscal lié à la destruction des machines.

Prix de cession :		90 000,00
Valeur d'origine des machines :	125 000,00	
Amortissements fiscalement déduits : 46 000 + 8531,25 =	54 531,25	
Valeur nette fiscale des machines :		70 468,75
Plus-value fiscale à court terme :		19 531,25

Durée d'étalement de la plus-value :

$$\frac{(35\,000 \times 3) + (40\,000 \times 2{,}25) + (50\,000 \times 1{,}75)}{125\,000} = 2{,}26 \text{ ans, arrondis à 3 ans.}$$

La plus-value de 19 531,25 € sera taxable par 1/3 sur les exercices N + 1 à N + 3. Une déduction extra-comptable de 19 531,25 € devra donc être effectuée en N, et une réintégration extra-comptable de 6 510,42 (19 531,25/3) de N + 1 à N + 3.

Au 31 décembre N, une provision pour impôt doit être constituée à hauteur de 19 531,25 × 28 % = 5 469.

	31/12/N		
6875	Dotations aux provisions exceptionnelles	5 469	
155	Provisions pour impôts		5 469

Cette provision non déductible doit être réintégrée extra-comptablement. Elle sera reprise par 1/3 à la clôture des exercices N + 1 à N + 3 et déduite extra-comptablement.

F) Sortie d'immobilisations suite à une expropriation

L'expropriation constitue une cession forcée à un tiers.

1. Traitement comptable

Les immobilisations concernées doivent être sorties de l'actif.

L'indemnité perçue dans le cadre d'une mesure d'expropriation doit être scindée en deux parties :

- l'indemnité principale, assimilée au prix de cession, est enregistrée au crédit du compte 775. Produits des cessions d'éléments d'actif ;
- l'indemnité accessoire a pour objet de compenser le préjudice subi par l'entreprise. Elle est enregistrée au crédit du compte 7788. Produits exceptionnels divers.

2. Traitement fiscal et ses conséquences comptables

Les modalités d'imposition des plus-values résultant d'une expropriation sont les mêmes que dans le cadre de sinistres (voir II. E.).

Contexte SA Technik

La SA Technik peut-elle appliquer la méthode de la réévaluation à l'ensemble de son actif immobilisé (immobilisations incorporelles, corporelles et financières), afin que son bilan reflète systématiquement la valeur de ces actifs ?

III Immobilisations acquises moyennant paiement de redevances annuelles

Certaines immobilisations incorporelles (brevet, fonds de commerce, etc.) peuvent être acquises moyennant règlement de tout ou partie du prix au moyen de redevances périodiques calculées en fonction du chiffre d'affaires généré par l'actif.

Le problème comptable est ici lié au caractère aléatoire du prix d'acquisition effectivement payé.

A) Acquisition de l'immobilisation

Le coût d'entrée définitif de l'actif doit être égal à sa valeur vénale. En pratique, cette dernière est déterminée en fonction de la part fixe prévue au contrat, majorée de la valeur actualisée des redevances probables qui seront versées au cours de la période retenue. La contrepartie est créditée au compte 404. Fournisseurs d'immobilisations.

La position fiscale est identique.

B) Paiement des redevances

Le paiement de chaque redevance vient apurer le compte fournisseur 404. Fournisseurs d'immobilisations par le crédit d'un compte de trésorerie.

La différence entre le montant de la dette initiale et le total des redevances versées constitue une charge ou un produit exceptionnel (le) :

- si les redevances versées excèdent le montant de la dette, ce complément correspond le plus souvent à la création en interne d'éléments incorporels. Comme nous l'avons vu au chapitre 6, la création en interne de fonds de commerce ou marques constitue une charge ;
- si les redevances versées sont inférieures au montant de la dette, cela constitue un indice de perte de valeur. Il conviendra dès lors d'envisager la dépréciation éventuelle de l'actif.

Fiscalement, le Conseil d'État a aligné sa position sur le traitement comptable.

Exemple

La société Renal a signé le 1er janvier N un contrat de licence l'autorisant à fabriquer et à commercialiser un appareil ménager multifonction.

Le contrat comporte le versement d'une redevance fixe à la signature de 20 000 € HT et celui d'une redevance variable versée le 1er février de chaque année, égale à 10 € HT par appareil vendu.

La durée du contrat est de 4 ans.

La société Renal envisage la commercialisation de 30 000 appareils par an.

On retiendra un taux d'actualisation de 5 %.

Le coût d'entrée de la licence est égal à la part fixe prévue au contrat, majorée de la valeur actualisée des redevances probables qui seront versées au cours de la période retenue, soit :

$$20\,000 + (30\,000 \times 10) \times \frac{1 - 1{,}05^{-4}}{0{,}05} = 1\,083\,785.$$

	1/01/N		
205	Concessions et droits similaires, brevets…	1 083 785,00	
44562	TVA déductible sur immobilisations	4 000,00	
404	Fournisseurs d'immobilisations		1 063 785,00
512	Banque		24 000,00
	31/12/N		
68111	Dotations aux amortissements sur immobilisations incorporelles	270 946,25	
2805	Amortissements des concessions…		270 946,25

Supposons que la société Renal a vendu 35 000 appareils au cours de l'année N.

L'enregistrement du paiement de la redevance au titre de l'exercice N est le suivant :

	1/02/N+1		
404	Fournisseurs d'immobilisations	350 000	
44562	TVA déductible sur immobilisations	70 000	
512	Banque		420 000

Supposons qu'au 31 décembre N + 3, le solde du compte fournisseur ressorte à 280 785 €.

La société Renal a vendu 31 000 appareils au cours de l'année N + 4.

L'enregistrement du paiement de la redevance au titre de l'exercice N + 3 est le suivant :

	1/02/N+1		
404	Fournisseurs d'immobilisations	280 785	
6788	Charges exceptionnelles diverses	29 215	
44562	TVA déductible sur immobilisations	62 000	
512	Banque		372 000

IV Logiciels

Les logiciels constituent des droits incorporels protégés juridiquement, la loi du 3 juillet 1985 ayant étendu aux auteurs de logiciels les mêmes droits de protection que ceux de la propriété artistique et littéraire.

Le traitement comptable des logiciels dépend de leur nature. Il convient de distinguer :

– les logiciels indissociables du matériel ;

– les logiciels faisant partie d'un projet de développement ;

– les logiciels autonomes ou dissociés.

A) Logiciels indissociables du matériel

Lorsqu'un matériel informatique est acquis, il comporte des systèmes d'exploitation et des logiciels intégrés. Ces logiciels indissociables sont comptabilisés en immobilisations corporelles avec le matériel auquel ils sont rattachés.

Exemples

Acquisition d'un micro-ordinateur avec système d'exploitation Windows et logiciels de traitement de texte, PowerPoint, etc.

B) Logiciels faisant partie d'un projet de développement

Certains logiciels peuvent être acquis ou fabriqués en vue d'être utilisés dans un projet de développement plus global. Ils suivent dès lors le traitement comptable des projets auxquels ils se rapportent :

– les coûts engagés durant la phase de recherche sont obligatoirement constatés en charges ;

– les coûts engagés durant la phase de développement sont constatés en charges ou activés (méthode de référence) dès lors que les six critères d'activation sont réunis (voir chapitre 6).

Exemples

Création d'un site Internet, création d'un système d'information et de gestion intégré (ERP), etc.

C) Logiciels autonomes (ou dissociés)

Les logiciels autonomes se subdivisent en deux catégories :

– les logiciels destinés à un usage interne : on entend par là tout logiciel destiné à une autre forme d'usage que l'usage commercial. Il peut être :

- acquis,
- ou créé par l'entité ;

– les logiciels destinés à un usage commercial : on entend ici tout logiciel créé en vue d'être vendu, loué ou commercialisé sous d'autres formes. Il peut être :
  • utilisé par l'entreprise comme moyen d'exploitation,
  • ou destiné à être vendu.

Nous examinerons successivement ces quatre formes de logiciels.

1. Logiciels autonomes à usage interne acquis

a) Traitement comptable à la date d'entrée

Un logiciel autonome à usage interne acquis constitue une immobilisation incorporelle à enregistrer au débit du compte 205. Concessions et droits similaires, brevets… pour son coût d'acquisition (coût d'achat + coûts directement attribuables).

+

Les logiciels acquis de faible valeur (c'est-à-dire d'une valeur inférieure à 500 € HT) peuvent être constatés directement en charges.

b) Amortissement

« Les logiciels acquis sont amortis à compter de leur date d'acquisition et non de celle de leur mise en service […] » (PCG – article 611-5).

Fiscalement les logiciels acquis au cours des exercices ouverts à compter du 1er janvier 2017 sont amortis sur leur durée normale d'utilisation.

Exemple

Une entreprise acquiert le 1er mars N un logiciel de gestion de ses immobilisations pour une valeur HT de 1 200 €.

Le logiciel est mis en service le 1er avril N.

La durée d'utilisation du logiciel est estimée à 4 ans.

L'amortissement comptable est calculé sur 4 ans à compter du 1er mars N, soit pour l'exercice N : 1 200 × 25 % × 10/12 = 250.

L'amortissement fiscal est calculé sur 4 ans à compter du 1er avril N, soit pour l'exercice N : 1 200 × 25 % × 9/12 = 225.

Le plan d'amortissement du logiciel s'établit comme suit :

Année	Dotation économique aux amortissements	Dotation fiscale aux amortissements	Écart
N	250	225	25
N + 1	300	300	-
N + 2	300	300	-
N + 3	300	300	-
N + 4	50	75	(25)
Total	**1 200**	**1 200**	**0**

Les écritures comptables relatives à l'exercice N sont les suivantes :

	1/03/N		
205	Concessions et droits similaires, brevets…	1 200,00	
44562	TVA déductible sur immobilisations	240,00	
512	Banque		1 440,00

	31/12/N		
68111	Dotations aux amortissements sur immobilisations incorporelles	250,00	
2805	Amortissements des concessions…		250,00

L'amortissement fiscalement déductible est de 225. Une réintégration extra-comptable de 25 doit être effectuée. Cette fraction d'amortissement non déductible provisoirement le sera en N + 4.

2. Logiciels autonomes à usage interne créés

a) Traitement comptable à la date d'entrée

Un logiciel autonome à usage interne créé doit être enregistré à l'actif lorsque les deux conditions suivantes sont réunies :

- le projet est considéré par l'entité comme ayant de sérieuses chances de réussite technique ;
- l'entité manifeste sa volonté de produire le logiciel, indique la durée d'utilisation minimale estimée compte tenu de l'évolution prévisible des connaissances techniques en matière de conception et de production de logiciels et précise l'impact attendu sur le compte de résultat (PCG – article 611-3).

Contrairement aux coûts de développement, le traitement comptable des logiciels créés est unique : l'activation est obligatoire et non optionnelle lorsque les conditions d'activation sont réunies.

L'avis CNC n° 31- Traitement comptable des logiciels (1987) distingue trois phases dans la création d'un logiciel, divisées en huit étapes :

Phases	Étapes
Phase conceptuelle	**1.** Étude préalable **2.** Analyse fonctionnelle (conception générale de l'application) **3.** Analyse organique (conception détaillée de l'application)
Phase de production	**4.** Programmation (codification) **5.** Tests et jeux d'essai
Phase de mise à disposition de l'utilisateur et de suivi	**6.** Documentation **7.** Formation de l'utilisateur **8.** Suivi du logiciel (maintenance)

« Le coût de production comprend les seuls coûts liés à la conception détaillée de l'application – aussi appelée analyse organique –, à la programmation – aussi appelée codification –, à la réalisation des tests et jeux d'essais et à l'élaboration de la documentation technique destinée à l'utilisation interne ou externe » (PCG – article 611-4).

›Voir texte de référence 4

La période d'activation des coûts s'étend donc de la phase 3 à la phase 6 incluse. Les coûts correspondant aux phases antérieures et postérieures doivent obligatoirement être constatés en charges.

b) Dépréciation

Tant que le logiciel n'est pas achevé, les dépenses engagées figurent au débit du compte 232. Immobilisations incorporelles en cours.

En cas d'amoindrissement de la valeur du projet (si la valeur comptable est supérieure à la valeur actuelle), dont les effets ne sont pas jugés irréversibles, une dépréciation doit être constatée (compte 2932. Dépréciations des immobilisations incorporelles en cours).

c) Échec du projet

Si le projet échoue définitivement, le compte 232. Immobilisations incorporelles en cours est soldé par le débit du compte 675. Valeurs comptables des éléments d'actif cédés. Le cas échéant, la dépréciation préalablement constatée est reprise en résultat (avis CNC n° 31).

d) Amortissement

Les logiciels créés sont amortis comptablement à compter de leur date d'achèvement, sur leur durée probable d'utilisation.

Fiscalement, les coûts de création de logiciels peuvent être déduits du résultat de l'exercice au cours duquel ils sont engagés, même si le logiciel n'est pas achevé. Il en résulte la constatation d'un amortissement dérogatoire si l'entreprise souhaite bénéficier de ces dispositions.

Exemple

Une entreprise démarre le 1er octobre N – 1 la conception d'un logiciel de gestion de ses stocks.

Les coûts engagés sont les suivants (montants HT en €) :

- étude préalable : 500 (octobre N – 1) ;
- analyse fonctionnelle : 3 500 (novembre N – 1) ;
- analyse organique : 10 000 (décembre N – 1) et 5 000 (janvier N) ;
- programmation : 10 000 (février N) ;
- tests et jeux d'essai : 3 000 (mars N) ;
- documentation : 1 500 (avril N) ;
- formation des utilisateurs : 4 000 (mai N).

À l'issue de l'analyse fonctionnelle, la direction décide de poursuivre le projet, ce dernier ayant de sérieuses chances de réussite technique.

Les tests sont achevés au 1er avril N et la documentation au 1er mai N.

Le logiciel est mis en service le 1er juin N à l'issue de la formation des utilisateurs.

L'entreprise souhaite bénéficier des dispositions fiscales en vigueur sur ce logiciel.

La durée d'utilisation du logiciel est estimée à 3 ans.

Déterminons le coût de production du logiciel.

Les dépenses correspondant aux deux premières phases sont des charges. Ce n'est qu'à partir de l'analyse organique que l'entreprise doit activer ses dépenses de conception de logiciel. La période de production s'achève avec la réalisation de la documentation. Les frais de formation du personnel constituent des charges.

Coût de production de N – 1 : 10 000.

Coût de production de N : 5 000 + 10 000 + 3 000 + 1 500 = 19 500, soit un coût de production global de 29 500 €.

Déterminons les modalités d'amortissement du logiciel.

L'amortissement comptable est calculé sur 3 ans à compter de sa date d'achèvement (1er mai N), soit pour l'exercice N : 29 500 × 1/3 × 8/12 = 6 555,55.

Les coûts de création de logiciels peuvent être déduits du résultat de l'exercice au cours duquel ils sont engagés, même si le logiciel n'est pas achevé.

Le plan d'amortissement du logiciel s'établit comme suit :

Année	Dotations aux amortissements économiques	Déduction fiscale autorisée	Dotations aux amortissements dérogatoires (reprise)
N – 1	-	10 000	10 000
N	6 555,56	19 500	12 944,44
N + 1	9 833,33	-	(9 833,33)
N + 2	9 833,33	-	(9 833,33)
N + 3	3 277,78	-	(3 277,78)
Total	**29 500**	**29 500**	**0**

Les écritures comptables relatives à l'exercice N – 1 sont les suivantes :

	31/12/N–1		
232	Immobilisations incorporelles en cours…	10 000,00	
721	Production immobilisée - Immobilisations incorp.		10 000,00
	31/12/N–1		
68725	Dotations aux amortissements dérogatoires	10 000,00	
145	Amortissements dérogatoires		10 000,00

Les écritures comptables relatives à l'exercice N sont les suivantes :

	1/05/N		
205	Concessions et droits similaires, brevets…	29 500,00	
232	Immobilisations incorporelles en cours		10 000,00
721	Production immobilisée - Immobilisations incorporelles		19 500,00
	31/12/N		
68111	Dotations aux amortissements sur immobilisations incorporelles	6 555,56	
68725	Dotations aux amortissements dérogatoires	12 944,44	
2805	Amortissements des concessions…		6 555,56
145	Amortissements dérogatoires		12 944,44

3. Logiciels autonomes à usage commercial utilisés comme moyen d'exploitation

Le logiciel est un outil de production dont les prestations sont facturées à des clients.

Exemple

Il s'agit par exemple du logiciel comptable d'un cabinet d'expertise comptable, utilisé pour les besoins du suivi de la comptabilité de ses clients, de l'établissement des comptes annuels et de la liasse fiscale.

a) Logiciel acquis

Un logiciel autonome à usage commercial acquis et utilisé comme moyen d'exploitation constitue une immobilisation incorporelle à enregistrer au débit du compte 205. Concessions et droits similaires, brevets… pour son coût d'acquisition (coût d'achat + coûts directement attribuables).

b) Logiciel créé

Un logiciel autonome créé doit être enregistré à l'actif lorsque les deux conditions suivantes sont simultanément réunies :

- le projet est considéré par l'entité comme ayant de sérieuses chances de réussite technique et de rentabilité commerciale ;
- l'entité manifeste sa volonté de produire le logiciel concerné et de s'en servir durablement pour les besoins de la clientèle et identifie les ressources humaines et techniques qui seront mises en œuvre pour le réaliser (PCG – article 611-2).

c) Amortissement d'un logiciel acquis ou créé

La durée d'amortissement comptable d'un logiciel à usage commercial doit être déterminée en fonction de sa capacité à répondre aux besoins de la clientèle et non aux besoins propres de l'entreprise.

Les autres règles et le traitement fiscal sont identiques à ceux des logiciels à usage interne.

4. Logiciels autonomes à usage commercial destinés à être vendus

Trois cas de figure sont à distinguer.

a) Logiciel acquis pour être revendu en l'état

Il s'agit alors d'une activité de négoce. Le logiciel est enregistré au compte 607. Achats de marchandises et, le cas échéant, en stock à la clôture de l'exercice.

b) Logiciel spécifique créé pour une commande client

Les dépenses de conception sont alors enregistrées en charges au cours de l'exercice et si les produits correspondants ne sont pas encore facturés à la clôture de l'exercice, les travaux en cours sont inscrits au débit du compte 345. Prestations de services en cours par le crédit du compte 71345. Variation des prestations de services en cours.

c) Logiciel standard fabriqué à partir d'un logiciel mère

Le logiciel mère constitue une immobilisation incorporelle (voir IV C. 3. b.).

Le coût de production des logiciels à partir du logiciel mère (dépenses de reproduction du logiciel mère sur support magnétique, documentation et outils pédagogiques de formation des utilisateurs) doit être constaté en charges. Les logiciels reproduits non vendus à la clôture de l'exercice sont constatés en stocks de produits finis.

Exemple

La société de services informatiques IDEG a développé au cours de l'exercice N un progiciel de gestion de trésorerie.

Le logiciel est achevé le 1er décembre N.

Le coût de production du logiciel mère ressort à 350 000 €.

Ce progiciel a été reproduit en décembre N à 200 exemplaires pour un coût global de 200 000 €.

10 exemplaires ont été vendus en décembre N.

La société estime que ce progiciel pourra être commercialisé sur une période de 5 ans.

Elle souhaite par ailleurs bénéficier des dispositions fiscales en vigueur sur ce type de logiciels.

Le logiciel mère est une immobilisation incorporelle qui doit être activée pour son coût de production et amortie sur sa durée probable d'utilisation, soit 5 ans.

Fiscalement, les coûts de création de ce logiciel peuvent être déduits du résultat de l'exercice au cours duquel ils sont engagés.

Le plan d'amortissement du logiciel s'établit comme suit :

Année	Dotations aux amortissements économiques	Déduction fiscale autorisée	Dotations aux amortissements dérogatoires (reprise)
N	5 833,33	350 000	344 166,67
N+1	70 000	-	(70 000)
N+2	70 000	-	(70 000)
N+3	70 000	-	(70 000)
N+4	70 000	-	(70 000)
N+5	64 166,67	-	(64 166,67)
Total	**350 000**	**350 000**	**0**

Le coût de production des logiciels reproduits constitue une charge. Les logiciels reproduits non encore vendus à la clôture de l'exercice N constituent des stocks.

Coût de production d'un logiciel standard : 200 000 / 200 = 1 000 €.

Stocks de logiciels au 31 décembre N : (200 – 10) × 1 000 = 190 000 €.

Les écritures comptables relatives à l'exercice N sont les suivantes :

	1/12/N		
205	Concessions et droits similaires, brevets…	350 000,00	
721	Production immobilisée - Immobilisations incorp.		350 000,00
	31/12/N		
68111	Dotations aux amortissements sur immobilisations incorporelles	5 833,33	
68725	Dotations aux amortissements dérogatoires	344 166,67	
2805	Amortissements des concessions…		5 833,33
145	Amortissements dérogatoires		344 166,67
	31/12/N		
355	Stocks de produits finis	190 000,00	
7135	Variation de stocks de produits finis		190 000,00

Contexte SA Technik

Quelle est la nature du logiciel de gestion de trésorerie acquis par la SA Technik ? La société se demande si elle pourrait comptabiliser cette dépense en charge ou bénéficier d'un amortissement fiscal accéléré.

V Sites Internet créés en interne

La création en interne de sites Internet constitue une application spécifique des coûts de développement.

Il convient en particulier de définir :

– la typologie des sites Internet ;

– les éléments constitutifs de la phase de recherche et de celle de développement.

A) Définition et typologie des sites

1. Définition

Un site Internet est un site accessible par l'ensemble des utilisateurs connectés au réseau mondial Web.

> +
> Sont également concernés par les développements suivants :
> – les sites intranet accessibles uniquement par les employés d'une société ou d'une administration connectée à son réseau interne ;
> – les sites Extranet : sites intranet dont tout ou partie du contenu peut être accessible soit par Internet, par des utilisateurs identifiés, soit par un autre intranet.

2. Typologie

Deux types de sites Internet peuvent être identifiés :
- les sites Internet « passifs » : ils sont destinés à donner des informations sur l'entreprise (sites de présentation) et ne participant pas aux systèmes d'information ou commerciaux de l'entreprise (comptabilité, ventes, etc.) ;
- les sites Internet « actifs » : ce sont les sites enregistrant des commandes clients et/ou participant aux systèmes d'information ou commerciaux de l'entreprise.

Les sites Internet « passifs » ne génèrent pas d'avantages économiques futurs distincts de ceux générés par d'autres actifs. Ils constituent un support de publicité pour l'entreprise. En conséquence, les dépenses de création relatives à ces sites doivent être comptabilisées en charges.

A contrario, les sites Internet « actifs » sont générateurs d'avantages économiques futurs. Leurs coûts de développement sont donc susceptibles d'être portés à l'actif.

B) Traitement comptable des sites Internet actifs

La conception et le développement de sites Internet comportent trois phases :
- la phase de recherche préalable ;
- la phase de développement et de mise en production ;
- la phase d'exploitation.

1. Phase de recherche préalable

Les coûts engagés lors de la phase de recherche préalable sont obligatoirement comptabilisés en charges car il est impossible à ce stade d'évaluer avec une fiabilité suffisante s'ils donneront lieu à des avantages économiques futurs (PCG - article 612-3).

Exemple

Coûts de recherche préalable :
- études de faisabilité ;
- détermination des objectifs et des fonctionnalités du site ;
- exploration des moyens permettant de réaliser les fonctionnalités souhaitées ;
- identification du matériel approprié et des applications ;
- sélection des fournisseurs de biens et services ;
- traitement des questions juridiques préalables (confidentialité, droits d'auteur, marques de fabriques, respect de la législation, etc.) ;
- identification des ressources internes pour des travaux sur le dessin et le développement du site.

Source : extrait de l'avis 2003-11 du CNC.

Par ailleurs, les frais de recherche comptabilisés initialement en charges, relatifs à un projet qui aboutit à la création de sites Internet actifs, ne peuvent pas ultérieurement être réintégrés au coût de développement de l'actif.

2. Phase de développement et de mise en production

Le PCG prévoit deux méthodes comptables possibles pour l'enregistrement des coûts de développement et de production :
- la constatation en charges ;
- la comptabilisation à l'actif (sous conditions).

Pour que ces dernières conditions soient remplies, le PCG impose le respect des six critères cumulatifs suivants :

a. « le site Internet a de sérieuses chances de réussite technique ;

b. l'entreprise a l'intention d'achever le site Internet et de l'utiliser ou de le vendre ;

c. l'entreprise a la capacité d'utiliser ou de vendre le site Internet ;

d. le site Internet générera des avantages économiques futurs probables ;

e. l'entreprise dispose des ressources (techniques, financières et autres) appropriées pour achever le développement et utiliser ou vendre le site Internet ;

f. l'entreprise a la capacité à évaluer de façon fiable les dépenses attribuables au site Internet au cours de son développement » (PCG – article 612-1).

Il s'agit des six conditions nécessaires à l'activation des coûts de développement, adaptées au cas particulier des sites Internet.

« [...] La comptabilisation des coûts de développement et de production de sites Internet à l'actif est considérée comme la méthode de référence » (PCG – article 612-2).

+

Le PCG précise la nature des dépenses pouvant être activées, lorsque les six conditions d'activation sont remplies. Il s'agit des dépenses relatives à (PCG – article 612-2) :
- l'obtention et l'immatriculation d'un nom de domaine ;
- l'acquisition ou le développement du matériel et du logiciel d'exploitation se rapportant à la mise en fonctionnalité du site ;
- le développement, l'acquisition ou la fabrication sur commande d'un code pour les programmes, de logiciels de bases de données et logiciels intégrant les applications distribuées dans les programmes ;
- la réalisation de la documentation technique ;
- les coûts afférents au contenu, notamment les frais induits par la préparation, l'alimentation et la mise à jour du site ainsi que l'expédition du contenu du site.

Les graphiques constituant un élément du logiciel et les coûts de développement des graphiques initiaux sont comptabilisés comme les logiciels auxquels ils se rapportent.

3. Phase d'exploitation

« Les dépenses ultérieures au titre de sites Internet engagées après leur acquisition ou leur achèvement sont comptabilisées en charges lorsqu'elles sont réalisées, sauf :
- s'il est probable que ces dépenses permettront au site de générer des avantages économiques futurs au-delà du niveau de performance défini avant l'engagement des dépenses ;
- et si ces dépenses peuvent être évaluées et attribuées à l'actif de façon fiable » (PCG – article 612-4).

Exemple

- **Dépenses d'exploitation activables** : adjonction à un site de nouvelles fonctions ou caractéristiques.
- **Dépenses d'exploitation constituant des charges :**
  - formation des salariés participant à l'entretien du site ;
  - enregistrement du site auprès des moteurs de recherche ;
  - tâches administratives ;
  - mise à jour des graphiques du site ;
  - réalisation des sauvegardes ;
  - création de nouveaux liens ;
  - vérification que les liens fonctionnent normalement et mise à jour des liens existants ;
  - révisions de la sécurité du site ;
  - analyse d'utilisation ;
  - engagement de la redevance annuelle d'utilisation du nom de domaine.

Source : extrait de l'avis 2003-11 du CNC.

C) Amortissement des sites Internet activés

Les règles générales relatives aux amortissements s'appliquent à l'amortissement des sites Internet activés. Ces derniers doivent être amortis sur leur durée réelle d'utilisation, en principe courte en raison de la forte obsolescence technique.

En revanche, le nom de domaine, pour lequel l'usage n'est pas limité dans le temps, est un actif non amortissable, tant que la direction de l'entreprise n'a pas décidé d'arrêter l'utilisation du nom à une date donnée.

+

Traitement fiscal des dépenses de création de sites Internet

Les dépenses de création de sites Internet sont assimilées à des dépenses de conception de logiciels. En conséquence, elles peuvent :

- soit être déduites immédiatement, par le biais d'un amortissement dérogatoire si l'entreprise a activé des dépenses ;
- soit être amorties dans les mêmes conditions qu'en comptabilité.

Les noms de domaine suivent le même traitement qu'en comptabilité.

Exemple

La société Tom a créé en interne au cours de l'exercice N un site Internet destiné à constituer un nouveau canal de distribution de ses produits.

Les coûts engagés durant l'exercice ont été comptabilisés en charges :

- étude de faisabilité : 600 € (janvier N) ;
- sélection des fournisseurs : 300 € (février N) ;
- obtention et immatriculation d'un nom de domaine : 650 € (mars N) ;
- acquisition du matériel et du logiciel d'exploitation pour la mise en fonctionnalité du site : 2 000 € (avril N) ;
- développement de codes : 500 € (avril – mai N) ;
- développement en interne des logiciels et bases de données nécessaires au fonctionnement du site : 5 000 € (avril – juin N) ;
- réalisation d'une documentation technique : 1 000 € (juin N) ;
- enregistrement du site auprès des moteurs de recherche : 200 € (juin N).

Les conditions de comptabilisation à l'actif du site sont réunies le 1er avril N.

Le site est mis en service le 1er juillet N.

Sa durée d'utilisation est estimée à 3 ans.
L'entreprise souhaite déduire fiscalement le maximum de dotations aux amortissements.
L'entreprise a opté pour l'activation des coûts de développement et de production de sites Internet.
Le coût de production du site est le suivant :

Obtention et immatriculation d'un nom de domaine	650
Acquisition du matériel et du logiciel d'exploitation	2 000
Développement de codes	500
Développement des logiciels et bases de données	5 000
Documentation technique	1 000
Total	**9 150**

Les dépenses de recherche ne sont pas activables, même a posteriori lorsque les critères d'activation sont réunis. Il s'agit :
- de l'étude de faisabilité ;
- des coûts de sélection des fournisseurs.

Les dépenses liées à l'exploitation du site sont également constatées en charges. Il en est ainsi de l'enregistrement du site auprès des moteurs de recherche.
L'écriture comptable à l'achèvement du site est la suivante :

		1/07/N		
205		Concessions et droits similaires…	9 150	
	721	Production d'immobilisations incorporelles		9 150

La dotation aux amortissements comptable du site s'établit comme suit :
- base amortissable : 9 150 – 650 = 8 500 (le nom de domaine n'est pas amortissable) ;
- durée d'amortissement : 3 ans ;
- date de mise en service : 1er juillet N ;
- dotation comptable de N : 8 500 × 1/3 × 1/2 = 1 417.

La dotation aux amortissements fiscale est de 8 500 (déduction immédiate des dépenses de création, hors nom de domaine).
L'enregistrement comptable est le suivant :

		31/12/N		
68111		Dotations aux amortissements sur immobilisations incorporelles	1 417	
68725		Dotations aux amortissements dérogatoires	7 083	
	2805	Amortissements des concessions et droits …		1 417
	145	Amortissements dérogatoires		7 083

Contexte SA Technik

Le site Internet de la SA Technik est-il un site actif ou passif ? Les dépenses engagées par la SA Technik pour la modification de son site Internet sont-elles activables ?

Correction contexte SA Technik

1. Clause de réserve de propriété

La machine achetée le 1/01/N par la SA Technik pour la fabrication de ses composants électroniques doit figurer au bilan de la société dès sa date d'acquisition. En effet, le PCG prévoit que les transactions assorties d'une clause de réserve de propriété sont comptabilisées à la date de livraison du bien et non à celle du transfert de propriété. Une information au pied du bilan sera donnée uniquement si la machine n'a pas encore été intégralement payée au 31/12/N.

2. Réévaluation libre

La réévaluation libre s'applique à l'ensemble des immobilisations corporelles et financières, mais elle est interdite pour les immobilisations incorporelles (problème de fiabilité de l'évaluation). Par ailleurs, il ne s'agit pas d'une méthode comptable qui serait appliquée chaque année afin que le bilan reflète systématiquement la valeur des actifs réévalués. La réévaluation libre est une décision de gestion appliquée ponctuellement.

3. Logiciel

Le logiciel de gestion de trésorerie acquis par la SA Technik est un logiciel autonome à usage interne acquis. Il doit être immobilisé dans la mesure où son coût d'acquisition est supérieur à 500 € HT. Il doit être amorti sur sa durée prévue d'utilisation, soit 3 ans. Sur le plan fiscal, il n'y a pas de régime d'amortissement accéléré. La déduction fiscale immédiate concerne uniquement les logiciels créés.

	1/10/N		
205	Concessions et droits similaires…	1 500	
44562	TVA déductible sur immobilisations	300	
512	Banque		1 800

	31/12/N		
68111	Dotations aux amortissements sur immobilisations incorporelles	125	
2805	Amortissements des concessions…		125

Dotation aux amortissements = 1 500 × 1 / 3 × 3/12 = 125.

4. Site Internet

Le site Internet de la SA Technik est un site actif puisqu'il génère des avantages économiques (les clients peuvent effectuer leurs commandes en ligne). Deux hypothèses sont à envisager concernant les dépenses engagées par la SA Technik pour la modification de son site Internet.

Hypothèse 1 : la SA Technik a choisi la méthode de référence du PCG en activant le coût de création de son site Internet. Les dépenses engagées au cours de l'exercice N pour la modification du site sont activables puisqu'elles vont permettre d'augmenter les avantages économiques futurs (commandes sur les produits de la nouvelle gamme de composants)

Hypothèse 2 : la SA Technik a comptabilisé en charge le coût de création de son site Internet. En application du principe de permanence des méthodes comptables, elle doit alors constater également en charges les dépenses ultérieures relatives à ce site.

Synthèse

Les principaux cas spécifiques d'évaluation des immobilisations corporelles et incorporelles sont les suivants :

Immobilisations corporelles et incorporelles

Cas	Modalités de traitement
Immobilisations libellées en devises étrangères	– coût de l'immobilisation converti en monnaie nationale au cours du jour de l'opération ; – écart entre le cours du jour et le cours effectif de paiement = charge financière ou produit financier.
Immobilisations acquises pour un coût global	– coût d'entrée de chacun des biens ventilé à proportion de la valeur attribuable à chacun d'eux, selon les règles applicables pour la détermination du coût d'acquisition ou de production d'une immobilisation ; – à défaut d'évaluation directe, le coût d'un ou de plusieurs des actifs acquis ou produits est évalué par référence à un prix de marché ou forfaitairement s'il n'en existe pas. Le coût des autres actifs s'établira par différence entre le coût d'entrée global et le coût déjà attribué.
Immobilisations acquises avec clause de réserve de propriété	– comptabilisation à la date de livraison du bien et non à celle du transfert de propriété ; – information au pied du bilan concernant l'existence de telles transactions.

Immobilisations corporelles

Cas	Modalités de traitement
Immobilisations acquises dont le prix est indexé	– l'immobilisation est enregistrée pour le montant stipulé dans l'acte de manière définitive, indépendamment des modalités de règlement ultérieures ; – les différences d'indexation sont traitées comme les différences de conversion sur opérations en monnaies étrangères : actualisation de la dette à la date de clôture et constatation d'une provision en cas de mali d'indexation.
Ensembles immobiliers	– nécessaire ventilation du coût d'acquisition entre le terrain et la construction car le terrain est un actif non amortissable, contrairement à la construction.
Constructions sur sol d'autrui	– locataire temporairement propriétaire de la construction pendant la durée du bail ; – la construction doit être amortie sur sa durée réelle d'utilisation, c'est-à-dire la durée du bail ; – la base d'amortissement doit tenir compte, le cas échéant, de la valeur résiduelle de la construction, au cas particulier égale à l'indemnité que devra verser le propriétaire à l'expiration du bail.
Réévaluation libre	– décision de gestion de l'entreprise ; – doit porter sur l'ensemble des immobilisations corporelles et financières ; – interdite pour les immobilisations incorporelles ; – écart de réévaluation enregistré en capitaux propres et imposable lors de la réévaluation.
Immobilisations sinistrées	– virement de la VNC à la date du sinistre en charges exceptionnelles lorsque la destruction est couverte par une indemnité d'assurance ; – l'indemnité d'assurance s'analyse comme un substitut du prix de vente ; – régime fiscal de faveur avec étalement de la plus-value et constatation comptable d'une provision pour impôt.
Immobilisations expropriées	– indemnité principale assimilée au prix de cession de l'actif ; – indemnité accessoire = produit exceptionnel divers ; – même régime fiscal de faveur que pour un sinistre.

Immobilisations incorporelles

Cas	Modalités de traitement
Immobilisations acquises moyennant paiement de redevances annuelles	– coût d'entrée définitif de l'actif = valeur vénale (part fixe prévue au contrat, majorée de la valeur actualisée des redevances probables qui seront versées au cours de la période retenue) ; – la différence entre le montant de la dette initiale et le total des redevances versées constitue une charge exceptionnelle ou un produit exceptionnel.
Logiciels	– logiciel indissociable du matériel : immobilisation corporelle ; – logiciel faisant partie d'un projet de développement : même traitement que les projets auxquels ils se rapportent ; – logiciel autonome à usage interne acquis : immobilisation incorporelle, amortissement à compter de la date d'acquisition ; – logiciel autonome à usage interne créé : immobilisation incorporelle dès lors que les conditions d'activation sont réunies, amortissement à compter de la date d'achèvement et déduction fiscale immédiate possible des coûts de création ; – logiciel autonome à usage commercial utilisé comme moyen d'exploitation : • acquis : immobilisation incorporelle ; • créé : immobilisation incorporelle dès lors que les conditions d'activation sont réunies, amortissement à compter de la date d'achèvement et déduction fiscale immédiate possible des coûts de création ; – logiciel autonome à usage commercial destiné à être vendu : • acquis pour être revendu en l'état : achat de marchandises et stocks en fin de période ; • créé spécifiquement pour une commande client : charges et stocks si non facturés en fin de période ; • logiciel standard fabriqué à partir d'un logiciel mère : charges et stocks de produits finis en fin de période.
Sites Internet	– site Internet passif : charges (dépenses de publicité) ; – site Internet actif : • phase de recherche préalable : charges ; • phase de développement : charges ou actif si les six critères d'activation sont réunis (méthode comptable, l'activation constituant la méthode de référence) ; • nom de domaine non amortissable.

Références

Règles générales

- Règlement ANC 2014-03 relatif au Plan comptable général.
- Avis CNC 2004-15 relatif à la définition, la comptabilisation et l'évaluation des actifs.
- Bulletin n° 140 de la CNCC (décembre 2005) : communiqué relatif aux modalités d'application à certaines catégories d'immeubles de la norme IAS 16 et du règlement CRC n° 2002-10 relatif à l'amortissement et à la dépréciation des actifs.
- Code Général des Impôts.
- Instruction fiscale du 30/12/05.

Réévaluation libre

- Avis CNC 2003-10 relatif au traitement comptable de l'écart de réévaluation.

Logiciels

- Avis CNC n° 31- Traitement comptable des logiciels (1987).

Sites Internet

- Avis CNC 2003-11 relatif au traitement comptable des coûts de création de sites Internet.

1 PCG – article 420-1

Le coût d'entrée des immobilisations incorporelles et corporelles et stocks exprimé en monnaie étrangère est converti en monnaie nationale au cours du jour de l'opération.

En cas d'acquisition d'actif en monnaie étrangère, le taux de conversion utilisé est le taux de change à la date d'entrée. En cas de couverture de cette acquisition, l'effet de la couverture est intégré à la valeur d'entrée de l'actif. Les frais engagés pour mettre en place les couvertures et les éléments prévus aux articles 628-12 et 628-13 peuvent également être intégrés au coût d'acquisition.

Les amortissements et, s'il y a lieu, dépréciations sont calculés sur cette valeur.

2 Code civil – articles 552 et 553

Article 552

La propriété du sol emporte la propriété du dessus et du dessous.

Le propriétaire peut faire au-dessus toutes les plantations et constructions qu'il juge à propos, sauf les exceptions établies au titre « Des servitudes ou services fonciers ».

Il peut faire au-dessous toutes les constructions et fouilles qu'il jugera à propos, et tirer de ces fouilles tous les produits qu'elles peuvent fournir, sauf les modifications résultant des lois et règlements relatifs aux mines, et des lois et règlements de police.

Article 553

Toutes constructions, plantations et ouvrages sur un terrain ou dans l'intérieur sont présumés faits par le propriétaire à ses frais et lui appartenir, si le contraire n'est prouvé ; sans préjudice de la propriété qu'un tiers pourrait avoir acquise ou pourrait acquérir par prescription soit d'un souterrain sous le bâtiment d'autrui, soit de toute autre partie du bâtiment.

3 PCG – article 214-27

Des ajustements de valeur portant sur l'ensemble des immobilisations corporelles et financières peuvent être effectués dans le cadre de la réévaluation des comptes. Cette réévaluation est une option ponctuelle à l'initiative de l'entité ou prévue par la loi.

L'écart entre la valeur actuelle et la valeur nette comptable constatée lors d'une opération d'ensemble de réévaluation ne participe pas à la détermination du résultat. Il est inscrit directement dans les capitaux propres.

L'écart de réévaluation peut être incorporé en tout ou partie au capital. Il ne peut compenser les pertes, sauf s'il a été préalablement incorporé au capital.

Le produit hors frais de la cession qui excède la valeur nette comptable de l'immobilisation avant réévaluation peut, en tout ou partie, être transféré à un compte distribuable à hauteur du montant résiduel de la réévaluation comptabilisée au passif du bilan, selon les règles du droit commun. Il en est de même lors de chaque exercice bénéficiaire pour le supplément d'amortissement relatif à la part réévaluée de l'immobilisation.

4 PCG – article 611-4

Les logiciels, créés par l'entité, destinés à un usage commercial ainsi que ceux destinés aux besoins propres de l'entité sont inscrits en immobilisations, à leur coût de production.

Le coût de production comprend les seuls coûts liés à la conception détaillée de l'application – aussi appelée analyse organique –, à la programmation – aussi appelée codification –, à la réalisation des tests et jeux d'essais et à l'élaboration de la documentation technique destinée à l'utilisation interne ou externe.

Applications

Comprendre les notions

Application 1 QCM

Retrouvez la ou les réponses exactes.

1. Le coût d'une immobilisation libellée en monnaie étrangère est converti :
- ☐ au cours du jour de l'opération.
- ☐ au cours du jour du règlement.

2. Les immobilisations acquises avec clause de réserve de propriété sont enregistrées à l'actif de l'acquéreur :
- ☐ à la date de livraison.
- ☐ au moment du paiement intégral du prix.

3. Le prix d'acquisition d'une immobilisation dont le prix est indexé fluctue en fonction de l'indice d'indexation :
- ☐ Vrai
- ☐ Faux

4. Le mali d'indexation enregistré dans le cadre d'une immobilisation dont le prix est indexé constitue :
- ☐ une charge d'exploitation.
- ☐ une charge financière.
- ☐ une charge exceptionnelle.

5. Les travaux de voirie liés à un ensemble immobilier constituent un élément du prix de revient :
- ☐ du terrain.
- ☐ de la construction.
- ☐ cela dépend.

6. La construction édifiée sur sol d'autrui par le locataire d'un terrain est amortie par ce dernier :
- ☐ sur sa durée d'usage.
- ☐ sur la durée du bail.

7. La réévaluation libre prévue par le Code de commerce et le PCG (plusieurs réponses possibles) :
- ☐ constitue une méthode d'évaluation des immobilisations corporelles.
- ☐ est possible pour les immobilisations incorporelles.
- ☐ peut être limitée à certaines catégories d'immobilisations corporelles.
- ☐ a une incidence fiscale immédiate.
- ☐ est effectuée à une date donnée uniquement et non de manière régulière.

8. L'indemnité d'assurance perçue relative à une immobilisation sinistrée constitue :
- ☐ un produit d'exploitation.
- ☐ un produit financier.
- ☐ un produit exceptionnel.

9. L'indemnité principale perçue relative à une immobilisation expropriée constitue :
- ☐ un produit d'exploitation.
- ☐ un produit financier.
- ☐ un produit exceptionnel.

10. L'indemnité accessoire perçue relative à une immobilisation expropriée constitue :
- ☐ un produit d'exploitation.
- ☐ un produit financier.
- ☐ un produit exceptionnel.

11. La différence entre le montant de la dette initiale et le total des redevances versées pour l'acquisition d'une immobilisation moyennant paiement de redevances annuelles constitue :
- ☐ une charge ou un produit d'exploitation.
- ☐ une charge financière ou un produit financier.
- ☐ une charge exceptionnelle ou un produit exceptionnel.
- ☐ un élément du coût d'acquisition de l'immobilisation.

12. Quels sont les éléments du coût de production d'un logiciel créé :
- ☐ l'analyse fonctionnelle.
- ☐ l'analyse organique.
- ☐ la documentation technique.
- ☐ la formation du personnel.
- ☐ l'étude préalable.
- ☐ la réalisation des jeux d'essais.
- ☐ la programmation.

13. Un logiciel standard non encore vendu fabriqué à partir d'un logiciel mère est constaté à la clôture de l'exercice :
- ☐ en immobilisation corporelle.
- ☐ en immobilisation incorporelle.
- ☐ en stock.
- ☐ en charges constatées d'avance.

14. Les coûts de création de sites Internet passifs :
- ☐ sont systématiquement constatés en charges.
- ☐ sont systématiquement constatés en immobilisation incorporelle.
- ☐ sont activables en immobilisation incorporelle sous certaines conditions.

15. Les coûts de développement de sites Internet actifs :
- ☐ sont systématiquement constatés en charges.
- ☐ sont systématiquement constatés en immobilisation incorporelle.
- ☐ sont activables en immobilisation incorporelle sous certaines conditions.

16. Le nom de domaine relatif à un site Internet activé :
- ☐ est un actif amortissable.
- ☐ est un actif non amortissable.

Mettre en œuvre les compétences

Application 1 Immobilisation libellée en monnaie étrangère

Compétences attendues : C1, C2 et C3

La société Lorraine acquiert le 1/05/N un matériel industriel auprès d'un fournisseur américain au prix de 12 000 US $. L'immobilisation est payable à 45 jours, sachant qu'un acompte de 2 000 $ a été versé à la commande le 1/04/N.

Cours du $:

- au 1/04/N : 1 € = 1,20 $;
- au 1/05/N : 1 € = 1,35 $;
- au 15/06/N : 1 € = 1,30 $;
- au 31/12/N : 1 € = 1,32 $.

Modalités d'amortissement comptable : linéaire sur 6 ans.
Modalités d'amortissement fiscal : dégressif sur 5 ans (coefficient : 1,75).
La société n'envisage pas de cession du matériel avant la fin de sa durée d'utilisation.
Le matériel est mis en service le 1/06/N.

1. Déterminez le coût d'entrée du matériel.

2. Effectuez l'ensemble des enregistrements comptables relatifs à cette opération au titre de l'exercice N.

Application 2 Construction sur sol d'autrui

Compétences attendues : C1, C2, et C4

La société Daix a construit courant N un atelier sur un terrain dont elle est locataire et dont le bail expire le 30/06/N + 8 :

- le coût de production de l'atelier est de 250 000 €. Les travaux se sont achevés le 20/06/N ;
- la mise en service de l'atelier est intervenue le 1/07/N ;
- la durée d'usage de l'atelier est de 15 ans ;
- compte tenu de sa durée réelle d'utilisation, aucun composant n'a été mis en évidence.
- à l'expiration du contrat, la société Daix percevra une indemnité d'éviction de 50 000 € ;
- la société Daix clôture ses comptes avec l'année civile.

1. Déterminez la nature de l'atelier et ses modalités d'amortissement.

2. Effectuez les enregistrements comptables relatifs à l'exercice N et précisez leurs conséquences fiscales.

3. Quelles sont les conséquences comptables et fiscales liées à l'expiration du bail hors problématique liée au reversement de la TVA initialement déduite ?

Application 3 Réévaluation libre

La société Rémy a décidé au 31/12/N de procéder à une réévaluation libre de ses immobilisations. Parmi celles-ci figurent les éléments suivants :

Immobilisation	Date d'acquisition	Valeur d'origine (€)	Plan d'amortissement	Valeur d'utilité au 31/12/N
Marque	1/10/N – 2	30 000	N/A	40 000
Terrain	1/01/N – 4	150 000	N/A	250 000
Construction	1/01/N – 4	500 000	Linéaire 25 ans	600 000

1. **Déterminez les écarts de réévaluation afférents aux différents éléments et enregistrez l'écriture de réévaluation. Précisez les conséquences fiscales de cette opération.**
2. **Déterminez et comptabilisez l'annuité d'amortissements N + 1 relative à la construction. Quel est son traitement fiscal ?**
3. **L'entreprise Remy souhaite transférer en réserves distribuables l'écart de réévaluation au fur et à mesure qu'il est acquis. Quelle est la condition nécessaire à ce transfert ? En supposant qu'elle est remplie, procédez à l'enregistrement comptable en découlant.**
4. **L'ensemble immobilier est revendu le 30/06/N + 2 pour une valeur de 860 000 € (dont 260 000 € pour le terrain). Précisez les traitements comptable et fiscal de cette opération.**
5. **Démontrez la neutralité fiscale de la réévaluation en raisonnant sur l'ensemble de la période de détention de l'ensemble immobilier.**

Application 4 Sinistre

Compétences attendues : C1, C2 et C3

La société Lorraine a été victime le 1/07/N d'un sinistre qui a détruit les immobilisations suivantes :

Immobilisation	Valeur d'origine (€)	Date d'acquisition	Amortissement comptable	Amortissement fiscal
Agencements	50 000	1/04/N – 5	Linéaire 10 ans	Linéaire 10 ans
Outillage 1	20 000	1/07/N – 2	Linéaire 8 ans	Linéaire 5 ans
Outillage 2	35 000	1/10/N – 1	Linéaire 5 ans	Dégressif 5 ans

Le coefficient d'amortissement dégressif est 1,75.

La société Lorraine n'a pas encore été indemnisée au 31/12/N, date de clôture de son exercice social. Sur la base de son contrat d'assurance, elle estime l'indemnité d'assurance à percevoir à 100 000 €.

1. **Enregistrez les écritures consécutives à ce sinistre concernant les trois immobilisations détruites.**
2. **Quel est le traitement comptable de l'indemnité d'assurance ?**
3. **Quel est le traitement fiscal de ce sinistre ? Déduisez-en les implications comptables.**

Application 5 Immobilisation acquise moyennant paiement de redevances annuelles

Compétences attendues : C1, C2 et C3

La société Nina a signé le 1/01/N un contrat de licence d'exploitation d'un brevet pour la fabrication d'un robot intégrable dans des chaînes de production.

Le contrat comporte le versement d'une redevance fixe à la signature de 15 000 € HT et d'une redevance variable versée le 15 février de chaque année égale à 1 000 € HT par robot vendu.

La durée du contrat est de 3 ans.

La société Nina envisage la commercialisation de 500 robots par an.

Les ventes effectives s'établissent comme suit :

– année N : 400 ;
– année N + 1 : 650 ;
– année N + 2 : 500.

On retiendra un taux d'actualisation de 5 %.

1. **Déterminez le coût d'entrée de la licence d'exploitation du brevet (arrondi à l'euro le plus proche) et enregistrez l'écriture consécutive à la signature du contrat.**
2. **Enregistrez le paiement des redevances au titre des exercices N et N + 1.**
3. **Quel est le traitement comptable lié au paiement de la dernière redevance pour l'exercice N + 2 ?**

Application 6 Logiciel

Compétences attendues : C1, C2 et C3

Le cabinet Audimus a démarré le développement au cours de l'exercice N d'un progiciel d'évaluation d'entreprises. Ce progiciel doit permettre de répondre aux missions d'évaluation d'entreprise confiées au cabinet. Il sera également commercialisé auprès de confrères experts-comptables.

Les coûts suivants ont été engagés et comptabilisés en charges par nature :

Phase	Période	Coûts
Étude préalable	Septembre N	3 000
Analyse fonctionnelle	Novembre N	15 000
Analyse organique	Décembre N	12 000
Programmation	Janvier à mars N + 1	20 000
Tests et jeux d'essai	Avril N + 1	2 500
Documentation	Avril N + 1	1 800
Formation des utilisateurs	Mai N + 1	3 000
Reproduction du logiciel avant prise en compte amortissement du logiciel mère	Mai N + 1	30 000

À l'issue de l'analyse fonctionnelle, la direction décide de poursuivre le projet, ce dernier ayant de sérieuses chances de réussite technique et de rentabilité commerciale.

Le logiciel est achevé le 1/05/N + 1.

Les coûts de reproduction du logiciel correspondent à 30 exemplaires.

20 exemplaires du progiciel ont été vendus au 31/12/N + 1.
Le cabinet estime que ce progiciel pourra répondre aux besoins de sa clientèle et être commercialisé sur une période de 4 ans.
Il souhaite par ailleurs bénéficier des dispositions fiscales en vigueur sur ce type de logiciels.

1. Quels sont la nature et le traitement comptable du progiciel développé par le cabinet Audimus ?

2. Déterminez le coût d'entrée du logiciel mère et ses modalités d'amortissement comptable et fiscal.

3. Effectuez l'ensemble des enregistrements comptables relatifs aux exercices N et N + 1.

Application 7 Création d'un site Internet

Compétences attendues : C1, C2, C3, C4 et C5

La société Betour a débuté au cours de l'exercice N la création d'un site Internet destiné à présenter une partie de son catalogue de produits et à permettre à ses clients de passer leurs commandes en ligne.
Les coûts engagés sur le projet ont été comptabilisés en charges et s'établissent comme suit :

Nature de la dépense	Montant (en €)	Date
Étude de conception	1 000	septembre N
Obtention et immatriculation d'un nom de domaine	500	octobre N
Acquisition du système d'exploitation pour la mise en fonctionnalité du site	11 000	novembre N
Création des pages du site	8 000	décembre N
	7 000	janvier N + 1
Réalisation d'une documentation technique	1 500	février N + 1
Formation des salariés participant à l'entretien du site	2 500	février N + 1
Enregistrement du site auprès des moteurs de recherche	250	février N + 1

Les conditions de comptabilisation à l'actif du site sont réunies le 1/11/N.
Le site est mis en service le 1/03/N + 1.
Sa durée d'utilisation est estimée à 3 ans.
L'entreprise souhaite déduire fiscalement le maximum de dotations aux amortissements.
L'entreprise a opté pour l'activation des coûts de développement et de production de sites Internet.

1. Quelle est la nature du site Internet développé par la société Betour ? Déterminez son coût de production.

2. Effectuez l'ensemble des enregistrements comptables liés à ce site au titre des exercices N et N + 1.

3. Quelle information la société Betour doit-elle mentionner en annexe concernant la comptabilisation de ses coûts de création de site Internet ?

4. Courant N + 2, l'entreprise Betour réalise les dépenses suivantes relatives au site :
– extension du site à l'ensemble du catalogue de produits : 5 000 € ;
– mise à jour des graphiques du site pour tenir compte de l'évolution de la charte graphique de l'entreprise.
Quel est le traitement comptable de ces dépenses ?

Entraînement à l'examen

Sinistre

Compétences attendues : C1, C2, C3 et C4

Cet exercice est à réaliser sans calculatrice.

Travail à faire :
À partir de l'annexe, vous traiterez les questions posées.

1. Analysez les conséquences du sinistre pour les deux immobilisations concernées : l'outillage industriel et les aménagements de l'atelier.
2. Comptabilisez les conséquences du sinistre pour les deux immobilisations concernées.
3. Régularisez la comptabilisation de l'encaissement de la prime d'assurance.
4. Quelle est la conséquence comptable liée à l'étalement de la plus-value nette à court terme résultant du sinistre ? Proposez le cas échéant l'écriture à comptabiliser au 31/12/N en retenant un taux d'IS de 28 %.

Annexe

Suite à un court-circuit dans une installation électrique survenu le 30 septembre N dans l'un de ses ateliers, la SA Andrea a subi les dommages suivants :

- destruction complète d'un outillage industriel, acquis le 2/01/N – 2 pour un montant HT de 32 000 € et amorti en linéaire sur une durée d'utilisation de 4 ans ;
- destruction partielle des aménagements de l'atelier, réalisés le 15/07/N – 4 pour un montant HT de 15 000 € et amortis en linéaire sur une durée d'utilisation de 10 ans.

L'atelier a été remis en état par un artisan en octobre N. La facture, d'un montant HT de 3 000 €, en date du 14/10/N, a été réglée par chèque le jour même. Le règlement a été comptabilisé par le débit du compte fournisseur.

Les dommages ont par ailleurs été déclarés à la compagnie d'assurances de la SA Andrea, qui a perçu le 22/12/N une indemnité de 18 000 €. L'indemnité a été enregistrée en compte d'attente. Elle se décompose en 16 000 € concernant l'outillage industriel et 2 000 € pour l'atelier.

L'entreprise a calculé une plus-value nette à court terme résultant du sinistre de 6 000 € et a choisi d'opter pour l'étalement de son imposition qui débutera à l'exercice N + 1, conformément à la législation fiscale.

CHAPITRE

8

Les opérations de location-financement

Compétences attendues	Savoirs associés
– Identifier et distinguer les immobilisations corporelles et incorporelles. (C1) – Exposer et appliquer les règles d'inscription à l'actif, d'évaluation et d'enregistrement des immobilisations corporelles et incorporelles. (C2) – Évaluer et comptabiliser les opérations portant sur les immobilisations corporelles et incorporelles à l'entrée et postérieurement à leur entrée. (C3) – Analyser les conséquences d'un choix de comptabilisation, notamment sur la présentation des comptes annuels, dans une situation donnée. (C4) – Présenter les informations à fournir en annexe. (C5)	– Opérations de location-financement.

Contexte professionnel

La SAS Flexiphil a été créée en 2005 à Dijon par 2 associés personnes physiques. Cette structure est soumise à l'IS. Son chiffre d'affaires s'élève à 150 millions d'euros et son effectif moyen à 75 salariés. Société mère d'un groupe composé de 5 filiales, elle établit également des comptes consolidés.

Madame Gilet est la Présidente de cette société qui fabrique et vend des médicaments homéopathiques. Une grande partie de sa production est automatisée, ce qui nécessite l'usage de plusieurs outillages robotisés. Pour financer ces matériels, les associés recourent soit à des apports en capital, soit des emprunts ou des locations.

Raison sociale	SAS Flexiphil
Capital social	50 000 € entièrement libérés depuis la constitution 2 associés personnes physiques à parts égales
Siège social et exploitation	25, Boulevard Olivier de Serre 21 800 Quetigny (France)
Activité	Fabrication et commercialisation de produits homéopathiques
Dirigeant	Présidente Madame Joanne Gilet désignée par les statuts
Effectif	75 salariés
Exercice comptable N–1	CA HT : 150 000 000 € Bénéfice fiscal = 2 952 630 €

Lorsqu'une entreprise a besoin d'un bien mobilier ou immobilier elle peut en devenir propriétaire, en le finançant par emprunt ou par fonds propres, ou locataire. Dans cette dernière situation, le contrat de location est qualifié soit de contrat de location simple, soit de contrat de location-financement en fonction de considérations économiques ou juridiques.

I Principes généraux

A) La distinction entre location-financement et location simple

Un contrat de location est un accord par lequel le bailleur cède au preneur, pour une période déterminée, le droit d'utilisation d'un actif en échange d'un paiement ou d'une série de paiements.

La norme internationale IAS 17 « contrats de location » distinguait les contrats de location simple et les contrats de location-financement, et leur appliquait un traitement comptable différent. Ces derniers étaient considérés comme équivalents à une acquisition par emprunt et donnaient lieu à la comptabilisation d'un actif et d'un passif au bilan. Les contrats de location simple n'avaient aucun impact sur le bilan. Seuls les loyers étaient enregistrés en charges.

La norme IFRS 16 remplace IAS 17 pour les périodes annuelles ouvertes à compter du 1er janvier 2019. Selon cette nouvelle norme, tous les contrats de location de plus d'un an donnent lieu, sauf exception (contrat de location portant sur des actifs de faible valeur), chez le locataire à l'enregistrement d'un actif représentatif du droit d'utilisation du bien loué et d'une dette au titre de l'obligation de payer les loyers. En revanche, la distinction entre ces deux catégories de contrats est maintenue pour les bailleurs.

B) Les principes de comptabilisation des contrats de location

1. Les principes de comptabilisation des contrats de location selon le référentiel IFRS

Le traitement prévu par la norme IFRS 16 « contrats de location » est le suivant : un droit d'utilisation figure à l'actif du bilan et une dette est comptabilisée au passif. Les paiements effectués au titre de la location sont ventilés entre une charge financière et l'amortissement de la dette figurant au passif.

Cette approche relève du principe comptable de prééminence de la réalité économique sur l'apparence juridique (« substance over form »). La transaction est analysée chez le preneur comme une opération de financement d'immobilisation. Du côté du bailleur, cette même norme maintient la distinction entre contrat de location simple et contrat de location-financement.

2. Les principes de comptabilisation des contrats de location selon le référentiel français

En France, les contrats de crédit-bail constituent la quasi-totalité des contrats de location-financement, notamment parce que l'option d'achat est généralement suffisamment incitative, à la date de signature du bail, pour estimer que le preneur la lèvera. Les contrats de crédit-bail sont des contrats de location de biens – mobiliers ou immobiliers – qui donnent la faculté (ou l'option) au locataire, d'en acquérir tout ou partie moyennant un prix de levée d'option convenu à l'avance (à une ou des dates elles aussi convenues à l'avance), tenant compte (pour partie au moins) des versements (les redevances) effectués à titre de loyers.

Le crédit-bail permet aux entreprises un financement total des investissements sans immobiliser leurs disponibilités financières. Ceci le distingue des financements bancaires traditionnels (emprunts) qui sont le plus souvent limités à 70 % du prix HT du bien financé.

a. Dans les comptes consolidés

En matière de comptes consolidés, le règlement CRC 99-02 prévoit la possibilité d'inscrire à l'actif les biens financés par un contrat de location-financement. Ce retraitement facultatif est considéré comme la méthode préférentielle. En revanche, les biens relatifs à un contrat de location simple ne sont pas immobilisés.

b. Dans les comptes individuels (ou comptes sociaux)

L'interdiction d'inscrire les biens en location à l'actif du bilan.

La définition des actifs intégrée dans le Plan comptable général devrait logiquement conduire à l'inscription des biens pris en crédit-bail à l'actif du bilan de l'entreprise locataire. En effet, il s'agit bien « d'un élément identifiable du patrimoine ayant une valeur économique positive pour l'entité, c'est-à-dire un élément générant une ressource que l'entité contrôle du fait d'évènements passés et dont elle attend des avantages économiques futurs ».

Toutefois, les contrats de location ayant été spécifiquement exclus du champ de la réforme sur les actifs, quelle que soit la qualification du contrat de location, le bien, propriété du bailleur, ne doit pas figurer au bilan de l'entreprise locataire (PCG - article 212-5).

Contexte SAS Flexiphil

La société prend en location un matériel de valeur d'origine 100 000 € HT sur 4 ans avec la possibilité d'opter pour son acquisition à la fin du contrat pour un montant de 4 500 € HT, comment doit-elle/peut-elle comptabiliser un tel contrat dans ses comptes sociaux ?

› Voir texte de référence 1

L'obligation de communiquer en annexe des informations concernant les contrats de crédit-bail

- *Principes*

Afin d'informer les tiers sur les engagements pris en matière de crédit-bail, les sociétés commerciales qui ne bénéficient pas du régime de présentation simplifiée de l'annexe (Code de commerce – articles L. 123 – 16 et R. 123 – 200. Si deux des trois seuils suivants ne sont pas dépassés : total bilan 4 M€, montant net du CA 8 M€ et nombre moyen de salariés employés au cours de l'exercice 50), doivent y faire figurer des informations permettant, d'une part, d'informer sur le poids financier futur de l'engagement, et d'autre part, de comparer avec le poids financier qui aurait résulté de l'achat direct du bien loué.

Contexte SAS Flexiphil

La société peut-elle bénéficier de la présentation simplifiée de son annexe ?

› Voir texte de référence 2

- *Liste des informations*

Ces informations concernent (Code monétaire et financier – article R. 313 – 14 et PCG article 831 – 4) :

- « la valeur de ces biens au moment de la signature du contrat ;
- le montant des redevances afférentes à l'exercice ainsi que le montant cumulé des redevances des exercices précédents ;
- les dotations aux amortissements qui auraient été enregistrées pour ces biens au titre de l'exercice clos s'ils avaient été acquis par l'entreprise ainsi que le montant cumulé des amortissements qui auraient été effectués au titre des exercices précédents ;

– l'évaluation à la date de clôture du bilan des redevances restant à payer ventilées selon les échéances : à un an au plus, à plus d'un an et cinq ans au plus, à plus de cinq ans, ainsi que le prix d'achat résiduel de ces biens stipulé aux contrats. »

Les autres personnes morales et les personnes physiques ayant la qualité de commerçant doivent (Code monétaire et financier – article R. 313 – 14) :

1. faire apparaître séparément, dans leur compte de résultat, les loyers correspondant à l'exécution des contrats relatifs aux opérations précitées, en distinguant les opérations de crédit-bail mobilier et les opérations de crédit-bail immobilier ;
2. évaluer dans l'annexe et à la date de clôture du bilan le montant total des redevances leur restant à supporter en exécution des obligations stipulées dans un ou plusieurs contrats de crédit-bail en distinguant les opérations de crédit-bail mobilier et les opérations de crédit-bail immobilier.

L'enregistrement des contrats de crédit-bail dans les états financiers individuels comporte également des difficultés engendrées par le traitement fiscal dont ils relèvent. Ce chapitre a pour objet d'exposer le traitement comptable de ces contrats dans les comptes individuels.

II Le traitement comptable des opérations de location par voie de crédit-bail

L'étude du régime comptable durant la période de location puis lors de la levée de l'option requiert la connaissance du régime fiscal, car celui-ci influe sur les écritures comptables en matière de crédit-bail immobilier. Il convient donc de différencier les contrats portant sur des biens meubles de ceux portant sur des immeubles.

A) Le traitement du crédit-bail pendant la période de location

1. Règles relatives au crédit-bail mobilier

Pendant la période de location, les loyers (redevances) sont enregistrés en charges (PCG – article 212-5) au débit du compte : 6122. Crédit-bail mobilier.

› Voir texte de référence 1

Les dépôts de garantie, éventuellement versés préalablement à la conclusion du contrat et imputables sur le prix à payer (prix de levée d'option), sont comptabilisés au débit du compte 275. Dépôts et cautionnements versés.

Exemple 1

Un contrat de crédit-bail mobilier relatif à une machine-outil a été signé le 1/07/N par la société Robert aux conditions suivantes :
– valeur d'origine du matériel : 80 000 € HT ;
– redevance annuelle payable d'avance : 14 000 € HT ;
– dépôt de garantie : 8 000 € (pas de TVA sur les dépôts de garantie) ;
– durée du contrat : 6 ans ;
– prix de levée de l'option au 1/07/N + 6 : 12 000,00 € HT.

Comptabilisation au cours de l'année N

	1/07/N		
275	Dépôts et cautionnements	8 000	
512	Banque		8 000
	Dépôt de garantie		
	1/07/N		
6122	Redevances de crédit-bail mobilier	14 000	
44566	TVA déductible sur biens et services	2 800	
512	Banque		16 800
	31/12/N		
486	Charges constatées d'avance	7 000	
6122	Redevances de crédit-bail mobilier		7 000
	14 000 × 6 / 12		

+

Règles fiscales relatives au crédit-bail mobilier

Les redevances sont en principe totalement déductibles. Il existe toutefois des exceptions, notamment lorsque la location porte sur un véhicule de tourisme acquis ou pris en location avant le 1er janvier 2017, de valeur d'origine supérieure à 18 300 € TTC (9 900 € s'il s'agit d'un véhicule polluant). Dans un tel cas, une fraction de la redevance, égale à la réintégration de l'amortissement que le propriétaire d'un tel véhicule aurait dû effectuer, n'est pas déductible fiscalement. Pour les véhicules de tourisme acquis ou loués à compter du 1er janvier 2017, le plafond de déductibilité fiscale des amortissements est augmenté pour les véhicules les moins polluants (30 000 € ou 20 300 €) et progressivement réduit pour les véhicules les plus polluants.

2. Règles particulières au crédit-bail immobilier

Pendant la période de location, les loyers (redevances) sont enregistrés en charges (PCG – article 212-5) au débit du compte : 6125. Crédit-bail immobilier.

› Voir texte de référence 1

+

Règles fiscales relatives au crédit-bail immobilier

Les opérations portant sur les contrats de crédit-bail immobilier sont soumises à un traitement fiscal particulier en raison du risque fiscal qu'elles comportent (CGI – article 39-10 et CGI – article 239 *sexies*). De plus, les contrats de crédit-bail portant sur les immeubles situés dans certaines zones géographiques bénéficient de dispositions fiscales particulières. (Ces dernières ne font pas partie du programme du DCG et ne sont donc pas étudiées dans le cadre de ce chapitre.)

- **Les enjeux de la réglementation fiscale**

Dans le cas de l'achat d'un ensemble immobilier, composé d'un terrain et d'une construction, le prix d'acquisition du terrain n'est pas déductible et le prix de la construction est amorti fiscalement sur la durée d'usage de cette dernière.

En revanche, un contrat de crédit-bail peut prévoir une durée de location plus courte que la durée d'usage et une option d'achat très faible par rapport à la valeur d'origine des biens. Dans une telle situation, le bailleur n'étant pas philanthrope, les redevances contiennent nécessairement une partie du prix d'achat du terrain et un amortissement accéléré de la construction. La déductibilité totale et définitive de ces redevances permettrait donc, en cas d'exercice de l'option, de déduire l'acquisition du terrain et d'amortir la construction sur une durée trop courte.

L'objectif du traitement fiscal est donc de rétablir l'égalité de traitement entre l'acquisition directe et l'acquisition par le recours à un contrat de location-financement. Ce rééquilibrage peut intervenir soit au moment de la levée d'option, soit pendant la période de location par la limitation de la déductibilité des redevances. La position de l'administration a d'ailleurs évolué.

• Les principes du traitement fiscal pendant la période de location

Pour les contrats conclus avant le 1er janvier 1996, les redevances sont totalement déductibles. L'entreprise profite alors du bénéfice du doute. Tant que l'option n'a pas été exercée, les redevances ne sont pas supposées constituer le moyen d'acquérir les biens. En revanche, nous verrons qu'en cas de levée d'option une partie de ces redevances doit être réintégrée.

Depuis le 1er janvier 1996, tout contrat comprenant une option d'achat inférieure au prix d'achat du terrain chez le bailleur est supposé se conclure par la levée de l'option. Par conséquent, l'administration pénalise immédiatement la quote-part des redevances représentatives du prix d'acquisition du terrain en exigeant sa réintégration. Cette situation se produit lorsque le prix d'achat du terrain par le bailleur est supérieur à l'option d'achat. En revanche, l'amortissement accéléré de la construction n'est pas visé par cette mesure (CGI – article 39-10).

La détermination de la période au cours de laquelle la réintégration doit être effectuée soulève quelques difficultés. En effet, il convient d'identifier, parmi toutes les redevances, la quote-part correspondant à l'acquisition du terrain (amortissement du terrain).

Les règlements des redevances et de l'option d'achat sont considérés constituer les annuités de remboursement d'un emprunt d'un montant égal à tout ce que le bailleur a dû avancer, c'est-à-dire le prix d'acquisition du terrain, de la construction et des frais d'acquisition de l'ensemble. Ces redevances peuvent donc être décomposées en frais financiers et remboursement (amortissement) du capital emprunté. Les frais financiers sont déductibles ainsi que l'amortissement des frais d'acquisition et de la construction. En revanche, la quote-part de redevance représentative du prix d'achat du terrain n'est pas déductible. L'administration considère que les amortissements sont affectés en priorité aux frais d'acquisition et à l'achat de la construction. L'établissement du tableau d'amortissement de cet emprunt nécessite la détermination du taux actuariel du financement.

Ce dernier est obtenu par la résolution de l'équation suivante :

$$\text{frais d'acquisition} + \text{prix d'achat du terrain et de la construction}$$
$$= \text{redevance} \times [1 - (1 + t)^{-n}] / t + \text{option} / (1 + t)^{n}$$

▸ Exemple 2

Le 1er janvier N, une société anonyme signe un contrat de crédit-bail immobilier aux conditions suivantes :

– valeur du terrain : 400 000 € ;

– valeur d'origine de la construction : 3 000 000 € ;

– frais d'acquisition : 186 760 € ;

– durée d'usage de la construction : 20 ans ;

– durée du contrat : 15 ans ;

– prix de levée de l'option en fin de contrat : 250 000 € ;

– redevance annuelle payable à terme échu : 450 000 €.

Le taux d'intérêt actuariel est, aux arrondis près, de 9,5 %.

En effet, $3\,586\,760 = 450\,000 \times (1 - 1{,}095^{-15}) / 0{,}095 + 250\,000 / 1{,}095^{15}$.

Le tableau d'amortissement de l'emprunt se présente comme suit (aux arrondis près) :

Exercices	Capital restant dû en début d'exercice	Frais financiers	Amortis-sements	Affectation aux frais d'acquisition	Affectation à la construc-tion	Affectation au terrain
N	3 586 760	340 742	109 258	109 258		
N + 1	3 477 502	330 363	119 637	77 502	42 135	
N + 2	3 357 865	318 997	131 003		131 003	
N + 3	3 226 862	306 552	143 448		143 448	
N + 4	3 083 414	292 924	157 076		157 076	
N + 5	2 926 338	278 002	171 998		171 998	
N + 6	2 754 340	261 662	188 338		188 338	
N + 7	2 566 003	243 770	206 230		206 230	
N + 8	2 359 773	224 178	225 822		225 822	
N + 9	2 133 951	202 725	247 275		247 275	
N + 10	1 886 677	179 234	270 766		270 766	
N + 11	1 159 115	153 512	296 488		296 488	
N + 12	1 319 423	125 345	324 655		324 655	
N + 13	994 768	94 503	355 497		355 497	
N + 14	639 271	60 731	389 269		239 269	150 000
N + 15	250 002					
Totaux		3 413 240	3 336 760	186 760	3 000 000	150 000

Les frais financiers sont égaux au capital restant dû en début d'exercice multiplié par le taux d'intérêt. Pour l'exercice N : 3 586 760 × 9,5 % = 340 742.

L'amortissement est égal à la différence entre l'annuité et le montant des intérêts. Pour N : 450 000 – 340 742 = 109 258.

L'amortissement est affecté en priorité aux frais d'acquisition, à la construction et enfin au terrain.

Les frais d'acquisition de 186 760 € sont amortis au cours des deux premiers exercices (109 258 + 77 502). Une partie de l'amortissement de l'exercice N + 1 est également consacrée à l'amortissement de la construction (42 135 €).

En N + 14, l'amortissement de cet exercice s'élève à 389 269 €. Une partie, égale à 239 269 €, contribue à clore l'amortissement de la construction. Le reste, égal à 150 000 €, est considéré constituer une partie du prix d'acquisition du terrain. Ce dernier montant n'est pas déductible fiscalement. Par conséquent, la quote-part de redevance représentative du prix d'achat du terrain de 150 000 € doit être réintégrée en N + 14.

Contexte SAS Flexiphil

Dans quel(s) compte(s) la société doit-elle comptabiliser les loyers relatifs au matériel qu'elle a pris en location, dans ses comptes sociaux ?

B) Le traitement du crédit-bail à la levée de l'option d'achat

À l'issue de la période de location, le locataire peut soit restituer le bien au bailleur, soit acquérir le bien pour le prix de levée d'option.

1. Crédit-bail mobilier

Si l'option n'est pas exercée, la location prend fin et aucune écriture n'est à constater hormis, le cas échéant, le remboursement du dépôt de garantie.

En cas d'exercice de l'option, l'entreprise doit enregistrer le bien à l'actif de son bilan (PCG – article 212-5) pour son prix d'acquisition égal au prix de levée de l'option indiqué dans le contrat. Ce bien est amorti sur sa durée probable d'utilisation appréciée à la date de levée de l'option.

› Voir texte de référence 1

Exemple (suite de l'exemple 1)

La société Robert doit enregistrer à l'actif de son bilan le matériel pour son prix d'acquisition égal au prix de levée de l'option indiqué dans le contrat. Ce matériel sera amorti sur sa durée probable d'utilisation restante, fixée par hypothèse à 4 ans.

		1/07/N+6		
2154		Matériel industriel	12 000	
44562		TVA déductible sur immobilisations	2 400	
	275	Dépôts et cautionnements		8 000
	512	Banque		6 400
		31/12/N+6		
68112		Dotations aux amortissements	1 500	
	28154	Amortissement du matériel		1 500
		$12\,000 \times 1 / 4 \times 6 / 12$		

Contexte SAS Flexiphil

Pour quel montant, la société doit-elle immobiliser le matériel si elle opte pour son acquisition à l'issue du contrat de location ?

2. Crédit-bail immobilier

Si l'option n'est pas exercée, la location prend fin, aucune écriture n'est à constater hormis, le cas échéant, le remboursement du dépôt de garantie.

En cas de levée d'option, l'ensemble immobilier est immobilisé dans le patrimoine de l'acquéreur pour son coût d'acquisition, égal au prix contractuel de cession.

Ce coût est réparti entre le terrain et la construction en tenant compte :

- soit des prix de terrains de même nature, compte tenu de l'emplacement et d'un abattement si le terrain est occupé ;
- soit d'une répartition forfaitaire variant en fonction de l'emplacement, de la densité et de l'âge de la construction.

Des informations utiles peuvent être recueillies auprès du bailleur pour aider à cette répartition.

En pratique, la construction est rarement immobilisée. En effet, le montant de la levée d'option excède rarement le prix d'acquisition initial du terrain ou sa valeur réelle à la date de l'option. Toutefois, si la construction est immobilisée, elle doit être amortie sur sa durée probable d'utilisation.

+

Le traitement fiscal du crédit-bail immobilier

• L'option n'est pas exercée

Si l'option n'est pas exercée, les redevances représentatives du prix d'acquisition du terrain, qui ont été antérieurement réintégrées, doivent être déduites. En effet, ces redevances n'ont pas été les contreparties de l'acquisition d'un actif non amortissable mais de véritables charges.

• L'option est exercée

Détermination de la réintégration à effectuer

En cas d'exercice de l'option, l'objectif fiscal d'égalité de traitement entre l'acquisition directe et l'acquisition par le recours à un contrat de location-financement nécessite la comparaison entre la valeur résiduelle fiscale de l'ensemble immobilier au moment de l'option et le prix de cession de l'immeuble.

La valeur résiduelle fiscale de l'ensemble immobilier correspond à la différence entre la valeur d'origine de l'ensemble immobilier, à la signature du contrat de crédit-bail et les amortissements que l'entreprise locataire aurait pu déduire si elle avait été propriétaire depuis le début du contrat.

Si la valeur résiduelle fiscale est supérieure au prix de cession, cela signifie que le locataire a pu bénéficier, par la déductibilité des redevances, d'un avantage fiscal supérieur à celui qu'il aurait obtenu s'il avait acquis le bien directement. Cet avantage supplémentaire peut s'expliquer par un amortissement accéléré de la construction, voire l'amortissement d'une partie du prix d'acquisition du terrain. Dans cette situation, une réintégration doit être effectuée (CGI – article 239 *sexies*).

Cette réintégration est égale à la différence entre la valeur résiduelle fiscale et le prix de cession de l'ensemble immobilier, si le contrat a été conclu avant le 1er janvier 1996.

Si le contrat a été conclu à partir de cette date, la quote-part de redevance représentative du prix d'acquisition du terrain par le bailleur a déjà été réintégrée à la clôture de l'exercice de son versement, aussi la réintégration à effectuer est réduite de ce montant.

▶ Exemple (suite de l'exemple 2)

Le 1er janvier N, une société anonyme signe un contrat de crédit-bail immobilier aux conditions suivantes :

- valeur du terrain : 400 000 € ;
- valeur d'origine de la construction : 3 000 000 € ;
- frais d'acquisition : 186 760 € ;
- durée d'usage de la construction : 20 ans ;
- durée du contrat : 15 ans ;
- prix de levée de l'option en fin de contrat : 250 000 € ;
- redevance annuelle payable à terme échu : 450 000 €.

Lors de la levée de l'option, la valeur résiduelle fiscale est de : 400 000 + (3 000 000 – 3 000 000 × 15 / 20) = 1 150 000 €.

Elle est supérieure au prix d'acquisition de l'ensemble immobilier de 250 000 €. Une réintégration doit être effectuée.

Si N < 1996 : aucune redevance n'a été réintégrée au cours de la période de location, le montant à réintégrer à la clôture de l'exercice de l'option est égal à 1 150 000 – 250 000 = 900 000 €. Il correspond à l'amortissement accéléré de la construction et à l'amortissement du terrain.

Pour la construction : 3 000 000 € d'amortissements déduits, inclus dans les quotes-parts de redevances, au lieu de 3 000 000 × 15 / 20 soit 2 250 000 € d'amortissements qui auraient été déduits fiscalement si l'entreprise locataire était devenue propriétaire de l'ensemble immobilier dès le début du contrat. L'excédent d'amortissement s'élève donc à 750 000 €.

Pour le terrain : 150 000 €, inclus dans les redevances, ont été déduits puisque le terrain, qui a une valeur d'origine de 400 000 €, peut être acheté en versant 250 000 € d'option d'achat. Un terrain n'étant pas amortissable, ces 150 000 € sont à réintégrer.

Si N > ou = 1996 : les 150 000 € correspondant à l'amortissement du terrain ont été réintégrés à la clôture de l'exercice de leur versement. La réintégration à effectuer n'est que de : 900 000 – 150 000 = 750 000 €. Ce montant correspond à l'amortissement accéléré des constructions.

Les conséquences comptables et fiscales de la réintégration

Les réintégrations éventuellement effectuées pendant la période de location, pour les contrats conclus à compter du premier janvier 1996, et lors de l'option d'achat, pour tous les contrats quelle que soit leur date de conclusion, ont pour effet de générer un écart entre la valeur comptable et le prix de revient fiscal de l'ensemble immobilier. Cette différence a des conséquences comptables et fiscales en matière d'amortissement et de résultat de cession, lorsque celle-ci se produit.

Détermination du prix de revient fiscal

Le prix de revient fiscal de l'ensemble immobilier est égal à la somme de tous les montants qui n'ont pas fait l'objet d'une déduction fiscale, c'est-à-dire :

- le prix d'acquisition prévu au contrat ;
- le montant des redevances réintégrées pendant la période de location, le cas échéant ;
- le montant de la réintégration effectuée lors de la levée de l'option.

Ce prix doit être ventilé entre :

- le prix de revient du terrain, qui est constitué par le prix de revient fiscal de l'ensemble retenu dans la limite du prix d'acquisition du terrain figurant dans la comptabilité du bailleur,
- et le prix de revient de la construction, pour le surplus.

Conséquences en matière d'amortissement

Les divergences entre règles comptables et règles fiscales peuvent conduire à des valeurs fiscales du terrain et de la construction supérieures aux valeurs comptables.

La valeur comptable de la construction donne lieu à un amortissement d'exploitation. L'excédent de la valeur fiscale sur la valeur comptable de la construction est amortissable. Pour que cet amortissement soit déductible, il doit être comptabilisé par un amortissement dérogatoire. Le compte amortissement dérogatoire ne sera soldé que lors de la sortie du bilan de la construction.

▶ Exemple (suite de l'exemple 2)

Le 1er janvier N, une société anonyme a signé un contrat de crédit-bail immobilier aux conditions suivantes :

- valeur du terrain : 400 000 € ;
- valeur d'origine de la construction : 3 000 000 € ;
- frais d'acquisition : 186 760 € ;
- durée d'usage de la construction : 20 ans ;
- durée du contrat : 15 ans ;
- prix de levée de l'option en fin de contrat : 250 000 € ;
- redevance annuelle payable à terme échu : 450 000 €.

Lors de la levée de l'option, seul le terrain est immobilisé pour 250 000 €.

Le prix de revient fiscal de l'ensemble immobilier s'élève à 1 150 000 €.

Prix de revient fiscal	Contrat conclu avant 1996	Contrat conclu à compter de 1996
Prix d'acquisition prévu au contrat	250 000	250 000
Redevances réintégrées pendant la location	0	150 000
Réintégration au moment de l'option	900 000	750 000
Totaux	**1 150 000**	**1 150 000**

Ce prix de revient fiscal se décompose de la manière suivante : 400 000 € pour le terrain et 750 000 € pour la construction.

Fiscalement la construction est amortissable, par hypothèse en linéaire sur 5 ans. La dotation s'élève à 750 000 / 5, soit 150 000 €.

Aucun amortissement d'exploitation ne peut être comptabilisé puisque la construction n'a pas été immobilisée. Les 150 000 € font l'objet d'un amortissement dérogatoire.

	1/01/N+15		
211	Terrain	250 000	
512	Banque		250 000
	31/12/N+15		
68725	Dotations aux amortissements dérogatoires	150 000	
145	Amortissement dérogatoire		150 000
	750 000 × 1 / 5		

À l'issue de l'exercice N + 19, le compte 145 sera créditeur de 750 000 € et le restera tant que la construction figurera au bilan.

Doit-on constituer une provision pour impôt en prévision de la réintégration à effectuer lors de la levée de l'option ?

En vertu du principe de prudence, l'entreprise locataire doit, selon le Conseil National de la Comptabilité (CNC), constituer une provision pour impôt, calculée sur la partie excédentaire des loyers déduits. Cette provision n'est pas déductible fiscalement et doit être reprise à la fin de la période de location. Cette reprise n'est pas imposable.

Selon la Compagnie Nationale des Commissaires aux Comptes (CNCC), la constitution d'une telle provision ne peut être envisagée. En effet, pendant la durée du contrat, l'impôt à payer du fait de la levée de l'option constitue un impôt latent dans la mesure où il est lié à une décision de gestion. Toutefois, eu égard à son importance relative, cette charge d'impôt latent peut constituer une information à faire figurer dans l'annexe des comptes annuels (passif éventuel).

La position du CNC date de 1976. Elle est donc antérieure au règlement PCG (règlement ANC 14-03), qui précise les conditions de constitution des provisions, notamment l'existence d'une obligation de l'entité à l'égard d'un tiers dont il est probable ou certain qu'elle provoquera une sortie de ressources au bénéfice de ce tiers, sans contrepartie au moins équivalente attendue de celui-ci. En matière de crédit-bail, pendant la période de location, l'entreprise locataire n'a aucune obligation d'exercer l'option, en conséquence, la condition prévue par le règlement n'est pas satisfaite. Selon nous, la constitution d'une provision pour impôts n'est donc pas compatible avec les règles du PCG.

III Cession d'un bien acquis par crédit-bail

A) Règles relatives au crédit-bail mobilier

Après avoir levé l'option, l'entreprise peut décider de vendre le bien inscrit à son actif. Cette cession est comptabilisée en appliquant les principes généraux du Plan comptable général.

Exemple (suite de l'exemple 1)

Un contrat de crédit-bail mobilier relatif à une machine-outil a été signé le 1/07/N par la société Robert aux conditions suivantes :

- valeur d'origine du matériel : 80 000 € HT ;
- redevance annuelle payable d'avance : 14 000 – HT ;

– dépôt de garantie : 8 000 – (pas de TVA sur les dépôts de garantie) ;
– durée du contrat : 6 ans ;
– prix de levée de l'option au 1/07/N + 6 : 12 000 – HT.

La durée résiduelle d'utilisation appréciée à la date de levée de l'option est fixée à 4 ans.

Le bien est cédé le 1/07/N + 9 au prix de 10 000 – HT.

	1/07/N+11		
512	Banque	12 000	
44571	État, TVA collectée		2 000
775	Produit de cession		10 000
	1/07/N+9		
681	Dotation aux amortissements	1 500	
2815	Amortissement du matériel		1 500
	12 000 × 1 / 4 × 6 / 12 = 1 500		
	1/07/N+9		
675	Valeur comptable des éléments d'actif cédés	3 000	
2815	Amortissement du matériel	9 000	
215	Matériel		12 000

Le résultat comptable de la cession s'élève à 7 000 €.

+

Traitement fiscal

Le résultat de cession constitue une plus ou moins-value. La moins-value est nécessairement à court terme. La plus-value l'est également si la cession intervient moins de deux ans après la levée de l'option. En revanche, en cas de cession après ce délai, la qualification de la plus-value dépend du régime fiscal de l'entité cédante. S'il s'agit d'une société soumise à l'IS, la plus ou moins-value est à court terme. Sinon, la plus-value est à court terme à concurrence de la somme de l'amortissement pratiqué et de l'amortissement théorique fiscal. En effet, pendant la période de location du bien, les redevances qui ont été déduites correspondaient pour partie à l'amortissement du bien (amortissement théorique fiscal). Celui-ci ayant été déductible de la base imposable au taux normal, la fraction de la plus-value lui correspondant doit être à court terme pour être imposée au taux normal.

L'amortissement théorique fiscal est égal à :

(Valeur d'origine du bien – option d'achat) × durée de location / durée du contrat

Si le contrat a été souscrit dès l'origine, le quotient « durée de location / durée du contrat » est égal à 1. Il est inférieur à 1 dans le cas où le contrat a été acquis en cours d'exécution. Cette situation ne sera pas abordée dans le cadre de cet ouvrage.

▶ Exemple

La plus-value fiscale est égale à la plus-value comptable (10 000 € de prix de cession – 3 000 € de valeur nette comptable). La cession intervient 3 ans après la levée de l'option. Si l'entité est une société soumise à l'IS, la plus-value est à court terme. S'il ne s'agit pas d'une entreprise soumise à l'IS, la plus-value est à court terme à concurrence de l'amortissement pratiqué et de l'amortissement théorique fiscal :

Amortissement pratiqué :	9 000
Amortissement théorique fiscal :	68 000, soit (80 000 – 12 000) × $\frac{6}{6}$
Total	**77 000**

La plus-value de 7 000 € est à court terme en totalité. Pour qu'une partie de la plus-value soit à long terme, il faudrait que le prix de cession du bien soit supérieur à 80 000 €, c'est-à-dire supérieur à sa valeur d'origine.

B) Règles particulières au crédit-bail immobilier

La cession est comptabilisée comme toute cession d'immobilisation. Il faut toutefois signaler deux particularités :

– les amortissements dérogatoires antérieurement constatés doivent être soldés ;

– le résultat comptable généré par la cession est égal à la différence entre la somme du prix de cession (compte 775. Produits des cessions d'éléments d'actif) et de la reprise d'amortissements dérogatoires (compte 787. Reprises sur provisions et dépréciations) et la valeur comptable nette de l'ensemble immobilier (compte 675. Valeurs comptables des éléments d'actif cédés).

Exemple (suite de l'exemple 2)

Le 1er janvier N, une société anonyme signe un contrat de crédit-bail immobilier aux conditions suivantes :

– valeur du terrain : 400 000 € ;

– valeur d'origine de la construction : 3 000 000 € ;

– frais d'acquisition : 186 760 € ;

– durée d'usage de la construction : 20 ans ;

– durée du contrat : 15 ans ;

– prix de levée de l'option en fin de contrat : 250 000 € ;

– redevance annuelle payable à terme échu : 450 000 €.

La durée résiduelle d'utilisation appréciée à la date de levée de l'option est fixée à 5 ans.

Le 31/12/N + 17, la société cède l'ensemble immobilier pour un prix de 1 900 000 € dont 700 000 € pour le terrain.

Les enregistrements comptables sont les suivants :

	31/12/N+17		
68725	Dotation aux amortissements dérogatoires	150 000	
145	Amortissements dérogatoires		150 000
	31/12/N+17		
675	Valeur comptable des éléments d'actif cédés	250 000	
211	Terrains		250 000
	31/12/N+17		
462	Créances sur cessions d'immobilisations	1 900 000	
775	Produits de cessions d'éléments d'actif		1 900 000
	31/12/N+17		
145	Amortissements dérogatoires	450 000	
78725	Reprises sur amortissements dérogatoires		450 000

Le résultat comptable généré par la cession s'élève à 1 900 000 + 450 000 – 250 000, soit 2 100 000 €.

+

Traitement fiscal des plus ou moins-values de cession d'un bien acquis à l'issue d'un contrat de crédit-bail immobilier

La plus ou moins-value fiscale globale doit être déterminée en effectuant la différence entre le prix de cession et la valeur résiduelle fiscale de l'ensemble immobilier. Le résultat comptable généré par la cession étant calculé à partir des bases comptables et non des bases fiscales, il est supérieur à la plus ou moins-value fiscale en raison :

– de l'existence des amortissements dérogatoires ;

– de la différence entre la valeur nette comptable des biens et leur valeur résiduelle fiscale.

L'écart est égal à la réintégration effectuée au moment de la levée de l'option auquel s'ajoute le montant des redevances qui ont été réintégrées au cours de la période de location.

Il convient donc, tout d'abord, d'effectuer une déduction de ce montant afin de ne pas imposer un résultat trop important. Ensuite, il faut procéder à la décomposition de la plus ou moins-value fiscale entre la part relative au terrain et celle afférente à la construction. La plus ou moins-value fiscale réalisée sur chaque élément est égale à la différence entre le prix de cession de l'élément et sa valeur résiduelle fiscale.

La valeur résiduelle fiscale du terrain est égale à son prix de revient fiscal puisque cet élément n'est pas amortissable. Pour la construction, il convient de retrancher les amortissements déduits du prix de revient fiscal pour obtenir sa valeur résiduelle fiscale.

Enfin, chaque plus ou moins-value doit être qualifiée :

- si la cession intervient moins de deux ans après la levée de l'option, les plus ou moins-values sont à court terme ;
- en revanche, en cas de cession après ce délai, la qualification de la plus ou moins-value dépend du régime fiscal de l'entité cédante :
  • s'il s'agit d'une société soumise à l'IS, la plus ou moins-value est à court terme ;
  • s'il s'agit d'une entreprise ne relevant pas de l'IS :
- la plus ou moins-value réalisée sur le terrain est à long terme ;
- la moins-value sur la construction est à court terme ;
- la plus-value afférente à la construction est à court terme : à concurrence de l'amortissement pratiqué et de l'amortissement théorique fiscal auxquels est retranchée la réintégration effectuée lors de l'option si le contrat a été conclu avant 1996, et à concurrence de l'amortissement pratiqué et des quotes-parts représentatives de l'amortissement de la construction auxquels est retranchée la réintégration effectuée lors de l'option, si le contrat a été conclu après 1996.

L'amortissement théorique fiscal est égal à :

(valeur d'origine de l'ensemble immobilier – option d'achat de l'ensemble immobilier)
× durée de location / durée du contrat.

Exemple

Le 1er janvier N, une société anonyme signe un contrat de crédit-bail immobilier aux conditions suivantes :

- valeur du terrain : 400 000 € ;
- valeur d'origine de la construction : 3 000 000 € ;
- frais d'acquisition : 186 760 € ;
- durée d'usage de la construction : 20 ans ;
- durée du contrat : 15 ans ;
- prix de levée de l'option en fin de contrat : 250 000 € ;
- redevance annuelle payable à terme échu : 450 000 €.

La durée résiduelle d'utilisation appréciée à la date de levée de l'option est fixée à 5 ans.

Le 31/12/N + 17, la société cède l'ensemble immobilier pour un prix de 1 900 000 € dont 700 000 € pour le terrain.

La plus-value fiscale globale s'élève à 1 900 000 – (400 000 + 750 000 – 450 000), soit 1 200 000 €.

Nous pouvons constater que le résultat comptable généré par la cession est bien supérieur de 900 000 € au résultat fiscal correspondant au montant des réintégrations effectuées pendant la période de location et au moment de la levée de l'option (900 000 € si le contrat a été conclu avant 1996 et 150 000 € + 750 000 € si le contrat a été conclu ultérieurement).

Il convient donc de procéder à une déduction de 900 000 €.

Décomposition de la plus-value fiscale :

	Terrain	Construction	Total
Prix de cession	700 000	1 200 000	1 900 000
Valeur résiduelle fiscale	400 000	300 000	700 000
Plus-value	300 000	900 000	1 200 000

La valeur résiduelle fiscale de la construction est égale à 300 000 € (750 000 € de prix de revient fiscal moins 450 000 € d'amortissements dérogatoires déduits).

Qualification des plus-values :

- si l'entité relève de l'IS les plus-values sont à court terme ;
- si l'entité ne relève pas de l'IS : la cession intervient plus de deux ans après l'exercice de l'option, par conséquent la plus-value réalisée lors de la cession du terrain est à long terme et la plus-value sur la construction est à court terme à concurrence de :

	Contrat conclu avant 1996	Contrat conclu à compter de 1996
Amortissements pratiqués	450 000	450 000
Amortissement théorique fiscal	3 150 000	
Redevances représentatives du prix d'achat de la construction		3 000 000
Réintégrations lors de l'option	– 900 000	– 750 000
Totaux	**2 700 000**	**2 700 000**

Amortissement théorique fiscal = (400 000 + 3 000 000 – 250 000) × 15 / 15.

La plus-value sur la construction est à court terme en totalité car 900 000 < 2 700 000.

Remarque : ce traitement correspond à celui qui aurait été appliqué si l'entreprise était devenue propriétaire dès l'origine, en supposant que la durée d'amortissement de la construction ait été identique. En effet le terrain aurait été acquis 400 000 € et la construction, acquise 3 000 000 €, aurait été amortie pendant 18 ans pour 2 700 000 €.

Les plus-values fiscales seraient les suivantes :

	Société soumise à l'IS	Entité non redevable de l'IS
Terrain	Plus-value à court terme de 300 000 €	Plus-value à long terme de 300 000 €
Construction	Plus-value à court terme de 900 000 €	Plus-value à court terme de 900 000 € (*)

(*) À court terme à concurrence de 2 700 000 € (amortissements pratiqués).

Corrections contexte SAS Flexiphil

1. Modalités de comptabilisation

Dans ses comptes sociaux, à la signature du contrat, la société ne comptabilisera pas le matériel, ni de droit incorporel ou de dette à son bilan. Seuls les loyers/redevances seront comptabilisés en charges et le cas échéant, un dépôt de garantie en immobilisation financière.

2. Informations en annexe

La société Flexiphil pourrait bénéficier de cette présentation si deux des trois seuils suivants n'étaient pas dépassés : Total bilan 6 M€, montant net du CA 12 M€ et nombre moyen de salariés employés au cours de l'exercice 50. Son chiffre d'affaires s'élevant à 150 millions d'euros et son effectif moyen à 75 salariés, deux critères sont largement dépassés. Elle ne peut donc pas bénéficier de la présentation simplifiée de l'annexe.

3. Imputation comptable

Le compte 6122 « Redevances de crédit-bail mobilier » doit être utilisé.

4. Évaluation à l'entrée dans le patrimoine

Le contrat de crédit-bail prévoit la possibilité d'opter pour l'acquisition du matériel à la fin du contrat pour un montant de 4 500 € HT. La société Flexiphil enregistrera ce montant en immobilisation corporelle au débit du compte 2154 Matériel industriel.

Synthèse

Principes de comptabilisation des contrats de location-financement selon le référentiel français

Dans le contexte juridique français, les contrats de location-financement recouvrent généralement les contrats de crédit-bail.

Dans les comptes individuels, la définition des actifs intégrée dans le PCG devrait logiquement conduire à l'inscription des biens pris en crédit-bail à l'actif du bilan de l'entreprise locataire. Toutefois, les contrats de location ayant été spécifiquement exclus du champ de la réforme sur les actifs, le bien, propriété du bailleur, ne doit pas figurer au bilan de l'entreprise locataire. Ce traitement n'est pas conforme aux normes IFRS.

Les principes fondamentaux de comptabilisation des contrats de crédit-bail mobilier et immobilier sont similaires pendant la période de location, lors de la levée de l'option puis en cas de cession éventuelle du bien acquis à l'issue du contrat :

- les redevances sont comptabilisées en charges (compte 612. Redevances de crédit-bail) pendant la période de location ;
- l'exercice de l'option conduit à immobiliser le bien, objet du contrat de crédit-bail, pour la valeur de l'option puis à l'amortir, le cas échéant ;
- la cession ultérieure est comptabilisée comme toute cession d'immobilisation.

Difficultés relatives aux contrats de crédit-bail immobilier

- Lors de la période de location : les redevances sont comptabilisées en charges (compte 612).
- Lors de la levée de l'option : si le prix d'acquisition du terrain par le bailleur est supérieur au montant de l'option d'achat, ce dernier montant est immobilisé en totalité dans le compte 211. Terrains, aucune construction n'étant activée. Dans une telle situation, fiscalement, il convient de pratiquer une réintégration. Les prix de revient comptables et fiscaux des biens acquis sont alors différents, ce qui conduit à la comptabilisation d'amortissements dérogatoires.

Références

- Avis CNC 2004-15 relatif à la définition, la comptabilisation et l'évaluation des actifs.
- Règlement ANC 2014-03 relatif au Plan comptable général.
- Règlement ANC 2015-06.
- Code Général des Impôts.

1 PCG – article 212-5

Le titulaire d'un contrat de crédit-bail comptabilise en charges les sommes dues au titre de la période de location.

À la levée de l'option d'achat, le titulaire d'un contrat de crédit-bail inscrit l'immobilisation à l'actif de son bilan pour un montant établi conformément aux règles applicables en matière de détermination de la valeur d'entrée.

2 Code de commerce - article L. 123-16

Les commerçants, personnes physiques ou morales, peuvent, dans des conditions fixées par décret, adopter une présentation simplifiée de leurs comptes annuels lorsqu'ils ne dépassent pas à la clôture de l'exercice des chiffres fixés par décret pour deux des critères suivants. [...]

Applications

Comprendre les notions

Application 1 QCM

Retrouvez la ou les réponses exactes.

1. Dans les comptes individuels, les biens pris en location par l'intermédiaire d'un contrat de crédit-bail :

- ☐ sont obligatoirement comptabilisés à l'actif du bilan avec une dette financière au passif.
- ☐ peuvent être, sur option, comptabilisés à l'actif du bilan avec une dette financière au passif.
- ☐ ne peuvent être inscrits au bilan de l'entreprise.

2. Dans le cas d'un contrat de crédit-bail, lors de la levée de l'option, le bien est inscrit à l'actif du bilan dans les comptes individuels :

- ☐ pour sa valeur d'origine dans les livres du bailleur.
- ☐ pour le prix de levée de l'option.
- ☐ pour son prix d'acquisition par le bailleur diminué des amortissements qu'aurait pu pratiquer le
- ☐ locataire s'il en avait été le propriétaire.

3. Les prix de revient comptables et fiscaux de biens acquis à l'issue d'un contrat de crédit-bail :

- ☐ sont toujours identiques s'il s'agit de biens immobiliers.
- ☐ sont toujours différents s'il s'agit de biens mobiliers.
- ☐ peuvent être différents en matière de crédit-bail immobilier.

4. Les constructions acquises à l'issue d'un contrat de crédit-bail immobilier portant sur des constructions et un terrain :

- ☐ ne figurent pas à l'actif du bilan si le montant de l'option d'achat est inférieur au prix d'achat du terrain chez le bailleur.
- ☐ ont un prix de revient fiscal différent de leur valeur comptable si le montant de l'option d'achat est inférieur à la valeur comptable nette qu'aurait eu l'ensemble immobilier dans les comptes du preneur s'il en était devenu immédiatement propriétaire au moment de la conclusion du contrat de crédit-bail.
- ☐ donnent lieu à la comptabilisation d'un amortissement dérogatoire si leur prix de revient fiscal
- ☐ diffère de leur valeur comptable.
- ☐ figurent au bilan du preneur pour leur valeur d'origine.

5. Dans les comptes individuels, les redevances de crédit-bail :

- ☐ immobilier sont enregistrées au débit du compte 6125.
- ☐ mobilier sont enregistrées au débit du compte 6122.
- ☐ immobilier sont enregistrées au débit du compte 6122.
- ☐ mobilier sont enregistrées au débit du compte 6125.
- ☐ sont comptabilisées pour partie en frais financiers et pour partie en dotation aux amortissements.

6. Les redevances de crédit-bail relatif à un véhicule de tourisme immobilisé par une entreprise industrielle :

- ☐ sont toujours déductibles fiscalement.
- ☐ sont déductibles si la valeur d'origine TTC du véhicule est inférieure à 9 000 €.
- ☐ ne sont pas totalement déductibles si la valeur d'origine TTC du véhicule est supérieure à 32 000 €.
- ☐ sont comptabilisées en charges pour leur montant HT.
- ☐ sont comptabilisées en charges pour leur montant TTC.

Mettre en œuvre les compétences

Application 1 Crédit-bail mobilier

Compétences attendues : C1, C2, C3 et C4

Cet exercice est à réaliser sans calculatrice.

Le 1er octobre N, la société Baldran, dont l'exercice coïncide avec l'année civile, a souscrit le contrat de crédit-bail mobilier suivant :
- valeur de l'outillage HT : 90 000 € ;
- redevance semestrielle HT (payée d'avance) : 12 000 € ;
- durée de la location : 4 ans ;
- option d'achat HT (1er octobre N + 4) : 10 000 €.

L'option d'achat est levée le 1er octobre N + 4. Il est prévu d'utiliser l'outillage jusqu'à la fin de sa durée de vie. Cette durée est estimée à 6 ans et la consommation des avantages économiques prévisionnelle est linéaire. La société vend la machine le 1er juillet N + 7 pour un prix HT de 25 000 €.

1. **Procédez aux enregistrements comptables au titre de l'exercice N.**
2. **Présentez l'information concernant le contrat de crédit-bail qui doit figurer en annexe de l'exercice N + 1 sachant que le matériel a, à l'origine, une durée d'utilisation de 10 ans et est amortissable en linéaire.**
3. **Enregistrez la levée de l'option d'achat.**
4. **Enregistrez les écritures du 31/12/N + 4.**
5. **Enregistrez la cession de la machine le 1er juillet N + 7.**

Application 2 Crédit-bail immobilier

Compétences attendues : C1, C2 et C3

La société anonyme Veridurre a conclu le 1er janvier 1996 un contrat de crédit-bail immobilier pour une durée de 15 ans.

L'ensemble immobilier est composé :
- d'une construction de 4 080 000 € (amortissable sur 25 ans) ;
- d'un terrain de 720 000 €.

Les frais d'acquisition engagés par le bailleur se sont élevés à 200 000 €.
Le prix de levée de l'option, qui peut être exercée le 01/01/2011, est fixé à 551 854 € dans le contrat.
Par hypothèse, il n'y a pas de TVA sur les montants qui précèdent.
Les redevances annuelles HT s'élèvent chacune à 640 000 €.

1. **Vérifiez que le coût du financement est d'environ 10 %.**
2. **Présentez un tableau mettant en évidence les quotes-parts de redevances représentatives de l'amortissement des frais d'acquisition, de la construction et du terrain.**
3. **L'option d'achat est exercée le 01/01/2011. La durée résiduelle d'utilisation des constructions est fixée à 10 ans. Quels sont les traitements comptables et fiscaux à effectuer en 2011 ?**

Application 3 Crédit-bail immobilier

Compétences attendues : C1, C2 et C3
Le 1er janvier N, la société anonyme Gérard a conclu un contrat de crédit-bail immobilier pour une durée de 15 ans.
L'ensemble immobilier est composé :
– d'une construction de 4 280 000 € ;
– d'un terrain de 620 000 €.
Les frais d'acquisition engagés par le bailleur se sont élevés à 180 000 €. Le prix de levée de l'option est fixé à 400 000 € dans le contrat. Il n'y a, par hypothèse, pas de TVA sur les montants qui précèdent. Les redevances annuelles HT payables à terme échu s'élèvent chacune à 495 000 €. La durée d'usage de telles constructions est fixée à 25 ans.

En envisageant successivement les deux hypothèses suivantes : N = 1995, puis N = 1996 :

1. **Présentez le schéma d'enregistrement des redevances et précisez leur traitement fiscal. Les dates de réintégrations éventuelles ne sont pas demandées.**
2. **Si l'option n'est pas exercée à l'issue des 15 ans de location, quels sont les traitements comptables et fiscaux à effectuer ?**
3. **L'option est exercée à la fin des 15 années de location, le 01/01/N + 15. La durée résiduelle d'utilisation des constructions est fixée à 10 ans. Quels sont les différents traitements comptables et fiscaux à effectuer ?**
4. **L'ensemble immobilier est cédé le 31/12/N + 17 au prix total de 3 750 000 € (dont 850 000 € pour le terrain). Quels sont les différents traitements comptables et fiscaux à effectuer ?**

Entraînement à l'examen

1 Crédit-bail mobilier

Compétences attendues : C1, C2 et C3
Cet exercice est à réaliser sans calculatrice.

Travail à faire :
À partir de l'annexe, vous traiterez les questions posées.

1. Quelles écritures comptables doivent être passées au titre de l'exercice N, sachant que les durées d'amortissement comptable et fiscale sont fixées à 5 ans ?
2. Quels traitements fiscaux doivent être opérés (TVA/IS), sachant que le plafond de déductibilité pour de tels véhicules est de 20 300 € ?

2 Crédit-bail mobilier

Compétences attendues : C1, C2 et C3
Cet exercice est à réaliser sans calculatrice.

Travail à faire :
À partir de l'annexe, vous traiterez les questions posées.

1. Rappelez les traitements comptables et fiscaux opérés par l'entreprise Loeve entre N – 8 et N – 1.
2. Indiquez les traitements comptables et fiscaux de l'exercice de cession, sachant que l'exercice de l'entreprise Loeve court du 1er octobre au 30 septembre.

Annexe

Une entreprise industrielle, soumise à l'IS, a acquis le 1er janvier N un véhicule de tourisme de 38 300 € TTC (TVA à 20 %).

Celui-ci est affecté aux déplacements professionnels du directeur commercial de la société.

Depuis le 1er juillet N, elle est également locataire, grâce à un contrat de crédit-bail, d'un autre véhicule de tourisme.

- Les redevances mensuelles s'élèvent à 1 000,00 € TTC (TVA à 20 %).
- La valeur d'acquisition HT chez le bailleur s'élève à 31 917 € (soit 38 300 € TTC).

Annexe

Le 1er avril N, l'entreprise Loeve cède un outillage industriel, dont la durée de vie fiscale était de 10 ans à l'origine.

L'entreprise est devenue propriétaire du bien à la suite d'une levée d'option. En effet, depuis le 1er octobre N – 8, elle était locataire (par crédit-bail) de ce matériel et réglait chaque mois une redevance H de 35 000 €.

Le 1er octobre N–3, elle a levé l'option en réglant les 100 000 € HT prévus par le contrat.

Le bailleur avait acquis le matériel au prix HT de 1 600 000 €.

Le 1er avril N, l'entreprise vend le matériel au prix HT de 200 000 € (TVA de 20 %).

3 Crédit-bail immobilier

Compétences attendues : C1, C2 et C3

Travail à faire :
À partir de l'annexe, vous traiterez les questions posées.

1. Le coût du financement s'élève-t-il à : 5 %, 6 %, 7 %, 8 % ou 9 % ?
2. Quel est le traitement comptable et fiscal des redevances réglées entre N et N + 11 ?
3. Que se passerait-il en N + 11 si l'option n'était pas exercée ?
4. L'option est exercée à la fin des 12 années de location. Indiquez les traitements comptables et fiscaux de N + 11. La durée d'utilisation restant à courir est fixée à 13 ans.
5. L'ensemble immobilier est cédé le 01/01/N + 21 au prix de 9 750 000 € (dont 5 000 000 € pour le terrain). Indiquez les traitements comptables et fiscaux de N + 21.

Annexe

La société Cascout, dont l'exercice coïncide avec l'année civile, a conclu le 1er janvier N (N > 1996) un contrat de crédit-bail immobilier pour une durée de 12 ans. L'ensemble immobilier est composé :

– d'une construction de 6 000 000 € ;
– d'un terrain de 3 700 000 €.

- Les frais d'acquisition engagés par le bailleur se sont élevés à 300 000 € HT.
- Le prix de levée de l'option, fixé à 131 382 €, sera versé le 31 décembre N+11 par le contrat.
- Les redevances annuelles, réglées à terme échu, s'élèvent chacune à 1 120 000 € HT.
- La construction a une durée d'usage de 25 ans à l'origine.

Il n'y a pas de TVA sur ces biens immobiliers.

4 Crédit-bail immobilier

Compétences attendues : C1, C2, C3, C4 et C5

La société Paspartout, dont l'exercice coïncide avec l'année civile, a conclu le 1er janvier N un contrat de crédit-bail immobilier pour une durée de 12 ans. L'ensemble immobilier est composé d'une construction de 6 000 000 € et d'un terrain de 3 700 000 €.
Les frais d'acquisition engagés par le bailleur se sont élevés à 300 000 €. Le prix de levée de l'option, fixé à 131 382 €, sera versé le 31 décembre N + 11. Les redevances annuelles, réglées à terme échu, s'élèvent chacune à 1 120 000 € HT. La construction a une durée d'usage de 25 ans à l'origine.

Travail à faire :

1. Rappelez quels sont les caractéristiques et les principaux avantages d'un contrat de crédit-bail.
2. Rappelez comment comptabiliser un contrat de crédit-bail, dans les comptes sociaux.
3. Quelles auraient été les conséquences, sur l'actif et le passif du bilan et sur le compte de résultat (en particulier sur l'EBITDA), de l'activation d'un bien faisant l'objet d'une opération de crédit-bail ?
4. Expliquez pourquoi l'ensemble immobilier que l'entité contrôle n'est pas enregistré en immobilisation pendant la durée du contrat dans les comptes sociaux.
5. Quelles informations doivent être communiquées en annexe ? Dans quel but selon vous ? Certaines entreprises en sont-elles dispensées ? Si oui lesquelles ?
6. Pour quelle valeur les biens, objets du contrat de crédit-bail sont-ils inscrits au bilan de l'entreprise locataire lorsque l'option d'achat est exercée ? Ces biens sont-ils amortissables ?

CHAPITRE

9

Le portefeuille-titres

Compétences attendues	Savoirs associés

– Identifier et caractériser les différentes catégories d'actifs financiers. C1
– Exposer et appliquer les règles d'inscription à l'actif, d'évaluation et d'enregistrement des titres. C2
– Évaluer et comptabiliser les opérations portant sur les actifs financiers à l'entrée et postérieurement à leur entrée. C3
– Analyser les conséquences d'un choix de comptabilisation, notamment sur la présentation des comptes annuels, dans une situation donnée. C4
– Présenter les informations à fournir en annexe. C5
	– Définitions et catégories d'actifs financiers.
	– Principes d'évaluation des actifs financiers à l'entrée et postérieurement à leur entrée :
	  – détermination de la valeur d'entrée et incorporation des frais d'acquisition ;
	  – actions entièrement et partiellement libérées, actions gratuites ;
	  – évaluation à l'inventaire.
	– Cas de rachats par l'entité de ses propres actions et obligations.
	– Acquisition et cession de droits préférentiels de souscription et de droits d'attribution, de bons de souscription d'actions et d'obligations.
	– Obligations souscrites à l'émission, acquises ou vendues après leur émission.

Contexte professionnel

Raison sociale	SA Synerweb
Capital social	50 000 000 € entièrement libérés 24 associés
Siège social et exploitation	13, avenue de la préfecture 21 000 Dijon (France)
Activité	Commerce électronique
Dirigeant	Madame Angela Portes
Effectif	482 salariés
Exercice comptable N–1	CA HT = 225 324 000 €

La société Synerweb est une société anonyme cotée en Bourse depuis 2012 et dont l'exercice coïncide avec l'année civile. Son capital s'élève à 50 000 000 €. Elle est la holding d'un groupe de 15 sociétés spécialisées dans le commerce en ligne. Lorsqu'elle dispose de liquidités elle les investit en actifs financiers soit à court terme soit à plus long terme en exerçant une activité de portefeuille.

Au cours de l'exercice N, elle a acquis :

- *51 % des actions d'une jeune société spécialisée dans la création de jeux en ligne, pour un montant de 918 000 €. Les frais d'acquisition de ces titres se sont élevés à 21 400 € HT ;*
- *250 000 € d'obligations BPCE 4 % 2025 dans le but de les conserver jusqu'en 2025. Les frais d'acquisition ont été réglés pour un montant de 5 230 € HT ;*
- *130 000 € de diverses SICAV avec un objectif de plus-value à court terme. Les frais d'acquisition ont été réglés pour un montant de 1 230 € HT ;*

– 4,5 % des actions d'une société d'une société agroalimentaire et 3 % d'une société française spécialisée dans le luxe pour un montant de 32 000 000 €. Les frais d'acquisition ont été réglés pour un montant de 24 530 € HT. Synerweb n'a aucun objectif de contrôle, ni d'influence notable, dans ces sociétés dont elle a acquis les titres pour plusieurs années.

Elle a perçu également perçu en septembre N :

– des dividendes d'une filiale qu'elle détient depuis 5 ans pour un montant de 82 000 € ;

– 17 000 € d'intérêts d'obligations acquises il y a 3 ans.

Elle détient également 80 % des parts d'une SCI, non soumise à l'IS, dont l'exercice coïncide avec l'année civile. Cette dernière a réalisé un premier résultat comptable de 25 400 € au titre de l'exercice. Sur le plan fiscal, le résultat de la SCI s'établit à 32 000 €.

Au cours de l'exercice, Madame Portes a hésité à céder les titres d'une des filiales du groupe à réméré, puis y a renoncé. Elle a souhaité acquérir des obligations à coupon zéro et a finalement décidé de reporter cette opération à l'exercice suivant en raison d'un manque de liquidités. Elle s'est interrogée sur la pertinence comptable de constituer des dépréciations de titres en cas de forte fluctuation boursière (souvent anormale). Enfin, elle a été surprise par l'évolution du cours de certaines obligations émises par des organismes solvables. Le directeur commercial de Synerweb a expliqué à Madame Portes que les taux d'intérêts du marché devaient en être la cause.

Diverses raisons conduisent les entreprises à acquérir des titres de propriété ou de créances émis par d'autres entreprises. Ce peut être pour :
- des motivations purement financières : placer des fonds disponibles et encaisser des intérêts, des dividendes ou réaliser des plus-values ;
- des motivations stratégiques : contrôler d'autres sociétés ;
- des motivations réglementaires : respecter des obligations contractuelles telles que la souscription de parts sociales lors de l'obtention d'un emprunt.

Les titres acquis lors de ces opérations, qu'ils soient des actions, des parts sociales, des obligations, des droits préférentiels de souscription, des droits d'attribution ou encore des titres de créances négociables, par exemple, constituent le portefeuille titres de l'entreprise.

Les états financiers de cette dernière ayant pour objectif d'informer les tiers sur sa situation financière et ses intentions, les règles comptables prévoient des modalités d'enregistrement et d'évaluation de ces titres qui diffèrent selon leur nature et le motif de leur détention.

I Typologie des titres et classement comptable

A) Les divergences entre typologies fiscale et comptable

1. La typologie fiscale

La réglementation fiscale distingue deux catégories de titres : les titres de participation et les titres de placement.

a) Les titres de participation

« [...] Constituent des titres de participation les parts ou actions de sociétés revêtant ce caractère sur le plan comptable. Il en va de même des actions acquises en exécution d'une offre publique d'achat ou d'échange par l'entreprise qui en est l'initiatrice ainsi que des titres ouvrant droit au régime des sociétés mères à condition de détenir au moins 5 % des droits de vote de la société émettrice [...] si ces actions ou titres sont inscrits [...] à une subdivision spéciale d'un autre compte du bilan correspondant à leur qualification comptable. [...] » (CGI – articles 219-I-a *ter*, 219-I-a *quinquies* et 219-a *sexies*-0). Le classement comptable des titres influe donc sur leur qualification fiscale.

Les titres de participation relèvent sur le plan fiscal du régime du long terme et non du régime de droit commun.

Cette définition des titres de participation faisant référence au régime des sociétés mères, applicable aux sociétés et autres organismes soumis à l'impôt sur les sociétés au taux normal, il est nécessaire de rappeler les conditions que doivent respecter les titres pour en bénéficier (CGI – article 145) :

- revêtir la forme nominative ou être déposés dans un établissement désigné par l'Administration ;
- représenter au moins 5 % du capital de la société émettrice ;
- être conservés pendant un délai de deux ans.

La loi de finances pour 2008 a exclu du régime des plus ou moins-values à long terme les titres de sociétés à prépondérance immobilière non cotées. La loi de finance rectificative pour 2016 a modifié la définition fiscale des titres de participation en ajoutant la condition de détention d'au moins 5 % des droits de vote pour les titres relevant du régime sociétés mères et filiales.

b) Les titres de placement

Les titres autres que les titres de participation constituent des titres de placement.

2. La typologie comptable

Le plan comptable consacre une section, composée de neuf articles (221-1 à 222-1) aux règles de comptabilisation et d'évaluation des titres. Deux catégories de titres y sont identifiées : les titres immobilisés et les titres de placement.

❯Voir texte de référence 1

La première catégorie est elle-même décomposée en : titres de participation ; titres immobilisés de l'activité de portefeuille (TIAP) et autres titres immobilisés.

En revanche, les définitions de ces actifs ne figurent pas dans le plan comptable actuel. Ce dernier ayant été réécrit à droit quasi constant, il convient donc de se reporter aux définitions mentionnées dans le plan comptable de 1982 ou les avis du CNC relatifs à ces éléments.

Ces définitions figurent aujourd'hui dans le recueil des normes comptables françaises.

3. Lien entre typologie comptable et typologie fiscale

Les titres considérés comme des titres de participation sur le plan comptable le sont également sur le plan fiscal sous réserve de remplir les conditions requises sur le plan fiscal, en particulier la détention d'au moins 5 % des droits de vote pour les titres relevant du régime sociétés mères et filiales. Les trois autres catégories comptables de titres (titres de placement, titres immobilisés de l'activité de portefeuille et autres titres immobilisés) peuvent être considérées, sur le plan fiscal, soit comme des titres de placement, soit comme des titres de participation, à condition d'être comptabilisés dans des subdivisions spéciales d'un autre compte de bilan correspondant à leur qualification comptable (CGI – article 219-I-a).

▶ Exemple

Les TIAP bénéficiant du régime fiscal des sociétés mères peuvent être comptabilisés au débit du compte 2731. Titres immobilisés de l'activité de portefeuille bénéficiant du régime fiscal des titres de participation et les autres TIAP au compte 2732. Titres immobilisés de l'activité de portefeuille ne bénéficiant pas du régime fiscal des titres de participation.

B) Définition et classement comptable des titres

1. Les titres de participation

a) Définition comptable

« Constituent des participations les droits dans le capital d'autres personnes morales, matérialisées ou non par des titres, qui, en créant un lien durable avec celles-ci, sont destinés à contribuer à l'activité de la société détentrice. Sont présumés être des participations les titres représentant une fraction du capital supérieure à 10 %. »

Selon le PCG 1982, sauf preuve contraire, sont présumés être des titres de participation les titres acquis, en tout ou partie, par offre publique d'achat (OPA) ou offre publique d'échange (OPE).

> **+**
> Seuls les titres de propriété donnant le droit de voter dans les assemblées générales d'actionnaires offrent la possibilité d'exercer une influence sur la société émettrice des titres ou d'en assurer le contrôle. Les titres de filiales (société dont l'entreprise possède plus de 50 % du capital) ou de participation (société dont l'entreprise possède entre 10 % et 50 % du capital) font donc partie de cette catégorie.

b) Classement comptable

Ces titres étant destinés à être conservés sont comptabilisés en classe 2. Comptes d'immobilisations au débit du compte 261. Titres de participation.

2. Les titres immobilisés de l'activité de portefeuille (TIAP)

a) Définition comptable

Les titres immobilisés de l'activité de portefeuille (TIAP) sont des titres destinés à l'activité de portefeuille par une entreprise. L'activité de portefeuille consiste à investir tout ou partie de ses actifs dans un portefeuille de titres pour en retirer, à plus ou moins longue échéance, une rentabilité satisfaisante et qui s'exerce sans intervention dans la gestion des entreprises dont les titres sont détenus (Avis CNC n° 30 du 13 février 1987 relatif aux règles comptables applicables aux sociétés de portefeuille).

b) Classement comptable

Ces titres étant destinés à être conservés sont comptabilisés en classe 2. Comptes d'immobilisations au débit du compte 273. Titres immobilisés de l'activité de portefeuille.

L'article 219-I-a du CGI conditionnant la possibilité de bénéficier du régime fiscal des titres de participation à l'inscription en comptabilité à une subdivision spéciale d'un autre compte de bilan correspondant à leur qualification comptable, il convient de différencier les TIAP qui bénéficient de ce régime fiscal des autres TIAP par l'utilisation d'une subdivision du compte 273. Titres immobilisés de l'activité de portefeuille.

3. Les autres titres immobilisés

a) Définition comptable

Les autres titres immobilisés sont les titres, autres que les titres de participation et les TIAP, que l'entreprise a l'intention de conserver durablement. Ils sont représentatifs de parts de capital ou de placements à long terme.

Leur détention n'est pas jugée utile à l'activité de l'entreprise, elle peut même être subie : « Les titres conférant un droit de propriété donné en nantissement ou faisant l'objet d'un blocage temporaire supérieur à un an sont inscrits sous le compte 271 [...] » (PCG – article 942-27).

› Voir texte de référence 2

b) Classement comptable

Ces titres étant destinés à être conservés sont comptabilisés en classe 2. Comptes d'immobilisations au débit des comptes 271. Titres immobilisés autres que les titres immobilisés de l'activité de portefeuille (droit de propriété) ou 272. Titres immobilisés (droit de créance). L'intitulé du compte 271 fait référence aux titres immobilisés de l'activité de portefeuille car les titres de propriété détenus à long terme, qui ne sont pas des titres de participation peuvent être comptabilisés dans chacune des deux catégories selon que leur détention relève ou non d'une activité significative et permanente réalisée dans un cadre structuré.

4. Les titres de placement

a) Définition comptable

Les titres de placement (ou valeurs mobilières de placement) sont des « titres acquis en vue de réaliser un gain à brève échéance » (Plan comptable général de 1982 et avis CV n° 2002-C du 3 avril 2002).

> **+**
> **Rappel**
> « Constituent des valeurs mobilières les titres émis par des personnes morales, publiques ou privées, transmissibles par inscription en compte ou tradition, qui confèrent des droits identiques par catégorie et donnent accès, directement ou indirectement, à une quotité du capital de la personne morale émettrice ou à un droit de créance général sur son patrimoine [...] » (Code monétaire et financier – article L. 211-2).

b) Enregistrement comptable

Ces titres n'étant pas destinés à être conservés sont comptabilisés au débit des comptes 50. Valeurs mobilières de placement :

- 501. Parts dans des entreprises liées ;
- 502. Actions propres ;
- 503. Actions ;
- 504. Autres titres conférant un droit de propriété ;
- 505. Obligations et bons émis par la société et rachetés par elle ;
- 506. Obligations ;
- 507. Bons du Trésor et bons de caisse à court terme ;
- 508. Autres valeurs mobilières de placement et autres créances assimilées.

Exemple

La société Boubia acquiert le 2 mars N, 75 % des titres de la société Chanomix au prix de 145 000 €. Le 26 avril N, elle achète 50 obligations convertibles en actions « MBLC 4,25 %, N + 4 » pour un montant de 6 400 €. Ces obligations devraient être conservées jusqu'à leur remboursement. Le 26 octobre N, anticipant une forte hausse à court terme du cours des actions EABS, la société Boubia fait l'acquisition de 120 actions au cours unitaire de 110 €.

		2/03/N		
261		Titres de participation	145 000	
	512	Banque		145 000

La société envisage de conserver les obligations pendant plus d'un an. Si elles relèvent d'une activité de gestion de portefeuille, elles doivent être comptabilisées en titres immobilisés de l'activité de portefeuille (hypothèse retenue). En revanche, si tel n'est pas le cas, elles sont classées en titres immobilisés (droit de créance).

	26/04/N		
273	Titres immobilisés de l'activité de portefeuille	6 400	
512	Banque		6 400
	26/10/N		
503	Valeurs mobilières de placement (actions)	13 200	
512	Banque		13 200

Contexte SA Synerweb
Rappeler quelles sont les différences essentielles entre une action et une obligation puis indiquer dans quelle catégorie comptable les acquisitions réalisées en N doivent être comptabilisées.

II Comptabilisation initiale du portefeuille-titres

A) Règles générales

Quel que soit leur classement comptable, les titres sont évalués selon les règles générales d'évaluation du coût d'entrée des actifs (PCG – articles 221-1 et 222-1), c'est-à-dire :

❯ Voir texte de référence 1

– à leur coût d'acquisition, s'ils sont acquis à titre onéreux ;
– à leur valeur vénale, s'ils sont acquis à titre gratuit ;
– à leur valeur vénale, s'ils sont acquis par voie d'échange ou reçus à titre d'apports.

En revanche, l'article 221-1 ne faisant pas référence à l'article 213-9, relatif à l'incorporation des coûts d'emprunt dans le coût de l'actif, les coûts d'emprunt liés à l'acquisition des titres ne peuvent pas être inclus dans le coût d'entrée de l'actif. Ils restent en charges car les titres ne constituent pas des actifs éligibles.

Le coût d'acquisition est constitué (PCG – article 213-8) :

« – du prix d'achat de l'actif ;
– de tous les coûts directement attribuables engagés pour mettre l'actif en place et en état de fonctionner selon l'utilisation prévue par la direction ;

S'ils sont évalués à leur valeur vénale, cette dernière est « le montant qui pourrait être obtenu, à la date de clôture, de la vente d'un actif lors d'une transaction conclue à des conditions normales de marché, net des coûts de sortie. » (PCG – article 214-6/4).

B) Les frais d'acquisition des titres

Dans les comptes individuels, les droits de mutation, honoraires ou commissions et frais d'actes relatifs à l'acquisition de titres peuvent, au choix, être comptabilisés en charges ou être incorporés au coût d'acquisition des titres. Il s'agit d'une méthode comptable applicable à l'ensemble du portefeuille-titres, qui doit être mentionnée en annexe.

+

L'option pour l'activation des frais d'acquisition des immobilisations peut être exercée de manière différenciée pour l'ensemble des immobilisations corporelles et incorporelles d'une part, et pour l'ensemble des titres immobilisés et des titres de placement d'autre part (voir le chapitre 4 « Définition et règles générales d'évaluation des actifs »).

Traitement fiscal des frais d'acquisition des titres

Il convient de distinguer le traitement applicable aux titres de participation acquis par les sociétés soumises à l'IS, de celui qui s'applique dans les autres cas.

- **Régime fiscal applicable aux titres de participation détenus par les sociétés soumises à l'IS**

Les frais d'acquisition engagés au cours des exercices clos à compter du 31 décembre 2006, relatifs à l'acquisition de titres de participation par des sociétés soumises à l'IS, doivent obligatoirement être incorporés au coût de revient des titres et déduits par voie d'amortissement sur une période de cinq ans (CGI – article 209-VII).

Traitement des frais engagés

Les frais engagés depuis 2006 qui ont été comptabilisés en charges, comme le permet le plan comptable ne sont pas déductibles fiscalement. Ils doivent être réintégrés pour la détermination du résultat fiscal. Leur déduction sur cinq ans s'opère par une déduction extra-comptable. Dans cette situation, le prix de revient fiscal des titres de participation est différent de leur prix de revient comptable. Cette divergence nécessite un suivi extra-comptable.

La déduction fiscale des frais qui ont été incorporés au coût d'acquisition des titres s'opère par la comptabilisation d'amortissements dérogatoires calculés *prorata temporis* depuis la date d'acquisition des titres.

- **Régime fiscal applicable aux titres dans les autres cas**

Les droits de mutation, honoraires ou commissions et frais d'actes relatifs à l'acquisition de titres peuvent être, au choix, portés à l'actif du bilan en majoration du coût d'acquisition des titres auxquels ils se rapportent ou comptabilisés en charges et déduits immédiatement, le régime fiscal suivant le traitement comptable.

▶ Exemple

Le 14 juin N, la société anonyme Oudon acquiert 51 % des actions d'un de ses concurrents, la société Brevent, au prix de 240 000 €. Les honoraires relatifs à cette prise de participation majoritaire s'élèvent à 10 000 € HT. Le 27 septembre N, elle achète pour 62 000 € d'obligations dans le but de réaliser une plus-value consécutive à la baisse espérée des taux d'intérêt. Une commission de 500 € HT est réglée lors de l'acquisition.

Envisagez les traitements comptables et fiscaux, selon la nouvelle législation fiscale, en envisageant successivement les deux hypothèses suivantes :

– hypothèse 1 : les frais d'acquisition des titres sont enregistrés en charges ;

– hypothèse 2 : les frais d'acquisition des titres sont incorporés à leur coût d'acquisition.

Hypothèse 1 : les frais d'acquisition des titres sont enregistrés en charges.

Traitement comptable

	14/06/N		
261	Titres de participation	240 000	
6226	Honoraires	10 000	
44566	TVA déductible sur autres biens et services	2 000	
512	Banque		252 000

	27/09/N		
506	Obligations	62 000	
6221	Commissions et courtages sur achats	500	
44566	TVA déductible sur autres biens et services	100	
512	Banque		62 600

Traitement fiscal

Les frais d'acquisition relatifs aux titres Brevent ne sont pas déductibles fiscalement. Ils font partie du coût de revient fiscal de ces titres. Leur déductibilité est étalée sur 5 ans. Une réintégration de 10 000 € doit être effectuée à la clôture de l'exercice N. De N à N + 4, les frais d'acquisition seront déduits chaque année par une déduction extra-comptable à raison d'1/5 de leur montant, réduit au *prorata* du temps passé depuis la date de leur acquisition. La déduction de l'exercice N s'élève à 1 094,44 € (10 000 × 1/5 × 197/360, 197 étant le nombre de jours durant lesquels la société Oudon est propriétaire des titres au cours de l'exercice).

Les frais d'acquisition relatifs aux obligations sont déductibles immédiatement car, ne s'agissant pas de titres de participation, le régime fiscal suit le traitement comptable.

Hypothèse 2 : les frais d'acquisition des titres sont incorporés à leur coût d'acquisition.

Traitement comptable

	14/06/N		
261	Titres de participation	250 000	
44562	TVA déductible sur immobilisations	2 000	
512	Banque		252 000
	27/09/N		
506	Obligations	62 500	
44566	TVA déductible sur autres biens et services	100	
512	Banque		62 600
	31/12/N		
68725	Dotations aux amortissements dérogatoires	1 094,44	
145	Amortissements dérogatoires		1 094,44
	10 000 × 1/5 × 197/360		

Traitement fiscal

Les frais d'acquisition relatifs aux titres Brevent ne sont pas déductibles fiscalement. Ils font partie des coûts de revient comptable et fiscal de ces titres. Leur déductibilité est étalée sur 5 ans par le biais des amortissements dérogatoires. Il n'y a donc aucun traitement fiscal à opérer.

Les frais d'acquisition relatifs aux obligations ne sont pas déductibles immédiatement, le régime fiscal suit le traitement comptable. En conséquence, leur déduction fiscale n'interviendra qu'au moment de la cession des titres.

Contexte SA Synerweb

Comment doit-elle/peut-elle comptabiliser les frais d'acquisition des titres achetés en N ? Le traitement fiscal de ces frais a-t-il une incidence comptable ?

C) Cas particuliers

1. Titres non entièrement libérés

Lorsque des entreprises souscrivent à des constitutions ou des augmentations de capital en numéraires (argent), elles ne sont pas toujours tenues de libérer intégralement leurs apports. Le versement d'une partie de ces apports peut être exigé (appelé) ultérieurement. Dans la comptabilité de ces entreprises, le compte de titres concerné est débité du coût d'acquisition total, comme le précisent les articles 942-26, 942-27 et 945-50 du PCG. Les comptes à créditer en contrepartie sont les suivants :

- pour la partie du prix réglée immédiatement : 51. Banques, établissements financiers et assimilés ;
- pour la partie du prix appelée mais non encore versée : 404. Fournisseurs d'immobilisations ou 464. Dettes sur acquisitions de valeurs mobilières de placement, selon la classification comptable des titres ;
- pour la partie du prix d'acquisition non encore appelée :
  - 269. Versements restant à effectuer sur titres de participation non libérés, ou
  - 279. Versements restant à effectuer sur titres immobilisés non libérés, ou
  - 509. Versements restant à effectuer sur valeurs mobilières de placement non libérées.

+

En application du principe de non-compensation, les comptes 269, 279 et 509 sont portés au passif du bilan (respectivement en « dettes sur immobilisations » ou « autres dettes ») et non à son actif en soustraction des comptes de titres auxquels ils se rapportent.

Exemple

La société anonyme Robin augmente son capital en émettant 2 000 actions nouvelles au prix unitaire de 140 €. Ces actions ont une valeur nominale de 100 €. La moitié du nominal et la prime d'émission de 40 € doivent être libérés immédiatement. La seconde moitié du nominal sera appelée ultérieurement. La société Avril, associée majoritaire de la société Robin, acquiert 1 500 de ces actions le 15 juin N. Elle comptabilise l'opération de la manière suivante :

		15/06/N		
261		Titres de participation	210 000	
	269	Versements restant à effectuer sur titres de participation non libérés (1500 × 50)		75 000
	512	Banque [1500 × (50 + 40)]		135 000

2. Titres dont le prix est libellé en devises

« La conversion en monnaie nationale de la valeur des titres libellés en monnaies étrangères et cotés seulement à l'étranger est faite au cours du change à la date de chaque opération les concernant. » (PCG – article 420-2).

Lors du règlement de l'achat des titres, le taux de conversion en monnaie nationale peut être différent du taux existant le jour de l'opération. Dans cette situation, la différence entre le prix effectivement réglé et la dette comptabilisée lors de l'achat constitue un gain de change (compte 766) ou une perte de change (compte 666).

3. Les achats de titres à réméré

« La faculté de rachat ou de réméré est un pacte par lequel le vendeur se réserve de reprendre la chose vendue, moyennant la restitution du prix principal et le remboursement dont il est parlé à l'article 1673. » (Code civil – article 1659).

La faculté de rachat ne peut excéder cinq années. Faute d'avoir exercé cette action de réméré dans le délai prescrit, l'acquéreur demeure propriétaire de manière irrévocable. L'acheteur est donc propriétaire des titres tant que le vendeur n'a pas exercé l'option lui permettant de les récupérer. En conséquence, les titres sont enregistrés à leur prix d'achat à la date de l'opération dans la comptabilité de l'acheteur.

4. Acquisition de titres nécessitant la remise de droits préférentiels de souscription

L'acquisition de titres peut être subordonnée à l'achat de droits préférentiels de souscription (DPS). Cette situation se produit, en principe, lorsqu'une société souhaite augmenter son capital. En effet, dans ce cas, pour que l'augmentation se réalise à un prix d'émission attractif, il est nécessaire que ce dernier soit inférieur ou au plus égal à la valeur réelle des titres existant avant l'augmentation de capital. En pratique, ce prix étant inférieur à cette valeur, les souscripteurs d'actions nouvelles doivent acquérir auprès des anciens actionnaires des droits, appelés « droits préférentiels de souscription », permettant d'acquérir les actions nouvelles. Ce mécanisme permet ainsi aux anciens actionnaires soit de céder leurs droits, sachant qu'ils en possèdent un par action ancienne, et ainsi de compenser la baisse de valeur que subiront leurs actions, soit de les utiliser pour souscrire de manière préférentielle à l'augmentation de capital.

Les droits acquis, nécessaires à l'achat des actions nouvelles, font partie des coûts directement attribuables au coût d'acquisition des titres.

Exemple

En juin N, la société Alpha souhaite augmenter son capital en émettant 100 000 actions nouvelles au prix d'émission unitaire de 20 €. Avant l'augmentation de capital, il existe 400 000 actions, dont la valeur réelle unitaire est estimée à 30 €. La valeur réelle des 500 000 actions, après l'augmentation de capital, devrait s'établir à (400 000 × 30) + (100 000 × 20) = 14 000 000 €, soit 28 € par action (14 000 000 / 500 000). Les actionnaires anciens devraient céder chaque droit, s'ils ne souhaitent pas l'utiliser pour souscrire eux-mêmes à l'augmentation de capital, au prix de 2 € (30-28) et ainsi compenser la baisse de valeur de leur action. En réalité, le prix du droit s'établira par confrontation de l'offre et de la demande.

Supposons que les droits sont cédés à 2 € l'unité.

Sachant qu'il y a 400 000 droits permettant d'acquérir 100 000 actions nouvelles, l'acquisition d'une action nouvelle nécessite l'utilisation de 4 droits que les actionnaires nouveaux doivent acquérir auprès des anciens actionnaires.

Le prix total d'acquisition d'une action nouvelle s'élève donc à 20 € + (4 × 2) = 28 €.

L'actionnaire nouveau a payé 28 € pour être titulaire d'une action de valeur 28 €. Il ne s'est donc ni appauvri, ni enrichi. L'opération est bien équitable.

L'actionnaire ancien, qui possédait une action de valeur réelle 30 € avant l'augmentation de capital, reçoit 2 € lors de la vente du droit rattaché à son action. Après l'augmentation de capital, il possède une action de valeur réelle 28 € et 2 € provenant de la vente du droit de souscription. Il ne s'est donc ni appauvri, ni enrichi.

Chez l'acheteur d'une action, l'opération est comptabilisée ainsi, en supposant qu'il s'agit d'un titre de placement :

		30/06/N		
503		Actions	28	
	512	Banque		28

Lorsque les droits sont utilisés par les détenteurs des actions anciennes, la valeur comptable de ces dernières devrait être réduite de la valeur des droits utilisés. En effet, ceux-ci devraient s'ajouter au prix d'acquisition des actions nouvelles. Il est admis, par mesure de simplification, de ne pas modifier la valeur comptable des actions anciennes et de ne pas inclure la valeur des droits de souscription des droits utilisés dans le coût des actions nouvelles.

Exemple

Dans l'exemple précédent, si un actionnaire ancien utilise 4 droits pour acquérir une action nouvelle émise à 20 €, l'opération est comptabilisée ainsi, en supposant qu'il s'agit d'un titre de placement :

	30/06/N		
503	Actions	20	
512	Banque		20

5. Acquisition de titres nécessitant la remise de droits d'attribution

Lors d'une augmentation de capital par incorporation de réserves, des actions gratuites peuvent être attribuées à tous les titulaires de droits d'attribution (DA). Ces droits sont détenus, avant l'augmentation de capital, par les titulaires d'actions. En effet, un droit d'attribution est rattaché à chaque action ancienne. Les personnes physiques ou morales non-actionnaires doivent acquérir le nombre de droits d'attribution suffisant auprès des actionnaires anciens pour recevoir une action gratuite. Ce mécanisme permet ainsi aux anciens actionnaires soit de céder leurs droits, sachant qu'ils en possèdent un par action ancienne, et ainsi de compenser la baisse de valeur que subiront leurs actions, soit de les utiliser pour acquérir des actions gratuites.

Le prix d'achat de ces droits fait partie du coût d'acquisition de l'action obtenue. L'attribution d'actions gratuites à un ancien actionnaire, titulaire d'un nombre suffisant de droits d'attribution, ne donne lieu à aucun enregistrement comptable. L'opération a pour effet de modifier le coût unitaire moyen pondéré des titres. En effet, le nombre de titres augmente alors que le coût d'achat reste constant.

Exemple 1

En juillet N, la société à responsabilité limitée Goguel achète 4 droits donnant droit à l'attribution gratuite d'une action Milliere au prix unitaire de 32 €. Le montant inscrit au débit du compte de titre concerné est égal à 128 € (4 × 32).

Exemple 2

Un actionnaire ancien de la société Milliere, titulaire de 4 actions acquises 100 € l'unité, utilise les 4 droits d'attribution rattachés à ses actions anciennes pour en acquérir une cinquième. Après cette attribution, son portefeuille-titres est composé de 5 actions Milliere pour un coût de 400 €. Le coût moyen d'une action a donc été abaissé par cette opération.

Remarque : Un bon de souscription d'une action de la société X, acquis au prix de 30 € par exemple, permet de souscrire à une action de cette société à un certain prix (300 € par exemple) jusqu'à une certaine date (par exemple jusqu'au 30 juin 2020). Si l'action X dépasse le niveau de 330 € (par exemple 390 €), le bon permet de se procurer une action à un coût inférieur au cours de Bourse. La valeur théorique du bon, dans ce cas sera de 90 €.

En revanche, si le cours de l'action descend en dessous de 300 €, le bon n'aura plus aucune valeur.

L'intérêt pour l'acquéreur du bon est donc d'être intéressé financièrement à la hausse d'une action sans avoir à débourser le prix d'acquisition d'une action.

Traitement comptable :

- lors de leur acquisition ou de leur souscription les bons sont enregistrés pour leur prix d'acquisition dans le compte 50 « Valeurs mobilières de placement » ou 27 « immobilisations financières » s'ils sont destinés à être conservés durablement ;

– à la clôture de l'exercice les règles générales d'évaluation des titres en portefeuille s'appliquent (cours moyen du dernier mois, valeur probable de négociation, valeur d'utilité) ;
– en cas de cession des bons, celle-ci est comptabilisée comme une cession de titres.
– en cas de péremption une charge financière est enregistrée.

En cas d'acquisition d'obligations (ou d'actions) avec bons de souscription d'actions, les obligations (ou les actions) et les bons sont enregistrés distinctement.

6. Acquisition d'obligations donnant droit à un intérêt annuel

Un emprunt effectué auprès d'une seule personne morale ou physique est un emprunt *indivis*. Un État ou une société peut souscrire un emprunt auprès d'une multitude de créanciers en émettant un emprunt obligataire. Le montant total emprunté est alors décomposé en obligations. L'obligation est caractérisée par :
– une valeur nominale, qui sert de base au calcul des intérêts qu'elle rapporte à son détenteur ;
– un prix d'émission, qui peut être égal à cette valeur nominale (dans ce cas l'émission a lieu au pair) ou différent (la différence entre le prix d'émission et la valeur nominale est alors appelée « prime d'émission ») ;
– un prix de remboursement, la différence entre ce dernier et la valeur nominale de l'obligation faisant apparaître la prime de remboursement.

a) Obligation acquise dès son émission

Pour l'acquéreur de l'obligation, le prix d'émission constitue le coût du titre, même si la valeur nominale ou la valeur de remboursement est supérieure.

Exemple

Le 1er juin N, la société anonyme Cécile acquiert une obligation dont la valeur nominale s'élève à 1 200 € et le taux d'intérêt annuel à 3,5 %. Le remboursement sera effectué fin mai N + 5 au prix de 1 280 €. Le prix d'émission de l'obligation est fixé à 1 158 €. La société a pour intention de conserver l'obligation pendant 5 ans.

Le taux d'intérêt est peu élevé mais l'acquéreur de l'obligation bénéficiera d'une prime d'émission de 42 € et d'une prime de remboursement de 80 € s'il la conserve jusqu'à son remboursement. En effet :
– le prix d'émission est en dessous du pair (1 158 € est inférieur à 1 200 €). La prime d'émission est de 42 € ;
– lorsque l'obligation sera remboursée, son détenteur recevra 1 280 € et non 1 200 € de valeur nominale. La prime de remboursement s'élève donc à 80 €.

Le 1er juin N, la société anonyme Cécile comptabilise son acquisition de la manière suivante :
– le taux de rentabilité de ce placement est en fait de 5,5 %. En effet :
$(1\ 200 \times 3,5\ \%) \times (1 - 1,055^{-5}) / 0,055 + (1\ 280 \times 1,055^{-5}) = 1\ 158$.

		1/06/N		
272		Titres immobilisés (droit de créance)	1 158	
	512	Banque		1 158

b) Obligation acquise après son émission

En revanche, lorsqu'une entreprise acquiert des obligations après leur émission, le prix payé tient nécessairement compte des intérêts qui ont couru depuis le dernier versement d'intérêts. Il se compose donc de deux parties, l'achat de l'obligation hors intérêts, et le remboursement à l'ancien propriétaire de l'obligation des intérêts courus. Il convient d'identifier ce montant et de comptabiliser l'acquisition de la manière suivante :
– débiter le compte de titres 2721. Obligations, s'il s'agit d'un placement à long terme, ou le compte 506. Obligations, s'il s'agit au contraire d'un placement à court terme, du prix payé hors intérêts ;

– débiter le compte 764. Revenus des valeurs mobilières de placement ou 7621. Revenus des titres immobilisés du montant des intérêts courus ;
– et créditer le compte de trésorerie pour le montant payé comptant et le compte 404. Fournisseurs d'immobilisations ou 464. Dettes sur acquisitions de valeurs mobilières de placement pour la fraction du prix non réglée.

À l'échéance suivante, lors de la perception des intérêts, le compte de trésorerie est débité et le compte de produits financiers (764 ou 7621) est crédité. Son solde est ainsi égal à la différence entre les intérêts perçus et les intérêts inclus dans le prix d'achat de l'obligation. De cette manière, seuls les intérêts ayant effectivement couru pendant la période au cours de laquelle l'entreprise a été propriétaire de l'obligation sont rattachés au résultat de l'exercice.

Exemple

Le 2 octobre N, la société Brongniare acquiert, pour placer à court terme des fonds disponibles, 1 000 obligations « CEPEM 6 % 2020 », de nominal 200 €, émises depuis neuf mois. Le prix d'acquisition d'une obligation, hors intérêts courus, est 110,5 % du nominal de l'obligation. Le coupon couru, calculé au taux annuel de 6 %, est coté 4,5 % du nominal de l'obligation. Le 31 décembre, la société Brongniare reçoit 12 000 € d'intérêts.

	2/10/N		
5061	Obligations, titres cotés	221 000	
764	Revenus des valeurs mobilières de placement	9 000	
512	Banque		230 000

221 000 = 200 × 1 000 × 110,5 %.
9 000 = 200 × 1 000 × 4,5 %.

	31/12/N		
512	Banque	12 000	
764	Revenus des valeurs mobilières de placement		12 000

12 000 = 200 × 1 000 × 6 %.

Au 31 décembre N, le compte 764 est créditeur de 3 000 € (1 000 × 200 × 6 % x 3/12), soit 3 mois d'intérêts des 1 000 obligations de valeur nominale 200 €. Cela correspond aux intérêts acquis par le placement financier de la société Brongniare.

7. Transfert de titres d'un compte de bilan à un autre compte de bilan

La comptabilisation initiale des titres dépend de la nature des titres et de l'intention de l'entreprise qui les acquiert. Or, la stratégie de celle-ci peut évoluer et conduire à transférer les titres d'une catégorie à une autre. Le compte débité lors de la comptabilisation initiale est crédité, pour solde, par le débit du compte de titres adapté à la nouvelle situation.

Exemple

Des titres ne relevant pas du régime du long terme sont acquis en N – 1, au prix de 32 000 €, pour placer des fonds à long terme. Le 15 octobre N, ils deviennent des titres de participation à la suite d'une acquisition massive de titres identiques. L'écriture de transfert est la suivante :

	15/10/N		
2611	Titres de participation (actions)	32 000	
273	Titres immobilisés de l'activité de portefeuille		32 000

+

Fiscalement, ce transfert peut générer des difficultés. En effet, s'il a pour effet de faire entrer les titres concernés dans le régime fiscal des plus ou moins-values à long terme, ou de les en faire sortir, il constitue le fait générateur d'une plus ou moins-value ou d'un profit ou d'une perte. Ce résultat n'est pas pris en compte fiscalement au titre de l'exercice du transfert mais dans le résultat fiscal de l'exercice de cession des titres. Il doit toutefois être déterminé, au moment du transfert, et communiqué à l'administration fiscale. Il conduira, le cas échéant, à l'enregistrement d'une provision pour IS.

▶ Exemple

La valeur réelle des titres le jour du transfert s'élève à 40 000 €. La valeur de ces titres immobilisés s'est accrue de 8 000 € (40 000 – 32 000) avant leur transfert en titres de participation. Lors de leur cession ultérieure, il conviendra d'imposer fiscalement le résultat du transfert comme un gain réalisé sur des titres immobilisés, ne relevant pas du régime du long terme par hypothèse, et non comme une plus-value à long terme réalisée sur des titres de participation.

8. Actions propres

a) Principes généraux

Lorsqu'une société rachète ses propres actions, celles-ci sont qualifiées d'actions propres.

Il existe trois régimes principaux de rachat d'actions propres prévus par le Code de commerce :

- un régime dans le cadre d'un plan de rachat d'actions, réservé aux seules sociétés cotées (Code de commerce – article L. 225-209) ;
- un régime de rachat en vue de l'attribution aux salariés (Code de commerce – article L. 225-208) ;
- un régime de rachat en vue d'une réduction du capital non motivée par des pertes (Code de commerce – article L. 225 – 207).

Le traitement comptable d'une opération de rachat de ses actions propres par une entreprise dépend des objectifs poursuivis par la société concernée (PCG – articles 624-15, 942-27 et 945-50 et CNC – avis CU-1998-D et avis CU-2002-D du Comité d'urgence) :

❯ Voir texte de référence 1 à 3

- en cas d'affectation explicite à l'attribution aux salariés, les actions rachetées sont enregistrées au débit du compte 502. Actions propres. Elles peuvent être reclassées en titres immobilisés ultérieurement ;
- en cas d'affectation explicite à une réduction de capital, les actions rachetées sont inscrites au compte 2772. Actions propres ou parts propres en voie d'annulation ;
- en absence d'affectation explicite ou d'objectifs poursuivis différents de ceux mentionnés ci-dessus, le compte 2771. Actions propres ou parts propres est utilisé.

b) Cas particulier des plans d'options d'achat ou de souscription d'actions et des plans d'attribution d'actions gratuites aux employés

Lorsqu'une entité décide de distribuer des actions gratuites (ou à un prix symbolique), elle peut :

- définir la nature des titres qui seront attribués (actions nouvelles ou actions existantes) ;
- différer la décision à une date ultérieure.

Selon la modalité retenue, l'obligation de remettre les titres à ses employés génère ou non un passif ou un passif éventuel (*cf.* chapitre 17 I B).

Attribution d'actions nouvelles (pas de passif)

Si la modalité retenue consiste à émettre des actions nouvelles, aucune sortie de ressource n'aura lieu. Seuls les actionnaires anciens supporteront une dilution. En conséquence, aucune charge et aucun passif ne sont à comptabiliser.

Attribution d'actions existantes (existence d'un passif)

- *Principes*

Si la société doit acquérir les actions à attribuer à ses employés, alors il y aura sortie de ressources sans contrepartie au moins équivalente attendue des salariés à la date d'attribution des titres.

Avant la date d'attribution, un passif doit être comptabilisé s'il satisfait toutes les conditions requises par l'article 321-1/1 du PCG relatif aux passifs, à savoir : constituer une obligation à l'égard d'un tiers (1) dont il est probable ou certain qu'elle provoquera une sortie de ressources au bénéfice de ce tiers (2) sans contrepartie au moins équivalente (3).

L'obligation à l'égard d'un tiers générant une sortie de ressources résulte des termes du plan d'attribution ou a été prise par l'assemblée générale ou l'organe attributif.

Le caractère probable est fonction de l'appréciation de la satisfaction des éventuelles conditions d'attribution, par exemple l'obligation faite à l'employé de rester un certain nombre d'années ou la réalisation d'un objectif précis (accroître le chiffre d'affaires de X %).

Pour les plans d'options d'achat d'actions, la probabilité d'exercice dépend également de la différence existant entre le cours de l'action à la clôture de l'exercice et le prix d'exercice prévu. En effet, il n'y a aucun intérêt à acquérir une action au prix d'exercice de 10 € (par hypothèse) si le cours de l'action s'établit à 8 €.

L'absence de contrepartie suppose qu'en échange de la réception des actions, l'employé ne fournira aucun service. Par exemple, si l'attribution des titres est conditionnée au fait que le salarié reste trois ans dans l'entreprise, une contrepartie existe, mais elle diminue au fur et à mesure que le temps passe et disparaît totalement à l'issue de la période de trois ans.

- *Comptabilisation*

Une provision doit être comptabilisée dès lors que l'existence du passif est établie. Le montant de cette provision est déterminé en fonction des services déjà rendus par le salarié.

Montant à provisionner =

Coût d'entrée des actions à la date de leur affectation au plan d'attribution (ou coût probable de rachat des actions à la clôture de l'exercice) × Nombre d'actions qui devraient être attribuées, dépendant des conditions d'attribution et de la proportion des services déjà rendus par les employés.

La comptabilisation des actions acquises ou détenues en vue de leur attribution et des frais liés à ces plans d'attribution gratuite d'actions et des options de souscription d'actions s'effectue de la manière suivante :

Les actions acquises pour faire face à l'attribution future sont enregistrées au débit du compte 502 « Actions propres ». Ce compte est décomposé en deux sous-comptes 502-1 « Actions destinées à être attribuées aux employés et affectées à des plans déterminés » et 502-2 « Actions disponibles pour être attribuées aux employés ou pour la régularisation des cours de Bourse ».

Les frais liés à l'élaboration des plans d'attribution d'actions gratuites doivent être comptabilisés en charges, en l'absence de création d'une prime d'émission. Ceux relatifs aux plans d'option de souscription d'actions s'imputent sur la prime d'émission et l'excédent est comptabilisé en charges.

Le nombre d'actions propres figurant au compte 502-1 doit être cohérent avec les hypothèses retenues pour évaluer le passif et ne pas excéder le nombre d'actions retenu lors du calcul de la provision. Ces actions ne font pas l'objet de dépréciations, quelle que soit l'évolution de leur cours en raison de l'existence de la provision constatée au passif du bilan.

Les actions transférées, le cas échéant, du compte 502-1 au compte 502-2, sont alors dépréciées si leur valeur comptable est supérieure au cours du marché.

+

La loi de financement de la Sécurité sociale pour 2008 prévoit que les attributions d'options de souscription et d'achat d'actions et les attributions d'actions gratuites sont assujetties à une nouvelle contribution sociale patronale versée aux régimes obligatoires d'assurance maladie dont relèvent les bénéficiaires. Ce dispositif est applicable aux attributions d'options de souscription ou d'achat d'actions et aux attributions d'actions gratuites effectuées à compter du 16 octobre 2007. Le taux de la contribution est fixé à 20 %. Cette contribution est due aux Urssaf par l'employeur dans le mois qui suit la décision d'attribution sans aucune possibilité de remboursement de la contribution même si les options ou actions gratuites ne sont pas exercées.

Exemple

En N, une société décide d'attribuer gratuitement le 31/12/N + 2, 100 000 actions à ses salariés, à condition qu'ils restent dans l'entreprise jusqu'au 31/12/N + 2. Les titres seront acquis sur le marché boursier.

Exercice N : au cours de l'exercice, 85 000 actions sont acquises au prix unitaire de 58 €. L'entreprise estime que 40 % des salariés la quitteront avant le 31/12/N + 2. Au 31/12/N, le cours de l'action s'élève à 50 €.

Le nombre d'actions qui seront à attribuer s'élève à 100 000 × 60 % = 60 000.

Un tiers des services ont été effectués par les salariés qui bénéficieront de l'attribution.

La provision à comptabiliser le 31/12/N s'élève à : 58 × 60 000 × 1/3 = 1 160 000 €.

Les 85 000 actions acquises sont enregistrées au compte 502, 60 000 en 502-1 et 25 000 en 502-2, car le nombre d'actions propres figurant au compte 502-1 ne doit pas excéder le nombre d'actions retenu lors du calcul de la provision.

	31/12/N		
502-1	Actions propres	3 480 000	
502-2	Actions propres	1 450 000	
512	Banque		4 930 000

	31/12/N		
681	Dotation aux provisions	1 160 000	
15	Provision		1 160 000

Le règlement CRC 2008-15 du 4 décembre 2008 spécifiant que « les dotations, reprises et charges relatives aux attributions d'actions gratuites ou options d'achat sont présentées dans les charges de personnel, éventuellement par l'intermédiaire du compte de transfert de charges », l'écriture suivante doit, selon nous, être enregistrée :

	31/12/N		
64	Frais de personnel	1 160 000	
791	Transfert de charges		1 160 000

Les 60 000 actions figurant au compte 502-1 ne sont pas dépréciées. En revanche, les 25 000 inscrites au débit du compte 502-2 doivent être dépréciées, puisque le cours de clôture est inférieur à 58 €. La dotation s'élève à (58 – 50) × 25 000 = 200 000.

	31/12/N		
686	Dotation aux dépréciations	200 000	
5902	Dépréciation des VMP		200 000

Les charges de personnel de l'exercice s'élèvent à 1 160 000 €.

Synthèse :

Variation du résultat = – 1 160 000 – 200 000 = – 1 360 000.

Variation des capitaux propres = – 1 360 000.

– À la clôture de l'exercice N + 1, le cours de l'action s'élève à 55 €. L'entreprise estime que 20 % des salariés la quitteront avant le 31/12/N + 2.

Le nombre d'actions qui seront à attribuer s'élève à 100 000 × 80 % = 80 000.

Au 31/12/N + 1, deux tiers des services ont été effectués par les salariés qui bénéficieront de l'attribution. La provision qui doit figurer au bilan du 31/12/N + 1 s'élève à :

[(58 × 60 000) + (55 × 20 000)] × 2/3 = 3 053 333 €.

Le complément de provision à constater s'établit à 1 893 333 € (3 053 333 – 1 160 000).

La dépréciation relative aux 25 000 actions figurant au compte 502-2 doit être partiellement reprise, puisque le cours de celles-ci est remonté à 55 €.

La reprise s'élève à 25 000 × (55 – 50) = 125 000 €.

20 000 de ces actions sont ensuite transférées au compte 502-1 pour leur valeur nette comptable (55 €). La provision correspondant aux actions transférées (20 000 × 3 = 60 000) est annulée lors de l'écriture de transfert, sans passer par un compte de reprise de dépréciation.

Le compte 502-1 est alors composé de 60 000 actions à 58 € et 20 000 actions à 55 €, soit un solde débiteur de 4 580 000 €.

Le compte 502-2 est composé de 5 000 actions à 58 € soit un solde débiteur de 290 000 €.

Le compte 5902 est créditeur de 15 000 €. Il constate une dépréciation de 3 € sur 5 000 actions.

Les charges de personnel s'établissent à 1 893 333 €.

Les écritures suivantes sont comptabilisées :

	31/12/N+1		
681	Dotation aux provisions	1 893 333	
7621	Provision		1 893 333
64	Frais de personnel	1 893 333	
791	Transfert de charges		1 893 333
5902	Dépréciation des VMP	125 000	
786	Reprise de dépréciation		125 000
502-1	Actions propres	1 100 000	
5902	Dépréciation actions propres	60 000	
502-2	Actions propres		1 160 000

Synthèse :

Variation du résultat = – 1 893 333 + 125 000 = – 1 768 333.

Variation des capitaux propres = – 1 768 333.

À la clôture de l'exercice N + 2, le cours de l'action s'élève à 57 € et l'entreprise attribue effectivement 82 000 actions à ses employés.

Une reprise de dépréciation doit être effectuée car le cours des actions est monté à 57 €.

Sur les 5 000 actions figurant en 502-2, 2 000 doivent être transférées en 502-1 pour leur valeur nette comptable (57 €).

Le compte 502-1, avant attribution aux employés, est composé de 82 000 actions, dont 60 000 à 58 €, 20 000 à 55 € et 2 000 à 57 €, soit un montant de 4 694 000 €.

Le compte 502-2 est composé de 3 000 actions à 58 € soit 174 000 €.

Le compte 5902 est créditeur de 3 000 €, soit une dépréciation d'un euro par action.

Les 82 000 actions sont attribuées aux employés et la provision est totalement reprise. Puis, un transfert de produit en charges de personnel doit être effectué.

Les charges de personnel, relatives à cette attribution, s'établissent à 1 640 667 €.

Les écritures suivantes sont comptabilisées :

	31/12/N+2		
5902	Dépréciation des actions propres	10 000	
7621	Reprise de dépréciation		10 000
502-1	Actions propres	114 000	
5902	Dépréciation des actions propres	2 000	
502-2	Actions propres		116 000
64	Frais de personnel	4 694 000	
502-1	Actions propres		4 694 000
15	Provision	3 053 333	
781	Reprise de provision		3 053 333
7991	Transfert de produit	3 053 333	
64	Frais de personnel		3 053 333

Synthèse :

Variation du résultat = – 4 694 000 + 10 000 + 3 053 333 = – 1 630 667.

Variation des capitaux propres = – 1 630 667.

Cumuls sur l'ensemble des exercices :

Variation du résultat = – 1 360 000 – 1 768 333 – 1 630 667 = – 4 759 000.

Variation des capitaux propres = – 4 759 000.

1 160 000 de frais de personnel + 200 000 de dépréciation.

1 893 333 de frais de personnel – 125 000 de reprise de dépréciation.

1 640 667 de frais de personnel – 10 000 de reprise de dépréciation.

Soit 4 694 000 de frais de personnel + 65 000 de dépréciation (60 000 + 2 000 ont été sortis directement sans passer par 78).

Sur les trois exercices, ces charges représentent 4 694 000 € étalées de la manière suivante :

- 1 160 000 en N, soit 1/3 de 60 000 actions à 58 € ;
- 1 893 333 en N +1, soit 1/3 de 60 000 actions à 58 € + 2/3 de 20 000 actions à 55 €.
- 1 640 667 en N +3, soit 1/3 de 60 000 actions à 58 € + 1/3 de 20 000 actions à 55 € + 3/3 de 2 000 actions à 57 €.

Traitement fiscal : l'administration fiscale doit se prononcer sur le traitement fiscal de la provision relative aux plans d'attribution gratuite d'actions.

Remarque : Si la décision relative aux modalités d'attribution, n'a pas été prise, il convient de rechercher l'existence d'indicateurs rendant probable une sortie de ressources pour l'entreprise (message explicite des dirigeants, habitude de ne pas diluer les actionnaires existants).

Tant que la sortie n'est pas probable, le passif reste éventuel et n'est donc pas comptabilisé (*cf.* chapitre 17 I C).

Contexte SA Synerweb

Rappeler à Mme Portes ce qu'est une obligation comptable à coupon zéro. Quel traitement comptable est prévu pour ce type de titres ?

III Comptabilisation à l'inventaire

A) Règles générales

L'article L. 123-12 du Code de commerce prévoit que toute personne physique ou morale ayant la qualité de commerçant doit contrôler par inventaire, au moins une fois tous les douze mois, l'existence et la valeur des éléments actifs et passifs de son patrimoine. Bien évidemment, cette règle s'applique aux titres en portefeuille. En conséquence, à la clôture de chaque exercice, l'entreprise doit déterminer leur valeur d'inventaire. Celle-ci est ensuite comparée à leur valeur nette comptable (PCG – article 214-25). Deux situations peuvent apparaître :

- la valeur d'inventaire est supérieure ou égale à la valeur comptable. Les titres se sont donc appréciés. En application du principe de prudence, ce gain latent n'est pas comptabilisé (Code de commerce – article L. 123-21) ;
- la valeur d'inventaire est inférieure à la valeur comptable. Les titres se sont donc dépréciés et une dépréciation doit être constatée sous réserve de certaines dispositions particulières (PCG – article 214-25).

B) Détermination de la valeur d'inventaire des titres

1. Définitions

La valeur d'inventaire des éléments d'actif est égale à leur valeur actuelle. Celle-ci est la valeur la plus élevée de la valeur vénale ou de la valeur d'usage, sous réserve des dispositions relatives aux titres de participation et aux titres évalués par équivalence (PCG – article 214-6/3). Ces dispositions particulières ne sont pas étudiées dans le cadre de ce manuel car elles sont exclues du programme du DCG.

« La valeur actuelle est une valeur d'estimation qui s'apprécie en fonction du marché et de l'utilité du bien pour l'entreprise » (Code de commerce – article R. 123-178). Cette seconde définition, plus ancienne, de la valeur actuelle, est toujours en vigueur.

« La valeur vénale est le montant qui pourrait être obtenu, à la date de clôture, de la vente d'un actif lors d'une transaction conclue à des conditions normales de marché, net des coûts de sortie. Les coûts de sortie sont les coûts directement attribuables à la sortie d'un actif, à l'exclusion des charges financières et de la charge d'impôt sur le résultat. » (PCG – article 214-6/4).

« La valeur d'usage d'un actif est la valeur des avantages économiques futurs attendus de son utilisation et de sa sortie. [...] » (PCG – article 214-6/5).

2. Valeur actuelle des titres

La valeur d'inventaire (valeur actuelle) des titres est définie précisément par le PCG.

a) Les titres de participation

« À toute autre date que leur date d'entrée, les titres de participation, cotés ou non, sont évalués à leur valeur d'utilité représentant ce que l'entreprise accepterait de décaisser pour obtenir cette participation si elle avait à l'acquérir.

À condition que leur évolution ne résulte pas de circonstances accidentelles, les éléments suivants peuvent être pris en considération pour cette estimation : rentabilité et perspective de rentabilité, capitaux propres, perspectives de réalisation, conjoncture économique, cours moyens de Bourse du dernier mois, ainsi que les motifs d'appréciation sur lesquels repose la transaction d'origine. » (PCG – article 221-3).

› Voir texte de référence 1

L'entreprise qui achète des titres de participation est dans une situation particulière. Elle acquiert un pouvoir de contrôle ou au minimum une influence sur la société dont elle détient les titres. Elle est donc souvent prête à les payer à un prix supérieur au marché car elle en attend, non seulement des revenus ou des plus-values, mais également des avantages stratégiques. Le cours boursier, résultant de la comparaison de l'offre et de la demande, n'intègre pas ce dernier aspect. Retenir ce cours en tant que valeur actuelle conduirait fréquemment à la constatation de dépréciations n'ayant aucune réalité économique pour l'entreprise qui les possède.

b) Les titres immobilisés de l'activité de portefeuille

« À toute autre date que leur date d'entrée dans le patrimoine de l'entité, les titres immobilisés de l'activité de portefeuille (TIAP) sont évalués titre par titre à une valeur qui tienne compte des perspectives d'évolution générale de l'entité dont les titres sont détenus et qui soit fondée, notamment, sur la valeur de marché. » (PCG – article 221-5).

› Voir texte de référence 1

Le cours de Bourse à la clôture de l'exercice n'a donc pas nécessairement un impact sur la valeur d'inventaire de ces titres.

c) Les autres titres immobilisés

La valeur actuelle des titres immobilisés, autres que les titres de participation et les titres immobilisés de l'activité de portefeuille (TIAP), est estimée :

- pour les titres cotés : au cours moyen du dernier mois. Celui-ci est égal à la moyenne pondérée des moyennes journalières. Sa valeur peut être obtenue en consultant le site Internet d'Euronext (www.euronext.fr) ;
- pour les titres non cotés : à leur valeur probable de négociation, dont l'estimation s'effectue par des calculs financiers réalisés à partir des comptes annuels de la société dont les titres sont détenus ou, le cas échéant, par référence à des prix pratiqués lors de cessions récentes (PCG – article 221-6).

› Voir texte de référence 1

d) Titres de placement

À l'inventaire, l'évaluation des titres de placement est effectuée dans les mêmes conditions que celles prévues pour les titres immobilisés autres que les titres de participation et les titres immobilisés de l'activité de portefeuille (PCG – article 221-1).

› Voir texte de référence 1

C) La constatation des dépréciations

Lorsque la valeur actuelle est inférieure à la valeur nette comptable, une dépréciation doit être constatée (PCG – article 221-1). Il convient d'abord de déterminer la valeur nette comptable, puis de définir les règles de comparaison de cette dernière à la valeur actuelle, et enfin de comptabiliser, le cas échéant, la dépréciation nécessaire.

› Voir texte de référence 1

1. Détermination de la valeur nette comptable

La détermination de la valeur nette comptable ne génère pas de difficultés particulières. En effet : « La valeur nette comptable d'un actif correspond à sa valeur brute diminuée des amortissements cumulés et des dépréciations. » (PCG – article 214-6/2).

2. Règles de comparaison de la valeur actuelle et de la valeur nette comptable

« La comparaison entre la valeur actuelle et la valeur nette comptable est effectuée élément par élément. » (PCG – article 214-5/2).

Pour les titres, la notion d'élément s'entend de titres émis par la même entité et conférant les mêmes droits à leurs titulaires. Aucune compensation ne peut donc être effectuée entre titres différents, sauf dispositions particulières (voir le D. de la présente partie).

Exemple

Le portefeuille-titres de la société Racine se compose des titres immobilisés suivants de l'activité de portefeuille :

	Date d'acquisition	Prix d'achat	Quantité	Valeur d'inventaire N – 1	Valeur d'inventaire N
Titres A	22/12/N – 1	200	220	197	193
Titres B	22/02/N	185	400		192
Titres C	17/11/N	517	120		444

Les titres A ont été dépréciés en N – 1 de 660 € [(200 – 197) × 220]. Une dépréciation de ce montant a été enregistrée.

En N :

- les titres A se sont de nouveau dépréciés de 880 € [(197 – 193) × 220]. Un complément de dépréciation de 880 € doit être comptabilisé ;
- la valeur des titres B a augmenté de 2 800 € [(192 – 185) × 400]. Le gain latent ne doit pas être enregistré en application du principe de prudence ;
- les titres C se sont dépréciés de 8 760 € [(444 – 517) × 120]. Une dépréciation de 8 760 € doit être constatée.

3. Comptabilisation des dépréciations de titres

« La dépréciation d'un actif est la constatation que sa valeur actuelle est devenue inférieure à sa valeur nette comptable » (PCG – article 214-5/1).

La dépréciation des titres est une charge financière, non décaissable, enregistrée, selon la nature des titres dépréciés, au débit du compte :

- 68662. Dotations aux dépréciations des immobilisations financières, ou
- 68665. Dotations aux dépréciations des valeurs mobilières de placement.

Par le crédit du compte :

- 2961. Dépréciations des titres de participation, ou
- 2971. Dépréciations des titres immobilisés autres que les TIAP (droit de propriété),
- 2972. Dépréciations des titres immobilisés (droit de créance),
- 2973. Dépréciations des titres immobilisés de l'activité de portefeuille, ou
- 590. Dépréciations des valeurs mobilières de placement.

Exemple

Le 31 décembre N, la société Racine comptabilise l'écriture d'inventaire suivante :

		31/12/N		
68662		Dotations aux dépréciations des immobilisations financières	9 640	
	2973	Dépréciations des TIAP		9 640
		880 + 8 760 = 9 640		

+

Régime fiscal des dépréciations de titres

• Entreprises relevant de l'impôt sur le revenu

Pour les entreprises relevant de l'impôt sur le revenu dans la catégorie des bénéfices industriels et commerciaux (BIC), les dotations aux dépréciations de titres sont traitées comme des moins-values à long terme et les reprises comme des plus-values à long terme, quels que soient les titres considérés.

• Entreprises relevant de l'IS

Le régime est différent selon la qualification fiscale des titres.

Titres de participation

Les plus-values sur titres de participation, sauf les titres de sociétés à prépondérance immobilière, sont exonérées. En conséquence, les dotations aux dépréciations, faisant partie des moins-values à long terme, ne sont pas déductibles et les reprises sont non imposables. Ces particularités fiscales sont génératrices de retraitements extra-comptables.

Autres titres

Les dotations aux dépréciations viennent en déduction des résultats imposables au taux normal.

• Particularité fiscale concernant les titres de participation

Pour les exercices clos à compter du 31 décembre 2005, la déduction des dotations aux dépréciations des titres de participation est limitée aux seules moins-values latentes nettes constatées sur ces éléments. Une compensation est donc effectuée entre titres de participation de nature différente. Ce régime vise aussi bien les sociétés passibles de l'impôt sur les bénéfices des sociétés (IS) que les autres entreprises relevant de l'impôt sur le revenu dans la catégorie des bénéfices industriels et commerciaux (BIC).

D) Dispositions particulières

L'article 214-25 du PCG mentionne des situations particulières dans lesquelles une dotation aux dépréciations de titres n'est pas comptabilisée malgré la constatation d'un amoindrissement de la valeur d'un titre. Les trois exceptions, facultatives ou obligatoires à la constitution de dépréciations, prévues par cet article sont les suivantes :

- en cas de baisse anormale et momentanée des titres immobilisés, cotés, autres que les titres de participation, les titres immobilisés de l'activité de portefeuille et les titres de placement, l'entité n'est pas obligée de constituer de dépréciation à concurrence des plus-values latentes normales constatées sur d'autres titres (PCG – article 221-7) ;

› Voir texte de référence 1

- les titres faisant l'objet d'opérations de couverture ne sont pas dépréciés (PCG – article 221-7) ;

› Voir texte de référence 1

- les titres acquis à réméré ne sont pas dépréciés dans la comptabilité de l'acheteur sous certaines conditions (PCG – article 223-2).

› Voir texte de référence 4

1. Baisse anormale et momentanée des cours

Cette disposition concerne :

- les titres immobilisés cotés autres que les titres de participation et les titres immobilisés de l'activité de portefeuille ;
- les titres de placement cotés.

L'avis 2002-C du 3 avril 2002 du Comité d'urgence du CNC a précisé les modalités d'application de cette réglementation :

- la détermination d'une éventuelle baisse anormale et momentanée nécessite de procéder au calcul du cours moyen du dernier mois en excluant les trois cours les plus bas et les trois cours les plus hauts de cette période. Le résultat de ce calcul est appelé « cours moyen corrigé » ;
- la différence entre le cours moyen du dernier mois et le cours moyen corrigé appliquée au nombre de titres possédés constitue, le cas échéant, une baisse anormale et momentanée. Toutefois, si la différence entre les deux cours représente moins de 10 % du cours moyen du dernier mois, l'exception n'est pas appliquée ;
- la plus-value latente normale, par analogie avec le calcul effectué pour déterminer la baisse anormale et momentanée, est déterminée par la différence entre le coût d'acquisition des titres et le plus bas des deux cours moyens (cours moyen du dernier mois et cours moyen corrigé) appliquée au nombre de titres possédés ;
- seuls peuvent bénéficier de cette mesure les actions et les obligations cotées et les titres d'organismes de placement collectif de valeurs mobilières de placement (OPCVM) à valeur liquidative quotidienne (base sur laquelle sont effectués les ventes et les achats de titres, elle est publiée tous les jours ouvrés) ;
- ne peuvent pas bénéficier de cette dérogation les titres non cotés, les actions propres et les OPCVM dont la valeur liquidative n'est pas établie quotidiennement ;
- la compensation entre la baisse anormale et momentanée et la plus-value latente normale ne peut se faire :
  - pour les titres immobilisés : qu'avec les titres immobilisés et uniquement en compensant les plus ou moins-values à l'intérieur des trois grandes catégories de titres suivantes, actions cotées, obligations cotées et OPCVM,
  - pour les valeurs mobilières de placement : qu'avec d'autres valeurs mobilières de placement.

Exemple

La société Lathène détient à la clôture de l'exercice N le portefeuille suivant :

Titres immobilisés					Valeurs mobilières de placement				
Titres	Nombre de titres	Prix d'achat unitaire	Cours moyen du dernier mois	Cours moyen corrigé	Titres	Nombre de titres	Prix d'achat unitaire	Cours moyen du dernier mois	Cours moyen corrigé
Actions A cotées	2 000	100	90	95	Obligations XY cotées	800	35	26	31
Actions B non cotées	5 000	60	68	61	Actions ZW cotées	400	63	66	65

Cette société souhaite minimiser ses dépréciations de titres. Peut-elle bénéficier de l'exception relative à la baisse anormale et momentanée concernant certains titres ?

Pour les titres immobilisés, l'exception ne peut pas être utilisée. En effet, la compensation ne peut se faire qu'entre titres immobilisés et uniquement en compensant les plus ou moins-values relatives aux actions cotées. L'action B n'étant pas cotée, la moins-value latente constatée sur les titres A doit être enregistrée en totalité pour un montant de 20 000 € [(100 – 90) × 2 000]. Si l'action B avait été cotée, la compensation n'aurait, de toute manière, pas pu se faire car l'écart entre le cours moyen du dernier mois et le cours moyen corrigé était inférieur à 10 % du cours moyen du dernier mois [(90 – 95) / 90].

Pour les valeurs mobilières de placement, les obligations XY et les actions ZW sont cotées. La compensation entre les plus ou moins-values relatives à ces titres est envisageable.

La moins-value latente sur les obligations XY s'élève à 7 200 € [(35 – 26) × 800]. Elle est constituée pour partie par une baisse anormale et momentanée de 4 000 € [(31 – 26) × 800] car l'écart entre le cours moyen du dernier mois et le cours moyen corrigé est bien supérieur à 10 % du cours moyen du dernier mois [(31 – 26) / 26].

Cette baisse anormale et momentanée peut-elle être compensée en totalité ou pour partie par une plus-value normale ? Oui, car le plus bas des deux cours moyens est supérieur au coût d'acquisition des titres (65 > 63). La plus-value normale s'élève à 800 [(65 – 63) × 400]. La baisse anormale et momentanée de 4 000 € est compensée pour partie par une plus-value normale de 800 €. En conséquence, si la société Lathène décide d'appliquer l'exception prévue par l'article 332-7 du PCG, elle enregistre une dépréciation relative aux valeurs mobilières de placement de 6 400 € (7 200 – 800) et non de 7 200 €.

2. Titres faisant l'objet d'opérations de couverture

Les titres bénéficiant d'une opération de couverture garantissant le maintien de leur valeur en cas de baisse du prix du marché ne sont pas dépréciés.

3. Titres acquis à réméré

Une vente à réméré étant une convention par laquelle le vendeur se réserve le droit de reprendre la chose vendue, si la résolution du contrat se réalise, les titres retournent dans le patrimoine de l'ancien propriétaire. En conséquence : « [...] À la date de clôture d'un exercice, si la résolution de l'achat est envisagée avec suffisamment de certitude, aucune provision n'est constituée lorsqu'une moins-value potentielle est constatée sur les titres concernés. [...] » (PCG – article 223-2).

› Voir texte de référence 4

La difficulté pratique d'application de cet article réside dans le fait qu'il n'est pas toujours facile pour l'acquéreur des titres de prévoir avec suffisamment de certitude les intentions de l'ancien propriétaire.

Exemple

Le 13 juillet N, la société anonyme ABE cède, au prix unitaire de 200 €, 10 000 actions de la société DZX à la société Bernard. La cession est assortie d'une clause de réméré pouvant s'exercer jusqu'au 31 janvier N + 1. Le 31 décembre N, la valeur d'inventaire unitaire des titres s'élève à 185 €. En principe, la société Bernard, propriétaire des titres, doit enregistrer une dépréciation de 150 000 € [(200 – 185) × 10 000]. Toutefois, si elle envisage avec suffisamment de certitude la résolution de l'achat, elle ne constitue pas de dépréciation. En effet, si la société anonyme ABE redevient propriétaire des titres, c'est elle qui supportera, le cas échéant, la perte de valeur des titres DZX. En pratique, si la société Bernard arrête ses comptes après le 31 janvier N + 1, la décision de la société ABE, relative à l'exercice du réméré, sera connue lorsque les écritures d'inventaire seront effectivement enregistrées par la société Bernard.

4. Titres vendus à réméré

La situation du vendeur de titres à réméré est étudiée au paragraphe V.

+

Dispositions fiscales particulières

• Le régime des OPCVM

Les sociétés soumises à l'IS évaluent les parts ou actions d'OPCVM qu'elles détiennent à leur valeur liquidative. L'écart constaté entre la valeur liquidative et la valeur à la clôture de l'exercice est compris dans le résultat imposable. En cas d'acquisition en cours d'exercice, l'écart est calculé à partir de la valeur liquidative à la date d'acquisition. En conséquence, les dépréciations constatées, le cas échéant, en comptabilité ne sont pas déductibles et les reprises non imposables.

▶ **Exemple**

La SA Pirée a acquis pour 65 000 € de titres d'OPCVM, le 12 février N. Le 31 décembre N, la valeur liquidative de ces titres s'élève à 58 000 €. Une dépréciation de 7 000 € est constatée en comptabilité. Celle-ci n'est pas déductible fiscalement, elle doit être réintégrée de manière extra-comptable, car c'est l'écart de 7 000 € qui est déductible. Il doit être déduit de manière extra-comptable. Le 31 décembre N + 1, la valeur liquidative est de 71 000 €. L'écart imposable fiscalement s'élève à 13 000 € (71 000 – 58 000). Il n'est pas comptabilisé. En revanche, la dépréciation de 7 000 € précédemment constituée doit être reprise. Il convient donc d'effectuer une réintégration de 13 000 € et une déduction de 7 000 €.

• Le régime des transferts de titres

Dans les sociétés soumises à l'IS, les transferts de titres entre comptes auxquels s'applique le régime des plus-values à long terme et les comptes exclus de ce régime donnent lieu, selon le cas, à la constatation d'un profit ou d'une perte ou d'une plus ou moins-value, dont la prise en compte fiscale est reportée jusqu'à la date de cession effective des titres (voir le II C. 7.). En conséquence, le régime fiscal des dépréciations afférentes à ces titres est aménagé. En effet, le montant de la perte ou de la moins-value, constatée le jour du transfert, incluse dans la dépréciation comptable enregistrée après le transfert, n'est pas déductible, car elle a déjà été prise en compte.

▶ **Exemple**

La société Barbey a acquis 100 000 actions de la société Alpha en juin N – 2, soit 60 % des titres Alpha, pour un coût d'achat unitaire de 300 €. Ils sont comptabilisés en titres de participation.

Aux clôtures N – 2 et N – 1, la valeur d'utilité des titres reste supérieure à 300 €. Le 16 octobre N, la société Barbey, confrontée à de grosses difficultés financières, cède 99 000 actions Alpha au prix unitaire de 240 €. À compter de ce jour, les titres Alpha constituent, pour la société Barbey, des titres immobilisés ne bénéficiant plus du régime des plus-values à long terme. Les 1 000 titres acquis en N – 2 sont transférés en titres immobilisés. Une moins-value à long terme de 60 000 € est constatée le jour du transfert [(300 – 240) × 1 000]. Sa prise en compte fiscale est reportée à la cession effective des 1 000 titres. Le 31 décembre N, le cours moyen du dernier mois des titres Alpha est de 230 €. Une dépréciation de 70 000 € est comptabilisée [(300 – 230) × 1 000]. Fiscalement, 60 000 € de dépréciation sont déjà pris en considération dans la moins-value de transfert constatée. Seuls 10 000 € (70 000 – 60 000) sont fiscalement déductibles, en conséquence les 60 000 € doivent être réintégrés de manière extra-comptable.

• Les dépréciations de titres de sociétés non soumises à l'IS

Lorsqu'une société non soumise à l'IS réalise des pertes fiscales, celles-ci sont immédiatement transmises à ses associés. Ces pertes fiscales peuvent conduire à une diminution de la valeur d'inventaire des titres relatifs à cette société et à la constatation d'une dépréciation. Fiscalement, cette dépréciation est en principe non déductible.

Contexte SA Synerweb

Comment procéder pour déterminer la valeur d'inventaire (valeur actuelle) des titres de cette société ?

Expliquer à Mme Portes les dispositions comptables existant en cas de baisse anormale et momentanée des cours de titres cotés.

IV Les revenus des titres

Les revenus des titres se décomposent en deux catégories :

– les revenus des titres de propriété (actions et parts sociales détenues) ;

– les revenus des titres de créance (obligations détenues).

En application du principe d'indépendance des exercices (Code de commerce – article L. 123-12), quelle que soit la catégorie concernée, les revenus acquis sont enregistrés en produits même s'ils ne sont pas encore encaissés.

A) Les revenus des actions et parts sociales

1. Rappels des principes généraux

La possession de titres de sociétés, actions ou parts sociales, donne droit à la perception de dividendes. Ceux-ci sont décidés par l'assemblée générale des associés (ou actionnaires s'il s'agit d'une société par actions) qui approuve les comptes du dernier exercice dans les six mois qui suivent la clôture. Les dividendes doivent être versés aux associés dans un délai de neuf mois au maximum après la clôture de l'exercice.

2. Comptabilisation des dividendes

En principe, c'est à la date de l'assemblée qui a pris la décision de distribuer des dividendes, que ceux-ci doivent être comptabilisés. Les comptes de créances et de produits financiers à utiliser varient selon la nature du titre :

- 267. Créances rattachées à des participations et 7611. Revenus des titres de participation, s'il s'agit de titres de participation ;
- 276. Autres créances immobilisées et 7621. Revenus des titres immobilisés, s'il s'agit de titres immobilisés ;
- 508. Autres valeurs mobilières de placement et autres créances assimilées et 764. Revenus des valeurs mobilières de placement, s'il s'agit de valeurs mobilières de placement.

Exemple

La société anonyme Paris, qui détient 67 % des actions de la société Alpy, constate le 27 juin N, suite à l'assemblée générale de la société Alpy, qu'elle doit recevoir 137 000 € de dividendes de cette dernière.

		27/06/N		
267		Créances rattachées à des participations	137 000	
	7611	Revenus des titres de participation		137 000

+

Tous les associés n'assistent pas aux assemblées, en particulier ceux qui ont un portefeuille important et pour lesquels les titres de la société concernée ne constituent pas une participation significative. Dans ces circonstances, les associés ne sont informés de la distribution de dividendes qu'au moment de leur encaissement. Néanmoins, pour tous les dividendes encaissés après la date de clôture, mais avant la date d'arrêté des comptes, il convient de rechercher la date de l'assemblée qui a décidé de leur distribution, afin de rattacher ceux-ci à l'exercice au cours duquel elle a eu lieu.

3. Cas particuliers

a) Les acomptes sur dividendes

Les acomptes sur dividendes sont des sommes versées avant l'approbation des comptes. Leur versement est conditionné au respect de conditions très strictes, notamment l'établissement d'un bilan, certifié par un commissaire aux comptes, faisant apparaître un bénéfice au moins égal à celui des acomptes envisagés.

Ces acomptes sont comptabilisés dès que la décision de leur distribution a été prise par le conseil d'administration en suivant la même procédure d'enregistrement comptable que pour les dividendes.

b) Les revenus de titres de sociétés non soumises à l'IS

Sur le plan comptable, les principes de comptabilisation des dividendes étudiés précédemment s'appliquent. Les dividendes sont enregistrés le jour de la décision de leur distribution par l'assemblée générale des associés.

+

Traitement fiscal des revenus de titres de sociétés non soumises à l'IS

Fiscalement, les résultats fiscaux des sociétés non soumises à l'IS sont imposables au nom de leurs associés, qu'il y ait ou non distribution. Il convient de noter que les distributions éventuelles sont déterminées à partir du résultat comptable et non du résultat fiscal et que ces deux résultats peuvent être de valeurs très différentes, voire opposées, l'un positif et l'autre négatif.

En conséquence, les dividendes comptabilisés en produits ne sont pas imposables car ce sont les quotes-parts de résultat fiscal, non comptabilisées, qui le sont. Il convient donc, de manière extra-comptable, de déduire les dividendes comptabilisés et de réintégrer la quote-part de résultat fiscal bénéficiaire (ou de déduire la quote-part de résultat fiscal, si celui-ci est déficitaire) du résultat fiscal de la société propriétaire des titres de la société non soumise à l'IS.

▶ **Exemple**

La société anonyme Egine détient 80 % des parts de la SNC Hydra, société non soumise à l'IS. Les exercices comptables des deux sociétés coïncident avec l'année civile. Le 18 juillet N, la société Egine a perçu 12 000 € de dividendes de la SNC Hydra, prélevés sur le résultat comptable N – 1 de cette dernière. Ceux-ci ont été comptabilisés en produits financiers. Le 31 décembre N, le résultat fiscal de la SNC s'élève à 40 000 €. La société Egine n'a aucune écriture à enregistrer le 31 décembre N. En revanche :

- les dividendes comptabilisés en juillet N ne sont pas imposables, elle doit les déduire de manière extra-comptable (la quote-part du résultat fiscal N – 1 de la SNC a été imposé chez Egine en N – 1) ;
- la quote-part du résultat fiscal N de la SNC est imposable immédiatement chez Egine. Une réintégration extra-comptable de 32 000 € (40 000 × 80 %) doit être effectuée.

Lorsque le résultat comptable d'une société non soumise à l'IS est déficitaire, il ne donne pas lieu à la naissance d'une dette pour ses associés. Aucune écriture n'est donc à comptabiliser. Si en raison de cette perte comptable, la valeur d'inventaire des titres de la société non soumise à l'IS devient inférieure à leur valeur comptable, il convient de déprécier ces titres. En principe, fiscalement, cette dépréciation ne sera pas déductible car elle fait double emploi, sur le plan fiscal, avec la déduction de la quote-part de perte fiscale.

Si l'entreprise propriétaire des titres de la société non soumise à l'IS est tenue de supporter les pertes de cette société, au-delà de sa participation, elle doit enregistrer une provision, qui, en principe, n'est pas déductible fiscalement.

B Les revenus des obligations

1. Principes généraux

En application du principe comptable d'indépendance des exercices, il convient de rattacher les intérêts des obligations à l'exercice au cours duquel ils ont couru. L'article 586 du Code civil définit ainsi que « Les fruits civils sont réputés s'acquérir jour par jour [...]. ».

Les écritures suivantes sont enregistrées :

- lors de leur encaissement, les intérêts sont comptabilisés au crédit du compte 7621. Revenus des titres immobilisés ou 764. Revenus des valeurs mobilières de placement, selon le classement comptable des obligations auxquelles ils se rattachent ;
- à la clôture de l'exercice, le compte de produit financier est ajusté pour ne faire apparaître que les intérêts acquis au cours de l'exercice. Selon les cas, une écriture de produits à recevoir ou de produits constatés d'avance est enregistrée.

Exemple

La société Burrier, dont l'exercice comptable coïncide avec l'année civile, acquiert, dès leur émission, le 1er novembre N, 300 obligations « OSS 118 ». Celles-ci sont émises à 90 €, soit 10 € en dessous du pair. Les intérêts payables annuellement sont déterminés en appliquant le taux de 6 % à la valeur nominale de l'obligation. La société Burrier, qui souhaite céder ces obligations rapidement, enregistre les écritures suivantes au titre de l'exercice N :

		1/11/N		
506		Obligations	27 000	
	512	Banque		27 000
		31/12/N		
5088		Intérêts courus sur obligations	300	
	764	Revenus des valeurs mobilières de placement		300
		$100 \times 300 \times 6\ \% \times 2/12 = 300$		

2. Cas particulier des obligations à coupon zéro

Certaines obligations ne procurent pas d'intérêts annuels à leurs détenteurs mais une prime de remboursement importante perçue lors du remboursement de l'obligation. En comptabilité, deux analyses semblent possibles :

- la prime de remboursement est considérée correspondre aux intérêts capitalisés qui ne sont pas versés pendant la durée de l'emprunt. Selon cette analyse, il convient de rattacher ces intérêts aux exercices au cours desquels ils ont couru ;
- la prime de remboursement n'est définitivement acquise qu'à la date du remboursement de l'obligation. En conséquence, en application du principe de prudence, elle ne peut pas être rattachée aux exercices qui précèdent celui-ci. Cette position correspond à celle retenue par le CNC en 1983.

+

Traitement fiscal

La position de l'administration fiscale sur ce sujet a évolué au cours du temps. Pour les obligations émises à compter du 1er janvier 1993, la prime, égale à la différence entre la somme à percevoir lors du remboursement de l'obligation et le prix payé lors de la souscription ou de l'acquisition de l'obligation, est imposable au titre de chaque exercice après une répartition

actuarielle quand les deux conditions suivantes sont réunies (CGI – article 238 septies E) :
- la prime excède 10 % du prix d'acquisition ;
- la prime est relative à des obligations dont le prix moyen d'émission est inférieur ou égal à 90 % de la valeur de remboursement.

▶ Exemple

En octobre N, la société Duhamel acquiert une obligation au prix de 190 €. Celle-ci a été émise deux ans auparavant au prix d'émission de 200 €. Le prix de remboursement est fixé à 215 €.

La prime de 25 € soit (215 – 190) excède de plus de 10 % le prix d'acquisition (190 €). Toutefois, le prix moyen d'émission (200 €) est supérieur à 90 % de la valeur de remboursement (215 €).

En conséquence, la prime n'est pas imposable fiscalement au titre de chaque exercice selon les modalités prévues par l'article 238 *septies* E.

Le taux actuariel est le taux annuel qui, à la date d'acquisition, égalise à ce taux et à intérêts composés les valeurs actuelles des montants à payer et des montants à recevoir. La fraction de la prime à rattacher aux résultats imposables de chaque exercice jusqu'au remboursement est déterminée en appliquant au prix d'acquisition le taux d'intérêt actuariel ; le prix d'acquisition est majoré de la fraction de la prime capitalisée à la date anniversaire du titre.

Si les traitements comptable et fiscal coïncident, aucun retraitement extra-comptable n'est nécessaire. *A contrario*, des réintégrations ou des déductions extra-comptables doivent être effectuées si les deux traitements sont différents.

▶ Exemple

Le 1er janvier N, la société Monenvassia acquiert, pour les conserver, 100 obligations à coupon zéro au prix d'émission unitaire de 100 €. Les obligations seront remboursées le 31 décembre N + 3 au prix unitaire de 121,55 €. La prime de remboursement excède de plus de 10 % le prix d'acquisition [(121,55 – 100) / 100] = 21,55 %) et le prix moyen d'émission est inférieur à 90 % de la valeur de remboursement (100 / 121,55 = 82,27 %).

Fiscalement, la prime de 21,55 € doit être imposée au titre de chaque exercice. Il convient de déterminer le taux actuariel permettant de répartir la prime : le taux actuariel i est le taux qui égalise la valeur actuelle de 121,55 €, encaissable fin N + 3 et de 100 payables début N, $121,55 / (1 + i)^4 = 100$, d'où i = 5 %.

Les intérêts imposables en N sont de 100 × 5 % = 5.

Les intérêts imposables en N + 1 sont de 105 × 5 % = 5,25.

Les intérêts imposables en N + 2 sont de 110,25 × 5 % = 5,51.

Les intérêts imposables en N + 3 sont de 115,76 × 5 % = 5,79.

Tableau de calcul des intérêts et de la valeur acquise de l'obligation (aux arrondis près)

Exercices	Valeur acquise en début d'exercice	Intérêts courus	Valeur acquise en fin d'exercice
N	100	5	105
N + 1	105	5,25	110,25
N + 2	110,25	5,51	115,76
N + 3	115,76	5,79	121,55

Comptablement, si la société Monenvassia analyse la prime de remboursement comme des intérêts capitalisés, elle comptabilise ces intérêts au titre de chaque exercice auquel ils se rapportent.

Les écritures suivantes sont comptabilisées :

	1/01/N		
272	Titres immobilisés (obligations)	10 000	
512	Banque		10 000
	31/12/N		
2768	Intérêts courus	500	
7621	Revenus des titres immobilisés		500
	31/12/N+1		
2768	Intérêts courus	525	
7621	Revenus des titres immobilisés		525
	31/12/N+2		
2768	Intérêts courus	551	
7621	Revenus des titres immobilisés		551
	31/12/N+3		
512	Banque	12 155	
7621	Revenus des titres immobilisés		579
2768	Intérêts courus		1 576
272	Titres immobilisés (obligations)		10 000

Remarques

1. Les produits comptabilisés sont égaux aux produits imposables, aucun retraitement fiscal n'est à opérer.
2. Les écritures de constatation des intérêts courus auraient pu être contre-passées en début d'exercice et passées de nouveau en fin d'exercice.

Si la société Monenvassia applique la solution préconisée par le CNC, les traitements comptable et fiscal sont les suivants :

	1/01/N		
272	Titres immobilisés (obligations)	10 000	
512	Banque		10 000
	31/12/N+3		
512	Banque	12 155	
7621	Revenus des titres immobilisés		2 155
272	Titres immobilisés (obligations)		10 000

À la clôture de l'exercice N, une réintégration extra-comptable de 500 € doit être effectuée.
À la clôture de l'exercice N + 1, une réintégration extra-comptable de 525 € doit être effectuée.
À la clôture de l'exercice N + 2, une réintégration extra-comptable de 551 € doit être effectuée.
À la clôture de l'exercice N + 3, une déduction extra-comptable de 1 576 € doit être effectuée.

Contexte SA Synerweb

Comptabiliser les 82 000 € de dividendes reçus de la filiale que Synerweb détient depuis 5 ans et les 17 000 € d'intérêts d'obligations acquises il y a 3 ans.

Quels traitements comptables et fiscaux, relatifs aux parts détenues dans la SCI par la société Synerweb, sont à effectuer, le cas échéant ?

V La sortie des titres de l'actif du bilan

La sortie du bilan des titres peut se produire soit lors de leur remboursement par l'entité qui les a émis, c'est notamment le cas pour les titres de créances arrivés à échéance, soit lors de leur cession ou, plus rarement, lors de la dissolution de la société émettrice.

A) Règles générales

1. Le remboursement des titres de créances

Le remboursement des titres de créances a été abordé dans l'exemple précédent relatif aux obligations à coupon zéro. Il convient de solder le compte de titres par un compte de trésorerie et le cas échéant, de constater un produit si le remboursement est supérieur au coût d'acquisition du titre.

2. La cession de titres

La comptabilisation de la cession de titres s'effectue en deux temps :
- la constatation du prix de cession ;
- la sortie de la valeur comptable des titres cédés et, le cas échéant, de la reprise de dépréciation.

a) Le prix de cession

Le prix de cession s'entend du prix stipulé dans l'acte diminué des frais de cession strictement nécessaires à celle-ci (frais de commission ou de courtage). Ils sont comptabilisés au débit du compte 675. Valeurs comptables des éléments d'actif cédés s'ils se rapportent à des titres immobilisés, sauf s'il s'agit de TIAP. S'il s'agit de titres de placement, ils sont enregistrés au compte 667. Charges nettes sur cessions de valeurs mobilières de placement, en cas de résultat déficitaire, ou au compte 767. Produits nets sur cessions de valeurs mobilières de placement, si le résultat est positif. Les frais inhérents à la cession de TIAP sont comptabilisés en 675 ou 775. Produits des cessions d'éléments d'actif selon la nature du résultat.

b) La valeur comptable des titres cédés

La valeur comptable est égale à la valeur brute des titres, c'est-à-dire à leur coût d'acquisition, non diminué par une éventuelle dépréciation. En cas de cession partielle d'un ensemble de titres, l'évaluation s'effectue en appliquant, au choix, la méthode du premier entré, premier sorti (PEPS ou FIFO – *first in, first out* en anglais) ou la méthode du coût unitaire moyen pondéré (CUMP). En effet, les articles 221-2 et 222-1 du PCG établissent que « En cas de cession partielle d'un ensemble de titres immobilisés, conférant les mêmes droits, la valeur d'entrée de la fraction conservée est estimée au coût d'achat moyen pondéré ou, à défaut, en présumant que les titres conservés sont les derniers entrés ». Le choix de la méthode comptable est effectué pour chaque catégorie de titres conférant les mêmes droits et s'applique à tous les titres de cette dernière.

› Voir texte de référence 1

+ Traitement fiscal

Fiscalement, les cessions de titres compris dans le portefeuille sont réputées porter en priorité sur les titres de même nature acquis ou souscrits à la date la plus ancienne (CGI – article 39 *duodecies*-6). La méthode FIFO doit donc être utilisée. Toutefois, les entreprises sont autorisées à retenir la méthode du CUMP lors des cessions de titres de participation. L'option pour cette méthode s'effectue pour chaque catégorie de titres de même nature. Selon la méthode retenue en comptabilité, des retraitements extra-comptables peuvent être à effectuer.

Contexte SA Synerweb
Rappeler comment évolue le cours des obligations à taux fixe et comment elles sont cotées.

c) Comptabilisation de l'opération

Le schéma comptable et les numéros de comptes préconisés lors de la cession varient selon le classement comptable des titres :

- les cessions de titres classés en immobilisations, les TIAP exceptés, s'enregistrent comme toute autre cession d'immobilisation. Le prix de cession des titres est enregistré au crédit du compte 7756. Produits des cessions d'éléments des immobilisations financières en contrepartie d'un compte de trésorerie ou du compte 462. Créances sur cessions d'immobilisations. Leur valeur comptable est comptabilisée au débit du compte 6756. Valeurs comptables des immobilisations financières cédées. La détermination de la plus-ou moins-value de cession nécessite d'effectuer la différence entre ces deux montants. Le cas échéant, les dépréciations relatives aux titres cédés sont reprises par un compte 7866. Reprises sur dépréciations des éléments financiers ;

Exemple 1

Les titres de la société Belgy, filiale spécialisée dans la production de frites surgelées, acquis en N – 7 au prix de 4 520 000 € par la SA Thomas sont cédés en totalité le 26 octobre N pour un montant de 5 830 000 €. Les frais de cession strictement nécessaires à celle-ci s'élèvent à 100 000 € HT. Ces titres n'ont jamais été dépréciés. Les enregistrements comptables suivants doivent être effectués :

	26/10/N		
512	Banque	5 830 000	
7756	Produits des cessions d'immobilisations financières		5 830 000
	26/10/N		
6756	Valeurs comptables des immobilisations financières cédées	100 000	
44566	TVA déductible sur autres biens et services	20 000	
512	Banque		120 000
	26/10/N		
6756	Valeurs comptables des immobilisations financières cédées	4 520 000	
261	Titres de participation		4 520 000

Cette dernière écriture pourrait être enregistrée lors de l'inventaire le 31 décembre N.

Le résultat comptable de la cession des titres Belgy s'élève à 1 210 000 € (5 830 000 – 4 520 000 – 100 000).

- le prix de cession et la valeur comptable des TIAP cédés sont enregistrés soit par le compte 7756. Produits des cessions d'éléments des immobilisations financières en contrepartie d'un compte de trésorerie, si la cession dégage une plus-value, soit par le compte 6756. Valeurs comptables des immobilisations financières cédées, si elle génère une moins-value. Le solde du compte utilisé laisse apparaître directement le résultat de cession. En cas de vente à crédit, le compte 462. Créances sur cessions d'immobilisations est mouvementé ;

Exemple 2

La SA Thomas vous communique les informations suivantes.

Les actions Betagamma classées en titres de l'activité de portefeuille et acquises en N – 1 au prix de 500 000 €, sont cédées en totalité le 27 novembre N pour un montant de 430 000 €. Ces titres ont été dépréciés de 50 000 € le 31 décembre N – 1. Les enregistrements comptables suivants doivent être effectués :

		Débit	Crédit
	27/11/N		
512	Banque	430 000	
6756	Valeurs comptables des immobilisations financières cédées		430 000
	27/11/N		
6756	Valeurs comptables des immobilisations financières cédées	500 000	
273	Titres immobilisés de l'activité de portefeuille		500 000

L'écriture précédente pourrait être enregistrée lors de l'inventaire le 31 décembre N.

		Débit	Crédit
	31/12/N		
2973	Dépréciations des titres immobilisés de l'activité de portefeuille	50 000	
78662	Reprises sur dépréciations des immobilisations financières		50 000

Le résultat comptable de la cession des titres Betagamma s'élève à – 20 000 € (430 000 – 500 000 + 50 000). Il se compose d'une perte sur cession de 70 000 € et d'une reprise de dépréciation de 50 000 €.

– les cessions de valeurs mobilières de placement sont comptabilisées selon la même logique que les cessions de TIAP. Seuls les comptes mouvementés sont différents. En cas de cession de valeurs mobilières, ce sont les comptes 667. Charges nettes sur cessions de valeurs mobilières de placement ou 767. Produits nets sur cessions de valeurs mobilières de placement qui sont utilisés. Le compte de tiers 465. Créances sur cessions de valeurs mobilières de placement est à utiliser en cas de différé de paiement.

Exemple 3

La SA Thomas vous communique les informations suivantes.

Les obligations « RUGBYCUP 2007 » classées en titres de placement, acquises en juin N au prix de 35 000 €, sont cédées en totalité le 17 décembre N pour un montant de 39 000 €. Les enregistrements comptables suivants doivent être effectués :

		Débit	Crédit
	17/12/N		
512	Banque	39 000	
767	Produits nets sur cessions de valeurs mobilières de placement		39 000
	17/12/N		
767	Produits nets sur cessions de valeurs mobilières de placement	35 000	
506	Obligations		35 000

La dernière écriture pourrait être enregistrée lors de l'inventaire le 31 décembre N.

Les deux écritures pourraient être regroupées en une seule, le compte 767. Produits nets sur cessions de valeurs mobilières de placement étant alors crédité de 4 000 €.

Le résultat comptable de la cession de ces obligations s'élève à 4 000 € (39 000 – 35 000).

+

Traitement fiscal de l'opération

Le traitement fiscal varie selon que l'entreprise qui réalise la cession des titres relève ou non de l'impôt sur les bénéfices des sociétés (IS).

- **Cessions de titres détenus par les entreprises ne relevant pas de l'IS**

– Le régime des plus et moins-values s'applique si :

- les titres sont détenus depuis au moins deux ans,

• ou si les titres sont détenus depuis moins de deux ans lorsque le portefeuille comprend des titres de même nature détenus depuis au moins deux ans.

Dans cette dernière situation, lorsque la détention est supérieure ou égale à deux ans, la plus ou moins-value réalisée est à long terme. Si la détention est inférieure à deux ans, la plus ou moins-value réalisée est à court terme.

– Dans tous les autres cas, le régime de droit commun s'applique. Les gains ou les pertes relatives aux cessions de titres sont considérés comme des produits imposables ou des charges déductibles. Les dépréciations de titres sont considérées sur le plan fiscal comme des moins-values à long terme. En conséquence, la reprise de dépréciation enregistrée, le cas échéant, lors d'une cession est une plus value à long terme.

• **Cessions de titres détenus par les entreprises relevant de l'IS**

– Le régime des plus et moins-values à long terme s'applique exclusivement :

• aux titres de participation au sens fiscal (voir le paragraphe I A. 1. du présent chapitre) ;

• aux parts de fonds communs de placement à risque ou de sociétés de capital-risque qui remplissent certaines conditions et qui sont détenues depuis au moins cinq ans.

Les plus ou moins-values constatées sont à long terme si la détention des titres est supérieure ou égale à deux ans et à court terme dans le cas contraire. Les plus-values de cessions de titres de participation, autres que les titres de sociétés à prédominance immobilière, sont exonérées pour les exercices ouverts à compter du 1er janvier 2007. Toutefois, en raison de cette exonération, une quote-part de frais et charges égale à 10 % (12 % pour les exercices ouverts à compter des exercices clos à compter du 31/12/2012) du montant brut des plus-values sur ces titres est imposable au taux de droit commun. Les reprises de dépréciations de ces titres ne sont pas concernées par cette taxation de la quote-part de frais et charges et sont donc exonérées. En cas de cession entre sociétés liées de titres de participation détenus depuis moins de deux ans, les moins-values de cession (à court terme) sont obligatoirement placées en report de déduction jusqu'à leur cession à une entreprise non liée à l'entreprise cédante ou jusqu'à leur annulation (article 13 de la Loi de finance pour 2011).

– Pour les autres titres, les résultats de cessions, les dépréciations et leurs reprises sont imposés selon le régime de droit commun. Les gains sont imposés immédiatement et les pertes déduites de la base imposable au taux normal de l'IS.

▶ **Exemple 1 (suite)**

Fiscalement, la société Thomas est soumise à l'IS. Les titres cédés étant des titres de participation détenus depuis plus de deux ans, la plus-value fiscale de 1 210 000 € relève donc du régime du long terme. La société Belgy n'est pas une société à prédominance immobilière puisqu'elle est spécialisée dans la fabrication de frites surgelées. Si l'exercice N a été ouvert à compter du 1er janvier 2007, la plus-value est exonérée. Une quote-part de frais et charges de 12 100 € (12 %) doit être réintégrée de manière extra-comptable pour être imposée au taux normal de l'IS.

▶ **Exemple 2 (suite)**

Fiscalement, la société Thomas est soumise à l'IS. Les titres Betagamma cédés sont des titres immobilisés de l'activité de portefeuille. Ils ne figurent pas dans une subdivision spéciale, ce ne sont donc pas des titres de participation sur le plan fiscal. La perte de 70 000 € réalisée lors de la cession est déductible de la base imposable au taux normal et la reprise de dépréciation imposable au taux de droit commun.

▶ **Exemple 3**

Fiscalement, la société Thomas est soumise à l'IS. Les obligations « RugbyCup 2007 » cédées sont des titres de placement. Ce ne sont pas des titres de participation sur le plan fiscal. Le gain de 4 000 € réalisé lors de la cession est imposable au taux normal.

3. La dissolution de la société qui a émis les titres

La dissolution de la société qui a émis les titres entraîne la sortie du bilan de ceux-ci, à notre avis, en contrepartie d'un compte de charges identique à celui utilisé en cas de cession, c'est-à-dire le compte 667. Charges nettes sur cession de valeurs mobilières de placement ou 6756. Valeurs comptables des immobilisations financières cédées selon le classement comptable du titre.

B) Cas particuliers

1. Les cessions de droits préférentiels de souscription ou de droits d'attribution

Les droits préférentiels de souscription ou les droits d'attribution cédés ont été acquis en même temps que les actions desquelles ils sont détachés. Une partie du prix d'achat de ces actions incluait donc le prix de ces droits.

Leur cession s'enregistre comme une cession de titre. Le résultat de cession est égal à la différence entre le prix de vente des droits et leur valeur comptable.

La difficulté réside dans la détermination de cette dernière valeur. En effet, lors de l'acquisition des actions, ces droits n'étaient pas identifiables, ils n'étaient que potentiels. Ils ont véritablement pris naissance quelques jours avant l'augmentation de capital envisagée. Par conséquent, leur valeur d'origine doit être reconstituée. En l'absence de précisions issues du PCG, la valeur d'origine peut être déterminée à partir de leur prix de cession en appliquant le raisonnement suivant :

- si le prix d'émission des actions nouvelles est égal à PE (PE étant égal à zéro dans le cas d'une émission d'actions gratuites) et qu'il faut acheter n droits au prix unitaire de DS pour avoir la possibilité d'acquérir une action, la valeur réelle de l'action après l'augmentation de capital est de (PE + n DS). En effet, l'acquéreur de l'action nouvelle ayant payé ce montant, ne s'est, en théorie, ni enrichi ni appauvri. Par conséquent, la valeur réelle de l'action juste avant l'augmentation de capital était supérieure du prix du droit non encore détaché (PE + n DS) + DS, soit PE + (n + 1) DS, puisque l'actionnaire qui a cédé le droit l'a vendu, en théorie, à un prix tel que la baisse de la valeur de son action en raison de l'augmentation de capital soit compensée par la vente du droit rattaché à cette action ;
- nous pouvons en conclure que la valeur du droit représentait une proportion de la valeur totale de l'action avant l'augmentation de capital de :

$$DS / [PE + (n + 1) \times DS]$$

Par hypothèse, le prix d'achat initial du droit est supposé représenter la même proportion du prix d'achat initial de l'action. La valeur d'origine du droit est donc égale à :

$$\text{Prix d'achat initial de l'action} \times [DS / [PE + (n + 1) \times DS]]$$

Ce raisonnement correspond à celui qui est appliqué sur le plan fiscal.

Exemple

En février N, la société Gauvin procède à une augmentation de capital par émission de 100 000 actions nouvelles de valeur nominale 400 €, au prix de 600 €. Quatre droits de souscription sont nécessaires à l'acquisition d'une action. La valeur de marché d'un droit s'élève à 50 €.

L'acquéreur d'une action nouvelle doit débourser 800 € (4 × 50 + 600). La valeur réelle des actions Gauvin, après l'augmentation de capital, est donc, en théorie, de 800 €.

La valeur réelle des actions, juste avant l'augmentation, c'est-à-dire droit de souscription rattaché, est supérieure de 50 € à la valeur après augmentation de capital. Elle s'établit à 850 € (800 + 50). Le droit de souscription représente donc dans la valeur réelle de l'action une proportion de : 50 / 850, soit 5,88 %.

La société Boubia, qui détient 10 actions Gauvin, acquises trois ans auparavant au prix unitaire de 425 €, vend, le 17 février N, ses 10 droits de souscription au prix du marché, soit 50 €. Elle comptabilise la cession de la manière suivante :

	17/02/N		
512	Banque	500	
7756	Produits des cessions d'immobilisations financières		500
	17/02/N		
6756	Valeurs comptables des immobilisations financières cédées	250	
273	Titres immobilisés de l'activité de portefeuille		250
	10 × [425 × (50 / 850)] = 250		

La valeur d'origine d'un droit est estimée à 25 €, soit 425 × 50 / 850.

+

Traitement fiscal des cessions de titres d'OPCVM par des sociétés soumises à l'IS

Les cessions de titres d'OPCVM s'enregistrent comptablement comme toutes les cessions de titres. En revanche, le régime fiscal qui leur est applicable, lorsqu'ils sont détenus par des sociétés soumises à l'IS, est particulier. En effet, à la clôture de chaque exercice, les sociétés qui relèvent de l'IS, évaluent leurs titres d'OPCVM à leur valeur liquidative et comprennent dans leur résultat imposable le montant de l'écart net d'évaluation constaté entre la valeur liquidative des titres à la clôture et celle à l'ouverture. Corrélativement, les provisions pour dépréciation (appelées « dépréciations » en comptabilité) ne sont pas déductibles, et les reprises non imposables. En conséquence, les écarts ainsi imposés sont neutralisés lors de la cession des titres (voir le III D. 4. du présent chapitre).

▶ Exemple

Le 29 septembre N, la société anonyme Goimard cède des actions de la SICAV « Alpha » acquises pour 150 000 € en N – 3, et des actions de la SICAV « Beta », acquises pour 120 000 € en N – 2. Ces titres sont classés en titres immobilisés de l'activité de portefeuille.

Les valeurs liquidatives de ces actions ont évolué de la manière suivante :

	Actions de la SICAV Alpha	Actions de la SICAV Beta
Valeurs liquidatives au 31/12/N – 3	145 000	N/A
Valeurs liquidatives au 31/12/N – 2	142 000	126 000
Valeurs liquidatives au 31/12/N – 1	140 000	135 000

Les actions de la SICAV « Alpha » sont cédées 142 000 €.

Les actions de la SICAV « Beta » sont cédées 147 000 €.

À la clôture de l'exercice N – 3, les actions de la SICAV « Alpha » sont dépréciées comptablement de 5 000 €. Fiscalement, cette dépréciation est réintégrée car c'est l'écart entre la valeur liquidative au 31 décembre N – 3 et le prix d'acquisition qui est déductible. N'étant pas comptabilisé, il est déduit de manière extra-comptable :

	31/12/N–3		
68662	Dotations aux dépréciations des immobilisations financières	5 000	
2973	Dépréciations des TIAP		5 000
	150 000 – 145 000 = 5 000		

À la clôture de l'exercice N – 2, les actions de la SICAV « Alpha » sont dépréciées comptablement de 3 000 €. Fiscalement, cette dépréciation est réintégrée car c'est l'écart entre la valeur liquidative au 31 décembre N – 3 et la valeur liquidative au 31/12/N – 2 qui est déductible. N'étant pas comptabilisé, il est déduit de manière extra-comptable. Les actions de la SICAV « Beta » se sont appréciées de 6 000 €. Ce gain latent n'est pas enregistré en comptabilité en application du principe de prudence, en revanche il est imposable fiscalement et doit donc être réintégré de manière extra-comptable :

	31/12/N–2		
68662	Dotations aux dépréciations des immobilisations financières	3 000	
2973	Dépréciations des TIAP		3 000
	145 000 – 142 000 = 3 000		

À la clôture de l'exercice N – 1, les actions de la SICAV « Alpha » se sont dépréciées comptablement de 2 000 €. Fiscalement, cette dépréciation est réintégrée car c'est l'écart entre la valeur liquidative au 31 décembre N – 2 et la valeur liquidative au 31/12/N – 1 qui est déductible. N'étant pas comptabilisé, il est déduit de manière extra-comptable. Les actions de la SICAV « Beta » se sont appréciées de 9 000 €. Ce gain latent n'est pas enregistré en comptabilité en application du principe de prudence, en revanche il est imposable fiscalement et doit donc être réintégré de manière extra-comptable :

	31/12/N–1		
68662	Dotations aux dépréciations des immobilisations financières	2 000	
2973	Dépréciations des TIAP		2 000
	142 000 – 140 000 = 2 000		

Le 29 septembre N, les titres sont cédés :

- le prix de cession des actions de la SICAV « Alpha » est de 142 000 € alors qu'elles ont été acquises pour 150 000 €. Une perte de 8 000 € est constatée. Les dépréciations successives constatées sur ces titres n'ont plus de raison d'être, elles sont reprises à hauteur de 10 000 € (5 000 + 3 000 + 2 000). Fiscalement, le prix de revient fiscal des titres est de 140 000 € (150 000 – 5 000 – 3 000 – 2 000). La vente à 142 000 € fait apparaître un gain fiscal de 2 000 €. Une réintégration de 10 000 € est nécessaire en raison de l'écart entre le résultat comptable et le résultat fiscal de la cession. La reprise de dépréciation de 10 000 € n'est pas imposable puisque la déductibilité des dotations n'a pas été admise. Une déduction de 10 000 € est effectuée :

	29/09/N		
512	Banque	142 000	
6756	Valeurs comptables des immobilisations financières cédées		142 000

	29/09/N		
6756	Valeurs comptables des immobilisations financières cédées	150 000	
273	Titres immobilisés de l'activité Sde portefeuille		150 000

L'écriture précédente pourrait être enregistrée lors de l'inventaire le 31/12/N ;

	31/12/N		
2973	Dépréciations des titres immobilisés de l'activité de portefeuille	10 000	
78662	Reprises sur dépréciations des immobilisations financières		10 000

– le prix de cession des actions de la SICAV « Beta » est de 147 000 € alors qu'elles ont été acquises pour 120 000 €. Un gain comptable de 27 000 € est constaté. Le prix de revient fiscal des titres est de 135 000 € (120 000 + 6 000 + 9 000). La vente à 147 000 € fait apparaître un gain fiscal de 12 000 €. Une déduction de 15 000 € est nécessaire en raison de l'écart entre le résultat comptable et le résultat fiscal de la cession :

	29/09/N		
512	Banque	147 000	
7756	Produits des cessions des immobilisations financières		147 000
	29/09/N		
7756	Produits des cessions d'immobilisations financières	120 000	
273	Titres immobilisés de l'activité de portefeuille		120 000

2. Les cessions de titres à réméré

Lors de la cession de titres à réméré, ces derniers sortent de l'actif du bilan du vendeur. L'entreprise fait apparaître dans ses comptes les plus ou moins-values ou produits ou pertes de cession par la comptabilisation d'écritures de cession identiques à celles étudiées précédemment au paragraphe V.

L'option de rachat, dont bénéficie le vendeur, peut être exercée avant la date de clôture de l'exercice au cours duquel la cession a eu lieu. Dans ce cas, les écritures de vente des titres sont annulées et le résultat de cession également. Le versement d'une pénalité prévue en cas d'exercice du réméré ou la restitution à l'acheteur d'un montant différent du prix de vente initial entraînent la constatation d'une charge de nature financière (PCG – article 223-1). Fiscalement, le résultat de cession est également annulé.

› Voir texte de référence 4

Exemple

Le 13 juillet N, la société anonyme ABE cède à la société Bernard, au prix unitaire de 200 €, 10 000 actions d'une de ses filiales, la société DZX. La cession est assortie d'une clause de réméré pouvant s'exercer jusqu'au 31 janvier N + 1. Le 20 décembre N, la société ABE exerce le réméré. Elle rembourse la société Bernard et lui verse une indemnité de 75 000 € à titre de dédommagement. Les titres ont été acquis, par ABE, en N – 4 au prix unitaire de 160 € et n'ont jamais été dépréciés.

	13/07/N		
512	Banque	2 000 000	
7756	Produits des cessions des immob. financières		2 000 000
	13/07/N		
6756	Valeurs comptables des immobilisations financières cédées	1 600 000	
261	Titres de participation		1 600 000

20/12/N

261	Titres de participation	1 600 000	
668	Autres charges financières	75 000	
7756	Produits des cessions des immobilisations financières	2 000 000	
6756	Valeurs comptables des immob. fin. cédées		1 600 000
512	Banque		2 075 000

Fiscalement, la plus-value comptable de 400 000 € (2 000 000 – 1 600 000) constatée le 13 juillet et annulée le 20 décembre n'est pas imposable.

À la clôture de l'exercice de cession des titres, la faculté de rachat peut ne pas avoir été exercée, alors qu'elle demeure envisageable ultérieurement. Dans cette situation, les traitements comptables à effectuer dépendent des intentions du vendeur :

– s'il n'envisage pas d'exercer le réméré, la vente ne sera pas remise en cause. Il n'y a donc aucune écriture à enregistrer ;
– si l'option de rachat est envisagée avec suffisamment de certitude, il convient, par prudence, et en application de l'article 223-1 du PCG d'anticiper le retour des titres dans le patrimoine du vendeur en :

› Voir texte de référence 4

- neutralisant le résultat de cession,
- constatant, le cas échéant, l'indemnité de résolution de la vente à verser à l'acquéreur, au prorata du temps écoulé,
- constatant les éventuels intérêts courus sur les titres, qui reviendront au vendeur en cas d'exercice du réméré,
- comptabilisant une provision en cas de dépréciation de la valeur des titres (les titres n'étant plus au bilan du vendeur, il n'est pas possible d'enregistrer une dépréciation).

Les écritures comptables de neutralisation du résultat de cession ne sont pas précisées par le plan comptable. Il semble possible d'utiliser le compte 796. Transferts de charges financières s'il s'agit d'un résultat déficitaire ou le compte 7996 (à créer), qui pourrait s'intituler Transferts de produits si le résultat est bénéficiaire. Le compte de contrepartie, à créer, pourrait être un sous-compte 47, correspondant en quelque sorte à un produit constaté d'avance ou à une charge constatée d'avance.

+

Traitement fiscal des réméré de titres

Fiscalement, les réméré de titres pour lesquels il existe une forte probabilité de rachat sont assimilés à des prêts gagés. Le résultat dégagé par ces opérations est neutralisé sur le plan fiscal dans les mêmes conditions que sur le plan comptable. Le cas échéant, la provision pour risques enregistrée par le cédant suit le régime fiscal des dépréciations de titres.

Exemple

Le 18 juin N, la société anonyme Lapel cède à la société Grandcharl, au prix unitaire de 102 €, 10 000 obligations « LONDON 2020 6 % ». La cession est assortie d'une clause de réméré pouvant s'exercer jusqu'au 17 mars N + 1 et d'une indemnité de 40 000 € à verser en cas de rachat des titres. Le 31 décembre N, la valeur d'inventaire des obligations est de 97 € et la société Lapel n'a pas encore exercé le réméré. Toutefois, elle envisage avec une certitude suffisante de redevenir propriétaire de ces obligations. Les titres acquis en N – 1 au prix unitaire de 105 € procurent, chaque 17 juin, des intérêts calculés au taux de 6 % sur le nominal de l'obligation, qui s'élève à 100 €. Ces titres étaient classés en titres immobilisés de l'activité de portefeuille chez Lapel. Les écritures relatives à cette cession, enregistrées chez Lapel, sont les suivantes :

	18/06/N		
512	Banque	1 020 000	
6756	Valeur comptables des immobilisations financières cédées		1 020 000

	18/06/N		
6756	Valeurs comptables des immobilisations financières cédées	1 050 000	
273	Titres immobilisés de l'activité de portefeuille		1 050 000

La société Lapel envisage avec une certitude suffisante de redevenir propriétaire des titres, il convient donc de neutraliser le résultat de cession (perte de 30 000 €) par l'écriture suivante :

	31/12/N		
47	Écart actif sur opération de réméré	30 000	
796	Transfert de charge financière		30 000
	30 000 = 1 050 000 – 1 020 000		

Les titres s'étant dépréciés, il convient d'enregistrer une provision car l'entreprise Lapel envisage d'exercer le réméré. Bien que n'ayant pas d'obligation actuelle envers un tiers, cette provision qui ne satisfait pas aux conditions requises par le CRC 2000-06 pour la comptabilisation des provisions, doit être enregistrée car elle se rapporte à des instruments financiers exclus du champ d'application de ce règlement. Elle suit le même traitement fiscal que la dépréciation qui aurait été comptabilisée si l'entreprise Lapel était toujours propriétaire des titres.

	31/12/N		
6865	Dotations aux provisions financières	80 000	
1518	Autres provisions pour risques		80 000
	(97 – 105) × 10 000 = 80 000		

L'indemnité qui devrait être versée lors de l'exercice du réméré est comptabilisée en charges dans la proportion du temps qui s'est écoulé depuis la vente des obligations jusqu'à la clôture de l'exercice par rapport à la durée de validité de la clause de rachat des obligations, soit environ 6,4 mois sur 9 dans le cas présent. Le compte à créditer est un compte de charges à payer.

	31/12/N		
668	Autres charges financières	28 450	
4686	Charges à payer		28 450
	28 450 = 40 000 × 6,4/9		

Les intérêts relatifs aux obligations sont à rattacher au résultat de l'exercice puisqu'ils seront perçus par la société Lapel en cas d'exercice du réméré.

	31/12/N		
2768	Intérêts courus	31 726	
762	Produits des autres immob. financières		31 726
	100 × 10 000 × 6 % × 193/365 = 31 726		

Correction contexte SA Synerweb

1. Actions et obligation

Une action est un titre de propriété qui confère à son propriétaire une partie du capital de la société qui l'a émise et en principe, le droit de voter aux assemblées d'actionnaires et de percevoir des dividendes.

Une obligation est un titre de créance qui donne en principe droit à percevoir des intérêts.

1. 51% des actions d'une jeune société spécialisée dans la création de jeux en ligne : il s'agit de titres de participation.
2. 250 000 € d'obligations BPCE 4 % 2025 dans le but de les conserver jusqu'en 2025 : il s'agit de titres immobilisés.
3. 130 000 € de diverses SICAV avec un objectif de plus-value à court terme : il s'agit de titres de placement.
4. Elle a acquis 4,5 % des actions d'une société d'une société agroalimentaire et 3 % d'une société française spécialisée dans le luxe pour un montant de 32 000 000 €. Les frais d'acquisition ont été réglés pour un montant de 24 530 € HT. Synerweb n'a aucun objectif de contrôle, ni d'influence notable, dans ces sociétés dont elle a acquis les titres pour plusieurs années. Il s'agit de titres immobilisés de l'activité de portefeuille.

2. Comptabilisation des frais d'acquisition

Sur le plan comptable : depuis 2005, dans les comptes individuels, les droits de mutation, honoraires ou commissions et frais d'actes relatifs à l'acquisition de titres peuvent, au choix, être comptabilisés en charges ou être incorporés au coût d'acquisition des titres. Il s'agit d'une méthode comptable applicable à l'ensemble du portefeuille-titres, qui doit être mentionnée en annexe.

Sur le plan fiscal : il convient de distinguer le traitement applicable aux titres de participation acquis par les sociétés soumises à l'IS, de celui qui s'applique dans les autres cas.

Les frais d'acquisition **applicable aux titres de participation détenus par les sociétés soumises à l'IS** engagés au cours des exercices clos à compter du 31 décembre 2006 doivent obligatoirement être incorporés au coût de revient des titres et déduits par voie d'amortissement sur une période de cinq ans.

Les frais engagés depuis 2006 qui ont été comptabilisés en charges, comme le permet le plan comptable ne sont pas déductibles fiscalement. Ils doivent être réintégrés pour la détermination du résultat fiscal. Leur déduction sur cinq ans s'opère par une déduction extracomptable. Dans cette situation, le prix de revient fiscal des titres de participation est différent de leur prix de revient comptable. Cette divergence nécessite un suivi extra-comptable.

La déduction fiscale des frais qui ont été incorporés au coût d'acquisition des titres s'opère par la comptabilisation d'amortissements dérogatoires calculés *prorata temporis* depuis la date d'acquisition des titres. Il convient alors de comptabiliser des amortissements dérogatoires (687 à 145).

Dans les autres cas, les droits de mutation, honoraires ou commissions et frais d'actes relatifs à l'acquisition de titres peuvent être, au choix, portés à l'actif du bilan en majoration du coût d'acquisition des titres auxquels ils se rapportent ou comptabilisés en charges et déduits immédiatement, le régime fiscal suivant le traitement comptable.

3. Obligation à coupon zéro

Certaines obligations ne procurent pas d'intérêts annuels à leurs détenteurs mais une prime de remboursement importante perçue lors du remboursement de l'obligation. En comptabilité, deux analyses semblent possibles :

– la prime de remboursement est considérée correspondre aux intérêts capitalisés qui ne sont pas versés pendant la durée de l'emprunt. Selon cette analyse, il convient de rattacher ces intérêts aux exercices au cours desquels ils ont couru ;

– la prime de remboursement n'est définitivement acquise qu'à la date du remboursement de l'obligation. En conséquence, en application du principe de prudence, elle ne peut pas être rattachée aux exercices qui précèdent celui-ci.

4. Détermination de la valeur d'inventaire

La valeur d'inventaire des éléments d'actif est égale à leur valeur actuelle. Celle-ci est la valeur la plus élevée de la valeur vénale ou de la valeur d'usage, sous réserve des dispositions relatives aux titres de participation et aux titres évalués par équivalence (PCG – article 214-6/3).

« La valeur actuelle est une valeur d'estimation qui s'apprécie en fonction du marché et de l'utilité du bien pour l'entreprise » (Code de commerce – article R. 123-178). Cette seconde définition, plus ancienne, de la valeur actuelle, est toujours en vigueur.

La valeur d'inventaire (valeur actuelle) des titres est définie précisément par le PCG.

Pour les titres de participation (51 % des actions d'une jeune société spécialisée dans la création de jeux en ligne) :

« À toute autre date que leur date d'entrée, les titres de participation, cotés ou non, sont évalués à leur valeur d'utilité représentant ce que l'entreprise accepterait de décaisser pour obtenir cette participation si elle avait à l'acquérir. À condition que leur évolution ne résulte pas de circonstances accidentelles, les éléments suivants peuvent être pris en considération pour cette estimation : rentabilité et perspective de rentabilité, capitaux propres, perspectives de réalisation, conjoncture économique, cours moyens de Bourse du dernier mois, ainsi que les motifs d'appréciation sur lesquels repose la transaction d'origine. » (PCG – article 221-3).

Pour les titres immobilisés de l'activité de portefeuille (4,5 % des actions d'une société d'une société agroalimentaire et 3 % d'une société française spécialisée dans le luxe) :

« À toute autre date que leur date d'entrée dans le patrimoine de l'entité, les titres immobilisés de l'activité de portefeuille (TIAP) sont évalués titre par titre à une valeur qui tienne compte des perspectives d'évolution générale de l'entité dont les titres sont détenus et qui soit fondée, notamment, sur la valeur de marché. » (PCG – article 221-5).

Pour les autres titres immobilisés (250 000 € d'obligations BPCE 4 % 2025) :

La valeur actuelle des titres immobilisés, autres que les titres de participation et les titres immobilisés de l'activité de portefeuille (TIAP), est estimée :

– pour les titres cotés : au cours moyen du dernier mois. Celui-ci est égal à la moyenne pondérée des moyennes journalières. Sa valeur peut être obtenue en consultant le site Internet d'Euronext (www.euronext.fr) ;

– pour les titres non cotés : à leur valeur probable de négociation, dont l'estimation s'effectue par des calculs financiers réalisés à partir des comptes annuels de la société dont les titres sont détenus ou, le cas échéant, par référence à des prix pratiqués lors de cessions récentes (PCG – article 221-6).

Pour les titres de placement (130 000 € de diverses SICAV) :

À l'inventaire, l'évaluation des titres de placement est effectuée dans les mêmes conditions que celles prévues pour les titres immobilisés autres que les titres de participation et les titres immobilisés de l'activité de portefeuille (PCG – article 221-1).

Baisse anormale des cours

En cas de baisse anormale et momentanée des titres immobilisés, cotés, autres que les titres de participation, les titres immobilisés de l'activité de portefeuille et les titres de placement, l'entité n'est pas obligée de constituer de dépréciation à concurrence des plus-values latentes normales constatées sur d'autres titres (PCG – article 221-7).

5. Comptabilisation des dividendes et des intérêts

		Débits	Crédits
512	Banque	99 000	
761	Revenus des titres de participation		82 000
762	Revenus des titres immobilisés		17 000

Traitements comptables et fiscaux des parts détenues dans une SCI

La SCI, dont Synerweb détient des parts, n'est pas soumise à l'IS. Il convient donc d'appliquer les règles comptables et fiscales propres aux revenus de titres de sociétés non soumises à l'IS.

Sur le plan comptable, les dividendes sont enregistrés le jour de la décision de leur distribution par l'assemblée générale des associés. Au titre de l'exercice N, Synerweb n'a pas perçu de dividendes de la SCI. Aucune écriture n'est à enregistrer.

Sur le plan fiscal des revenus de titres de sociétés non soumises à l'IS sont imposables au nom de leurs associés, qu'il y ait ou non distribution. En conséquence, les dividendes comptabilisés en produits ne sont pas imposables car ce sont les quotes-parts de résultat fiscal, non comptabilisées, qui le sont. Il convient donc, de manière extra-comptable, de déduire les dividendes comptabilisés et de réintégrer la quote-part de résultat fiscal bénéficiaire (ou de déduire la quote-part de résultat fiscal, si celui-ci est déficitaire) du résultat fiscal de la société propriétaire des titres de la société non soumise à l'IS. Synerweb doit réintégrer la quote-part du résultat fiscal de la SCI qui lui revient soit 25 600 € (82 000 × 80 %).

6. Évolution du cours des obligations

Les cours des obligations à taux fixe évoluent dans le sens inverse des taux d'intérêt du marché obligataire, qui dépendent de la politique monétaire des banques centrales. Elles s'apprécient sur le marché en période de baisse des taux puisque les nouvelles obligations émises le seront avec des rendements inférieurs par rapport aux anciennes obligations. Les cours des anciennes obligations vont alors monter.

La cotation des obligations s'effectue en pourcentage de la valeur nominale. Les obligations ne sont pas cotées en euros (en dehors des obligations convertibles), comme les actions, mais en pourcentage hors coupon couru. Pour obtenir le prix d'une obligation il faut multiplier le nominal par le cours exprimé en pourcentage, augmenté du coupon couru (également en pourcentage). **Le coupon couru** représente la partie de l'intérêt qui est dû à l'instant T par l'émetteur de l'obligation. Exemple de cotation, le 2 octobre N, l'OAT 4 % 25 avril N, est vendue à 104,48 % (hors coupon couru de 1,437 %). L'investisseur qui souhaite acheter 1 000 OAT (valeur nominale 100 euros) devra payer pour l'acquérir 1 000 × 100 × (104,48 % + 1,437 %), soit 105 917 euros.

Synthèse

Classement comptable

Intentions de l'entreprise qui acquiert les titres	Classement comptable	Numéro de compte
Possession durable permettant d'exercer une influence sur la société émettrice des titres ou d'en assurer le contrôle	Titres de participation	261
Obtention, à plus ou moins longue échéance, d'une rentabilité suffisante, sans intervention dans la gestion des entreprises dont les titres sont détenus	Titres immobilisés de l'activité de portefeuille (TIAP)	273
Détention à plus d'un an non jugée utile à l'activité de l'entreprise	Titres immobilisés autres que les TIAP (droit de propriété) Titres immobilisés (droit de créance)	271 ou 272
Réalisation d'un gain à brève échéance	Valeurs mobilières de placement	50

Comptabilisation initiale du portefeuille-titres

A) Règles générales

Quel que soit leur classement comptable, les titres sont évalués selon les règles générales d'évaluation du coût d'entrée des actifs :

– à leur coût d'acquisition, s'ils sont acquis à titre onéreux ;

– à leur valeur vénale, s'ils sont acquis à titre gratuit ;

– à leur valeur vénale, s'ils sont acquis par voie d'échange ou reçus à titre d'apports.

Le coût d'acquisition est constitué :

– du prix d'achat ;

– de tous les coûts directement attribuables engagés pour mettre l'actif en place et en état de fonctionner selon l'utilisation prévue par la direction ;

– et, sur option, des droits de mutation, honoraires ou commissions et frais d'actes liés à l'acquisition.

Les titres ne constituant pas des actifs éligibles, les coûts d'emprunt ne font pas partie du coût d'acquisition. Ils restent en charge.

La valeur vénale est le montant pouvant être obtenu, à la date de clôture, de la vente d'un actif lors d'une transaction conclue à des conditions normales de marché, net des coûts de sortie.

B) Cas particulier des frais d'acquisition des titres

Pour les exercices ouverts à compter du 1er janvier 2005 dans les comptes individuels, les droits de mutation, honoraires ou commissions et frais d'actes relatifs à l'acquisition de titres peuvent, au choix, être comptabilisés en charges ou incorporés au coût d'acquisition des titres. Il s'agit d'une méthode comptable applicable à l'ensemble du portefeuille-titres qui doit être mentionnée en annexe des comptes.

Comptabilisation à l'inventaire

A) Règles générales

À la clôture de chaque exercice, l'entreprise doit déterminer la valeur d'inventaire des titres. Celle-ci est ensuite comparée à leur valeur nette comptable. Deux situations peuvent se produire :

- La valeur d'inventaire est supérieure ou égale à la valeur comptable, les titres se sont appréciés : en application du principe de prudence, ce gain latent n'est pas comptabilisé.
- La valeur d'inventaire est inférieure à la valeur comptable, les titres se sont dépréciés : une dépréciation doit être constatée sous réserve de certaines dispositions particulières.

B) Détermination de la valeur d'inventaire des titres

Classement comptable	Valeur d'inventaire (valeur actuelle)
Titres de participation	Valeur d'utilité représentant ce que l'entreprise accepterait de décaisser pour obtenir cette participation si elle avait à l'acquérir
Titres immobilisés de l'activité de portefeuille (TIAP)	Valeur qui tient compte des perspectives d'évolution générale de l'entité dont les titres sont détenus et qui est fondée, notamment, sur la valeur de marché
Titres immobilisés autres que les TIAP (droit de propriété) Titres immobilisés (droit de créance)	Titres cotés : cours moyen du dernier mois Titres non cotés : valeur probable de négociation
Valeurs mobilières de placement	Titres cotés : cours moyen du dernier mois Titres non cotés : valeur probable de négociation

C) La constatation des dépréciations

1. Principe

Lorsque la valeur actuelle est inférieure à la valeur nette comptable, une dépréciation doit être constatée.

2. Définitions

La valeur actuelle est une valeur d'estimation qui s'apprécie en fonction du marché et de l'utilité du bien pour l'entreprise.

La valeur nette comptable d'un actif correspond à sa valeur brute diminuée des amortissements cumulés et des dépréciations.

3. Détermination et comptabilisation de la dépréciation

La comparaison entre la valeur actuelle et la valeur nette comptable est effectuée élément par élément. Pour les titres, la notion d'élément s'entend de titres émis par la même entité et conférant les mêmes droits à leurs titulaires. Aucune compensation ne peut donc être effectuée entre des titres différents, sauf dispositions particulières.

La dépréciation des titres est une charge financière, non décaissable, enregistrée par le débit du compte 6866. Dotations aux dépréciations des éléments financiers et, selon la nature des titres dépréciés, le crédit du compte 29. Dépréciations des immobilisations ou 59. Dépréciations des comptes financiers.

Les revenus des titres

Les revenus des titres se décomposent en deux catégories :
- les revenus des titres de propriété (actions et parts sociales détenues) ;
- les revenus des titres de créance (obligations détenues).

Quelle que soit la catégorie concernée, les revenus acquis sont enregistrés en produits même s'ils ne sont pas encore encaissés.

Nature des titres	Enregistrement des revenus
Actions et parts sociales	En principe, à la date de l'assemblée qui a pris la décision de distribuer des dividendes.
Obligations *Principe*	Rattachement des intérêts des obligations à l'exercice au cours duquel ils ont couru.
Cas des obligations à coupon zéro	Deux analyses semblent possibles : – intérêts capitalisés rattachés aux exercices au cours desquels ils ont couru ; – la prime de remboursement n'est comptabilisée en produit qu'à la date du remboursement de l'obligation.

Synthèse

La sortie des titres de l'actif du bilan

La comptabilisation de la cession de titres s'effectue en deux temps :
- la constatation du prix de cession ;
- la sortie de la valeur comptable des titres cédés et, le cas échéant, de la reprise de dépréciation.

L'évaluation s'effectue en appliquant, au choix, la méthode du premier entré, premier sorti (PEPS) ou la méthode du coût unitaire moyen pondéré (CUMP).

Le schéma comptable et les numéros de comptes préconisés lors de la cession varient selon le classement comptable des titres :

Classement comptable	Prix de cession	Valeur nette comptable
Titres de participation	7756. Produits des cessions d'éléments des immobilisations financières	6756. Valeurs comptables des immobilisations financières cédées
En cas de moins-value Titres immobilisés de l'activité de portefeuille (TIAP) *En cas de plus-value*	6756. Valeurs comptables des immobilisations financières cédées ou 7756. Produits des cessions d'éléments des immobilisations financières	6756. Valeurs comptables des immobilisations financières cédées ou 7756. Produits des cessions d'éléments des immobilisations financières
Titres immobilisés autres que les TIAP (droit de propriété) et Titres immobilisés (droit de créance)	7756. Produits des cessions d'éléments des immobilisations financières	6756. Valeurs comptables des immobilisations financières cédées
En cas de moins-value Valeurs mobilières de placement *En cas de plus-value*	667. Charges nettes sur cessions de valeurs mobilières de placement ou 767. Produits nets sur cessions de valeurs mobilières de placement	667. Charges nettes sur cessions de valeurs mobilières de placement ou 767. Produits nets sur cessions de valeurs mobilières de placement

Le cas échéant, les dépréciations relatives aux titres cédés sont reprises par un compte 7866. Reprises sur dépréciations des éléments financiers.

Références

- Règlement 2016-07 du 4 novembre 2016 modifiant le règlement ANC 2014-03 relatif au Plan comptable général.
- Règlement CRC 2000-02 du 4 juillet 2000 relatif aux documents de synthèse consolidés des entreprises relevant du Comité de la réglementation bancaire et financière.
- Avis 2008-17 du 6 novembre 2008 relatif au traitement comptable des plans d'options d'achat ou de souscription d'actions et de plans d'attribution d'actions gratuites aux employés.
- Avis 2007-C du 15 juin 2007 du Comité d'urgence du CNC relatif à l'exercice de l'option de comptabilisation des droits de mutation, honoraires, commissions et frais d'actes des titres de participation définis à l'article 39-1-5 du CGI.
- Avis 2002-C du 3 avril 2002 du Comité d'urgence du CNC relatif à la notion de baisse anormale et momentanée des cours pour l'évaluation des titres cotés.
- Avis CU-2002-D du Comité d'urgence du CNC relatif au traitement comptable des reclassements d'actions propres initialement comptabilisées dans la catégorie « valeurs mobilières de placement » ou « titres de transaction » au profit de la catégorie « titres immobilisés ».
- Avis CU-1998-D du Comité d'urgence du CNC relatif au traitement comptable des actions propres.
- Code civil – article 586.
- Code civil – article 1659.
- Code de commerce L. 123-12.
- Code de commerce – article L. 123-13.
- Code de commerce – article L. 123-18.
- Code de commerce – article L. 123-21.
- Code de commerce – articles L. 225-207, L. 225-208 et L. 225-209.

1 PCG – article 221

221-1 – À leur date d'entrée dans le patrimoine de l'entité, les titres immobilisés sont évalués selon les règles générales d'évaluation énoncées aux articles 213-1, 213-2, 213-3, 213-4 et 213-8. […]

221-2 – En cas de cession partielle d'un ensemble de titres immobilisés conférant les mêmes droits, la valeur d'entrée de la fraction conservée est estimée au coût d'achat moyen pondéré ou, à défaut, en présumant que les titres conservés sont les derniers entrés.

221-3 – Constituent des participations les droits dans le capital d'autres personnes morales, matérialisées ou non par des titres, qui, en créant un lien durable avec celles-ci, sont destinés à contribuer à l'activité de la société détentrice. Sont présumés être des participations les titres représentant une fraction du capital supérieure à 10 %. À toute autre date que leur date d'entrée, les titres de participation, cotés ou non, sont évalués à leur valeur d'utilité représentant ce que l'entité accepterait de décaisser pour obtenir cette participation si elle avait à l'acquérir.

À condition que leur évolution ne résulte pas de circonstances accidentelles, les éléments suivants peuvent être pris en considération pour cette estimation : rentabilité et perspective de rentabilité, capitaux propres, perspectives de réalisation, conjoncture économique, cours moyens de Bourse du dernier mois, ainsi que les motifs d'appréciation sur lesquels repose la transaction d'origine.

221-4 – [...] Les titres des sociétés contrôlées de manière exclusive peuvent être évalués par équivalence.

La valeur d'équivalence des titres d'une société contrôlée de manière exclusive est égale à la quote-part des capitaux propres correspondant aux titres, augmentée du montant de l'écart d'acquisition rattaché à ces titres. Les capitaux propres concernés sont les capitaux propres retraités selon les règles de la consolidation avant répartition du résultat et avant élimination des cessions internes à l'ensemble consolidé.

Si à la date de clôture de l'exercice la valeur globale des titres évalués par équivalence est inférieure au prix d'acquisition, une dépréciation globale du portefeuille est constituée. Une provision pour risque global de portefeuille est également constituée si la valeur globale d'équivalence est négative.

Pour l'établissement des comptes du premier exercice d'application de la présente méthode, la valeur nette comptable des titres figurant au bilan à l'ouverture tient lieu de prix d'acquisition.

Lors de la cession d'une fraction ou de la totalité des titres concernés, ceux-ci sont sortis de l'actif du bilan pour leur prix d'acquisition.

221-5 – À toute autre date que leur date d'entrée dans le patrimoine de l'entité, les titres immobilisés de l'activité de portefeuille (TIAP) sont évalués titre par titre à une valeur qui tienne compte des perspectives d'évolution générale de l'entité dont les titres sont détenus et qui soit fondée, notamment, sur la valeur de marché.

221-6 – À la clôture de chaque exercice, la valeur actuelle des titres immobilisés, autres que les titres de participation et les titres immobilisés de l'activité de portefeuille (TIAP), est estimée :

- pour les titres cotés, au cours moyen du dernier mois, à l'exception des titres qui sont détenus explicitement dans le but de réduire le capital : leur valeur comptable n'est soumise à aucune dépréciation et reste égale à leur prix d'achat jusqu'à leur annulation dès lors que dès l'origine, leur inscription doit être regardée comme équivalant à une réduction des capitaux propres ;
- pour les titres non cotés, à leur valeur probable de négociation.

Par dérogation aux articles 221-1 et 222-1, les plus-values et moins-values de cession de titres immobilisés de l'activité de portefeuille (TIAP) sont comptabilisées, selon le cas, en produit ou en charge.

221-7 – [...] Par exception à la règle d'évaluation élément par élément définie à l'article 322-1.9, en cas de baisse anormale et momentanée des titres immobilisés, cotés, autres que les titres de participation et les titres immobilisés de l'activité de portefeuille (TIAP), l'entité n'est pas obligée de constituer, à la date de clôture de l'exercice, de dépréciation à concurrence des plus-values latentes normales constatées sur d'autres titres.

Il n'est pas constitué de dépréciations sur les titres qui font l'objet d'opérations de couverture.

221-8 – […] L'évaluation de la souscription ou de l'acquisition de parts d'un groupement d'intérêt économique (GIE) et des avances qui ne sont pas réalisables à court terme s'effectue dans les conditions suivantes.

À la souscription ou à l'acquisition, la participation est enregistrée pour le prix pour lequel elle est effectuée. Les avances sont enregistrées pour le montant figurant au contrat qui les a prévues.

À l'inventaire, lorsque la quote-part de cette participation dans les capitaux propres du GIE est supérieure à sa valeur comptable, chaque membre constate la dépréciation de sa participation dans le GIE.

Les dépréciations affectent, dans l'ordre et dans la limite de leur montant, d'abord les parts du GIE, puis les créances. Si la dépréciation est supérieure à ces valeurs d'actifs, le surplus entraîne la constitution d'une provision pour risques.

222-1 – L'évaluation des titres de placement est effectuée dans les mêmes conditions que celles prévues aux articles 332-1, 332-2, 332-6 et 332-7 pour les titres immobilisés.

Par dérogation aux articles 221-1 et 222-1, les plus-values et moins-values de cession des titres de placement sont comptabilisées selon le cas, en produit ou en charges.

624-15 – Les actions affectées aux plans d'attribution d'actions gratuites et aux plans d'options d'achat d'actions sont classées dans le sous-compte 502-1 – « Actions destinées à être attribuées aux employés et affectées à des plans déterminés » et évaluées à leur coût d'entrée. Ces actions ne sont pas dépréciées en fonction de la valeur de marché, en raison de l'engagement d'attribution aux salariés et de la provision constatée au passif dans les conditions décrites ci-avant. Le nombre d'actions propres figurant dans cette catégorie particulière doit être cohérent avec les hypothèses retenues pour l'évaluation du passif et ne peut donc pas être supérieur au nombre d'actions pris en compte dans le calcul de l'obligation comptabilisée au passif du bilan. Les actions qui ont été affectées à un plan d'options d'achat postérieurement à leur acquisition et comptabilisées au compte 2771 – « Actions propres ou parts propres », sont transférées au compte 502-1.

2 PCG – article 942-27

[…] Les titres conférant un droit de propriété donnés en nantissement ou faisant l'objet d'un blocage temporaire supérieur à un an sont inscrits sous le compte 271 « Titres immobilisés autres que les titres immobilisés de l'activité de portefeuille (droit de propriété) ».

Le compte 279 « Versements restant à effectuer sur titres immobilisés non libérés » est crédité du montant des versements restant à effectuer sur les titres immobilisés non libérés, par le débit du compte 271.

Le compte 271 et le compte 272 « Titres immobilisés (droit de créance) » sont crédités, en cas de cession, par le débit du compte 675 « Valeurs comptables des éléments d'actif cédés » pour la valeur comptable des titres cédés. Simultanément, le compte 462 « Créances sur cessions d'immobilisations » ou un compte de trésorerie sont débités par le crédit du compte 775 « Produits des cessions d'éléments d'actif ». […]

Les sociétés qui achètent leurs actions inscrivent ces titres au compte 2771 « Actions propres ou parts propres ».

Les titres rachetés explicitement en vue de leur annulation sont inscrits au compte 2772 « Actions propres ou parts propres en voie d'annulation ». Compte tenu de la concomitance entre la réduction de capital et le transfert de propriété des actions du patrimoine des actionnaires dans celui de la société, cette inscription est effectuée pour mémoire. En toute hypothèse, ces titres auront disparu de l'actif à la clôture de l'exercice. L'opération d'annulation équivaut à un partage rachat est inférieur à la valeur nominale globale des actions rachetées, le montant de la réduction de capital est néanmoins égal à cette valeur nominale globale puisque les actions rachetées sont annulées. La différence est inscrite dans un compte analogue à celui des primes d'émission ou d'apport. Si le prix de rachat est supérieur à la valeur nominale des actions rachetées, le montant de la réduction de capital est égal à cette dernière et l'excédent est imputé sur un compte distribuable de situation nette.

3 PCG – article 945-50

Le compte 502 « Actions propres » est débité au moment du rachat par une société de ses propres actions, lorsque cette opération a explicitement pour objet soit la régularisation des cours de Bourse, soit l'attribution des titres à des salariés.

Les actions propres affectées spécifiquement à un plan sont inscrites au compte 502-1 « Actions destinées à être attribuées aux employés et affectées à des plans déterminés ». Elles font l'objet d'une provision au passif. Les actions propres affectées aux salariés mais non couvertes par une provision au passif et les actions propres rachetées pour régularisation des cours de Bourse sont inscrites au compte 502-2 « Actions disponibles pour être attribuées aux employés ou pour régularisation des cours de Bourse ».

Pour la détermination du résultat dégagé à l'occasion de la vente des actions rachetées, les titres les plus anciens sont réputés vendus les premiers (PEPS).

La différence existant entre le prix de vente et le coût des actions cédées déterminé par application de la règle PEPS est inscrite soit à une subdivision du compte 778 intitulée « Bonis provenant du rachat par l'entreprise d'actions et d'obligations émises par elle-même », soit à une subdivision du compte 678 intitulée « Malis provenant du rachat par l'entreprise d'actions et d'obligations émises par elle-même ».

Les comptes 503 « Actions » et 504 « Autres titres conférant un droit de propriété » sont débités de la valeur d'acquisition des actions et autres titres conférant un droit de propriété, par le crédit d'un compte de tiers ou de disponibilités. Lors de la revente de ces actions, ou titres, ces comptes sont crédités du montant de la valeur comptable de ces actions ou titres, par le débit :

- du compte 767 « Produits nets sur cessions de valeurs mobilières de placement », lorsque la cession des titres est génératrice d'un profit ; simultanément lors de la cession, le prix de cession est porté au crédit du compte 767 ;

– du compte 667 « Charges nettes sur cessions de valeurs mobilières de placement », lorsque la cession des titres est génératrice d'une perte ; simultanément lors de la cession, le prix de cession est porté au crédit du compte 667.

La valeur d'acquisition des titres conférant un droit de créance est inscrite dans les comptes 505 « Obligations et bons émis par la société et rachetés par elle », 506 « Obligations », 507 « Bons du Trésor et bons de caisse à court terme » et 508 « Autres valeurs mobilières et créances assimilées ».

Les écritures comptables relatives aux opérations d'acquisition, d'annulation ou de cession d'actions sont applicables aux opérations similaires effectuées sur des obligations.

L'acquéreur ou le souscripteur de bons de souscription enregistre la valeur des bons dans le compte 50 « Valeurs mobilières de placement ».

Le compte 509 « Versements restant à effectuer sur valeurs mobilières de placement non libérées » est crédité du montant des versements restant à effectuer sur les valeurs mobilières de placement non libérées par le débit des subdivisions concernées du compte 50.

4 PCG – articles 223-1, 223-2 et 223-3

1 – Dans la comptabilité du cédant, les titres vendus à réméré sont enregistrés dans les conditions suivantes :

– à la date de l'opération, les titres sont sortis de l'actif et le résultat de la cession est inscrit au compte de résultat ;

– à la date de clôture d'un exercice, lorsque la résolution de la vente est envisagée avec suffisamment de certitude, la plus-value ou la moins-value de cession est annulée. Une provision pour risques est constatée s'il apparaît une décote de la valeur actuelle des titres par rapport à leur valeur comptable à la date de sortie et si les éléments cédés n'ont pas fait l'objet d'une opération de couverture. Les charges et produits sur opérations de réméré sont inscrits dans le compte de résultat selon les règles comptables applicables aux différents opérateurs.

2 – Dans la comptabilité du cessionnaire, les titres achetés à réméré sont enregistrés dans les conditions suivantes :

– à la date de l'opération, les titres sont enregistrés à leur prix d'achat ;

– à la date de clôture d'un exercice, si la résolution de l'achat est envisagée avec suffisamment de certitude, aucune provision n'est constituée lorsqu'une moins-value potentielle est constatée sur les titres concernés. Les produits à inscrire au compte de résultat sont ceux à percevoir en cas de résolution.

3 – En cas de résolution de la vente, les écritures qui résultent de la cession et de l'acquisition sont contre-passées chez le cédant et chez le cessionnaire.

Applications

Comprendre les notions

Application 1 QCM

Retrouvez la ou les réponses exactes.

1. Les titres acquis, en tout ou partie, par offre publique d'achat (OPA) ou offre publique d'échange (OPE) et les titres représentant au moins 10 % du capital d'une entreprise sont du point de vue comptable :
- ☐ obligatoirement des titres de participation.
- ☐ sauf preuve contraire des titres de participation.
- ☐ obligatoirement des titres immobilisés de l'activité de portefeuille.
- ☐ sauf preuve contraire des titres immobilisés de l'activité de portefeuille.

2. Les droits de mutation, les honoraires, les commissions et frais d'acte liés à l'acquisition des titres :
- ☐ sont obligatoirement exclus du coût d'acquisition comptabilisé.
- ☐ sont obligatoirement inclus dans le coût d'acquisition comptabilisé.
- ☐ peuvent être inclus ou non dans le coût d'acquisition comptabilisé selon la méthode comptable retenue.

3. Les acquisitions de titres comportant une clause de réméré :
- ☐ sont enregistrées à la date de l'opération dans la comptabilité de l'acheteur.
- ☐ ne sont pas enregistrées dans la comptabilité de l'acheteur car il n'y a pas eu de transfert de propriété.
- ☐ permettent à l'acheteur des titres de contraindre le vendeur de les reprendre ultérieurement.

4. Les acquisitions de droits préférentiels de souscription :
- ☐ sont enregistrées en charges dans la comptabilité de l'acheteur.
- ☐ font partie du coût d'acquisition des titres.
- ☐ peuvent, au choix, être comptabilisées en charges ou inclus dans le coût d'acquisition des titres.
- ☐ s'effectuent auprès d'un organisme d'État, chargé de contrôler les opérations d'augmentation de capital des sociétés cotées.

5. Les droits préférentiels de souscription :
- ☐ permettent aux actionnaires anciens de compenser la perte de valeur éventuelle subie par leurs actions à la suite d'une augmentation de capital par apports nouveaux.
- ☐ permettent aux actionnaires anciens de compenser la perte de valeur éventuelle subie par leurs actions à la suite d'une augmentation de capital par attribution d'actions gratuites.
- ☐ ont un prix fixé par un organisme étatique.

6. L'acquisition d'une obligation, lors de son émission, est enregistrée par l'acheteur :
- ☐ à sa valeur nominale.
- ☐ à sa valeur de remboursement par l'émetteur.
- ☐ à son prix d'émission.
- ☐ en titre de participation.
- ☐ en valeurs mobilières de placement si elle est destinée à être cédée rapidement.

7. L'acquisition, par une société, de ses propres actions :
- ☐ est enregistrée en titres de participation.
- ☐ est enregistrée en réduction du capital social (débit du compte 101).
- ☐ est enregistrée au débit du compte 502 en cas d'affectation explicite à l'attribution aux salariés.
- ☐ est enregistrée au débit du compte 2772 en cas d'affectation explicite à une réduction de capital.

8. En principe, la valeur actuelle des titres suivants est égale au cours moyen du dernier mois :
- ☐ Titres de participation cotés
- ☐ Titres immobilisés de l'activité de portefeuille cotés
- ☐ Titres immobilisés cotés
- ☐ Valeurs mobilières de placement cotées

9. En cas de baisse anormale et momentanée des cours boursiers des titres immobilisés cotés (autres que les titres de participation et les titres immobilisés de l'activité de portefeuille) et des titres de placement :
- ☐ l'entité n'est pas obligée de constituer de dépréciation à concurrence des plus-values latentes normales constatées sur d'autres titres.
- ☐ l'entité n'a pas le droit de constituer de dépréciation à concurrence des plus-values latentes normales constatées sur d'autres titres.
- ☐ l'entité doit comptabiliser, en produit, les plus-values latentes afin de compenser la dépréciation constatée.

10. Les cessions des titres suivants sont comptabilisées par l'intermédiaire des comptes 675 et 775 :
- ☐ Les titres de participation
- ☐ Les titres immobilisés de l'activité de portefeuille
- ☐ Les autres titres immobilisés
- ☐ Les valeurs mobilières de placement

11. Sur le plan comptable, en cas de cession partielle d'un ensemble de titres, conférant les mêmes droits, la valeur d'entrée de la fraction conservée peut être estimée :
- ☐ au coût d'achat moyen pondéré.
- ☐ en appliquant la méthode FIFO.
- ☐ en appliquant la méthode LIFO.

Mettre en œuvre les compétences

Application 1 Classement comptable des titres

Compétences attendues : C1, C2 et C3

Cet exercice est à réaliser sans calculatrice.

La société Kir acquiert :
- le 20/03/N, 52 % des titres de la SA Chanoine, au prix de 100 000 €. Le contrôle de cette société devrait lui permettre de réaliser des économies d'échelle importantes ;
- le 26/05/N, 250 obligations pour un montant de 3 400 €. Ces obligations devraient être conservées au moins deux exercices, car la société Kir prévoit une baisse des taux du marché financier à deux ans environ ;
- le 16/10/N, 300 actions d'une société nouvellement introduite en Bourse, au cours unitaire de 40 € car elle anticipe une forte hausse à court terme de la valeur de ces actions. La société Kir espère réaliser, lors de leur cession, une plus-value de plus de 3 000 € avant la fin de l'exercice.

Ces acquisitions de titres ne relèvent pas d'une activité régulière, exercée de manière significative et permanente dans un cadre structuré.

- **Comptabilisez au journal de la société Kir les opérations de l'exercice N, afférentes à son portefeuille-titres.**

Applications

Application 2 Traitement des frais d'acquisition de titres

Compétences attendues : C1, C2, C3 et C4

Cet exercice est à réaliser sans calculatrice.

Le 24/01/N, la société anonyme Nauplie acquiert 51 % des actions d'un de ses concurrents, la société Corinthe, au prix de 1 250 000 €. Les honoraires relatifs à cette prise de participation majoritaire s'élèvent à 50 000 € HT. Le 7/11/N, elle achète pour 92 000 € d'actions de la société Greco, qui est sous-évaluée selon le directeur financier de la société Nauplie, dans le but de réaliser rapidement une plus-value significative. Une commission de 1 000 € HT est réglée lors de l'acquisition.

1. **Rappelez quel est le traitement comptable applicable aux frais d'acquisition des titres. Le traitement de ces frais peut-il être différent pour les titres Corinthe ?**
2. **Présentez les traitements comptables chez Nauplie, en envisageant successivement les deux hypothèses suivantes :**

– les frais d'acquisition des titres sont enregistrés en charges ;
– les frais d'acquisition des titres sont incorporés à leur coût d'acquisition.

Application 3 Acquisition de titres non entièrement libérés

Compétences attendues : C1, C2 et C3

Cet exercice est à réaliser sans calculatrice.

La société anonyme Anechar augmente son capital en émettant 10 000 actions nouvelles au prix de 70 €. Ces actions ont une valeur nominale de 50 €. Les trois quarts du nominal et la totalité de la prime d'émission doivent être libérés immédiatement. Le dernier quart du nominal sera appelé ultérieurement. La société Karlau, associée majoritaire de la société Anechar, acquiert 6 000 de ces actions le 15/07/N.

- **Enregistrez l'acquisition au journal de la société Karlau.**

Application 4 Acquisition de titres nécessitant la remise de droits préférentiels de souscription

Compétences attendues : C1, C2 et C3

La société Artigua, dont le capital social est de 20 000 000 € (2 000 000 d'actions à 10 € de valeur nominale) procède à une augmentation de capital en émettant 400 000 actions nouvelles au prix d'émission unitaire de 23 € libérés immédiatement. La valeur réelle des actions avant cette opération s'élève à 35 €.

1. **Déterminez le nombre de droits préférentiels de souscription (DS) susceptibles d'être utilisés lors de cette opération.**
2. **Déterminez le nombre de DS nécessaires à l'acquisition d'une action nouvelle.**
3. **Indiquez quelle devrait être la valeur réelle de l'action après l'augmentation de capital.**
4. **Déterminez la valeur théorique d'un DS. Vérifiez que cette valeur est équitable pour l'actionnaire ancien et pour l'actionnaire nouveau.**
5. **Comptabilisez en date du 30/06, en titres de placement, l'acquisition d'une action nouvelle par une société qui n'était pas actionnaire de la société Artigua avant l'augmentation de capital.**
6. **Comptabilisez en date du 30/06, en titres de placement, l'acquisition d'une action nouvelle par un actionnaire ancien de la société Artigua détenteur de 5 actions avant l'augmentation de capital.**

Application 5 Acquisition d'obligations donnant droit à un intérêt annuel

Compétences attendues : C1, C2 et C3

Le 1/10/N, la société anonyme Blanchard acquiert, dès son émission, une obligation dont la valeur nominale s'élève à 1 000 € et le taux d'intérêt annuel à 2,50 %. Le remboursement est prévu fin septembre N + 5 au prix de 1 143 €. Le prix d'émission de l'obligation est fixé à 980 €. La société a pour intention de conserver l'obligation plusieurs années.

1. **Expliquez pourquoi l'acquisition de cette obligation, dont le taux d'intérêt nominal est faible, peut être considérée comme attractive par la société Blanchard.**
2. **Comptabilisez l'acquisition au journal de la société Blanchard.**

Application 6 Acquisition d'obligations donnant droit à un intérêt annuel

Compétences attendues : C1, C2 et C3

Cet exercice est à réaliser sans calculatrice.

Le 1/07/N, la société Brousset acquiert 100 obligations « RENTAB 5 % 2020 », de nominal 500 €, émises depuis six mois. Le prix d'acquisition d'une obligation, hors intérêts courus, est de 600 €, soit 120 % du nominal de l'obligation. Le coupon couru est coté 2,5, soit 2,5 % du nominal de l'obligation. Le 31/12, la société Brousset reçoit 2 500 € d'intérêts. Elle n'a pas l'intention de conserver ces obligations plus d'un an.

- **Enregistrez les opérations de l'exercice N.**

Application 7 Acquisition d'obligations à coupon zéro

Compétences attendues : C1, C2, C3 et C4

Le 1/01/N, la société Monalisa acquiert, pour les conserver, 500 obligations à coupon zéro au prix d'émission unitaire de 200 €. Les obligations seront remboursées le 31/12/N + 2 au prix unitaire de 224,98 €.

1. **Indiquez les différents traitements comptables possibles.**
2. **Comptabilisez toutes les écritures nécessaires de l'exercice N, selon les différents traitements possibles.**

Application 8 Dépréciation de titres

Compétences attendues : C1, C2 et C3

Cet exercice est à réaliser sans calculatrice.

Le portefeuille-titres de la société Ogée se compose des titres immobilisés de l'activité de portefeuille suivants :

	Date d'acquisition	Prix d'achat	Quantité	Valeur d'inventaire N – 1	Valeur d'inventaire N
Titres X	12/12/N – 1	300	200	290	285
Titres Y	12/02/N	275	400		215
Titres Z	12/08/N	688	1 000		744

En N – 1, le comptable de la société Ogée a comptabilisé les dépréciations nécessaires.

- **Enregistrez les écritures d'inventaire N.**

Application 9 Baisse anormale et momentanée des cours

Compétences attendues : C1, C2 et C3

La société Barcelon détient à la clôture de l'exercice N le portefeuille suivant :

Titres immobilisés					Valeurs mobilières de placement				
Titres	Nombre de titres	Prix d'achat unitaire	Cours moyen dernier mois	Cours moyen corrigé	Titres	Nombre de titres	Prix d'achat unitaire	Cours moyen dernier mois	Cours moyen corrigé
Actions A cotées	3 000	200	170	195	Obligations TX cotées	200	36	31	33
Actions B cotées	4 000	160	209	180	Actions TGV non cotées	500	83	89	85

- **Cette société souhaite minimiser ses dépréciations de titres. Peut-elle bénéficier de l'exception relative à la baisse anormale et momentanée concernant certains titres ?**

Application 10 Cessions de titres

Compétences attendues : C1, C2 et C3

Cet exercice est à réaliser sans calculatrice.

Les titres de la société Italire, acquis en N – 4 au prix de 2 120 000 € par la SA Spania et classés en titres de participation, sont cédés en totalité le 29/04/N pour un montant de 1 830 000 €. Les frais de cession strictement nécessaires à celle-ci s'élèvent à 80 000 € HT. Ces titres n'ont jamais été dépréciés. La société Italire n'est pas une société à prépondérance immobilière.

La société Spania a également cédé au prix de 10 040 000 €, le 20/11, la totalité de ses actions Gribetta classées en titres de l'activité de portefeuille, acquises en N – 1 au prix de 9 500 000 €. Ces titres ont été dépréciés de 200 000 € le 31/12/N – 1.

- **Comptabilisez toutes les écritures nécessaires de l'exercice N.**

Application 11 Cessions de droits préférentiels de souscription et de titres à réméré

Compétences attendues : C1, C2 et C3

En mars N, la société Grovert procède à une augmentation de capital par émission de 200 000 actions nouvelles, libérées lors de leur souscription. Leur valeur nominale s'élève à 200 € et leur prix d'émission à 360 €. Deux droits de souscription sont nécessaires à l'acquisition d'une action. La valeur de marché d'un droit s'élève à 60 €.

La société anonyme Crouse, qui détient 50 actions Grovert, acquises deux ans auparavant au prix unitaire de 270 €, vend, le 17/03/N, ses 50 droits de souscription au prix du marché, soit 60 €.

Le 29/04/N, elle cède à la société Mezzo 20 000 actions d'une de ses participations pour récupérer rapidement de la trésorerie nécessaire au règlement d'un litige imprévu quelques mois plus tôt. Le prix de vente unitaire est fixé à 100 €. La société Crouse, souhaitant récupérer ses titres dès qu'elle aura réussi à redresser sa trésorerie, assortit la vente d'une clause de réméré pouvant s'exercer jusqu'au 31/01/N + 1.

Le 31/12/N, la société Crouse envisage d'exercer le réméré avant le 31/01/N + 1. Elle remboursera donc la société Mezzo et lui versera une indemnité de 135 000 € à titre de dédommagement. Les titres ont été acquis, par Crouse, en N – 2 au prix unitaire de 75 € et n'ont jamais été dépréciés.

- **Comptabilisez toutes les écritures nécessaires de l'exercice N pour la société Crouse, sachant qu'elle n'exerce pas d'activité financière de manière significative et structurée.**

Entraînement à l'examen

1 Cession de droits de souscription

Compétences attendues : C1, C2 et C3
Cet exercice est à réaliser sans calculatrice.
Travail à faire :

- Enregistrez la cession des droits chez Jean-Kevin.

Annexe

La SA Jean-Kevin possède une participation dans la société Marion, soit 10 000 actions acquises au prix unitaire de 1 200 € le 1er janvier N – 6.

En N, la société Marion émet de nouvelles actions de même valeur nominale que les anciennes au prix d'émission de 1 800 €.

L'émission est telle que 3 DS sont nécessaires à la souscription d'une action nouvelle.

La SA Jean-Kevin décide de ne pas souscrire à l'augmentation de capital et vend tous ses droits de souscription au prix unitaire de 300 € le 17 octobre N.

2 Titres d'OPCVM détenus par une société soumise à l'IS

Compétences attendues : C1, C2 et C3
Cet exercice est à réaliser sans calculatrice.
Travail à faire :

- Effectuez les traitements comptables et fiscaux N et N + 1 uniquement.

Annexe

Le 31 décembre N, date de clôture de son exercice comptable, la société Moroy, entreprise soumise à l'IS, détient 2 000 titres d'OPCVM identiques acquis en deux fois :

- 1 500 titres acquis le 12 janvier N – 2 au prix unitaire de 150 €,
- 500 titres acquis le 25 mars N au prix unitaire de 125 €.

Les valeurs liquidatives ont évolué de la manière suivante :

– 31 décembre N – 2 : 148 €
– 31 décembre N – 1 : 142 €
– 31 décembre N : 135 €

Tous les titres sont cédés le 11 mai N + 1 au prix unitaire de 147 €.

3 Cession de titres à réméré

Compétences attendues : C1, C2 et C3
Cet exercice est à réaliser sans calculatrice.
Travail à faire :
À partir de l'annexe, vous traiterez les questions posées.

1. Effectuez les traitements comptables de l'exercice N chez AXK.

2. Le montant de l'indemnité vous semble-t-il raisonnable ?

Annexe

Le 1er août N, la société anonyme AXK cède, au prix unitaire de 220 €, 10 000 actions de la société BYD à la société Boirin. La cession est assortie d'une clause de réméré pouvant s'exercer jusqu'au 31 janvier N + 1.

Le 31 décembre N, la valeur d'inventaire unitaire des titres s'élève à 185 €.

La société AXK envisage avec suffisamment de certitude la résolution de l'achat car elle détenait les titres BYD (acquis au prix unitaire de 195 €) pour des raisons stratégiques vitales pour son avenir.

L'indemnité prévue au contrat s'élève à 54 000 €.

4 Titres de sociétés non soumises à l'IS

Compétences attendues : C1, C2 et C3

Cet exercice est à réaliser sans calculatrice.

Travail à faire :

- Effectuez les traitements comptables et fiscaux de l'exercice N chez Marvan.

Annexe

La société anonyme Marvan (soumise à l'IS) détient 60 % des parts de la SNC Boquel, société non soumise à l'IS.

Les exercices comptables des deux sociétés coïncident avec l'année civile.

Le 13 juillet N, la société Marvan perçoit 68 000 € de dividendes de la SNC Boquel, prélevés sur le résultat comptable N–1 de cette dernière.

Le 31 décembre N, le résultat fiscal de la SNC s'élève à 120 000 €.

5 Obligations à coupon zéro

Compétences attendues : C1, C2, C3 et C4

Cet exercice est à réaliser sans calculatrice.

Travail à faire :

À partir de l'annexe, vous traiterez les questions posées.

1. Expliquez, sans écriture ni calculs, les différents traitements comptables et fiscaux autorisés.
2. Comptabilisez toutes les écritures nécessaires et les traitements fiscaux correspondants de l'exercice N uniquement, de telle sorte que les traitements fiscaux extracomptables soient réduits au minimum.
3. Quel devrait être le cours boursier le 2/01/N + 2 d'une telle obligation, si le taux d'intérêt du marché, à cette date, pour des obligations similaires, était de 4,8 % ?

Annexe

Le 1/01/N, la société Bobar acquiert, pour les conserver, 200 obligations à coupon zéro au prix d'émission unitaire de 600 €.

Les obligations seront remboursées le 31/12/N + 4 au prix unitaire de 737,04 €.

CHAPITRE

10

Les stocks et en-cours

Compétences attendues	Savoirs associés
– Exposer et appliquer les règles d'inscription à l'actif, d'évaluation et d'enregistrement des stocks (C1). – Évaluer et comptabiliser les opérations portant sur les stocks à l'entrée et postérieurement à leur entrée (C2). – Analyser les conséquences d'un choix de comptabilisation notamment sur la présentation des comptes annuels, dans une situation donnée (C3). – Présenter les informations à fournir en annexe (C4).	– Principes d'évaluation des stocks à l'entrée et postérieurement à leur entrée. – Cas spécifiques : – quotas d'émission de gaz à effet de serre et instruments assimilés ; – clause de réserve de propriété ; – sinistres.

Contexte professionnel

Raison sociale	SA Technik
Capital social	200 000 €
Siège social et exploitation	2, rue Rodolphe Molère 32 330 Gondrin
Activité	Fabrication et commercialisation de composants électroniques
Dirigeant	PDG Madame Pradel
Effectif	25 salariés
Exercice comptable N	CA HT : 7 000 000 € Total bilan : 5 000 000 €

La SA Technik est une société industrielle qui fabrique et commercialise des composants électroniques. La capacité normale de production est de 1 200 000 composants par an. La SA Technik dispose d'un système d'inventaire permanent de son stock de composants. Les tests effectués au cours de l'exercice N n'ont pas permis de relever d'écart significatif entre l'inventaire permanent et la réalité des articles en stocks.

Suite à un incendie qui s'est déclaré dans un entrepôt en août N, un stock de composants a été complètement détruit pour un montant de 25 000 €. L'indemnité d'assurance perçue en octobre N est de 23 000 €.

Les stocks constituent un élément significatif du bilan des entreprises industrielles et commerciales. Le contrôle de leur existence et de leur valorisation est ainsi un élément sensible de la mission du commissaire aux comptes.

La définition, les critères de comptabilisation et les règles d'évaluation des stocks convergent avec la norme internationale IAS 2 « Stocks ».

Les provisions réglementées relatives aux stocks (provisions pour hausse des prix) sont, quant à elles, étudiées au chapitre 15.

I Définition et éléments constitutifs des stocks

A) Définition

Le PCG définit un stock comme un actif :
- détenu pour être vendu dans le cours normal de l'activité ;
- ou en cours de production pour une telle vente ;
- ou destiné à être consommé dans le processus de production ou de prestation de services, sous forme de matières premières ou de fournitures (PCG – article 211-7).

› Voir texte de référence 1

B) Catégories de stocks

Les stocks comprennent :
- les matières premières et fournitures : éléments destinés à entrer dans la composition des produits fabriqués ;
- les autres approvisionnements : matières consommables et fournitures consommables ;
- les produits intermédiaires : produits qui ont atteint un stade d'achèvement, mais destinés à entrer dans une nouvelle phase du circuit de production ;
- les produits finis : produits qui ont atteint un stade d'achèvement définitif dans le cycle de production ;
- les produits résiduels (ou matières de récupération) : produits constitués par les déchets et rebuts de fabrication ;
- les marchandises : éléments achetés pour être revendus en l'état (activité de négoce) ;
- les en-cours de production de biens : produits ou travaux en cours ;
- les en-cours de production de services : études ou prestations de services en cours.

Contexte SA Technik
Quelles catégories de stocks sont susceptibles de figurer dans les états financiers de la SA Technik ?

II Évaluation des stocks à la date d'entrée

A) Principes généraux

« Le coût des stocks doit comprendre tous les coûts d'acquisition, de transformation et autres coûts encourus pour amener les stocks à l'endroit et dans l'état où ils se trouvent [...] » (PCG – article 213-30).

En outre, les pertes et gaspillages sont exclus des coûts. Ils constituent des charges de période.

Enfin, les coûts d'emprunts peuvent être inclus dans le coût des stocks (sur option comptable d'activation pour les actifs éligibles, voir chapitre 4).

Ces règles générales doivent être appliquées aux stocks acquis, d'une part, et produits, d'autre part.

B) Coût d'acquisition

1. Éléments constitutifs

Le coût d'acquisition des stocks correspond au prix d'achat majoré des coûts directement attribuables (PCG – article 213-31).

›Voir texte de référence 2

Prix d'achat : il comprend les droits de douane et autres taxes non récupérables, après déduction des rabais commerciaux, remises, escomptes de règlements et autres éléments similaires.

Exemples

Droits de douane à l'importation, droit de fabrication sur les alcools, droit de circulation sur les boissons.

Coûts directement attribuables : ce sont les frais de transport, de manutention et autres coûts directement attribuables à l'acquisition des produits finis, des matières premières et des services.

Exemples

Assurances transport, commissions et courtages sur achats.

2. Éléments non inclus

En revanche, ne constituent pas des frais incorporables au coût d'acquisition les coûts administratifs et frais généraux.

Exemple

Frais liés à la fonction approvisionnement (sélection des fournisseurs, contrôle des réceptions…).

Les charges de stockage ne peuvent être ajoutées aux coûts d'acquisition que lorsque des conditions spécifiques d'exploitation le justifient, c'est-à-dire lorsque le stockage fait partie intégrante du processus d'élaboration.

Exemple

Frais de stockage pour le processus de vieillissement du vin dans le cadre d'une activité de négoce de vins.

C) Coût de production

1. Éléments constitutifs

Le coût de production des stocks comprend les coûts directement liés aux unités produites, majorés des frais généraux de production fixes et variables encourus pour transformer les matières premières en produits finis (PCG – article 213-32).

›Voir texte de référence 3

a) Coûts directs

Il s'agit notamment des matières consommées et de la main-d'œuvre directe.

b) Frais généraux de production variables

Ce sont les coûts indirects de production qui varient directement, ou presque directement, en fonction du volume de production.

Exemples

Matières premières indirectes,

Main-d'œuvre indirecte (charges de retraite pour les actifs participant à la production).

c) Frais généraux de production fixes

Les frais généraux de production fixes sont les coûts indirects de production qui demeurent relativement constants, indépendamment du volume de production.

Exemples

Amortissement et entretien des bâtiments et de l'équipement industriels, amortissement des coûts de démantèlement, d'enlèvement et de restauration de site.

Quote-part d'amortissement des immobilisations incorporelles telles que les frais de développement et logiciels.

2. Éléments exclus

Les éléments suivants doivent être exclus du coût des stocks et comptabilisés en charges de l'exercice au cours duquel ils sont encourus :

– montants anormaux de déchets de fabrication, de main-d'œuvre ou d'autres coûts de production ;

Exemple

Écarts anormaux de rendement sur matière ou main-d'œuvre suite à un mauvais ordonnancement de la production.

– coûts de stockage, à moins que ces coûts soient nécessaires au processus de production préalablement à une nouvelle étape de la production ;

Exemple

Les frais de stockage des matières premières utilisées dans la production de produits finis doivent être inclus dans le coût de production car ils sont nécessaires au processus de production. A contrario, les frais de stockage de produits finis ne sont pas incorporables.

– frais généraux administratifs qui ne contribuent pas à mettre les stocks à l'endroit et dans l'état où ils se trouvent ;

Exemple

Frais de la direction générale, frais de siège.

– frais de commercialisation.

Exemple

Frais de transport des produits finis au dépôt de vente ;

Frais de marketing.

3. Prise en compte de la sous-activité

L'affectation des frais généraux fixes de production aux coûts de transformation est fondée sur la capacité normale des installations de production. En conséquence, la quote-part de frais fixes de production correspondant à la sous-activité n'est pas incorporable au coût de production. Il s'agit de la méthode d'imputation rationnelle des charges fixes. Ces coûts sont comptabilisés comme une charge de l'exercice au cours duquel ils sont encourus.

+

L'incorporation de la charge de sous-activité en stock aboutirait à faire supporter cette charge à l'exercice de vente des produits, ce qui est contraire au principe d'indépendance des exercices.

Exemple

La SA Hauteville créée le 1er janvier N fabrique et commercialise des panneaux solaires. Les informations concernant la production du premier trimestre N sont les suivantes (en €) :
- matières premières consommées : 100 000 ;
- coût de stockage des matières premières : 3 000 ;
- main-d'œuvre directe : 45 000 (dont congés payés : 5 000) ;
- frais généraux variables de production : 20 000 ;
- frais généraux fixes de production : 20 000 ;
- frais de direction générale : 10 000 ;
- frais de stockage des produits finis : 5 000 ;
- frais de commercialisation : 6 000.

Compte tenu du démarrage de l'activité, le niveau réel de production de cette période est de 75 % de la capacité normale de production.

Nombre de panneaux produits : 1 000.

Ventes de la période : 750.

Déterminons le coût de production de la période.

Le coût de production des panneaux comprend les éléments suivants :
- matières premières : 100 000 ;
- coût de stockage des matières premières : 3 000 (ces coûts sont nécessaires pour amener les stocks dans l'état et à l'endroit où ils se trouvent) ;
- main-d'œuvre directe : 45 000 (dont congés payés : 5 000). Les congés payés sont inclus, ils constituent une charge directe ;
- frais généraux variables de production : 20 000 ;
- frais généraux fixes de production : 20 000 × 75 % = 15 000.

En revanche, les frais suivants qui ne concourent pas au processus de production doivent être constatés en charges :
- frais de direction générale ;
- frais de stockage des produits finis ;
- frais de commercialisation.

Le coût de production total du premier trimestre N s'élève à : 183 000 €, soit un coût de production unitaire de 183 000 / 1 000 = 183 €.

Déterminons le stock final au 31 mars N : (1 000 – 750) x 183 = 45 750.

Vérifions l'impact de la quote-part de frais fixes de production correspondant à la sous-activité non incorporée au coût de production.

Coût de la sous-activité : 20 000 × 25 % = 5 000, soit 5 € par panneau. La quote-part de frais fixes de production non incorporée au stock final est de 5 × 250 = 1 250. Ce coût de la sous-activité reste incorporé dans les charges de l'exercice, soit 5 000 × 250 / 1 000 = 1 250 €.

4. Cas particuliers

a) Biens produits conjointement pour un coût global

Un processus de production peut donner lieu à la production simultanée de plus d'un produit.

Exemple

Production de produits liés, produit principal et sous-produit (déchets et rebuts d'une production métallurgique pouvant être vendus à la ferraille).

Selon l'avis 2004-15 du CNC relatif à la définition, la comptabilisation et l'évaluation des actifs, lorsque les coûts de transformation de chaque produit ne sont pas identifiables séparément, ils sont répartis sur une base rationnelle et cohérente. Cette répartition peut être opérée, par exemple, sur la base de la valeur de vente relative de chaque produit, soit au stade du processus de production où les produits deviennent identifiables séparément, soit à l'achèvement de la production.

La méthode d'évaluation retenue doit faire l'objet d'une information en annexe (PCG – article 831-2-13).

Exemples

Le coût de production global d'un produit A et de son sous-produit B ressort à 15 000 €. La valeur vénale de B s'élève à 2 000, les frais de commercialisation étant estimés à 50.

Le coût de production du sous-produit B est de : 2 000 – 50 = 1 950 €.

Le coût de production du produit A est de : 15 000 – 1 950 = 13 050 €.

b) Biens produits en série dans le cadre de contrats fermes

Selon l'avis 2004-15 du CNC, les coûts de production pour des opérations réalisées dans le cadre de contrats fermes en cas de séries livrées à l'unité peuvent inclure :

- l'amortissement des coûts non récurrents (dessins, frais de développement et frais de création d'outillages spécifiques) ;
- les coûts générés par la courbe d'apprentissage (baisse attendue des coûts sur la série liée à l'expérience).

c) Coût d'entrée non déterminable par l'application des règles générales d'évaluation

Dans les cas exceptionnels où il n'est pas possible, à la date de clôture de l'exercice, de déterminer le coût d'acquisition ou de production de stocks par l'application des règles générales d'évaluation, le PCG prévoit les méthodes dérogatoires d'évaluation suivantes (PCG – article 214-24) :

- les stocks sont évalués au coût d'acquisition ou de production de biens équivalents constaté ou estimé à la date la plus proche de l'acquisition ou de la production desdits biens ;
- si la méthode précédente n'est pas praticable, les biens en stock sont évalués à leur valeur d'inventaire à la date de clôture ;
- si les méthodes précédentes entraînent des contraintes excessives pour la gestion de l'entité, les biens en stock sont évalués en pratiquant la méthode du prix de détail (voir § D. 3. b.).

Exemple

Secteurs d'activité tels que négoce de métaux, métaux précieux.

Contexte SA Technik

La SA Technik a produit 1 056 000 composants au cours de l'exercice N. Quelle est la conséquence de cette information sur la détermination du coût de production des composants ?

D) Méthodes de détermination du coût d'entrée

Les méthodes de détermination du coût d'entrée, fixées par les articles 213-33 à 213-35 du PCG, sont fondées sur la nature des biens concernés :

- biens individualisables ;
- biens interchangeables.

Le principe de permanence des méthodes doit être appliqué :

- une entité doit utiliser la même méthode pour tous les stocks ayant une nature et un usage similaires pour l'entité ;
- différentes méthodes peuvent être utilisées pour des stocks de nature ou d'usage différents.

1. Biens individualisables

Les biens individualisables ou identifiables sont ceux qui peuvent être suivis individuellement.

Le coût des stocks d'éléments qui ne sont pas individuellement fongibles et des biens ou services produits et affectés à des projets spécifiques doit être déterminé en procédant à une identification spécifique de leurs coûts individuels.

2. Biens interchangeables

Les éléments interchangeables ou fongibles sont ceux qui ne peuvent pas être unitairement identifiés après leur entrée en magasin.

Le coût d'entrée de ces éléments est considéré égal au total formé par :

- le coût des stocks à l'arrêté du précédent exercice, considéré comme un coût d'entrée dans les comptes de l'exercice ;
- le coût d'entrée des achats et des productions de l'exercice.

Ce total est réparti entre les articles consommés dans l'exercice et les articles existants en stock, par l'application d'un mode de calcul :

- sur la base du coût moyen pondéré calculé à chaque entrée ou sur une période n'excédant pas la durée moyenne de stockage,
- ou selon la méthode du « premier entré, premier sorti » (PEPS) appelée aussi *first in first out* (FIFO).

+

Le PCG n'autorise pas la méthode du « dernier entré, premier sorti » (DEPS) ou *last in first out* (LIFO), ni celle de la valeur de remplacement ou *next in first out* (NIFO).

Les méthodes préconisées par le PCG sont conformes au référentiel IFRS.

3. Méthodes alternatives

Le PCG autorise l'utilisation pour des raisons pratiques d'autres techniques d'évaluation du coût des stocks, telles que la méthode des coûts standard ou la méthode du prix de détail, si ces méthodes donnent des résultats proches du coût.

a) Méthode des coûts standard

Les coûts standard retiennent les niveaux normaux d'utilisation de matières premières et de fournitures, de main-d'œuvre, d'efficience et de capacité. Ils sont régulièrement réexaminés et, le cas échéant, révisés à la lumière des conditions d'exploitation actuelles.

En fin de période, une comparaison est effectuée entre les coûts réels et les coûts standard afin de réintégrer globalement les écarts constatés dans la valeur du stock.

Exemple

Une entreprise a valorisé son stock de produits finis selon la méthode des coûts standard à 12 000 €. Les coûts réels de la période laissent apparaître un stock final de 11 500 €. L'ajustement suivant doit être comptabilisé à la date d'inventaire :

	31/12/N		
71355	Variation des stocks de produits finis	500	
355	Stocks de produits finis		500

b) Méthode du prix de détail

Le coût des stocks est déterminé en déduisant de la valeur de vente des stocks le pourcentage approprié de marge brute et de frais de commercialisation :

- le pourcentage utilisé prend en considération les stocks qui ont été démarqués au-dessous de leur prix de vente initial ;
- un pourcentage moyen pour chaque rayon est appliqué le cas échéant.

Exemple

Activité de distribution au détail pour évaluer les stocks de grandes quantités d'articles à rotation rapide qui ont des marges similaires et pour lesquels il n'est pas possible d'utiliser d'autres méthodes de coûts.

Source : avis 2004-15 du CNC.

Contexte SA Technik

Selon quelles méthodes la SA Technik peut-elle évaluer son stock de composants ? Doit-elle utiliser la même méthode pour le stock de composants et le stock de matières premières ?

III Évaluation des stocks à la date d'inventaire

A) Le principe de l'inventaire physique

« […] Toute personne physique ou morale ayant la qualité de commerçant doit contrôler par inventaire, au moins une fois tous les douze mois, l'existence et la valeur des éléments actifs et passifs du patrimoine de l'entreprise […] » (Code de commerce – article L. 123-12).

L'inventaire physique des stocks est une étape préalable à celle de leur valorisation.

B) Les modalités pratiques de l'inventaire physique

Il convient de distinguer selon que l'entité dispose ou non d'un système d'inventaire permanent.

1. Absence d'inventaire permanent

Un inventaire physique annuel doit être obligatoirement réalisé à la date de clôture.

2. Existence d'un inventaire permanent

En l'absence de prescription du PCG, la CNCC (bulletin n° 83, septembre 1991) fournit les précisions suivantes.

Si l'inventaire permanent de l'entité est considéré comme fiable, celle-ci peut effectuer au choix :

- un inventaire physique annuel complet à la date de clôture ou à une date antérieure, avec un écart maximal de deux à trois mois entre la date d'inventaire et la date de clôture ;
- des inventaires physiques tournants au cours de l'exercice afin de confronter les quantités figurant sur les fiches de stocks avec les quantités réelles, de manière à ce que chaque référence en stock soit contrôlée au moins une fois par an.

Un inventaire permanent est considéré comme fiable s'il permet notamment :

- de s'assurer de l'existence et de l'appartenance des stocks ;
- de détecter leur qualité et leur degré de rotation.

Contexte SA Technik
La SA Technik est-elle tenue de faire un inventaire physique complet de son stock de composants au 31/12/N ?

C) Évaluation à la date d'inventaire

1. Règles générales

« La valeur d'inventaire est égale à la valeur actuelle [...] » (Code de commerce, art. R. 123-178 § 5°).

Les modalités d'évaluation des stocks à l'inventaire sont fournies par l'article 214-22 du PCG :
- la valeur d'inventaire est déterminée selon les règles générales d'évaluation des actifs ;
- les stocks et les productions en cours sont évalués unité par unité ou catégorie par catégorie ;
- l'unité d'inventaire est la plus petite partie qui peut être inventoriée pour chaque article ;
- les prix et les perspectives de vente sont à prendre en considération pour juger les éventuelles dépréciations des stocks.

2. Détermination de la valeur actuelle

Les règles générales d'évaluation des actifs édictent que la valeur actuelle est la plus élevée de la valeur vénale et de la valeur d'usage (PCG – article 214-6).

De fait, en fonction de la destination du stock (vente ou inclusion dans un processus de production), on retiendra l'une ou l'autre de ces deux valeurs comme valeur actuelle.

a) Matières premières et approvisionnements

Ces éléments étant destinés à être intégrés dans un processus de production, leur valeur actuelle est égale à leur valeur d'usage.

La valeur d'usage est déterminée en fonction des flux de trésorerie nets attendus. Ces flux tiennent compte du prix de vente estimé des produits finis dans lesquels sont intégrées les matières, et des coûts nécessaires à leur achèvement et à leur distribution.

b) En-cours de production

Ces biens ne pouvant être cédés qu'à l'issue du processus de fabrication, leur valeur actuelle est égale à leur valeur d'usage.

La valeur d'usage est déterminée à partir du prix de vente estimé des produits finis, minoré des coûts nécessaires à leur achèvement et à leur distribution.

c) Produits intermédiaires

La valeur actuelle du stock est fonction de la destination des produits intermédiaires :
- s'ils sont destinés à être revendus en l'état : la valeur actuelle est égale à la valeur vénale, c'est-à-dire au prix de vente du produit intermédiaire, sous déduction des frais de distribution ;
- s'ils sont destinés à être intégrés dans une nouvelle phase du processus de production : la valeur actuelle est égale à la valeur d'usage, c'est-à-dire au prix de vente du produit fini sous déduction des coûts d'achèvement et des frais de distribution.

d) Produits finis, marchandises et produits résiduels

La valeur actuelle correspond à la valeur vénale, c'est-à-dire au montant qui pourrait être obtenu, à la date de clôture, de la vente des produits finis ou marchandises, lors d'une transaction conclue à des conditions normales de marché, net des coûts de sortie.

Les coûts de sortie correspondent aux frais restant à supporter pour parvenir à la vente.

Exemple

Frais de distribution directs (transport, commissions, courtages, etc.), coût de la garantie.

3. Prise en compte des perspectives de vente

Les prix et les perspectives de vente sont à prendre en considération pour juger les éventuelles dépréciations des stocks. La valeur actuelle doit en conséquence tenir compte :

- de l'évolution des prix de vente ;
- de l'écoulement des produits.

a) Évolution des prix de vente

Lorsque le prix de vente futur est inférieur au prix du marché à l'inventaire, c'est le prix de vente futur qui doit être retenu.

Cette situation se rencontre dans deux cas de figure :

- produits destinés à être bradés : la valeur actuelle est égale au prix de vente bradé diminué des frais de distribution ;
- chute de prix conduisant à une valeur de réalisation inférieure à la valeur comptable : le prix de vente de produits en stock à la clôture doit tenir compte de cet événement postérieur à la clôture de l'exercice (voir le chapitre 17 sur les rattachements obligatoires).

b) Écoulement des produits

Les difficultés d'écoulement de certains produits se traduisent par des taux de rotation faibles des articles en stock. Les facteurs de difficulté d'écoulement sont :

- l'obsolescence ;
- les phénomènes de mode ;
- la détérioration des produits.

Des taux de rotation faibles constituent des indices de perte de valeur. Ils ne peuvent toutefois être utilisés pour justifier d'une dépréciation forfaitaire du stock. Il convient en effet d'établir le lien entre le taux de dépréciation et les pertes effectives constatées lors de la vente du stock.

4. Cas particuliers

a) Stocks détenus à l'étranger

Le PCG prévoit les règles d'évaluation suivantes (PCG – article 420-4) pour les stocks détenus à l'étranger :

- la valeur en monnaies étrangères de stocks détenus à l'étranger est convertie en monnaie nationale, en fin d'exercice, à un cours égal, pour chaque nature de marchandises, approvisionnements et produits en stock, à la moyenne pondérée des cours pratiqués à la date d'achat ou d'entrée en magasin des éléments concernés ;
- en cas de difficulté d'application de cette méthode, l'entité peut utiliser une autre méthode dans la mesure où elle n'est pas susceptible d'affecter sensiblement les résultats.

Des dépréciations sont constituées si la valeur au jour de l'inventaire, compte tenu du cours de change audit jour, est inférieure à la valeur d'entrée en compte.

b) Stocks acquis avec clause de réserve de propriété

L'article 512-3 du PCG que « les transactions assorties d'une clause de réserve de propriété sont comptabilisées à la date de livraison du bien et non à celle du transfert de propriété ».

Les stocks acquis avec clause de réserve de propriété figurent donc à l'actif. De plus, l'acquéreur doit donner une information au pied du bilan concernant l'existence de telles transactions (PCG – articles 821-1, 822-1 et 823-1) :

Les actifs avec clause de réserve de propriété sont regroupés sur une ligne distincte portant la mention « dont… avec clause de réserve de propriété » ;

c) Sinistre

Un stock détruit lors d'un sinistre a pour conséquence une diminution du résultat d'exploitation, dans la mesure où le stock final est minoré du stock sinistré. Aussi, pour éviter de fausser le résultat d'exploitation, l'écriture suivante peut être enregistrée : Dt 6718- Autres charges exceptionnelles sur opérations de gestion à Ct 791 – Transfert de charges d'exploitation pour le montant du stock détruit (position Francis Lefèbvre).

L'indemnité d'assurance perçue si le sinistre est couvert est à porter au crédit du compte :

- 791 – Transfert de charges d'exploitation, si la perte sur stock a été enregistrée en résultat d'exploitation ;
- 797 – Transfert de charges exceptionnelles, si la perte sur stock a été enregistrée en résultat exceptionnel via l'écriture précédente.

> **Contexte SA Technik**
> Quel est le traitement comptable du sinistre intervenu en août N, sachant que la SA Technik ne souhaite pas que son résultat d'exploitation soit impacté par cet événement ? Quel est l'impact du sinistre sur les comptes annuels de l'exercice N?

IV Évaluation des stocks à la date d'arrêté des comptes

A) Principes généraux

À l'arrêté des comptes, une comparaison doit être effectuée, élément par élément, entre la valeur comptable et la valeur actuelle résultant de l'inventaire :

- valeur actuelle > valeur comptable : les plus-values latentes ne sont pas comptabilisées (principe de prudence) ;
- valeur actuelle < valeur comptable : la moins-value latente donne lieu à la constatation d'une dépréciation.

B) Constatation et reprise de dépréciation

Rappelons tout d'abord que la constatation d'une dépréciation est obligatoire même en cas d'absence ou d'insuffisance de bénéfice (PCG – article 214-7).

« Les subdivisions du compte 39. Dépréciations des stocks et en-cours sont créditées par les subdivisions du compte 68. Dotations aux amortissements, dépréciations et provisions, du montant des dépréciations, ou de leur augmentation, affectant les stocks et en-cours.

Elles sont débitées par le crédit des subdivisions concernées du compte 78. Reprises sur amortissements, dépréciations et provisions, du montant des provisions ou de leur quote-part devenues sans objet » (PCG – article 943-39).

Exemple

La société Charfi possède un stock de produits finis de 3 000 unités.

Le coût de production unitaire d'un article est de 80 €.

Le prix de vente normal d'un article est de 120 € et les frais de distribution unitaires de 5 €.

Compte tenu des phénomènes de mode, la société estime qu'elle devra brader la moitié des articles en stock en pratiquant un rabais de 40 % sur le prix de vente normal. Les frais de distribution resteront identiques.

La valeur actuelle d'un article non bradé est de : prix de vente normal – frais de distribution = 120 – 5 = 115 €. Cette valeur est supérieure au coût d'entrée (80). La plus-value latente n'est pas comptabilisée.

La valeur actuelle d'un article bradé est de : prix de vente bradé – frais de distribution = (120 × 60 %) – 5 = 67 €. Cette valeur est inférieure au coût d'entrée (80). Une dépréciation unitaire de 13 € doit être constatée. La dépréciation globale ressort à : 13 × (3 000 × 50 %) = 19 500 €.

L'enregistrement comptable à effectuer au 31/12/N est le suivant :

	31/12/N		
68173	Dotations aux dépréciations des stocks et en-cours	19 500	
397	Dépréciations des stocks de marchandises		19 500

C) Cas particulier : contrat de vente ferme

L'existence d'un contrat de vente ferme peut être une exception à la constatation d'une dépréciation du stock : « À la date de clôture de l'exercice, la valeur d'entrée est toujours retenue pour les stocks et les productions en cours qui ont fait l'objet d'un contrat de vente ferme dont l'exécution interviendra ultérieurement, dès lors que le prix de vente stipulé couvre à la fois cette valeur et la totalité des frais restant à supporter pour la bonne exécution du contrat. […] » (PCG – article 214-23).

Il en est de même pour la fixation de la valeur des approvisionnements entrant dans la fabrication de produits ayant fait l'objet d'un contrat de vente ferme.

Exemple

Le coût d'entrée d'un produit A est de 150 €. Sa valeur actuelle est 140 €. Ce produit bénéficie d'un contrat de vente ferme au prix de 155 €, les frais restant à supporter pour la bonne exécution du contrat s'élevant à 3 €.

Valeur d'entrée + frais restant à supporter pour la bonne exécution du contrat = 150 + 3 = 153.

Le prix de vente ferme (155) est supérieur à cette valeur. Aucune dépréciation n'est à constater, bien que la valeur actuelle soit inférieure au coût d'entrée.

+

Traitement fiscal des dépréciations de stocks

Les dépenses non encore engagées à la date de clôture (frais de distribution et de commercialisation) ne peuvent être retenues dans l'évaluation des stocks, ni dans le calcul d'une éventuelle dépréciation (CGI – article 39-1-5).

Une quote-part de la dépréciation comptable des stocks est donc susceptible d'être réintégrée extra-comptablement.

▶ Exemple

Reprenons les données de la société Charfi ci-dessus.

Comptablement, la valeur actuelle d'un article bradé est de : prix de vente bradé – frais de distribution = (120 × 60 %) – 5 = 67. Cette valeur est supérieure au coût d'entrée (80). Une dépréciation unitaire de 13 € doit être constatée. La dépréciation globale ressort à : 13 × (3 000 × 50 %) = 19 500 €.

Fiscalement, la valeur d'inventaire ne tient pas compte des frais de distribution : 120 × 60 % = 72. La dépréciation fiscalement déductible est de : (80 – 72) × (3 000 × 50 %) = 12 000 €.

La dépréciation comptable doit être réintégrée extra-comptablement à hauteur de : 19 500 – 12 000 = 7 500 €, correspondant aux frais de distribution relatifs aux articles dépréciés : 5 × 1 500 = 7 500.

V Les informations à fournir en annexe

Les informations à fournir en annexe concernent l'état des stocks, les coûts d'emprunt et les dépréciations.

A) État des stocks

L'entité doit préciser :

- les méthodes comptables adoptées pour évaluer les stocks, y compris les méthodes de détermination du coût ;
- la valeur comptable globale des stocks et la valeur comptable par catégories appropriées à l'entité ;
- les méthodes utilisées pour le calcul des dépréciations et les montants par catégories.

B) Coûts d'emprunt

En cas de coûts d'emprunts incorporables dans les coûts d'acquisition ou de production des stocks, l'entité doit indiquer :

- la méthode comptable utilisée (charge ou actif) ;
- le montant des coûts d'emprunt incorporés dans le coût des actifs durant l'exercice par catégories d'actif ;
- le taux de capitalisation utilisé pour déterminer le montant des coûts d'emprunt pouvant être incorporé dans le coût des actifs (en cas de coûts non attribuables directement).

C) Dépréciations

En matière de dépréciations, l'entité doit fournir :

- le détail et la justification des dépréciations ;
- le détail et la justification des corrections exceptionnelles de valeurs liées à la législation fiscale et concernant l'actif circulant.

VI Droits d'émission de gaz à effet de serre

A) Contexte juridique

La directive européenne 2003/87/CE du 13 octobre 2003 a établi un système d'échange de quotas d'émission de gaz à effet de serre dans l'UE à compter du 1er janvier 2005. Les dispositions de cette directive ont été transposées dans les articles L. 229-5 à L. 229-24 du Code de l'environnement.

La directive précitée a été modifiée en 2004 et 2008, et par le règlement européen n°219/2009 afin de :

- réduire progressivement de 2013 à 2020 la part des quotas alloués aux entreprises autorisées à émettre des gaz à effet de serre ;
- supprimer totalement à compter de 2013 l'allocation de quotas aux entreprises de production d'électricité ;
- instaurer à compter du 1er janvier 2013 un système de mise aux enchères des quotas non alloués, organisé de manière ouverte, transparente, harmonisée et non discriminatoire.

Ces évolutions sont codifiées en droit français par l'ordonnance n° 2012-827 du 28 juin 2012 relative au système d'échange de quotas d'émission de gaz à effet de serre (période 2013-2020), modifiant les articles précités du code de l'environnement à compter du 1er janvier 2013.

Les émissions de gaz à effet de serre se traduiront sur la période 2013-2020 par un coût de production ou de services supplémentaire lié à l'obligation d'acquérir une part croissante ou la totalité des quotas auparavant alloués par l'État.

Le traitement comptable des droits d'émission de gaz à effet de serre a évolué en fonction des règles juridiques. Il figure aujourd'hui dans la section 5 du livre II du PCG consacré aux modalités particulières d'application des principes généraux (articles 615-2 à 616-24).

B) Définition et modalités de fonctionnement

1. Définition

Un quota d'émission de gaz à effet de serre est une unité de compte représentative de l'émission de l'équivalent d'une tonne de dioxyde de carbone (Code de l'environnement art. L.229-7).

Ces quotas sont des biens meubles exclusivement matérialisés par une inscription en compte de leur détenteur dans le registre national. Ils sont négociables, transmissibles par virement de compte à compte et confèrent des droits identiques à leurs détenteurs. Ils peuvent être acquis, détenus ou cédés par toute personne physique ou morale.

2. Entreprises concernées

Les entreprises industrielles et commerciales soumises à la réglementation des quotas sont les exploitants d'installations autorisées à émettre ces gaz [secteurs de l'énergie, la production et transformation de métaux ferreux, les industries minérales (ciment, verre…), la fabrication de pâte à papier] ou les exploitants d'aéronefs.

3. Modalités de fonctionnement

À l'issue de chacune des années civiles de la période d'affectation (période 2013-2020 pour le 3e plan d'allocation de quotas), l'exploitant restitue à l'État sous peine de sanctions un nombre de quotas égal au total des émissions de gaz à effet de serre de ses installations ou résultant de ses activités aériennes, que ces quotas aient été délivrés ou qu'ils aient été acquis (Code de l'environnement art. L. 229-7).

Ainsi, les exploitants ayant dépassé le niveau d'émission autorisé doivent acquérir sur le marché les quotas manquants. Dans le cas contraire, ils peuvent céder leurs quotas excédentaires sur le marché.

C) Traitement comptable

1. Nature comptable des quotas d'émission

Les émissions de gaz à effet de serre sont générées par les activités de production de biens et de services.

Bien que les quotas ne soient pas détruits ou transformés par le processus de production comme les matières premières physiques, leur équivalent dioxyde de carbone est considéré comme consommé par le processus de production émetteur de gaz à effet de serre.

Ils sont donc considérés comme une matière première de nature administrative.

Ils répondent à la définition d'un stock car ils sont :

- détenus pour être vendus dans le cours normal de l'activité ou en cours de production pour une telle vente ;
- ou destinés à être consommés dans le processus de production ou de services, sous forme de matières premières ou de fournitures.

2. Des règles comptables adaptées au business model des entreprises

Les quotas d'émission étant détenus :

- soit pour se conformer aux obligations relatives aux émissions de gaz à effet de serre ;
- soit à des fins de négoce (obtention de plus-values).

Deux modèles économiques peuvent être distingués :

- modèle économique « production » ;
- modèle économique « négoce ».

La logique de chaque modèle peut être résumée comme suit (source : ANC – note de présentation du règlement 2012-03) :

Modèle économique	Production	Négoce
Achat	Imposé Lié à l'activité de production	Volontaire Distinct de l'activité de production
Finalité de l'achat	Remplir les obligations liées aux émissions	Réaliser des plus-values
Effet de l'achat	Fige le coût de production Assure la conformité	Ne fige pas le coût de production Dégage une marge
Restitution des quotas à l'État	Preuve de la conformité aux obligations liées aux émissions	

Compte tenu de la liberté de négociation des quotas et de l'existence d'un marché organisé, les deux modèles économiques peuvent coexister au sein de la même entité. Ces deux modèles ne peuvent se compenser et font l'objet d'une comptabilisation et d'une information distincte.

3. Comptabilisation des quotas d'émission dans le cadre du modèle économique « production »

a) Comptabilisation des quotas d'émission en stocks

Coût d'entrée et suivi des stocks

Les quotas acquis sont enregistrés au coût d'acquisition.

Les quotas alloués gratuitement par l'État sont attribués annuellement en fonction du volume d'émission de gaz à effet de serre autorisé et en contrepartie de l'obligation de restituer les quotas correspondant aux émissions de cette même année. L'attribution des quotas par l'État a pour seul but de permettre aux exploitants de ne pas encourir de coûts de production supplémentaires à hauteur d'un certain plafond d'émissions. Les quotas alloués ne sont pas considérés comme des biens acquis à titre gratuit. Ils sont enregistrés en stock pour une valeur nulle car ils ne grèvent pas le coût de production.

Les quotas acquis et alloués étant interchangeables, ils sont évalués selon la méthode FIFO ou CUMP.

Évaluation postérieure à la date d'entrée

Une dépréciation est constatée uniquement lorsque le coût de production des produits finis dans lesquels le coût des quotas est incorporé est supérieur à la valeur actuelle de ces mêmes produits finis.

Sorties de stock

Les quotas d'émission sont consommés par les émissions de CO_2. Les quotas sont sortis de stocks au fur et à mesure des émissions successives. En cas de cession, qui ne peut être qu'occasionnelle, les plus-values et moins-values de cession sont comptabilisées en résultat d'exploitation.

b) Analyse de la situation à la date de clôture

À l'inverse d'une matière première physique, les quotas d'émission ne sont pas détruits physiquement par le processus de production. De même, la production peut se poursuivre en cas de rupture de stock de quotas. Ils peuvent, au choix de l'entreprise, être acquis avant ou après les émissions de gaz à effet de serre.

À la clôture :

- un actif (stock) est comptabilisé si les émissions sont inférieures aux quotas d'émission détenus par l'entité. Il correspond aux quotas d'émission disponibles pour couvrir les émissions futures de gaz à effet de serre ;
- un passif, évalué au coût du marché, est comptabilisé si les émissions de gaz excèdent les quotas d'émission détenus par l'entité. Il correspond au coût des quotas à acquérir au titre des émissions de gaz réalisées. Le passif est éteint par l'achat des quotas. L'obligation de restituer les quotas à l'État pour justifier du respect des obligations n'est pas par elle-même constitutive d'un passif.

Le passif est comptabilisé au crédit du compte 449 « Quotas d'émission à acquérir ».

Le montant du passif peut être limité en fonction des prévisions d'allocations futures de quotas, de l'activité prévue et des performances écologiques futures des installations de production. La délivrance des quotas s'effectue sur 8 ans (2013-2020) ; tous les quotas sont fongibles et restituables quelle que soit leur date de délivrance, permettant ainsi aux industries qui disposent de prévisions fiables d'excédents futurs de limiter leur charge nette.

c) Comptabilisation de l'amende

L'exploitant encourt une amende de 100 € par quota en cas de non-restitution dans le délai imparti. Cette amende est comptabilisée en charge.

Exemple

	Nombre de quotas	Valeur en €
Cours du quota :		
30/06/N		10
31/12/N		17
Transactions de l'exercice :		
1/01/N : attribution gratuite par l'État	100	0
31/03/N : achat de 950 quotas à 8 €	950	7 600
30/11/N : achat de 1 300 quotas à 10 €	1 300	13 000
15/12/N : vente occasionnelle de 50 quotas à15 €		
Émissions de gaz effectives de l'exercice :		
Nbre de tonnes de $C0_2$ émises au bout de 6 mois	800	
Nbre de tonnes de $C0_2$ émises au bout de 12 mois	2 400	

Les stocks sont valorisés selon la méthode FIFO.
Une clôture semestrielle est effectuée.
Opérations du 1er semestre :
– attribution gratuite des quotas : aucune écriture n'est constatée ;
– achat des 950 quotas à 8 € l'unité.

	31/03/N		
601	Achat de matières premières (quotas)	7 600	
512	Banque		7 600

À la clôture du premier semestre, le nombre de quotas achetés étant supérieur au nombre de quotas nécessaire pour faire face aux émissions ; la différence de 250 quotas est comptabilisée en stock.

	30/06/N		
31	Stock de matières premières (250 x 8)	2 000	
603	Variation de stock		2 000

Opérations du 2e semestre :
– achat des 1 300 quotas à 10 € l'unité :

	30/11/N		
601	Achat de matières premières (quotas)	13 000	
512	Banque		13 000

– vente des 50 quotas à 15 € l'unité :

	15/12/N		
512	Banque	750	
70	Vente de matières premières		750

À l'inventaire, les émissions se sont élevées à 2 400 au cours de l'exercice alors que l'entité n'est en possession que de 100 + 950 + 1 300 – 50 = 2 300 quotas. Il lui manque donc 100 quotas. En conséquence, elle ne possède plus de stock de matières premières (quotas car ceux-ci ont été consommés) et elle a un passif de 100 quotas évalués au cours du 31/12/N soit à 17 € l'unité.

D'où les écritures suivantes au 31/12/N :

	31/12/N		
603	Variation de stock de matières premières	2 000	
31	Stock de matières premières		2 000
	31/12/N		
601	Achat de matières premières (quotas)	1 700	
449	Quotas d'émission à acquérir		1 700

Au cours du premier trimestre N + 1, l'entité devra acquérir les 100 quotas manquants (au prix du marché) pour éteindre son passif.

4. Comptabilisation des quotas d'émission dans le cadre du modèle économique « négoce »

Dans le modèle économique « négoce », la détention des quotas n'est pas liée à un processus de production générant des émissions de gaz à effet de serre. Ils sont acquis par l'entreprise en vue de leur vente et de la réalisation de plus-values.

a) Coût d'entrée et suivi des stocks

Les quotas acquis sont enregistrés au coût d'acquisition.

b) Évaluation postérieure à la date d'entrée

Lorsque la valeur actuelle des quotas d'émission est inférieure à leur valeur comptable, cette dernière est ramenée à la valeur actuelle par le biais d'une dépréciation.

Les quotas d'émission gérés selon le modèle économique « production » et les quotas d'émission gérés selon le modèle économique « négoce » font l'objet d'une évaluation distincte. Par conséquent, lorsqu'une entité gère les quotas d'émission selon les deux modèles économiques, la dépréciation constatée sur les quotas « négoce » ne peut être compensée par les plus-values latentes sur les quotas « production » et inversement.

c) Sorties de stock

Lors de la cession, les plus-values et moins-values de cession sont comptabilisées en résultat d'exploitation.

5. Suivi des quotas d'émission en comptabilité matière

Compte tenu du mode de comptabilisation décrit ci-dessus, les quotas d'émission détenus pour remplir les obligations liées aux émissions ne sont plus comptabilisés au bilan dès lors que les émissions sont réalisées, alors même qu'ils sont toujours en possession de l'entité jusqu'à leur date de restitution à l'État.

En conséquence, les entreprises soumises à la réglementation relative aux émissions de gaz à effet de serre doivent suivre les quotas d'émission et autres unités en comptabilité matière tenue hors bilan faisant apparaître les quantités détenues, en distinguant :

- les unités gérées selon le modèle économique « production » et le cas échéant celles gérées selon le modèle économique « négoce » ;
- en distinguant, au sein du modèle économique « production », les unités destinées à couvrir les émissions de gaz à effet de serre réalisées, de celles destinées à couvrir les émissions futures.

Exemple

En reprenant les données de l'exemple ci-dessus :

Enregistrement hors bilan en comptabilité matière (en unités) pour le 1er semestre :

Quotas en portefeuille	1 050	
Quotas à restituer à l'État le 30/04/N + 1		800

Enregistrement hors bilan en comptabilité matière (en unités) pour le 2e semestre :

Quotas en portefeuille (1 300 – 50)	1 250	
Quotas à restituer à l'État le 30/04/N + 1 (1 250 + 250)		1 500

En comptabilité matière à fin N, le total des quotas en portefeuille (1 050 + 1 250) ainsi que les quotas à restituer à l'État (800 + 1 500) sont de 2 300.

Au cours du premier trimestre N + 1, l'entité devra acquérir les 100 quotas manquants (au prix du marché) pour éteindre son passif. Les quotas en portefeuille ainsi que ceux à restituer à l'État sont, au titre de N, de 2 400 quotas.

6. Informations en annexe

Outre les informations générales relatives aux stocks, les entreprises doivent mentionner les informations complémentaires spécifiques suivantes (PCG art. 833-20) :

- description du ou des modèles économiques retenus pour gérer et comptabiliser les quotas d'émission (modèle « Production », modèle « Négoce ») ;
- estimation des émissions réalisées de gaz à effet de serre ;
- les hypothèses prises en compte pour l'évaluation du passif « quotas d'émission à acquérir » ;
- toute information pertinente sur la gestion du risque CO_2.

Les quotas étant alloués pour des périodes d'affectation pluriannuelles, puis délivrés aux entreprises par tranches annuelles, les entreprises doivent faire apparaître en « Engagements reçus » la partie des quotas restant à recevoir au titre de la période d'affectation en cours.

Correction contexte SA Technik

1. Catégories de stocks

La SA Technik ayant une activité de production, les catégories de stocks susceptibles de figurer dans ses états financiers sont : matières premières, autres approvisionnements, produits intermédiaires, produits finis, produits résiduels et en-cours de production de biens.

2. Sous-activité

La capacité normale de production de SA Technik étant de 1 200 000 composants, le niveau d'activité de l'exercice N ressort à : 1 056 000/1 200 000 = 88 %. 12 % des charges fixes de production ne pourront être inclus dans le coût de production des composants, correspondant à la charge de sous-activité de la période.

3. Méthodes de détermination du coût d'entrée

La SA Technik peut évaluer son stock de composants selon la méthode du coût moyen pondéré, ou selon la méthode PEPS (premier entré, premier sorti), dans la mesure où il s'agit d'éléments interchangeables. Le stock de matières premières, qui n'est pas de même nature que le stock de produits finis, peut en conséquence être évalué selon une méthode différente de celle du stock de composants. Le principe de permanence des méthodes s'applique dans le temps, pour la méthode d'évaluation des matières premières d'une part, et des produits finis (composants) d'autre part.

4. Inventaire physique

Dans la mesure où elle dispose d'un inventaire permanent fiable (absence d'écart significatif entre l'inventaire permanent et la réalité des articles en stocks), la SA Technik n'est pas tenue de faire un inventaire physique complet de son stock de composants au 31/12/N. Elle a le choix entre :

- effectuer un inventaire physique complet à une date antérieure de deux à trois mois maximum à la date de clôture (entre octobre et décembre N) ;
- effectuer des inventaires tournants tout au long de l'exercice N, de manière à ce que chaque référence soit contrôlée au moins une fois par an.

5. Sinistre

Comme la SA Technik ne souhaite pas que son résultat d'exploitation soit impacté par le sinistre, elle doit constater l'écriture suivante lors de la survenance du sinistre :

	08/N		
6718	Autres charges exceptionnelles sur opérations de gestion	25 000	
791	Transfert de charges d'exploitation		25 000

Lors du remboursement par la compagnie d'assurances, la SA Technik comptabilise comme suit l'indemnité reçue :

	10/N		
512	Banque	23 000	
797	Transfert de charges exceptionnelles		23 000

L'impact du sinistre sur les comptes annuels de N est une charge exceptionnelle de :
25 000 – 23 000 = 2 000 €.

Synthèse

Un stock est un actif :
- détenu pour être vendu dans le cours normal de l'activité,
- ou en-cours de production pour une telle vente,
- ou destiné à être consommé dans le processus de production ou de prestation de services, sous forme de matières premières ou de fournitures.

Évaluation des stocks à la date d'entrée

Le coût des stocks doit comprendre tous les coûts d'acquisition, de transformation et autres coûts encourus pour amener les stocks à l'endroit et dans l'état où ils se trouvent :

Coût d'acquisition		
Prix d'achat Droits de douane et autres taxes non récupérables, après déduction des rabais commerciaux, remises, escomptes de règlements et autres éléments similaires	+	**Coûts directement attribuables** Frais de transport, de manutention et autres coûts directement attribuables à l'acquisition des produits finis, des matières premières et des services
Coût de production		
Coûts directement liés aux unités produites (matières consommées, main-d'œuvre directe, etc.)	+	Frais généraux de production fixes et variables : – Frais généraux de production fixes : coûts indirects de production relativement constants, indépendamment du volume de production. Quote-part de frais fixes de production correspondant à la sous-activité non incorporable au coût de production – Frais généraux de production variables : coûts indirects de production qui varient directement, ou presque indirectement, en fonction du volume de production

Méthodes de détermination du coût	
Biens individualisables	Coût réel d'entrée
Biens interchangeables	Coût estimé d'entrée : – PEPS/FIFO – ou CMP (coût moyen pondéré)

Évaluation des stocks à la date d'inventaire

La valeur d'inventaire est égale à la valeur actuelle.

Nature du stock	Valeur actuelle
Matières premières et approvisionnements	Valeur d'usage
En-cours de production	Valeur d'usage
Produits intermédiaires destinés à être intégrés dans une nouvelle phase du processus de production	Valeur d'usage
Produits intermédiaires destinés à être vendus	Valeur vénale
Produits finis et marchandises	Valeur vénale

Les prix et les perspectives de vente sont à prendre en considération pour juger les éventuelles dépréciations des stocks. La valeur actuelle doit en conséquence tenir compte :
- de l'évolution des prix de vente ;
- de l'écoulement des produits.

Évaluation des stocks à la date d'arrêté des comptes

Si la valeur actuelle est inférieure à la valeur comptable, la moins-value latente donne lieu à la constatation d'une dépréciation.

Quotas d'émission de gaz à effet de serre

Un quota d'émission de gaz à effet de serre est une unité de compte représentative de l'émission de l'équivalent d'une tonne de CO_2.

Un quota est considéré comme une matière première de nature administrative.

Il est comptabilisé en stock, en fonction du *business model* de l'entité concernant les quotas :
- modèle production pour les entités qui veulent se conformer aux obligations liées aux émissions ;
- modèle négoce pour les entités qui poursuivent un objectif d'activité de négoce des quotas.

Références

- Avis CNC 2004-15 relatif à la définition, la comptabilisation et l'évaluation des actifs.
- Règlement ANC 2014-03 relatif au Plan comptable général.
- CNCC (bulletin n° 83, septembre 1991) relatif aux modalités de réalisation de l'inventaire physique des stocks.
- Note de présentation du règlement ANC 2012-03 relatif à la comptabilisation des quotas d'émission de gaz à effet de serre et unités assimilées.

1 PCG – article 211-7

Un stock est un actif détenu pour être vendu dans le cours normal de l'activité, ou en cours de production pour une telle vente, ou destiné à être consommé dans le processus de production ou de prestation de services, sous forme de matières premières ou de fournitures.

2 PCG – article 213-31

Le coût d'acquisition des stocks est constitué du :

- prix d'achat, y compris les droits de douane et autres taxes non récupérables, après déduction des rabais commerciaux, remises, escomptes de règlement et autres éléments similaires ;
- ainsi que des frais de transport, de manutention et autres coûts directement attribuables à l'acquisition des produits finis, des matières premières et des services.

Les coûts administratifs sont exclus du coût de production et d'acquisition à l'exclusion des coûts de structures dédiées.

3 PCG – article 213-32

Le coût de production des stocks comprend les coûts directement liés aux unités produites, telle que la main-d'œuvre directe. Il comprend également l'affectation systématique des frais généraux de production, fixes et variables, qui sont encourus pour transformer les matières premières en produits finis. Les frais généraux de production fixes sont les coûts indirects de production qui demeurent relativement constants indépendamment du volume de production, tels que :

- l'amortissement et l'entretien des bâtiments et de l'équipement industriels, augmentés, le cas échéant de l'amortissement des coûts de démantèlement, d'enlèvement et de restauration de site ;
- la quote-part d'amortissement des immobilisations incorporelles telles que les frais de développement et logiciels.

Les frais de production variables sont les coûts indirects de production qui varient directement, ou presque directement, en fonction du volume de production, tels que les matières premières indirectes et la main-d'œuvre indirecte.

L'affectation des frais généraux fixes de production aux coûts de transformation est fondée sur la capacité normale des installations de production. La capacité normale est la production moyenne que l'on s'attend à réaliser sur un certain nombre d'exercices ou de saisons dans des circonstances normales, en tenant compte de la perte de capacité résultant de l'entretien planifié. Il est possible de retenir le niveau réel de production s'il est proche de la capacité de production normale. Le montant de frais généraux fixes, affecté à chaque unité produite, n'est pas augmenté par suite d'une baisse de production ou d'un outil de production inutilisé. Les frais généraux non affectés sont comptabilisés comme une charge de l'exercice au cours duquel ils sont encourus. Les frais généraux variables de production sont affectés à chaque unité produite sur la base de l'utilisation effective des installations de production.

Applications

Mettre en œuvre les compétences

Application 1 QCM

Retrouvez la ou les réponses exactes.

1. Pour un négociant en matériel informatique, un ordinateur destiné à la vente est :
- ☐ une immobilisation corporelle.
- ☐ une immobilisation incorporelle.
- ☐ un stock.

2. Les charges de sous-activité sont exclues du coût des stocks :
- ☐ Vrai
- ☐ Faux

3. Les coûts d'emprunt sont systématiquement incorporables au coût des stocks :
- ☐ Vrai
- ☐ Faux

4. Les frais de développement sont :
- ☐ systématiquement inclus dans le coût de production des stocks.
- ☐ systématiquement exclus du coût de production des stocks.
- ☐ inclus dans le coût de production des stocks s'il s'agit d'une commande spécifique.

5. Une entreprise viticole peut inclure les frais de stockage dans sa valorisation de stocks :
- ☐ Vrai
- ☐ Faux

6. Quelles sont les méthodes de valorisation des stocks admises par le PCG ?
- ☐ CMP
- ☐ FIFO
- ☐ LIFO
- ☐ NIFO

7. Des inventaires tournants sur une partie du stock sont suffisants pour permettre de répondre à l'obligation de réalisation d'un inventaire physique :
- ☐ Vrai
- ☐ Faux

8. La valeur vénale d'un stock correspond :
- ☐ systématiquement à sa valeur vénale.
- ☐ systématiquement à sa valeur d'usage.
- ☐ à sa valeur vénale ou sa valeur d'usage en fonction de la destination des biens.

9. Pour les stocks faisant l'objet d'un contrat de vente ferme dont l'exécution interviendra ultérieurement, la valeur d'entrée est maintenue en comptabilité :
- ☐ dès lors que le prix de vente stipulé couvre à la fois cette valeur et la totalité des frais restant à supporter pour la bonne exécution du contrat.
- ☐ dès lors que le prix de vente stipulé couvre cette valeur.
- ☐ dès lors que le prix de vente stipulé couvre à la fois cette valeur et les frais de distribution.

10. Il est tenu compte des frais de commercialisation pour déterminer la dépréciation éventuelle d'un stock :

- ☐ uniquement en comptabilité.
- ☐ uniquement en fiscalité.
- ☐ en comptabilité et en fiscalité.
- ☐ ni en comptabilité, ni en fiscalité.

Mettre en œuvre les compétences

Application 1 Détermination du coût de production

Compétences attendues : C1 et C2

Cet exercice est à réaliser sans calculatrice.

La société Mongelle a démarré son activité au 1er janvier N. Elle fabrique un produit M selon une capacité de production trimestrielle de 10 000 unités.

Les informations concernant la production du premier trimestre N sont les suivantes (en €) :

– matières premières consommées : 70 000 ;
– frais de transport des matières premières : 2 000 ;
– coût de stockage des matières premières : 1 000 ;
– main-d'œuvre directe : 41 000 (dont congés payés : 1 000) ;
– frais généraux variables de production : 30 000 ;
– frais généraux fixes de production : 20 000 ;
– frais d'administration générale : 10 000 ;
– frais de stockage des produits finis : 2 000 ;
– frais de la fonction marketing : 3 000.

Compte tenu du démarrage de l'activité, la production effective du 1er trimestre N a été de 8 000 unités.

1. Déterminez le coût de production global et unitaire du produit M au titre du 1er trimestre N.

2. Sachant que 7 000 unités ont été vendues à fin mars N, déterminez le montant du stock de produits M au 31 mars N.

Application 2 Valorisation de stocks – Sous-activité

Compétences attendues : C1, C2 et C3

La société Prode fabrique un produit P selon une capacité de production mensuelle de 3 000 unités.

En décembre N, la production effective a été de 2 550 unités, générant les coûts suivants :

– charges variables : 38 240 ;
– charges fixes : 25 000.

Le stock final est de 850 unités.

Le stock initial s'élevait à 55 000 €.

L'entreprise Prode valorise ses stocks selon la méthode FIFO.

1. Déterminez le coût complet et le coût d'imputation rationnelle global et unitaire des articles produits en décembre N.

2. Déterminez le montant du stock final et effectuez les enregistrements d'inventaire relatifs aux stocks de produits P.

3. Quel est l'impact de la sous-activité de décembre sur le résultat de l'exercice N ?

4. Quel montant, global et unitaire, de frais fixes est exclu de la valorisation du stock final ?

Application 3 Dépréciation de stocks

Compétences attendues : C1, C2 et C3

La société Iena commercialise des marchandises dont le coût global d'acquisition s'élève à 13 000 €. Les frais de distribution restant à supporter pour parvenir à leur vente s'élèvent à 300 €. Ces marchandises figurent en stock au 31/12/N.

Les hypothèses suivantes seront successivement envisagées :

- le prix du marché au 31/12/N ressort à 12 900 € ;
- le prix du marché au 31/12/N ressort à 13 100 € ;
- un prix de vente ferme de 13 500 € a été négocié avec un client, les frais restant à supporter pour la bonne exécution du contrat ressortant à 250 €.

1. Déterminez dans chacune des hypothèses ci-dessus la valeur actuelle du stock. Déduisez-en les conséquences comptables et les écritures d'inventaire à comptabiliser.

2. Précisez les conséquences fiscales des écritures précédentes.

Application 4 Droits d'émission de gaz à effet de serre

Compétences attendues : C1, C2 et C4

Une société industrielle procède à l'achat de quotas pour couvrir ses besoins liés aux émissions de gaz à effet de serre. Elle procède occasionnellement à des ventes de quotas afin d'optimiser ses coûts de production. Ses stocks de quotas sont valorisés selon la méthode FIFO.

Les éléments d'information au titre de l'exercice N sont les suivants :

Exercice N	Émissions de CO_2	Achats au comptant		Ventes		Cours de fin de période
		Quantité	PU (€)	Quantité	PU (€)	PU (€)
1er semestre	800	1 000	8			10
2e semestre	1 500	1 300	10	100	15	17
Total	2 300	2 000				

La société établit des comptes semestriels.

1. Selon quel modèle économique la société doit-elle gérer des quotas de CO2 ?

2. Procéder aux enregistrements comptables afférents aux opérations réalisées au cours de chacun des semestres.

3. Procéder parallèlement au suivi hors-bilan de la comptabilité matière.

4. Quelles informations devront figurer en annexe concernant les quotas d'émission de gaz à effet de serre ?

Entraînement à l'examen

1 Valorisation de stocks

Compétences attendues : C1 et C2

Travail à faire :

À partir de l'annexe, vous traiterez les questions posées.

1. La SA Asnière était-elle tenue à la réalisation d'un inventaire physique complet de ses stocks au 31/12/N ?
2. Déterminez la valeur du stock final de matières premières et celle du stock de produits finis. Effectuez les enregistrements comptables d'inventaire.
3. Une dépréciation du stock de produits finis est-elle nécessaire au 31/12/N ? Déduisez-en les conséquences comptables et fiscales.

Annexe

La SA Asnière fabrique et commercialise des aspirateurs sans sac.

La balance avant inventaire au 31/12/N fait apparaître les éléments suivants :

Compte	Solde (en €)	
	Débiteur	Créditeur
Stock de matières premières	56 000	
Stock de produits finis	123 000	
Dépréciation du stock de produits finis		8 500 (*)

(*) dont 650 non déductibles

Un inventaire physique complet a eu lieu le 31/12/N.

Les informations suivantes sont communiquées concernant la valorisation des stocks de fin de période (en €) :

– matières premières :
- prix d'achat : 36 000 ;
- escompte de règlement : 700 ;
- frais de transport et manutention : 500.

– produits finis :
- matières premières consommées : 25 000 ;
- main-d'œuvre directe : 36 000 ;
- frais généraux variables de production : 12 500 ;
- frais généraux fixes de production : 15 000 ;
- frais de direction générale : 8 000 ;
- frais de stockage des produits finis : 2 500.

Compte tenu d'une baisse d'activité sur la période, le niveau réel de production est de 90 % de la capacité normale de production.

Début N + 1, suite à l'arrivée sur le marché d'un produit concurrent, une partie du stock a due être bradée :

– coût de production des articles bradés : 27 600 ;

– prix de vente normal catalogue : 42 800 ;

– prix de vente effectif : 60 % du prix catalogue ;

– frais de distribution : 2 140.

2 Stocks

Compétences attendues : C1, C2 et C4
Cet exercice est à réaliser sans calculatrice.

Travail à faire :
À partir de l'annexe, vous traiterez les questions posées.

1. Déterminez la valeur du stock final de produits finis.
2. Effectuez les enregistrements comptables d'inventaire au 31/12/N.
3. Déterminez l'éventuelle dépréciation du stock de produits finis au 31/12/N.
4. Proposez les enregistrements comptables d'inventaire au 31/12/N concernant la dépréciation du stock de produits finis.
5. Quelles informations devront figurer en annexe concernant le stock de la société Carola ?

Annexe

La société Carola fabrique du prêt-à-porter haut de gamme qu'elle commercialise auprès de magasins spécialisés.

La balance avant inventaire au 31/12/N fait apparaître les éléments suivants :

Compte	Solde (en €)	
	Débiteur	Créditeur
Stock de produits finis	3 150 000	
Dépréciation du stock de produits finis		19 000

Les informations suivantes sont communiquées concernant la valorisation des stocks de produits finis de fin de période selon la méthode du coût moyen pondéré (en €) :

- coût d'achat des matières premières consommées : 600 000 ;
- charges directes variables de production : 2 000 000 ;
- charges indirectes variables de production : 400 000 ;
- charges indirectes fixes de production : 100 000 ;
- frais de stockage des produits finis : 10 000.

Compte tenu d'une baisse d'activité sur la période, la capacité de production des ateliers n'a été utilisée qu'à hauteur de 80 %.

En raison des effets de mode, deux articles ne pourront être vendus au prix fixé au catalogue. Les informations relatives à ces deux articles sont les suivantes :

	Article X	Article Y
Coût de production global	95 000	160 000
Charges de distribution non encore engagées	10 % du prix catalogue	20 % du prix catalogue
Nombre d'articles en stock	1 000	8 000
Prix de vente catalogue global	120 000	200 000
Prix de vente estimé maximum	110 000	176 000

CHAPITRE

11

Les actifs et passifs en monnaies étrangères

Compétences attendues	Savoirs associés
– Caractériser les différentes catégories de passif. (C1) – Exposer et appliquer les conditions d'inscription au passif. (C2) – Évaluer et comptabiliser les opérations portant sur certains passifs à leur entrée et postérieurement à leur entrée. (C3) – Analyser les conséquences d'un choix de comptabilisation, notamment sur la présentation des comptes annuels, dans une situation donnée. (C4) – Présenter les informations à fournir en annexe. (C5).	– Cas particuliers de provisions : limitation de la provision pour perte de change,

Contexte professionnel

La société LA Tastewine est une SARL soumise à l'IS, constituée en N – 7 au capital de 120 000 €. Ses deux associés, Marc Leroy et Jim Morisson, ont obtenu un master de vins et spiritueux il y a 10 ans puis effectué un tour du monde pour perfectionner leur connaissance en œnologie.

La société est spécialisée dans la distribution de vins blancs et rouges français et australiens. Depuis deux années elle tente de développer son activité aux États-Unis. Bien entendu, une grande partie des transactions qu'elle effectue sont exprimées en euro, dollar américain ou dollar australien.

Raison sociale	SARL LA Tastewine
Capital social	120 000 € entièrement libérés depuis la constitution 2 associés personnes physiques
Siège social et exploitation	7, rue du Pressoir 21 190 Meursault (France)
Activité	Distribution de vins
Dirigeant	Gérant Monsieur Jim Morisson
Effectif	3 salariés
Exercice comptable N – 1	CA HT = 2 900 400 € en progression Résultat fiscal = 377 530 €

- *Le 13/01/N, elle a acquis à crédit 1 200 bouteilles de* Fowles wine *à 25,40 dollars australiens la bouteille (règlement fixé le 31/03/N). Pas de TVA sur la facture.*
- *Le 21/11/N, elle a vendu 2 000 bouteilles de Puligny-Montrachet et 1 200 bouteilles de meursault les Perrières à un grossiste de San Francisco pour un montant total de 172 800 dollars américains. Le grossiste a demandé et obtenu un crédit de 90 jours. Pas de TVA sur la facture.*
- *Le 12/12/N, elle a vendu, de manière tout à fait exceptionnelle 24 000 bouteilles de Beaune premier cru à un client japonais à crédit (encaissement prévu le 31/01/N + 1) au prix de*

105 000 000 yens. Inquiète quant à l'évolution de cette monnaie le 13/12 elle a vendu à terme (le 15/02/N + 1) 75 000 000 yens au cours de 1 yen = 0,0078 €. Pas de TVA sur la facture.

- *31/12/N, la société LA Tastewine détient un compte bancaire en dollars américains. Elle l'a alimenté le 15/12 en achetant 10 500 dollars. Depuis cette date le solde du compte n'a pas évolué.*

1 dollar australien = 0,63 € le 13/01/N et 0,58 € le 31/03/N.
1 dollar américain = 0,88 € le 21/11/N, 0,85 € le 15/12/N et 0,91 € le 31/12/N
1 euro = 125 yens le 12/12/N
1 euro = 140 yens le 31/12/N

« Les documents comptables sont établis en euros et en langue française. [...] » (Code de commerce – article L. 123-22). Toutefois, les opérations réalisées par une entreprise peuvent être libellées en monnaie étrangère. Par exemple, un client étranger peut souhaiter régler un achat avec sa monnaie nationale.
L'entreprise peut refuser et risquer de perdre ce client ou accepter et être exposée au risque de change. En effet, au moment du règlement par le client, le taux de conversion de la monnaie étrangère reçue peut être différent du taux existant le jour de la vente. Cette différence peut générer un gain ou une perte.
Une entreprise est confrontée à ce risque dès lors qu'une créance, une dette ou un engagement sont libellés dans une monnaie différente de la sienne. La création de l'euro a permis de réduire le nombre de monnaies au sein de l'Union européenne. Néanmoins, de nombreux contrats sont encore exprimés en devises étrangères.
Deux attitudes sont possibles face à une telle situation :
– assumer le risque et réaliser une opération spéculative,
– ou couvrir la totalité ou une partie de ce risque en utilisant différentes techniques, notamment les achats ou ventes à terme de devises, les options de change ou les swaps de devises.

I Évaluation des créances et dettes en monnaies étrangères

A) Évaluation lors de l'entrée dans le patrimoine

« Le coût d'entrée des immobilisations incorporelles et corporelles et stocks exprimé en monnaie étrangère est converti en monnaie nationale au cours du jour de l'opération.
En cas d'acquisition d'actif en monnaie étrangère, le taux de conversion utilisé est le taux de change à la date d'entrée. En cas de couverture de cette acquisition, l'effet de la couverture est intégré à la valeur d'entrée de l'actif. Les frais engagés pour mettre en place les couvertures et les éléments prévus aux articles 628-12 et 628-13 peuvent également être intégrés au coût d'acquisition.
Les amortissements et, s'il y a lieu, dépréciations sont calculés sur cette valeur. » (PCG – article 420-1).

›Voir texte de référence 1

1. Aucune couverture n'est prise avant l'opération

En l'absence de précisions complémentaires des organismes compétents, les taux suivants peuvent être retenus pour évaluer le coût d'entrée :
- taux ayant servi de base aux négociations ;
- taux du jour de signature du contrat ;

– taux du jour de facturation ;
– taux moyen du mois de facturation.
Dans la pratique, il est plus simple de retenir l'un des deux derniers taux.

Exemple

Le 14 avril N, l'entreprise Bourange vend à crédit 2 000 machines à laver à un client japonais. Le prix de vente s'élève à 15 385 000 JPY (yen japonais).

Le jour de l'opération, le cours du yen est le suivant : 1 JPY = 0,0065 €.

La vente est évaluée à : 15 385 000 × 0,0065 €, soit 100 002,50 €. Cette exportation n'est pas soumise à la TVA.

		14/04/N		
411		Clients	100 002,50	
	701	Ventes de produits finis		100 002,50

2. En cas de couverture (voir chapitre II)

Contexte SARL LA Tastewine
Comment comptabiliser les opérations du 13/01 et 31/03 ? Quel est leur impact respectif sur le bilan et le résultat de l'entité ?

B) Évaluation lors du règlement et à l'inventaire

La créance (ou la dette) en monnaie étrangère peut être réglée :
– lors du même exercice que celui de l'opération lui ayant donné naissance ;
– ou au cours d'un exercice ultérieur.
Dans ce dernier cas se pose le problème de l'évaluation de cette créance (ou de cette dette) et des modalités de comptabilisation des éventuels écarts entre la valeur d'entrée de la créance (ou de la dette) et sa valeur d'inventaire.

1. Règlement de la créance (ou de la dette) au cours du même exercice que celui de l'opération

Une entreprise française ayant une dette en monnaie étrangère doit acheter les devises nécessaires au paiement de celle-ci. Cette acquisition peut se faire à un cours différent de celui ayant permis d'évaluer initialement la dette en euros.

Il en est de même lors de l'encaissement d'une créance en devises étrangères. Les devises encaissées sont converties en euros selon le cours en vigueur et non selon celui de la date initiale de l'opération ayant donné naissance à la créance.

Ces différences éventuelles de taux de conversion donnent naissance à des gains ou à des pertes de change, comptabilisés en résultat d'exploitation s'il s'agit de créances ou de dettes commerciales ou en résultat financier dans le cas d'opérations de nature financière, dans les comptes suivants :

– « le compte 656. Pertes de change sur créances et dettes commerciales » (PCG – article 946-65) ;
– « le compte 756. Gains de change sur créances et dettes commerciales » (PCG article 947-75) ;
– « le compte 666. Pertes financières de change enregistre à son débit les pertes de change supportées par l'entité au cours de l'exercice. [...] » (PCG – article 946-66) ;
– « le compte 766. Gains de change financiers est crédité des gains de change réalisés par l'entité au cours de l'exercice. [...] » (PCG – article 947-76).

+

Traitement fiscal

Les pertes et les gains de change comptabilisés au débit des comptes 656 ou 666. « Pertes de change […] » et au crédit des comptes 756 ou 766. « Gains de change […] » sont respectivement déductibles et imposables fiscalement. Il n'y a donc aucune divergence entre les traitements comptable et fiscal.

▶ Exemple

Le 14 avril N, l'entreprise Bourange vend à crédit 2 000 machines à laver à un client japonais. Le prix de vente s'élève à 15 385 000 JPY. Le jour de l'opération, le cours du yen est le suivant : 1 JPY = 0,0065 €.

La vente est évaluée à : 15 385 000 × 0,0065 €, soit 100 002,50 €. Cette exportation n'est pas soumise à la TVA.

Le 31 juillet N, l'entreprise Bourange encaisse 15 385 000 JPY et les convertit immédiatement en euros. Le taux de conversion est le suivant.

Hypothèse n° 1 : 1 JPY = 0,0069 €.

L'entreprise encaisse 15 385 000 × 0,0069 = 106 156,50 €. Elle réalise un gain de change de 6 154 €.

	31/07/N		
512	Banque	106 156,50	
411	Clients		100 002,50
756	Gains de change		6 154,00
	6 154 = 106 156,50 – 100 002,5		

Le gain enregistré au crédit du compte 756. Gains de change est imposable. Aucun retraitement extra-comptable n'est à effectuer.

Hypothèse n° 2 : 1 JPY = 0,0060 €.

L'entreprise encaisse 15 385 000 × 0,0060 = 92 310 €. Elle réalise une perte de change de 7 692,50 €.

	31/07/N		
512	Banque	92 310,00	
656	Pertes de change	7 692,50	
411	Clients		100 002,50

La perte comptabilisée au débit du compte 656. Pertes de change est déductible. Aucun retraitement extra-comptable n'est à effectuer.

Contexte SARL LA Tastewine

Comptabiliser les opérations du 21/11/N et 31/12. Quel est leur impact respectif sur le bilan et le résultat de l'entité ?

2. Règlement de l'opération non effectué à l'inventaire

a) Principe

En l'absence de règlement avant la clôture de l'exercice, la créance (ou la dette) fait toujours partie du patrimoine de l'entreprise. L'article 420-5 du PCG précise que :

›Voir texte de référence 2

« Les créances et les dettes en monnaies étrangères sont converties et comptabilisées en monnaie nationale sur la base du dernier cours du change.

Lorsque l'application du taux de conversion à la date de clôture de l'exercice a pour effet de modifier les montants en monnaie nationale précédemment comptabilisés, les différences de conversion sont inscrites à des comptes transitoires, en attente de régularisations ultérieures :

– à l'actif du bilan pour les différences correspondant à une perte latente ;

– au passif du bilan pour les différences correspondant à un gain latent.

Les pertes de change latentes entraînent à due concurrence la constitution d'une provision pour risques, sous réserves des dispositions particulières de l'article 420-6. »

Le dernier cours de change est défini par l'article 410-1 du PCG. Pour les devises cotées, il s'agit des cours indicatifs de la Banque de France publiés au *Journal officiel*, et pour les autres devises des cours moyens mensuels établis par la Banque de France (http://www.banque-france.fr/fr/poli_mone/taux/change.htm).

b) Écritures comptables

Les comptes transitoires à utiliser à l'inventaire sont les comptes :

– 476. Différence de conversion – ACTIF ;

– 477. Différence de conversion – PASSIF.

Ils enregistrent les différences de conversion résultant de l'actualisation, au taux de change de fin d'exercice, des comptes de créances et de dettes libellées en monnaies étrangères (PCG – articles 420-8 et 944-47).

En l'absence de précisions du PCG, afin de retrouver le coût d'entrée des créances ou des dettes exprimées en monnaies étrangères, les écritures permettant de constater ces écarts peuvent être contrepassées au début de l'exercice suivant, ou au fur et à mesure des règlements.

La provision à constater, le cas échéant, est enregistrée par le débit du compte 6815. Dotations aux provisions d'exploitation, ou 6865. Dotations aux provisions financières selon la nature de l'opération (commerciale ou financière) et le crédit du compte 1515. Provisions pour pertes de change. Les dispositions particulières évoquées par l'article 420-5 sont étudiées au II du présent chapitre. Lorsque l'évolution le rendra nécessaire, la provision fera l'objet d'une reprise totale ou partielle par le compte 7815. Reprises sur provisions d'exploitation, ou 7865. Reprises sur provisions financières selon la nature de l'opération.

›Voir texte de référence 2

+

Les écarts de conversion actifs ne remplissent pas les conditions d'activation introduites par le règlement 2004-06 du CNC et reprises à l'article 211-1 du PCG. En effet, ces écarts n'ont pas de valeur économique positive pour l'entité car ils ne généreront pas d'avantages économiques dans le futur puisqu'ils sont représentatifs d'une perte latente. Ils devraient donc être enregistrés en charges. Toutefois, le Code de commerce, d'un niveau juridique supérieur au règlement précité, prévoit explicitement leur inscription à l'actif (article R.123-182). En conséquence, leur inscription à l'actif est maintenue.

La provision pour perte de change constituée le cas échéant ne répond pas à la définition d'un passif figurant à l'article 321-1 du PCG. En effet, elle ne constitue pas une obligation de l'entité envers un tiers qui provoquera une sortie de ressource, sans contrepartie au moins équivalente. Ayant été exclue du champ d'application du règlement sur les passifs, elle doit néanmoins être comptabilisée.

Le traitement comptable des écarts de conversion, prévu par le référentiel IFRS, consiste à les enregistrer en produits ou en charges.

Traitement fiscal

« […] Les écarts de conversion des devises ainsi que des créances et dettes libellées en monnaies étrangères par rapport aux montants initialement comptabilisés sont déterminés à la clôture de chaque exercice en fonction du dernier cours de change et pris en compte pour la détermination du résultat imposable de l'exercice […] » (CGI – article 38-4).

En conséquence :

- l'écart de conversion passif est imposable et il doit être réintégré de manière extra-comptable ;
- l'écart de conversion actif est déductible et il doit être déduit de manière extra-comptable. De ce fait, la dotation aux provisions pour perte de change ne l'est pas et doit être réintégrée de manière extra-comptable (elle ferait double emploi avec la déduction de l'écart de conversion actif).

L'écriture d'extourne de ces écarts, en début d'exercice suivant, entraîne les effets inverses :

- l'écart de conversion passif extourné est déductible fiscalement et il doit être déduit de manière extra-comptable ;
- l'écart de conversion actif extourné est imposable et il doit donner lieu à une réintégration extra-comptable.

La dotation aux provisions pour perte de change n'étant pas déductible, la reprise sur provision n'est pas imposable. Elle est déduite de manière extra-comptable.

Exemple

Le 17 décembre N, le constructeur français ADBS vend deux avions à une compagnie aérienne californienne. L'opération, non imposable à la TVA, est libellée en dollars américains pour un montant de 5 000 000 $. Le règlement est fixé au 31 mars N + 1. Le 17 décembre N, le cours du dollar est de 1 $ = 0,787 €. Le 31 mars N + 1, le taux de conversion s'établit à 1 $ = 0,753 €.

Hypothèse n° 1 : le 31 décembre N, le taux de conversion est de 1 € = 1,20 $.

La vente des avions est comptabilisée au cours du jour de l'opération :

	17/12/N		
411	Clients	3 935 000	
701	Ventes de produits finis		3 935 000
	3 935 000 = 5 000 000 × 0,787		

Le 31 décembre N, la créance est évaluée sur la base du dernier cours de change :

	31/12/N		
411	Clients	231 667	
477	Différence de conversion - PASSIF		231 667
	(5 000 000 / 1,20) – 3 935 000 = 231 667		

Fiscalement, l'écart de conversion passif de 231 667 € est imposable. Une réintégration extra-comptable de ce montant doit être effectuée.

Le 1er janvier N + 1, l'écriture d'inventaire est contre-passée :

	1/01/N+1		
477	Différence de conversion - PASSIF	231 667	
411	Clients		231 667

Le débit du compte 477. Différence de conversion – PASSIF est déductible fiscalement. Il doit faire l'objet d'une déduction extra-comptable à la clôture de l'exercice N + 1.

Le 31 mars N + 1, le client règle sa dette :

	31/03/N+1		
512	Banque	3 765 000	
656	Pertes de change	170 000	
411	Clients		3 935 000
	(5 000 000 × 0,753) – 3 935 000 = – 170 000		

La perte de change est déductible fiscalement.

Hypothèse n° 2 : le 31 décembre N, le taux de conversion est de 1 € = 1,35 $.

La vente des avions est comptabilisée au cours du jour de l'opération :

	17/12/N		
411	Clients	3 935 000	
701	Ventes de produits finis		3 935 000

Le 31 décembre N, la créance sur la base du dernier cours de change :

	31/12/N		
476	Différence de conversion - ACTIF	231 296	
411	Clients		231 296
	5 000 000 / 1,35 – 3 935 000 = – 231 296		
6815	Dotation aux provisions d'exploitation	231 296	
1515	Provision pour pertes de change		231 296

Fiscalement, l'écart de conversion actif de 231 296 € est déductible. Une déduction extra-comptable de ce montant doit être effectuée. En revanche, la dotation aux provisions d'exploitation n'est pas déductible. Elle doit donc être réintégrée de manière extracomptable.

Le 1er janvier N + 1, l'écriture d'inventaire est contrepassée :

	1/01/N+1		
411	Clients	231 296	
476	Différence de conversion - ACTIF		231 296

Le crédit du compte 476. Différence de conversion – ACTIF est imposable fiscalement. Il doit faire l'objet d'une réintégration extra-comptable à la clôture de l'exercice N + 1.

Le 31/03/N + 1 le client règle sa dette :

	31/03/N+1		
512	Banque	3 765 000	
656	Pertes de change	170 000	
411	Clients		3 935 000
	5 000 000 × 0,753 – 3 935 000 = – 170 000		

La perte de change est déductible fiscalement.

Le 31 décembre N + 1, la provision est reprise :

	31/12/N+1		
1515	Provision pour pertes de change	231 296	
7815	Reprise sur provisions d'exploitation		231 296

La reprise sur provision n'est pas imposable puisque la dotation n'a pas été admise en déduction. Elle doit faire l'objet d'une déduction extra-comptable.

3. Cas particulier des disponibilités en devises

« Les liquidités ou exigibilités immédiates en devises existant à la clôture de l'exercice sont converties en monnaie nationale sur la base du dernier cours de change au comptant.

Les écarts de conversion constatés sont comptabilisés dans le résultat de l'exercice sauf en cas d'application des dispositions relatives aux opérations de couverture. » (PCG – article 420-7).

Les écarts sont comptabilisés directement en résultat financier aux comptes 766. Gains de change ou 666. Pertes de change.

Exemple

La société Mika acquiert, le 15 novembre N, 10 000 $ au cours de 1 € = 1,25 $. Le 31 décembre N, elle possède encore 7 200 $. Le taux de conversion du 31 décembre N s'élève à 1 $ = 0,785 €.

Les écritures suivantes sont enregistrées :

		15/11/N		
5124		Comptes en devises	8 000	
	5121	Comptes en monnaie nationale		8 000
		10 000 / 1,25 = 8 000		

2 800 $ sont utilisés entre le 15 novembre et le 31 décembre. Le 31 décembre N, les 7 200 $ restants sont convertis sur la base du dernier cours de change :

		31/12/N		
666		Pertes de change	108	
	5124	Comptes en devises		108
		(7 200 × 0,785) – 7 200 / 1,25 = – 108		

Remarque : fiscalement, la perte de change comptabilisée est déductible.

Contexte SARL LA Tastewine

Comptabiliser les opérations du 15/12/N et 31/12. Quel est leur impact respectif sur le bilan et le résultat de l'entité ?

II Principes de la comptabilité de couverture et application aux couvertures d'opérations en devises

A) Principes de la comptabilité de couverture et du traitement des instruments dérivés

1. Introduction

Une opération de couverture consiste à mettre en relation un élément couvert et un instrument de couverture, dont les valeurs respectives sont corrélées négativement. La compensation entre la baisse de valeur de l'élément couvert et la hausse de celle de l'instrument de couverture a pour conséquence de réduire le risque. La couverture peut n'être que partielle. La comptabilité de couverture, qui consiste à traduire en comptabilité l'effet des opérations de couverture, est obligatoire et requiert la preuve que le risque est réduit et la fourniture d'une documentation qualitative et quantitative spécifique. Toute opération non qualifiée de couverture, quelle qu'en soit la nature, sera classée dans une catégorie dénommée « position ouverte isolée ».

2. Définitions

L'opération de couverture consiste à mettre en relation un élément couvert et un instrument de couverture dans l'objectif de réduire le risque d'impact défavorable de l'exposition couverte sur le résultat, les flux ou les capitaux propres de l'entité.

L'instrument de couverture peut être un instrument ou une proportion d'instrument financier à terme ferme (appelé dérivé) ou optionnel, ou une combinaison d'instruments à termes fermes ou optionnels quel que soit leur sous-jacent. Les autres actifs et passifs financiers peuvent être qualifiés d'instruments de couverture contre le risque de change ou contre d'autres risques lorsque leur exposition au risque couvert compense l'exposition de l'élément couvert.

L'élément couvert peut être un élément ou un groupe d'actifs, de passifs, d'engagements existants ou de transactions futures non encore matérialisées par un engagement si ces transactions sont définies avec précision et possèdent une probabilité suffisante de réalisation.

3. Principes généraux de la comptabilité de couverture et du traitement des instruments dérivés

a) Prééminence du mode de comptabilisation de l'instrument couvert sur l'instrument de couverture

L'instrument de couverture doit suivre un traitement symétrique à l'élément couvert en termes de reconnaissance en résultat : il en résulte que les produits et charges (latents ou réalisés sur l'élément de couverture) sont reconnus au compte de résultat sur la durée de vie résiduelle de l'élément couvert de manière symétrique au mode de comptabilisation des produits et charges sur cet élément. Ainsi, les variations de valeur des instruments de couverture ne sont pas reconnues au bilan, sauf si cela permet d'assurer un traitement symétrique avec l'élément couvert.

La comptabilité de couverture ne modifie pas le traitement comptable de l'élément couvert. Cependant il est nécessaire, le cas échéant, de prendre en compte l'effet de la couverture dans l'évaluation de la dépréciation ou de la provision.

Par symétrie, le résultat de la couverture est présenté dans le même poste ou à défaut dans la même rubrique du compte de résultat que celui de l'élément couvert.

b) La comptabilité de couverture est obligatoire

Toute opération identifiée comme une couverture en gestion doit être qualifiée comme couverture en comptabilité, sauf si les critères de qualification ne sont pas respectés.

c) La comptabilité de couverture doit être documentée

La documentation d'une relation de couverture comporte au minimum l'identification du ou des éléments couverts, du ou des instruments de couverture, du risque couvert et la justification de la manière dont l'opération réduit le risque de manière qualitative ou quantitative.

d) Arrêt de la couverture

Le traitement comptable de l'arrêt de la couverture dépend de son origine :

- lorsque l'instrument de couverture est dénoué ou échu alors que l'élément couvert est toujours existant, la comptabilité de couverture continue de s'appliquer au résultat réalisé sur l'instrument de couverture. Ainsi, ce résultat réalisé est reporté dans un compte d'attente du bilan tant que l'élément couvert n'impacte pas lui-même le compte de résultat ou est rapporté au compte de résultat sur la durée de vie résiduelle de l'élément couvert de manière symétrique au mode de comptabilisation des produits et charges sur cet élément ;

- lorsque l'instrument de couverture ne répond plus aux critères de qualification, ou lorsqu'il est mis fin à une relation de couverture par l'entreprise, la comptabilité de couverture continue de s'appliquer aux résultats latents de l'instrument de couverture cumulés jusqu'à la date d'arrêt de la couverture, qui doivent alors être reconnus dans un compte d'attente (en contrepartie d'un compte « instruments de trésorerie ») ;
- lorsque l'élément couvert ne répond plus (en partie ou totalement) à la qualification d'élément couvert, et que l'instrument de couverture est conservé, celui-ci est traité (en totalité ou en partie) comme un instrument dérivé en position ouverte isolée. Par ailleurs, tout résultat réalisé qui était reporté au bilan du fait de la comptabilité de couverture est reconnu immédiatement en résultat.

e) Présentation dans le compte de résultat

En cohérence avec le principe de symétrie de la comptabilité de couverture, il convient de rattacher le résultat de la couverture dans le même poste que celui de l'élément couvert (ex. : ventes de marchandises) ou au minimum dans la même rubrique du compte de résultat (ex. : résultat d'exploitation, financier).

f) Les dérivés non qualifiés de couverture : comptabilisation de leur juste valeur au bilan et provisionnement des moins-values latentes

Le traitement comptable est identique pour tous les dérivés non qualifiés de couverture. La juste valeur des dérivés doit être comptabilisée au bilan et une dotation aux provisions doit être constituée en cas de moins-value latente. Ainsi les variations de valeur des dérivés non qualifiés de couverture seront enregistrées par contrepartie de comptes de régularisation (comptes 47).

g) Autres dispositions concernant tous les dérivés

Pour tous les instruments financiers à terme, qualifiés ou non de couverture, les montants nominaux des contrats sont mentionnés dans les engagements hors-bilan, les dépôts de garantie et les appels de marge sont constatés au bilan et les primes, soultes initiales ou équivalents sont enregistrées au bilan.

En résumé :

- opération de couverture : enregistrement en résultat symétrique à l'élément couvert ;
- position ouverte isolée : enregistrement au bilan des variations de valeur et provision des moins-values latentes.

4. Application concrète de ces principes généraux

a) **À la <u>souscription</u> d'un contrat de dérivé** (exemple un achat à terme de devises), le montant nominal du contrat n'est pas comptabilisé car il s'agit d'un engagement hors bilan. Aucune écriture n'est donc à comptabiliser.

b) **Les gains et pertes <u>latents</u> relatifs à l'instrument de couverture** sont comptabilisés (en contrepartie du compte 52 « Instrument de trésorerie ») en résultat de manière symétrique aux produits et charges comptabilisés sur l'élément couvert :

- Par conséquent, tant qu'aucun produit ou charge se rapportant à l'élément couvert n'est reconnu en résultat, aucun gain ou perte **latent** de l'instrument de couverture n'est enregistré.
- En cas de **moins-value latente** sur l'instrument de couverture, aucune écriture (dépréciation ou provision) n'est constatée tant que le gain sur l'élément couvert n'est pas comptabilisé.
- Les gains latents sur l'instrument de couverture sont pris en compte pour la détermination de la dépréciation (ou de la provision) à constater sur l'élément couvert de manière à réduire celle-ci au risque net encouru.

c) **Les gains et pertes réalisés sur l'instrument de couverture** sont comptabilisés :

- Les gains et pertes réalisés relatifs à l'instrument de couverture sont comptabilisés en résultat de manière symétrique aux produits et charges comptabilisés sur l'élément couvert.
- Lorsque ces gains ou pertes sont réalisés **AVANT** que l'élément couvert impacte le résultat, ces gains ou pertes réalisés sont enregistrés en 4786 « Différences d'évaluation d'instruments de trésorerie, actif » ou 4787 « Différences d'évaluation d'instruments de trésorerie, passif » en contrepartie du compte 52 « Instrument de trésorerie ».

d) **Les frais de couverture** sont comptabilisés au débit du compte 52 « Instrument de trésorerie » puis soit étalés sur la période de couverture, soit constatés en résultat de manière symétrique aux produits et charges comptabilisés sur l'élément couvert. **En pratique, la comptabilisation en résultat des frais se rapportant à des couvertures de créances ou de dettes est différée jusqu'au règlement de celles-ci.** Pour les couvertures relatives à des acquisitions d'immobilisations ou de stocks, les frais sont inclus dans le coût d'entrée de ces éléments et constatés en résultat par l'amortissement de l'immobilisation, si celle-ci est amortissable, ou par la cession s'il s'agit d'un élément non amortissable (immobilisation ou stock).

e) **Notions de report et déport** :

En règle générale, le cours de change à terme est différent du cours de change au comptant. Cet écart se mesure en points.

- Si le cours à terme est supérieur au cours comptant, on dit que le cours à terme est en report (exemple : Le 1/07/N, une entité achète à terme des devises D de maturité décembre N. Le cours comptant est de 1 € = 0.82 D et le cours à terme (fin décembre) est de 1 € = 0.87 D).
- Si le cours à terme est inférieur au cours comptant, on dit que le cours à terme est en déport. (exemple : Le 15/10/N une société vend à terme des devises ME de maturité janvier N+1. Le cours comptant est de 1 € = 1.12 ME et le cours à terme (fin janvier) est de 1 € = 1.03 ME).
- Si le cours à terme est égal au cours comptant, on dit que le cours à terme est au pair.
- Cet écart a une nature financière et correspond en quelque sorte à un coût financier (intérêts), car l'organisme financier qui vend à terme une devise D à terme a emprunté (par exemple en euro) pour l'acquérir au comptant (intérêts à payer), puis a placé le montant obtenu en D (intérêts perçus) en attendant de la livrer ;
- Dans le cas d'une couverture quasi parfaite de transactions futures (acquisition d'immobilisation, de stock ou de vente ultérieure), le report/déport peut être étalé dans le compte de résultat sur la période de couverture dans un **compte financier** (668) ou constaté en résultat de manière symétrique au résultat de l'élément couvert. Pour les autres cas, l'étalement sur la période de couverture est obligatoire.
- En cas de couverture d'un flux immobilisé ou stocké, le report/déport est inclus dans le coût d'acquisition.

Art 628-13 : Report/déport du change à terme : le report ou déport des contrats de change à terme doit être étalé dans le compte de résultat, en résultat financier, sur la durée de la couverture. Néanmoins, l'entreprise peut, sur option, pour les couvertures de transactions futures, décider de constater ce report ou déport en résultat au même moment que la transaction couverte ou dans la valeur d'entrée au bilan de l'élément couvert, lorsque la relation de couverture réduit le risque en quasi-totalité. La méthode comptable retenue doit être cohérente avec celle relative aux primes d'option de change prévue à l'article 628-12. Ce choix de méthode comptable est soumis à l'article 122-2.

Application 1:

Une société envisage d'acquérir, en bénéficiant d'un crédit de 3 mois, 15 tonnes de matières premières pour 100 000 DE (devise étrangère) fin août N. Le 18 juin N, elle décide de se couvrir contre une évolution défavorable du cours de cette monnaie étrangère en achetant à terme 100 000 DE de maturité décembre N. Le 29 août, elle se fait livrer les 15 tonnes au prix de

100 000 DE (Pas de TVA par mesure de simplification). Le fournisseur lui accorde un délai de paiement jusqu'au 30/11/N. Le cours du DM évolue comme suit :

Le 18 juin N : le cours comptant s'établit à 1 € = 0.90 DM et le cours à terme à 0.85

Le 29 août : le cours comptant s'établit à 1 € = 0.88 DM

Le 30 novembre N : le cours comptant s'établit à 1 € = 0.80 DM

Le fournisseur est réglé le lendemain.

Le 18 juin, aucune écriture ne doit être enregistrée car il ne s'agit que d'un engagement hors bilan.

Le 29 août, l'achat de matières premières est enregistré pour un montant de 113 636 € (100 000 / 0.88) :

Numéros de comptes	Noms des comptes	Débits	Crédits
601	Achats de MP	113 636	
401	Fournisseurs		113 636

Les gains et pertes latents relatifs à l'instrument de couverture devant être comptabilisés en résultat de manière symétrique aux produits et charges comptabilisés sur l'élément couvert, ce qui est le cas ici puisque l'achat a été enregistré, le 29/08/N, il convient de constater le gain latent de 2 525€ (100 000 / 0.88 –100 000 / 0.90) relatif au dérivé (au cours comptant) et le déport de 6 536€ (100 000 / 0.85 – 100 000 / 0.90).

Numéros de comptes	Noms des comptes	Débits	Crédits
601	Achats de MP	6 536	
52	Instrument de trésorerie		6 536
52	Instrument de trésorerie	2 525	
601	Achats de MP		2 525

Rappel : Dans le cas d'une couverture quasi parfaite de transactions futures (acquisition d'immobilisation, de stock ou de vente ultérieure), le report/déport peut être étalé dans le compte de résultat sur la période de couverture dans un compte financier ou constaté en résultat de manière symétrique au résultat de l'élément couvert. Cette dernière solution a été retenue.

Au dénouement du contrat à terme, le 30 novembre, l'entreprise achète les 100 000 DM au prix de 117 647 € (100 000 / 0.85).

Les 100 000 DM ont une valeur en € de 125 000 (100 000 / 0.8)

Numéros de comptes	Noms des comptes	Débits	Crédits
52	Instrument de trésorerie	4 011	
5124	Banque en devises	125 000	
5121	Banque en euros		117 647
4787	Différence d'évaluation, passif		11 364

Le 1 décembre, le règlement au fournisseur est enregistré ainsi :

Numéros de comptes	Noms des comptes	Débits	Crédits
401	Fournisseur	113 636	
656	Perte de change sur dette com.	11 364	
5124	Banque en devises		125 000
4787	Différence de conversion, passif	11 364	
656	Perte de change		11 364

Les matières premières ont coûté 117 647 € (100 000/0.85). En supposant que celles-ci soient toutes consommées le résultat comptable a bien diminué de 117 647 €.

Application 2: TVA négligée.

Le 5 octobre N, une société envisage de vendre des marchandises à un client américain pour un montant de 1 200 000 $. La vente doit avoir lieu le 9 octobre et le règlement de la facture, libellée en dollars le 10 janvier N+1. Soucieuse de se couvrir contre une variation défavorable du cours du dollar par rapport à l'euro, la société vend, le 5 octobre, à terme 1 200 000 $ (échéance 12 janvier N+1). Les frais de couverture s'élèvent, par hypothèse à 400 €.

Le cours du $ évolue comme suit :

Le 9 octobre N : le cours comptant s'établit à 1 € = 1.10 $ et le cours à terme à 1.14

Le 31 décembre N : le cours s'établit à 1 € = 1.12 $

Le 10 janvier N+1 : Le client américain verse les 1 200 000 alors que le cours s'élève à 1 € = 1.18 $.

Le 5 octobre, l'écriture suivante est enregistrée :

Numéros de comptes	Noms des comptes	Débits	Crédits
52	Instrument de trésorerie	400	
512	Banque		400

Le 9 octobre, les écritures suivantes sont enregistrées :

Numéros de comptes	Noms des comptes	Débits	Crédits
411	Clients	1 090 909	
707	Ventes de marchandises		1 090 909
707	Vente de marchandises	400	
52	Instrument de trésorerie		400

Les frais sont constatés en résultat de manière symétrique aux produits et charges comptabilisés sur l'élément couvert.

Les gains et pertes latents relatifs à l'instrument de couverture devant être comptabilisés en résultat de manière symétrique aux produits et charges comptabilisés sur l'élément couvert, ce qui est le cas ici puisque le chiffre d'affaires a été enregistré, le 9/10/N, il convient de constater le report de 38 278 € (1 200 000 / 1.14 – 1 200 000 / 1.10).

Numéros de comptes	Noms des comptes	Débits	Crédits
707	Ventes de marchandises	38 278	
52	Instrument de trésorerie		38 278

Le 31 décembre, le cours ayant évolué les écritures suivantes doivent être enregistrées :

Numéros de comptes	Noms des comptes	Débits	Crédits
476	Ecart de conversion actif	19 481	
411	Clients		19 481
52	Instrument de trésorerie	19 481	
4787	Différences de conversion, passif		19 481

La créance client et symétriquement l'instrument de couverture sont convertis en euros au cours de clôture soit :

1 200 000 / 1.12 – 1 200 000 / 1.10 = 19 481 €. Aucune provision pour risque de change n'est à constater en raison de la couverture.

Le 1/01/N+1, les écritures précédentes sont contrepassées :

Numéros de comptes	Noms des comptes	Débits	Crédits
411	Clients	19 481	
476	Ecart de conversion actif		19 481
4787	Différences de conversion, passif	19 481	
52	Instrument de trésorerie		19 481

Le 10/01/N+1 au moment du règlement :

Numéros de comptes	Noms des comptes	Débits	Crédits
512	Banque	1 052 631	
52	Instrument de trésorerie	38 278	
411	Clients		1 090 909

Après toutes ces écritures nous constatons que :

Le chiffres d'affaires réalisé en euros s'établit à 1 052 232 € soit 1 052 632 € correspondants 1 200 000 $ convertis au cours de couverture (à terme de 1 € = 1.14 $) moins les frais de couverture de 400 €.

B) Application aux couvertures d'opérations en devises

1. Exemples de techniques de couverture

L'entité exposée à un risque de change peut décider de se couvrir en effectuant une opération à terme de même montant et de sens inverse auprès d'un tiers.

Exemple 1

Le 17 mai N, la société Miraudin, dont l'exercice comptable court du 1er juillet N– 1 au 30 juin, spécialisée dans la vente de matériels informatiques, acquiert à crédit 2 000 ordinateurs portables au prix de 1 375 000 $. Le règlement est prévu le 31 août N. Le 17 mai, le cours du dollar est de 1 $ = 0,80 €. Sa dette s'élève donc à 1 100 000 € (1 375 000 × 0,8). Quelques semaines plus tard, la société Miraudin constate la hausse du dollar. Craignant que celle-ci se poursuive, ce qui augmenterait le montant de sa dette, elle souscrit, le 10 juin, un contrat d'achat à terme de dollars dont l'échéance est fixée au 31 août. Le contrat prévoit le taux de conversion suivant : 1 $ = 0,825 €. Le 31 août, elle doit transmettre 1 375 000 $ à son fournisseur et doit acheter ces dollars au cours de 1 $ = 0,825 €.

Exemple 2

Le 25 septembre N, la société Caire vend à crédit 10 000 produits au prix de 1 000 000 $ à un client étranger. Le 30 septembre, elle acquiert une option de vente auprès d'un organisme spécialisé, qui lui donne le droit (mais pas l'obligation) de céder ses dollars au cours de 1 $ = 0,76 €. En cas d'exercice de l'option, l'organisme est dans l'obligation d'acquérir les dollars à ce cours. L'option de vente est acquise au prix de 20 000 €. Ce montant (prime), versé à l'organisme qui vend le contrat d'option, est définitivement acquis par ce dernier.

Hypothèse 1 : si le 30 septembre, le taux de conversion s'établit à 1 $ = 0,72 €, l'entreprise Caire a tout intérêt à exercer son option. En effet, cela lui permet de vendre ses 1 000 000 $ contre 760 000 €, alors que le cours du marché ne lui permet d'encaisser que 720 000 €. L'option, qui lui a coûté 20 000 €, lui évite de perdre 40 000 €.

Hypothèse 2 : si le 30 septembre, le taux de conversion s'établit à 1 $ = 0,79 €, l'entreprise Caire n'a pas intérêt à exercer son option. En effet, elle peut vendre sur le marché ses 1 000 000 $ contre 790 000 €, alors que l'exercice de l'option lui permet d'encaisser seulement 760 000 €.

Si le cours du dollar, le 25 septembre, est de 1 $ = 0,80 €, quelle que soit son évolution ultérieure, le risque de perte est plafonné à 40 000 € par l'option de vente [1 000 000 x (0,80 – 0,76)].

2. Conséquences comptables des opérations de couverture

« Lorsque les circonstances suppriment en tout ou partie le risque de perte, les provisions sont ajustées en conséquence. Il en est ainsi dans les cas suivants :

- lorsque l'opération traitée en devises est assortie par l'entité d'une opération symétrique destinée à couvrir les conséquences de la fluctuation du change, appelée couverture de change conformément à l'article 628-6, la provision n'est constatée qu'à concurrence du risque non couvert ;
- lorsqu'une opération en devise sur laquelle est constatée une perte latente est qualifiée d'instrument de couverture conformément à l'article 628-7, celle-ci ne donne lieu à aucune provision ;
- lorsque pour des opérations dont les termes sont suffisamment voisins, les pertes et les gains latents peuvent être considérés comme concourant à une position globale de change, le montant de la dotation peut être limité à l'excédent des pertes sur les gains. Il est précisé que :
  - la position doit être déterminée devise par devise,
  - les opérations de couverture et les éléments couverts sont exclus de cette position,
  - l'échéance des éléments inclus dans la position doit être comprise dans le même exercice comptable,
  - ne doivent être inclus dans la position que des éléments réalisables (notamment des créances, dettes, instruments financiers à terme),
  - la position est utilisée uniquement pour la détermination de la provision. » (PCG – article 420-6).

› Voir texte de référence 3

Cet article énonce un principe général puis identifie trois situations dans lesquelles les provisions doivent ou peuvent être ajustées afin de donner une image plus fidèle de la réalité. Les deux premières sont d'application obligatoire. En revanche, la troisième est d'application facultative.

a) Principe général

Le principe général énoncé par l'article 420-6 est d'ajuster les provisions lorsque les circonstances suppriment ou réduisent le risque de change :

- le risque est supprimé lorsque la couverture fixe définitivement le cours auquel la créance ou la dette sera réglée.

Exemple 1

La société Miraudin enregistre les opérations suivantes :

	17/05/N		
607	Achats de marchandises	1 100 000	
401	Fournisseurs		1 100 000
	1 375 000 × 0,8 = 1 100 000		
	10/06/N		
607	Achats de marchandises	34 375	
52	Instrument de trésorerie		34 375
	(1 375 000 × 0,825) – 1 100 000 = 34 375		

Le 30 juin N, date de clôture de l'exercice, aucune provision n'est à enregistrer ;
- le risque est réduit si la perte maximale possible est limitée à un montant inférieur à ce qu'il pourrait être en l'absence de couverture. L'option de change figurant dans l'exemple 2 permet de limiter le risque de perte à 40 000 €, alors qu'en son absence, la perte maximale possible du point de vue théorique s'élève à 800 000 € [1 000 000 × (0,80 – 0)].

Au moment du règlement, l'écriture suivante est enregistrée :

	31/08/N		
401	Fournisseur	1 100 000	
52	Instrument de trésorerie	34 375	
512	Banque		1 134 375
	(1 375 000 × 0,825) – 1 100 000 = 34 375		

Exemple 2

Le cours du dollar, le 25 septembre, est de 1 $ = 0,80 €. Il s'établit à 1 $ = 0,74 € le 31 décembre N.

Le 31 décembre N, la créance sur l'entreprise étrangère est évaluée en fonction du dernier cours de change, soit 1 $ = 0,74 €. Toutefois, le risque de perte est limité à 40 000 € par l'option de change. Il s'élèverait à 60 000 € sans cette couverture [1 000 000 × (0,80 – 0,74)]. En conséquence, la provision pour risque de change est plafonnée à 40 000 €.

	31/12/N		
476	Différence de conversion - ACTIF	60 000	
411	Clients		60 000
	1 000 000 × (0,8 – 0,74) = 60 000		
6815	Dotation aux provisions d'exploitation	40 000	
1515	Provisions pour pertes de change		40 000
	1 000 000 × (0,8 – 0,76) = 40 000		

+

Fiscalement, l'écart de conversion actif de 60 000 € est déductible. Une déduction extra-comptable de ce montant doit être effectuée. En revanche, la dotation aux provisions d'exploitation de 40 000 € n'est pas déductible. Elle doit donc être réintégrée de manière extra-comptable.

Le résultat comptable est réduit de 40 000 € par la provision alors que le résultat fiscal diminue de 60 000 €.

Contexte SARL LA Tastewine

Comptabiliser les opérations du 12/12/N, 13/12 et 31/12/N. Quel est leur impact respectif sur le bilan et le résultat de l'entité ?

b) Les trois cas d'ajustement des provisions pour pertes de change

L'article 420-6 du PCG identifie deux situations nécessitant un ajustement obligatoire de la provision pour perte de change et une troisième pour laquelle l'ajustement n'est qu'optionnel :

› Voir texte de référence 3

- ajustement obligatoire :
  - opérations assorties d'une couverture de change,
  - lorsqu'une opération en devise sur laquelle est constatée une perte latente est qualifiée d'instrument de couverture ;

– ajustement facultatif :
- position globale de change constituée par des opérations de terme voisin.

Les opérations assorties d'une couverture de change

Exemple

Le 1er novembre N, la société Cliveur achète à crédit 100 000 $ de matières premières. Soucieuse de se couvrir, pour partie, contre une évolution défavorable du dollar, elle prête le jour même 80 000 $ à une société étrangère. Le règlement de l'achat de matières premières et l'encaissement du prêt sont prévus le 31 janvier N + 1. Le 1er novembre N, 1 $ = 0,80 €. Le 31 décembre N, 1 $ = 0,85 €.

Comptabilisation de l'achat de matières premières :

	1/11/N		
607	Achats de marchandises	80 000	
401	Fournisseurs		80 000
	100 000 × 0,8 = 80 000		

Comptabilisation du prêt :

	1/11/N		
274	Prêts	64 000	
512	Banque		64 000
	80 000 × 0,8 = 64 000		

À l'inventaire : constatation des écarts de conversion

	31/12/N		
476	Différence de conversion - ACTIF	5 000	
401	Fournisseurs		5 000
	100 000 × (0,85 – 0,80) = 5 000		
274	Prêts	4 000	
477	Différence de conversion - PASSIF		4 000
	80 000 × (0,85 – 0,80) = 4 000		

À l'inventaire, comptabilisation de la provision : la créance et la dette étant exprimées dans la même monnaie et de même échéance, le risque de perte est limité à 1 000 €. L'achat génère une perte latente de 5 000 €, qui est compensée par le gain latent de 4 000 € sur le prêt.

	31/12/N		
6815	Dotation aux provisions d'exploitation	1 000	
1515	Provisions pour pertes de change		1 000
	5 000 – 4 000 = 1 000		

+

Exemple

Fiscalement, l'écart de conversion actif de 5 000 € est déductible. Une déduction extra-comptable de ce montant doit être effectuée. L'écart de conversion passif de 4 000 € est imposable, ce qui nécessite une réintégration extra-comptable. En revanche, la dotation aux provisions d'exploitation de 1 000 € n'est pas déductible. Elle doit donc être réintégrée de manière extra-comptable. Le résultat comptable est réduit de 1 000 € par la provision et le résultat fiscal également.

Perte latente sur une opération qualifiée d'instrument de couverture conformément à l'article 628-7

S'agissant d'une opération de couverture, la perte latente constatée sur l'instrument de couverture doit être reconnue au compte de résultat sur la durée de vie résiduelle de l'élément couvert de manière symétrique au mode de comptabilisation des produits et charges sur cet élément. En conséquence, aucune provision n'est enregistrée.

Position globale de change constituée par des opérations de terme voisin

Cette dérogation permet donc de ne pas respecter les principes comptables de non-compensation et de prudence en neutralisant les pertes latentes de change réalisées sur certaines opérations avec les gains latents réalisés sur d'autres.

Le règlement ANC 2015-05 a apporté des précisions quant à l'application de cette dérogation. En effet, les points suivants ont été ajoutés à l'ancien article 420-6 :

- la position doit être déterminée devise par devise ;
- les opérations de couverture et les éléments couverts sont exclus de cette position ;
- l'échéance des éléments inclus dans la position doit être comprise dans le même exercice comptable ;
- ne doivent être inclus dans la position que des éléments réalisables (notamment des créances, dettes, instruments financiers à terme) ;
- la position est utilisée uniquement pour la détermination de la provision.

Exemple

Le 31 décembre N, dans les comptes de la société Schayker figurent une créance de 100 000 dollars, dont l'échéance est fixée au 31/01/N + 1, et une dette de 280 000 dollars payable le 28 février N + 1. La créance correspond à une vente effectuée le 5 octobre N et la dette à une acquisition de matières premières à crédit réalisée le 15 novembre N.

Le tableau ci-dessous résume l'évolution du cours du dollar depuis le 5 octobre N :

Dates	Cours du dollar
5 octobre N	1 $ = 0,74
15 novembre N	1 $ = 0,78
31 décembre N	1 $ = 0,81

La valeur initiale de la créance est de 100 000 × 0,74 = 74 000 €.

La valeur initiale de la dette s'élève à 280 000 × 0,78 = 218 400 €

Le 31 décembre N, la créance évaluée sur la base du dernier cours de change est de 100 000 × 0,81 = 81 000 €.

Celle de la dette s'établit à 280 000 × 0,81 = 226 800 €.

L'entreprise Schayker bénéficie d'un gain latent de 7 000 € sur sa créance en raison de la hausse du dollar par rapport à l'euro, en revanche sa dette s'est accrue de 8 400 €. Elle constate donc un écart de conversion actif de 8 400 € sur sa dette et un écart de conversion passif de 7 000 € sur sa créance.

Pour la provision pour perte de change, deux possibilités s'offrent à l'entreprise :

- appliquer la règle générale, qui consiste à doter la provision du montant de l'écart de conversion actif, soit dans le cas de l'entreprise Schayker de 8 400 €,
- ou, la créance et la dette étant stipulées dans la même devise et d'échéances appartenant au même exercice, recourir à la dérogation prévue en matière de position globale de change, qui permet de compenser la perte latente de 8 400 € et le gain latent de 7 000 €, et de ne constituer une provision qu'à hauteur de 1 400 €.

c) Autres exemples

Cas pratique n° 1

Le 5 juin N, l'entreprise Martin reçoit une commande de 100 000 articles d'une entreprise américaine. Cette dernière souhaite être livrée le 31 août, facturée en dollars et payer fin octobre. Si l'entreprise Martin accepte cette commande, elle doit obtenir l'accord du client sur le prix proposé et mettre immédiatement en fabrication ces produits. Cette opération d'exportation n'est pas soumise à la TVA. Le 6 juin, le cours du dollar est de 1 € = 1,3 $. L'entreprise Martin, qui facture habituellement ses articles 2 € l'unité, souhaite être certaine d'encaisser au moins 200 000 €. Informée de la possibilité de vendre ses dollars à terme au cours de 1 $ contre 0,75 €, elle décide de fixer le prix de vente de cette commande à 266 670 $. Elle obtient immédiatement l'accord de son client et met en place l'opération de couverture. Pour l'entreprise Martin, la vente et la couverture constituent une opération unique. Tant que la vente n'est pas comptabilisée, la couverture constitue un engagement hors bilan (l'entreprise a donné l'engagement de vendre 266 670 $ au cours de 0,75 € par dollar et a reçu l'engagement de recevoir des euros). Lors de l'enregistrement comptable de la vente, le 31 août N, celle-ci est comptabilisée au cours du jour, soit 1 $ contre 0,72 € et le résultat latent de la couverture (266 670 × (0,75 – 0,72), soit 8 000 €) également :

Enregistrements comptables

	31/08/N		
411	Clients	192 000	
701	Ventes de produits finis		192 000
52	Instrument de trésorerie	8 000	
701	Ventes de produits finis		8 000

Cas pratique n° 2

Une entité acquiert en N, pour quelques mois, les titres cotés d'une société étrangère au prix de 1 000 ME (ME est une monnaie étrangère). Pour se couvrir contre l'évolution défavorable de ME par rapport à l'euro, l'entité vend à terme 1 000 ME au cours de 1 € = 0,9 ME. Le jour de l'achat des titres le cours s'établit à 1 € = 0,9 ME également.

Hypothèse 1 : à la clôture de l'exercice N, le cours s'élève à 1 € = 0,85 ME et le cours des titres est de 1 100 ME.

Hypothèse 2 : à la clôture de l'exercice N, le cours s'élève à 1 € = 1,1 ME et le cours des titres s'établit à 900 ME.

Hypothèse 3 : à la clôture de l'exercice N, le cours s'élève à 1 € = 0,8 ME et le cours des titres s'établit à 1 020 ME.

Enregistrements comptables

Acquisition du titre :

503	Actions	900	
512	Banque		900

Hypothèse 1 : les titres valent 1 100 × 0,85 € = 935, mais avec la vente à terme 1 000 ME seront vendus pour un équivalent de 900 € et les 100 supplémentaires à 0,85 € l'unité à ce cours, soit 85 €. Le total perçu sera de 985 €. Le risque est totalement couvert. Aucun gain latent n'est enregistré.

Hypothèse 2 : les titres valent 900 × 1,10 € = 990, mais avec la vente à terme ces 900 ME seront vendus pour un équivalent de 810 € (900 × 0,9), et les 100 supplémentaires seront acquis au cours de 1,1 et cédés au prix de 0,9, soit une perte de 20. La couverture est imparfaite car seuls 900/1 000 (90 %) du contrat de vente à terme sont utilisables pour cette couverture. La variation de valeur du dérivé non qualifié de couverture doit être enregistrée (au bilan) par contrepartie de comptes de régularisation et donner lieu à une provision pour risque.

4786 52	Différence d'évaluation Instrument de trésorerie	20	 20
686 15	Dotation financière Provision pour risque	20	 20

Nous constatons une perte latente de 180 [900 × (1,1-0,9)] sur la vente à terme efficace et un gain latent sur les titres de 90 [(900 × 1,1) – (1 000 × 0,9)]. Il convient donc d'enregistrer une dépréciation de 90 (180 – 90).

686 5903	Dotation financière Dépréciation des actions	90	 90

Hypothèse 3 : les titres valent 1 020 × 0,80 € = 816, mais avec la vente à terme 1 000 ME seront vendus pour un équivalent de 900 € (1 000 × 0,9) et les 20 supplémentaires à 0,8 soit à 16. La couverture est parfaite car les 1 000 ME initialement investis sont couverts par le contrat de vente à terme. L'entité devrait récupérer 916 €. Aucune dépréciation de titre n'est à constater. La variation de valeur du dérivé qualifié de couverture ne doit pas être enregistrée au bilan.

Correction contexte SARL LA Tastewine

1. Comptabilisation des opérations du 13/01 et 31/03

13/01/N

607 401	Achats de marchandises Fournisseurs 1 200 × 25,40 × 0.63 = 19 202,40	19 202,40	 19 202,40

13/03/N

401 512 756	Fournisseur Banque Gains de change 17 678,40 € = 1 200 × 25.40 × 0.58	19 202,40	 17 678,40 1 524,00

Grâce au gain de change, le résultat comptable (avant impôt) augmente de 1 524,00€.

2. Comptabilisation des opérations du 21/11/N et 31/12

21/11/N

411 701	Clients Ventes de produits finis 152 064 € = 172 800 × 0,88	152 064	 152 064

Le 31 décembre N, la créance est évaluée sur la base du dernier cours de change :

31/12/N

411 477	Clients Différence de conversion – PASSIF 172 800 × 0.91 – 152 064 = 5 184€	5 184	 5 184

Le gain latent de change n'a aucun impact sur le résultat comptable.

3. Comptabilisation des opérations du 15/12 et 31/12

Compte	Libellé	Débit	Crédit
	15/12/N		
5124	Comptes en devises	8 925	
5121	Comptes en monnaie nationale		8 925
	$10\,500 \times 0.85 = 8\,925$ €		
	31/12/N		
5124	Comptes en devises	630	
766	Gain de change		630
	$10\,500 \times (0.91 - 0.85) = 630$ €		

Remarque : fiscalement, le gain de change comptabilisé est imposable.

4. Comptabilisation des opérations des 12/12 et 13/12/N

Compte	Libellé	Débit	Crédit
	12/12/N		
411	Clients	840 000	
701	Ventes de produits finis		840 000
	de $105\,000\,000 \times 1/125 = 840\,000$ €		
	13/12/N		
707	Ventes de marchandises	15 000	
52	Instrument de trésorerie		15 000
	$75\,000\,000/125 - 75\,000\,000 \times 0.0078 = 15\,000$		
	31/12/N		
476	Différence de conversion – ACTIF	90 000	
411	Clients		90 000
	$105\,000\,000 \times (1/125 - 1/140) = 90\,000$		
6815	Dotation aux provisions d'exploitation	25 714	
1515	Provisions pour pertes de change		25 714
	$30\,000\,000 \times (1/125 - 1/140) = 25\,714$		

Synthèse

Évaluation lors de l'entrée dans le patrimoine	Pas de couverture préalable	Le coût d'entrée est converti en monnaie nationale au cours du jour de l'opération.
	Couverture	L'effet de la couverture est intégré à la valeur d'entrée de l'actif. Les frais engagés pour mettre en place les couvertures peuvent être intégrés au coût d'acquisition.
Évaluation lors du règlement		Les différences éventuelles de taux de conversion donnent, le cas échéant, naissance à des différences de change enregistrées en résultat financier : – au débit du compte 656 ou 666. Pertes de change, en cas de pertes de change ; – au crédit du compte 756 ou 766. Gains de change, en cas de gains de change.
Évaluation à l'inventaire	Constatation des écarts de conversion	Les créances et les dettes en monnaies étrangères sont converties et comptabilisées en monnaie nationale sur la base du dernier cours du change. Les différences de conversion sont inscrites : – au débit du compte 476. Différence de conversion - ACTIF, en cas de perte de change latente ; – au crédit du compte 477. Différence de conversion - PASSIF, en cas de gain de change latent.
	Constatation d'une provision pour pertes de change	– En l'absence de couverture : comptabilisation d'une provision pour pertes de change d'un montant égal à l'écart de conversion actif par le débit du compte 6815 ou 6865. Dotations aux provisions financières et le crédit du compte 1515. Provisions pour pertes de change ; – en présence d'une couverture prise après l'opération couverte : ajustement des provisions lorsque les circonstances suppriment ou réduisent le risque de change. Le PCG identifie trois situations justifiant un ajustement obligatoire ou facultatif de la provision pour perte de change : • ajustement obligatoire : – des opérations assorties d'une couverture de change ; – lorsqu'une opération en devise sur laquelle est constatée une perte latente est qualifiée d'instrument de couverture. • ajustement facultatif : – de la position globale de change constituée par des opérations de terme voisin.

Références

- Code de commerce – articles L. 123-22 et R. 123-196.

1 **PCG – article 420-1**

Le coût d'entrée des immobilisations incorporelles et corporelles et stocks exprimé en monnaie étrangère est converti en monnaie nationale au cours du jour de l'opération.

En cas d'acquisition d'actif en monnaie étrangère, le taux de conversion utilisé est le taux de change à la date d'entrée. En cas de couverture de cette acquisition, l'effet de la couverture est intégré à la valeur d'entrée de l'actif. Les frais engagés pour mettre en place les couvertures et les éléments prévus aux articles 628-12 et 628-13 peuvent également être intégrés au coût d'acquisition.

Les amortissements et, s'il y a lieu, dépréciations sont calculés sur cette valeur.

2 **PCG – article 420-5**

Les créances et les dettes en monnaies étrangères sont converties et comptabilisées en monnaie nationale sur la base du dernier cours du change. Lorsque l'application du taux de conversion à la date de clôture de l'exercice a pour effet de modifier les montants en monnaie nationale précédemment comptabilisés, les différences de conversion sont inscrites à des comptes transitoires, en attente de régularisations ultérieures :

– à l'actif du bilan pour les différences correspondant à une perte latente ;

– au passif du bilan pour les différences correspondant à un gain latent.

Les pertes de change latentes entraînent à due concurrence la constitution d'une provision pour risques, sous réserve des dispositions particulières de l'article 342-6.

3 **PCG – article 420-6**

Lorsque les circonstances suppriment en tout ou partie le risque de perte, les provisions sont ajustées en conséquence. Il en est ainsi dans les cas suivants :

1. Lorsque l'opération traitée en devises est assortie par l'entité d'une opération symétrique destinée à couvrir les conséquences de la fluctuation du change, appelée couverture de change conformément à l'article 628-6, la provision n'est constatée qu'à concurrence du risque non couvert.

2. Lorsqu'une opération en devise sur laquelle est constatée une perte latente est qualifiée d'instrument de couverture conformément à l'article 628-7, celle-ci ne donne lieu à aucune provision.

3. Lorsque pour des opérations dont les termes sont suffisamment voisins, les pertes et les gains latents peuvent être considérés comme concourant à une position globale de change, le montant de la dotation peut être limité à l'excédent des pertes sur les gains. Il est précisé que :

– la position doit être déterminée devise par devise ;

– les opérations de couverture et les éléments couverts sont exclus de cette position ;

- l'échéance des éléments inclus dans la position doit être comprise dans le même exercice comptable ;
- ne doivent être inclus dans la position que des éléments réalisables (notamment des créances, dettes, instruments financiers à terme) ;
- la position est utilisée uniquement pour la détermination de la provision.

Applications

Comprendre les notions

Application 1 QCM

Retrouvez la ou les réponses exactes.

1. En cas d'acquisition d'actif en monnaie étrangère, le taux de conversion utilisé est :
- ☐ en principe, le taux de change à la date d'entrée.
- ☐ le taux de change de la couverture si celle-ci a été prise avant l'opération.
- ☐ le taux moyen de change de l'exercice.

2. Les pertes de change réalisées sur des opérations de nature commerciale sont comptabilisées :
- ☐ au débit du compte 476. Différence de conversion – ACTIF.
- ☐ au crédit du compte 477. Différence de conversion – PASSIF.
- ☐ au débit du compte 656. Pertes de change.
- ☐ au crédit du compte 756. Gains de change.

3. Les pertes de change latentes sur des opérations de nature financière sont comptabilisées :
- ☐ au débit du compte 476. Différence de conversion – ACTIF.
- ☐ au crédit du compte 477. Différence de conversion – PASSIF.
- ☐ au débit du compte 666. Pertes de change.
- ☐ au crédit du compte 766. Gains de change.

4. Les gains de change latents sur des opérations de nature commerciale sont comptabilisés :
- ☐ au débit du compte 476. Différence de conversion – ACTIF.
- ☐ au crédit du compte 477. Différence de conversion – PASSIF.
- ☐ au débit du compte 666. Pertes de change.
- ☐ au crédit du compte 766. Gains de change.

5. Les écarts de conversion actifs comptabilisés :
- ☐ donnent systématiquement lieu à la comptabilisation d'une provision d'un montant identique.
- ☐ peuvent donner lieu à la comptabilisation d'une provision d'un montant inférieur.
- ☐ peuvent donner lieu à la comptabilisation d'une provision d'un montant supérieur.

6. Les liquidités ou exigibilités immédiates en devises existant à la clôture de l'exercice sont converties en monnaie nationale sur la base du dernier cours de change au comptant. Les écarts de conversion constatés sont comptabilisés dans le compte de résultat de l'exercice :
- ☐ Vrai
- ☐ Faux
- ☐ Cela dépend

7. Lorsque les circonstances suppriment en tout ou partie le risque de perte :
- ☐ les provisions sont ajustées en conséquence.
- ☐ les différences de conversion ne sont pas constatées.
- ☐ les provisions ne sont pas constatées.

8. Dans les situations suivantes les provisions doivent ou peuvent être ajustées :

- ☐ Lorsque l'opération traitée en devises est assortie par l'entité d'une opération symétrique destinée à couvrir les conséquences de la fluctuation du change, appelée couverture de change, la provision n'est constituée qu'à concurrence du risque non couvert.
- ☐ Lorsque l'opération est exprimée dans une devise d'un pays en état d'hyperinflation.
- ☐ Lorsqu'un emprunt en devises, sur lequel est constatée une perte latente, est affecté à l'acquisition d'immobilisations situées dans le pays ayant pour unité monétaire la même devise que celle de l'emprunt, ou à l'acquisition de titres représentatifs de telles immobilisations, il n'est pas constitué de provision globale pour la perte latente attachée à l'emprunt affecté.
- ☐ Lorsque des plus-values latentes sur des biens immobiliers compensent les pertes latentes sur des créances ou des dettes en monnaies étrangères.
- ☐ Lorsque pour des opérations dont les termes sont suffisamment voisins les pertes et les gains latents peuvent être considérés comme concourant à une position globale de change, le montant de la dotation peut être limité à l'excédent des pertes sur les gains.
- ☐ Lorsque l'entreprise victime d'une perte latente de change estime qu'il serait néfaste à son image de l'annoncer aux tiers.

Mettre en œuvre les compétences

Application 1 Opération en devises sur un exercice, sans couverture

Compétences attendues : C1, C2 et C3

Le 14/09/N, l'entreprise Maillard achète à crédit 200 000 téléphones portables à un fournisseur asiatique. La commande s'élève à 75 000 000 JPY. Le jour de l'opération, le cours du yen est le suivant : 1 JPY = 0,0070 €. Le 31/10/N, l'entreprise Maillard achète les 75 000 000 JPY et les transmet à son fournisseur. Le taux de conversion est le suivant :

– hypothèse n° 1 : 1 JPY = 0,0067 € ;
– hypothèse n° 2 : 1 JPY = 0,0078 €.

Pour chaque hypothèse :

1. **Enregistrez la facture puis le règlement au journal de l'entreprise Maillard.**
2. **Indiquez si l'entreprise Maillard a eu raison de ne pas couvrir son acquisition par un achat à terme de JPY au cours de 1 JPY = 0,0070 €.**

Application 2 Opération en devises sur un exercice, avec couverture

Compétences attendues : C1, C2 et C3

Le 22/06/N, l'entreprise Collin commande 20 000 articles à une entreprise américaine pour un montant de 100 000 $. La livraison est prévue le 30/09/N et le règlement en dollars le 15/12/N. Le 25/06, l'entreprise Collin achète à terme les 100 000 $ au cours de 1 $ = 0,72 € alors que le cours au comptant est égal à 1 $ = 0,70 €. Le 2/10/N, elle reçoit les marchandises et la facture liée. À cette date, le cours du dollar s'élève à 1 $ = 0,75 €. Le 15/12/N, elle achète les 100 000 $ au cours prévu par le contrat à terme et règle son fournisseur.

1. **Indiquez si l'entreprise Collin a eu raison de couvrir son acquisition par un achat à terme.**
2. **Enregistrez la facture puis le règlement au journal de l'entreprise Collin.**

À prendre en compte :

- **les notions de report et déport :** en règle générale, le cours de change à terme est différent du cours de change au comptant. Cet écart se mesure en points.
  Si le cours à terme est supérieur au cours comptant, on dit que le cours à terme est en report.
  Si le cours à terme est inférieur au cours comptant, on dit que le cours à terme est en déport.
  Si le cours à terme est égal au cours comptant, on dit que le cours à terme est au pair.
  Cet écart a une nature financière et correspond en quelque sorte à un coût financier (intérêts), car l'organisme financier qui vend à terme une devise à terme a emprunté pour l'acquérir au comptant (intérêts à payer), puis l'a placée (intérêts perçus) en attendant de la livrer ;
- **les principes de comptabilisation :** dans le cas d'une couverture quasi parfaite, le report/déport peut être étalé dans le compte de résultat sur la période de couverture dans un compte financier ou constaté en résultat de manière symétrique au résultat de l'élément couvert (méthode retenue par l'entreprise Collin).

Entraînement à l'examen

1 Couvertures, spéculations et opérations en dollars

Compétences attendues : C1, C2 et C3

Cet exercice est à réaliser sans calculatrice.

La *start-up* française Isaweb, spécialisée dans la vente de matériels électroniques, a réalisé plusieurs opérations libellées en dollars US. Le comptable de la société n'étant pas habitué à ce type d'opérations, il vous demande de lui indiquer les traitements comptables à effectuer au titre de l'exercice N.

Travail à faire :

À partir de l'annexe, vous traiterez les questions posées.

1. Expliquez en quelques lignes l'objectif de l'opération du 7 novembre.
2. Comptabilisez au journal de la société Isaweb, en négligeant la TVA, toutes les écritures de l'exercice N relatives à ces opérations en envisageant toutes les possibilités offertes par le PCG.

Annexe 1

Opération 1 :

Le 27 octobre N, l'entreprise a acheté à crédit 100 000 ordinateurs portables à un fournisseur coréen. La commande s'élève à 50 000 000 $.

Le jour de l'opération, le cours du dollar s'établit à : 1 $ = 0,9 €.

Les ordinateurs sont réceptionnés le 5 novembre et seront réglés le 31 décembre N.

Le 5 novembre, le cours du dollar s'établit à : 1 € = 1,25 $.

Le 7 novembre, l'entreprise Isaweb achète à terme 25 000 000 $ au cours de 1 $ = 0,85 € alors que le cours de change au comptant s'établit à 1 $ = 0,82 €.

Le 31/12, le règlement est effectué. Le cours de change au comptant s'établit à 1 $ = 1 €.

Annexe 2

Opération 2 :

Le 23 novembre N, l'entreprise vend 200 drones à une entreprise américaine pour un montant de 200 000 $.

La livraison est effectuée et facturée le 28/11/N. Ce jour, le cours du dollar s'élève à 1 $ = 0,85 €.

Le règlement a lieu en dollars le 31/12/N. Le cours s'établit alors à 1 € = 1 $.

2 Exercice de synthèse

Compétences attendues : C1, C2 et C3

1. Dans quelle(s) situation(s) une entreprise est-elle amenée à comptabiliser :

a. Des pertes de change ?

b. Des écarts de conversion actif ?

c. Des écarts de conversion passif ?

d. Une provision pour perte de change ?

2. Dans quelle(s) situation(s) une provision pour perte de change est-elle d'un montant différent de l'écart de conversion actif ?

3. Pourquoi peut-on dire :

a. Qu'une provision pour perte de change ne satisfait pas à toutes les conditions requises pour être qualifiée de passif (bien qu'elle soit comptabilisée comme telle) ?

b. Qu'un écart de conversion actif ne satisfait pas à toutes les conditions requises pour être qualifiée d'actif (bien qu'il soit comptabilisé comme tel) ?

c. Qu'appelle-t-on opération de couverture ?

CHAPITRE

12

La constitution des sociétés

Compétences attendues	Savoirs associés
– Exposer et appliquer les règles relatives aux opérations de variation des capitaux propres des sociétés selon leur forme juridique. (C1) – Évaluer et comptabiliser les variations de capitaux propres dans les comptes individuels. (C2) – Analyser les conséquences d'un choix de comptabilisation, notamment sur la présentation des comptes annuels, dans une situation donnée. (C3) – Présenter les informations à fournir en annexe (C4)	– Variations du capital : – apports initiaux ; – traitement comptable des frais liés aux opérations sur le capital ; – cas particuliers : apports partiellement libérés et leurs appels ultérieurs, versements anticipés et actionnaires retardataires ou défaillants.

Contexte professionnel

Laurent Morse et Guillaume Braille ont suivi les mêmes études depuis le collège et partagé leurs deux passions : la musique et l'informatique.

Ils ont eu leurs premiers contacts avec le monde de l'entreprise lors de stages réalisés durant en DUT d'informatique et en licence professionnelle et ont su faire apprécier très vite leurs compétences associées à leur créativité.

Lors de leurs premiers emplois salariés, ils ont réalisé les fonds sonores de plusieurs jeux vidéo et obtenu une récompense pour leur première illustration musicale d'un film d'animation.

Forts de ces expériences, et en compagnie de plusieurs autres passionnés, ils envisagent de créer une société qui leur offre une autonomie créatrice et leur permette de proposer leurs services à de grands studios. Plus férus de musique que de droit ou de gestion, ils s'adressent au cabinet dans lequel vous êtes employé pour obtenir un maximum de renseignements et pour les accompagner dans la réalisation de leur projet.

Raison sociale	Créa-Son
Capital social	100 000 € 2 associés principaux (25 % du capital chacun)
Siège social et exploitation	Zone d'activités avancées de Metz – Hauts de Blémont
Activité	Créations musicales pour toutes activités de l'image
Dirigeant	Les deux associés principaux : M. Morse et M. Braille
Exercice comptable	Correspond à l'année civile sauf le premier exercice raccourci

Ce chapitre traite de la constitution des principales sociétés, donc des apports effectués par les associés. La création d'une société fait appel à des connaissances relevant de plusieurs domaines. Seules les règles fondamentales relatives à la comptabilisation de la constitution seront abordées, les autres éléments relevant en particulier du droit des sociétés et du droit fiscal.

I Les règles juridiques de constitution des sociétés

La décision de créer une entreprise nécessite une réflexion sur la structure juridique à adopter. Ce choix découle des capitaux nécessaires à la création et au développement de l'entreprise et du degré de liberté que veut se donner le créateur dans la prise de décision. Le créateur doit également tenir compte du degré de sa responsabilité, de son régime d'imposition et de son statut social.

A) La terminologie

1. Les apports des associés

L'associé est la personne physique ou morale qui effectue un apport, soit en numéraire (versement de fonds), soit en nature. En contrepartie de cet apport, il reçoit un droit de propriété sur l'ensemble des actifs apportés qui est fonction de la proportion de son apport dans les apports totaux réalisés par l'ensemble des associés. Ce droit de propriété est représenté par une part dans le capital de la société créée, sous la forme de titres qui prennent le nom de « parts sociales » ou « actions », selon la forme de la société.

Exemple

A et B créent une société. A apporte 50 000 € en numéraire par versement sur le compte bancaire de la société créée. B apporte un immeuble (construction) évalué à 120 000 € auquel est rattaché un emprunt de 40 000 € qui est pris en charge par la société créée.

L'apport en numéraire de A constitue un apport en capital de 50 000 €.

L'apport de 120 000 € de B se décompose en deux parties (on parle alors d'apport mixte) :

- un apport de 40 000 € qui est grevé d'un passif, sous la forme d'un emprunt, appelé « apport à titre onéreux », qui ne constitue pas un apport en capital ;
- un apport de 120 000 – 40 000 = 80 000 €, appelé « apport pur et simple », qui constitue l'apport en capital.

Le capital de la société est donc égal à 50 000 + 80 000 = 130 000 €.

Le bilan au jour de la constitution de la société est le suivant :

ACTIF		PASSIF	
Constructions Banque	120 000 50 000	Capital social Emprunts	130 000 40 000
	170 000		**170 000**

2. Les statuts de la société

Les statuts constituent le pacte social qui lie les associés entre eux et fixe les règles de fonctionnement de la société autres que celles résultant de l'application directe de la loi. Les apports sont mentionnés dans les statuts.

C'est à compter de la signature des statuts par les associés que la société est réputée constituée, même si elle ne bénéficie de la personnalité morale qu'à compter de son immatriculation au Registre du commerce et des sociétés.

B) Les formes et les caractéristiques des sociétés commerciales

1. La classification des sociétés commerciales

L'approche la plus courante dans la classification des sociétés commerciales prend comme critère la responsabilité des associés limitée ou non au montant de leurs apports. La notion d'*intuitu personae*, c'est-à-dire de la prépondérance de la personne sur les capitaux, n'est plus significative depuis l'apparition des sociétés à associé unique.

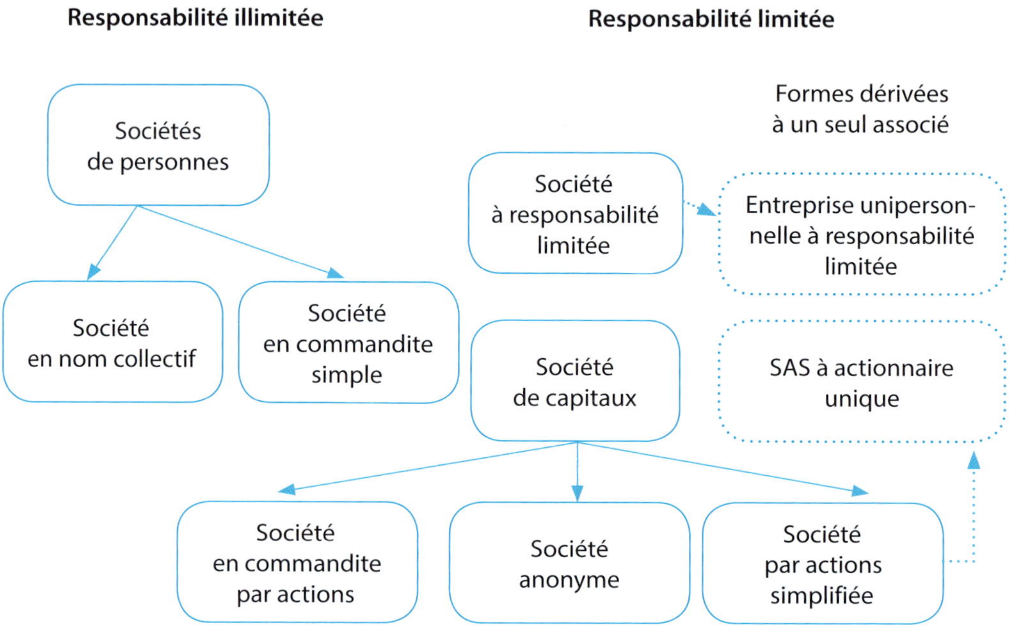

2. Les principales caractéristiques des sociétés commerciales

a) Les sociétés de personnes

Elles sont créées essentiellement en considération de la personnalité des associés :
- associés en nom d'une SNC (société en nom collectif) ;
- commandités d'une SCS (société en commandite simple).

Caractéristiques	SNC	SCS
Nombre d'associés	Au moins deux. Aucun maximum.	Au moins un commandité et un commanditaire.
Capital social	Aucun minimum n'est fixé. Il est divisé en parts sociales.	Aucun minimum n'est fixé. Il est divisé en parts sociales.

b) Les SARL et EURL

L'entreprise unipersonnelle à responsabilité limitée (EURL) et la société à responsabilité limitée (SARL) sont une forme hybride à mi-chemin entre les sociétés de personnes (importance des associés) et les sociétés de capitaux (responsabilité limitée aux apports). Elles constituent un cadre adapté aux petites et moyennes entreprises.

Caractéristiques	EURL	SARL
Nombre d'associés	Un seul.	Minimum de 2 et maximum de 100.
Capital social	Aucun minimum n'est fixé, sans qu'il puisse être nul.	Aucun minimum n'est fixé sans qu'il puisse être nul. Il est divisé en parts sociales.

Un entrepreneur individuel peut opter pour le statut d'entreprise individuelle à responsabilité limitée (EIRL). Cette entité n'est pas assimilée juridiquement à une société même si son régime fiscal le range dans la catégorie des sociétés. Ses règles de fonctionnement et de comptabilisation peuvent être alignées sur celles de l'EURL.

c) Les sociétés de capitaux

Ce sont des sociétés dont le régime n'est pas fondé sur la personnalité des associés. Les sociétés anonymes (SA) ont la possibilité d'émettre des valeurs mobilières cotées sur un marché réglementé. La société par actions simplifiée (SAS) et la société par actions simplifiée unipersonnelle (SASU) peuvent être créées par une ou plusieurs personnes physiques ou morales et se caractérisent par un formalisme léger et une relative liberté statutaire. Les sociétés en commandite par actions (SCA), relativement rares, sont formées entre un ou plusieurs commandités, commerçants et responsables indéfiniment des dettes sociales et des actionnaires, apporteurs de fonds.

Caractéristiques	Société anonyme	SAS et SASU
Nombre d'associés	Minimum de 2 ou 7 dans les sociétés cotées.	Au moins un associé.
Capital social	Il est divisé en actions. Son montant doit être de 37 000 € au minimum.	Il est divisé en actions. Aucun montant minimum. L'offre au public de titres financiers n'est pas possible.

C Les formalités juridiques de constitution

Le formalisme de la constitution est plus ou moins lourd selon le type de société créé. Dans tous les cas, les étapes suivantes doivent être respectées :

1. établissement d'un projet de statuts signé par les fondateurs avec publication d'une notice dans le cas d'appel public à l'épargne ;
2. souscription intégrale du capital par les associés, qui correspond à un engagement de ceux-ci à participer au capital de la société, même si les versements en numéraire peuvent être fractionnés ;
3. dépôt des fonds chez un notaire, à la Caisse des dépôts et consignations ou sur un compte bloqué d'un établissement de crédit ;

4. signature des statuts et première réunion des organes de direction ; pour la constitution d'une société anonyme émettant des valeurs mobilières admises sur un marché réglementé, cette phase est précédée par la réunion d'une assemblée constitutive qui désigne les membres des organes de direction ;
5. enregistrement des statuts, formalités de publicité et immatriculation de la société au Registre du Commerce et des Sociétés (RCS) ;
6. déblocage des fonds.

Ces étapes conditionnent l'ordre des écritures de constitution qui devront respecter la chronologie de constitution de la société.

D) Les différentes catégories d'apports

Il existe deux ou trois catégories d'apports selon la forme de la société :

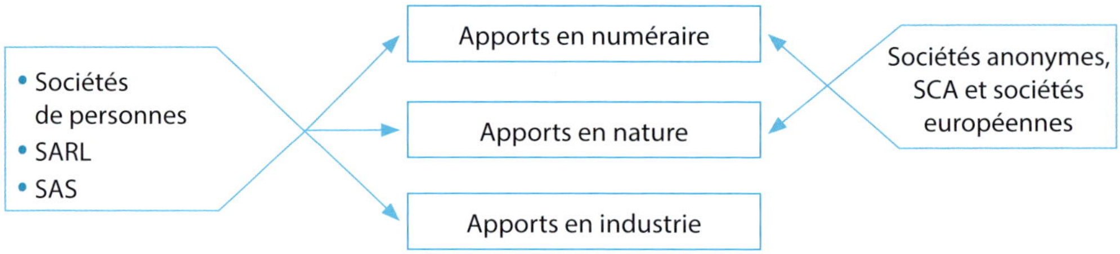

Les apports en numéraire et en nature donnent lieu à la remise d'actions ou de parts sociales qui peuvent ou non être exprimées en valeur nominale (Code de commerce – articles 228-7 et 228-8).

› Voir texte de référence 1

Les apports en industrie n'entrent pas dans la formation du capital social.

Exemple

Une société anonyme est créée avec un capital de 100 000 €. M. A effectue des apports à hauteur de 12 000 €.
- Si les statuts précisent que les actions ont une valeur nominale de 10 €, M. A recevra en échange de son apport 12 000 / 10 = 1 200 actions sur un total de 10 000 actions.
- Si les statuts ne fixent pas de valeur nominale de l'action, M. A possèdera 12 000 / 100 000 du capital.

1. Les apports en numéraire

Ils sont effectués en échange d'actions ou de parts sociales de numéraire. Seule une partie de l'apport de chaque associé doit obligatoirement être versée à la constitution de la société (elle porte le nom de capital appelé). Le reste des apports en numéraire sera libéré ultérieurement, en une ou plusieurs fractions.

	Sociétés de personnes	SARL	Sociétés de capitaux
Fraction minimale à libérer à la constitution	Fixée par les statuts.	1/5 de chaque apport ou du nominal de chaque part.	1/2 de chaque apport ou du nominal de chaque action.
Délai de libération totale du reste des apports	Fixé par les statuts.	Dans un délai de 5 ans à compter de l'immatriculation de la société au RCS.	

Chaque actionnaire peut verser un montant supérieur à celui qui a été appelé ; ce versement supplémentaire, souvent effectué par les associés dirigeants, est appelé « versement anticipé ».

2. Les apports en nature

Ils concernent des éléments d'actif autres que du numéraire (immeuble, fonds commercial, matériel, stocks, créances, etc.) et peuvent être grevés d'un passif (emprunts, dettes fournisseurs, etc.). L'apport net d'un associé, rémunéré par des actions ou parts sociales, est la différence entre les actifs et passifs apportés. Quelle que soit la société commerciale, l'apport en nature fait l'objet d'une évaluation dans les statuts. Les apports en nature doivent obligatoirement être intégralement libérés dès la constitution de la société.

3. Les apports en industrie

Ils représentent les connaissances techniques ou professionnelles apportées par un associé. Ces apports donneront lieu à versement d'une partie du bénéfice, mais ils n'entrent pas dans la formation du capital.
Les apports en industrie sont interdits dans les sociétés anonymes.

Contexte Créa-Son

Laurent Morse et Guillaume Braille vous indiquent, lors d'un premier entretien, leurs souhaits et leurs possibilités pour la création de la société :

- leurs apports personnels pourraient être de 25 000 € chacun ; les besoins de la société à créer sont estimés à 100 000 € pour une première période de quelques années et ils n'envisagent pas d'emprunt au cours des douze premiers mois ; les 50 000 € complémentaires peuvent être apportés par des connaissances et des membres des familles (environ dix personnes) sans qu'il soit nécessaire de faire appel à des investisseurs institutionnels ;
- ils souhaitent diriger conjointement la société et laisser la possibilité à chacun de se retirer en cas de problèmes ou changements de vie, sans que cela remette en cause la pérennité de la société.

Vous leur indiquez que vous excluez a priori le choix d'une société de personnes ainsi que celui de la constitution d'une société anonyme et vous pensez les diriger vers une SARL ou une SAS.

En fonction des souhaits des futurs associés et du contexte de la création de la société, justifiez votre premier choix de ne pas proposer les sociétés de personnes ou la SA.

Exposez brièvement aux associés, dans un tableau comparatif, les modalités de constitution d'une SARL ou d'une SAS.

II Comptabilisation des opérations de constitution des sociétés

La comptabilisation des opérations de constitution d'une société doit refléter les différentes étapes obligatoires découlant des formalités de constitution :

- promesses d'apports : engagement des associés dans la formation du capital ;
- appel du capital : demande de versement total ou partiel des apports ;
- libération des apports : versements effectifs des associés.

En outre, les frais engagés relatifs à la constitution peuvent faire l'objet de deux méthodes comptables de traitement.

A) Le traitement comptable des frais de constitution

La constitution d'une société entraîne des frais : honoraires, frais d'actes et de publicité légale et éventuellement droits d'enregistrement.

Deux solutions sont envisageables pour leur comptabilisation (PCG – article 212-9).

›Voir texte de référence 2

1. La méthode de référence du PCG

Le Plan comptable général pose comme méthode de référence l'inscription des frais de constitution dans les comptes de charges par nature correspondant aux dépenses engagées. Cette méthode est privilégiée par le normalisateur car ne peuvent être constatées à l'actif les dépenses ne générant pas d'avantages économiques futurs.

Exemple

Une SARL est créée le 1er mars N. Les frais de constitution, payés par chèque, sont les suivants :
- honoraires du notaire : 2 000 € HT ;
- frais d'actes et de publicité : 1 000 € HT.

	1/03/N		
6226	Honoraires	2 000	
6227	Frais d'actes et de contentieux	1 000	
44566	TVA sur autres biens et services	600	
512	Banque		3 600

2. L'étalement des frais de constitution

Le PCG autorise l'inscription des frais de constitution à l'actif du bilan de l'entreprise, en frais d'établissement. Ils sont alors amortis sur une durée maximale de 5 ans, ce qui permet une répartition de la charge sur l'exercice de constitution et les exercices ultérieurs.

Cette inscription des charges au bilan entraîne une contrainte pour l'entreprise au niveau de la distribution des résultats. En effet, aucune distribution n'est possible tant qu'il existe des frais d'établissement non entièrement amortis au bilan (Code de commerce – article 232-9).

Le choix de la méthode n'a pas à être justifié en annexe.

›Voir textes de référence 3 et 4

Exemple

La même SARL aurait donc pu passer les écritures suivantes au titre de l'exercice N :

	1/03/N		
2011	Frais de constitution	3 000	
44562	TVA sur immobilisations	600	
512	Banque		3 600
	31/12/N		
6811	Dotations aux amortissements sur immobilisations	600	
28011	Amortis. des frais de constitution		600
	(3 000 × 1/5)		

B) Les enregistrements comptables en cas de libération intégrale

1. Les promesses d'apports

Les apports en nature et les apports en numéraire sont constatés distinctement dans les comptes 45611. Associés – Apports en nature et 45615. Associés – Apports en numéraire (PCG – article 944-45). Lorsqu'il existe plusieurs apporteurs en nature, il est préférable d'ouvrir un sous-compte par apporteur. En contrepartie, la remise des titres aux apporteurs est constatée par la création du capital ; les apports n'étant pas encore appelés, on utilise le compte 1011. Capital souscrit – non appelé. L'appel du capital émane de l'organe dirigeant de la société.

› Voir texte de référence 5

Exemple

La société anonyme Delaunay est constituée le 5 octobre N avec un capital de 216 000 € divisé en 10 800 actions de 20 €. M. Delaunay effectue un apport en nature qui se décompose comme suit :
- un terrain évalué à 36 000 € ;
- un emprunt bancaire repris pour 20 000 € ;
- une construction évaluée à 128 000 € ;
- du matériel apporté pour 19 000 € ;
- une créance client apportée pour 5 000 €.

Les autres associés souscrivent des actions de numéraire à libérer intégralement à la constitution.

L'apport de M. Delaunay s'élève à 188 000 € dont 20 000 € à titre onéreux et donc 168 000 € rémunérés par des actions. Les autres associés apportent donc 216 000 – 168 000 = 48 000 €.

Les promesses d'apports sont constatées le 5 octobre par l'écriture suivante :

	5/10/N		
45611	Associés – apports en nature	168 000	
45615	Associés - apports en numéraire	48 000	
1011	Capital souscrit - non appelé		216 000

Il convient ensuite d'indiquer que le capital est appelé et que les créances sur les associés sont exigibles. Cette information est donnée par le virement des promesses en compte 4562. Actionnaires, capital appelé, non versé :

	5/10/N		
4562	Actionnaires - Capital appelé, non versé	216 000	
45611	Associés - apports en nature		168 000
45615	Associés - apports en numéraire		48 000

Le capital est à présent appelé. Il est visé en compte 1012. Capital souscrit, appelé, non versé :

	5/10/N		
1011	Capital souscrit - non appelé	216 000	
1012	Capital souscrit - appelé, non versé		216 000

2. La réalisation des apports

Les apports en nature sont constatés pour les valeurs figurant dans le contrat de société et approuvées par le commissaire aux apports. Dans le cas particulier d'apports de créances non garanties par l'apporteur, la différence entre le nominal des créances et leur valeur d'apport est inscrite au crédit d'un compte d'ordre tel que 4118. Compte d'ordre sur créances.

Le versement des apports en numéraire est constaté dans le compte de tiers ou de trésorerie correspondant. S'il s'agit d'un compte bancaire bloqué, il est préférable d'ouvrir un sous-compte du compte 512. Banque.

Après constatation des versements, le capital est viré au compte 1013. Capital souscrit – appelé, versé.

Exemple

La créance client apportée par M. Delaunay pour 5 000 € a un nominal de 6 000 €. Les apports en numéraire sont versés au notaire le 6 octobre. Le 25 octobre, la société est immatriculée et le notaire verse les fonds sur le compte bancaire de l'entreprise, sous déduction de 2 200 € HT d'honoraires et de 800 € HT de frais de publicité. La SA a opté pour la méthode de référence de traitement des frais de constitution.

	6/10/N		
211	Terrains	36 000	
213	Constructions	128 000	
2154	Matériel industriel	19 000	
4111	Clients	6 000	
164	Emprunts auprès des éts. de crédit		20 000
4562	Actionnaires - Capital appelé, non versé		168 000
4118	Compte d'ordre sur créances		1 000
	6/10/N		
4671	Notaire	48 000	
4562	Actionnaires - Capital appelé, non versé		48 000

	6/10/N		
1012	Capital souscrit - appelé, non versé	216 000	
1013	Capital souscrit - appelé, versé		216 000
	25/10/N		
512	Banque	44 400	
6226	Honoraires	2 200	
6227	Frais d'actes et de contentieux	800	
44566	TVA sur autres biens et services	600	
4671	Notaire		48 000

3. Le schéma simplifié d'écritures

Lorsque les dates de promesse et de réalisation des apports coïncident, ce qui est fréquemment le cas dans la constitution des sociétés de personnes et des SARL, il est possible de regrouper les étapes de promesse et de réalisation des apports. Dans les opérations les plus simples, le compte de capital peut alors être résumé au compte 101. Capital social.

Exemple

En reprenant le même exemple, les écritures de constitution (hors versement par le notaire et frais qui seraient traités de manière identique) seraient les suivantes, en retenant la méthode simplifiée :

	5/10/N		
4562	Actionnaires - Capital appelé, non versé	216 000	
1012	Capital souscrit - appelé, non versé		216 000
	6/10/N		
211	Terrains	36 000	
213	Constructions	128 000	
2154	Matériel industriel	19 000	
4111	Clients	6 000	
4671	Notaire	48 000	
164	Emprunts auprès des éts. de crédit		20 000
4562	Actionnaires - Capital appelé, non versé		216 000
4118	Compte d'ordre sur créances		1 000
	6/10/N		
1012	Capital souscrit - appelé, non versé	216 000	
1013	Capital souscrit - appelé, versé		216 000

Lorsque les apports à une petite société, de type société de famille, sont tous libérés lors de la signature des statuts, il est possible d'envisager une simplification encore plus importante qui aboutit à l'écriture suivante :

	6/10/N		
211	Terrains	36 000	
213	Constructions	128 000	
2154	Matériel industriel	19 000	
4111	Clients	6 000	
4671	Notaire	48 000	
1013	Capital souscrit - appelé, versé		216 000
164	Emprunts auprès des éts. de crédit		20 000
4118	Compte d'ordre sur créances		1 000

C) Les enregistrements comptables en cas d'appels fractionnés du capital

1. Les écritures de constitution

En cas d'appels fractionnés du capital, le montant total des apports doit figurer en capitaux propres dans le bilan de la société. En contrepartie, la créance non exigible sur les associés est inscrite en tête de l'actif par un compte de capitaux propres négatifs, 109. Actionnaires : capital souscrit – non appelé.

› Voir texte de référence 5

Exemple

La société anonyme Borréa est créée le 15 octobre N. Tous les actionnaires ont souscrit en numéraire les 10 000 actions de 10 € de valeur nominale émises. Les actions doivent être libérées à la souscription du minimum légal prévu pour les sociétés anonymes. Le 31 octobre, tous les versements ont été effectués sur un compte bloqué de banque.

Étape 1 : promesses d'apports

	15/10/N		
45615	Actionnaires - apports en numéraire	100 000	
1011	Capital souscrit - non appelé		100 000
	Promesses d'apports		

Étape 2 : appel du capital

	15/10/N		
1011	Capital souscrit - non appelé	50 000	
1012	Capital souscrit - appelé, non versé		50 000
	Appel		
	15/10/N		
109	Actionnaires : capital souscrit - non appelé	50 000	
4562	Actionnaires : capital appelé, non versé	50 000	
45615	Associés - Apports en numéraire		100 000
	Appel		

Étape 3 : réalisation des apports

	31/10/N		
51215	Banque - compte bloqué	50 000	
4562	Actionnaires, capital appelé, non versé		50 000
	Réalisation des apports		
	31/10/N		
1012	Capital souscrit - appelé, non versé	50 000	
1013	Capital souscrit - appelé, versé		50 000
	Constatation de la réalisation des apports		

Le bilan au 31 octobre se présentera ainsi :

ACTIF		PASSIF	
Capital souscrit – non appelé Disponibilités	50 000 50 000	Capital social (dont versé : 50 000)	100 000
	100 000		**100 000**

Le poste « Capital souscrit – non appelé » figure en tête de l'actif, avant les immobilisations, de manière à le mettre en parallèle avec le poste « Capital » au passif. Ce poste mentionne la partie versée du capital.

2. Les appels ultérieurs

Le gérant de la SARL ou le conseil d'administration ou le directoire de la société anonyme peuvent appeler une fraction supplémentaire ou le reste du capital dans le délai de 5 ans après la constitution. Une date limite est fixée pour réaliser les versements suite à l'appel. Une fois appelée, la créance sur les actionnaires est transférée du compte 109. Actionnaires : capital souscrit – non appelé au compte 4562. Apporteurs – Capital appelé, non versé.

Exemple

Le conseil d'administration de la SA Borréa appelle un quart supplémentaire du capital le 15 janvier N + 1 avec date limite de versement le 15 février N + 1. À ce moment, tous les actionnaires se sont exécutés.

	15/01/N+1		
45621	Actionnaires - Capital souscrit et appelé, non versé	25 000	
109	Actionnaires : capital souscrit - non appelé		25 000
	15/01/N+1		
1011	Capital souscrit - non appelé	25 000	
1012	Capital souscrit - appelé, non versé		25 000
	15/02/N+1		
512	Banque	25 000	
45621	Actionnaires - capital souscrit et appelé, non versé		25 000
	15/02/N+1		
1012	Capital souscrit - appelé, non versé	25 000	
1013	Capital souscrit - appelé, versé		25 000

On remarque que les comptes de capital et d'associés fonctionnent de manière symétrique (soldes identiques de sens inverse) :

– compte 109. Actionnaires : capital souscrit – non appelé, avec le compte 1011. Capital souscrit – non appelé ;
– compte 45621. Actionnaires – Capital souscrit et appelé, non versé avec le compte 1012. Capital souscrit – appelé, non versé.

Le bilan après ces opérations sera le suivant (en ne tenant pas compte des autres opérations faites par l'entreprise) :

ACTIF		PASSIF	
Capital souscrit – non appelé Disponibilités	25 000 75 000	Capital social (dont versé : 75 000)	100 000
	100 000		**100 000**

D) Le cas des versements anticipés

1. La comptabilisation des versements

Lorsqu'une partie du capital n'est pas appelée à la constitution, certains actionnaires ont la possibilité d'effectuer des versements supplémentaires. Dans certains cas, le contrat de société prévoit que les dirigeants effectueront ces versements. Il se peut également que ces versements anticipés aient lieu lors d'un appel ultérieur du capital.

Dans ces cas, le capital n'est toujours pas appelé même si le versement a eu lieu ; celui-ci est constaté dans un compte de dette de la société vis-à-vis de l'associé 4564. Actionnaires – Versements anticipés (PCG – article 944-45). Cette dette figure au bilan dans le poste « Autres dettes ».

› Voir texte de référence 5

Exemple

Lors de la constitution de la SA Borréa, M. Cavaglia, souscripteur de 1 000 actions, a effectué un versement de la totalité du nominal de ses actions.

Versement de M. Cavaglia : 1 000 × 10 € = 10 000 €.

Versement anticipé de M. Cavaglia : 1 000 × 5 € = 5 000 €.

Versements en numéraire reçus par la société : (9 000 × 5 €) + (1 000 × 10 €) = 55 000 €.

	15/10/N		
45615	Actionnaires - Apports en numéraire	100 000	
1011	Capital souscrit - non appelé		100 000
	Promesses d'apports		
	15/10/N		
1011	Capital souscrit - non appelé	50 000	
1012	Capital souscrit - appelé, non versé		50 000
	Appel		

	15/10/N		
109	Actionnaires : capital souscrit - non appelé	50 000	
4562	Actionnaires - Capital appelé, non versé	50 000	
45615	Actionnaires - Apports en numéraire		100 000
	Appel		
	31/10/N		
51215	Banque, compte bloqué	55 000	
4562	Actionnaires, capital appelé, non versé		50 000
4564	Actionnaires - Versements anticipés		5 000
	Réalisation des apports		
	31/10/N		
1012	Capital souscrit - appelé, non versé	50 000	
1013	Capital souscrit - appelé, versé		50 000
	Constatation de la réalisation des apports		

2. Les appels ultérieurs

Il convient de ne pas appeler les montants déjà versés. Après libération totale du capital, le compte 4564. Actionnaires – Versements anticipés est automatiquement soldé.

Exemple

Dans la suite de l'exemple précédent, la SA Borréa appelle le troisième quart du capital le 15 janvier N + 1. Le 15 février, tous les versements ont été effectués.

Montant total à appeler : 10 000 × 2,50 € = 25 000 €.

Montant à percevoir : 9 000 × 2,50 € = 22 500 €.

Versements anticipés correspondant à l'appel : 1 000 × 2,50 € = 2 500 €.

		Débit	Crédit
	15/01/N+1		
45621	Actionnaires - Capital souscrit et appelé, non versé	22 500	
4564	Actionnaires - Versements anticipés	2 500	
109	Actionnaires - Capital souscrit, non appelé		25 000
	15/01/N+1		
1011	Capital souscrit - non appelé	25 000	
1012	Capital souscrit - appelé, non versé		25 000
	15/02/N+1		
512	Banque	22 500	
45621	Actionnaires - Capital souscrit et appelé, non versé		22 500
	15/02/N+1		
1012	Capital souscrit - appelé, non versé	25 000	
1013	Capital souscrit - appelé, versé		25 000

Contexte Créa-Son

Le choix de M. Morse et Braille s'est porté sur la constitution d'une société par actions simplifiée (SAS). Celle-ci est constituée le 1er avril N, au capital de 1 000 actions de 100 €, dans les conditions suivantes :

- Laurent Morse apporte du matériel informatique et du mobilier estimés réciproquement à 10 000 € et 5 000 € ; il complète son apport par un apport en numéraire de 10 000 € ;
- Guillaume Braille effectue son apport de 25 000 € en numéraire ;
- les autres apporteurs (au nombre de six) effectuent leurs apports en numéraire.

Les apports en numéraire sont appelés du minimum légal, soit la moitié du nominal, mais G. Braille verse la totalité des 25 000 € qui constituent son apport.

Les frais de constitution s'élèvent à 6 000 € (on néglige la TVA) ; ils sont prélevés directement par le notaire sur les apports en numéraire. La méthode de référence est adoptée pour leur enregistrement.

Chiffrez les modalités des apports en distinguant les apports en nature et en numéraire, le capital appelé et non appelé, les versements anticipés et le montant versé.

Présentez de manière schématique le bilan au 1er avril N.

III Cas des actionnaires retardataires et défaillants

A) Les actionnaires retardataires

Lors de l'appel d'une fraction de capital, il se peut que certains actionnaires ne versent pas les fonds dans les délais réclamés. Les dirigeants de la société adressent alors une mise en demeure aux actionnaires retardataires, qui disposent d'un délai de 30 jours pour verser les fonds réclamés. La société peut exiger, en plus du montant dû, des intérêts de retard (souvent précisés par les statuts) et le remboursement des frais engagés pour le recouvrement des fonds. À la date limite de paiement, le montant dû par les actionnaires retardataires est viré dans le compte 4566. Actionnaires défaillants (PCG – article 944-45).

› Voir texte de référence 5

Exemple

Une société anonyme a procédé, le 1er octobre, à l'appel du troisième quart du nominal de 10 000 actions de 10 €. À la date limite de paiement, le 31 octobre, deux actionnaires, M. Donadieu (détenteur de 500 actions) et M. Ellama (détenteur de 400 actions) n'ont pas répondu à l'appel.

M. Donadieu règle, le 25 novembre, le montant dû, majoré de 36 € TTC de frais mis à sa charge et des intérêts de retard de 5,20 €. Le cas de M. Ellama sera examiné plus loin.

		31/10/N		
512		Banque	22 750,00	
	45621	Actionnaires - Capital souscrit et appelé, non versé		22 750,00
		Versements : 9 100 × 2,50 €		
		31/10/N		
1012		Capital souscrit - appelé, non versé	22 750,00	
	1013	Capital souscrit - appelé, versé		22 750,00

		31/10/N		
4566		Actionnaires défaillants	2 250,00	
	45621	Actionnaires - Capital souscrit et appelé, non versé		2 250,00
		Actionnaires retardataires : 900 × 2,50 €		
		25/11/N		
512		Banque	1 291,20	
	4566	Actionnaires défaillants *(500 × 2,50 €)*		1 250,00
	763	Revenus des autres créances		5,20
	791	Transferts de charges d'exploitation		30,00
	44571	TVA collectée		6,00
		25/11/N		
1012		Capital souscrit - appelé, non versé	1 250,00	
	1013	Capital souscrit - appelé, versé		1 250,00

B) Les actionnaires défaillants

À la fin du délai suivant la mise en demeure des actionnaires retardataires, la société peut vendre les actions dont les porteurs sont défaillants. Cette vente est faite aux enchères lorsque les titres ne sont pas cotés. En cas de titres cotés (en général suite à une augmentation de capital car une société créée est rarement cotée en Bourse), les actions sont vendues directement par une procédure d'exécution en Bourse.

Le prix de vente des titres dépend de la fraction déjà appelée et le nouvel acquéreur deviendra redevable ultérieurement des fractions non encore appelées.

Les produits de la vente reviennent à la société émettrice à concurrence des sommes qui lui sont dues par l'actionnaire défaillant : montant appelé et non réglé, frais, intérêts de retard. L'actionnaire défaillant est ensuite remboursé par la société de la différence entre le montant de la vente et celui des sommes qu'il doit :

Débit	Crédit
– Montant appelé et non payé – Frais mis à sa charge – Intérêts de retard	Produit de la vente des titres
Solde – montant dû à l'actionnaire défaillant	

Exemple

En reprenant l'exemple précédent, le 31 octobre, la somme de 400 × 2,50 € = 1 000 €, représentant le troisième quart non payé par M. Ellama, a été inscrite au débit du compte 4566 – Actionnaires défaillants. Les actions de M. Ellama sont vendues aux enchères pour un montant de 7,30 € par action, le 15 novembre. M. Ellama devra subir un intérêt de retard de 7,50 € et des frais TTC de 252 €.

	15/11/N		
512	Banque	2 920,00	
4566	Actionnaires défaillants		2 920,00
	Vente des actions : 400 × 7,30 €		
	15/11/N		
4566	Actionnaires défaillants	259,50	
763	Revenus des autres créances		7,50
791	Transferts de charges d'exploitation		210,00
44571	TVA collectée		42,00
	Frais et intérêts de retard mis à la charge de M. Ellama		
	15/11/N		
4566	Actionnaires défaillants	1 660,50	
512	Banque		1 660,50
	Versement du solde à M. Ellama		

L'analyse de la situation de l'actionnaire défaillant, M. Ellama, est la suivante :

Montant déboursé (paiement de la moitié du nominal) : 400 × 5 € =	2 000,00 €
Montant encaissé (versement par la société) :	1 660,50 €
Perte	**339,50 €**

Cette perte s'analyse de la manière suivante :

Moins-value sur les actions vendues : 400 × (7,50 – 7,30) =	80,00 €
Intérêts de retard :	7,50 €
Frais TTC :	252,00 €
Total	**339,50 €**

La moins-value de cession des actions subie par l'actionnaire défaillant se calcule sur la base de 7,50 € puisqu'elles sont vendues à 3/4 de leur valeur nominale. Le nouvel acquéreur devra encore régler, lors de l'appel du dernier quart, 2,50 € par action.

Contexte Créa-Son

On suppose que nous sommes à présent en N + 1. La société s'est développée conformément aux prévisions et cette croissance entraîne des besoins en un fonds de roulement plus importants et donc un apport de liquidités supplémentaire. Le 1er juillet, les dirigeants appellent le troisième quart du capital, avec date limite de versement le 1er août. À cette date, tous les actionnaires concernés ont effectué leurs versements sauf François Ruffault, un ami de Laurent Morse, qui avait souscrit 50 actions à la constitution et qui connaît une situation financière difficile suite à des problèmes professionnels et personnels. Une lettre recommandée lui a été envoyée le 1er août mais est restée sans suite. Le 1er septembre, conformément à ce qui était prévu par les statuts, ses actions sont cédées ; les formalités se sont déroulées devant huissier de justice : aucun actionnaire ne s'est porté acquéreur sauf Laurent Morse qui a proposé un prix d'acquisition de 68 € par action. Les 50 titres lui sont donc attribués à ce prix.

Des intérêts de retard de 35 € ainsi que des frais de 480 € TTC sont décomptés du montant à verser à M. Ruffault.

Indiquez le montant encaissé par la société le 1er août N + 1.

Calculez le montant à rembourser à l'actionnaire défaillant.

Analysez la situation de François Ruffault après ces opérations.

Analysez l'acquisition de titres par Laurent Morse.

Correction contexte Créa-Son

1. Les règles juridiques de constitution des sociétés

• Les futurs associés souhaitent se laisser une porte de sortie en cas de problèmes ou pour d'autres raisons ; le fort *intuitu personae* qui régit les relations dans les sociétés de personnes ne permet pas un changement facile dans la structure du capital ; la constitution d'une SNC ou d'une SCS n'est donc pas à conseiller.

À l'inverse, la société anonyme permettrait ces cessions d'actions sans que cela ne crée de graves problèmes ; en revanche, cette constitution est plus lourde et onéreuse à la création puis lors de son fonctionnement. Dans un premier temps, il est préférable d'opter pour une structure plus légère, en se laissant la possibilité de se transformer ultérieurement en SA si le besoin s'en fait sentir, en particulier au niveau du financement et de l'appel à des capitaux externes plus importants.

• Les deux structures suivantes sont envisageables :

Éléments de choix	SARL	SAS
Capital	Aucune contrainte 100 000 € possibles	
Nombre d'associés	12 associés environ sont possibles	
Responsabilité des associés	Limitée aux apports	
Statut des dirigeants	Gérants (la gérance serait minoritaire : 50 % des parts)	Salariés : à déterminer par le contrat de société
Régime fiscal	Soumission à l'IS	
Rémunération	Salaire + intérêts aux parts	Salaires + dividendes aux actions
Possibilité de quitter la société	La cession des parts nécessite que l'acquéreur soit agréé par les autres associés	Cession possible mais les modalités sont à prévoir dans le contrat de société

2. Comptabilisation des opérations de constitution des sociétés

• Modalités des apports :

Apports en nature : 10 000 + 5 000 = 15 000 €, soit 150 actions

Apports en numéraire : 10 000 + 25 000 + 50 000 = 85 000 €, soit 850 actions

Capital appelé : (150 × 100) + (850 × 100 × ½) = ... 57 500 €

Capital non appelé : 850 × 100 × ½ = ... 42 500 €

Versements anticipés : 250 × 100 × ½ = ... 12 500 €

Montant versé : (850 × 100 × ½) + 12 500 = ... 55 000 €

• Disponibilités : 55 000 – 6 000 = ... 49 000 €

Bilan au 1er avril N

Actionnaires, capital non appelé	42 500	Capital social (dont appelé : 57 500 €)	100 000
Autres immobilisations corporelles	15 000	Résultat	– 6 000
Disponibilités	49 000	CAPITAUX PROPRES	94 000
		Autres dettes	12 500
	106 500		**106 500**

3. Les actionnaires retardataires et défaillants

• Appel du troisième quart : 850 × 100 × ¼ = ... 21 250 €

Versements anticipés déjà effectués : 250 × 100 × ¼ = ... – 6 250 €

Actionnaire retardataire : 50 × 100 × ¼ = ... – 1 250 €

Total encaissé par la société le 1er août .... 13 750 €

• Cession des actions de l'actionnaire défaillant : 50 × 68 € = ... 3 400 €

Intérêts et frais retenus par l'huissier : 35 + 480 = ... – 515 €

Troisième quart dû à la société : 50 × 100 × ¼ = ... – 1 250 €

Montant versé à l'actionnaire défaillant .... 1 635 €

• Versement initial par l'actionnaire défaillant : 50 × 100 × ½ = ... 2 500 €

Perte subie par l'actionnaire défaillant 2 500 – 1 635 = ... 865 €

Cette perte peut s'analyser ainsi :

– moins-value sur la cession des actions libérées des ¾ : 50 × [(100 × ¾) – 68] = ... 350 €

– frais et intérêts de retard .... 515 €

– total .... 865 €

• Laurent Morse peut acquérir les titres libérés des ¾ pour 68 € ; il lui restera à verser 25 € lors de l'appel du 4e quart. Les actions lui auront donc coûté 68 + 25 = 93 € au lieu de 100 € pour celles souscrites par lui-même.

Synthèse

Analyse des apports

		Capital social	Capital non appelé
Apports en numéraire			
Apports en nature	purs et simples		Capital appelé
	à titre onéreux		

Comptes à utiliser

	Situation de l'actionnaire	Situation du capital
Promesses d'apports	4561	1011
Appel du capital	4562 109	1012 1011
Libération du capital	512 ou 4671 Comptes d'actif et de passif pour les apports en nature	1013
Versements anticipés	4564	
Actionnaires défaillants	4566	

À chaque étape, les sous-comptes d'actionnaires et de capital comprennent des montants identiques, en sens inverse.
À l'issue de toutes les opérations, les comptes d'actionnaires sont intégralement soldés et le capital figure entièrement au crédit du compte 1013.

Exemple de bilan après la constitution

Apports de 100 000 € libérés de moitié avec 5 000 € de versements anticipés et construction de 60 000 € :

ACTIF		PASSIF	
Capital souscrit – non appelé Immobilisations : Constructions Actifs circulants : Disponibilités	50 000 60 000 55 000	Capital social (dont versé : 110 000) Dettes diverses : Autres dettes	160 000 5 000
	165 000		**165 000**

Références

- Articles L. 225-1 à 225-16 du Code de commerce.
- Articles L. 228-7 et 228-8 du Code de commerce.
- Article L. 232-9 du Code de commerce.
- Articles R. 225-1 à R. 225-14 du Code de commerce.
- Article 121-5 du Plan comptable général
- Articles 212-9, 941/10 et 944/45 du Plan comptable général.

1 Code de commerce – articles L. 228-7 et 228-8

Les actions de numéraire sont celles dont le montant est libéré en espèces [...].

[...] toutes les autres actions sont des actions d'apport.

Le montant nominal des actions ou coupures d'action peut être fixé par les statuts. Cette option s'applique alors à toutes les émissions d'actions.

2 PCG – article 212-9

Les dépenses engagées à l'occasion d'opérations qui conditionnent l'existence ou le développement de l'entité dans son ensemble mais dont le montant ne peut être rapporté à des productions de biens ou de services déterminées, suivent le traitement comptable suivant :

- les frais de constitution, de transformation, de premier établissement, peuvent être inscrits à l'actif comme frais d'établissement. Leur inscription en compte de résultat constitue néanmoins la méthode de référence ;

[...]

Les frais d'établissement sont amortis selon un plan et dans un délai maximum de 5 ans.

3 Code de commerce – article L. 232-9

[...] les frais de constitution de la société sont amortis avant toute distribution de bénéfices et, au plus tard, dans un délai de cinq ans. [...]

4 PCG – article L. 121-5

[...] L'adoption initiale d'une méthode comptable résulte d'une décision de l'entité qui n'a pas à être justifiée.

5 PCG – article 944-45 (fonctionnement des comptes)

[...] le compte 4561 « Associés – Compte d'apport en société » est débité du montant de la promesse d'apport faite en espèce ou en nature, par les associés par le crédit des subdivisions concernées du compte 101 « Capital » ; il est crédité par le débit des comptes retraçant les apports ;

le compte 4562 « Apporteurs – Capital appelé, non versé » est débité par le crédit du compte 109 « Actionnaires : Capital souscrit – non appelé » lors des appels successifs du capital ; il est crédité lors de la réalisation de l'apport par le débit du ou des comptes d'actifs concernés ;

[...] le compte 4564 « Associés – Versements anticipés » reçoit à son crédit le montant des apports que certains associés mettent à la disposition de l'entité préalablement aux appels de capital ; il s'apure au fur et à mesure de ces appels ;

le compte 4566 « Actionnaires défaillants » est utilisé afin de régulariser la situation des actionnaires qui ne se sont pas acquittés de leurs obligations lors d'un appel de capital [...].

Applications

Comprendre les notions

Application 1 QCM

Répondez par « Vrai » ou par « Faux » aux affirmations ci-dessous ou retrouvez la réponse exacte en donnant toutes explications utiles.

1. **Le capital minimum d'une SARL est de 37 000 €.**
   - ☐ Vrai
   - ☐ Faux

2. **Quatre associés, A, B, C et D, décident de créer une société par actions simplifiée. Le capital sera divisé en actions de 100 € et sera égal à 37 000 €. A effectue un apport en nature évalué à 21 000 €. C et D souscriront chacun le même nombre d'actions. Ces deux actionnaires souhaitent pouvoir s'opposer ensemble à des décisions importantes au niveau de la structure de la société et souscriront donc le nombre d'actions nécessaire pour qu'ils disposent à eux deux de la minorité de blocage de 1/3 du capital. Le nombre d'actions à souscrire par B est de :**
   - ☐ 30 actions
   - ☐ 34 actions
   - ☐ 36 actions

3. **Un apport à titre onéreux ne donne pas lieu à remise d'actions ou parts sociales à l'apporteur.**
   - ☐ Vrai
   - ☐ Faux

4. **L'inscription des frais de constitution en charges constitue la méthode de référence du Plan comptable général.**
   - ☐ Vrai
   - ☐ Faux

5. **Les apports en industrie ne sont pas autorisés dans les sociétés de capitaux.**
   - ☐ Vrai
   - ☐ Faux

6. **L'appel minimum de capital dans les sociétés anonymes est de la moitié de la valeur nominale des titres, quel que soit l'apport.**
   - ☐ Vrai
   - ☐ Faux

7. **Seul le capital appelé figure dans le poste Capital du bilan.**
   - ☐ Vrai
   - ☐ Faux

8. **Les promesses d'apports sont enregistrées en compte 4562. Apporteurs – Capital appelé, non versé.**
   - ☐ Vrai
   - ☐ Faux

9. **Les versements anticipés d'un actionnaire font partie du « Capital souscrit – appelé, versé ».**
   - ☐ Vrai
   - ☐ Faux

10. **Un actionnaire n'a pas réglé dans les délais le troisième quart du nominal de 20 € pour les 100 actions qu'il possédait. Celles-ci sont vendues aux enchères pour 1 400 €. L'actionnaire perdra (hors frais et intérêts de retard) :**
- ☐ 600 €
- ☐ 500 €
- ☐ 400 €
- ☐ 100 €

Mettre en œuvre les compétences

Application 1 Évaluer les apports et comptabiliser la constitution d'une SARL

Compétences attendues : C1, C2 et C3

Le 2 janvier N est créée la société à responsabilité limitée DEG entre trois associés, M. Dridi, propriétaire d'un fonds sous la forme d'une entreprise individuelle, M. Épin et M. Ghella, apporteurs en numéraire. Ils exerceront tous trois leur profession de mécanicien dans la nouvelle entreprise. M. Dridi sera le gérant de la société. Les apports des associés sont détaillés dans le document ci-dessous. Ils sont exonérés de TVA. Le capital est divisé en parts sociales de 50 €.

Les apports en numéraire sont déposés chez maître Bernet, notaire, le 2 janvier. Celui-ci verse les fonds sur le compte bancaire de la société le 5 janvier, sous déduction de 450 € HT d'honoraires (ils seront enregistrés selon la méthode de référence du PCG).

Apport de M. Dridi	
Éléments incorporels du fonds commercial	12 720 €
Local (garage)	54 900 €
Matériel	45 720 €
Stock de pièces détachées	4 020 €
Créances clients (montant nominal : 1 400 €)	1 140 €
Solde du compte bancaire de son entreprise	710 €
La SARL prendra à sa charge les dettes suivantes :	
Emprunt bancaire	25 620 €
Dettes fournisseurs	1 512 €
Dettes envers la Sécurité sociale	1 128 €
Apport de M. Épin	
Versement en numéraire totalement libéré	30 000 €
Apport de M. Ghella	
Versement en numéraire totalement libéré	41 000 €

1. **Déterminez le montant net apporté par M. Dridi et celui du capital social, puis indiquez le nombre de parts revenant à chaque associé.**
2. **Présentez les écritures de constitution de la société DEG. On utilise un schéma simplifié d'écritures, le compte 101. Capital social n'étant pas subdivisé.**
3. **En supposant que les clients ont réglé 1 020 € pour solde le 28 février, présentez les écritures correspondantes.**

Applications

Application 2 Comptabiliser la constitution d'une SARL avec apports fractionnés

Compétences attendues : C1 et C2

Cet exercice est à réaliser sans calculatrice.

La SARL « Au Palais méditerranéen » est constituée le 1er mars N entre six associés, dont Mme Dalmasso, qui est à l'initiative du projet et qui sera gérante de la société. Celle-ci exploitera un restaurant à créer dans les Alpes de Haute-Provence.

Les statuts précisent que le capital de 25 000 € sera divisé en parts sociales de 5 € dont 1 000 parts intégralement appelées et libérées souscrites par Mme Dalmasso. Les cinq autres associés souscriront, à parts égales, les autres parts sociales, qui seront libérées du minimum légal à la souscription.

Les fonds sont déposés sur le compte bancaire de l'entreprise le 1er mars.

Le 2 juillet N, Mme Dalmasso demande aux autres associés de verser pour la fin du mois les deuxième et troisième cinquièmes de leurs apports. Les associés s'exécutent le 5 juillet.

Aucun autre appel n'aura lieu en N.

1. **Déterminez les montants du capital non appelé et du capital appelé.**
2. **Présentez les écritures relatives à la constitution de la SARL.**
3. **Présentez les écritures d'appel et de libération de juillet N.**
4. **Indiquez les rubriques du bilan au 31 décembre N concernées par ces opérations.**

Application 3 Comptabiliser les appels ultérieurs et énoncer des règles de constitution

Compétences attendues : C1 et C2

La société anonyme Azur est constituée le 2 janvier N. Les différentes étapes de la constitution sont les suivantes :

- constitution le 2 janvier N au capital de 2 000 000 € (20 000 actions de 100 €) ;
- Monsieur Pierre, futur président du Conseil d'administration, apporte des immobilisations diverses pour 1 000 000 €. La société en formation reprend à sa charge le paiement des fournisseurs de M. Pierre. Ce dernier reçoit 5 000 actions en rémunération de son apport ;
- toutes les autres actions sont souscrites en numéraire. La société demande la libération immédiate du minimum légal. Lors de la constitution, 2 400 actions sont totalement libérées ;
- les fonds sont versés le 15 janvier à la banque de la société par Maître Naiss, notaire, qui les a perçus le 5 janvier. Il retient 50 000 € à titre de frais et droits d'enregistrement sur son versement ;
- le 15 juin N, la société anonyme Azur appelle le troisième quart. Les actionnaires versent les sommes dues à la banque de la société le 15 juillet, à l'exception de M. Franck qui, malgré la mise en demeure qui lui est adressée, n'a pas effectué son versement sur les 600 actions qu'il a souscrites. La société anonyme procède à la vente aux enchères publiques de ses actions le 15 septembre : les titres sont vendus comme libérés des trois quarts au cours unitaire de 70 €. La SA règle finalement M. Franck par chèque le 25 septembre, compte tenu de deux mois d'intérêts de retard à 4 % l'an et 100 € de frais d'exécution ;
- de plus, à l'occasion de l'appel du troisième quart, vingt actions ont été intégralement libérées du solde restant dû.

1. **Enregistrez l'appel et le versement du troisième quart, ainsi que les incidents survenus, au journal de la société AZUR.**
2. **Précisez le montant de la perte pour M. Franck.**

3. En supposant que le dernier quart n'ait pas été appelé en N, avant quelle date devrait-il être appelé et libéré ?
4. Rappeler le traitement comptable des frais de constitution.
5. Si la société AZUR dégage des bénéfices en N, peut-elle les distribuer ?

Application 4 Comptabiliser la constitution d'une société anonyme avec actionnaires défaillants

Compétences attendues : C2, C3 et C4

La société Laurence Création Éditoriale (LCE) est créée le 19 mai N. Elle propose la diffusion de cours interactifs et exercices dans le domaine de la gestion, sur site Internet et sur DVD.

Travail à faire :

À partir de l'annexe, vous traiterez les questions posées.

1. **Les dirigeants auraient-ils pu choisir une autre méthode que celle indiquée pour la comptabilisation des frais de constitution ? Quelle en auraient été les conséquences sur le résultat de l'exercice et celui des exercices suivants. Auraient-ils dû mentionner en annexe la dérogation à l'utilisation de la méthode de référence ?**
2. **Présentez les écritures de constitution de la société.**
3. **Présentez toutes les écritures relatives à l'appel ultérieur et aux événements qui en découlent.**
4. **Analysez la situation de l'actionnaire défaillant, Mme Deparla.**

Annexe

Le capital initial de la société Laurence Création Éditoriale est fixé à 50 000 €, divisé en actions d'une valeur nominale de 50 €, réparties entre douze actionnaires. Les actions sont libérées du minimum légal à la souscription.

Les fonds sont déposés chez Me Fernand, notaire, à la date de constitution.

Celui-ci vire les fonds perçus sur le compte de l'entreprise, sous déduction de 3 600 € d'honoraires (dont 600 € de TVA), le 25 mai N.

Les dirigeants de la SA optent pour la méthode de référence pour le traitement des frais de constitution.

En raison de la qualité de ses productions, le développement très rapide de la société LCE nécessite rapidement l'apport de fonds supplémentaires. La seconde moitié du capital est appelée dès le 1er septembre N, avec date limite de versement le 30 septembre.

À cette date, dix actionnaires, totalisant 860 actions, se sont libérés, sauf M. Deparci (80 actions) et Mme Deparla (60 actions), qui n'ont pas répondu à l'appel.

Mis en demeure à la date limite, M. Deparci verse le montant dû le 25 octobre, augmenté des frais et intérêts de retard correspondants.

En revanche, Mme Deparla n'ayant pas répondu à la mise en demeure, ses actions sont cédées à M. Dailleur le 31 octobre pour 3 000 €.

Les statuts prévoient l'application des charges suivantes aux actionnaires retardataires ou défaillants :

- intérêts de retard : taux de l'intérêt statutaire (5 %) majoré de 3 points ;
- frais de mise en demeure : 48 € HT ;
- frais d'exécution : 320 € HT.

Le 7 novembre, la société LCE verse à Mme Deparla le montant qui lui est dû, sous déduction des frais TTC et intérêts mis à sa charge.

1 Constituer une société anonyme, versements anticipés

Compétences attendues : C1, C2 et C3

Les différentes phases de constitution de la société anonyme « Philatélie du Lac » sont les suivantes :

1. Promesse et réalisation des apports telles qu'elles résultent de l'extrait des statuts fourni en annexe.
2. Mise à disposition de la SA des fonds reçus par Me Briand : le 15 juillet N, la société étant immatriculée au Registre du commerce et des sociétés de Créteil, Me Briand vire au compte bancaire ouvert au nom de « Philatélie du Lac », à la Banque Populaire Régionale (BPR), les fonds reçus le 3 juillet, déduction faite des honoraires s'élevant à 6 000 € (dont 1 000 € de TVA).
3. Appel de fonds le 1er octobre : le PDG, M. Nicolle, envoie aux autres associés des lettres recommandées leur demandant de libérer totalement dans un délai de 30 jours les actions qu'ils ont souscrites.
4. Libération totale des actions de numéraire : tous les actionnaires ont réglé le solde de leur souscription par chèque bancaire dans le courant du mois d'octobre.

   1. Proposez les écritures comptables constatant les opérations de constitution, sachant que la SA opte pour la méthode de référence de traitement des frais de constitution.
   2. Présentez de manière schématique le bilan au 15 juillet N.
   3. Comptabilisez l'appel du 1er octobre et les versements correspondants.

Annexe

Extrait des statuts de la SA « Philatélie du Lac »

Les soussignés

– M. NICOLLE Antoine	– Mme LENFANT Lydie	– M. GOUNOD Charles
– Mme NICOLLE Simone	– M. COUTURIER Jacques	
– M. BIRRON Claude	– Mlle REVENEAU Corinne	

ont établi ainsi qu'il suit les statuts de la société anonyme devant exister entre eux :

Article 1er – Forme : il est formé entre les propriétaires des actions ci-après créées et de toutes celles qui pourront être créées par la suite, une société anonyme. Elle sera régie par le Code de commerce ainsi que par les présents statuts.

Article 2 – Objet : la société a pour objet le commerce de timbres-poste de collection et de matériel philatélique, ainsi que l'expertise de collection.

Article 3 – Dénomination : la société a pour dénomination : PHILATÉLIE DU LAC.

Article 4 – Siège social : le siège social de la société est fixé à 94 000 Créteil, 1, rue du Lac.

[...]

Article 6 – Apports : il est apporté à la société :

1. Apports en numéraire : 6 720 actions de 20 € de valeur nominale chacune ont été souscrites et libérées immédiatement du minimum légal. Les fonds ont été régulièrement déposés chez Me Briand, notaire à Créteil. M. Nicolle s'est libéré par anticipation des 4 920 actions de numéraire qu'il a souscrites en réemploi de l'indemnité d'expropriation qu'il a reçue de son ancien commerce.
2. Apports en nature : M. Nicolle apporte à la société un stock de timbre-poste évalué à 65 600 €, valeur approuvée par le commissaire aux apports. En rémunération des apports en nature évalués nets de tout passif à la somme de 65 600 €, il est attribué à M. Nicolle, apporteur, 3 280 actions d'apport de 20 € chacune, dont le montant nominal correspond à ladite somme.

Annexe

Article 7 – Capital social : le capital de la société est fixé à la somme de 200 000 €, divisé en 10 000 actions de 20 € dont :

1. 3 280 actions entièrement libérées, attribuées en rémunération des apports en nature ; ces actions ne sont négociables que 2 ans après l'immatriculation de la société au registre du commerce et des sociétés ;

2. 6 720 actions souscrites en espèces et libérées du minimum légal à la souscription.

Article 33 – Exercice social : l'exercice social commence le 1er janvier et finit le 31 décembre. Le premier exercice sera clos le 31 décembre N.

Fait à Créteil, le 3 juillet N.

2 Constitution d'une société anonyme, versements anticipés

Compétences attendues : C1 et C2

La société Neptune a été constituée sous la forme anonyme en date du 4 janvier N. Le capital est divisé en 80 000 actions de 100 €.

1. Rappeler les règles juridiques applicables lors de la constitution d'une société anonyme en ce qui concerne la libération du capital pour les actions relatives aux apports en numéraire et les actions relatives aux apports en nature.

2. Justifier le choix du directeur financier en matière de comptabilisation des frais de constitution. Ce choix est-il conforme à la méthode de référence préconisée par le Plan comptable général ?

3. Déterminer les apports en nature et les apports en numéraire. Procéder aux enregistrements des écritures du mois de janvier N au journal de la société Neptune.

4. Procéder aux enregistrements des opérations du mois de novembre N dans le journal de la société Neptune.

Annexe

Le capital de la société Neptune est divisé en 80 000 actions de 100 € :

- M. Alban Ban, fondateur d'une PME spécialisée dans la production d'équipements pour l'industrie automobile, effectue le seul apport en nature. L'apport est constitué des éléments suivants :
  - une construction évaluée pour 1 500 000 €,
  - un fonds commercial pour 600 000 €,
  - un emprunt ayant financé en partie l'immeuble pour 500 000 €
  - des créances clients apportées pour leur valeur nominale, soit 400 000 € (valeur d'apport à la société) ;
- la société Saturne réalise des apports en numéraire en souscrivant 60 % du capital de la SA Neptune ;
- le reste des titres en numéraire est souscrit par divers petits actionnaires.

Le minimum légal a été versé par les détenteurs d'actions de numéraire auprès de Maître Clément en date du 4 janvier N. À cette date, un actionnaire titulaire de 1 000 actions libère la totalité de sa souscription.

Le notaire vire à la banque de la société Neptune les fonds en sa possession le 18 janvier N en imputant les frais suivants :

- honoraires : 1 000 € HT (TVA : 200 €) ;
- droits d'enregistrement : 500 €.

Le directeur financier a décidé de comptabiliser ces frais dans les comptes de charges.

Le 2 novembre N, la direction de la société Neptune appelle le solde des actions de numéraire. La libération est réalisée le 23 novembre N.

CHAPITRE

13

Les variations du capital des sociétés

Compétence(s)	Savoirs associés
– Exposer et appliquer les règles relatives aux opérations de variation des capitaux propres des sociétés selon leur forme juridique. (C1) – Analyser les opportunités et les risques d'une modalité d'augmentation de capital. (C2) – Évaluer et comptabiliser les variations de capitaux propres dans les comptes individuels. (C3) – Analyser les conséquences d'un choix de comptabilisation, notamment sur la présentation des comptes annuels, dans une situation donnée. (C4) – Présenter les informations à fournir en annexe (C5)	– Variations du capital : – augmentation de capital ; – réduction de capital ; – amortissement du capital ; – traitement comptable des frais liés aux opérations sur le capital ; – cas particuliers : apports partiellement libérés et leurs appels ultérieurs, versements anticipés et actionnaires retardataires ou défaillants, bons de souscription d'actions, droits préférentiels de souscription et droits d'attribution.

Contexte professionnel

Nous retrouvons la société Créa-Son, constituée dans le chapitre précédent. Nous sommes à présent en N + 3 et le capital initial a été totalement appelé et versé ; la croissance de la société a dépassé les espérances de Laurent Morse et Guillaume Braille. Les deux associés principaux sont à la recherche de nouveaux partenaires qu'ils souhaitent faire entrer dans le capital de la société pour assurer son développement et sa stabilité financière. Plusieurs opérations affectant le capital sont envisagées pour l'exercice N + 3.

En revanche, l'exercice N + 3 s'est soldé par un déficit conséquent dû à l'échec d'un contrat important qui avait demandé d'importants investissements humains. Cette situation étant considérée comme exceptionnelle et passagère, les dirigeants souhaitent effacer au plus vite cette perte du bilan.

Raison sociale	Créa-Son
Capital social	100 000 € entièrement libérés (1 000 actions de 100 €) 2 associés principaux (30 % et 25 % du capital)
Siège social et exploitation	Zone d'activités avancées de Metz – Hauts de Blémont
Activité	Créations musicales pour toutes activités de l'image
Dirigeant	Les deux associés principaux : M. Morse et M. Braille
Exercice comptable	Correspond à l'année civile sauf le premier exercice raccourci

Vos recommandations ont été appréciées lors de la constitution de la société et les associés se tournent donc tout naturellement vers vous pour les informer et les conseiller sur les différentes opérations qu'ils envisagent de réaliser.

Ce chapitre traite des mouvements du capital pendant la vie de l'entreprise, à l'exception de ceux provoqués par les opérations de fusion, qui ne sont abordées qu'au niveau du DSCG. Certains concepts ont déjà été abordés dans le chapitre 9 consacré au portefeuille de titres des sociétés.

I Les augmentations de capital

A) Formes et modalités

1. Différentes formes d'augmentation de capital

Une société peut augmenter son capital pour se procurer des ressources de financement nouvelles, par apports en numéraire, pour capitaliser ses réserves afin de renforcer le gage des créanciers, pour diminuer son taux d'endettement en convertissant une dette en capital ou encore pour attribuer des titres à ses salariés. Dans certains cas, plusieurs opérations d'augmentation de capital sont conjuguées, telle qu'une augmentation simultanée par apports en numéraire et distribution d'actions gratuites (Code de commerce – article L. 225-127).

› Voir texte de référence 1

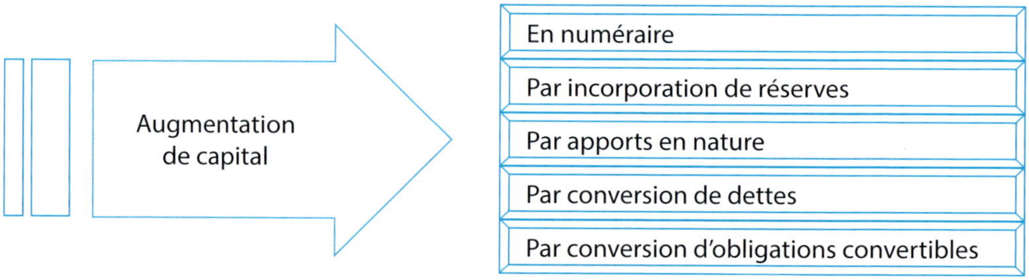

2. Les modalités juridiques

Les augmentations de capital relèvent de la compétence de l'assemblée générale extraordinaire, seule habilitée à délibérer sur les propositions faites par le conseil d'administration, le directoire ou encore le gérant de SARL.

Après décision favorable de l'assemblée générale, l'opération fait l'objet d'un dépôt au greffe du tribunal de commerce et d'une publication. Les documents commerciaux émis par la société et mentionnant son capital, tels que les factures, doivent être mis à jour.

Les conditions particulières des attributions d'actions aux salariés par augmentation de capital seront traitées dans le chapitre 21 (consacré à la participation et à l'intéressement des salariés).

3. La terminologie relative aux augmentations de capital

a) La valeur mathématique et la valeur boursière

Contrairement au cas de la constitution d'une société, lors d'une augmentation de capital, la valeur d'une action ne correspond pas à son nominal. En effet, les bénéfices accumulés et non distribués ainsi que d'autres opérations ont augmenté les capitaux propres de l'entreprise. La valeur d'une action peut alors être déterminée par le rapport entre le montant des capitaux propres au bilan, éventuellement réduits des actifs sans valeur (actifs fictifs) et corrigés des effets de la fiscalité, et le nombre d'actions. Le montant des capitaux propres corrigés est appelé « actif net comptable » et la valeur correspondante de l'action est la « valeur mathématique comptable ».

Actif net comptable (ANC) =	– Capitaux propres au bilan – Impôt futur sur les provisions réglementées et les subventions d'investissement – Actifs fictifs (frais d'établissement, frais d'émission des emprunts, prime de remboursement des obligations) nets d'économies d'impôt futures
Valeur mathématique comptable de l'action =	ANC / Nombre d'actions

Exemple

Les capitaux propres de la société anonyme Zed sont les suivants au 1er avril N :

Capital social (10 000 actions de valeur nominale 20 €)	200 000
Réserves	230 000
Subventions d'équipement	30 000
Total I	**460 000**

À l'actif du bilan figurent des frais d'émission d'emprunts pour un montant net de 15 000 €.

En retenant un taux d'impôt sur les sociétés de 1/3, le calcul de l'actif net comptable est le suivant :

Capitaux propres au bilan	460 000
Impôt futur sur les subventions d'équipement : 30 000 × 1/3	– 10 000
Actifs fictifs nets d'impôts : 15 000 × 2/3	– 10 000
Actif net comptable	**440 000**

Valeur mathématique de l'action Zed : 440 000 / 10 000 = 44 €.

+

La valeur de l'action peut également tenir compte d'éléments ne figurant pas au bilan comme, par exemple, un fonds commercial ainsi que des plus-values sur certains actifs. Elle porte alors le nom de « valeur mathématique intrinsèque ».

Dans les sociétés cotées en Bourse, on retient comme valeur des actions leur valeur boursière, le produit du nombre d'actions par cette valeur étant alors appelé « capitalisation boursière » de l'entreprise concernée.

b) Le prix d'émission des actions nouvelles et la prime liée au capital

Lorsque de nouvelles actions sont émises à l'occasion d'une augmentation de capital, leur prix d'émission est égal à la valeur nominale ou à un prix plus élevé de manière à tenir compte de la valeur des actions. Les actions nouvelles auront les mêmes droits sur les capitaux propres que les anciennes (Code de commerce – article L. 225-128). Ce prix est en pratique inférieur à la valeur mathématique des actions (ou à la valeur boursière dans les sociétés cotées).

› Voir texte de référence 2

La différence entre le prix d'émission et la valeur nominale est appelée « prime liée au capital » et constitue un complément d'apport.

4. Le traitement comptable des frais d'augmentation de capital

Toute augmentation de capital entraîne divers frais tels que des frais de notaire, des frais de publicité légale et des droits d'enregistrement. Ces frais d'augmentation de capital peuvent suivre deux traitements différents sans que l'un d'entre eux constitue une méthode de référence (PCG – article 212-9).

› Voir texte de référence 3

a) L'étalement par les frais d'établissement

De même que lors de la constitution de la société, les frais peuvent être inscrits en frais d'établissement, dans le compte 2013. Frais d'augmentation de capital et d'opérations diverses et amortis sur une durée maximale de 5 ans.

Dans ce cas, aucune distribution de bénéfice n'est possible tant que ces frais ne sont pas totalement amortis, sauf s'il existe au bilan des réserves non obligatoires d'un montant au moins égal au montant des frais non encore amortis.

Les frais d'augmentation de capital constituent un actif fictif.

Exemple

Si la société Zed choisit d'étaler ses frais d'augmentation de capital, elle constate l'écriture suivante :

	20/04/N		
2013	Frais d'augmentation de capital et d'opérations diverses	3 000	
44562	TVA sur immobilisations	600	
512	Banque		3 600
	Frais d'augmentation de capital		

Si Les frais sont amortis sur la durée maximale de 5 ans, l'écriture à la clôture de l'exercice N est la suivante :

	31/12/N		
6811	Dotations aux amortissements sur immob. Incorp. et corp.	600	
28013	Amortissements des frais d'augmentation de capital		600
	3 000 × 1/5		

b) L'imputation des frais sur la prime d'émission

Cette imputation doit être pratiquée pour le montant des frais nets d'impôt sans transiter par un compte de charges par nature. Si la prime d'émission est insuffisante par rapport aux charges engagées, le complément de charges est comptabilisé en charges par nature.

Exemple

Lors de l'augmentation de capital de la société Zed, les frais correspondants s'élèvent à 3 000 € HT (1 800 € d'honoraires et 1 200 € de frais de publicité légale) et sont payés par chèque le 20 avril N. Ils sont imputés sur la prime d'émission.

En retenant un taux d'impôt sur les bénéfices de 1/3, l'imputation se fait sur la prime d'émission pour 3 000 × 2/3 = 2 000 € et en compte d'impôt sur les bénéfices pour 3 000 × 1/3 = 1 000 €.

	20/04/N			
1041	Primes d'émission		2 000	
695	Impôts sur les bénéfices		1 000	
44566	TVA sur autres biens et services		600	
512	Banque			3 600
	Frais d'augmentation de capital			

+

Motivation fiscale de l'imputation pour un montant net

Fiscalement, les frais font l'objet, en fin d'exercice, d'une déduction extra-comptable. Pour que le résultat net comptable de l'exercice ne soit pas affecté par les frais d'augmentation de capital, l'impôt est imputé au débit du compte 695. Impôts sur les bénéfices. Cette inscription vient alors compenser la diminution de l'impôt due à la déduction extra-comptable.

Exemple

À la fin de l'exercice N, les 3 000 € font l'objet d'une déduction extra-comptable pour la détermination du résultat fiscal, diminuant ainsi l'impôt de 1 000 €. Cette diminution est compensée par l'inscription du même montant au débit du compte 695. Impôts sur les bénéfices le 20 avril. Les frais d'augmentation de capital ont donc pu être déduits fiscalement sans qu'ils aient une incidence sur le résultat de l'exercice. Les capitaux propres, quant à eux, ont été diminués de 2 000 € par l'imputation sur la prime d'émission, ce qui représente bien le coût net d'impôt de l'opération pour la société.

B) Les apports en numéraire

1. Les modalités d'augmentation de capital en numéraire

a) Les conditions

L'augmentation de capital par apports en numéraire ne peut intervenir que si le capital ancien a été intégralement libéré. Le prix d'émission est composé de la valeur nominale des actions augmentée de la prime d'émission.

Le taux minimum de l'appel, dans les sociétés anonymes, les SAS et les SARL, est du quart du montant du nominal des actions émises, les trois quarts restants devant être appelés dans un délai de cinq ans. La prime d'émission doit être intégralement versée dès la souscription.

Exemple

La société Zed, dont le capital est formé de 10 000 actions de valeur nominale de 20 €, valant 44 €, décide d'augmenter son capital par émission de 2 000 actions de numéraire au prix de 32 € libérées du minimum légal à la souscription.

La prime d'émission s'élève à 32 – 20 = 12 € par action, soit 2 000 × 12 = 24 000 € au total.

L'augmentation totale de capital est de 2 000 × 20 = 40 000 €.

Chaque action est libérée de 20 × 1/4 = 5 €de nominal, soit 2 000 × 5 = 10 000 € et un capital non appelé de 30 000 €.

Un actionnaire devra verser à la souscription pour une action : 5 + 12 = 17 € ; les versements totaux sont donc de 2 000 × 17 = 34 000 €. Ce montant correspond bien à l'intégralité de la prime d'émission (24 000 €) et au quart du nominal (10 000 €).

L'opération se déroule en deux étapes :

- après annonce de l'augmentation de capital, les associés anciens ou nouveaux disposent d'un délai de 10 jours de Bourse pour effectuer leurs souscriptions, accompagnées du dépôt des fonds auprès d'un notaire, de la Caisse des dépôts et consignations ou sur un compte bancaire ;
- à la fin de la période de souscription ou lorsque toutes les actions ont été souscrites, l'augmentation de capital est réalisée.

b) Augmentation du nominal de chaque action ou du nombre d'actions

Deux modalités peuvent être envisagées pour réaliser l'augmentation de capital :

- l'augmentation de capital peut être répartie sur le nombre d'actions existantes par modification de la valeur nominale de chaque action ; cette modalité requiert l'accord de l'unanimité des associés puisque chacun d'entre eux doit participer à l'opération. Cette forme d'augmentation présente l'avantage de la simplicité, mais elle n'est possible que dans les sociétés dont le nombre d'associés est peu élevé ;
- l'augmentation de capital s'effectue par la création d'actions nouvelles de même valeur nominale que les actions anciennes. Cette modalité, la plus fréquente, permet d'obtenir des souscriptions effectuées par de nouveaux associés.

Le choix entre les deux formes n'a aucune incidence sur la prime d'émission.

Exemple

Le capital de la société Zed est composé de 10 000 actions de valeur nominale 20 €, soit 200 000 €. Elle augmente son capital de 40 000 €.

Si la société Zed choisit d'augmenter le nominal de ses actions, cette augmentation sera de 40 000 / 10 000 = 4 € par action. Après l'opération, le capital sera de 240 000 €, soit 10 000 actions de valeur nominale 24 €.

Si la société Z choisit d'augmenter le nombre d'actions, elle devra créer 40 000 / 20 = 2 000 actions. Le capital, après l'opération, sera composé de 12 000 actions de 20 €, soit 240 000 €.

c) Le droit préférentiel de souscription

Dans le cas de l'émission de nouvelles actions, le prix d'émission de l'action est en général inférieur à sa valeur mathématique ou à sa valeur boursière de manière à attirer les investisseurs. L'augmentation de capital provoque alors une diminution de la valeur des actions puisque les capitaux propres ne sont pas augmentés proportionnellement à la valeur des actions anciennes. Un ancien actionnaire qui ne souscrirait pas à l'augmentation de capital risquerait d'être lésé par cette opération. Cette perte de valeur de l'action ancienne est compensée par l'existence d'un droit préférentiel de souscription (DS) que l'actionnaire ancien peut utiliser pour souscrire les actions nouvelles ou qu'il peut céder à un tiers. À chaque action ancienne est alors attaché un droit de souscription (Code de commerce – article L. 225-132).

› Voir texte de référence 4

Le nombre de droits nécessaires pour souscrire une action nouvelle résulte du rapport entre le nombre d'actions existantes et le nombre d'actions émises.

Un investisseur nouveau ou un actionnaire désirant souscrire plus d'actions que celles résultant de l'exercice de ses droits doit se procurer le nombre de droits de souscription nécessaire. Les droits sont négociables pendant toute la période de souscription ; dans les sociétés cotées, ils font l'objet d'une cotation sur la même période.

Exemple

La société Zed a choisi d'augmenter son capital par l'émission de 2 000 actions au prix d'émission de 32 €. Ses 10 000 actions anciennes ont une valeur nominale de 20 € et leur valeur mathématique est de 44 €.

Les capitaux propres de la société augmentent de 2 000 × 32 = 64 000 €.

La variation de valeur de l'action est déterminée dans le tableau suivant :

	Nombre d'actions	Valeur de l'action	Capitaux propres
Valeur avant augmentation	10 000	44,00 €	440 000 €
Actions de numéraire	2 000	32,00 €	64 000 €
Valeur après augmentation	**12 000**	**42,00 €**	**504 000 €**

La valeur de l'action après augmentation de capital (504 000 / 12 000) est plus faible qu'avant l'augmentation, sauf si le prix d'émission des actions nouvelles est égal à la valeur de l'action avant l'augmentation de capital.

Si l'on se place dans la situation d'un actionnaire ancien ne désirant pas souscrire, il perd, par action ancienne détenue la différence entre 44 € et 42 €. La valeur théorique du droit de souscription est donc de 44 – 42 = 2 €.

Si l'on se place dans la situation d'un actionnaire nouveau, il faut d'abord examiner le rapport d'émission des actions nouvelles : il existe 10 000 DS qui permettent de souscrire 2 000 actions nouvelles, soit un rapport de 5 DS nécessaires pour souscrire une action nouvelle. Un nouveau souscripteur doit donc verser le montant des DS à un actionnaire ancien et celui du prix d'émission à la société Zed pour obtenir une action valant 42 €, soit : 32 + 5 DS = 42, d'où : DS = (42 – 32) / 5 = 2 €.

La valeur d'un droit de souscription obtenue par le calcul n'est que théorique. En effet, sa valeur réelle est fonction de la loi de l'offre et de la demande et peut donc différer de ce montant.

d) La renonciation au droit préférentiel de souscription

L'assemblée générale extraordinaire peut décider de supprimer le droit préférentiel de souscription (DPS), totalement ou partiellement, en général dans le but de favoriser l'entrée de nouveaux actionnaires dans la société. Une augmentation de capital sans DPS est possible, au profit d'investisseurs qualifiés, dans la limite de 20 % du capital par an.

Exemple

Sur les 2 000 actions émises par la société Zed, on suppose que l'assemblée générale extraordinaire a décidé de supprimer partiellement le droit de souscription au profit d'une société d'investissement qui souscrit 1 000 actions. Les droits sont maintenus pour le reste de l'augmentation de capital.

Le calcul de la valeur théorique du DS doit être effectué en se plaçant dans la situation d'un actionnaire nouveau. Les 10 000 DS attachés aux actions anciennes ne donnent droit qu'à la souscription de 1 000 actions nouvelles. Le rapport d'émission devient donc de 10 DS nécessaires pour souscrire une action nouvelle. Le calcul sera alors le suivant : 32 + 10 DS = 42, d'où : DS = (42 – 32) / 10 = 1 €.

La division par 2 de la valeur du DS correspond bien à la renonciation à la moitié des droits.

Tout actionnaire peut également renoncer individuellement à exercer ou à céder ses droits préférentiels de souscription.

2. La comptabilisation des augmentations de capital en numéraire

a) Le schéma général de comptabilisation

Les souscriptions reçues sont comptabilisées au crédit du compte 4563. Associés – Versements reçus sur augmentation de capital par le débit d'un compte de trésorerie ou du compte du notaire recevant les fonds. À la fin de la période de souscription, ce compte est débité par le crédit du compte de capital pour le nominal des actions souscrites et par le compte 1041. Primes d'émission pour le montant de la prime (PCG – article 944-45).

›Voir texte de référence 5

Exemple

La société Zed augmente son capital de 2 000 actions de valeur nominale 20 €, au prix d'émission de 32 €. La totalité des fonds est appelée dès la souscription. Les souscriptions sont reçues du 1er au 8 avril N par Me X, notaire. L'augmentation de capital est constatée le 9 avril. Les fonds sont versés le 10 avril sur le compte de la société.

Souscription des actionnaires :

	8/04/N		
4671	Maître X, notaire	64 000	
4563	Associés – Versements reçus sur augmentation de capital		64 000
	Souscriptions : 2 000 × 32 €		

Augmentation de capital :

	9/04/N		
4563	Associés – Versements reçus sur augmentation de capital	64 000	
1013	Capital souscrit – appelé, versé		40 000
1041	Primes d'émission		24 000
	Capital : 2 000 × 20 € ; prime d'émission : 2 000 × 12 €		

Versement des fonds :

	10/04/N		
512	Banque	64 000	
4671	Maître X, notaire		64 000
	Virement des fonds suite à l'augmentation de capital		

b) Capital non entièrement appelé

De la même manière que lors de la constitution, le capital non appelé figure au débit du compte 109. Actionnaires : capital souscrit – non appelé et au crédit du compte 1011. Capital souscrit – non appelé.

Exemple

Dans la société Zed, seul le minimum légal, soit 1/4 du nominal est appelé. Comme la prime d'émission doit être intégralement versée à l'émission, les fonds reçus s'élèvent à 2 000 × (5 € + 12 €) = 34 000 €. Le capital appelé est de 2 000 × 5 = 10 000 € et le capital non appelé de 2 000 × 15 = 30 000 €. La prime d'émission totale s'élève à 2 000 × 12 = 24 000 €.

Les deux premières écritures sont alors les suivantes :

	8/04/N		
4671	Maître X, notaire	34 000	
4563	Associés – Versements reçus sur augmentation de capital		34 000
	Souscriptions : 2 000 × 17 €		
	9/04/N		
109	Actionnaires : capital souscrit – non appelé	30 000	
4563	Associés – Versements reçus sur augmentation de capital	34 000	
1011	Capital souscrit – non appelé		30 000
1013	Capital souscrit – appelé, versé		10 000
1041	Primes d'émission		24 000
	Augmentation de capital libérée du quart		

Il peut également exister, comme lors de la constitution, des versements anticipés. Lors des appels ultérieurs, les écritures sont identiques à celles des appels réalisés lors des constitutions de sociétés, les mêmes problèmes d'actionnaires retardataires ou défaillants étant possibles (voir le chapitre 12 sur la constitution des sociétés).

C) La conversion de dettes en capital

1. Les conditions de la conversion

L'opération de conversion de dettes en capital est souvent appelée « conversion de créances en capital » car il s'agit de créances sur la société. Ces créances sont celles d'actionnaires, personnes physiques ou morales, ou d'autres tiers, tels que des fournisseurs. La conversion permet d'éteindre ou de réduire la dette de la société envers son créancier.

La conversion de la dette est assimilée à une augmentation de capital en numéraire. Pour cela, il faut que les autres associés renoncent à leur droit préférentiel de souscription ou qu'ils participent également à l'augmentation de capital. Il est également possible d'envisager la suppression du droit de souscription par décision de l'assemblée générale extraordinaire.

Pour que l'opération soit possible, les créances converties doivent obligatoirement être liquides et exigibles. Dans les sociétés anonymes, un arrêté des comptes doit être établi à la date de souscription des actions. De plus, l'assemblée générale qui a autorisé l'augmentation de capital ne doit pas avoir expressément exclu la possibilité de convertir une créance en capital.

2. La comptabilisation de la conversion

La dette à convertir figure dans un compte d'associé ou de tiers :
- 171 ou 174. Dettes rattachées à des participations ou 451. Groupe dans le cas d'une dette envers une autre société du même groupe ;
- 455. Associés – Comptes courants dans le cas d'une dette envers un associé ;
- 401. Fournisseurs dans le cas d'une dette commerciale.

Les opérations se déroulent en deux étapes :
- constatation de l'augmentation de capital par le débit du compte 4562. Apporteurs – Capital appelé, non versé en contrepartie de l'augmentation de capital et de la prime de fusion ;
- réalisation des apports par conversion du compte de dette.

Exemple

Le capital de la société anonyme Ixe est composé de 20 000 actions de valeur nominale de 15 €, totalement libérées. Au passif de son bilan figure une dette envers un associé dirigeant de 60 000 €. Le 13 avril N, il est décidé de convertir la créance de l'associé en capital, sur la base d'un prix d'émission de l'action fixé à 25 €. Les autres actionnaires ont renoncé à leur droit préférentiel de souscription. Le 18 avril N, le commissaire aux comptes de la société établit un certificat du dépositaire certifiant que la créance sur la société a été convertie.

Pour rémunérer l'apport de l'associé, il est créé 60 000 / 25 = 2 400 actions. L'augmentation de capital est de 2 400 × 15 € = 36 000 € et la prime d'émission s'élève à 60 000 – 36 000 = 24 000 €.

	13/04/N		
4562	Apporteurs – Capital appelé, non versé	60 000	
1012	Capital souscrit – appelé, non versé		36 000
1041	Primes d'émission		24 000
	Décision de conversion de la créance de l'associé		
	18/04/N		
455	Associés – Comptes courants	60 000	
4562	Apporteurs – Capital appelé, non versé		60 000
	Confirmation de la conversion		
	18/04/N		
1012	Capital souscrit – appelé, non versé	36 000	
1013	Capital souscrit – appelé, versé		36 000
	Constatation de la conversion		

D) L'incorporation de réserves

L'incorporation de réserves consiste à augmenter le capital par incorporation au capital de réserves, de primes, d'écarts de réévaluation ou du bénéfice de l'exercice. Les actions créées sont destinées soit à tous les actionnaires, soit à des mandataires sociaux, soit aux salariés.

1. Les conditions de l'incorporation de réserves

a) L'incorporation de réserves destinée aux actionnaires

L'incorporation de réserves ne modifie pas les capitaux propres de la société puisqu'il ne s'agit que d'un virement comptable d'un compte de capitaux propres à un autre compte de la même catégorie. Sa motivation peut être de plusieurs ordres :

- une amélioration de l'image de la société par rapport aux tiers puisque le montant du capital social, donc de la garantie des tiers, est augmenté ;
- une amélioration de l'image de la société vis-à-vis des actionnaires qui verront la partie statutaire de leur dividende augmenter et détiendront plus d'actions ;
- une plus grande dilution du capital qui permet de mieux lutter contre d'éventuelles prises de participation par des éléments minoritaires.

L'augmentation de capital est décidée en assemblée générale extraordinaire sur proposition des organes dirigeants. Elle peut consister à augmenter le nominal de chaque action ou à distribuer des actions gratuites.

b) La distribution d'actions aux mandataires sociaux ou aux salariés

L'assemblée générale extraordinaire autorise la distribution et fixe la durée durant laquelle les bénéficiaires d'actions peuvent exercer leurs droits ainsi que la durée minimale de conservation des actions par les bénéficiaires, qui ne peut pas être inférieure à deux ans. Les dirigeants déterminent l'identité des bénéficiaires des actions gratuites.

Cette distribution suppose qu'il existe des réserves suffisantes pour procéder à l'augmentation de capital.

2. Les modalités de l'incorporation de réserves

a) Augmentation du nominal ou distribution d'actions gratuites

L'incorporation de réserves au capital permet d'augmenter le montant du capital total. Il est possible d'envisager la répartition de cette augmentation sur le nombre d'actions existantes et d'augmenter leur valeur nominale ou de distribuer des actions gratuites de même valeur nominale que les actions anciennes. Dans ce cas, la distribution s'effectue selon un rapport qui correspond au nombre de titres créés par rapport aux titres existants.

Quelle que soit la modalité retenue, le total des capitaux propres reste inchangé puisqu'il ne s'agit que d'un transfert d'un compte de cette rubrique vers un autre.

Exemple

Le capital de la société anonyme Doubvé est composé de 50 000 actions de valeur nominale de 10 €. Les capitaux propres sont de 1 350 000 €. Sur proposition des dirigeants, l'assemblée générale extraordinaire décide d'augmenter le capital par incorporation de 100 000 € prélevés sur le poste « Autres réserves ».

Une première solution consiste à augmenter le nominal de chaque action de 100 000 / 50 000 = 2 € ; après l'opération, le capital sera composé de 50 000 actions de valeur nominale de 12 €, soit 600 000 €.

La seconde solution voit la création de 100 000 / 10 = 10 000 actions nouvelles distribuées aux actionnaires ; après l'opération, le capital sera composé de 60 000 actions de valeur nominale de 10 €, soit 600 000 €. Le rapport de distribution est de 1 action gratuite pour 5 anciennes.

b) Le droit d'attribution

Dans le cas de la distribution d'actions gratuites, la valeur mathématique d'une action après l'opération d'incorporation de réserves est forcément plus faible qu'avant puisque les capitaux propres restent inchangés alors que le nombre d'actions a augmenté. D'un autre côté, il n'est pas possible d'imposer à un actionnaire ancien de recevoir les actions gratuites.

La perte de valeur des actions anciennes est alors compensée par l'existence d'un droit d'attribution négociable attaché à chaque action ancienne. Un investisseur qui ne possède pas d'actions de la société peut acquérir auprès d'anciens actionnaires le nombre de droits nécessaire pour se voir attribuer des actions gratuites. Les transactions s'effectuent entre actionnaires et non au niveau de la société émettrice.

La valeur théorique du droit d'attribution est égale à la différence entre la valeur de l'action avant et après l'incorporation de réserves par distribution d'actions gratuites.

Exemple

L'augmentation de capital de 100 000 € de la société anonyme Doubvé, dont le capital est composé de 50 000 actions de 10 €, se réalise par la création de 10 000 actions gratuites de valeur nominale de 10 €. Les capitaux propres de la société avant l'opération sont de 1 350 000 €, soit une valeur mathématique de l'action de 27 €.

La variation de valeur de l'action est déterminée dans le tableau suivant :

	Nombre d'actions	Valeur de l'action	Capitaux propres
Valeur avant augmentation	50 000	27,00 €	1 350 000 €
Actions gratuites	10 000		
Valeur après augmentation	**60 000**	**22,50 €**	**1 350 000 €**

Les capitaux propres restant inchangés, seul le nombre d'actions modifie la valeur d'une action.

La valeur théorique du droit d'attribution peut être déterminée de deux manières :
- en examinant la perte de valeur de l'action détenue par un actionnaire ancien : 27 – 22,50 = 4,50 € ;
- d'après la situation d'un actionnaire nouveau qui doit se procurer, en fonction du rapport d'attribution, 5 droits pour obtenir une action qui vaudra 22,50 € : 5 DA = 22,50 ; DA = 22,50 / 5 = 4,50 €.

c) Les augmentations simultanées par incorporation de réserves et souscriptions en numéraire

L'assemblée générale peut décider de cumuler l'émission d'actions de numéraire avec une distribution d'actions gratuites afin d'attirer plus d'investisseurs. Les actionnaires anciens disposent alors à la fois de droits de souscription et de droits d'attribution qui peuvent être négociés séparément ou de manière indissociée. Pour calculer la valeur théorique de chaque droit, il faut se placer du point de vue d'un actionnaire nouveau.

Exemple

Le capital de la société Uvé se compose de 100 000 actions de valeur nominale de 20 €, cotant en Bourse 32,50 €. Elle décide d'émettre 20 000 actions de numéraire au prix d'émission de 26 € simultanément à la distribution de 10 000 actions gratuites.

La variation de valeur de l'action est déterminée dans le tableau suivant :

	Nombre d'actions	Valeur de l'action	Capitaux propres
Valeur avant augmentation	100 000	32,50 €	3 250 000 €
Actions de numéraire	20 000	26,00 €	520 000 €
Actions gratuites	10 000		
Valeur après augmentation	**130 000**	**29,00 €**	**3 770 000 €**

La perte de valeur d'une action ancienne est de 32,50 – 29,00 = 3,50 €. Ce montant correspond au cumul d'un droit de souscription (DS) et d'un droit d'attribution (DA).

Valeur d'un droit de souscription : pour souscrire une action nouvelle, un investisseur doit se procurer 100 000 / 20 000 = 5 DS et doit payer à la société le prix d'émission d'une action nouvelle, soit : 1 × 26,00 + 5 DS = 29,00 ; DS = (29,00 – 26,00) / 5 = 0,60 €.

Valeur d'un droit d'attribution : pour bénéficier d'une action gratuite, un investisseur doit se procurer 100 000 / 10 000 = 10 DA, soit : 10 DA = 29,00 ; DA = 2,90 €.

On vérifie que 1 DS + 1 DA = 0,60 + 2,90 = 3,50 €.

3. La comptabilisation de l'incorporation de réserves

La comptabilisation s'effectue le jour de l'augmentation de capital, par virement du compte de capitaux propres concerné au compte capital.

Exemple

La société Doubvé augmente son capital le 25 mai N par distribution de 10 000 actions gratuites d'une valeur nominale de 10 €. Le montant est prélevé sur les « Autres réserves ».

	25/05/N	Débit	Crédit
1068	Autres réserves	100 000	
1013	Capital souscrit – appelé, versé		100 000
	Distribution de 10 000 actions gratuites de nominal 10 €		

E Les apports en nature

1. Les modalités de l'augmentation de capital par apports en nature

Les actions créées en échange d'un apport en nature sont émises à la valeur réelle des actions anciennes de manière à ne pas léser les anciens actionnaires ou à une valeur inférieure sur décision de l'assemblée générale extraordinaire. Les anciens actionnaires ne disposent pas de droit de souscription. Les apports sont évalués au vu d'un rapport d'un commissaire aux apports. Ils doivent être intégralement libérés lors de l'augmentation de capital.

La différence entre la valeur des éléments apportés et l'augmentation de capital constitue une prime liée au capital.

Exemple

Le capital de la société anonyme Eresté s'élève à 800 000 €, soit 32 000 actions d'une valeur nominale de 25 €. La valeur mathématique d'une action est évaluée à 48 €. La société reçoit un apport de M. À consistant en un immeuble évalué à 400 000 € construit sur un terrain apporté pour 80 000 €. Il est rémunéré par l'émission d'actions sur la base de leur valeur mathématique.

L'apport total s'élève à 480 000 €. Le nombre d'actions à créer est de 480 000 / 48 = 10 000 actions. Augmentation de capital : 10 000 × 25 € = 250 000 €. Prime liée au capital :
480 000 – 250 000 = 230 000 €.

2. La comptabilisation de l'augmentation de capital par apports en nature

La comptabilisation se déroule en deux étapes. L'augmentation de capital est constatée en même temps que la prime liée au capital, en contrepartie d'un compte d'apports en nature. La prime est inscrite au crédit du compte 1043. Primes d'apport. Les apports sont ensuite réalisés par inscription de leur valeur dans les comptes concernés.

Exemple

L'augmentation de capital de la société Eresté est constatée le 27 mai N.

	27/05/N		
45611	Actionnaires – Apports en nature	480 000,00	
1012	Capital souscrit – appelé, non versé		250 000,00
1043	Primes d'apport		230 000,00
	Augmentation de capital par apport en nature		
	27/05/N		
211	Terrains	80 000,00	
213	Constructions	400 000,00	
45611	Actionnaires – Apports en nature		480 000,00
	Réalisation des apports		
	27/05/N		
1012	Capital souscrit – appelé, non versé	250 000,00	
1013	Capital souscrit – appelé, versé		250 000,00
	Constatation de la réalisation des apports		

F) L'émission de titres composés et de bons de souscription

1. L'émission d'actions à bons de souscription d'actions

Les actions à bons de souscription d'actions (ABSA) permettent à leur détenteur de souscrire lors d'une émission ultérieure d'actions à des conditions préférentielles.

Lors de l'émission des ABSA, la valeur du bon chez l'émetteur est considérée comme nulle. L'augmentation de capital est donc traitée comme une émission d'actions ordinaires.

La seconde augmentation de capital est également traitée comme une émission ordinaire d'actions de numéraire. Si des détenteurs de bons de souscription ne les utilisent pas, leur péremption n'a aucune incidence comptable.

2. L'émission de bons de souscription d'actions

Une société peut également émettre directement des bons de souscription d'actions (BSA) qui donnent à leur détenteur le droit de souscrire des actions à des conditions préférentielles lors d'une augmentation de capital ultérieure.

Le produit de l'émission des bons est constaté en capitaux propres, dans le compte 1045. Bons de souscription d'actions. Il est considéré comme une avance sur la prime d'émission ultérieure. Les écritures d'émission des bons sont identiques à celles d'une augmentation de capital en numéraire, à l'exception du compte de capital.

Lors de l'augmentation de capital, le produit de l'émission des BSA reste inscrit en compte de capitaux propres, que les bons soient utilisés ou non.

Exemple

La société anonyme Opé émet le 1er juillet N 100 000 BSA au prix de 6 €, chaque bon donnant le droit de souscrire une action Opé au prix de 43 € (pour une valeur nominale de 20 € et une valeur boursière de 55 € au 1er juillet N) lors d'une augmentation de capital en numéraire qui aura lieu le 1er juillet N + 1. Le 7 juillet N, tous les bons sont souscrits.

	7/07/N		
512	Banque	600 000,00	
4563	Actionnaires – Versements reçus sur augmentation de capital		600 000,00
	Souscription de 100 000 BSA à 6 €		
	7/07/N		
4563	Actionnaires – Versements reçus sur augmentation de capital	600 000,00	
1045	Bons de souscription d'actions		600 000,00
	Émission de 100 000 BSA à 6 €		

Lors de l'augmentation de capital de N + 1, les écritures habituelles seront passées, que les bons soient utilisés ou non.

Contexte Créa-Son

Laurent Morse et Guillaume Braille envisagent de pratiquer une augmentation de capital durant le premier trimestre N + 3 afin de le porter dans un premier temps à 200 000 € par un appel de fonds de 65 000 € puis par l'incorporation de 35 000 € de réserves ; en effet, les résultats des trois premières années ont été excellents et n'ont donné lieu qu'à peu de distributions, une grande partie des bénéfices ayant donc été portés en réserves. De ce fait, la valeur mathématique de l'action est évaluée à 140 €. Les besoins en numéraire sont estimés à 65 000 €.

Les dirigeants vous interrogent sur la possibilité de proposer aux actionnaires une augmentation du nominal de chaque action de 100 € dont 65 € d'appel en numéraire et 35 € d'incorporation de réserves ; ils ne sont pas certains que tous les actionnaires accepteront de participer à cette augmentation de capital.

Expliquer aux dirigeants les difficultés qui peuvent résulter de leur choix et proposer la solution suivante : augmentation en numéraire par émission de 500 actions au prix de 130 € suivie d'une attribution simultanée de 350 actions gratuites aux actionnaires anciens et nouveaux.

Les dirigeants, convaincus par vos arguments, vous demandent de leur exposer toutes les modalités de l'augmentation de capital, sachant que les apports seront appelés intégralement.

Certains associés ne participant pas aux augmentations de capital, vous indiquez la valeur théorique d'un droit de souscription et d'un droit d'attribution attachés à une action ancienne ; ces valeurs serviront de base aux négociations éventuelles entre actionnaires.

Enfin, Guillaume Braille ayant apporté en N + 1 un montant de 20 000 € en compte courant souhaite que celui-ci soit incorporé au capital une fois que les augmentations précédentes auront été effectuées. La rémunération de cette intégration ne devra pas léser les autres actionnaires.

Fixer les modalités de cette nouvelle augmentation de capital.

Indiquer les montants des postes « Capital » et « Primes liées au capital » au bilan de la société après l'ensemble de ces opérations.

II Les réductions de capital

Les réductions de capital trouvent leur origine dans des circonstances très diverses. Elles peuvent résulter de l'imputation sur les apports antérieurs de pertes accumulées par la société (assainissement financier) ou au contraire d'un excès de capitaux propres par rapport aux besoins de la société (remboursement d'apports). Une société peut également racheter une partie de ses actions propres afin de les annuler.

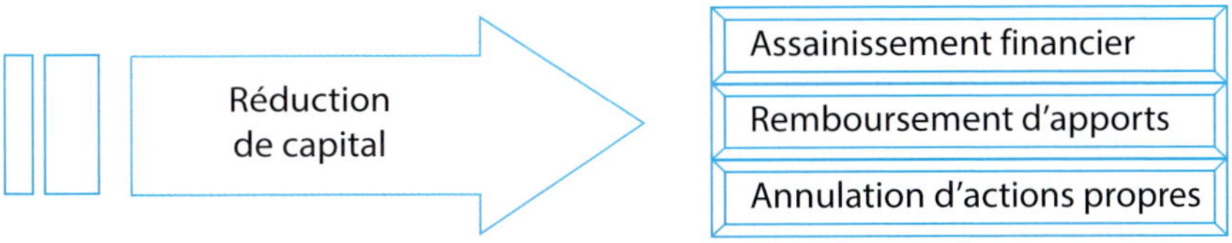

A) L'assainissement financier

1. Les raisons d'un assainissement financier

L'imputation des déficits accumulés sur le capital le ramène à sa valeur réelle et fait supporter les pertes aux associés. Le montant total des capitaux propres, donc la valeur de la société, n'est pas affecté par l'opération.

Outre le fait d'adapter le capital social à la situation économique réelle de l'entreprise, l'imputation des pertes sur le capital permet à une entreprise en situation de croissance de distribuer des bénéfices lors des exercices ultérieurs sans avoir à absorber d'abord toutes ses pertes antérieures.

Dans certains cas, la réduction de capital permet également d'éviter le lancement d'une procédure de reconstitution des capitaux propres prévue par la loi lorsque les capitaux propres deviennent inférieurs à la moitié du capital (Code de commerce – article L. 225-248).

› Voir texte de référence 6

Exemple

Les capitaux propres de la société Jika sont les suivants :

Capitalsocial	100 000 €
Réserves	20 000 €
Report à nouveau (débiteur)	– 75 000 €
Capitaux propres	**45 000 €**

Les capitaux propres sont devenus inférieurs à la moitié du capital social (45 000 € < 50 000 €). On décide d'absorber une partie des pertes reportées par une réduction de capital de 50 000 €. Le passif du bilan sera le suivant après l'opération :

Capital social (100 000 – 50 000)	50 000 €
Réserves	20 000 €
Report à nouveau (débiteur) (– 75 000 + 50 000)	– 25 000 €
Capitaux propres	**45 000 €**

Par cette opération, les capitaux propres (globalement inchangés) représentent à nouveau plus de la moitié du capital (45 000 € > 25 000 €).

2. L'imputation des pertes sur le capital

a) Les modalités de l'imputation des pertes sur le capital

Les pertes comptables accumulées par la société ont été inscrites au débit du compte 119. Report à nouveau (solde débiteur) lors de leur constatation par l'assemblée générale ordinaire qui approuve chaque année les comptes de la société. La tenue d'une assemblée générale extraordinaire est obligatoire pour imputer les pertes puisque cette opération entraîne la modification du capital social.

La réduction du capital peut s'opérer soit par une diminution de la valeur nominale de chaque titre, soit par l'annulation d'un certain nombre de titres. Cette seconde modalité risque de poser des problèmes de rompus dans le rapport d'annulation des titres : il faudra que les associés échangent entre eux des titres afin que chacun possède avant l'annulation un multiple du nombre de titres entraînant une annulation.

Exemple

Le capital de la société Élémen est composé de 20 000 actions de valeur nominale de 10 €, soit un capital de 200 000 €. Les pertes accumulées s'élèvent à 56 225 €. L'assemblée générale décide de pratiquer une réduction de capital de 50 000 €.

Si la société choisit de répartir la réduction de capital sur l'ensemble des actions, la valeur nominale de chaque action sera diminuée de 50 000 / 20 000 = 2,50 €. Après l'opération, le capital de la société sera composé de 20 000 actions de valeur nominale de 7,50 €, soit 150 000 €.

Si la solution adoptée est de diminuer le nombre d'actions, on annule 50 000 / 10 = 5 000 actions, ce qui ramène le capital à 15 000 actions de 10 €, soit 150 000 €. On procède à l'annulation de 5 000 actions sur 20 000, soit 1 action sur 4. Des transactions devront avoir lieu entre associés de manière à ce que chacun d'entre eux possède un multiple de 4 actions.

b) La comptabilisation de l'imputation des pertes sur le capital

La réduction du capital est constatée par le débit du compte 101. Capital et par le crédit du compte 119. Report à nouveau (solde débiteur) et éventuellement du compte 129. Résultat de l'exercice (perte) lorsque les pertes de l'exercice sont directement imputées sur le capital social. Les formes d'imputation des pertes (réduction de la valeur nominale ou du nombre d'actions) n'ont aucune conséquence sur la comptabilisation.

Exemple

Dans la société Élémen, la réduction de capital est constatée à la date de tenue de l'AGE, le 15 juillet N. Les pertes figurent au débit du compte 119. Report à nouveau (solde débiteur).

La réduction de capital est constatée par l'écriture suivante :

	15/07/N		
1013	Capital souscrit – appelé, versé	50 000	
119	Report à nouveau (solde débiteur)		50 000
	Réduction de capital pour assainissement financier		

La réduction de capital est rarement égale au montant du report à nouveau débiteur, ce afin de faciliter la réalisation matérielle de l'opération. Si elle est inférieure à celui-ci, le solde du compte de report à nouveau sera apuré ultérieurement lors de la réalisation de bénéfices ou éventuellement d'une nouvelle réduction de capital. Si la réduction de capital est supérieure au report à nouveau débiteur, l'excédent de réduction est viré au compte 1041. Primes d'émission.

Exemple

Dans la société Élémen, supposons que la réduction de capital est constatée à la date de tenue de l'AGE, le 15 juillet N, et s'élève à 50 000 €, alors que le report à nouveau débiteur n'est que de 48 364 € ; l'écriture sera la suivante :

	15/07/N		
1013	Capital souscrit – appelé, versé	50 000	
1041	Primes d'émission		1 636
119	Report à nouveau (solde débiteur)		48 364
	Réduction de capital pour assainissement financier		

3. La technique du « coup d'accordéon »

Dans les sociétés anonymes, la réduction du capital risque de l'amener au-dessous du minimum légal de 37 000 €. Cette réduction est alors précédée ou suivie d'une augmentation de capital de manière à atteindre le minimum légal. Cette suite d'opérations est appelée de manière imagée « coup d'accordéon ».

Exemple

Les capitaux propres de la société anonyme Géachi sont les suivants au 1er juillet N, date de tenue de l'AGO d'approbation des comptes immédiatement suivie d'une AGE :

Capital social (5 000 actions de valeur nominale 10 €)	50 000 €
Report à nouveau (débiteur)	– 39 672 €
Capitaux propres	**10 328 €**

Il est décidé de pratiquer une réduction du capital de 40 000 € par diminution de la valeur nominale des actions immédiatement suivie d'une augmentation de capital afin de porter celui-ci à son minimum légal de 37 000 €. L'augmentation de capital est totalement souscrite par les dirigeants de la société ; les actions nouvelles sont émises à la nouvelle valeur nominale des actions anciennes ; elles sont totalement libérées.

La réduction de capital est de 40 000 / 5 000 = 8 € par action, ramenant la valeur nominale de l'action à 10 € – 8 € = 2 €. Elle se constate par l'écriture suivante :

	1/07/N		
1013	Capital souscrit – appelé, versé	40 000	
1041	Primes d'émission		328
119	Report à nouveau (solde débiteur)		39 672
	Réduction de capital pour assainissement financier		

Le capital a été ramené à 10 000 €. L'augmentation de capital minimale doit être de 37 000 – 10 000 = 27 000 €. La société Géachi doit donc émettre 27 000 / 2 = 13 500 actions nouvelles de valeur nominale 2 €. Les écritures sont les suivantes :

	1/07/N		
512	Banque	27 000	
4563	Actionnaires – Versements reçus sur augmentation de capital		27 000
	Émission de 13 500 actions de 2 €		
	1/07/N		
4563	Actionnaires – Versements reçus sur augmentation de capital	27 000	
1013	Capital souscrit – appelé, versé		27 000
	Constatation de l'augmentation de capital		

Les capitaux propres après ces opérations sont les suivants :

Capital social (18 500 actions de valeur nominale 2 €)......	37 000 €
Primes liées au capital...	328 €
Capitaux propres...	**37 328 €**

L'augmentation des capitaux propres (37 328 – 10 328 = 27 000 €) correspond bien aux nouveaux apports des associés.

B) Les réductions de capital non motivées par des pertes

Une société peut être amenée à réduire le montant de son capital lorsqu'elle estime qu'un montant inférieur de capital ne nuira pas à son image et en particulier à la garantie des créanciers. Pour un résultat identique, la rentabilité financière des actions s'en trouve augmentée.

1. Le remboursement en numéraire d'une partie des apports

Cette modalité n'est économiquement envisageable que si la société dispose d'un excédent de trésorerie qui ne lui est pas nécessaire. Le montant à rembourser est inscrit au crédit du compte 4567. Associés – Capital à rembourser par le débit du compte de capital, au jour de la tenue de l'assemblée générale extraordinaire qui approuve l'opération. La réduction peut porter sur le nombre de titres ou sur leur valeur nominale.

Exemple

La société Euéf décide, lors d'une AGE tenue le 1er septembre N, de réduire son capital par remboursement d'un quart de la valeur nominale de chaque action. Son capital est composé de 100 000 actions de valeur nominale de 20 €. Les remboursements aux associés ont lieu le 21 septembre N.

La réduction de capital s'élève à 100 000 × 20 € × 1/4 = 500 000 €.

	1/09/N		
1013	Capital souscrit – appelé, versé	500 000	
4567	Associés – Capital à rembourser		500 000
	Réduction du capital		
	21/09/N		
4567	Associés – Capital à rembourser	500 000	
512	Banque		500 000
	Remboursement aux associés de 5 € par action		

2. Le renoncement à l'appel d'une fraction non appelée du capital

Lorsque les dirigeants d'une société estiment que les capitaux propres de leur société sont suffisants et qu'il est inutile d'appeler une fraction du capital, ils peuvent proposer aux associés de réduire le capital en n'appelant pas la dernière fraction. L'opération se concrétise par une écriture d'annulation de la créance sur les associés qui figure en compte 109. Actionnaires : capital souscrit – non appelé, en contrepartie du compte 1011. Capital souscrit – non appelé. Elle n'entraîne aucun mouvement de fonds.

Exemple

La société anonyme Cédé a été créée le 25 juin N – 4 avec un capital de 10 000 actions d'une valeur nominale de 10 € libérées de moitié. Le troisième quart des actions a été appelé et libéré en N – 2. Une assemblée générale extraordinaire du 31 mars N décide de ne pas procéder à l'appel du dernier quart.

Le capital non appelé s'élève à 10 000 × 2,50 € = 25 000 €.

	31/03/N		
1011	Capital souscrit – non appelé	25 000	
109	Actionnaires : capital souscrit – non appelé		25 000
	Renoncement à l'appel du quatrième quart		

Le capital de la société est alors composé de 10 000 actions de valeur nominale 7,50 €.

C La réduction du capital par rachat d'actions ou de parts propres

1. Les raisons et modalités du rachat d'actions ou de parts propres en vue de leur annulation

Une société peut décider de racheter ses propres actions soit dans le but de les attribuer au personnel (voir chapitre 21), soit dans le but de soutenir les cours en Bourse (voir chapitre 9), soit pour les annuler.

Ce dernier cas provoque une réduction de capital. Les raisons de ce rachat sont principalement :

- la volonté de simplifier les rapports d'émission ou d'échange d'actions en vue d'une augmentation de capital ou d'une fusion ;
- de fournir la possibilité à un associé de se séparer de ses titres alors que les repreneurs n'ont pas reçu l'agrément des autres associés (SARL, SAS dans lesquelles cette modalité a été prévue).

Le rachat d'actions propres ou de parts propres dans le but de les annuler n'est possible que lorsqu'il n'est pas motivé par des pertes (Code de commerce – article L. 225-207).

› Voir texte de référence 7

2. La comptabilisation du rachat d'actions ou de parts propres en vue de leur annulation

Le prix de rachat des titres propres est inscrit en compte 2772. Actions propres ou parts propres en voie d'annulation.

Le rachat des actions ou de parts propres s'effectue rarement à leur valeur nominale. Si le prix de rachat est supérieur à la valeur nominale, l'excédent est imputé à un compte de réserves distribuables. S'il est inférieur à la valeur nominale, la différence est inscrite en prime d'émission.

Si les titres ne sont pas éliminés à la date de clôture, ils ne font pas l'objet d'une dépréciation.

Exemple

Une société au capital de 20 500 actions de valeur nominale de 50 € rachète, le 1er juin N, 500 de ses propres actions, au prix de 80 €, dans le but de faciliter les rapports d'émission lors d'une augmentation prévue de ce capital par émission de 10 000 actions de numéraire. L'annulation des actions est effectuée le 15 juin.

	1/06/N		
2772	Actions propres en voie d'annulation	40 000	
512	Banque		40 000
	Rachat de 500 actions propres à 80 €		
	15/06/N		
1013	Capital souscrit – appelé, versé	25 000	
1068	Autres réserves	15 000	
2772	Actions propres en voie d'annulation		40 000
	Réduction de capital : 500 × 50 €		

Contexte Créa-Son

Suite à la rupture d'un contrat, l'exercice N + 3 s'est soldé par un déficit de 39 854 € qui a été inscrit en compte 119. Report à nouveau.

Les dirigeants vous interrogent sur l'éventualité de faire supporter cette perte immédiatement aux associés par imputation sur leurs apports. Vous leur proposez de pratiquer une réduction du capital par diminution du nominal de chaque action de 20 €, les conséquences des arrondis étant virés en compte 1041. Primes d'émission pour faciliter l'opération.

Expliquer aux dirigeants les raisons de votre choix de la diminution de la valeur nominale et exposer les modalités de la réduction de capital.

Indiquer les montants des postes « Capital » et « Primes liées au capital » au bilan de la société après l'ensemble de ces opérations.

Si les dirigeants avaient insisté pour tout de même pratiquer une diminution du nombre d'actions tout en conservant le même nominal, proposer une solution qui permettrait d'obtenir un rapport d'annulation acceptable.

III L'amortissement du capital

Un remboursement d'une partie ou de la totalité de la valeur nominale des actions peut être accompagné d'un virement d'un compte de réserves au capital. Le capital remboursé porte alors le nom de « capital amorti ». Le virement des réserves permet de maintenir le même montant de capital et donc la même garantie des créanciers.

Exemple

Une société au capital de 100 000 actions d'une valeur nominale de 100 € entièrement libérées décide d'amortir ses actions du quart de la valeur nominale.

La première écriture est une écriture « pour ordre » qui permet d'éclater le compte 1013. Capital souscrit – appelé, versé en deux sous-comptes. La seconde écriture constate la mise en paiement de la partie remboursée du capital. La troisième écriture permet de maintenir le capital au même niveau qu'avant l'amortissement :

		1/07/N			
1013		Capital souscrit – appelé, versé		10 000 000	
	10131	Capital non amorti			10 000 000
		Virement de compte à compte			
		1/07/N			
10131		Capital non amorti		2 500 000	
	4567	Actionnaires, capital à rembourser			2 500 000
		Remboursement par amortissement : 100 000 × 25 €			
		1/07/N			
1068		Autres réserves		2 500 000	
	10132	Capital amorti			2 500 000
		Reconstitution du capital			

Correction contexte Créa-Son

1. Les augmentations de capital

• L'augmentation du nominal de chaque action accroît la responsabilité de tous les actionnaires matérialisée par le capital ; elle ne peut donc pas être imposée à un actionnaire qui ne le souhaiterait pas. De ce fait, une augmentation du nominal suppose l'accord unanime des associés, ce qui est rarement le cas. Il faut alors préférer une émission d'actions au même nominal, les actionnaires ne désirant pas participer à l'opération étant alors libres de ne pas en souscrire.

• L'augmentation de capital se fera par l'émission successive de :

– 500 actions de numéraire de valeur nominale 100 €, soit 50 000 € ;

– 350 actions gratuites de valeur nominale 100 €, soit 35 000 €,

soit une augmentation de capital de 850 actions de valeur nominale 100 €, donc de 85 000 €.

Les actions de numéraire étant émises à 130 €, les fonds versés à la société seront de 500 x 130 = 65 000 €, ce qui satisfait les besoins en liquidités.

La prime d'émission s'élève à 500 x (130 – 100) = 15 000 € (soit 65 000 – 50 000 = 15 000 €).

• L'émission des actions en numéraire à un prix inférieur à la valeur mathématique fait naître un droit de souscription ; celle des actions gratuites procure aux actionnaires anciens un droit d'attribution. Ces droits résultent de la perte de valeur de l'action ancienne :

Valeur avant 1re augmentation : 1 000 actions valant 140 €	140 000 €
Actions de numéraire : 500 actions émises à 130 €	65 000 €
Valeur après 1re augmentation	205 000 €
Actions gratuites : 350 actions sans valeur d'apport	0 €
Valeur après augmentations :	205 000 €

Valeur d'une action après la première augmentation : 205 000 / 1 500 = 136,67 €.

Valeur d'une action après la seconde augmentation : 205 000 / 1 850 = 110,81 €.

Valeur théorique d'un droit de souscription (DS) : 140 – 136,67 = 3,33 €.

Valeur théorique d'un droit d'attribution : 136,67 – 110,81 = 25,86 €.

• La valeur d'une action est à présent de 110,81 € pour une valeur nominale de 100 €. La conversion du compte courant de 20 000 € donnera lieu à la création de 20 000 / 110,81 = 180 actions de numéraire.

Les modalités de cette augmentation sont donc les suivantes :

– augmentation de capital : 180 x 100 = 18 000 € ;

– prime d'émission : 20 000 – 18 000 = 2 000 €.

• Capital avant les opérations : 1 000 actions de 100 €	100 000 €
Augmentation en numéraire : 500 actions de 100 €	50 000 €
Distribution d'actions gratuites : 350 actions de 100 €	35 000 €
Conversion du compte courant : 180 actions de 100 €	18 000 €
Poste « Capital » au bilan : 2 030 actions de 100 €	203 000 €
Poste « Primes liées au capital » au bilan : 15 000 + 2 000	17 000 €

2. Les réductions de capital

• Si la réduction de capital était opérée par une annulation d'actions, il faudrait envisager de supprimer environ 39 854 / 100 = 399 actions ; il est impossible de trouver un rapport d'annulation applicable à chaque actionnaire. Pour cette raison il est préférable de réduire le nominal de chaque action.

Les modalités de réduction sont les suivantes :

Réduction de capital : 2 030 x 20 = 40 600 €

Augmentation de la prime d'émission pour ajustement : 40 600 – 39 854 = 746 €.

• Poste « Capital » au bilan : 2 030 x 80 € 162 400 €

Poste « Primes liées au capital » au bilan : 17 000 + 746 17 746 €

• Il aurait été possible de réduire le capital, préalablement à l'imputation des pertes, par un rachat suivi de leur annulation de 30 actions (par exemple, à Guillaume Braille). Le capital aurait alors été composé de 2 000 actions.

Une réduction de capital de 40 000 € aurait alors été possible, par annulation de 40 000 / 100 = 400 actions.

Le rapport d'annulation aurait alors été de :

400 actions annulées pour 2 000 actions existantes, soit :

1 action annulée pour 5 actions détenues.

Il aurait alors fallu effectuer des ajustements entre actionnaires pour que chacun d'entre eux détienne un multiple de 5 actions.

Synthèse

Augmentations de capital en numéraire ou par conversion de créance

Valeur mathématique = actif net comptable / nombre d'actions
Valeur nominale ≤ Prix d'émission des titres ≤ Valeur mathématique des titres
Prime d'émission = prix d'émission des titres – valeur nominale des titres
Droit préférentiel de souscription (DS) = valeur de l'action avant augmentation – valeur de l'action après augmentation

	Débit	Crédit
Versements en numéraire ou créance sur la société	512 ou 171-174-164-401-4551	4563. Total des versements reçus
Constatation de l'augmentation du capital	4563. Versements reçus 109. Fraction éventuellement non appelée	1011. Fraction non appelée 1013. Nominal appelé 1041. Prime d'émission

Augmentations de capital par incorporation de réserves

Droit d'attribution (DA) = valeur de l'action avant augmentation – valeur de l'action après augmentation

Constatation de l'augmentation du capital	104 – 105 – 106. Primes, réserves ou écarts de réévaluation	1013. Nominal incorporé au capital

Augmentations de capital par apports en nature

Nombre de titres à créer = valeur de l'apport / valeur mathématique de l'action
Prime d'apport = valeur de l'apport – augmentation de capital

Promesse d'apport	45611. Valeur des apports en nature	1012. Augmentation du capital 1043. Prime d'apport
Réalisation des apports	Actifs apportés 1012. Augmentation du capital	45611. Valeur des apports 1013. Augmentation du capital

Réductions de capital

Assainissement financier	1013	119. Report à nouveau
Remboursement en numéraire	1013	4567. Associés, capital à rembourser
Rachat d'actions propres	2772. Prix de rachat 1013 et 1068 (si prix rachat > nominal)	512 2772 et 1041 (si prix rachat < nominal)

Amortissement du capital

Amortissement du capital	1013 (pour ordre) 10131 (remboursement) 1068 (reconstitution du capital)	10131. Capital non amorti 4567 10132

Références

- Code de commerce – articles L. 223-32 à L. 223-34.
- Code de commerce – articles R. 225-113 à R. 225-136.
- Code de commerce – articles R. 225-150 à R. 225-158.
- Code de commerce – articles L. 225-12 à L. 225-149.
- Code de commerce – articles L. 225-05 et L. 225-204.
- Plan comptable général – articles 212-9, 941-10, 942-27 et 944-45.

1 Code de commerce – article L. 225-127

Le capital social est augmenté soit par émission d'actions ordinaires ou d'actions de préférence, soit par majoration du montant nominal des titres de capital existants.

Il peut également être augmenté par l'exercice de droits attachés à des valeurs mobilières donnant accès au capital, dans les conditions prévues aux articles L. 225-149 et L. 225-177.

2 Code de commerce – article L. 225-128

Les titres de capital nouveaux sont émis soit à leur montant nominal, soit à ce montant majoré d'une prime d'émission. [...]

3 PCG – article 212-9

[...] Les frais d'augmentation de capital, de fusion et de scission peuvent être inscrits à l'actif en frais d'établissement ou imputés sur les primes d'émission et de fusion ; en cas d'insuffisance, ces frais sont comptabilisés en charges.

Les frais d'établissement sont amortis selon un plan et dans un délai maximum de 5 ans.

4 Code de commerce – article L. 225-132

Les actions comportent un droit préférentiel de souscription aux augmentations de capital.

Les actionnaires ont, proportionnellement au montant de leurs actions, un droit de préférence à la souscription des actions de numéraire émises pour réaliser une augmentation de capital.

Pendant la durée de la souscription, ce droit est négociable lorsqu'il est détaché d'actions elles-mêmes négociables. Dans le cas contraire, il est cessible dans les mêmes conditions que l'action elle-même.

Les actionnaires peuvent renoncer à titre individuel à leur droit préférentiel. [...]

5 **PCG – article 944-45**

[…] Le compte 4563 « Associés – Versements reçus sur augmentation de capital » reçoit à son crédit la contrepartie des versements effectués par les associés à la suite de la décision d'augmentation du capital ; il est débité à la clôture de la période de réalisation de l'opération soit par le crédit des subdivisions concernées des comptes 101 « Capital » et 104 « Primes liées au capital », lorsque l'augmentation devient effective, soit par le crédit d'un compte d'associé, lorsque la modification du capital est annulée pour défaut de réalisation du quantum ; […]

6 **Code de commerce – article L. 225-248**

Si, du fait de pertes constatées dans les documents comptables, les capitaux propres de la société deviennent inférieurs à la moitié du capital social, le conseil d'administration ou le directoire, selon le cas, est tenu dans les quatre mois qui suivent l'approbation des comptes ayant fait apparaître cette perte, de convoquer l'assemblée générale extraordinaire à l'effet de décider s'il y a lieu à dissolution anticipée de la société.

Si la dissolution n'est pas prononcée, la société est tenue, au plus tard à la clôture du deuxième exercice suivant celui au cours duquel la constatation des pertes est intervenue […] de réduire son capital d'un montant au moins égal à celui des pertes qui n'ont pas pu être imputées sur les réserves, si, dans ce délai, les capitaux propres n'ont pas été reconstitués à concurrence d'une valeur au moins égale à la moitié du capital social. […]

7 **Code de commerce – article L. 225-207**

L'assemblée générale qui a décidé une réduction de capital non motivée par des pertes peut autoriser le conseil d'administration ou le directoire, selon le cas, à acheter un nombre déterminé d'actions pour les annuler.

Applications

Comprendre les notions

Application 1 QCM

Répondez par « Vrai » ou par « Faux » aux affirmations ci-dessous en donnant toutes explications utiles.

1. Les opérations sur le capital relèvent de la compétence des organes de direction de la société.
- ☐ Vrai
- ☐ Faux

2. L'actif net comptable tient compte des effets de la fiscalité sur les actifs fictifs et les provisions réglementées.
- ☐ Vrai
- ☐ Faux

3. En cas d'absence ou d'insuffisance de prime liée au capital, les frais d'augmentation de capital sont imputés sur les réserves de la société.
- ☐ Vrai
- ☐ Faux

4. Dans le cas d'une augmentation de capital en numéraire, un nouvel actionnaire doit verser à la société le montant du nominal appelé, de la prime d'émission et des droits nécessaires en fonction du rapport d'émission.
- ☐ Vrai
- ☐ Faux

5. Dans le cas d'une augmentation de capital en numéraire par émission d'actions d'une valeur nominale de 20 € au prix de 28 €, le premier versement d'un actionnaire est au minimum de 7 €.
- ☐ Vrai
- ☐ Faux

6. Le droit préférentiel de souscription est égal à la différence entre la valeur de l'action avant l'augmentation de capital et le prix d'émission des actions.
- ☐ Vrai
- ☐ Faux

7. L'assemblée générale extraordinaire peut décider que les actionnaires anciens doivent utiliser leurs droits de souscription ou d'attribution.
- ☐ Vrai
- ☐ Faux

8. Le compte 4563. Associés – Versements reçus sur augmentation de capital ne peut pas être débiteur.
- ☐ Vrai
- ☐ Faux

9. Les conversions de créances sont assimilées à des apports en nature.
- ☐ Vrai
- ☐ Faux

10. La distribution d'actions gratuites ne modifie pas le montant des capitaux propres au bilan.
- ☐ Vrai
- ☐ Faux

11. Lors de l'émission d'actions à bons de souscription d'actions, les bons de souscription doivent être constatés séparément dans les capitaux propres de l'émetteur.
- ☐ Vrai
- ☐ Faux

12. Les recettes procurées par l'émission de bons de souscription d'actions constituent des capitaux propres, que ces bons soient utilisés par les souscripteurs ou non.
- ☐ Vrai
- ☐ Faux

13. Le « coup d'accordéon » consiste à faire suivre ou précéder une réduction de capital d'une augmentation de ce capital afin de le porter au minimum légal.
- ☐ Vrai
- ☐ Faux

14. La réduction du capital par rachat d'actions propres n'est possible que si elle n'est pas motivée par des pertes.
- ☐ Vrai
- ☐ Faux

15. Les actions propres en voie d'annulation doivent faire l'objet d'un test de dépréciation lorsqu'elles figurent au bilan de fin d'exercice.
- ☐ Vrai
- ☐ Faux

Mettre en œuvre les compétences

Application 1 Analyser et comptabiliser les frais d'augmentation de capital

Compétences attendues : C4 et C5

Cet exercice est à réaliser sans calculatrice.

Le 02/11/N, la société anonyme Clotilde a enregistré l'écriture suivante :

	2/11/N		
471	Compte d'attente	4 200,00	
4456	Taxes sur le chiffre d'affaires déductibles	740,00	
46711	Maître Igor, notaire		4 940,00
	Frais d'augmentation de capital		

Cette écriture concerne les frais d'augmentation de capital suivants, suite à une augmentation de capital réalisée le 31/10/N :

- droits d'enregistrement.. 500,00 €
- frais de publicité légale (TTC).. 960,00 €
- frais de notaire (TTC).. 3 480,00 €

À la fin de l'exercice N, on relève les éléments suivants au passif du bilan provisoire :

- Capital social (dont appelé : 450 000 €)........................ 500 000 €
- Prime d'émission.. 120 000 €
- Résultat de l'exercice (provisoire et avant impôt)....... 33 600 €

Le résultat fiscal provisoire s'élève à 27 900 € ; le taux d'impôt est de 28 %.

1. Comptabilisez au 31/12 l'écriture de régularisation concernant les frais d'augmentation de capital en supposant que :

a. La société souhaite imputer les frais sur la prime d'émission.

b. Les dirigeants souhaitent étaler sur trois exercices la charge liée aux frais d'augmentation de capital.

2. Indiquez les conséquences du choix de la méthode sur le compte de résultat et le montant des capitaux propres au bilan établis au 31/12/N. Précisez si une mention de la méthode choisie doit être faite en annexe.

Application 2 Évaluer et comptabiliser une augmentation de capital en numéraire

Compétences attendues : C1 et C3

Le bilan de la société anonyme Aïda établi le 31/12/N – 1, après affectation du résultat, présente les capitaux propres suivants :

Capital social (2 000 actions de valeur nominale 100 €)	200 000 €
Réserve légale	20 000 €
Autres réserves	à déterminer

L'assemblée générale extraordinaire tenue le 05/01/N décide, sur la base du bilan au 31/12/N – 1, une augmentation de capital par création de 1 000 actions de numéraire de nominal 100 €, émises à 118 €, à libérer du minimum légal lors de la souscription. Compte tenu de la valeur mathématique de l'action, le droit préférentiel de souscription théorique est de 34 €.

Le 12/01/N, toutes les actions nouvelles sont souscrites et libérées par l'intermédiaire de la banque de la société, à l'exception d'un souscripteur de 60 actions qui a réglé la totalité lors de sa souscription.

Le 15/10/N, le deuxième quart du nominal est appelé. Le 15 novembre N, tous les versements sont effectués.

1. Déterminez le montant du poste « Autres réserves ».

2. Vérifiez la valeur théorique du droit préférentiel de souscription.

3. Comptabilisez l'augmentation du capital.

4. Comptabilisez l'appel et la libération du deuxième quart.

Application 3 Fixer un prix d'émission et étudier le droit de souscription

Compétences attendues : C1, C2 et C3

Le capital de la société anonyme Faust est composé de 12 500 actions d'une valeur nominale de 40 €, entièrement libérées. Les dirigeants voudraient proposer en assemblée générale extraordinaire une augmentation de capital en numéraire par émission de 5 000 actions de numéraire. La valeur de l'action est de 60 € avant l'augmentation de capital et les dirigeants souhaitent limiter la baisse de l'action à 8 % au maximum de cette valeur. La prime d'émission par action résultant de cette contrainte sera arrondie à l'euro.
L'augmentation de capital est réalisée le 15/04/N, la valeur nominale des actions étant appelée et libérée de moitié.

1. **Déterminez le prix d'émission des actions de numéraire répondant aux conditions posées par les dirigeants.**
2. **Analysez les raisons du choix des dirigeants de limiter la baisse de valeur de l'action.**
3. **Vérifiez les calculs précédents en calculant la valeur du droit préférentiel de souscription.**
4. **Exprimez la valeur du droit préférentiel de souscription (DS) en fonction du prix d'émission (PE) et représentez graphiquement la variation de DS en fonction de PE. Vérifiez les résultats pour le prix d'émission déterminé précédemment.**
5. **Comptabilisez l'augmentation de capital.**

Application 4 Appliquer les règles relatives aux souscriptions à titre réductible et comptabiliser une augmentation de capital

Compétences attendues : C1, C2 et C3

Le capital de la société anonyme Barville est composé de 4 000 actions d'une valeur nominale de 20 €, détenues par sept actionnaires :

A : 1 400 actions C : 600 actions E : 200 actions G : 100 actions
B : 1 000 actions D : 500 actions F : 200 actions

Le 15/09/N, l'assemblée générale extraordinaire décide une augmentation de capital de 1 000 actions entièrement libérées, au prix d'émission de 32 €, à réaliser le 15/10. Les souscriptions sont reçues à compter du 01/10. L'associé B décide de renoncer à exercer ses droits. Les autres associés souscrivent le nombre d'actions suivant et effectuent les versements correspondants pour le 15/10 sur le compte de Maître Rossini, notaire :

A : 800 actions D : 200 actions F : 60 actions
C : 400 actions E : 50 actions G : 25 actions

L'augmentation de capital est comptabilisée le 16/10, le notaire versant les fonds sur le compte de la société et remboursant les associés concernés de leurs versements excédentaires le 17/10/N.

1. **Indiquez le nombre d'actions souscrites à titre irréductible et réductible par chacun des associés participant à l'opération.**
2. **Procédez à la répartition des actions disponibles entre les associés qui ont effectué des souscriptions à titre réductible. Indiquez le nombre d'actions détenu par chaque associé après l'augmentation de capital.**
3. **Analysez la motivation de l'associé B dans sa renonciation à exercer ses droits.**
4. **Comptabilisez les opérations.**

Application 5 Analyser et comptabiliser la conversion d'une créance sur la société

Compétences attendues : C1, C2 et C3
Cet exercice est à réaliser sans calculatrice.

La SARL Redel a été créée au cours de l'année N – 7 entre trois associés. Son capital est composé de 300 parts d'une valeur nominale de 500 € dont deux tiers sont détenus par le gérant et un sixième par chacun des deux autres associés. La valeur mathématique de la part, au 30/06/N, date fixée pour réaliser une augmentation de capital en numéraire dont une partie par conversion d'une créance sur la société, est de 625 €.
La SARL effectue la majeure partie de ses achats de matières premières auprès d'un fournisseur, la SAS Salminen, et a accumulé des dettes envers celle-ci, inscrites en compte 401. Fournisseurs. Les dirigeants de cette société acceptent la proposition des associés de la SARL de convertir une partie de leur créance en parts dans le capital de la SARL Redel, soit 120 000 €. Le prix d'émission des parts accepté par les dirigeants de la SAS Salminen est de 600 €.
Les trois associés de la SARL Redel souscrivent au même prix d'émission des parts sociales, entièrement libérées, au prorata de leur part dans le capital initial, de manière à ce que la participation de la SAS Salminen soit du tiers du capital de la SARL après augmentation.

1. **Indiquez les modalités de l'augmentation de capital : nombre de parts émises, augmentation de capital et prime d'émission.**
2. **Comptabilisez les opérations d'augmentation du capital.**
3. **Indiquez la composition du capital après les opérations et précisez la motivation des associés de limiter la participation du nouvel entrant au tiers du capital.**

Application 6 Analyser et comptabiliser une augmentation de capital en numéraire liée à une distribution d'actions gratuites

Compétences attendues : C1 et C3
Afin de renforcer la structure son bilan et trouver de nouvelles ressources de financement pour réaliser son projet de délocalisation, l'assemblée générale extraordinaire (AGE) de la société Manade, réunie le 30/01/N + 1, a décidé une double augmentation simultanée de capital.
Les modalités sont les suivantes :
- incorporation au capital d'une partie des autres réserves, soit 240 000 €, donnant lieu à la distribution d'actions gratuites de même valeur nominale que les anciennes ;
- émission de 10 000 actions nouvelles de numéraire de valeur nominale 20 €, émises au prix unitaire de 24 €, à libérer du minimum légal lors de la souscription, les fonds étant reçus par Maître Merlin, notaire.

Seuls les anciens actionnaires ont bénéficié du droit préférentiel de souscription et du droit d'attribution.
Les opérations d'augmentation de capital ont été réalisées selon l'échéancier suivant :
- le 30/01 : décision de l'AGE d'une double augmentation simultanée de capital ;
- le 16/02 : Maître Merlin informe la société que toutes les actions nouvelles de numéraire ont été souscrites et qu'il a reçu l'intégralité des fonds correspondant au minimum légal appelé ;
- le 26/02 : Maître Merlin verse les fonds sur le compte bancaire de la société, sous déduction de 1 580 € de droits, honoraires et frais divers (dont 230 € de TVA) ; ces frais sont imputés, pour leur montant net d'impôt, sur la prime d'émission (taux d'IS : 28 %) ;
- le 15/03 : le solde des actions nouvelles est appelé ;
- le 31/03 : tous les versements ont été reçus par l'intermédiaire de la banque.

Les capitaux propres, au bilan du 31/12/N, sont les suivants :

Capital social (20 000 actions entièrement libérées)......	400 000,00 €
Réserve légale..	27 623,20 €
Autres réserves..	455 468,60 €
Résultat de l'exercice..	110 350,20 €
Subventions d'investissement..................................	21 120,00 €
Provisions réglementées..	40 320,00 €

1. **Passez les écritures d'augmentation de capital jusqu'au 31/03/N + 1 inclus.**

2. **Calculez la valeur des actions anciennes avant affectation du résultat (celui-ci ne sera pas distribué).**

3. **Déterminez la valeur théorique du droit d'attribution et du droit préférentiel de souscription.**

Application 7 Analyser et comptabiliser une augmentation de capital par apports en nature

Compétences attendues : C1, C3 et C4

La SARL Flutenche a été créée début N – 7 par la transformation de l'entreprise individuelle de M. Anceri. Parmi les apports en nature de M. Anceri figurait un droit au bail relatif à l'immeuble abritant l'entreprise et qui avait été évalué à 80 000 €. Il est amorti comptablement sur 10 ans de manière linéaire.

Le capital de la société est composé de 10 000 parts de 10 € réparties entre cinq associés, M. Anceri étant gérant majoritaire. La valeur mathématique de la part sociale au bilan au 31/12/N – 1, après affectation du résultat, est de 16,50 €.

En décembre N – 1, les associés décident d'augmenter le capital par apports en nature de l'immeuble détenu jusque-là par M. Anceri. Cet immeuble est évalué à 400 000 € mais la valeur d'apports sera réduite du montant du droit au bail non encore amorti. L'augmentation de capital a lieu le 2/01/N, sur la base d'un nombre de parts sociales à remettre à M. Anceri calculé d'après leur valeur mathématique (le nombre de parts à émettre est arrondi à l'unité par défaut).

1. **Calculez le nombre de parts à émettre.**

2. **Présentez les écritures d'augmentation du capital.**

3. **Indiquez la conséquence de l'entrée de l'immeuble au bilan de l'entreprise sur le droit au bail non encore amorti.**

Application 8 Analyser un assainissement financier et en comptabiliser les conséquences

Compétences attendues : C1, C2 et C3

L'extrait de la balance des comptes de la société anonyme Caruso présente pour l'exercice clos au 31/12/N – 1 les soldes suivants :

Capital social (50 000 actions)..	600 000 €
Réserve légale..	60 000 €
Autres réserves..	76 000 €
Report à nouveau débiteur..	– 516 000 €

Applications

Une assemblée générale extraordinaire doit être convoquée le 04/09/N afin de proposer aux actionnaires :
- l'imputation des pertes sur les réserves, puis sur le capital ; à cet effet, la valeur nominale des actions doit être portée à 4 € sans réduire le nombre d'actions ;
- de procéder à une augmentation de capital en numéraire au seul profit de la société anonyme Froment qui détient, à ce jour, 10 % du capital de la SA Caruso.

Il est prévu d'émettre 60 000 actions nouvelles à leur valeur réelle, soit 4,40 €. Pour faciliter cette opération, les actions nouvelles seront libérées le 05/09/N pour moitié, le solde devant être appelé le 15/12/N.

1. **Justifiez la valeur de l'action au 31/12/N – 1.**
2. **Indiquez pour quelle raison il sera proposé de réduire la valeur nominale de l'action de la SA Caruso.**
3. **Indiquez si, légalement, le « coup d'accordéon » était nécessaire.**
4. **Sachant que les opérations se sont déroulées comme prévu, présentez toutes les écritures dans la comptabilité de la SA Caruso du 04/09/N au 15/12/N.**
5. **Présentez les écritures dans la comptabilité de la SA Froment.**

Entraînement à l'examen

1 Opérations sur le capital

Compétences attendues : C1, C2, C3 et C4

La PPC est une société anonyme dont le capital au 01/01/N est formé de 21 000 actions d'une valeur nominale de 44 €, entièrement libérées. Le montant des réserves s'élève à 1 660 000 €. Diverses opérations de modification du capital ont lieu en N et N + 1.

Dans le but d'une future augmentation de capital, il est décidé, début N, de ramener celui-ci à une valeur qui puisse faciliter les rapports d'émission des nouvelles actions. Le capital est ramené à 800 000 € par deux opérations successives :

- le 02/02/N, il est remboursé à chaque actionnaire, comme les statuts l'autorisent, la somme de 4 € par action, de manière à ramener la valeur nominale de celles-ci à 40 € ;
- le 15/02/N, 1 000 actions ont été rachetées à un actionnaire pour le prix global de 120 000 €. Le commissaire aux comptes de la société a certifié la validité de l'estimation de la valeur des titres. Ces actions sont annulées le 20/02, par réduction du capital ;
- le 01/07/N, il est procédé à une double augmentation de capital par émission à 80 € de 10 000 actions au nominal de 40 €, libérées du quart, et par incorporation d'une partie de la réserve facultative, pour un montant de 400 000 €. La valeur retenue pour l'estimation de l'action PPC est de 119 €.

Le conseil d'administration avait le choix entre trois modalités d'augmentation du capital :

- incorporation de la réserve, suivie de l'augmentation en numéraire ;
- augmentation en numéraire, suivie de l'incorporation de réserves ;
- augmentations simultanées en numéraire et par incorporation de réserves.

Les deuxième et troisième quarts sont appelés simultanément le 05/10/N. Le 31/10, tous les actionnaires se sont exécutés.

1. Présentez les écritures relatives aux opérations de février N.

2. Calculez les droits de souscription et d'attribution dans chacune des trois modalités d'augmentation de capital envisagées et précisez quelle modalité a été choisie pour pouvoir émettre les actions au prix prévu de 80 €, tout en laissant les actionnaires libres de céder séparément leurs DS et leurs DA.

3. Enregistrez les augmentations de capital de juillet N.

4. Enregistrez l'appel et la libération d'octobre N.

2 Augmentations simultanées de capital

Compétences attendues : C1, C2, C3 et C4
Travail à faire :
À partir de l'annexe, vous traiterez les questions posées.

1. Calculez le prix d'émission, la prime d'émission, la valeur du droit de souscription des actions nouvelles de numéraire et la valeur du droit d'attribution des actions gratuites.
2. Indiquez les critères de fixation du prix d'émission et la signification de la prime d'émission.
3. Expliquez la fonction financière du droit préférentiel de souscription et du droit d'attribution. Illustrez vos propos par des données chiffrées de votre choix.
4. Le 12/02/N, le cours de l'action ancienne était de 99,30 € et celui du droit de souscription était de 6,50 €. Expliquez l'écart entre la valeur théorique du droit de souscription et sa valeur boursière.
5. L'augmentation de capital en numéraire entraîne pour les actionnaires anciens des effets dilutifs. Présentez ces effets et illustrez votre réponse par des données chiffrées de votre choix.

6. Indiquez les avantages pour Simex de réaliser une augmentation de capital par incorporation de réserves avec émission d'actions gratuites, corrélativement à une augmentation par apports en numéraire.

7. Présentez les écritures d'augmentation du capital.

Annexe

La société industrielle de mécanique Xavier et Cie (Simex) est une SA cotée en Bourse. Le capital de cette société s'élève, avant augmentation de capital, à 22 500 000 € (1 500 000 actions).

Le 03/02/N, Simex a décidé de lancer une double augmentation simultanée de capital :

- par apports nouveaux de 19 200 000 € (création de 300 000 actions totalement libérées) ;
- par incorporation d'une somme de 2 250 000 € prélevée sur la réserve spéciale de réévaluation, avec attribution d'actions gratuites aux titulaires d'actions anciennes.

La veille de l'opération, l'action Simex cotait 85 €.

La période de souscription à l'augmentation de capital en numéraire à titre irréductible uniquement avec maintien du droit préférentiel a débuté le 04/02/N pour une période de 20 jours de Bourse s'achevant le 28/02/N. La publication des résultats de l'augmentation de capital a été effectuée le 07/03/N. La distribution d'actions gratuites a eu lieu le 20/03/N.

CHAPITRE

14

L'affectation des résultats des sociétés

Compétence(s)	Savoirs associés
– Analyser les opportunités et les risques d'une modalité d'affectation du résultat. (C1) – Évaluer et comptabiliser les variations de capitaux propres dans les comptes individuels. (C2) – Présenter les informations à fournir en annexe (C3)	Affectation du résultat, y compris les cas particuliers du paiement des dividendes en actions et du versement d'acomptes sur dividendes.

Contexte professionnel

La société Transdev a été créée dans les années 1960. Son activité qui se limitait au départ aux déménagements pour les particuliers s'est diversifiée petit à petit dans les transports internationaux de biens et les déménagements d'entreprises. Au début des années 2000, elle a ajouté à ses activités le transport de personnes (lignes internationales, puis nationales depuis 2017) et prestations de services dans la logistique du transport.

Son capital a été augmenté à plusieurs reprises et une partie de ses actions est actuellement cotée sur Euronext Growth. Il existait en début d'exercice 70 000 actions ordinaires entièrement libérées et non amorties et 20 000 actions privilégiées, totalement libérées, à intérêt statutaire majoré de deux points et prioritaire, mais non reportable. Une augmentation de capital a eu lieu fin février, de 10 000 actions ordinaires libérées du ¼, avec date de jouissance le 1er avril. Il n'y a pas eu d'appel supplémentaire durant l'année.

Les statuts de la société prévoient un intérêt statutaire de 3 % aux actions ordinaires, la fixation du dividende total étant laissée à l'appréciation de l'AGO, sur proposition du directoire.

Raison sociale	**Transdev**
Forme sociale	SA à directoire
Capital social	Actions de nominal 50 € • 80 000 actions ordinaires • 20 000 actions privilégiées privées du droit de vote
Siège social et exploitation	Technopole de Sofia-Antipolis (06)
Activité	Transports internationaux de biens et de personnes
Dirigeants	L. Cassio, présidente du directoire
Exercice comptable	Correspond à l'année civile

En première année d'apprentissage pour la préparation du DSCG, votre maître de stage, M. Melchior, assistant du directeur financier de la société, vous confie la préparation de la résolution relative à l'affectation du résultat N qui sera proposée à l'assemblée générale ordinaire prévue pour la mi-mai N + 1.

Les sociétés sont soumises à des règles juridiques d'approbation de l'affectation du résultat par les associés et de délais de distribution des dividendes. Elles doivent également veiller au respect de la constitution obligatoire de réserves. La préparation de l'affectation du résultat puis de sa comptabilisation doit respecter les contraintes légales ainsi que les dispositions prévues par les statuts : dotations à certaines réserves, intérêt statutaire aux actions, etc. Ce n'est qu'après avoir satisfait à ces contraintes que les dirigeants choisissent de proposer une résolution à l'assemblée générale des actionnaires pour approbation.

I L'affectation du résultat des sociétés par actions

A) Les conséquences comptables des obligations juridiques

1. Les obligations de tenue d'assemblée et de distribution des dividendes

La politique de distribution des dividendes est fondamentale pour les dirigeants de la société, qui doivent arbitrer entre les besoins de leur entreprise et la satisfaction immédiate des associés. Elle doit aussi tenir compte des impératifs liés à l'équilibre de la trésorerie.

Cette politique de distribution diffère considérablement selon les types de sociétés et selon qu'elles font ou non appel public à l'épargne.

L'affectation du résultat est proposée aux actionnaires lors de la tenue de l'assemblée générale ordinaire (AGO) qui approuve les comptes de l'exercice. Cette assemblée doit être réunie dans les six mois qui suivent la date de clôture de l'exercice. Le conseil d'administration ou le directoire rédigent une résolution dans laquelle ils proposent à l'assemblée une affectation du résultat qui tient compte des obligations légales et des dispositions statutaires (Code de commerce – article L. 225-100).

› Voir texte de référence 1

L'affectation du résultat ne peut être comptabilisée qu'après décision de l'assemblée générale ordinaire, à partir du procès-verbal de cette assemblée qui constitue la pièce justificative de l'enregistrement comptable. La mise en paiement des dividendes doit, quant à elle, être réalisée dans les neuf mois qui suivent la date de clôture de l'exercice (Code de commerce – article L. 232-13).

› Voir texte de référence 2

Dans l'attente de l'affectation du résultat, celui-ci reste inscrit en compte 120. Résultat de l'exercice (bénéfice) tel qu'il est repris à l'ouverture de l'exercice. Cette situation peut entraîner des confusions, en particulier lorsque l'entreprise établit des situations intermédiaires, avant la tenue de l'AGO, entre le résultat de l'exercice clos et celui de l'exercice en cours. C'est pourquoi le plan comptable a prévu la possibilité, mais non l'obligation, de transférer le résultat, à l'ouverture de l'exercice, dans le compte spécial 88. Résultat en instance d'affectation (PCG – article 948-88).

Exemple

Lors de la reprise des comptes d'une société anonyme, à l'ouverture de l'exercice N + 1, le compte 120. Résultat de l'exercice a été crédité de 125 625 € correspondant au résultat de l'exercice N.

Il est possible de passer l'écriture suivante en attente de l'affectation du résultat :

		1/01/N+1		
120		Résultat de l'exercice (bénéfice)	125 625	
	88	Résultat en instance d'affectation		125 625
		Résultat en attente d'affectation		

2. La définition du bénéfice distribuable

Le bénéfice distribuable est celui sur lequel peuvent être prélevés les dividendes à payer aux actionnaires et les sommes mises en réserves ou reportées sur l'exercice suivant, sur décision de l'AGO. Il est égal au bénéfice de l'exercice augmenté des sommes reportées l'année précédente et diminué des pertes antérieures ainsi que des dotations aux réserves prévues par la loi ou par les statuts (Code de commerce – article L. 232-11).

› Voir texte de référence 3

a) Le report à nouveau avant affectation

Aucune distribution de bénéfice ne peut avoir lieu tant qu'il apparaît au bilan avant affectation du résultat un report à nouveau débiteur. Celui-ci peut être la conséquence de pertes antérieures reportées ou encore d'une imputation en compte de report à nouveau des conséquences d'un changement de méthode comptable à l'ouverture de l'exercice.

En revanche, un report à nouveau créditeur provient de sommes non mises en distribution ou non portées en réserves lors de l'affectation du résultat de l'exercice précédent. Il est ajouté au résultat de l'exercice à affecter.

b) Les dotations obligatoires aux réserves

La réserve légale

Dans le cadre du renforcement des capitaux propres des entreprises, la loi a prévu une dotation obligatoire à une réserve inscrite en compte 1061. Réserve légale (Code de commerce – article L. 232-10).

› Voir texte de référence 4

Cette dotation est égale à 5 % du résultat de l'exercice diminué des pertes antérieures reportées. Elle cesse d'être obligatoire lorsque la réserve atteint 10 % du capital social, appelé ou non.

Les réserves réglementées

La dotation aux réserves réglementées résulte de dispositions particulières à certaines activités spécifiques (banques, assurances, etc.) ou de contraintes fiscales. Ces affectations sont inscrites dans le compte 1064. Réserves réglementées. Il n'existe actuellement aucune dotation obligatoire de nature fiscale.

La réserve statutaire

Il est possible de prévoir dans les statuts d'une société un prélèvement sur le résultat, à affecter au compte 1063. Réserves statutaires ou contractuelles. Dans ce cas, l'assemblée générale ordinaire ne peut pas déroger à cette règle statutaire. La mention de cette clause des statuts permet de limiter les désirs des actionnaires de percevoir un dividende trop élevé et contribue à la possibilité d'autofinancement de l'entreprise.

Exemple

Le capital d'une société anonyme s'élève à 500 000 €. La réserve légale dotée antérieurement atteint 23 000 €. Suite à des pertes reportées durant les deux exercices précédents, le compte 119. Report à nouveau présente un solde débiteur de 29 600 €. Le résultat de l'exercice N s'élève à 43 800 €.

La détermination du bénéfice distribuable s'effectue de la manière suivante :

Résultat de l'exercice	43 800 €
Report à nouveau débiteur	– 29 600 €
Résultat après report	14 200 €
Réserve légale : 14 200 × 5 % =	– 710 €
Bénéfice distribuable	**13 490 €**

La réserve légale atteint alors 23 000 + 710 = 23 710 € ; elle est toujours inférieure à 10 % du capital.

Si, au lieu d'un report à nouveau débiteur, il existait un report à nouveau créditeur de 800 €, la détermination du bénéfice distribuable serait la suivante :

Résultat de l'exercice	43 800 €
Réserve légale : 43 800 × 5 % =	– 2 190 €
Report à nouveau N – 1	+ 800 €
Bénéfice distribuable	**42 410 €**

Le calcul de la dotation à la réserve légale se fait avant d'ajouter le report à nouveau créditeur puisque celui-ci est le reliquat du bénéfice distribuable de l'exercice précédent ayant déjà subi le prélèvement destiné à la réserve légale.

B) Le schéma général d'affectation du résultat

L'affectation du bénéfice distribuable s'effectue en application des statuts de la société. Ceux-ci peuvent prévoir un dividende minimal aux actions, appelé intérêt statutaire ou premier dividende, servi dans le cas d'un bénéfice distribuable suffisant, ou laisser la décision d'affectation à l'assemblée générale ordinaire.

1. L'intérêt statutaire

L'intérêt statutaire est fixé par les statuts et doit obligatoirement être distribué si le montant du bénéfice distribuable le permet. Il est calculé à taux fixe sur le montant nominal libéré des actions (Code de commerce – article L. 232-16). Il représente la rémunération des capitaux apportés, ce qui explique qu'il n'est calculé que sur la partie libérée et non remboursée des apports.

› Voir texte de référence 5

Si une libération a lieu durant l'exercice, le calcul s'effectue *prorata temporis* sur la partie libérée, de la date de jouissance (en général la date limite fixée pour la libération) jusqu'à la fin de l'exercice comptable. Les versements anticipés ne donnent pas droit à l'intérêt statutaire sauf indication contraire autorisée dans les statuts ou décision de l'AGO.

Exemple

Le capital de la société anonyme CB est constitué de 15 000 actions :

- 10 000 actions anciennes émises à la constitution, en N – 7, de valeur nominale 20 € entièrement libérées ;
- 5 000 actions émises en N – 1, de valeur nominale 20 €, libérées du quart à l'émission ; un deuxième quart a été appelé en mars N (date de jouissance : 31 mars N) ; à ce moment, l'actionnaire Catrin, détenteur de 800 actions, a versé les trois quarts restants du nominal. Les statuts prévoient que les versements anticipés donnent droit au premier dividende.

Le taux de l'intérêt statutaire est de 5 %. Le bénéfice distribuable s'élève à 37 512 €.

Intérêt statutaire aux actions anciennes : 10 000 × 20 € × 5 %	10 000,00 €
Intérêt statutaire aux actions nouvelles :	
– ordinaires : (4 200 × 5 € × 5 % × 3/12) + (4 200 × 10 € × 5 % × 9/12)	1 837,50 €
– avec versement anticipé : (800 × 5 € × 5 % × 3/12) + (800 × 20 € × 5 % × 9/12)	650,00 €
Total de l'intérêt statutaire	**12 487,50 €**

2. L'application des décisions de l'assemblée générale

L'assemblée générale ordinaire, sur proposition des organes dirigeants peut décider d'affecter une partie du bénéfice distribuable aux réserves. La réserve porte alors le nom de réserve facultative. L'AGO décide également du montant du dividende à distribuer si aucun intérêt statutaire n'est prévu.

Dans le cas de l'existence d'un intérêt statutaire, l'AGO peut décider de distribuer un complément de dividende appelé « superdividende ». Celui-ci doit obligatoirement être le même pour toutes les catégories d'actions, qu'elles soient entièrement libérées ou non. Il représente la rémunération du risque de l'associé, qui est le même quel que soit le degré de libération des titres.

Le dividende total ou le superdividende sont arrondis de manière à faciliter les paiements. La différence entre le bénéfice distribuable, diminué des dotations aux réserves non obligatoires, et la distribution effective est portée en report à nouveau. Les arrondis sont forcément effectués par défaut, la distribution de bénéfices ne pouvant pas déboucher sur un report à nouveau négatif.

En cas d'insuffisance de bénéfice distribuable, l'AGO peut également envisager de distribuer une partie des réserves libres, c'est-à-dire autres que les réserves obligatoires de la société.

Exemple

L'assemblée générale ordinaire de la société anonyme CB approuve la résolution proposée par le conseil d'administration : après imputation de l'intérêt statutaire de 12 487,50 € sur le bénéfice distribuable de 37 512 €, il sera porté en réserve facultative la somme de 7 500 €. Le reste est attribué aux actionnaires sous forme d'un superdividende. Celui-ci est arrondi au décime (0,10 €) inférieur, le reliquat étant reporté à nouveau.

Les calculs d'affectation du bénéfice distribuable sont les suivants :

Bénéfice distribuable	37 512,00
Intérêt statutaire (voir les calculs dans le début de l'exemple)	– 12 487,50
Réserve facultative	– 7 500,00
Reste	17 524,50
Superdividende théorique par action : 17 524,50 / 15 000 = 1,16 arrondi à 1,10 €.	
Superdividende total : 15 000 × 1,10 €	– 16 500,00
Report à nouveau N	1 024,50

3. La comptabilisation de l'affectation du résultat

À la date de tenue de l'assemblée générale ordinaire, le compte 120. Résultat de l'exercice ou 88. Résultat en instance d'affectation est soldé par le crédit des comptes de réserves concernés et par le compte 457. Associés – Dividendes à payer. Le compte 110. Report à nouveau (solde créditeur) est débité ou crédité selon qu'il diminue ou augmente. Il est également possible de débiter et de créditer le compte de Report à nouveau de manière à mieux respecter la logique de l'affectation du résultat. S'il existait un report négatif, le compte 119. Report à nouveau (solde débiteur) est crédité pour solde.

Lorsqu'il existe plusieurs catégories d'actions, il doit être ouvert un sous-compte par catégorie du compte 457. Associés – Dividendes à payer.

Exemple

Le capital de la SA Inter est constitué de 50 000 actions de valeur nominale 10 €, entièrement libérées ; aucune opération sur le capital n'a eu lieu durant l'exercice N.

Les statuts de la société prévoient qu'après dotation de toutes les réserves obligatoires, il sera porté en réserve statutaire un montant double de la dotation à la réserve légale. Le taux du premier dividende est fixé à 4,5 % du montant libéré des actions. Les dotations aux réserves sont arrondies à l'euro.

Au bilan au 31 décembre N avant affectation du résultat figurent notamment les éléments suivants :

Capital	500 000
Primes liées au capital	100 000
Réserve légale	34 000
Réserve statutaire	68 000
Autres réserves	269 000
Report à nouveau	2 872
Résultat de l'exercice	72 678

Le directoire a proposé à l'assemblée générale de doter la réserve facultative de 25 000 € et de distribuer le reste aux actionnaires, le superdividende étant arrondi aux 0,10 €. Le résultat de l'exercice a été viré au compte 88. Résultat en instance d'affectation le 1er janvier N + 1. L'AGO se tient le 18 mai N + 1 et les dividendes sont versés le 15 juillet N + 1.

L'affectation du résultat se présente de la manière suivante :

Résultat de l'exercice	72 678
Réserve légale : 72 678 × 5 %	– 3 634
Report à nouveau N – 1	2 872
Réserve statutaire	– 7 268
Bénéfice distribuable	64 648
Intérêt statutaire : 50 000 × 10 € × 4,5 %	– 22 500
Réserve facultative	– 25 000
Reste	17 148
Superdividende théorique par action : 17 148 / 50 000 = 0,34 soit 0,30 €	
Superdividende : 50 000 × 0,30	– 15 000
Report à nouveau N	2 148

L'écriture d'affectation du résultat résulte du tableau d'affectation :

	18/05/N+1		
88	Résultat en instance d'affectation	72 678	
110	Report à nouveau	2 872	
1061	Réserve légale		3 634
1063	Réserve statutaire		7 268
1068	Autres réserves		25 000
110	Report à nouveau		2 148
457	Associés - Dividendes à payer (22 500 + 15 000)		37 500
	Affectation du résultat selon la décision de l'AGO		
	15/07/N+1		
457	Associés - Dividendes à payer	37 500	
512	Banque		37 500
	Mise en paiement des dividendes		

C L'existence d'actions de préférence

1. Les caractéristiques des actions de préférence

Les sociétés par actions peuvent émettre, lors de leur constitution ou d'une augmentation de capital, des actions de préférence, avec ou sans droit de vote attaché, assorties de droits particuliers inscrits dans les statuts de la société.

Ces droits sont le plus fréquemment :

– un taux d'intérêt statutaire plus élevé que celui revenant aux actions ordinaires,

– et/ou un premier dividende privilégié, c'est-à-dire à payer prioritairement en cas d'insuffisance de bénéfice distribuable pour distribuer le dividende total,

– et/ou un premier dividende reportable sur un certain nombre d'années lorsque le bénéfice n'a pas permis de le servir au titre d'un exercice.

Les actions de préférence sans droit de vote ne peuvent pas représenter plus de la moitié du capital social ou du quart du capital dans les sociétés émettant des valeurs mobilières admises sur un marché réglementé (Code de commerce – article L. 228-11).

› Voir texte de référence 1

2. Les incidences sur l'affectation du résultat

En cas de dividende privilégié, celui-ci doit être prélevé, au taux prévu pour les actions de préférence, sur le bénéfice distribuable, avant toute autre affectation.

Exemple

Le capital de la SA Musica est composé de 75 000 actions ordinaires (AO) et 25 000 actions privilégiées (AP) de valeur nominale 20 €. Le taux de l'intérêt statutaire prévu par les statuts est de 4 % pour les actions ordinaires et de 6 % pour les actions privilégiées. Celles-ci bénéficient également de la priorité de distribution ainsi que d'un report sur les deux exercices suivants des dividendes non servis.

Le bénéfice distribuable de l'exercice N – 2 est de 63 750 €.

Le calcul du premier dividende aboutit aux possibilités de distribution suivantes :

Bénéfice distribuable	63 750
Premier dividende aux AP : 25 000 × 20 € × 6 %	– 30 000
Premier dividende théorique aux AO : 75 000 × 20 € × 4 % = 60 000 €	
Il est limité au bénéfice distribuable restant : 63 750 – 30 000	– 33 750
Reste	0

Les actions de préférence percevront donc un dividende de 30 000 / 25 000 = 1,20 € comme prévu par les statuts. Les actions ordinaires seront rémunérées à 33 750 / 75 000 = 0,45 € au lieu de 20 × 4 % = 0,80 €.

En cas de bénéfice distribuable insuffisant, si les statuts prévoient la possibilité du report de l'intérêt statutaire aux actions de préférence, il faut en tenir compte lors de l'affectation du résultat de l'exercice suivant. Aucune inscription de ce report n'est faite au niveau comptable, mais une information sur l'engagement de payer ces dividendes ultérieurement en cas de bénéfice suffisant doit être donnée en annexe.

Exemple

Le bénéfice distribuable de l'exercice N – 1 dans la société Musica a été de 12 000 €. Celui de l'exercice N est de 72 350 €.

Au titre de l'exercice N – 1, les actions de préférence ont perçu un premier dividende de 12 000 € au lieu de 30 000 €. Elles bénéficient donc d'un report de dividende de 18 000 €.

Lors de l'affectation du résultat de l'exercice N, les actions de préférence percevront le report de 18 000 € et leur premier dividende de l'exercice (30 000 €), soit 48 000 €. Il restera donc un montant de 72 350 – 48 000 = 24 350 € à attribuer aux actions ordinaires qui ne percevront donc toujours pas leur intérêt statutaire total.

D) L'affectation d'un résultat déficitaire

Un résultat déficitaire figure au débit du compte 129. Résultat de l'exercice (perte) à l'ouverture de l'exercice. L'assemblée générale ordinaire peut décider de le reporter à nouveau ou de l'imputer sur les réserves de la société.

1. Le report du déficit

En cas de report du déficit, celui-ci est inscrit au débit du compte 119. Report à nouveau (solde débiteur). Il devra être prioritairement imputé sur les résultats bénéficiaires des exercices suivants avant toute mise en réserve ou distribution.

Exemple

Le résultat N de la société Solla, constaté lors de l'AGO du 5 juin N + 1, est une perte de 48 625 €. Il est décidé de le reporter à nouveau.

	5/06/N+1		
119	Report à nouveau (solde débiteur)	48 625	
129	Résultat de l'exercice (perte)		48 625
	Affectation du résultat N		

2. L'imputation du déficit sur les réserves

L'imputation du déficit sur les réserves permet de ne pas priver les actionnaires de dividendes au cours de l'exercice suivant, si son montant est élevé. Elle s'effectue prioritairement sur le report à nouveau positif s'il existe, puis sur les réserves libres et éventuellement sur la réserve légale.

Exemple

Au lieu de reporter ses pertes de 48 625 €, la société Solla décide de les imputer sur les réserves. Il existe un report à nouveau créditeur de 2 196 € et les autres réserves s'élèvent à 218 742 €.

	5/06/N+1		
110	Report à nouveau (solde créditeur)	2 196	
1068	Autres réserves	46 429	
129	Résultat de l'exercice (perte)		48 625
	Affectation du résultat N		

Contexte Transdev

Pour la préparation de la résolution de l'AGO relative à l'affectation du résultat, vous réunissez les informations suivantes :

Extrait du passif du bilan au 31 décembre N

Capital (dont appelé : 4 625 000)	5 000 000
Primes liées au capital	3 840 000
Réserve légale	450 000

Autres réserves	4 580 000
Report à nouveau	5 627
Résultat de l'exercice	393 694

M. Melchior vous transmet les instructions de Mme Cassio, à mettre en œuvre si le bénéfice est suffisant :

– un dividende de 3 € par action sera proposé aux actionnaires ordinaires entièrement libérées ;

– si le bénéfice le permet, la réserve facultative sera dotée, le montant de cette dotation étant arrondi à la dizaine de milliers d'euros inférieure ;

– le surplus sera porté en report à nouveau.

Vérifiez le montant du capital appelé au bilan et vous justifiez celui de la réserve légale.

Préparez les calculs nécessaires pour fixer le montant unitaire et total du dividende selon la catégorie d'actions, en distinguant entre :

– actions privilégiées (AP) ;

– actions ordinaires anciennes, entièrement libérées (AOA) ;

– actions ordinaires nouvelles, partiellement libérées (AON).

Proposez un tableau d'affectation du résultat.

Préparez l'écriture d'affectation du résultat au 15 mai N + 1.

II Les modalités de paiement des dividendes

Les dividendes sont le plus fréquemment payés en numéraire, mais ils peuvent également l'être en actions. Les dirigeants peuvent également prévoir que le paiement aura lieu en plusieurs fois et verser un acompte sur les dividendes.

A) Le paiement des dividendes en actions

1. Les modalités du paiement des dividendes en actions

Le paiement des dividendes en actions n'est possible que s'il a été prévu par les statuts. Il a lieu dans un délai maximal de trois mois après la tenue de l'assemblée générale ordinaire. Le choix doit être laissé à chaque associé de percevoir les dividendes en numéraire ou en actions (Code de commerce – article L. 232-18).

❯ Voir texte de référence 1

Ce paiement entraîne une augmentation de capital assortie d'une prime d'émission qui est fonction du prix d'émission des actions.

Dans les sociétés dont les actions sont admises aux négociations sur un marché réglementé, le prix d'émission des actions nouvelles ne peut être inférieur à 90 % de la moyenne des cours des 20 séances de bourse précédant le jour de la décision de mise en distribution, diminuée du montant net du dividende.

Dans les autres sociétés, le prix d'émission est fixé en fonction des capitaux propres figurant au bilan ou par un expert désigné en justice à la demande des dirigeants (Code de commerce – article L. 232-19).

Les dividendes revenant aux actionnaires ne sont pas un multiple exact de la valeur d'attribution d'une action. Le nombre d'actions à remettre est en général arrondi par défaut, une soulte étant versée pour compenser la différence, mais l'assemblée générale peut également prévoir un versement complémentaire des actionnaires.

Exemple

Le capital de la société anonyme Doré est composé de 25 600 actions de valeur nominale 10 €. Le dividende par action au titre de l'exercice N a été fixé à 0,90 €. L'AGO offre la possibilité aux actionnaires de percevoir leur dividende en actions, le prix d'émission étant fixé à 22 €. Le nombre de titres à remettre à chaque actionnaire sera arrondi à l'unité inférieure, le complément de dividende étant versé en numéraire.

L'actionnaire A détient 236 actions et demande le paiement de ses dividendes en actions.

Cet actionnaire a droit à un dividende de 236 × 0,90 = 212,40 €. Il peut obtenir 212,40 / 22 = 9,6 soit 9 actions et percevra une soulte en numéraire de 212,40 – (9 × 22) = 14,40 €.

2. La comptabilisation du paiement des dividendes en actions

Les écritures d'affectation du résultat ne diffèrent pas du cas général. En revanche, lors de la mise en paiement des dividendes, le compte 457. Associés – Dividendes à payer est débité en contrepartie des comptes 1013. Capital souscrit – appelé, versé et 1041. Primes d'émission dans les mêmes conditions que pour une augmentation de capital en numéraire.

Exemple

Dans la société Doré, les options exercées par les actionnaires aboutissent à l'émission de 860 actions. La mise en paiement a lieu le 15 septembre N + 1.

Le dividende total à verser est de 25 600 × 0,90 = 23 040 €. Les dividendes à payer en actions représentent un montant de 18 920 €. Il reste donc à payer en numéraire 4 120 € qui proviennent des soultes ainsi que des dividendes aux actionnaires ayant refusé l'option.

L'augmentation de capital se monte à 860 × 10 = 8 600 € et la prime d'émission à 860 × 12 = 10 320 €.

	15/09/N+1		
457	Associés - Dividendes à payer	18 920	
1013	Capital souscrit - appelé, versé		8 600
1041	Primes d'émission		10 320
	Paiement des dividendes en actions		
	15/09/N+1		
457	Associés - Dividendes à payer	4 120	
512	Banque		4 120
	Mise en paiement des dividendes en numéraire		

B) Les acomptes sur dividendes

1. Les conditions de distribution d'acomptes sur dividendes

Sont considérées comme des acomptes sur dividendes toutes sommes versées aux associés, autres que des remboursements de capital, avant l'approbation des comptes. Le versement d'acomptes est décidé par les dirigeants de la société.

Lorsque le versement d'acomptes a lieu entre la date de clôture et la date d'approbation des comptes, donc de tenue de l'assemblée générale ordinaire, il est conditionné à l'existence d'un bénéfice distribuable suffisant ressortant du bilan de clôture certifié obligatoirement par le commissaire aux comptes de la société.

Si la société envisage de distribuer un acompte sur dividendes avant la date de clôture, elle doit effectuer un arrêté provisoire des comptes ; le bilan provisoire établi à cette date, certifié par le commissaire aux comptes, doit faire ressortir un bénéfice distribuable provisoire au moins égal au montant des acomptes à verser (Code de commerce – articles L. 232-12 et R. 232-17).

› Voir textes de référence 8 et 9

La distribution en actions d'acomptes sur dividendes est une modalité autorisée dans les mêmes conditions que le paiement des dividendes en actions.

2. La comptabilisation des acomptes sur dividendes

La distribution d'acomptes sur dividendes constitue un prélèvement sur le résultat à venir, en cas de distribution avant la date de clôture, ou sur le résultat non encore approuvé si la distribution a lieu après la date de clôture. Elle s'impute donc au débit de ce compte. Le plan comptable n'a pas prévu de compte particulier ; on peut envisager d'utiliser un compte 129*x*. Résultat de l'exercice – Acomptes sur dividendes, ou éventuellement 889. Acomptes sur dividendes. Ce compte est soldé lors de l'affectation du résultat.

Au bilan de fin d'exercice, aucune forme n'est imposée, mais la majeure partie des sociétés inscrivent ces acomptes sur une ligne spécifique, soustractive, sous le poste « Résultat de l'exercice ».

Exemple

Les dirigeants de la société anonyme Mifa ont mis en paiement le 30 novembre N un acompte sur dividendes de 45 000 € ; les versements ont eu lieu le 15 décembre N. Le résultat définitif au 31 décembre N s'établit à 212 000 €. L'AGO qui se tient le 15 mai N + 1 approuve l'affectation suivante du résultat (il n'existe pas de report à nouveau antérieur) :

Réserve légale .... 10 600 €
Réserve facultative .... 81 400 €
Dividende total (dont acompte : 45 000 €) .... 120 000 €

Les écritures de distribution d'acomptes au cours de l'exercice N sont les suivantes :

		30/11/N		
1292		Résultat de l'exercice - Acomptes sur dividendes	45 000	
	457	Associés - Dividendes à payer		45 000
		Décision de mise en paiement d'un acompte sur dividendes		
		15/12/N		
457		Associés - Dividendes à payer	45 000	
	512	Banque		45 000
		Mise en paiement d'un acompte sur dividendes		

Au passif du bilan de clôture, le résultat figure de la manière suivante :

Résultat de l'exercice (bénéfice) 212 000
Acomptes sur dividendes .... – 45 000

L'écriture d'affectation du résultat tient compte de la distribution de l'acompte :

		15/05/N+1		
120		Résultat de l'exercice (bénéfice)	212 000	
	1292	Résultat de l'exercice - Acomptes sur dividendes		45 000
	1061	Réserve légale		10 600
	1068	Autres réserves		81 400
	457	Associés - Dividendes à payer		75 000
		Affectation du résultat N		

Contexte Transdev

Le 31 janvier N + 1, le directoire avait mis en paiement un acompte sur dividende de N de 0,60 € pour les actions ordinaires et de 1 € pour les actions privilégiées.

Après avoir rappelé l'intérêt de distribuer un acompte sur dividendes, calculez le montant total de l'acompte sur dividendes et vous présentez le projet d'écriture d'imputation de ces acomptes sur les dividendes à payer, le 15 mai N + 1.

Pour le paiement des dividendes aux actions ordinaires anciennes, nets d'acomptes, le directoire compte proposer un paiement en actions sur la base d'une valorisation de l'action à 132 €.

Recherchez le nombre d'actions ordinaires que doit posséder un actionnaire pour souscrire une action nouvelle et vous indiquez les avantages, pour la société, de cette modalité de paiement.

En définitive, 1 120 actions nouvelles seront créées suite aux choix des actionnaires ; le reste du dividende sera payé en numéraire. Les paiements et l'augmentation de capital seront comptabilisés le 15 septembre N + 1.

Recherchez les montants restant à payer ainsi que les modalités d'augmentation de capital ; présentez ensuite le projet d'écritures à constater le 15 septembre N + 1.

III L'affectation du résultat des autres sociétés

Dans les PME, qui adoptent souvent la forme de SARL ou de sociétés de personnes, le choix entre rémunération des dirigeants, qui sont généralement les associés majoritaires, par le salaire ou par les dividendes est arbitré en fonction d'avantages fiscaux et sociaux.

A) L'affectation du résultat des SARL

Les règles d'affectation du résultat prévues pour les sociétés par actions s'appliquent aux sociétés à responsabilité limitée à l'exception de l'existence de titres privilégiés.

Lorsqu'il existe des parts sociales représentatives d'apports en industrie qui n'entrent donc pas dans la composition du capital social, elles donnent droit à rémunération selon les modalités prévues par les statuts.

B) L'affectation du résultat des sociétés de personnes

L'affectation du résultat est faite de la même manière que dans les sociétés de capitaux mais les dotations à la réserve légale ne sont pas obligatoires en raison de la responsabilité illimitée des associés : le renforcement des capitaux propres, garantie des tiers, n'est donc pas nécessaire.

Lorsque les associés sont des personnes physiques, leurs rémunérations ne constituent pas des salaires mais sont une avance prélevée sur les résultats de l'exercice. Celle-ci est inscrite au débit du compte courant ouvert au nom de chaque associé ou d'un sous-compte de celui-ci comme, par exemple, 45591. X – Compte de prélèvement. Ce compte est soldé lors de l'affectation définitive du résultat, sauf si le bénéfice est insuffisant.

Exemple

Le capital de la société en nom collectif Arthur et Aymeric est réparti à 60 % pour Arthur et 40 % pour Aymeric. Les associés exercent leur activité dans la société et sont rémunérés chacun par un montant mensuel de 3 000 € inscrit en compte de prélèvement. Les statuts prévoient qu'après affectation aux réserves décidée par les associés, les bénéfices sont répartis au prorata de la part de chaque associé dans le capital.

Le résultat de l'exercice N s'élève à 116 000 €. Lors de leur assemblée générale du 18 avril, les associés décident d'inscrire 25 000 € en réserves.

L'affectation du résultat est la suivante :

Éléments	Total	Arthur	Aymeric
Bénéfice de l'exercice	116 000		
Affectation en réserves	– 25 000		
Bénéfice à répartir	91 000		
Part revenant à chaque associé	– 91 000	54 600	36 400
Prélèvements mensuels		– 36 000	– 36 000
Net à porter en compte courant		18 600	400

Ce tableau donne lieu à l'écriture suivante :

	18/04/N+1		
120	Résultat de l'exercice (bénéfice)	116 000	
1068	Autres réserves		25 000
45591	Arthur - Compte de prélèvement		36 000
45592	Aymeric - Compte de prélèvement		36 000
45511	Arthur - Compte courant		18 600
45512	Aymeric - Compte courant		400
	Affectation du résultat N		

Contexte Transdev

La société Transdev possède 600 parts sociales de la SARL Geoloc, spécialisée dans la localisation des véhicules dans toute l'Europe. Cette société a été créée il y a quelques années, au capital de 1 000 parts de valeur nominale 100 €. Gabriel Labroche et Alan Levy détiennent chacun 200 parts sociales, mais Gabriel Labroche a obtenu à la constitution 200 parts représentatives d'un apport en industrie. En effet, il est à l'origine du logiciel spécifique utilisé par cette SARL.

Les statuts prévoient que le bénéfice distribuable est affecté à 25 % en réserve, le reste étant réparti entre les associés (dividende par part arrondi au décime inférieur) ou porté en report à nouveau.

Les parts représentatives d'apports en industrie donnent les mêmes droits que les parts sociales représentatives du capital.

Le résultat N s'élève à 23 640 € ; le report à nouveau N–1 est de 396 € ; la réserve légale est totalement dotée.

Reconstituez l'affectation du résultat de la SARL afin de déterminer le montant des intérêts aux parts revenant à la société Transdev.

Correction contexte Transdev

1. L'affectation du résultat des sociétés par actions

- Actions anciennes ordinaires : 70 000 x 50 €.................... 3 500 000 €

Actions anciennes privilégiées : 20 000 x 50 €.................... 1 000 000 €

Actions nouvelles ordinaires : 10 000 x 50 € x ¼ .... 125 000 €

Total du capital appelé.................... 4 625 000 €

ce qui correspond bien au montant figurant au bilan.

Le capital, à la fin de l'exercice précédent, était égal à 90 000 x 50 € = 4 500 000 €. La réserve légale de 450 000 € atteignait alors 10 % du capital. Elle devra, à partir de l'année N, être portée à 5 000 000 x 10 % = 500 000 €.

- Intérêt statutaire pour une action ordinaire entièrement libérée : 50 x 3 % = 1,50 €

Superdividende prévu pour une action ordinaire : 3 € — 1,50 € = 1,50 €. Ce superdividende sera le même pour toutes les actions, ordinaires ou privilégiées, libérées ou non.
Le taux d'intérêt statutaire pour les actions privilégiées est égal à 3 % + 2 % = 5 %.

Actions	Intérêt statutaire	Superdividende	Dividende par action	Nombre d'actions	Dividende total
AP	50 x 5 % = 2,50 €	1,50 €	4,00 €	20 000	80 000,00 €
AOA	50 x 3 % = 1,50 €	1,50 €	3,00 €	70 000	210 000,00 €
AON	50 x 3 % x ¼ x 9 / 12 = 0,28125 €	1,50 €	1,78125 €	10 000	17 812,50 €
Total					307 812,50 €

• Tableau d'affectation du résultat

Éléments	Calculs	Montants
Résultat de l'exercice		393 694,00
Report à nouveau N–1		+ 5 627,00
Dotation à la réserve légale	393 694 x 5 %	– 19 684,70
Bénéfice distribuable		379 636,30
Dividende total	Cf. tableau précédent	– 307 812,50
Reste		71 823,80
Autres réserves	Reste arrondi à la dizaine de milliers inférieure	– 70 000,00
Report à nouveau N		1 823,80

• Écriture d'affectation du résultat

		15/05/N+1	Débit	Crédit
88		Résultat en instance d'affectation	393 694,00	
110		Report à nouveau (5 627 - 1 823,80)	3 803,20	
	1061	Réserve légale		19 648,70
	1068	Autres réserves		50 000,00
	4571	AP, dividendes à payer		80 000,00
	4572	AOA. dividendes à payer		210 000,00
	4573	AON, dividendes à payer		17 812,50
		Affectation du résultat N		

2. Les modalités de paiement des dividendes

• La distribution d'acomptes sur dividendes permet à la fois :
– de lisser les sorties de trésorerie et d'éviter des décaissements importants en une seule fois,
– de fidéliser les actionnaires qui perçoivent des revenus plusieurs fois dans l'année.

Montant de l'acompte sur dividendes :
– actions privilégiées : 20 000 x 1 €.. 20 000 €
– actions ordinaires : 70 000 x 0,60 €.. 42 000 €
Total.. 62 000 €

Projet d'écriture

	15/05/N+1		
4571	AP, dividendes à payer	20 000,00	
4572	AOA, dividendes à payer	42 000,00	
1292	Résultat de l'exercice - Acomptes sur dividendes		62 000,00
	Imputation des acomptes versés		

• Dividende par AOA, net d'acompte : 3,00 – 0,60 = 2,40 €

Nombre d'actions nécessaire pour souscrire une action : 132 / 2,40 = 55 actions.

Le principal avantage pour la société est d'éviter une sortie de trésorerie. Cette opération lui permet également de consolider ses capitaux propres.

• Nombre d'actions donnant lieu à paiement du dividende par action : 1 120 x 55 = 61 600 actions.

Nombre d'AOA rémunérée en numéraire : 70 000 – 61 600 = 8 400 actions.

Dividende à payer en numéraire :

AP : 80 000 – 20 000 .... 60 000,00 €

AOA : 8 400 x 2,40 .... 20 160,00 €

AON .... 17 812,50 €

Total .... 97 972,50 €

Modalités d'augmentation du capital :

Augmentation de capital : 1 120 x 50 € 56 000 €

Prime d'émission : 1 120 x (132 – 50) 91 840 €

Projet d'écritures :

	15/09/N+1		
4572	AOA, dividendes à payer	147 840,00	
1013	Capital souscrit - appelé, versé		56 000,00
1292	Résultat de l'exercice - Acomptes sur dividendes		91 840,00
	Paiement des dividendes en actions		
	id		
4571	AP, dividendes à payer	60 000,00	
4572	AOA, dividendes à payer	20 160,00	
4573	AON, dividendes à payer	17 812,50	
512	Banque		97 972,50
	Paiement des dividendes en numéraire		

3. L'affectation du résultat des autres sociétés

Bénéfice distribuable : 23 640 + 396 .... 24 036 €

Dotation à la réserve statutaire : 24 036 x 25 % .... 6 009 €

Bénéfice à répartir : 24 036 – 6 009 .... 18 027 €

Intérêt par part : 18 027 / (1 000 + 200) = ... 15,0225 € arrondi à 15,00 €

Intérêts aux parts : 1 200 x 15 € .... 18 000 €

Report à nouveau N : 18 027 – 18 000 .... 27 €

Synthèse

Délais d'affectation du résultat et de paiement des dividendes

N		Arrêté des comptes	AGO	Paiement des dividendes
	clôture	3 mois à 4 mois et demi[1]	6 mois	9 mois

(1) selon le type de société.

Affectation aux réserves

1061 Réserve légale	5 % du résultat après report à nouveau déficitaire jusqu'à ce que la réserve atteigne 10 % du capital total, dans les sociétés de capitaux.
1063 Réserve statutaire	Prévue par les statuts : dotation obligatoire si le résultat est suffisant.
1064 Réserves réglementées	Application de dispositions fiscales ou légales spécifiques.
1068 Autres réserves	Affectation libre décidée chaque année par l'AGO.

Dividendes

Intérêt statutaire	Prévu par les statuts : pourcentage du nominal libéré non remboursé des actions.
Superdividende	Complément de dividende décidé par l'AGO. Il doit être identique pour tous les titres.
Existence d'actions privilégiées	L'intérêt statutaire peut être : – prioritaire : distribué avant les autres dividendes ; – reportable sur les affectations des exercices ultérieurs ; – à taux plus important que celui des autres actions.
Paiement des dividendes	Le paiement peut être versé : – en numéraire ; – en actions ; – fractionné : existence d'acomptes sur dividendes.

Schéma d'affectation du résultat

RÉSULTAT DE L'EXERCICE (bénéfice)
– Report à nouveau N–1 débiteur ◄
= Base de calcul de la dotation à la réserve légale
– Dotation à la réserve légale
– Dotations aux réserves réglementées et statutaires
+ Report à nouveau N–1 créditeur ◄
ou
= BÉNÉFICE DISTRIBUABLE
– Intérêt statutaire aux actions de préférence (si prioritaires)
– Intérêt statutaire aux actions ordinaires
– Dotation à la réserve facultative
+ Prélèvement éventuel sur les réserves libres existantes
= Montant disponible pour distribution complémentaire
– Superdividende
= Report à nouveau créditeur N

Écriture d'affectation du résultat

120 ou 88		X		
1068		*X*		*Si prélèvement sur les réserves*
110		X		*Report à nouveau N–1*
	110		*X*	*Report à nouveau N*
	129			*S'il existe des acomptes sur dividendes*
	119		*X*	*Pour apurement d'un report déficitaire*
	1061		X	
	1063		X	
	1068		X	
	457		X	*À subdiviser si plusieurs catégories d'actions*

Paiement des dividendes en actions

457		X		
	1013		X	
	1041		X	
	512		X	*Soulte en numéraire*

Références

- Code de commerce – articles L. 225-100 à L. 225-126.
- Code de commerce – articles L. 232-10 à L. 232-20.
- Code de commerce – articles R. 232-17 et R. 232-18.

1 Code de commerce – article L. 225-100

L'assemblée générale ordinaire est réunie au moins une fois par an, dans les six mois de la clôture de l'exercice, sous réserve de prolongation de ce délai par décision de justice. [...]

L'assemblée délibère et statue sur toutes les questions relatives aux comptes annuels [...] de l'exercice écoulé. [...]

2 Code de commerce – article L. 232-13

Les modalités de mise en paiement des dividendes votés par l'assemblée générale sont fixées par elle ou, à défaut, par le conseil d'administration, le directoire ou les gérants, selon le cas.

Toutefois, la mise en paiement des dividendes doit avoir lieu dans un délai maximal de neuf mois après la clôture de l'exercice. La prolongation de ce délai peut être accordée par décision de justice.

3 Code de commerce – article L. 232-11

Le bénéfice distribuable est constitué par le bénéfice de l'exercice, diminué des pertes antérieures, ainsi que des sommes à porter en réserve en application de la loi ou des statuts, et augmenté du report bénéficiaire. [...]

4 Code de commerce – article L. 232-10

À peine de nullité de toute délibération contraire, dans les sociétés à responsabilité limitée et les sociétés par actions, il est fait sur le bénéfice de l'exercice, diminué, le cas échéant, des pertes antérieures, un prélèvement d'un vingtième au moins affecté à la formation d'un fonds de réserves dit « réserve légale ».

Ce prélèvement cesse d'être obligatoire, lorsque la réserve atteint le dixième du capital social.

5 Code de commerce – article L. 232-16

Les statuts peuvent prévoir l'attribution, à titre de premier dividende, d'un intérêt calculé sur le montant libéré et non remboursé des actions. Sauf disposition contraire des statuts, les réserves ne sont pas prises en compte pour le calcul du premier dividende.

6 Code de commerce – article L. 228-11

Lors de la constitution de la société ou au cours de son existence, il peut être créé des actions de préférence, avec ou sans droit de vote, assorties de droits particuliers de toute nature, à titre temporaire ou permanent. Ces droits sont définis par les statuts [...].

Le droit de vote peut être aménagé pour un délai déterminé ou déterminable. Il peut être suspendu pour une durée déterminée ou déterminable ou supprimé.

Les actions de préférence sans droit de vote ne peuvent représenter plus de la moitié du capital social, et dans les sociétés dont les actions sont admises aux négociations sur un marché réglementé, plus du quart du capital social.

Toute émission ayant pour effet de porter la proportion au-delà de cette limite peut être annulée.

7 Code de commerce – article L. 232-18

Dans les sociétés par actions, les statuts peuvent prévoir que l'assemblée statuant sur les comptes de l'exercice a la faculté d'accorder à chaque actionnaire, pour tout ou partie du dividende mis en distribution ou des acomptes sur dividende, une option entre le paiement du dividende ou des acomptes sur dividende en numéraire ou en actions.

Lorsqu'il existe des catégories différentes d'actions, l'assemblée générale statuant sur les comptes de l'exercice a la faculté de décider que les actions souscrites seront de la même catégorie que les actions ayant donné droit au dividende ou aux acomptes sur dividende.

L'offre de paiement du dividende ou des acomptes sur dividende en actions doit être faite simultanément à tous les actionnaires.

8 Code de commerce – article L. 232-12

Après approbation des comptes annuels et constatation de l'existence de sommes distribuables, l'assemblée générale détermine la part attribuée aux associés sous forme de dividendes.

Toutefois, lorsqu'un bilan établi au cours ou à la fin de l'exercice et certifié par un commissaire aux comptes fait apparaître que la société, depuis la clôture de l'exercice précédent, après constitution des amortissements et provisions nécessaires, déduction faite s'il y a lieu des pertes antérieures ainsi que des sommes à porter en réserve en application de la loi ou des statuts et compte tenu du report bénéficiaire, a réalisé un bénéfice, il peut être distribué des acomptes sur dividendes avant l'approbation des comptes de l'exercice. Le montant de ces acomptes ne peut excéder le montant du bénéfice défini au présent alinéa. [...]

9 Code de commerce – article R. 232-17

Dans le cas prévu au deuxième alinéa de l'article L. 232-12, le conseil d'administration, le directoire ou les gérants, selon le cas, ont qualité pour décider de répartir un acompte à valoir sur le dividende et pour fixer le montant et la date de la répartition.

Applications

Comprendre les notions

Application 1 QCM

Répondez par « Vrai » ou par « Faux » aux affirmations ci-dessous en donnant toutes explications utiles.

1. La mise en paiement des dividendes doit avoir lieu dans les trois mois qui suivent la date de tenue de l'assemblée générale ordinaire.

☐ Vrai
☐ Faux

2. La réserve légale se calcule sur la base du résultat de l'exercice corrigé du report à nouveau antérieur.

☐ Vrai
☐ Faux

3. La distribution d'un intérêt statutaire est conditionnée à l'existence d'un bénéfice distribuable.

☐ Vrai
☐ Faux

4. En cas de libération de capital durant l'exercice, l'intérêt statutaire doit être calculé *prorata temporis*.

☐ Vrai
☐ Faux

5. Les actions de préférence ne peuvent pas représenter plus de 25 % du capital dans les sociétés cotées sur un marché réglementé.

☐ Vrai
☐ Faux

6. Aucun dividende ne peut être distribué s'il existe des frais d'augmentation de capital non amortis, sauf si les réserves libres figurant au bilan couvrent ce montant.

☐ Vrai
☐ Faux

7. Le paiement des dividendes en actions n'est autorisé que dans les sociétés cotées sur un marché réglementé.

☐ Vrai
☐ Faux

8. Les acomptes sur dividendes sont comptabilisés au débit de sous-comptes du compte 457. Associés – Dividendes à payer.

☐ Vrai
☐ Faux

9. Les SARL et les sociétés de personnes ne sont pas obligées de doter une réserve légale.

☐ Vrai
☐ Faux

10. Contrairement aux sociétés de capitaux, les comptes courants d'associés des sociétés en nom collectif peuvent être débiteurs.

☐ Vrai
☐ Faux

Mettre en œuvre les compétences

Application 1 Analyser et comptabiliser l'affectation du résultat d'une SA au capital non entièrement libéré

Compétences attendues : C1 et C2

Le bilan de la société anonyme Piazzola présente les postes suivants après inventaire, au 31/12/N :
- Capital social (dont versé : 1 400 000 €) (1)............ 2 000 000 €
- Prime d'émission (2)............ 240 000 €
- Réserves (3)............ 520 000 €
- Report à nouveau créditeur............ 3 000 €

(1) dont 200 000 € de capital versé provenant d'une augmentation de capital en numéraire réalisée le 01/07/N.

(2) provenant en totalité de l'augmentation de capital de l'année.

(3) dont 120 000 € de réserve légale.

Le capital de la société est formé d'actions d'une valeur nominale de 10 €. L'augmentation de capital en numéraire du 01/07/N a donné lieu à la création de 80 000 actions toutes libérées du minimum légal. Le résultat net comptable de l'exercice N s'élève à 220 000 €.
Les statuts prévoient une rémunération des actionnaires sous forme d'un intérêt statutaire de 5 % du capital libéré. La réserve légale sera dotée jusqu'à son minimum obligatoire.
L'assemblée générale ordinaire du 25/06/N + 1 approuvant les comptes de l'exercice N a décidé de verser aux actionnaires un superdividende arrondi aux 50 centimes d'euro inférieur. Le solde sera reporté à nouveau.

1. **Présentez dans un tableau le projet de répartition du résultat net comptable de l'exercice N qui sera proposé à l'assemblée générale des actionnaires du 25/06/N + 1.**
2. **Présentez l'écriture comptable qui devra être constatée en cas d'acceptation du projet de répartition du résultat.**
3. **Indiquez les raisons pour lesquelles une assemblée générale peut décider d'inscrire des sommes en report à nouveau au lieu de les distribuer.**

Application 2 Analyser et comptabiliser l'affectation du résultat d'une SA avec actions privilégiées

Compétences attendues : C1 et C2

La société Astor a été créée il y a trois ans. Son capital se compose de 30 000 actions d'une valeur nominale de 80 € dont le détail est le suivant :
- 20 000 actions ordinaires émises à la constitution, entièrement libérées ;
- 4 000 actions privilégiées, privées du droit de vote, émises il y a deux ans, entièrement libérées, à taux de dividende supérieur à celui des actions ordinaires, prioritaire et non reportable ;
- 6 000 actions ordinaires émises le 01/03/N, libérées du minimum légal et dont les appels complémentaires n'ont pas encore été réalisés.

Les statuts de la société prévoient, en ce qui concerne l'affectation des résultats :
- la dotation à une réserve statutaire de 2 % du montant du capital appelé tel qu'il figure au bilan de fin d'exercice ;
- un intérêt statutaire aux actions ordinaires de 5 % et aux actions privilégiées de 7 %.

Il sera proposé à l'assemblée générale ordinaire qui se tiendra le 29/06/N + 1 de porter en réserve facultative un montant égal à la moitié du superdividende distribué ; ce superdividende sera arrondi au décime inférieur.
Au bilan au 31/12/N figurent le bénéfice net comptable de 240 000 € et un report à nouveau créditeur de 1 896 €.

1. **Présentez dans un tableau l'affectation du résultat net comptable de l'exercice N.**

2. **Calculez le dividende par action en distinguant les actions privilégiées, les actions ordinaires anciennes et les actions ordinaires nouvelles.**
3. **Présentez l'écriture comptable correspondante.**

Application 3 Appliquer les règles d'affectation du résultat d'une SA avec report de dividendes et la comptabiliser

Compétences attendues : C2 et C3

Le résultat net comptable de l'exercice N de la société anonyme Celmar s'élève à 760 000 €.
Le capital se compose de 175 000 actions de 20 €. Il est divisé en 150 000 actions ordinaires et 25 000 actions privilégiées, privées du droit de vote, mais donnant droit à un paiement prioritaire, un report de paiement sur trois ans et un taux d'intérêt statutaire de 7,5 % contre 5 % aux actions ordinaires. Toutes les actions sont intégralement libérées. La réserve légale n'est pas totalement dotée.
L'exercice N – 1 s'était soldé par un déficit comptable de 219 000 €, inscrit en « Report à nouveau » (il n'y avait pas de déficit antérieur reportable).
Les actionnaires ont perçu normalement les dividendes qui leur revenaient au titre des exercices N – 3 et N – 2. En revanche, ils n'ont reçu aucun dividende au titre de N – 1.
La société a décidé, sans prélèvement sur les réserves, d'attribuer aux actions le plus grand dividende possible au titre de l'exercice N, le superdividende éventuel étant arrondi au décime d'euro.

1. **Procédez à la répartition du bénéfice de l'exercice N.**
2. **Enregistrez l'écriture d'affectation du résultat le 24/05/N + 1.**
3. **Précisez si une mention en annexe des documents financiers était nécessaire à la clôture N – 1.**

Application 4 Présenter et comptabiliser l'affectation du résultat d'une SA avec acomptes sur dividendes

Compétences attendues : C1 et C2

La société anonyme Jazz a un capital de 10 800 000 € (540 000 actions de 20 €). Le 30/06/N a eu lieu la libération du dernier quart d'une augmentation de capital de 200 000 actions de 20 € de valeur nominale.
Un acompte sur dividendes au titre de l'exercice N (0,80 € pour les actions entièrement libérées et 0,60 € pour les autres actions) a été mis en paiement le 01/03/N + 1.
Les dirigeants de la société, dans le cadre des dispositions légales, souhaiteraient, au titre de l'exercice N :
- verser aux actionnaires un intérêt statutaire de 5 % sur le montant du capital versé, comme prévu par les statuts, arrondi au centime d'euro inférieur ;
- affecter 400 000 € à une réserve facultative ;
- répartir le solde entre les actionnaires (le superdividende par action sera arrondi au centime d'euro inférieur) ;
- reporter le reliquat à nouveau.

Extrait de la balance après inventaire :

1013	Capital souscrit – appelé, versé	10 800 000
1041	Primes d'émission	4 000 000
1013	Capital souscrit – appelé, versé	10 800 000
1041	Primes d'émission	4 000 000
1061	Réserve légale	720 000
1068	Autres réserves	6 530 000
110	Report à nouveau	120 000
120	Résultat de l'exercice	1 970 000
2013	Frais d'augmentation de capital	100 000
28013	Amortissements des frais d'augmentation de capital	40 000

1. Rappelez les conditions à respecter pour procéder à une distribution d'acomptes sur dividendes. Présentez l'écriture de versement des acomptes le 01/03/N + 1.
2. Vérifiez que la société est en droit de distribuer des dividendes au titre de l'exercice N.
3. Présentez les écritures de libération du capital enregistrées le 30/06/N.
4. Présentez le tableau d'affectation du résultat de l'exercice N.
5. Enregistrez l'écriture d'affectation du résultat N le 15/06/N + 1.
6. Présentez l'écriture de mise en paiement des dividendes le 15/09/N + 1.

Application 5 Analyser et comptabiliser l'affectation du résultat d'une SA avec paiement des dividendes en actions

Compétences attendues : C1 et C2

Le capital de la société anonyme Djembe, cotée sur un marché réglementé, est composé de 2 390 400 actions ordinaires d'une valeur nominale de 20 €, entièrement libérées. La réserve légale s'élève à 4 618 700 € et le report à nouveau créditeur de N – 1 à 278 666 €. Le résultat net comptable de l'exercice N s'établit à 18 128 475 €.
L'assemblée générale ordinaire, qui s'est tenue le 10/05/N + 1, décide d'attribuer un dividende total de 7 € aux actions (aucun premier dividende n'étant fixé par les statuts), de porter en réserve facultative arrondie aux 10 000 € inférieurs le reste du bénéfice distribuable et d'inscrire en report à nouveau le montant résiduel. Il est proposé aux actionnaires un paiement des dividendes en actions sur la base d'une action pour 42 € de dividendes.
La mise en paiement du dividende a lieu le 30/05/N + 1 sur la base prévue. Le cours moyen boursier de l'action aux vingt dernières cotations précédant la mise en paiement a été de 46,25 €. L'augmentation de capital est définitivement de 298 800 actions, le reste des dividendes constituant les reliquats de rompus ou résultant de l'option d'actionnaires pour le paiement des dividendes en numéraire.

1. Vérifiez que le prix d'émission des actions en paiement des dividendes est conforme à la loi et précisez le prix d'émission minimal qu'aurait pu retenir la société.
2. Précisez le nombre d'actions minimal que doit détenir un actionnaire pour obtenir une action en paiement de ses dividendes.
3. Présentez l'affectation du résultat.
4. Enregistrez toutes les écritures découlant de ces opérations.

Application 6 Analyser et comptabiliser l'affectation du résultat d'une SARL

Compétences attendues : C1 et C2

Le capital de la SARL Lorques est composé de 1 000 parts d'une valeur nominale de 10 €. Lors de la constitution, le gérant a bénéficié de 200 parts représentatives de son apport en industrie. Les statuts de la société prévoient qu'elles donnent droit à une part de superdividende au même titre que les parts représentatives d'un apport en capital, après attribution d'un intérêt statutaire de 5 % réservé aux 1 000 parts sociales.
Le résultat de l'exercice N s'élève à 8 920 €. La réserve légale est totalement dotée. Le gérant propose aux associés réunis en assemblée générale le 29/06/N + 1 de porter 2 500 € en réserve facultative et de distribuer un intérêt total aux parts arrondi à l'euro, le reliquat étant porté en report à nouveau.

1. Présentez, dans un tableau, l'affectation du résultat.
2. Proposez l'écriture constatant l'affectation du résultat.

Entraînement à l'examen

Affectation du résultat d'une SA avec différentes catégories d'actions

Cet exercice est à réaliser sans calculatrice.

La société Huit envisage d'affecter son bénéfice réalisé en N. Elle a distribué en février N + 1 un acompte sur les bénéfices. La répartition tient compte des renseignements fournis en annexe.

Travail à faire :
À partir des annexes, vous traiterez les questions posées.

1. Expliquez la raison pour laquelle la constitution d'une réserve légale est obligatoire et rappelez son mode de calcul.
2. Rappelez la définition du bénéfice distribuable.
3. Indiquez quelles sont les conditions que doit respecter la société pour distribuer des acomptes sur dividendes.
4. Enregistrez dans le journal de la société les opérations relatives à l'acompte sur dividendes, en distinguant chaque catégorie d'action.
5. Établissez le projet de répartition du bénéfice de N qui sera soumis à l'assemblée générale ordinaire des actionnaires et déterminez le montant des dividendes par catégorie d'action.
6. Enregistrez dans le journal de la société l'écriture correspondant au projet de répartition décidé par l'assemblée générale des actionnaires, ainsi que le paiement des dividendes.

Annexe 1

Extrait des capitaux propres au 31 décembre N (avant répartition)
- Capital : 600 000 € (dont versé : 480 000 €)
- Réserve légale : 55 000 €
- Réserves facultatives : 135 000 €
- Report à nouveau (solde créditeur) : 2 000 €
- Résultat de l'exercice : 120 000 €

Annexe 2

Informations sur le capital de la société Huit

Le capital de la société est composé de 15 000 actions d'une valeur nominale de 40 €, dont :
- 6 000 actions de préférence sans droit de vote, émises à la constitution et intégralement libérées ;
- 5 000 actions ordinaires, émises à la constitution et intégralement libérées ;
- 4 000 actions ordinaires, émises lors d'une augmentation de capital réalisée en N, dont le premier quart de la valeur nominale a été libéré le 1er juillet N. Depuis cette date, aucune autre fraction n'a été appelée.

Annexe

Informations sur la répartition du bénéfice de l'exercice N

- La décision de mise en paiement d'un acompte sur dividendes est prise le 2 février N + 1, dont :

– 2 € par action aux détenteurs d'actions de préférence ;
– 1 € par action aux détenteurs d'actions ordinaires anciennes ;
– 0,50 € par action aux détenteurs d'actions ordinaires nouvelles.

- L'acompte est versé aux actionnaires le 15 février N + 1.
- Le projet de répartition des bénéfices est approuvé par l'assemblée générale ordinaire des actionnaires le 18 mai N + 1. Il prévoit :

– qu'un premier dividende de 10 % sera attribué, conformément aux statuts, aux actions de préférence sans droit de vote ;
– qu'un premier dividende de 5 % sera attribué, conformément aux statuts, aux actions ordinaires ;
– qu'après attribution du premier dividende, la réserve facultative sera dotée d'un montant de 46 000 €, le solde étant attribué sous forme de superdividende.

Le superdividende unitaire sera arrondi à l'euro inférieur, le reliquat étant reporté à nouveau.

- Le paiement des dividendes aux actionnaires a lieu le 1er juillet N + 1.

CHAPITRE

15

Les provisions réglementées

Compétence(s)	Savoirs associés
– Exposer et appliquer les règles relatives aux opérations de variation des capitaux propres des sociétés selon leur forme juridique. (C1) – Évaluer et comptabiliser les variations de capitaux propres dans les comptes individuels. (C2) – Analyser les conséquences d'un choix de comptabilisation, notamment sur la présentation des comptes annuels, dans une situation donnée. (C3) – Présenter les informations à fournir en annexe (C4)	– Provisions réglementées : définition et principes de comptabilisation.

Contexte professionnel

La société Transdev (cf. chapitre précédent) détient un important parc de camions, remorques et autocars. Ces matériels sont tous en mesure de bénéficier de l'amortissement fiscal dégressif. En effet, la société renouvelle ses matériels de transport selon des plans définis à l'avance et par acquisition de matériels neufs et non d'occasion.

La société détient des plateformes modales régionales réparties sur tout le territoire métropolitain où sont stockés en particulier des conteneurs en transit, des palettes de marchandises en attente de tri et des remorques vides ou chargées. Ces plateformes sont toutes pourvues de réservoirs importants de carburant qui servent à l'approvisionnement de tous les véhicules de la société. Les montants de stocks de ces carburants subissent de fortes variations en raison du prix du baril de pétrole très fluctuant. Les dirigeants sont soucieux de gérer au mieux les provisions réglementées qu'ils sont en mesure de faire constituer.

Raison sociale	**Transdev**
Forme sociale	SA à directoire
Capital social	À l'ouverture de l'exercice N : 100 000 actions de valeur nominale 50 €
Siège social et exploitation	Technopole de Sofia-Antipolis (06)
Activité	Transports internationaux de biens et de personnes
Dirigeants	L. Cassio, présidente du directoire
Exercice comptable	Correspond à l'année civile

Dans la rubrique « Capitaux propres » du bilan figurent des éléments qui ne correspondent pas à des apports mais qui résultent d'impératifs fiscaux. C'est le cas, en particulier, des provisions réglementées. Celles-ci sont la contrepartie, au bilan, de charges comptabilisées dans le seul but de réduire le résultat de manière à bénéficier d'économies d'impôt. La diminution du résultat net comptable est alors corrélative de la constatation des provisions réglementées ; les capitaux propres, et de ce fait la valeur de l'entreprise, s'en trouvent donc augmentés de l'économie d'impôt réalisée.

I Principes généraux

A) Définition

Les provisions réglementées ne répondent pas à la définition comptable d'une provision car elles ne correspondent ni à un risque ni à une charge future. Elles résultent d'incitations fiscales mises en place par les pouvoirs publics ou des aides à certaines entreprises exposées à des risques économiques. En raison de leur nature, elles n'entrent pas dans la définition d'un passif mais font partie des capitaux propres de l'entreprise.

La constitution de ces provisions est obligatoire pour pouvoir bénéficier des avantages fiscaux qui y sont associés. Ces avantages fiscaux sont donc conditionnés à la comptabilisation de charges, marquant ainsi la connexion entre la comptabilité et la fiscalité. De manière générale, l'entreprise constituant ces provisions peut en effet bénéficier d'économies temporaires d'impôts, en décalant par ce biais leur paiement dans le temps. La dotation de ces provisions permet donc à l'entreprise de jouer sur le montant de ses capitaux propres et de son résultat.

La diminution du résultat ainsi que celle de l'impôt à payer ont un impact positif sur la trésorerie, mais négatif sur les possibilités de distribution de dividendes.

On distingue deux types de provisions réglementées : les provisions réglementées proprement dites et certaines provisions qui leur sont assimilées. Ces dernières résultent principalement de divergences entre les règles comptables et fiscales.

L'utilisation de certaines provisions réglementées ou assimilées, de par leur comptabilisation en capitaux propres, permet de diminuer, lors de leur dotation, le résultat comptable et le résultat fiscal de l'entreprise tout en maintenant la même valeur totale de l'entreprise.

Enfin, leur constitution ou leur reprise n'obéit pas au principe de permanence des méthodes et constitue donc parfois un moyen de lisser le résultat. Il ne s'agit donc pas d'un changement de méthode comptable, mais d'un changement d'opportunité. Seul un lecteur de l'annexe pourra mettre en évidence une absence de dotation ou une reprise anticipée de provision réglementée (voir chapitre 23).

Le calcul des provisions réglementées autres que les amortissements dérogatoires, relève du droit fiscal et non de la comptabilité.

B) Différentes catégories de provisions réglementées

Les provisions réglementées peuvent être divisées en deux catégories selon qu'elles relèvent de textes fiscaux spécifiques (provisions réglementées proprement dites) ou d'un mode de fonctionnement calqué sur celui des provisions réglementées (provisions assimilées aux provisions réglementées). Le schéma ci-dessous identifie les principales provisions réglementées :

Principales provisions réglementées

Proprement dites	Assimilées
– Provision pour hausse des prix – Provision pour prêts d'installation à d'anciens salariés	– Amortissements dérogatoires

Il existe d'autres provisions réglementées, qui sont spécifiques :
- soit à certaines opérations ou certaines professions, telles que la provision des banques et établissements de crédit ;
- soit à certaines entreprises.

C) Comptabilisation des provisions réglementées

Les provisions réglementées sont comptabilisées en application de règles purement fiscales et n'obéissent pas aux principes comptables de base.

Leur comptabilisation est nécessaire si l'entreprise veut bénéficier des réductions d'impôt qui y sont liées, le Code général des impôts n'acceptant pas une déductibilité extra-comptable de ces charges.

›Voir texte de référence 1

Leur mécanisme de comptabilisation est identique à celui d'une provision : la provision réglementée doit faire l'objet d'une dotation puis d'une reprise.

›Voir texte de référence 1

Ce mécanisme est le même quelle que soit la provision réglementée ou assimilée :
- dotation : la dotation constitue une charge exceptionnelle inscrite dans un sous-compte du compte 687. Dotations aux amortissements, dépréciations et provisions – Charges exceptionnelles. Elle n'est pas, en effet, directement liée à l'exploitation et concerne l'impôt lui-même exclu de ces charges d'exploitation. La provision est inscrite au crédit d'un sous-compte du compte 14. Provisions réglementées ;
- reprise : ces provisions sont reprises, au terme d'un délai fixé par les règles fiscales et propre à chaque type de provision réglementée, par le crédit d'un sous-compte du compte 787. Reprises sur provisions et dépréciations.

Exemple

Une société a pu doter à la clôture de l'exercice N une provision pour hausse des prix de 12 000 € ; cette provision doit être reprise fiscalement à la clôture du 6e exercice qui suit sa dotation.

		31/12/N			
6873		Dotations aux provisions réglementées (stocks)		12 000	
	1431	Provision pour hausse des prix			12 000
		Dotation N			
		31/12/N+6			
1431		Provision pour hausse des prix		12 000	
	7873	Reprises sur provisions réglementées (stocks)			12 000
		Reprise de la provision dotée en N			

D) Information en annexe

Toutes les entités doivent présenter dans l'annexe un tableau mentionnant les provisions à l'ouverture et à la clôture de l'exercice ainsi que le montant des dotations et des reprises opérées au titre de l'exercice. Les provisions réglementées figurent dans ce tableau au même titre que les autres provisions (PCG – articles 831-2 et 841-4).

II Les provisions réglementées proprement dites

A) La provision pour hausse des prix

La provision pour hausse des prix permet à toute entreprise de déduire temporairement de son résultat imposable une fraction du coût de reconstitution de ses stocks, en cas de hausse des prix supérieure à 10 % durant les deux derniers exercices.

> +
> La provision pour hausse des prix est calculée sur la base du prix unitaire à la clôture de l'exercice comparée au plus faible des prix unitaires à la clôture de l'un des deux exercices précédents majoré de 10 %. Cette croissance de prix unitaire est affectée aux quantités en stock à la fin de l'exercice. Elle peut être pratiquée sur toute matière ou tout produit acquis par l'entreprise. La provision est plafonnée à 15 millions d'euros par an, majorés sous certaines conditions. La dotation n'est pas obligatoire ; elle peut également être inférieure au montant résultant du calcul, dans le cadre de la stratégie fiscale de l'entreprise.

La provision est reprise au plus tard à la clôture du sixième exercice suivant sa dotation. L'économie d'impôt résultant de sa constitution n'est donc que provisoire. La reprise peut également avoir lieu avant le terme de 6 ans si l'entreprise le décide pour des raisons fiscales telles qu'un résultat déficitaire par exemple.

B) La provision pour prêts d'installation à d'anciens salariés ou provision pour essaimage

Les entreprises qui accordent des prêts à d'anciens salariés ayant créé leur propre entreprise ou qui souscrivent au capital de celle-ci peuvent constituer une provision réglementée égale à une fraction des crédits accordés ou des souscriptions effectuées.

> +
> La provision est égale à 50 % du montant des prêts ou 75 % du montant des souscriptions en capital. Elle est reprise en fonction des remboursements effectués par l'entreprise aidée et au plus tard, par tiers, à compter de la cinquième année qui suit la dotation.

Contexte Transdev

Certains actionnaires s'interrogent sur d'éventuelles « manipulations » du résultat par le biais de provisions qui ne correspondent ni à des risques ni à des charges à venir : « Y aurait-il une volonté de baisser le résultat afin de minorer la distribution de dividendes ? » Ou encore, « N'est-ce pas une façon artificielle d'augmenter la valeur de l'action ? »

À la demande de Mme Cassio, présidente du directoire, M. Melchior, directeur financier, vous charge d'illustrer, par un exemple, les effets d'une dotation aux provisions réglementées sur les documents financiers de l'entreprise.

La dotation à la provision pour hausse des prix (PHP) pourrait être d'environ 80 000 € à la clôture de l'exercice N. Les capitaux propres arrondis servant à votre démonstration sont les suivants au bilan N, avant tout traitement de la PHP :

Capital	5 000 000
Primes liées au capital	3 840 000
Réserves et report à nouveau	5 040 000
Résultat de l'exercice	400 000

Pour faciliter la comparaison, vous retenez les mêmes montants de capitaux propres et de résultat à la clôture de l'exercice N + 6, année de reprise de la provision. Pour la même raison, vous raisonnez avec un taux d'impôt sur les sociétés inchangé de 28 %.

Indiquez l'impact de la dotation à la provision sur le résultat de l'exercice N et celui de la reprise de la provision sur le résultat de l'exercice N + 6.

Présentez les capitaux propres comparatifs aux bilans N et N + 6.

Concluez en montrant les effets de la PHP dans le cadre des questions posées par les actionnaires.

III Les amortissements dérogatoires

A) Principes généraux

Les divergences entre comptabilité et fiscalité en matière d'amortissements conduisent à des annuités fiscales supérieures ou inférieures aux annuités comptables :

- lorsque l'annuité fiscale est supérieure à l'annuité comptable, l'entreprise peut ou doit pratiquer une dotation aux amortissements dérogatoires afin de ne pas contrevenir aux règles fiscales ;
- lorsque l'annuité fiscale est inférieure à l'annuité comptable, les corrections s'effectuent hors comptabilité, lors de l'établissement des déclarations fiscales par la réintégration d'une quote-part d'amortissements non déductibles ou la reprise d'amortissements dérogatoires constatés antérieurement.

Les règles de calcul des amortissements ne sont pas toujours identiques en comptabilité et en fiscalité. Les règles fiscales d'amortissement des immobilisations permettent de pratiquer des dotations fiscales supérieures à celles qui résultent de l'application du Plan comptable général soit lorsque les textes fiscaux prévoient un amortissement exceptionnel, soit lorsqu'il existe des divergences entre les règles comptables et fiscales de calcul des amortissements. Des divergences peuvent exister sur la base d'amortissement, sur la durée ou sur le mode d'amortissement.

La constatation des amortissements dérogatoires est soit obligatoire pour atteindre l'amortissement minimum prévu par le fisc, soit volontaire dans le but de bénéficier d'économies d'impôts.

La différence entre l'amortissement fiscal et l'amortissement comptable, également dit « amortissement » économique, est enregistrée en provisions réglementées, dans le compte 145. Amortissements dérogatoires.

B) Les amortissements fiscaux exceptionnels

Dans le but de favoriser certains investissements, les pouvoirs publics ont prévu des possibilités spécifiques d'amortissement de certains biens. Il en a été ainsi en particulier des logiciels acquis qui pouvaient être amortis sur douze mois avant 2017 ou de l'amortissement sur 24 mois des imprimantes 3D acquises par les PME (au sens communautaire) avant le 31 décembre 2017.

L'amortissement fiscal était alors beaucoup plus élevé pendant les douze premiers mois que l'amortissement comptable. La différence faisait l'objet d'une dotation aux amortissements dérogatoires. Par la suite, l'amortissement fiscal est nul et l'on procède à une reprise sur amortissements dérogatoires. À la fin de la période d'amortissement, les amortissements dérogatoires seront totalement repris.

Exemple

Une entreprise acquiert le 15 mai 2017 une imprimante 3D pour 12 000 ⊠ et souhaite bénéficier de l'amortissement fiscal exceptionnel. Ce logiciel sera amorti sur 4 ans au niveau comptable, sans valeur résiduelle.

Le tableau d'amortissement est le suivant, sachant que, pour l'amortissement sur 24 mois, le calcul est également fait en jours :

Années	Amortissement comptable		Amortissement fiscal		Amort. dérogatoire	
	Calculs	Montants	Calculs	Montants	Dotations	Reprises
2017	12 000 × 25 % × 225 / 360	1 875	12 000 × 1/2 × 225 / 360	3 750	1 875	
2018	12 000 × 25 %	3 000	12 000 x ½	6 000	3 000	
2019	12 000 × 25 %	3 000	12 000 x ½ x 135 / 360	2 250		750
2020	12 000 × 25 %	3 000				3 000
2021	12 000 × 25 % × 135 / 360	1 125				1 125
Totaux		**12 000**		**12 000**	**4 875**	**4 875**

Les écritures relatives aux logiciels sont les suivantes, pour l'exercice 2019 (on remarquera que la charge nette comptabilisée est nulle) :

	31/12/2019		
6811	Dotations aux amortissements des immobilisations	1 875	
2805	Amortissements des concessions, [...], logiciels		1 875
	Dotation économique 2017		
	31/12/2019		
145	Amortissements dérogatoires	750	
7872	Reprises sur provisions réglementées		750
	Excédent d'amortissement comptable sur l'amort. fiscal		

Il n'existe plus, actuellement, de possibilité fiscale de doter des amortissements exceptionnels.

C) Les divergences sur les paramètres du plan d'amortissement

1. Les divergences sur la base d'amortissement

L'administration fiscale refuse une base d'amortissement différente du coût d'acquisition d'un bien. Or, les règles comptables spécifient que l'amortissement doit être calculé sur la base du coût d'acquisition du bien diminué de la valeur estimée de sa revente au terme de l'utilisation par l'entreprise, lorsqu'elle est significative et mesurable.

Exemple

Une entreprise cède ses autocars au terme de quatre années d'utilisation et détermine la valeur résiduelle sur la base de la cote à l'argus d'un véhicule équivalent âgé de quatre ans pour calculer ses amortissements comptables, durée de calcul des amortissements fiscaux. La base de calcul est donc inférieure en comptabilité à celle qui doit être retenue en fiscalité.

Si le coût d'acquisition de l'autocar, le 1er janvier N, est de 200 000 €, avec une valeur résiduelle de 60 000 €, la dotation comptable est de (200 000 – 60 000) × 25 % = 35 000 € pour une dotation fiscale de 200 000 × 25 % = 50 000 €. Une dotation aux amortissements dérogatoires doit être constatée à hauteur de 15 000 €.

2. Les divergences sur la durée d'amortissement

Les amortissements économiques sont calculés en fonction de la durée d'utilisation des biens au sein de l'entreprise ou d'une unité d'œuvre ne reposant pas sur la durée, tels que les kilomètres annuels prévus, par exemple, pour l'amortissement d'un véhicule.

En matière fiscale, les biens non décomposables sont amortis sur la durée d'usage fiscale, de même que la structure des biens décomposables (sauf les immeubles de placement). En revanche, les composants de première catégorie des biens décomposables sont amortis sur la durée retenue en comptabilité.

Il existe une dérogation pour les PME leur permettant au niveau comptable de pratiquer les amortissements sur les immobilisations non décomposables selon la durée fiscale, par simplification, sans utiliser les amortissements dérogatoires (voir chapitre 5).

Exemple

Le 1er avril N, une entreprise a acquis pour 18 000 € un véhicule de tourisme qu'elle compte revendre au terme de 3 ans ; la valeur de revente, nette de coût de sortie, est estimée à 8 000 €. Au niveau fiscal, ce véhicule doit être amorti sur une durée de 5 ans.

Le plan d'amortissement sera le suivant :

Années	Amortissement comptable		Amortissement fiscal		Amort. dérogatoire	
	Calculs	Montants	Calculs	Montants	Dotations	Reprises
N	10 000 × 1/3 × 9/12	2 500	18 000 × 20 % × 9/12	2 700	200	
N+1	10 000 × 1/3	3 333	18 000 × 20 %	3 600	267	
N+2	10 000 × 1/3	3 333	18 000 × 20 %	3 600	267	
N+3	10 000 × 1/3 × 3/12	833	18 000 × 20 % × 3/12	900	67	
Totaux		**10 000**		**10 800**	**800**	**0**

L'excédent d'amortissement fiscal sur l'amortissement comptable est comptabilisé en amortissements dérogatoires. Lors de la cession du véhicule, ceux-ci seront totalement repris.

3. Les divergences sur le mode d'amortissement

Ces divergences proviennent essentiellement de l'utilisation de l'amortissement fiscal dégressif alors qu'il est rare qu'il corresponde à la définition comptable des amortissements (voir chapitre 5). C'est pourquoi le complément d'amortissement dégressif par rapport à l'amortissement comptable constitue une dotation aux amortissements dérogatoires.

Exemple

Une entreprise acquiert un matériel pour 100 000 € HT le 15 juin N et décide de l'amortir au niveau fiscal selon le mode dégressif sur 5 ans. La durée d'utilisation de 5 ans est retenue au niveau comptable, sans valeur résiduelle.

Le taux d'amortissement linéaire serait de 100/5 = 20 %. Le taux dégressif à utiliser est égal à 20 × 1,75 = 35 %. La première annuité est égale à 100 000 × 35 % × 7 / 12 = 20 417 €.

Années	Amortissement dégressif				Amortissement linéaire	
	Base	Calculs	Dotations	VNC	Dotations	VNC
N	100 000	100 000 × 35 % × 7/12	20 417	79 583	10 833	89 167
N+1	79 583	79 583 × 35 %	27 854	51 729	20 000	69 167
N+2	51 729	51 729 × 35 %	18 105	33 624	20 000	49 167
N+3	33 624	33 624 × 50 %	16 812	16 812	20 000	29 167
N+4	33 624	33 624 × 50 %	16 812	0	20 000	9 167
N+5					9 167	0
Total			**100 000**		**100 000**	

À compter de N + 3, le taux d'amortissement linéaire sur la durée résiduelle (2 ans) devient supérieur au taux dégressif. L'amortissement linéaire sur la durée résiduelle remplace alors le dégressif.

Les écritures comptables à constater à la fin de l'exercice N sont les suivantes :

	31/12/N		
6811	Dotations aux amortissements des immobilisations	10 833	
28154	Amortissements des matériels industriels		10 833
	Dotation économique N		
68725	Dotations aux amortissements dérogatoires	9 584	
145	Amortissements dérogatoires		9 584
	Excédent d'amortissement fiscal sur l'amort. comptable		

D) L'amortissement des frais d'acquisition des titres de participation

Les frais d'acquisition des titres peuvent, au choix de l'entreprise, être inscrits en charges ou intégrés au coût d'acquisition (cf. chapitre 9). Au niveau fiscal, pour les titres de participation, les frais sont déductibles, pour le calcul de l'impôt, sur une durée de cinq ans, la première et la dernière annuité étant réduites *prorata temporis*.

Si l'entreprise a choisi d'intégrer les frais au coût d'acquisition, leur déductibilité fiscale s'acquiert par des dotations aux amortissements dérogatoires.

+

Contrairement à l'utilisation habituelle des amortissements dérogatoires, les dotations ne sont, ici, pas suivies de reprises. Celle-ci n'aura lieu que lors d'une éventuelle cession des titres correspondants.

Exemple

Une entreprise acquiert des titres de participation, le 11 avril N pour 140 000 € ; les commissions versées aux intermédiaires ayant facilité la négociation s'élèvent à 11 200 € HT et sont inscrites dans le compte 261.

Les dotations aux amortissements dérogatoires à constater sont les suivantes :

N : 11 200 x 1 / 5 x 260 / 360 .... 1 618 €

N + 1 à N + 4 : 11 200 x 1 / 5 .... 2 240 €

N + 5 : 11 200 x 1 / 5 x 100 / 360 .... 622 €

Contexte Transdev

La société a acquis le 19 mars N un autocar Van-Hool Acron 915 neuf pour 180 000 € HT ; le service entretien a effectué quelques travaux d'adaptation aux couleurs de l'entreprise (non immobilisés), le véhicule étant utilisé à compter du 1er avril.

M. Melchior vous charge de préparer les plans d'amortissement du véhicule en souhaitant une optimisation fiscale. Il souhaite que vous donniez toutes explications utiles afin de pouvoir, par la suite, utiliser une procédure habituelle d'établissement de ces tableaux.

Vous obtenez les renseignements suivants auprès du directeur du parc d'autocars :

- l'autocar sera utilisé durant 6 ans, période à l'issue de laquelle il sera revendu à une société filiale ; le prix de cession devrait se situer aux environs de 60 000 € HT ;
- son utilisation de manière intensive nécessitera, selon les statistiques de l'entreprise, un remplacement des équipements techniques (moteur, transmission…) au terme de 4 ans ; il sera remotorisé avec une puissance plus faible correspondant à un changement d'utilisation à ce moment (lignes régionales au lieu des lignes internationales) ; l'estimation à l'achat, de ces éléments à remplacer est de 40 000 € HT ;
- la part des éléments remplacés est évaluée à un tiers du prix de cession de l'autocar au terme des 6 ans.

Vos recherches fiscales vous conduisent à utiliser une durée d'usage d'amortissement de l'autocar égale à 4 ans.

Construisez les tableaux d'amortissements économiques, fiscaux et dérogatoires pour la structure et le composant de l'autocar.

Correction contexte Transdev

1. Les provisions réglementées

• Résultat N avant PHP	400 000 €
Dotation à la PHP (charge)	- 80 000 €
Économie d'impôt (diminution de charge) : 80 000 x 28 %	+ 22 400 €
Résultat N avec effet de la provision	342 400 €
Impact de la provision sur le résultat N : 342 400 – 400 000	– 57 600 €
Résultat N + 6 avant PHP	400 000 €
Reprise de la PHP (produit)	+ 80 000 €
Supplément d'impôt (charge) : 80 000 x 28 %	– 22 400 €
Résultat N avec effet de la provision	457 600 €
Impact de la provision sur le résultat N : 457 600 – 400 000	+ 57 600 €

• Capitaux propres comparatifs au bilan N :

Éléments	Sans PHP	Avec PHP	Variation
Capital	5 000 000	5 000 000	
Primes liées au capital	3 840 000	3 840 000	
Réserves et report à nouveau	5 040 000	5 040 000	
Résultat de l'exercice	400 000	342 400	– 57 600
Provisions réglementées		80 000	+ 80 000
Capitaux propres	14 280 000	14 302 400	+ 22 400
Nombre d'actions	100 000	100 000	
Valeur mathématique de l'action	142,80 €	143,024 €	+ 0,224 €

Capitaux propres comparatifs au bilan N + 6 :

Éléments	Sans PHP	Avec PHP	Variation
Capital	5 000 000	5 000 000	
Primes liées au capital	3 840 000	3 840 000	
Réserves et report à nouveau	5 040 000	5 040 000	
Résultat de l'exercice	400 000	457 600	+ 57 600
Provisions réglementées (1)			
Capitaux propres	14 280 000	14 337 600	+ 57 600
Nombre d'actions	100 000	100 000	
Valeur mathématique de l'action	142,80 €	143,376 €	+ 0,576 €

(1) La PHP ayant été reprise, elle ne figure plus au bilan.

La PHP ayant été reprise, elle ne figure plus au bilan.

• Effectivement, le résultat de l'année N est diminué par la provision, pour le montant de celle-ci, net d'impôt ; les dividendes sont donc minorés au titre de l'année de la dotation. L'augmentation des capitaux propres de N correspond à l'économie d'impôt réalisée (80 000 x 28 % = 22 400 €).

Le résultat de l'année N + 6 est majoré de reprise de PHP, nette d'impôt. Mais le fait que le résultat N n'a pas été distribué de manière aussi importante que sans PHP majore la valeur des capitaux propres, et donc de l'action pour le montant net d'impôt de la PHP.

NB : cette prise de valeur sera éliminée éventuellement si la société décide de majorer ses distributions au titre de N + 6.

2. Les amortissements dérogatoires

La partie « éléments techniques (moteur…) » représente 22 % du coût d'acquisition ; il convient donc de la retenir comme composant de première catégorie.

Modes d'amortissement :
- économique : linéaire pour la structure et le composant « moteur » ;
- fiscal : dégressif pour la structure et le composant.

Dates de début d'amortissement :
- le 1er avril pour l'amortissement linéaire ;
- le 1er mars pour l'amortissement dégressif.

Durées d'amortissement :
- structure : 6 ans pour l'amortissement économique et 4 ans pour l'amortissement fiscal ;
- composant : 4 ans pour l'amortissement économique et l'amortissement fiscal.

Bases d'amortissement économique :
- structure : 180 000 – 40 000 – (60 000 x 2/3) = 100 000 € ;
- composant : 40 000 € (la part de prix de cession ne sera à déduire que du composant renouvelé au terme de 4 ans).

Bases d'amortissement fiscal :
- structure : 180 000 – 40 000 = 140 000 € ;
- composant : 40 000 €.

Taux d'amortissement dégressif : (100 / 4) x 1,25 = 31,25 %

Tableau d'amortissement de la structure

Années	Amortissement fiscal		Amortissement économique		Amortissement linéaire	
					Dotations	Reprises
N	140 000 × 31,25 % × 10/12	36 458	100 000 × 1/6 × 270/360	12 500	23 958	
N+1	103 542 × 1/3	34 514	100 000 × 1/6	16 667	17 847	
N+2	103 542 × 1/3	34 514	100 000 × 1/6	16 667	17 847	
N+3	103 542 × 1/3	34 514	100 000 × 1/6	16 666	17 848	
N+4			100 000 × 1/6	16 667		16 667
N+5			100 000 × 1/6	16 667		16 667
N+6			100 000 × 1/6 × 90/360	4 166		4 166
Total		140 000		100 000	77 500	37 500

Tableau d'amortissement du composant

Années	Amortissement fiscal		Amortissement économique		Amortissements dérog.	
					Dotations	Reprises
N	40 000 × 31,25 % × 10/12	10 417	40 000 × 1/4 × 270/360	7 500	2 917	
N+1	29 583 × 1/3	9 861	40 000 × 1/4	10 000		139
N+2	29 583 × 1/3	9 861	40 000 × 1/4	10 000		139
N+3	29 583 × 1/3	9 861	40 000 × 1/4	10 000		139
N+4			40 000 × 1/4 × 90/360	2 500		2 500
Total		140 000		40 000	2 917	2 917

Synthèse

Caractéristiques des provisions réglementées

Provisions réglementées et assimilées

- Incitations fiscales permettant d'obtenir des économies d'impôt temporaires ou définitives
- Comptabilisation obligatoire pour bénéficier des avantages fiscaux qui y sont rattachés (connexion comptabilité / fiscalité)
- Éléments des capitaux propres figurant au bilan (constituent des charges et produits exceptionnels).

Types de provisions réglementées

Provisions réglementées	Cas d'utilisation	Terme de la reprise	Compte de provision
Provision pour hausse des prix	Accordée à toute entreprise dont les prix d'acquisition de matières et produits ont augmenté de plus de 10 % sur les deux exercices précédents.	Reprise au terme de 6 ans	1431 Provision pour hausse des prix
Provision pour prêts d'installation à d'anciens salariés	Accordée pour favoriser une politique d'essaimage de l'entreprise.	Reprise lors du remboursement des prêts ou sur un maximum de 7 ans.	144 Provisions réglementées relatives aux autres éléments de l'actif
Amortissements dérogatoires	Provision assimilée à une provision réglementée destinée à enregistrer l'excédent de dotations fiscales aux amortissements par rapport aux dotations résultant de l'application des règles comptables. L'économie d'impôt est temporaire.	Les amortissements dérogatoires sont repris en fin du cycle d'amortissement, sauf ceux constitués pour une différence de base (valeur résiduelle) qui ne seront repris que lors de la sortie du bien.	145 Amortissements dérogatoires

Mécanismes de comptabilisation (écritures comptables)

Dotation ou augmentation d'une provision réglementée

	31/12/N		
687.	Dotations aux provisions réglementées ...	X	
14.	Provisions réglementées ...		X
	À détailler selon la nature de la provision réglementée		

Reprise ou réduction d'une provision réglementée

	31/12/N		
14.	Provisions réglementées ...	X	
787.	Reprises sur provisions réglementées ...		X
	À détailler selon la nature de la provision réglementée		

Références

- Article 214-8 du Plan comptable général.
- Article 941-14 du Plan comptable général.

1 **PCG – article 214-8**

Lorsque des textes particuliers de niveau supérieur prescrivent ou autorisent la comptabilisation d'amortissements dérogatoires ou de provisions répondant à la définition de provisions réglementées, ces amortissements, bien que ne correspondant pas à l'objet normal d'un amortissement ou d'une dépréciation, sont comptabilisés.

2 **PCG – article 941-14**

Le fonctionnement des comptes de provisions réglementées est identique à celui des comptes de provisions [...].

Applications

Comprendre les notions

Application 1 QCM

Répondez par « Vrai » ou par « Faux » aux affirmations ci-dessous en donnant toutes explications utiles.

1. Les provisions réglementées permettent de faire des économies définitives d'impôt.
- ☐ Vrai
- ☐ Faux

2. Les provisions réglementées correspondent à un risque ou une charge futurs.
- ☐ Vrai
- ☐ Faux

3. Les provisions réglementées n'entrent pas dans la définition des passifs donnée par le Plan comptable général.
- ☐ Vrai
- ☐ Faux

4. Les provisions réglementées ne sont pas soumises au principe de permanence des méthodes.
- ☐ Vrai
- ☐ Faux

5. Les dotations et reprises sur provisions réglementées sont des charges et produits soit d'exploitation, soit financiers en fonction de leur nature.
- ☐ Vrai
- ☐ Faux

6. Les divergences entre comptabilité et fiscalité au niveau des amortissements conduisent toujours à doter les amortissements dérogatoires.
- ☐ Vrai
- ☐ Faux

7. Les PME sont dispensées de comptabiliser des amortissements dérogatoires relatifs à la durée d'amortissement sur les biens non décomposables.
- ☐ Vrai
- ☐ Faux

8. Les amortissements dérogatoires ont systématiquement un solde égal à 0 à la fin de la période d'amortissement.
- ☐ Vrai
- ☐ Faux

Mettre en œuvre les compétences

Application 1 Analyser les conséquences d'une reprise anticipée de provision réglementée

Compétences attendues : C1, C2 et C3

Au bilan, au 31 décembre N-1, de la société Richard figuraient les provisions réglementées et assimilées suivantes :
- provision pour hausse des prix (PHP)............... 168 800 €
- amortissements dérogatoires .... 377 900 €

Début N+1, les opérations d'inventaire provisoires (avant arrêté des comptes) laissent entrevoir une perte comptable de 180 000 € environ (avant dotation à la PHP mais après traitement des amortissements dérogatoires). Une dotation à la provision pour hausse des prix de 11 400 € pourrait être faite au titre de l'exercice N. Les dirigeants souhaitent ne pas doter la provision et envisagent de reprendre la totalité de la PHP alors que seule une reprise de 26 900 € aurait due être faite en respect des règles fiscales. Ils s'interrogent sur cette possibilité.

1. **Précisez si les souhaits des dirigeants sont envisageables en vous référant aux principes comptables fondamentaux.**
2. **Indiquez les conséquences de ces décisions sur le résultat net comptable et sur le montant des capitaux propres de la société. On supposera que le résultat fiscal ne diffère pas du résultat comptable.**
3. **Les dirigeants auraient-ils pu rendre le résultat comptable nul ?**

Application 2 Calculer et comptabiliser les amortissements dérogatoires

Compétence attendue : C2

La société Gilbert a acquis le 8/04/N un matériel de manutention pour le prix de 14 600 € HT. Ce matériel a commencé à être utilisé par l'entreprise à compter du 15 avril. L'amortissement linéaire sur 5 ans semble bien traduire la consommation des avantages économiques liés au bien. En fin de période d'utilisation, la valeur résiduelle du bien peut être considérée comme insignifiante. Afin de bénéficier des avantages fiscaux de l'amortissement dégressif, il est décidé d'amortir fiscalement ce bien en mode dégressif sur la durée d'usage de 5 ans (coefficient 1,75).

1. **Présentez le plan d'amortissement économique et fiscal du matériel, faisant apparaître les dotations et reprises aux amortissements dérogatoires.**
2. **Indiquez les écritures à comptabiliser à la clôture des exercices N et N + 4.**

Application 3 Calculer et comptabiliser les amortissements dérogatoires

Compétence attendue : C2

La SAS Médard a acquis et mis en service un autocar de tourisme le 1/08/N pour un montant hors taxes de 180 000 €.
Au niveau comptable, cet autocar sera amorti sur une durée d'utilisation de 6 ans, en mode linéaire, avec une valeur résiduelle au terme de ce délai de 60 000 €.
En revanche, fiscalement, la durée d'usage de 5 ans pour les autocars sera retenue, l'amortissement linéaire étant également utilisé.

1. **Présentez le plan d'amortissement économique et fiscal du matériel, faisant apparaître les dotations et reprises aux amortissements dérogatoires.**
2. **Indiquez les écritures à comptabiliser à la clôture des exercices N et N + 5.**

Entraînement à l'examen

1 Comptabiliser les provisions réglementées à partir de l'annexe

Cet exercice est à réaliser sans calculatrice.

Travail à faire :
À partir de l'annexe, vous traiterez la question posée.

- **Indiquez les écritures qui ont été passées au 31/12/N concernant les provisions réglementées proprement dites (par hypothèse : dotations maximales effectuées et pas de reprises anticipées).**

Annexe

Extrait du tableau des provisions de la société Diane au 31/12/N

Éléments	01/01/N	Dotations	Reprises	31/12/N
Provisions réglementées				
Provision pour hausse des prix	42 455	1 287	3 452	40 290
Provision pour essaimage	66 270		22 090	44 180
Amortissements dérogatoires	459 823	125 415	98 156	487 082

2 Étudier les divergences entre amortissement comptable et amortissement fiscal

L'entreprise Sandrin a acquis le 1er mars N un matériel industriel pour un coût hors taxes de 120 000 €. Fiscalement, ce matériel est amortissable en dégressif sur une durée d'usage de cinq ans, solution qui sera retenue dans tous les cas (coefficient : 1,75).
On formule diverses hypothèses relatives aux caractéristiques économiques de l'immobilisation :
a) le matériel sera utilisé sur une durée de quatre ans et amorti en linéaire, avec une valeur résiduelle de 15 000 € ;
b) le matériel sera utilisé sur une durée de cinq ans, sans valeur résiduelle, en fonction des unités qu'il est prévu de produire :

N :	30 000 unités
N+1 :	35 000 unités
N+2 :	20 000 unités
N+3 :	10 000 unités
N+4 :	5 000 unités.

1. **Présentez le tableau d'amortissement fiscal du bien.**
2. **Indiquez, en un seul tableau, les amortissements économiques annuels, dans chacune des deux hypothèses.**
3. **Montrez par les calculs les incidences des divergences entre les amortissements fiscaux et économiques. Précisez le montant des amortissements dérogatoires.**

CHAPITRE

16

Les dettes financières

Compétence(s)	Savoirs associés
– Évaluer et comptabiliser les opérations portant sur certains passifs à leur entrée et postérieurement à leur entrée. (C.1) – Analyser les conséquences d'un choix de comptabilisation, notamment sur la présentation des comptes annuels, dans une situation donnée. (C.2) – Présenter les informations à fournir en annexe. (C.3)	Emprunts obligataires, dans leur forme ordinaire, non convertibles, avec ou sans prime de remboursement : – émission, service de l'emprunt, régularisations d'inventaire ; – émission de bons de souscription d'obligations ; – annulation par l'entité de ses propres obligations.

Contexte professionnel

La société Transdev a renforcé ses fonds propres au premier semestre de l'exercice N (cf. chapitres précédents). La structure de ses capitaux permanents lui permet d'envisager une augmentation de ses dettes stables. Afin de suivre les besoins dévoilés par son plan de financement à 5 ans, la direction envisage un emprunt de 1 000 000 € à effectuer durant le second semestre N + 1 qui devrait être complété par un deuxième emprunt de 2 000 000 € à l'horizon N + 5.

Le reste du capital relatif aux actions émises en N a été appelé et libéré durant le premier semestre N + 1.

Raison sociale	Transdev
Forme sociale	SA à directoire
Capital social	100 000 actions de valeur nominale 50 €. Cotation sur Euronext Growth d'une partie des actions
Siège social et exploitation	Technopole de Sofia-Antipolis (06)
Activité	Transports internationaux de biens et de personnes
Dirigeants	L. Cassio, présidente du directoire
Exercice comptable	Correspond à l'année civile

Mme Cassio sollicite votre avis sur la forme que pourraient prendre ces emprunts en fonction des conditions offertes par le marché des capitaux.

À l'opposé de l'emprunt indivis (auprès d'une seule personne), les emprunts obligataires font appel au public qui souscrit les titres émis et en attend une rentabilité au niveau des intérêts et éventuellement d'un prix de remboursement supérieur au prix d'émission. Les emprunts obligataires classiques, remboursés par amortissement constant ou par annuités constantes, sont de plus en plus fréquemment remplacés par des emprunts remboursables in fine.

I L'émission des emprunts obligataires

Les obligations sont des titres qui confèrent à leurs détenteurs un droit de créance. Pour une même émission d'obligations, les droits sont les mêmes pour tous les détenteurs (Code monétaire et financier – article L. 213-5).

Voir texte de référence 1

A) Les règles juridiques et financières

1. Les conditions d'émission des emprunts obligataires

Seules les sociétés par actions peuvent émettre des obligations négociables à condition que leur capital soit entièrement libéré (sauf si les titres non libérés sont destinés aux salariés), qu'elles aient clos deux exercices comptables et que les comptes de ces deux exercices aient été approuvés par l'assemblée générale ordinaire des actionnaires. Si une émission a lieu avant que cette dernière condition ne soit remplie, une vérification de l'actif et du passif est alors obligatoire (Code de commerce – article L. 228-39).

L'émission d'un emprunt obligataire est décidée par les dirigeants de l'entreprise ou par l'assemblée générale ordinaire si les statuts l'exigent (Code de commerce – article L. 228-40).

Les sociétés à responsabilité limitée (SARL) dont le chiffre d'affaires, le total du bilan et/ou le nombre de salariés dépassent les seuils de nomination d'un commissaire aux comptes ou ayant désigné un commissaire aux comptes, peuvent également émettre des emprunts obligataires à condition que les obligations concernées soient nominatives et que la société ait clos trois exercices comptables dont les comptes ont été approuvés (Code de commerce – article L. 223-11).

2. La terminologie financière

a) Valeur nominale, prix d'émission et prix de remboursement

La valeur nominale d'une obligation est le montant sur lequel sont calculés les intérêts. Elle doit être égale à 1 € ou à un multiple de 1 €. Elle est parfois appelée « pair » de l'obligation.

Le prix d'émission peut être différent de la valeur nominale ; l'écart entre les deux montants constitue une prime d'émission :

– négative si le prix d'émission est inférieur à la valeur nominale ;

– positive si le prix d'émission est supérieur à la valeur nominale.

Le prix de remboursement est, quant à lui, égal ou supérieur au prix d'émission ; l'écart avec la valeur nominale est alors une prime de remboursement proprement dite.

Au niveau comptable, le terme « prime de remboursement » recouvre la différence entre le prix de remboursement et le prix d'émission, sans distinguer entre prime d'émission et prime de remboursement proprement dite. Ces différents prix sont le plus souvent exprimés en pourcentage de la valeur nominale.

Exemples

Des obligations sont émises par la société A ; leur valeur nominale est de 100 €. Elles sont émises à 95 € et seront remboursées à 102 €.

Prime d'émission négative : 100 – 95 = 5 €.

Prime de remboursement proprement dite : 102 – 100 = 2 €.

Prime de remboursement au sens comptable : 102 – 95 = 7 €.

Des obligations sont émises par la société B ; leur valeur nominale est de 100 €. Elles sont émises à 102 € et seront remboursées à 109 €.

Prime d'émission positive : 102 – 100 = 2 €.

Prime de remboursement proprement dite : 109 – 100 = 9 €.

Prime de remboursement au sens comptable : 109 – 102 = 7 €.

b) Taux d'intérêt et coupon

L'intérêt servi à l'emprunt peut être fixe ou variable ; il est également possible de prévoir une partie indexée sur un agrégat de l'entreprise (résultat, chiffre d'affaires, etc.). Le montant de l'intérêt annuel (valeur nominale × taux d'intérêt) est appelé « coupon ». Dans certains emprunts, il n'existe qu'un coupon unique, payable en même temps que le remboursement de l'emprunt. D'autres emprunts sont émis avec une prime de remboursement importante, mais ne portent pas intérêt ; les titres sont alors appelés « obligations à coupon zéro ».

B) La comptabilisation de l'émission d'un emprunt obligataire

1. L'ouverture de la souscription

Lors de l'ouverture de la souscription, la dette totale est constatée au crédit du compte 163. Autres emprunts obligataires pour le prix que la société aura effectivement à rembourser à l'échéance, c'est-à-dire le prix de remboursement. En contrepartie, les obligataires ne paieront que le prix de souscription, inscrit dans un compte d'attente, par exemple 471. Obligations à placer. La différence est portée au débit du compte 169. Primes de remboursement des obligations. Aucune distinction n'est faite entre la prime de remboursement proprement dite et la prime d'émission.

> **+**
> L'inscription de la prime de remboursement à l'actif du bilan contrevient à la définition d'un actif mais cette modalité de comptabilisation est conservée, les instruments financiers n'étant pas concernés par cette définition.

Exemple

La société anonyme Perennes émet le 1er mars N, à 98 % du nominal, 1 000 000 obligations de valeur nominale 10 €. Ces obligations seront remboursées au terme de 5 ans à 105 % de la valeur nominale.

Prix de remboursement des obligations : 1 000 000 × 10 € × 105 %	10 500 000 €
Prix d'émission des obligations : 1 000 000 × 10 € × 98 %	9 800 000 €
Prime de remboursement totale	700 000 €

	1/03/N		
169	Primes de remboursement des obligations	700 000	
471	Obligations à placer	9 800 000	
163	Autres emprunts obligataires		10 500 000
	Émission de l'emprunt obligataire		

Au bilan de la société, l'emprunt obligataire figure en dettes pour son prix de remboursement et les primes de remboursement sont inscrites dans un poste distinct en bas de l'actif.

2. La libération des titres

Lors de la libération des titres, les versements des obligataires sont portés en compte de trésorerie avec comme contrepartie un sous-compte de tiers, par exemple, 4671. Obligataires, souscriptions.

Une fois toutes les obligations souscrites, les comptes 4671. Obligataires, souscriptions et 471. Obligations à placer sont soldés, par contrepassation.

Exemple

Les obligations de la société anonyme Perennes ont toutes été souscrites au 31 mars N.

		Mars N		
512		Banque	9 800 000	
	4671	Obligataires, souscriptions		9 800 000
		Souscriptions des obligataires		
		31/03/N		
4671		Obligataires, souscriptions	9 800 000	
	471	Obligations à placer		9 800 000
		Fin de la période de souscription		

Dans certains cas, une ou plusieurs banques prennent l'ensemble des obligations à placer de manière ferme. Il est alors possible de regrouper les écritures d'émission et de libération.

C) Le traitement des frais d'émission des emprunts

Les frais d'émission sont enregistrés, lors de leur engagement, dans le compte 6272. Commissions et frais sur émission d'emprunt. Ils peuvent être conservés en charges de l'exercice ou étalés sur la durée de l'emprunt, sans qu'il existe une méthode de référence. Dans le second cas, l'étalement se fait « d'une manière appropriée en fonction des modalités de remboursement de l'emprunt » (PCG – article 212-11) ou de manière linéaire.

+

La méthode habituellement pratiquée utilise la règle fiscale de l'amortissement au prorata de la rémunération courue de l'emprunt, celle-ci comprenant la charge d'intérêt et l'amortissement des primes de remboursement (cf. infra).

› Voir texte de référence 2

Si la solution de l'étalement des frais est choisie, elle s'applique à tous les emprunts obligataires émis en respect du principe de permanence des méthodes.

Les frais sont alors transférés à la fin de l'exercice de leur engagement au débit du compte 4816. Frais d'émission des emprunts puis amortis directement par le crédit de ce compte et le débit du compte 6812. Dotations aux amortissements des charges d'exploitation à répartir. En fin d'exercice, les frais non amortis figurent dans le poste « Charges à répartir » du bilan.

+

L'étalement des frais reste admis par le Plan comptable général comme mode de comptabilisation malgré le fait qu'ils ne représentent pas un actif.

Exemple

Les frais d'émission de l'emprunt obligataire dans la SARL Florane se sont élevés à 3 000 €, inscrits en mars N dans le compte 6272. Commissions et frais sur émission d'emprunt. Ils sont amortis sur la durée de l'emprunt, de manière linéaire.

En fin d'exercice, les frais sont transférés en « Charges à répartir » :

	31/12/N		
4816	Frais d'émission des emprunts	3 000,00	
791	Transferts de charges d'exploitation		3 000,00
	Transfert des frais d'émission pour étalement		

L'amortissement des frais se fait sur une durée de 5 ans (durée de l'emprunt obligataire), à compter du 1er avril N. Donc, pour l'année N : $3\,000 \times 1 / 5 \times 9 / 12 = 450$ €.

Ce qui entraîne l'écriture de dotation aux amortissements suivante :

	31/12/N		
6812	Dotations aux amortissements des charges d'exploitation à répartir	450,00	
4816	Frais d'émission des emprunts		450,00
	Dotation N		

Au bilan au 31 décembre N, les frais d'émission figurent à l'actif pour $3\,000 - 450 = 2\,550$ €.

Contexte Transdev

Mme Cassio s'interroge sur la possibilité d'emprunter un montant de 1 000 000 € auprès d'une ou plusieurs banques mais souhaiterait ne pas placer la société dans une situation de dépendance trop forte vis-à-vis de celle(s)-ci. Vous lui suggérez de se procurer les fonds nécessaires par l'émission d'un emprunt obligataire.

• Comme cette émission serait la première pour la société, recherchez tout d'abord si la société Transdev remplit les conditions pour faire cette offre au public et vous justifiez l'émission d'obligations.

Convaincus du bien-fondé de l'émission d'un emprunt obligataire, les dirigeants envisagent les modalités suivantes pour l'émission de l'emprunt :

– offre au public de 10 000 obligations de valeur nominale 100 €, remboursables en bloc *in fine*, au terme de cinq ans ;
– prix d'émission des obligations : 98 € ; prix de remboursement : 103 € ;
– coupon annuel : 2 € ;
– date d'émission : 1er septembre N + 1 ; souscriptions reçues jusqu'au 30 septembre ; date de jouissance des obligations : 1er octobre N. Coupons mis en paiement à compter du 1er octobre N + 2.

L'émission a eu lieu comme prévu et à la date limite, toutes les obligations étaient souscrites. Le placement s'est fait par l'intermédiaire d'un syndicat de banques qui a retenu une commission HT de 2,5 % des montants encaissés. Les fonds sont versés à la société, sous déduction des commissions, le 3 octobre N + 1.

Il est décidé d'étaler la charge sur la durée de l'emprunt, de manière linéaire.

• Proposez au comptable de l'entreprise le schéma d'écritures qui découleront de l'émission de cet emprunt obligataire.

• Vous lui présentez également les écritures comptables qui découlent des frais d'émission, à la clôture de l'exercice.

II Le service d'un emprunt obligataire

L'expression « service de l'emprunt » concerne le paiement des coupons d'intérêt et le remboursement de l'emprunt.

A) Les modalités de remboursement d'un emprunt obligataire

1. Le remboursement *in fine*

La très grande majorité des emprunts obligataires est actuellement remboursée en bloc au terme d'un délai qui court le plus fréquemment de 5 à 15 ans. Les anciens emprunts obligataires étaient remboursables par lots tirés au sort en fonction des numéros d'obligations, chaque année, cette modalité n'étant plus envisageable en raison de la dématérialisation des titres.

Comme le montant de l'emprunt reste fixe, le coupon d'intérêt est le même chaque année.

2. Le remboursement par amortissement constant

L'amortissement constant consiste à rembourser au terme de chaque période un nombre identique d'obligations. Les intérêts portent sur le montant restant à rembourser et diminuent donc chaque année. Cette modalité est très rare car elle fait supporter une charge financière lourde en début d'emprunt.

Exemple

La société anonyme Gastaud a émis en N, avec une date de jouissance au 1er avril N, 10 000 obligations au pair dont les caractéristiques sont les suivantes :

- valeur nominale : 100 € ;
- prix de remboursement : 106 € ;
- taux : 4,5 % ;
- durée : 8 ans.

Le remboursement s'effectue chaque année, par amortissement constant.

Le remboursement concernera 10 000 / 8 = 1 250 obligations chaque année.

Le coupon d'intérêt est de 100 × 4,5 % = 4,50 €.

Service de l'emprunt au 1er avril N + 1

Emprunt à rembourser : 1 250 × 106 € .... 132 500 €

Coupons d'intérêt : 10 000 × 4,50 €.................... 45 000 €

Annuité N + 1 .... 177 500 €

Service de l'emprunt au 1er avril N + 2 (il reste 10 000 – 1 250 = 8 750 obligations vivantes)

Emprunt à rembourser : 1 250 × 106 € .... 132 500 €

Coupons d'intérêt : 8 750 × 4,50 €.................... 39 375 €

Annuité N + 1 .... 171 875 €

3. Le remboursement par annuités constantes

Les annuités constantes permettent d'égaliser les décaissements tout au long de la période de service de l'emprunt et de bénéficier d'une déductibilité plus grande des intérêts les premières années.

Le calcul de l'annuité de remboursement suit les mêmes principes financiers que dans les emprunts *indivis*, l'annuité étant donnée par la formule suivante :

$a = R \times \dfrac{r}{1-(1+r)^{-n}}$	a : annuité r : taux	R : montant de l'emprunt à rembourser ; n : nombre d'annuités de remboursement.

Dans le cas où les obligations sont remboursées au pair, le taux « r » est le taux d'intérêt de l'emprunt ; si elles sont remboursées à un prix supérieur au nominal, « r » est un taux implicite :

$r = \dfrac{Vn \times i}{Pr}$	Vn : valeur nominale de l'obligation ; *i* : taux d'intérêt de l'obligation ; Pr : prix de remboursement de l'obligation.

Une fois l'annuité calculée, l'amortissement périodique doit être arrondi en fonction du nombre d'obligations contenues dans chaque lot à rembourser.

Exemple

La SARL Florane a émis en N, avec une date de jouissance au 1er avril N, 1 000 obligations nominatives numérotées de 1 à 1 000, au prix d'émission de 99 €. Ses autres caractéristiques sont les suivantes :

- valeur nominale : 100 € ;
- prix de remboursement : 106 € ;
- taux : 4,5 % ;
- durée : 8 ans.

Le remboursement s'effectue chaque année, par annuités constantes, le nombre d'obligations à rembourser étant arrondi à l'unité la plus proche.

Le prix de remboursement étant supérieur à la valeur nominale, on doit utiliser le taux ajusté :

$$r = \frac{100 \times 0{,}045}{106} = 0{,}04245 \quad \text{et} \quad a = 1\,000 \times 106 \times \frac{0{,}04245}{1 - 1{,}04245^{-8}} = 15\,903{,}61$$

Le coupon d'intérêt par obligation est égal à 100 × 4,5 % = 4,50 €.

Service de l'emprunt au 1er avril N + 1

Coupons d'intérêt : 1 000 × 4,50 €	4 500 €
Amortissement théorique : 15 903,62 – 4 500 = 11 403,62 €.	
Nombre théorique d'obligations à rembourser : 11 403,62 / 106 = 107,58, soit 108.	
Remboursement d'emprunt : 108 × 106 €	11 448 €
Annuité réelle	15 948 €

Il reste 1 000 – 108 = 892 obligations à rembourser.

Service de l'emprunt au 1er avril N + 2

Coupons d'intérêt : 892 × 4,50 €	4 014 €
Amortissement théorique : 15 903,62 – 4 014 = 11 889,62 €.	
Nombre théorique d'obligations à rembourser : 11 889,62 / 106 = 112,1, soit 112.	
Remboursement d'emprunt : 112 × 106 €	11 872 €
Annuité réelle	15 886 €

La totalité des échéances peut être présentée sous la forme d'un tableau d'amortissement de l'emprunt :

Échéances	Obligations vivantes	Intérêts	Obligations à rembourser	Remboursement	Annuité réelle
N+1	1 000	4 500,00	108	11 448,00	15 948,00
N+2	892	4 014,00	112	11 872,00	15 886,00
N+3	780	3 510,00	117	12 402,00	15 912,00
N+4	663	2 983,50	122	12 932,00	15 915,50

Échéances	Obligations vivantes	Intérêts	Obligations à rembourser	Remboursement	Annuité réelle
N+5	541	2 434,50	127	13 462,00	15 896,50
N+6	414	1 863,00	132	13 992,00	15 855,00
N+7	282	1 269,00	138	14 628,00	15 897,00
N+8	144	648,00	144	15 264,00	15 912,00
Total		**21 222,00**		**106 000,00**	**127 222,00**

Les amortissements sont en progression géométrique de raison (1 + r). Ainsi, l'amortissement de l'échéance N + 5 peut être retrouvé à partir de celui de N + 1 :

$A_{n+5} = 11\,403{,}62 \times 1{,}04245^4 = 13\,466{,}71$ (aux arrondis près).

B) La comptabilisation du service de l'emprunt obligataire

1. Le paiement des annuités

Lors de la mise en paiement des intérêts et des obligations à rembourser, les charges financières et le compte d'emprunt sont débités par le crédit d'un compte de créditeurs divers jusqu'au jour du paiement effectif.

Les intérêts courus donnent lieu à une écriture d'inventaire à la clôture et à l'ouverture de chaque exercice.

Exemple

Dans la SARL Florane, les coupons et obligations à rembourser sont payés aux obligataires le 5 avril N + 1.

Au 31 décembre N, les intérêts courus ont donné lieu à l'écriture d'inventaire suivante :

	31/12/N		
661	Charges d'intérêt	3 375	
16883	Intérêts courus sur autres emprunts obligataires		3 375
	Intérêts courus sur N : 4 500 x 9/12		

Cette écriture a été contre-passée le 1er janvier N + 1 :

	1/01/N+1		
16883	Intérêts courus sur autres emprunts obligataires	3 375	
661	Charges d'intérêt		3 375
	Contrepassation des intérêts courus sur N		

La mise en paiement des coupons et des obligations à rembourser a lieu à la date anniversaire :

	1/04/N+1		
163	Autres emprunts obligataires	11 448	
661	Charges d'intérêt	4 500	
4672	Obligataires, coupons à payer		4 500
4673	Obligataires, obligations à rembourser		11 448
	Première échéance sur emprunt obligataire		

NB : si l'entreprise choisit de ne pas contrepasser au 1er janvier l'écriture de régularisation, seuls les intérêts courus depuis le 1er janvier sont constatés en charges lors du paiement et l'écriture de mise en paiement est alors la suivante :

	1/04/N+1		
163	Autres emprunts obligataires	11 448	
16883	Intérêts courus sur autres emprunts obligataires	3 375	
661	Charges d'intérêt	1 125	
4672	Obligataires, coupons à payer		4 500
4673	Obligataires, obligations à rembourser		11 448
	Première échéance sur emprunt obligataire		

Les comptes de tiers sont soldés lors des paiements :

	5/04/N+1		
4672	Obligataires, coupons à payer	4 500	
4673	Obligataires, obligations à rembourser	11 448	
512	Banque		15 948
	Service de l'emprunt obligataire		

2. L'amortissement des primes de remboursement

Lors de l'émission d'un emprunt obligataire, les primes de remboursement sont inscrites au débit du compte 169. Primes de remboursement des obligations. La charge que constitue la prime de remboursement est étalée sur la durée de l'emprunt par le biais de dotations aux amortissements. L'amortissement est calculé soit par fractions égales sur la durée de l'emprunt, soit au prorata des intérêts courus. Quel que soit le mode d'amortissement utilisé, les primes doivent être amorties au moins à hauteur des obligations déjà remboursées (PCG – article 212-10).

› Voir texte de référence 3

▸ Exemple

Dans la SARL Florane, la prime de remboursement totale a été enregistrée au débit du compte 169. Primes de remboursement des obligations pour 1 000 × (106 – 99) = 7 000 €.

Si l'amortissement est pratiqué en linéaire sur la durée de l'emprunt, l'annuité N est de 7 000 / 8 = 875 €.

Si l'amortissement est effectué en fonction des intérêts courus, l'annuité N est calculée en fonction des intérêts courus durant l'exercice, soit 3 375 € rapportés au total des intérêts de l'emprunt, soit 21 222 €, ce qui fait une annuité de 7 000 × 3 375 / 21 222 = 1 113,23 €.

La dotation aux amortissements est une charge financière inscrite au débit du compte 6861. Dotations aux amortissements des primes de remboursement des obligations. L'annuité est portée directement au crédit du compte 169. Primes de remboursement des obligations. En fin d'exercice, seul le montant net des primes de remboursement figure au bilan.

▸ Exemple

Dans la SARL Florane, la prime de remboursement est amortie en linéaire, sur la durée de l'emprunt. La dotation N est enregistrée ainsi :

	31/12/N		
6861	Dotations aux amortissements des primes de remboursement des obligations	875	
169	Primes de remboursement des obligations		875
	Dotation N		

Au bilan au 31 décembre N, la prime figure dans les colonnes « brut » et « net » pour 7 000 – 875 = 6 125 €.

C) Le cas particulier des emprunts à coupon zéro ou payable en une fois

Dans le cas d'emprunts à coupon zéro comportant une importante prime de remboursement, la charge relative à l'emprunt est constituée uniquement de la dotation aux amortissements des primes de remboursement sans qu'il y ait de charges d'intérêts. Cette dotation est, en général, calculée selon une méthode actuarielle de manière à respecter les règles fiscales et donc d'éviter les divergences entre comptabilité et fiscalité.

Exemple

La société Epin a émis un emprunt obligataire composé de 10 000 obligations à coupon zéro. L'émission s'est effectuée au pair (valeur nominale : 100 €), le 1er octobre N et les obligations seront remboursées le 30 septembre N + 5 au prix de 130,70 €.

Le taux actuariel de l'emprunt est calculé de la manière suivante :

$100 \times (1 + i)^5 = 130{,}70 \times (1 + i)^5 = 1{,}307 \times 1 + i = 1{,}307^{1/5} \times i = 0{,}055$, soit 5,5 %.

Valeur de l'obligation au 31 décembre N : $100 \times 1{,}055^{3/12} = 101{,}35$ €.

Valeur acquise de la prime : 101,35 – 100 = 1,35 €.

Dotation aux amortissements des primes de remboursement pour N : 10 000 × 1,35 = 13 500 €.

+

Pour certains emprunts, émis à l'étranger, on considère que la différence entre le prix de remboursement et le prix d'émission n'est pas une prime de remboursement mais un coupon d'intérêt payable en une seule fois lors du remboursement de l'emprunt. Dans ce cas, l'emprunt est comptabilisé pour son prix d'émission et il est augmenté, à chaque fin d'exercice, du montant des intérêts courus calculés de la même manière que l'amortissement de la prime de remboursement.

Contexte Transdev

Après avoir présenté les écritures d'émission de l'emprunt obligataire et celle concernant l'amortissement de l'emprunt, vous indiquez au comptable de l'entreprise Transdev quelles écritures il aura à passer lors du paiement des coupons d'intérêts et à la clôture de chaque exercice pour ce qui concerne les intérêts courus et l'amortissement des primes de remboursement.

Pour cela, présentez les écritures à constater au 31 décembre N + 1, au 1er janvier N + 2 et au 1er octobre N + 2.

Mme Cassio souhaiterait connaître le montant annuel total de charges concernant l'emprunt obligataire.

Calculez, à titre d'exemple, le total des charges qui seront enregistrées pour l'année N + 2 et calculez le taux réel du coût de l'emprunt en rapportant ces charges au montant encaissé de l'emprunt.

En outre, Mme Cassio souhaiterait présenter aux membres du directoire les autres modalités qui auraient pu être choisies, en particulier :

a) un emprunt remboursable par annuités constantes et conservant les mêmes caractéristiques que l'emprunt effectué ;

b) un emprunt à coupon zéro au prix d'émission de 98 € mais remboursé à 112 € au terme de cinq ans.

Dans le premier cas, indiquez quelle serait l'annuité à payer chaque année, le 1er octobre et formulez vos réserves quant à la faisabilité de cette option.

Dans le second cas, calculez le taux actuariel de l'emprunt et comparez-le au taux réel de l'emprunt émis.

III Les modalités particulières de remboursement d'un emprunt obligataire

A) L'amortissement d'un emprunt par rachat en Bourse

Le rachat en Bourse de ses propres obligations par une société est possible lorsqu'une telle clause est prévue dans le contrat obligataire. En pratique, cette modalité ne s'applique que si elle y trouve avantage, c'est-à-dire lorsque le cours de l'obligation est inférieur au prix de remboursement.

Les obligations rachetées sont inscrites au débit du compte 505. Obligations et bons émis par la société et rachetés par elle. Lors de l'annulation des obligations, la différence entre le prix de remboursement et le prix de rachat constitue un produit exceptionnel inscrit en compte 7783. Bonis provenant du rachat par l'entreprise d'actions et d'obligations émises par elle-même.

Exemple

Au 30 juin N, 2 000 obligations émises par la société Ledu arrivent à échéance et doivent être remboursées au prix de 105 €. Le 10 mai N, la société parvient à acquérir en bourse 1 400 de ses obligations au prix de 101 €.

	10/05/N		
505	Obligations et bons émis par la société et rachetés par elle	141 400	
512	Banque		141 400
	Rachat de 1 400 obligations propres à 101 €		

Le 30 juin, les obligations à rembourser sont mises en paiement :

	30/06/N		
163	Autres emprunts obligataires	210 000	
4672	Obligataires, obligations à rembourser		210 000
	Mise en remboursement de 2 000 obligations à 105 €		

Le même jour, les 1 400 obligations rachetées sont annulées ; les 600 obligations restantes seront normalement remboursées.

	30/06/N		
4672	Obligataires, obligations à rembourser	210 000	
505	Obligations et bons émis par la société et rachetés par elle		141 400
7783	Bonis provenant du rachat par l'entreprise d'actions et d'obligations émises par elle-même		5 600
512	Banque		63 000
	Annulation de 1 400 obligations rachetées		

B) Le remplacement d'un emprunt obligataire par un autre emprunt obligataire

Une société peut remplacer un emprunt par un autre, à taux généralement moins élevé si le marché le permet, à condition qu'une clause de remboursement anticipé figure dans le contrat obligataire. Elle doit laisser le choix aux obligataires entre l'acceptation de l'échange des titres anciens par des titres nouveaux et le remboursement des obligations qu'ils possèdent s'ils renoncent au remplacement.

Si le prix d'émission des nouvelles obligations est inférieur au prix de remboursement des anciennes obligations, la société doit rembourser la différence aux obligataires ayant accepté l'échange.

Les primes de remboursement et les frais d'émission non encore amortis sont soit inscrits immédiatement en charges, soit considérés comme faisant partie des frais d'émission du nouvel emprunt et amortis sur la durée de ce dernier.

Contexte Transdev

On suppose que durant l'année N + 3, le cours des obligations émises a fortement baissé suite à une hausse des taux d'intérêt ; les investisseurs institutionnels recherchent des rendements plus élevés que celui que leur procure l'emprunt émis par la société Transdev.

Au 15 septembre N + 3, le cours de l'obligation Transdev se situe à 92 % (soit 92 € pour le nominal de 100 €).

Suite à l'achèvement d'un important contrat, la société dispose, de plus, de liquidités importantes ; Mme Cassio décide de racheter 1 600 obligations pour les annuler. Le rachat a lieu le 15 septembre et les obligations sont annulées le 16 septembre. Vous aviez pris soin de faire inscrire cette clause de possibilité de rachat dans le contrat obligataire.

Présentez les calculs et écritures qui découlent de ces décisions.

IV Les bons de souscription d'obligations

A) L'émission de bons de souscription d'obligations

Une société peut émettre des bons de souscription d'obligations (BSO) qui permettent à leurs acquéreurs de souscrire des obligations à un prix et dans un rapport fixés à l'avance, à une date ultérieure.

Le produit de l'émission des BSO est comptabilisé au crédit du compte 487. Produits constatés d'avance.

Exemple

La société anonyme Belcanto émet le 1er avril N, 100 000 bons de souscription d'obligations permettant à leurs détenteurs de participer à l'émission de 200 000 obligations (1 BSO donnant le droit de souscrire 2 obligations) le 1er avril N + 1 à un taux d'intérêt supérieur au taux du marché actuel. Le prix d'émission des bons est égal à 8 €.

Les souscriptions sont reçues en avril N ; à la fin du mois, tous les bons sont souscrits.

Les écritures d'émission sont les suivantes :

		01-avr		
471		BSO émis	800 000	
	487	Produits constatés d'avance		800 000
		30-avr		
512		Banque	800 000	
	471	BSO émis		800 000

B) Le suivi des bons de souscription d'obligations

Le produit constaté d'avance est rapporté au résultat par inscription en produits financiers à compter de la date d'émission de l'emprunt obligataire à la souscription duquel les BSO ont donné droit, sur la durée de cet emprunt. Les bons non utilisés sont rapportés immédiatement au résultat de l'exercice durant lequel ils deviennent périmés.

Exemple

Le 1er avril N + 1, les porteurs de 92 000 bons les utilisent ; 184 000 obligations sont donc émises pour satisfaire la demande. Les 8 000 bons non utilisés sont immédiatement rapportés au résultat :

	01/04/N+1		
487	Produits constatés d'avance	64 000	
768	Autres produits financiers		64 000
	bons obsolètes : 8 000 × 8 €		

Le produit relatif aux bons utilisés (800 000 – 64 000 = 736 000 €) est rapporté au résultat sur la durée de l'emprunt, soit cinq ans à compter du 1er avril N + 1.

L'écriture du 31 décembre N + 1 sera la suivante :

	31/12/N+1		
487	Produits constatés d'avance	110 400	
768	Autres produits financiers		110 400
	736 000 × 1/5 × 9/12		

Contexte Transdev

Nous sommes début N + 4. Le directoire de la société a inscrit dans son plan de croissance externe la prise de participation majoritaire dans deux sociétés concurrentes de taille beaucoup plus réduite que la société Transdev. Les discussions avec les dirigeants de ces sociétés sont avancées et permettent d'envisager un achat de titres au milieu de l'année N + 5. Les besoins en liquidités seront alors de 2 000 000 €.

Vous projetez l'émission d'un emprunt obligataire de ce montant à réaliser le 1er juillet N + 5. Afin d'anticiper et de garantir au moins partiellement cette entrée de fonds, vous proposez d'émettre dès le 1er juillet N + 4, 200 000 bons de souscription qui permettront d'acquérir les obligations à des conditions préférentielles. Les bons sont émis au prix de 0,50 € l'unité, un bon permettant de souscrire une obligation de valeur nominale 10 € ; émise et remboursable au pair et qui rapportera un intérêt au taux de 5 % durant 5 ans.

Indiquez, sans passer d'écritures, quel sera le traitement de ces bons.

Calculez le coût annuel réel de l'emprunt.

Correction contexte Transdev

1. L'émission des emprunts obligataires

• Transdev est une société anonyme et son capital est entièrement libéré au moment de l'émission des obligations (cf. contexte). Les conditions sont donc remplies pour qu'elle puisse émettre un emprunt obligataire.

Cette émission présente l'avantage de ne pas créer une dépendance trop importante envers une banque qui aurait accordé un emprunt indivis. De plus, l'appel au public offre une notoriété plus importante à la société.

• Caractéristiques de l'emprunt :

- Montant à rembourser : 10 000 × 103 € .... 1 030 000 €
- Montant émis : 10 000 × 98 € .... 980 000 €
- Prime de remboursement : 1 030 000 – 980 000 .... 50 000 €
- Commissions HT : 980 000 × 2,5 % .... 24 500 €
- TVA sur commissions : 24 500 × 20 % .... 4 900 €

Les écritures d'émission de l'emprunt sont les suivantes :

	01/09/N+1		
169	Primes de remboursement des obligations	50 000	
471	Obligations à placer	980 000	
163	Autres emprunts obligataires		980 000
	émission de l'emprunt		
	30/09/N+1		
4671	Syndicat d'émission	980 000	
471	Obligations à placer		
	placement des titres par le syndicat de banques		980 000
	03/10/N+1		
512	Banque	950 600	
627	Services bancaires	24 500	
		4 900	
4671	Syndicat d'émission		980 000
	versement des fonds par le syndicat de banques		

• À la clôture de l'exercice, les frais sont transférés en charges à répartir et amortis :

	31/12/N+1		
4816	Frais d'émission des emprunts	24 500	
791	Transferts de charges d'exploitation		24 500
	transfert des frais d'emprunt pour étalement		
	id		
6812	Dotations aux amortissements des charges à répartir	1 225	
4816	Frais d'émission des emprunts		1 225
	dotation de l'année : 24 500 × 1 / 5 × 3 / 12		

2. Le service d'un emprunt obligataire

• Coupon annuel : 10 000 × 2 € .... 20 000 €

Coupon couru au 31 décembre N + 1 : 20 000 × 3 / 12 .... 5 000 €

Les écritures d'inventaire au 31 décembre N + 1 concernant le service de l'emprunt sont les suivantes :

	31/12/N+1		
6861	Dotations aux amortissements des primes de remboursement	2 500	
169	Primes de remboursement des obligations		2 500
	dotation de l'année : 50 000 × 1 / 5 × 3 / 12		
	id		
661	Charge d'intérêts	5 000	
16883	Intérêts courus sur autres emprunt obligatoires		5 000
	coupons courus en N+1		

L'écriture relative aux intérêts courus est contrepassée à l'ouverture de l'exercice suivant :

	01/01/N+2		
16883	Intérêts courus sur autres emprunt obligatoires	5 000	
661	Charge d'intérêts		5 000
	extourne intérêts courus N+1		

Les intérêts sont payés à la date anniversaire :

	01/01/N+2		
661	Charge d'intérêts	20 000	
512	Banque		20 000
	paiement des coupons d'obligations		

• Les charges annuelles proviennent de trois éléments :
- coupons d'intérêts annuels : 10 000 × 2 € .... 20 000 €
- amortissement des primes de remboursement : 50 000 × 1 / 5 .... 10 000 €
- amortissement des frais d'émission : 24 500 × 1 / 5 .... 4 900 €

Charge annuelle totale .... 34 900 €

Coût réel d'emprunt : 34 900 × 100 / 980 000 ≈ 3,56 %

• Emprunt remboursable par annuités constantes

Taux à utiliser pour le calcul de l'annuité : 2 % × 100 / 103 = 1,94175 %

Annuité constante : $1\ 030\ 000 \times \frac{0{,}0194175}{1-1{,}0194175^{-5}} = 218\ 154$ €

Chaque année, il faudrait tirer au sort le nombre d'obligations correspondant à la partie « remboursement » de l'annuité, ce qui nécessiterait que les titres soient numérotés et leurs détenteurs identifiés de manière nominative.

• Taux actuariel de l'emprunt à coupon zéro : $98 \times (1 + i)^5 = 112$

D'où : $1 + i = (112 / 98)^{1/5} = 1{,}0271$ et $i = 0{,}0271$ soit 2,71 %.

Ce taux est supérieur au taux nominal mais largement inférieur au taux réel. Pour effectuer une comparaison complète, il faudrait également tenir compte des frais d'émission de l'emprunt.

3. Les modalités particulières de remboursement d'un emprunt obligataire

Prix de rachat des obligations : 1 600 × 92 € .... 147 200 €

Prix de remboursement prévu des obligations : 1 600 × 103 € .... 164 800 €

Gain réalisé sur l'annulation .... 17 600 €

Les écritures sont les suivantes :

	15/09/N+3		
505	Obligations émises et rachetés par la société	147 200	
512	Banque		147 200
	rachat d'obligations pour annulation		
	id		
163	Autres emprunts obligataires	164 800	
505	Obligations émises et rachetées par la société		147 200
7783	Bons provenant du rachat d'obligations émises		17 600
	annulations des obligations rachetées		

4. Les bons de souscription d'obligations

• Le produit de l'émission des bons est inscrit en « Produits constatés d'avance ». Ceux-ci seront rapportés au résultat, en produits financiers afin de compenser partiellement la charge d'intérêt de l'emprunt émis.

Produit de l'émission des bons : 200 000 × 0,50 € = 100 000 €.

• Charge d'intérêt annuelle : 2 000 000 × 5 % .... 100 000 €

Produit de l'émission des bons : 100 000 × 1 / 5.................... – 20 000 €

Charge nette annuelle.................... 80 000 €

Ce qui correspond à un taux d'intérêt réel de 4 % au lieu de 5 %.

Synthèse

Conditions d'émission d'un emprunt obligataire

Sociétés par actions	– capital entièrement libéré ; – titres émis négociables ; – deux bilans approuvés par les actionnaires ; – décision des dirigeants ou de l'AGE pour les titres donnant accès au capital.
SARL	– comptes contrôlés par un commissaire aux comptes ; – trois bilans approuvés par les associés ; – titres nominatifs.

Terminologie

Valeur nominale (pair)	Base de calcul des intérêts. Coupon = nominal x taux d'intérêt.
Prix d'émission	Montant encaissé à l'émission. L'émission peut être faite au pair ou à un prix différent.
Prix de remboursement	Montant à rembourser. Le remboursement peut s'effectuer au pair ou à un prix différent.
Prime de remboursement	Prix de remboursement – prix d'émission.

Émission d'un emprunt obligataire

Ouverture des souscriptions	169 Prime de remboursement. 471 Obligations à placer.	163 Autres emprunts obligataires.
Souscriptions	512 Versement du prix d'émission.	4671 Obligataires.
Fin des souscriptions	4671 Obligataires.	471 Obligations à placer.

Remboursement d'un emprunt obligataire

Remboursement *in fine*	Remboursement en une seule fois en fin de contrat obligataire	
Remboursement par amortissement constant	Montant remboursé à chaque période = prix de remboursement/ nombre de périodes	
Remboursement par annuités constantes	Si prix de remboursement > pair : $\frac{r}{1-(1+r)^{-n}}$ avec $\frac{Vn \times i}{Pr}$	
Remboursement par rachat en bourse	505 Prix de rachat	512 Banque
	163 Autres emprunts obligataires.	467 Montant à rembourser
	467 Montant à rembourser	505 Prix de rachat 7783 Boni sur rachat

Charges liées à un emprunt obligataire

Coupons d'intérêts (constatation des intérêts courus en fin d'exercice).	661	1688 et 512
Amortissement des primes de remboursement : soit en linéaire, soit au prorata des intérêts courus.	6861	169
Frais d'émission : charges de l'exercice ou étalement. Si étalement soit en linéaire, soit au prorata de la rémunération courue (intérêts et primes).	4816 6812	791 4816

Bons de souscription d'obligations

– Émission des BSO. – Les BSO sont ensuite intégrés au résultat sur la durée de l'emprunt.	512 487	487 768

Références

- PCG – articles 212-10 et 212-11.
- Code monétaire et financier – article L. 213-5

1 Code monétaire et financier – article L. 213-5

Les obligations sont des titres négociables qui, dans une même émission, confèrent les mêmes droits de créance pour une même valeur nominale.

2 PCG – article 212-11

Les frais d'émission d'emprunt peuvent être répartis sur la durée de l'emprunt d'une manière appropriée aux modalités de remboursement de l'emprunt. Néanmoins, il est possible de recourir à une répartition linéaire lorsque les résultats obtenus ne sont pas sensiblement différents de la méthode précédente.

3 PCG – article 212-10

Le montant des primes de remboursement d'emprunt est amorti systématiquement sur la durée de l'emprunt soit au prorata des intérêts courus, soit par fractions égales. Toutefois, les primes afférentes à la fraction d'emprunt remboursée sont toujours amorties.

Applications

Comprendre les notions

Application 1 QCM

Répondez par « Vrai » ou par « Faux » aux affirmations ci-dessous en donnant toutes explications utiles.

1. L'émission d'un emprunt obligataire ordinaire doit être décidée en assemblée générale ordinaire.
- ☐ Vrai
- ☐ Faux

2. Le prix d'émission d'une obligation doit être inférieur ou égal à sa valeur nominale.
- ☐ Vrai
- ☐ Faux

3. Le compte 163. Autres emprunts obligataires enregistre le prix de remboursement des obligations.
- ☐ Vrai
- ☐ Faux

4. Les obligations sont le plus souvent remboursées *in fine* et non par annuités constantes.
- ☐ Vrai
- ☐ Faux

5. Les primes de remboursement des obligations doivent être amorties au moins à hauteur des obligations remboursées.
- ☐ Vrai
- ☐ Faux

6. La société peut choisir à chaque émission d'emprunt la méthode d'amortissement des frais d'émission.
- ☐ Vrai
- ☐ Faux

7. Une société peut racheter à n'importe quel moment en Bourse ses propres obligations pour les annuler.
- ☐ Vrai
- ☐ Faux

8. Il n'est pas possible d'émettre un emprunt obligataire en remplacement d'un autre emprunt obligataire.
- ☐ Vrai
- ☐ Faux

9. Les bons de souscription d'obligations sont inscrits pour leur valeur au crédit du compte 487. Produits constatés d'avance et rapportés au résultat sur la durée de l'emprunt auquel ils permettent de souscrire.
- ☐ Vrai
- ☐ Faux

Mettre en œuvre les compétences

Application 1 Construire un tableau d'amortissement d'un emprunt obligataire et comptabiliser l'émission et le service de l'emprunt

Compétence attendue : C1

La société à responsabilité limitée Courbon émet le 1/02/N un emprunt obligataire. Le contrat obligataire précise les éléments suivants :

- date de jouissance : 1/03/N ;
- nombre d'obligations : 5 000 titres nominatifs ;
- valeur nominale des obligations : 10 € ;
- prix d'émission : 98 % ;
- prix de remboursement : 103 % ;
- taux : 4,5 % ;
- durée : 5 ans ;
- modalités de remboursement : annuités constantes, le nombre d'obligations à rembourser à chaque échéance étant arrondi à la dizaine la plus proche.

Toutes les obligations ont été souscrites par virements bancaires, le 25/02/N.
Les primes de remboursement sont amorties de manière linéaire sur la durée de l'emprunt, avec un *prorata temporis* la première année.

1. Présentez le tableau d'amortissement de l'emprunt obligataire.
2. Enregistrez au journal de la société toutes les écritures du 1/02/N au 1/03/N + 1.

Application 2 Analyser les données d'un bilan et en déduire les écritures à constater

Compétences attendues : C1 et C2

On vous communique un extrait des bilans N – 1 et N de la société anonyme Samug :

	N–1	N
ACTIF		
Frais d'émission des emprunts	10 667	8 667
Primes de remboursement des obligations	25 600	20 800
PASSIF		
Autres emprunts obligataires	1 240 000	1 057 720

L'emprunt obligataire mentionné au bilan présente les caractéristiques suivantes :

- emprunt de 1 200 000 € composé de 6 000 obligations de 200 € de nominal, remboursables au pair ;
- prix d'émission : 195,20 € ;
- date de jouissance : 30/04/N – 1 ;
- échéances de remboursement : le 30/04 de chaque année ;
- durée de l'emprunt : 6 ans ;

- taux d'intérêt : 5 % par an ;
- remboursement par annuités constantes théoriques de 236 421 € (nombre d'obligations à rembourser arrondi à l'unité la plus proche) ;
- frais d'émission de l'emprunt : 12 000 €.

Au bilan, les intérêts courus et non échus sont intégrés au poste « Autres emprunts obligataires ».

1. Justifiez toutes les sommes des bilans N – 1 et N relatives à l'emprunt obligataire.

2. Comptabilisez le service de l'emprunt obligataire au 30/04/N.

Application 3 Construire un tableau d'amortissement d'emprunt obligataire et présenter les écritures relatives à l'emprunt

Compétence attendue : C1

La société anonyme Mansour doit développer ses investissements par un financement adapté. À cette fin, elle a recours à l'émission d'un emprunt obligataire dont les caractéristiques sont les suivantes :
- émission le 1/03/N de 100 000 obligations de valeur nominale 100 € ;
- prix d'émission : 96 € ;
- prix de remboursement : 100 € ;
- durée de vie de l'emprunt : 5 ans ;
- coupon annuel par obligation : 5 € ;
- date de jouissance : 1/04/N ;
- remboursement par annuités constantes, le nombre d'obligations à amortir chaque année étant arrondi à l'unité par excès.

Toutes les obligations ont été souscrites pour le 31/03/N. La société Mansour a réglé 3 000 € HT de frais de publicité et 20 000 € HT de commissions de placement, montants TTC déduits du virement des fonds déposés effectué le 1/04.

Les primes de remboursement de l'emprunt sont amorties au prorata des intérêts courus. Les frais d'émission sont étalés et intégrés au résultat de chaque exercice au prorata de la rémunération courue de l'emprunt.

1. Présentez le tableau d'amortissement de l'emprunt.

2. Passez les écritures relatives à l'émission de l'emprunt.

3. Présentez toutes les écritures nécessaires à la clôture de l'exercice N.

Application 4 Analyser les composantes des emprunts et comptabiliser le remplacement d'un emprunt par un autre

Compétences attendues : C1 et C2

Pour financer partiellement l'acquisition d'un nouveau pétrolier la Société Niçoise d'Armement Maritime (SNAM) a lancé le 2/05/N un emprunt obligataire dans les conditions suivantes :
- émission de 10 000 obligations de 200 € ;
- durée de l'emprunt : 10 ans ;
- remboursement *in fine* ;
- prix d'émission : 196 € ;

– prix de remboursement : 210 € ;
– taux d'intérêt : 5,5 % ;
– date de jouissance : 1/06/N ;
– émission par l'intermédiaire de la BPCA qui garantit la totalité de l'émission ;
– commission de placement HT : 3 % ;
– commission supplémentaire de garantie de placement HT : 2 % (les commissions sont calculées sur le nominal des obligations) ;
– amortissement des frais d'émission et des primes de remboursement par fractions égales sur la durée de l'emprunt avec *prorata temporis* la première année.

Le 31/05, 8 700 obligations ont été placées ; comme convenu, la BPCA souscrit les obligations non placées. Les fonds sont versés le 1/06, sous déduction des commissions.

Comme une clause le prévoyait sur le contrat obligataire, et en raison de la baisse des taux du marché obligataire, la SNAM décide en N + 2 de la conversion de l'emprunt émis en N, celle-ci ayant lieu le 1/06/N + 2 après paiement de l'intérêt aux obligations anciennes. Le nouvel emprunt présente les caractéristiques suivantes :
– durée : 10 ans ;
– taux : 4,5 % ;
– date de jouissance le 1/06/N + 2 ;
– prix d'émission : 194 € ;
– prix de remboursement : 216 € ;
– remboursement immédiat aux obligataires de la différence de prime de remboursement.

À la date de conversion, les détenteurs de 7 000 obligations acceptent l'échange, les obligations restantes étant immédiatement remboursées.

Les frais d'émission de ce nouvel emprunt s'élèvent à 7 200 € HT.

1. **Reconstituez les écritures d'émission de l'emprunt émis en N.**
2. **Présentez toutes les écritures nécessaires au 31/12/N.**
3. **Présentez les écritures du paiement des intérêts au 1/06/N + 1.**
4. **Passez toutes les écritures relatives à la conversion de l'ancien emprunt en un nouvel emprunt en distinguant les différentes phases.**
5. **Expliquez le montant à rembourser aux anciens obligataires ayant accepté l'échange.**

Entraînement à l'examen

Opérations sur le capital et emprunt obligataire

La société Antunes est une société anonyme spécialisée dans le transport frigorifique.
Cette entreprise familiale a des ambitions importantes les années à venir en termes de croissance interne et externe. Elle envisage le développement de sa flotte ainsi que le rachat d'un de ses concurrents actuels.
La date de clôture des exercices comptables correspond à l'année civile.
Le capital est composé de 500 000 actions de valeur nominale 50 €.
Pour financer son projet de croissance externe, Mme Carla, présidente du CA, souhaiterait élargir son capital à de nouveaux actionnaires grâce à une augmentation de capital après avoir émis un emprunt obligataire.
Les conditions de l'augmentation de capital en numéraire sont données par l'annexe *1*. Celles de l'émission de l'emprunt obligataire font l'objet de l'annexe *2*.

1. Déterminer la valeur unitaire d'une action Antunes après l'augmentation de capital.
2. Calculer la valeur du droit préférentiel de souscription. Pour quelle raison principale le législateur a-t-il créé ce droit de souscription ?
3. Quelle sera la somme totale versée par la société SVM ?
4. Enregistrer en comptabilité cette augmentation du capital au 1er juillet N.
5. Quelle écriture l'entreprise SVM a-t-elle dû passer dans ses comptes ? Justifier le choix du compte.
6. Enregistrer les écritures d'émission de l'emprunt et des frais d'émission au 1er juin N.
7. Poser le calcul permettant d'obtenir la 1re dotation pour l'amortissement de la prime de remboursement (5 833 €).
8. Quelle autre technique l'entreprise Antunes aurait-elle pu choisir pour l'amortissement de la prime de remboursement ?
9. Enregistrer les écritures d'inventaire du 31 décembre N.
10. Enregistrer les écritures du service de l'emprunt du 1er janvier au 31 mai N + 1.
11. Présenter l'extrait du bilan au 31 décembre N, sachant qu'un quart supplémentaire des actions nouvelles a été appelé et libéré fin octobre N, selon le modèle de l'*annexe 3*.

Annexe 1

Émission d'actions nouvelles par la société Antunes

Le capital était composé de 500 000 actions de valeur nominale 50 €.

Mme Carla détient à titre personnel 300 000 actions.

La société Antunes émet 100 000 actions nouvelles au prix de 60 € ; la valeur des actions avant cette augmentation du capital était égale à 90 €. Seul le minimum légal est appelé le 1er juillet N, la libération a lieu le même jour.

La société de capital-risque SVM s'est montrée intéressée par ce dossier. Elle souhaiterait investir dans la société Antunes pour une durée minimum de 5 ans.

Avec l'accord de Mme Carla, la société SVM envisage d'acquérir 60 000 actions nouvelles. Mme Carla a accepté de leur céder ses droits de souscription, à condition que la société SVM verse la totalité des fonds dès le 1er juillet N (prix de souscription et droits de souscription).

On considèrera que les droits de souscription sont cédés à leur valeur théorique.

Annexe 2

Emprunt obligataire émis par la société Antunes

La société Antunes émet son emprunt obligataire le 1er juin N :

- 80 000 obligations de 30 € de valeur nominale ;
- prix d'émission : 29 € ; taux d'intérêt annuel 5 % (date de jouissance le 31 mai de chaque année) ;
- durée de l'emprunt : 8 ans ;
- remboursement au pair in fine le 31 mai N + 8.

Les frais d'émission de l'emprunt (40 000 € HT, TVA au taux de 20 %) sont amortis sur 4 ans sans *prorata temporis*.

La prime de remboursement est amortie au prorata des intérêts courus. Le montant de la 1re dotation est égal à 5 833 €.

Tableau d'amortissement de l'emprunt

Échéances	Nombre d'obligations vivantes	Intérêts	Nombre d'obligations amorties	Annuités
31-05-N + 1	80 000	120 000		120 000
31-05-N + 2	80 000	120 000		120 000
31-05-N + 3	80 000	120 000		120 000
31-05-N + 4	80 000	120 000		120 000
31-05-N + 5	80 000	120 000		120 000
31-05-N + 6	80 000	120 000		120 000
31-05-N + 7	80 000	120 000		120 000
31-05-N + 8	80 000	120 000	80 000	2 480 000
	TOTAUX	960 000	80 000	3 320 000

Annexe 3

Extrait du bilan au 31/12/N

ACTIF	BRUT	A. & D.	NET	PASSIF	NET
Actionnaires, capital non appelé				Capital social (dont appelé……………….) Prime d'émission	
				Autres emprunts obligataires	
Charges à répartir sur plusieurs exercices Prime de remboursement des obligations				Actionnaires, versements anticipés	

CHAPITRE

17

Les rattachements obligatoires : provisions et événements postérieurs à la clôture de l'exercice

Compétences attendues	Savoirs associés
– Caractériser les différentes catégories de passif (C1). – Exposer et appliquer les conditions d'inscription au passif (C2). – Évaluer et comptabiliser les opérations portant sur certains passifs à leur entrée et postérieurement à leur entrée (C3). – Analyser les conséquences d'un choix de comptabilisation, notamment sur la présentation des comptes annuels, dans une situation donnée (C4). – Présenter les informations à fournir en annexe (C5).	– Définition, catégories de passifs externes et conditions d'inscription : provisions, dettes, charges à payer, passifs éventuels. – Cas particuliers de provisions : – provisions pour retraites et obligations similaires ; – provisions pour restructuration ; – limitation de la provision pour perte de change (chapitre 11), coûts de démantèlement, d'enlèvement et de remise en état de site (chapitre 5) ; – provisions pour gros entretien ou grandes révisions (chapitre 5). – Engagements financiers et passifs financiers.

Contexte professionnel

La SA Lenoir dont l'exercice coïncide avec l'année civile est une société industrielle qui fabrique et commercialise du matériel informatique. Les comptes de l'exercice N sont arrêtés le 10/03/N + 1.

Les informations suivantes vous sont communiquées pour la préparation des états financiers de N :

La SA Lenoir a réceptionné le 22/12/N des matières premières, la facture fournisseur correspondante a été reçue le 15/01/N + 1 pour 5 000 € HT.

Raison sociale	SA Lenoir
Capital social	320 000 €
Siège social et exploitation	10, rue des entrepôts 69004 Lyon
Activité	Fabrication et commercialisation de matériel informatique
Dirigeant	P.-D.G. Monsieur Lefort
Effectif	350 salariés
Données comptables	CA HT exercice N –1 : 50 millions d'€ CA HT exercice N : 55 millions d'€

Les matériels vendus font l'objet d'une garantie d'un an pièces et main-d'œuvre qui figure dans les contrats de vente. Sur la base de l'expérience passée, la probabilité qu'un matériel tombe en panne est de 6 % et le coût moyen de la réparation est estimé à 5 % du prix de vente.
La SA Lenoir a licencié en décembre N un de ses ingénieurs technico-commercial pour faute grave. Ce dernier saisit le conseil de prud'hommes pour licenciement abusif le 2/02/N + 1 en demandant 25 000 € de dommages et intérêts.
La SA Lenoir a acquis le 16/02/N + 1 80 % des titres de la SA Lerouge pour un montant de 200 000 €, afin d'accroître ses parts de marché.

La détermination du résultat de l'exercice ou de la période intermédiaire (comptes semestriels ou trimestriels par exemple) pose aux entreprises le problème lié à la prise en compte d'événements intervenus au cours de l'exercice (ou période) ou après la clôture de l'exercice (ou période) et dont les conséquences ne sont pas connues de façon précise. Cette problématique concerne à la fois :
- les provisions en termes de fait générateur de comptabilisation et d'évaluation liée ;
- les événements postérieurs à la clôture de l'exercice en termes d'impact sur le bilan ou d'information dans l'annexe.

I Règles générales relatives aux provisions

A) Les objectifs du normalisateur

Les règles comptables relatives aux passifs répondent à plusieurs objectifs du normalisateur comptable :
- mettre fin à une pratique répandue de constitution de provisions de nature conjoncturelle ou générale : ces provisions à caractère de réserves n'avaient aucun fondement comptable ;
- prescrire des règles strictes d'application du principe de prudence : le principe de prudence ne doit pas être appliqué de manière trop extensive, au détriment de l'objectif d'image fidèle ;
- renforcer le principe d'indépendance des exercices : une provision ne doit être constituée que si le fait générateur d'obligation est antérieur à la date de clôture de l'exercice ;
- se rapprocher de la pratique internationale, et notamment de la norme IAS 37.

Les provisions constituent une catégorie particulière de passifs. C'est pourquoi il convient dans un premier temps de préciser les critères de définition d'un passif, puis la typologie des passifs, afin d'identifier les caractéristiques des provisions par rapport aux autres passifs.

B) Définition et fait générateur de comptabilisation d'un passif

1. Définition d'un passif

« Un passif est un élément du patrimoine ayant une valeur économique négative pour l'entité, c'est-à-dire une obligation de l'entité à l'égard d'un tiers dont il est probable ou certain qu'elle provoquera une sortie de ressources au bénéfice de ce tiers, sans contrepartie au moins équivalente attendue de celui-ci. L'ensemble de ces éléments est dénommé passif externe. » (PCG – article 321-1-1).

› Voir texte de référence 1

+
Le normalisateur retient la notion de passif externe, par opposition à celle de passif interne que sont les capitaux propres. En IFRS, au contraire, les capitaux propres ne font pas partie des passifs.

2. Fait générateur de comptabilisation d'un passif

La comptabilisation d'un passif implique le respect de trois conditions cumulatives :
- l'existence d'une obligation à l'égard d'un tiers à la date de clôture ;
- la probabilité de sortie de ressources ;
- l'absence de contrepartie au moins équivalente.

a) Obligation à l'égard d'un tiers à la date de clôture

« Cette obligation peut être d'ordre légal, réglementaire ou contractuel. Elle peut également découler des pratiques passées de l'entité, de sa politique affichée ou d'engagements publics suffisamment explicites qui ont créé une attente légitime des tiers concernés sur le fait qu'elle assumera certaines responsabilités. » (PCG – article 321-1-2).

› Voir texte de référence 1

L'obligation peut donc être de nature juridique ou implicite.

Exemple 1

Obligation juridique

Texte de loi imposant la dépollution aux entreprises pétrolifères dans le cadre de dommages causés à l'environnement.

Exemple 2

Obligation implicite

Politique commerciale d'une entreprise proposant le remboursement ou l'échange des marchandises retournées.

« Le tiers peut être une personne physique ou morale, déterminable ou non. » (PCG – article 321-1-3).

Exemple

Dans l'exemple précédent, l'entité ne connaît pas d'avance les clients qui vont faire jouer la clause de garantie.

L'obligation doit exister à la date de clôture. Il est donc important de déterminer le fait générateur d'obligation.

Exemple 1

Un salarié est licencié pour faute grave en novembre N. Il attaque son employeur aux prud'hommes pour licenciement abusif.

Le fait générateur d'obligation est constitué par le licenciement et non par la date du recours en justice. Que cette dernière se situe en N ou en N + 1 n'a pas d'impact sur le provisionnement du litige par l'entité dans ses états financiers de N.

Exemple 2

Les pertes d'exploitation futures ne sont pas provisionnées. En effet, une perte d'exploitation future ne résulte pas d'une obligation envers un tiers. Néanmoins, les actifs relatifs à l'activité déficitaire sont éventuellement dépréciés conformément aux règles de dépréciation des actifs.

b) La probabilité de sortie de ressources

L'obligation ne donne lieu à la comptabilisation d'un passif que s'il est probable ou certain qu'elle se traduira par une sortie de ressources. Cette probabilité s'apprécie à la date d'arrêté des comptes et non à la date de clôture (notion d'événement postérieur à la date de clôture, voir titre VI du présent chapitre).

Exemple

Une entreprise a licencié un salarié courant N. Celui-ci engage une action prud'homale. Au 31 décembre N (date de clôture), l'entité pense que le salarié sera débouté de sa demande. En février N + 1, avant la date d'arrêté des comptes, le jugement est rendu condamnant l'entreprise à verser au salarié une indemnité de 20 000 €. Même si l'entreprise fait appel, il est probable qu'elle aura une indemnité à verser. Une provision doit donc être constituée sur la base des informations disponibles à la date d'arrêté des comptes.

c) L'absence de contrepartie au moins équivalente

« La contrepartie éventuelle est constituée des avantages économiques que l'entité attend du tiers envers lequel elle a une obligation. » (PCG – article 321-3).

› Voir texte de référence 1

En application de cette règle, les dépenses suivantes ne sont pas provisionnables, car elles impliquent une prestation de la part du tiers en contrepartie de la sortie de ressources :
- charges courantes de l'exercice suivant (travaux, coûts de déménagement, frais de publicité, etc.) ;
- charges liées à des activités qui se poursuivent (dépenses liées à la reconversion du personnel dans le cadre d'une restructuration, etc.).

d) Exception

Bien que ne correspondant pas à la définition d'un passif, les gains latents de change sur la conversion des dettes et créances en devises étrangères sont comptabilisés au passif du bilan (PCG – article 322-6).

C) Typologie des passifs

Quatre catégories de passifs peuvent être distinguées : les dettes, les charges à payer, les provisions et les passifs éventuels.

Leur typologie peut être matérialisée par l'arbre de choix suivant :

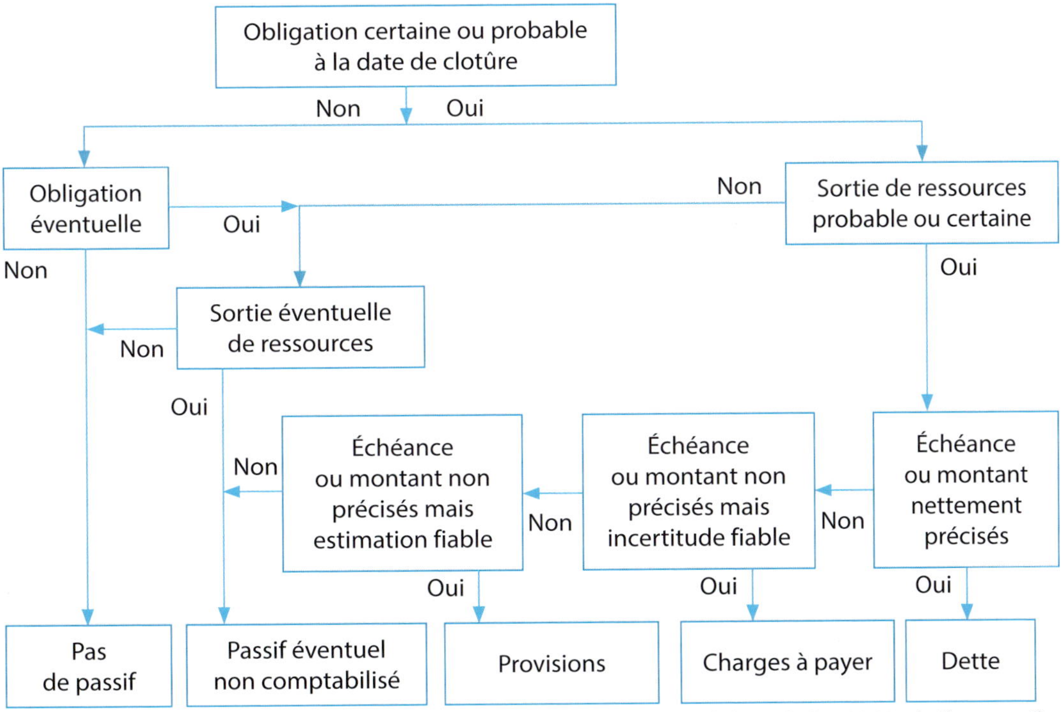

Source : extrait de l'annexe de l'avis CNC 2000-01 relatif aux passifs.

1. Dette

« Une dette est un passif certain dont l'échéance et le montant sont fixés de façon précise. » (PCG – article 321-4).

Exemple

Emprunt bancaire, dette auprès d'un fournisseur.

2. Charge à payer

Les charges à payer sont des passifs certains dont il est parfois nécessaire d'estimer le montant ou l'échéance avec une incertitude moindre que pour les provisions.

Exemple

Les sommes dues au personnel au titre de congés à payer et les charges sociales ou fiscales correspondantes constituent des charges à payer et non des provisions.

3. Provision

« Une provision est un passif dont l'échéance ou le montant n'est pas fixée de façon précise. » (PCG – article 321-5).

› Voir texte de référence 2

Les provisions ont un caractère éventuel au niveau de leur montant ou de leur échéance (distinction avec les dettes) mais correspondent à une obligation probable ou certaine à la date de clôture (distinction avec les passifs éventuels).

Le règlement CRC 2005-09 du 3 novembre 2005 a modifié la terminologie française relative aux provisions à des fins d'harmonisation avec la terminologie IFRS :

- les provisions pour dépréciation des éléments d'actifs sont renommées « dépréciations » ;
- les provisions pour risques et charges sont renommées « provisions ».

4. Passif éventuel

« Un passif éventuel est :

- soit une obligation potentielle de l'entité à l'égard d'un tiers résultant d'événements dont l'existence ne sera confirmée que par la survenance, ou non, d'un ou plusieurs événements futurs incertains qui ne sont pas totalement sous le contrôle de l'entité ;
- soit une obligation de l'entité à l'égard d'un tiers dont il n'est pas probable ou certain qu'elle provoquera une sortie de ressources sans contrepartie au moins équivalente attendue de celui-ci. » (PCG – article 321-6).

Exemple 1

Obligation qui n'est ni probable, ni certaine à la date d'établissement des comptes : restructuration non encore annoncée au personnel concerné.

Exemple 2

Obligation pour laquelle la sortie de ressources n'est pas probable : litige prud'homal pour lequel l'entité estime qu'elle n'aura rien à verser.

« Un passif éventuel n'est pas comptabilisé au bilan ; il est mentionné en annexe. » (PCG – article 322-5) (voir le chapitre 16 sur les engagements financiers et passifs éventuels).

Les passifs éventuels peuvent évoluer et devenir des passifs à comptabiliser. Ils doivent donc être revus à chaque clôture.

Exemple

Une entité s'est portée caution au profit d'un tiers concernant le remboursement d'une dette contractée par ce dernier.

Tant qu'il n'est pas probable que le tiers sera défaillant, le passif correspondant à la part du coresponsable est éventuel. Il n'est pas comptabilisé au bilan mais mentionné en annexe. Dès qu'il devient probable que le tiers sera défaillant, une provision doit être constatée pour la part de l'entité coresponsable.

Contexte SA Lenoir

Analyser les informations fournies au regard de la typologie des passifs.

II L'évaluation des provisions

Il convient tout d'abord de se référer aux règles générales en matière d'évaluation d'un passif, avant de préciser les règles spécifiques à l'évaluation des provisions.

A) Règles générales d'évaluation d'un passif

« L'estimation du passif correspond au montant de la sortie de ressources que l'entité doit supporter pour éteindre son obligation envers le tiers. » (PCG – article 321-2).

Le Plan comptable général comporte toutefois deux exceptions à la comptabilisation d'un passif :

- l'absence de fiabilité suffisante de l'évaluation : « Un passif n'est pas comptabilisé dans les cas exceptionnels où le montant de l'obligation ne peut être évalué avec une fiabilité suffisante. » (PCG – article 322-4) ;
- les engagements de pensions, retraites et versements assimilés : « Un passif peut ne pas être comptabilisé dans les cas prévus à l'article 335-1 relatif aux pensions, retraites et versements assimilés. » (PCG – article 322-13) (voir le IV du présent chapitre).

B) L'évaluation des provisions

« Même en cas d'absence ou d'insuffisance de bénéfice, il est procédé à la comptabilisation des provisions [...]. » (PCG – article 322-3). Cette règle définie par le PCG pour les provisions est la même qu'en matière d'amortissements.

1. Évaluation initiale

a) Règles générales

L'évaluation des provisions est réalisée en fonction des informations connues à la date d'établissement des comptes annuels.

« Les provisions sont évaluées pour le montant correspondant à la meilleure estimation de la sortie de ressources nécessaire à l'extinction de l'obligation déterminée comme suit :

1. Lorsqu'il existe un grand nombre d'obligations similaires (par exemple, garantie sur les produits ou contrats similaires), la probabilité qu'une sortie de ressources soit nécessaire à l'extinction de ces obligations est déterminée en considérant cet ensemble d'obligations comme un tout. Même si la probabilité de sortie pour chacun des éléments considérés isolément est faible, il peut être probable qu'une sortie de ressources sera nécessaire pour éteindre cet ensemble d'obligations.

2. En cas d'obligation unique et en présence de plusieurs hypothèses d'évaluation de la sortie de ressources, le montant à provisionner est, en général, celui qui correspond à l'hypothèse la plus probable. Les incertitudes relatives aux autres hypothèses d'évaluation doivent faire l'objet d'une mention en annexe. » (PCG – article 323-2). Le chiffrage de la provision correspond à celui de l'hypothèse la plus probable, sans pondération des différentes hypothèses, comme dans le cas d'obligations multiples.

Exemple 1

Obligation multiple

Une entreprise vend des biens avec une garantie assurant aux clients le coût des réparations ou de tout défaut de fabrication apparent dans les 6 premiers mois suivant l'achat.

Si des défauts mineurs étaient détectés dans tous les produits vendus, le coût des réparations s'élèverait à 1 million d'euros.

Si des défauts majeurs étaient détectés dans tous les produits vendus, le coût des réparations s'élèverait à 4 millions d'euros.

L'expérience passée de l'entreprise et les prévisions futures indiquent que pour l'année à venir 75 % des biens vendus n'auront aucun défaut, 20 % présenteront des défauts mineurs et 5 % des défauts majeurs.

La provision pour garantie à constituer ressort donc à : (0 × 75 %) + (1 000 000 × 20 %) + (4 000 000 × 5 %) = 400 000 €.

Exemple 2

Obligation unique

Suite à un litige prud'homal avec l'un de ses salariés, une entreprise considère qu'elle a une probabilité de 80 % d'avoir à lui verser une somme de 10 000 € et une probabilité de 20 % d'avoir à lui verser une somme de 20 000 €. Une provision pour litiges doit être constituée à hauteur de 10 000 €, correspondant à l'hypothèse la plus probable.

b) Limitation des dépenses incorporables

« Les dépenses à prendre en compte sont celles qui concourent directement à l'extinction de l'obligation de l'entité envers le tiers. » (PCG – article 323-3).

Les coûts directs sont ceux qui n'auraient pas été engagés en l'absence de cette obligation.

Exemple

Dans le cas d'une restructuration, les dépenses liées aux activités futures sont exclues de la provision (coût de déménagement d'immobilisations qui seront réutilisées dans le cadre des activités futures, dépenses de reconversion du personnel, etc.).

c) Impact de l'IS

Les provisions sont évaluées avant impôt sur les bénéfices (PCG – article 323-4).

Ainsi, une provision non déductible fiscalement n'est pas minorée du montant de l'impôt qui sera économisé lors de la déduction effective de la dépense.

+

Cette économie d'impôt future est prise en compte dans le calcul des impôts différés dans les comptes consolidés.

d) Impact des événements futurs

« Les événements futurs pouvant avoir un effet sur le montant des dépenses nécessaires à l'extinction de l'obligation doivent être pris en compte dans l'estimation de la provision lorsqu'il existe des indications objectives que ces événements se produiront. » (PCG – article 323-6).

Ainsi, l'évolution attendue de la législation, de la technique ou des coûts est prise en compte pour estimer une provision.

Exemple

Le coût de décontamination ou de remise en état d'un site à l'issue de son exploitation peut, dans le futur, baisser en raison d'une amélioration des techniques utilisées ou augmenter en raison d'une réglementation plus exigeante des modalités à mettre en œuvre pour ce faire.

e) Profits résultant de la sortie attendue d'actifs

« Les profits résultant de la sortie attendue d'actifs ne doivent pas être pris en compte dans l'évaluation d'une provision. » (PCG – article 323-7).

Exemple

Des plus-values attendues de la cession d'immobilisations qui ne seront plus utilisées suite à une restructuration ne viennent pas minorer le montant de la provision pour restructuration. Ces plus-values sont constatées distinctement en résultat de cession lors de leur réalisation effective.

f) Remboursements attendus

« En application de l'article 130-2 sur la non-compensation entre les postes d'actif et de passif, un remboursement attendu de la dépense nécessaire à l'extinction d'une obligation provisionnée ne minore pas le montant d'une provision ; il est comptabilisé distinctement à l'actif s'il est conforme aux dispositions relatives à la comptabilisation d'un actif. » (PCG – article 323-8).

Exemple

Indemnité d'assurance suite à un sinistre (garantie, dégât matériel causé à un tiers, etc.) ou possibilité de poursuivre un tiers (caution appelée, recherche de responsabilité d'un tiers). Ces droits à remboursement suivent les règles de comptabilisation des actifs et ne peuvent venir en déduction du montant d'une provision.

2. Évaluation postérieure et utilisation des provisions

« [...] Les provisions sont revues à chaque date d'établissement des comptes et ajustées pour refléter la meilleure estimation à cette date (PCG – article 323-10).

Les dispositions relatives à l'évaluation des provisions à leur date d'entrée dans le patrimoine de l'entité s'appliquent à leur évaluation postérieure. » (PCG – article 323-11).

Les provisions sont rapportées en résultat quand les raisons qui les ont motivées ont cessé d'exister, c'est-à-dire quand l'entité n'a plus d'obligation ou quand il n'est plus probable que celle-ci entraînera une sortie de ressources sans contrepartie au moins équivalente de la part du tiers.

3. Informations à fournir en annexe

L'annexe doit comporter les informations suivantes dès lors qu'elles sont significatives (PCG – article 831-2).

a) Information par catégories de provision

Pour chaque catégorie de provision, une information est fournie sur la valeur comptable à l'ouverture et à la clôture de l'exercice, les provisions constituées au cours de l'exercice, les montants utilisés et les montants non utilisés repris au cours de l'exercice.

Cette information est le plus souvent fournie sous la forme d'un tableau de variations des provisions.

b) Information individuelle relative aux provisions

Pour les risques et charges provisionnés pour des montants individuellement significatifs, une information est fournie sur :

– la nature de l'obligation et l'échéance attendue des dépenses provisionnées ;

- les incertitudes relatives aux montants et aux échéances de ces dépenses et, si cela s'avère nécessaire pour donner une information adéquate, les principales hypothèses retenues sur les événements futurs pris en compte pour l'estimation ;
- le montant de tout remboursement attendu en indiquant, le cas échéant, le montant de l'actif comptabilisé pour celui-ci.

c) Impossibilité d'évaluation fiable du passif

Dans les cas exceptionnels où aucune évaluation fiable du montant de l'obligation d'un passif ne peut être réalisée, les informations suivantes doivent être fournies : description de la nature de ce passif et indication des incertitudes relatives au montant ou à l'échéance de toute sortie de ressources.

d) Impossibilité de fournir une information

S'il n'est pas possible de fournir une des informations ci-dessus, il doit en être fait mention.

e) Cas exceptionnels où l'information requise causerait un préjudice sérieux à l'entité

« [...] Dans des cas exceptionnels où l'indication de tout ou partie d'une information requise causerait un préjudice sérieux à l'entité dans un litige l'opposant à des tiers sur le sujet faisant l'objet de la provision ou du passif éventuel, cette information n'est pas fournie. Sont alors indiqués la nature générale du litige, le fait que cette information n'a pas été fournie et la raison pour laquelle elle ne l'a pas été. [...] » (PCG – article 831-2-4).

Contexte SA Lenoir

Évaluer le montant des provisions à constater dans les comptes de l'exercice N par la SA Lenoir, sachant que pour le litige prud'homal l'avocat estime à 80 % le risque que la société soit condamnée à verser au plus 15 000 € de dommages et intérêts et à 20 % le risque que le salarié obtienne le montant demandé.

C) Schémas de comptabilisation des provisions

Il convient de distinguer trois étapes : la première comptabilisation d'une provision ; la comptabilisation d'une variation de provision ; la décomptabilisation d'une provision.

1. Constitution d'une provision

Les provisions sont subdivisées dans le compte 15. Provisions.

« [...] Lors de la constitution d'une provision, le compte de provisions est crédité par le débit :
- du compte 681. Dotations aux amortissements, dépréciations et provisions – Charges d'exploitation, lorsqu'elle concerne l'exploitation ;
- du compte 686. Dotations aux amortissements, dépréciations et provisions – Charges financières lorsqu'elle affecte l'activité financière de l'entité ;
- du compte 687. Dotations aux amortissements, dépréciations et provisions – Charges exceptionnelles, lorsqu'elle a un caractère exceptionnel. [...] » (PCG – article 941-15).

Une provision peut donc impacter les trois niveaux de résultat (d'exploitation, financier et exceptionnel) en fonction de sa nature.

Exemples

Provision pour garantie donnée à des clients : résultat d'exploitation.

Provision pour perte de change : résultat d'exploitation (créances et dettes commerciales) ou résultat financier (créances et dettes financières).

Provision pour restructuration : résultat exceptionnel.

2. Variation d'une provision

Le compte de provisions « [...] est réajusté à la fin de chaque exercice par :

- le débit des comptes de dotations correspondants 681, 686 ou 687, lorsque le montant de la provision est augmenté ;
- le crédit du compte 781. Reprises sur amortissements, dépréciations et provisions (à inscrire dans les produits d'exploitation), du compte 786. Reprises sur dépréciations et provisions (à inscrire dans les produits financiers) ou du compte 787. Reprises sur dépréciations et provisions (à inscrire dans les produits exceptionnels), lorsque le montant de la dépréciation doit être diminué ou annulé, la dépréciation étant devenue, en tout ou partie, sans objet. [...] » (PCG – article 941-15).

3. Réalisation du risque ou survenance de la charge

« Lors de la réalisation du risque ou de la survenance de la charge, la provision antérieurement constituée est soldée par le crédit des comptes 781, 786 ou 787. Corrélativement, la charge intervenue est inscrite au compte intéressé de la classe 6. » (PCG – article 941-15).

La provision doit être également reprise dans le cas où elle devient sans objet, le risque ne s'étant pas matérialisé.

Exemple

Une entreprise a constitué au 31 décembre N une provision pour restructuration de 30 000 € correspondant aux indemnités de licenciement qu'elle aura à verser aux salariés licenciés, dûment informés de cette décision avant la date de clôture. Les indemnités effectivement versées le 30 avril N + 1 s'élèvent à 32 000 €.

	31/12/N		
6875	Dotations aux provisions exceptionnelles	30 000	
154	Provisions pour restructurations		30 000
	30/04/N+1		
6718	Autres charges exceptionnelles sur opérations de gestion	32 000	
512	Banque		32 000
	30/04/N+1		
154	Provisions pour restructurations	30 000	
7875	Reprises sur provisions exceptionnelles		30 000

L'impact net de ces écritures est le suivant :

- exercice N : minoration du résultat de 30 000 € ;
- exercice N + 1 : minoration du résultat de 2 000 €, soit un impact global de 32 000 € sur les deux périodes correspondant à la charge effectivement supportée par l'entreprise. La provision constatée au 31 décembre N a été légèrement sous-évaluée mais elle a permis de tenir compte de l'existence d'une obligation et de la probabilité de sortie de ressources consécutive à cette obligation dès la clôture de l'exercice N.

+

Traitement fiscal des provisions

Le terme fiscal de provisions recouvre les deux éléments comptables suivants :

– les dépréciations ;

– les provisions.

Le régime fiscal des provisions est régi par l'article 39-1-5 du CGI :

« 1. Le bénéfice net est établi sous déduction de toutes charges, celles-ci comprenant, sous réserve des dispositions du 5, notamment : [...]

5° Les provisions constituées en vue de faire face à des pertes ou charges nettement précisées et que des événements en cours rendent probables, à condition qu'elles aient été effectivement constatées dans les écritures de l'exercice. [...] ».

La fiscalité subordonne donc la déductibilité des provisions à leur comptabilisation.

Contexte SA Lenoir

Comptabiliser les écritures nécessaires relatives aux provisions de la SA Lenoir au 31/12/N et préciser leur impact sur les comptes annuels de l'exercice N.

III Application des règles générales à certaines catégories de provisions

Cette partie vise à analyser les conditions de comptabilisation et les modalités d'évaluation des passifs suivants :

- coûts de restructuration ;
- chèques-cadeaux, cartes de fidélité.

Les passifs relatifs aux coûts de démantèlement et aux dépenses de gros entretiens/grandes révisions font l'objet d'une étude dans le chapitre 5 consacré aux immobilisations corporelles.

Les passifs relatifs aux engagements de retraite sont étudiés dans le paragraphe IV du présent chapitre.

A) Coûts de restructuration

Les règles générales de constitution et d'évaluation des provisions ont été déclinées de manière détaillée par le PCG dans le cas particulier des restructurations.

1. Définition d'une restructuration

Une restructuration peut notamment consister en :

- la vente ou l'arrêt d'une branche d'activité ;
- la fermeture d'un site d'activité ;
- la délocalisation d'une activité d'un site à un autre ;
- un changement apporté à la structure d'encadrement tel que la suppression d'un niveau hiérarchique ;
- et, d'une façon générale, toute réorganisation ayant un effet significatif sur la nature ou les activités de l'entité.

2. Fait générateur d'une provision pour restructuration

Les coûts de restructuration constituent un passif :
- s'ils résultent d'une obligation de l'entité vis-à-vis de tiers ;
- ayant pour origine la décision prise par l'organe compétent ;
- matérialisée avant la date de clôture par l'annonce de cette décision aux tiers concernés ;
- à condition que l'entité n'attende plus de contrepartie de ceux-ci (PCG – article 312 – 8-2).

L'existence de l'obligation nécessite que la décision soit traduite par un plan formalisé et détaillé de la restructuration précisant au moins :
- l'activité ou la partie d'activité concernée ;
- les principaux sites affectés ;
- la localisation, la fonction et le nombre approximatif de membres du personnel qui seront indemnisés au titre de la fin de leur contrat de travail ;
- les dépenses qui seront engagées ;
- et la date à laquelle le plan sera mis en œuvre.

L'annonce aux tiers concernés n'est pas nécessairement individuelle. Une annonce publique ou, s'agissant des salariés, à leurs représentants, est suffisante.

« [...] Les coûts d'une restructuration conditionnée par une opération financière telle qu'une cession d'activité ne peuvent être provisionnés tant que l'entité n'est pas engagée par un accord irrévocable. » (PCG – article 322-11).

Exemple

La décision de vente d'une activité et son annonce publique ne suffisent pas à constituer une obligation pour l'entité.

L'accord n'est pas irrévocable tant qu'une condition suspensive subsiste. La condition suspensive doit être levée avant la date d'établissement des comptes pour que l'accord soit considéré comme irrévocable. Tant que la condition suspensive n'est pas levée, il s'agit d'un passif éventuel à mentionner en annexe.

3. Évaluation d'une provision pour restructuration

« Une provision pour restructuration ne doit inclure que les dépenses nécessairement entraînées par celle-ci et qui ne sont pas liées aux activités futures. » (PCG – article 323-5).

Exemples

Coûts provisionnables : indemnités au personnel pour cessation du contrat de travail, indemnités de rupture d'un contrat avec un fournisseur, indemnités de résiliation de bail, etc.

Coûts non provisionnables : dépenses de formation ou de déménagement du personnel conservé, dépenses d'harmonisation des systèmes d'information et des réseaux de distribution, dépenses de marketing... car elles ont une contrepartie.

+

Traitement fiscal des provisions pour restructuration

Fiscalement, le fait générateur d'une provision pour restructuration n'a pas été précisément défini par les textes. L'administration fiscale a toutefois admis que les provisions pour licenciement sont déductibles si elles ont fait l'objet d'une décision formelle à la clôture de l'exercice.

La provision est déductible dès lors qu'elle peut être évaluée avec une précision suffisante, à l'exclusion de la fraction correspondant aux indemnités de licenciement économique (CGI article 39-1-5).

B) Chèques-cadeaux et cartes de fidélité

1. Typologie des droits à réduction ou avantages en nature accordés par les entreprises à leurs clients

Les avantages octroyés par les entreprises à leurs clients dont les conditions d'attribution ou la valeur dépendent du montant des ventes sont de deux ordres :

- les réductions correspondant aux droits accumulés accordés aux clients au titre des ventes passées et utilisables à l'occasion des ventes futures sous forme de chèques-cadeaux, chèques réduction, cartes de fidélité, réductions diverses, etc. ;
- les avantages en nature restitués aux clients sous forme de produits prélevés sur les marchandises de l'entreprise ou acquis auprès des fournisseurs extérieurs, ou de services rendus par l'entreprise ou des prestataires externes.

Ces avantages sont à distinguer des bons de réduction non rattachés à une vente initiale et délivrés ponctuellement, indistinctement de la qualité du client (mailings, coupons insérés dans la presse, etc.). Ces bons sont comptabilisés en réduction du chiffre d'affaires lors de leur utilisation.

2. Traitement comptable

Le traitement comptable des droits ou avantages accordés à l'occasion d'une vente initiale et utilisables en cas de vente ultérieure (appartenant donc à la première catégorie définie ci-dessus) est défini par l'avis n° 2004-E du Comité d'urgence du CNC en date du 13 octobre 2004.

Examinons ici encore les trois conditions de définitions d'un passif afin de déterminer si elles sont remplies :

- obligation à l'égard d'un tiers à la date de clôture : l'entreprise s'engage dès la vente initiale et de manière explicite (contrat, remise d'une carte de fidélité) ou implicite (annonces ou communications) à accorder à ses clients des réductions ou des avantages en nature. Le fait générateur d'obligation est donc la vente initiale ;
- probabilité de sortie de ressources : la réduction accordée viendra minorer le chiffre d'affaires de l'entité. S'agissant d'un grand nombre d'obligations similaires, la probabilité s'apprécie par rapport à l'ensemble des chèques ou autres avantages (calcul statistique) ;
- absence de contrepartie au moins équivalente : dès la vente initiale, l'entreprise a reçu la totalité du paiement en échange de l'attribution des droits. Il n'y aura pas de contrepartie attendue lors de l'exercice des droits par le bénéficiaire.

En conséquence, il convient de comptabiliser un passif dès l'attribution du premier point qui correspond à l'engagement contracté par l'entreprise. L'échéance et le montant de ce passif n'étant pas fixés de façon précise, il s'agit d'une provision.

3. Évaluation de la provision

Pour comptabiliser la provision, une entreprise doit être capable de déterminer de manière statistique et suffisamment fiable :

- le nombre et la valeur des droits attribués sous forme de points ;
- le pourcentage et la valeur des droits transformés en chèques réduction et cadeaux ou autres avantages ;
- le pourcentage et la valeur des chèques réduction et cadeaux ou autres avantages effectivement exercés par les clients.

Si l'entreprise ne peut estimer de manière suffisamment fiable le pourcentage de transformation des droits ou le pourcentage de présentation effective des droits transformés, la provision doit être calculée sur la base de la totalité des droits accordés.

4. Méthodes de comptabilisation

Deux cas de figure sont à distinguer ici :

- pour les entreprises qui comptabilisent pour la première fois cette obligation : constatation obligatoire d'une provision sur la base du coût de revient de l'avantage accordé ;
- pour les entreprises qui constataient déjà une réduction de leurs ventes par le biais d'un produit constaté d'avance : maintien du traitement antérieur afin de respecter le principe de permanence des méthodes d'évaluation et de présentation.

Exemple

Une entreprise accorde à ses clients, lors de l'achat de certains de ses produits des chèques-cadeaux qui seront imputés sur un achat ultérieur de ces mêmes produits.

À la clôture de l'exercice N, l'entreprise estime, en fonction des chèques distribués et du taux de retour précédemment observé, qu'elle aura à honorer pour 20 000 € de chèques-cadeaux. La même estimation à la clôture de l'exercice N – 1 était de 15 000 €.

	31/12/N		
158	Autres provisions pour charges	15 000	
7815	Reprises sur provisions d'exploitation		15 000
	31/12/N		
6815	Dotations aux provisions d'exploitation	20 000	
158	Autres provisions pour charges		20 000

+

Traitement fiscal des chèques-cadeaux et des cartes de fidélité

Par un arrêt du Conseil d'État en date du 2 juin 2006, l'administration fiscale a aligné sa position sur la comptabilité : les bons de réduction constituent des charges déductibles et peuvent donner lieu à la constatation d'une provision, si les conditions de déduction sont réunies :

- pertes et charges nettement précisées quant à leur nature ;
- susceptibles d'être évaluées avec une précision suffisante ;
- apparaissant comme probables ;
- se rattachant par un lien direct et prépondérant aux opérations déjà effectuées par l'entreprise.

La provision peut donc être calculée à partir d'une évaluation statistique du taux d'utilisation effectif des bons de réduction par les consommateurs.

IV Engagements de retraite

Ce titre traite des modalités d'évaluation des engagements de retraite et de leur comptabilisation en « régime de croisière », c'est-à-dire après leur première comptabilisation. Cette dernière problématique est étudiée dans le chapitre 18 consacré aux changements comptables.

A) Définition et catégories de régimes de retraite

1. Définition

Selon la recommandation n° 2013-02 de l'ANC, les engagements de retraite désignent les avantages postérieurs à l'emploi, autres que les indemnités de rupture de contrat de travail et les avantages sur capitaux propres, qui sont payables après la cessation de l'emploi.

Exemple

Pensions et autres prestations de retraite, assurance-vie postérieure à l'emploi, couverture médicale postérieure à l'emploi.

2. Catégories de régimes

Il convient de distinguer deux types de régimes de retraite :

– les régimes à cotisations définies : ils désignent les régimes d'avantages postérieurs à l'emploi en vertu desquels une entreprise verse des cotisations définies à une entité distincte (un fonds) et n'aura aucune obligation juridique ou implicite à payer des cotisations supplémentaires si le fonds n'a pas suffisamment d'actifs pour servir tous les avantages correspondants aux services rendus par le personnel pendant l'exercice et les exercices antérieurs ;

Exemple

Régime de base de la sécurité sociale, régimes complémentaires ARRCO et AGIRC.

– les régimes à prestations définies : ils désignent les régimes d'avantages postérieurs à l'emploi autres que les régimes à cotisations définies. Dans ce type de régimes, l'entreprise garantit le versement d'une prestation.

Exemple

Indemnité de fin de carrière ou de départ en retraite, pensions versées par l'entité en complément des caisses de retraite (régimes chapeaux).

3. Impact comptable des catégories de régimes

a) Régimes à cotisations définies

Dans le cas des régimes à cotisations définies, l'entité n'a qu'une obligation de moyens. Elle ne garantit pas le niveau des rentes versées à ses salariés. Son engagement est limité au montant de la cotisation distribuée à l'organisme extérieur. Cette cotisation est une charge de personnel.

Exemple

Les cotisations retraite employeur de l'entreprise Delta s'élèvent à 15 000 € au titre du 4e trimestre N.

	31/12/N		
6453	Cotisations aux caisses de retraite	15 000	
437	Autres organismes sociaux		15 000

b) Régimes à prestations définies

Dans le cas des régimes à prestations définies, l'entité a une obligation de résultat. Elle s'engage sur le montant ou garantit le niveau de prestations défini par la convention.

Ces régimes posent le problème de l'évaluation de l'engagement de l'entreprise à la clôture de chaque période comptable. Cette évaluation est complexe car des hypothèses actuarielles sont nécessaires pour évaluer l'obligation et la charge et que des écarts actuariels peuvent exister. De plus, les obligations sont évaluées sur une base actualisée car elles peuvent être réglées de nombreuses années après que les membres du personnel ont effectué les services correspondants (voir le D. de cette partie).

B) Passifs et engagements de retraite

Examinons si les engagements de retraite dans le cadre des régimes à prestations définies remplissent les trois conditions de définition d'un passif :

- obligation à l'égard d'un tiers à la date de clôture : l'obligation pour l'entité de verser une indemnité de fin de carrière, des compléments de retraite ou autres résulte des services rendus dans le passé par ses salariés ;
- probabilité de sortie de ressources : il est probable que ces sommes seront versées aux salariés à condition que ces derniers soient en vie et présents dans l'entreprise à l'âge de la retraite ;
- absence de contrepartie au moins équivalente : le versement de ces sommes se fera sans contrepartie au moins équivalente puisqu'elles sont versées postérieurement à la cessation de l'emploi.

Les engagements de retraite constituent bien un passif selon les règles du PCG. Ils devraient faire l'objet d'une provision puisque l'échéance et le montant de ces engagements ne sont pas fixés de façon précise.

Néanmoins, le PCG prévoit explicitement une exception à la comptabilisation de cette provision : « Un passif peut ne pas être comptabilisé dans les cas prévus à l'article 335-1 relatif aux pensions, retraites et versements assimilés. » (PCG – article 322-13).

C) Principes généraux relatifs au traitement comptable des engagements de retraite

Les règles générales relatives à la prise en compte des engagements de retraite sont fixées par le Code de commerce et le PCG :

- le Code de commerce est très souple, laissant aux entreprises le choix entre une comptabilisation totale ou partielle de leurs engagements de retraite, voire leur simple mention dans l'annexe (Code de commerce – article L. 123-13) ;
- le PCG est plus directif, introduisant la notion de méthode de référence pour la comptabilisation de la totalité des engagements de l'entité à l'égard de son personnel (PCG – article 324-1).

Lorsque ces engagements ne font pas l'objet d'une provision dans leur intégralité, une information est portée en annexe sur l'engagement résiduel non couvert par une provision avec une mention particulière des engagements contractés au profit des dirigeants (Code de commerce – article R 123-197 7° et PCG – article 831-3).

Par ailleurs, dans son avis n° 00-0a du 6 juillet 2000, le Comité d'urgence du CNC considère qu'une entreprise qui n'a pas comptabilisé de provision pour engagements de retraite n'a pas d'autre choix que :

- de maintenir sa position inchangée, en donnant les informations appropriées en annexe ;
- ou de provisionner l'intégralité de ses engagements et comptabiliser cette modification comme un changement de méthode comptable (impact du changement déterminé à l'ouverture et imputé sur les capitaux propres en « report à nouveau »).

L'avis du CU du CNC conduit ainsi à interdire le provisionnement partiel pour les entités qui ne le pratiquaient pas déjà et à figer les pratiques antérieures de provisionnement partiel.

D) Évaluation et comptabilisation des engagements de retraite

Les textes législatifs et réglementaires ne fournissent aucune précision sur les modalités d'évaluation des engagements de retraite. Le CNC a pallié cette lacune en publiant une recommandation relative aux règles de comptabilisation et d'évaluation des engagements de retraite et avantages similaires : il s'agit de la recommandation n° 2003-R-01 du 1er avril 2003 applicable aux exercices ouverts à compter du 1er janvier 2004.

La recommandation du CNC reprend les dispositions de la norme IAS 19 « Avantages du personnel » en intégrant les thèmes spécifiques au contexte français, comme les médailles du travail qui sont exclues du champ d'application des engagements de retraite en France (voir le V de ce chapitre).

La recommandation ANC 2013-02 abroge la recommandation CNC 2003-R-01 pour les exercices ouverts à compter du 1er janvier 2014, sauf les sections 7 et 8 respectivement sur les autres avantages à long terme et sur les indemnités de rupture du contrat de travail. Cette recommandation fait suite aux évolutions de la norme IAS 19 sur les avantages du personnel. Elle permet que les entités faisant partie de groupes appliquant le référentiel IFRS puissent mettre en œuvre dans leurs comptes individuels les dispositions d'IAS 19, afin d'éviter dans la mesure du possible les retraitements de consolidation. En dessous du seuil de 250 salariés, une entreprise peut définir sa propre méthode d'évaluation des engagements de retraite. Quelle que soit la méthode retenue, l'entreprise doit décrire en annexe ses principales caractéristiques.

Exemple

L'entreprise peut faire abstraction de la probabilité de départ à la retraite ou de décès avant l'âge de départ à la retraite.

L'entreprise peut négliger les hypothèses tenant à la croissance des rémunérations à condition d'en tenir compte dans le choix du taux d'actualisation.

1. Évaluation actuarielle de l'engagement de retraite

On se situe ici dans le cas des indemnités de départ à la retraite, qui constituent l'essentiel des engagements de retraite au niveau français.

Le calcul de l'engagement nécessite la connaissance de trois types d'éléments :

– la prestation définie à verser au moment du départ en retraite ;

– la probabilité pour le salarié d'être présent dans l'entreprise au moment de la retraite ;

– l'actualisation de cette dette future.

Le chiffrage de la provision repose en outre sur la formulation d'hypothèses actuarielles :

– hypothèses financières : taux d'augmentation prévisionnel des salaires, taux d'actualisation ;

– hypothèses démographiques : mortalité et rotation du personnel.

a) Prestation définie à verser au moment du départ en retraite

Le calcul des droits à prestation est réalisé par la méthode des unités de crédit projetées, qui considère que chaque période de service donne lieu à une unité supplémentaire de droits à prestation.

L'évaluation (sauf exception) se fait sur la base de l'ancienneté acquise à la date de clôture.

La prestation est calculée en appliquant aux droits acquis la rémunération à la date du départ à la retraite.

Exemple

La convention collective d'une entreprise prévoit la formule de constitution des droits d'indemnité de départ en retraite suivante :

Ancienneté	Inférieure à 5 ans	Supérieure à 5 ans et inférieure à 10 ans	Supérieure à 10 ans et inférieure à 15 ans
Indemnité de départ en retraite (IDR)	1 mois	4 mois	6 mois

M. Clément, salarié de l'entreprise, a été recruté le 1er janvier N–8. Il partira à la retraite le 31 décembre N+4.
Son salaire annuel au titre de l'année N est de 50 000 €. Le taux de progression annuel des salaires est de 2 %.

M. Clément a une ancienneté de 9 ans au 31 décembre N. Il a donc acquis une IDR de 4 mois au 31 décembre N.

L'indemnité à verser lors du départ en retraite ressort à : $50\,000 \times 1{,}02^4 \times 4 / 12 = 18\,040$ €.

b) Probabilité pour le salarié d'être présent dans l'entreprise au moment de la retraite

L'indemnité n'étant versée que si le salarié est présent dans l'entreprise au moment de la retraite, il convient de pondérer le chiffrage précédent de deux probabilités :

- la probabilité pour le salarié d'être vivant à l'âge de la retraite : cette hypothèse actuarielle résulte des tables de mortalité établies par des organismes officiels (ex. : INSEE) ;
- la probabilité pour le salarié d'être présent dans l'entreprise à l'âge de la retraite : cette hypothèse actuarielle résulte des statistiques de *turnover* propres à l'entreprise.

Exemple

Reprenons les données de l'exemple précédent en supposant que :

- la probabilité pour M. Clément d'être en vie à l'âge de la retraite est de 98,6 % ;
- la probabilité pour M. Clément d'être présent dans l'entreprise à l'âge de la retraite est de 95 %.

La prise en compte de ces deux paramètres fait ressortir l'indemnité à verser lors du départ en retraite à : 18 040 × 98,6 % × 95 % = 16 898 €.

c) Actualisation de la dette future

La prestation ainsi déterminée correspond à la dette future à la date du départ en retraite. Elle doit faire l'objet d'une actualisation afin d'être ramenée à la date de clôture de l'exercice.

Exemple

Reprenons les données de l'exemple précédent en supposant que le taux d'actualisation est de 4 %.

L'indemnité actualisée à verser lors du départ en retraite à M. Clément s'élève à : $16\,898 \times 1{,}04^{-4} = 14\,445$ €.

d) Comptabilisation de l'engagement net

Au cas où l'obligation au titre des prestations définies est financée par des actifs du régime, c'est-à-dire des actifs spécifiquement dédiés pour payer ou financer des avantages du personnel (hors de portée des créanciers), le passif à comptabiliser est déterminé comme suit :

Valeur actualisée de l'obligation au titre des prestations définies – juste valeur à la date de clôture des actifs du régime

La juste valeur des actifs du régime correspond à leur valeur de marché ou à défaut, aux flux de trésorerie futurs attendus actualisés.

Exemple

Reprenons les données de l'exemple précédent en supposant que l'entité a souscrit une police d'assurance éligible dont la juste valeur au 31 décembre N ressort à 10 000 €.

La provision à comptabiliser au passif au titre de prestations définies ressort à : 14 445 – 10 000 = 4 445 €.

2. Définition et traitement comptable des écarts actuariels

a) Définition des écarts actuariels

Les écarts actuariels incluent :

- les ajustements liés à l'expérience (effets des différences entre les hypothèses actuarielles antérieures et ce qui s'est effectivement produit) ;
- et les effets des changements d'hypothèses actuarielles.

Exemple

Le taux de *turnover* réel d'une entreprise pour l'année N a été de 5 % au lieu des 8 % attendus. Suite à une évolution des taux du marché monétaire, le taux d'actualisation des salaires est augmenté de 3 % à 4 %.

b) Traitement comptable des écarts actuariels

Les écarts actuariels constituent des changements d'estimation et devraient, à ce titre, être enregistrés en résultat d'exploitation (voir chapitre 18).

La recommandation ANC 2013-02 permet toutefois l'étalement des écarts actuariels par la méthode dite « du corridor » : les écarts actuariels qui excèdent 10 % de la valeur la plus élevée entre le montant de l'engagement et la valeur de marché des actifs du régime peuvent être étalés sur la durée d'activité moyenne résiduelle des bénéficiaires.

+

La méthode du corridor a été supprimée dans la norme IAS 19 (amendement de juin 2011). Les écarts actuariels doivent être comptabilisés en autres éléments du résultat global. Cette notion d'OCI (*Other Comprehensive Income*) n'existe pas en règles françaises. L'ANC n'a pas jugé possible de modifier la réglementation comptable pour permettre la comptabilisation des écarts actuariels directement dans un poste particulier des capitaux propres.

3. Comptabilisation de l'engagement de retraite

Il convient de distinguer l'engagement de l'entreprise vis-à-vis des salariés actifs et celui vis-à-vis des retraités :

- pour les salariés actifs : constatation d'une provision au crédit du compte 153. Provisions pour pensions et obligations similaires par le débit du compte 6815. Dotations aux provisions d'exploitation ;
- pour les salariés retraités : constatation d'une charge à payer au crédit du compte 428. Personnel – Charges à payer et produits à recevoir, par le débit du compte 6414. Indemnités et avantages divers. L'incertitude quant à l'échéance et au montant du passif est, en effet, moindre que pour les salariés actifs.

+

Traitement fiscal des provisions pour engagements de retraite

L'administration fiscale refuse la déductibilité des provisions pour engagements de retraite (article 39-1-5 du CGI).

Il convient donc, lors de la détermination du résultat fiscal, de :

- réintégrer les dotations aux provisions pour engagements de retraite ;
- déduire les reprises de provisions pour engagements de retraite.

V Médailles du travail

A) Définition

Les médailles du travail sont destinées à récompenser certains salariés de l'ancienneté de leurs services ou de la qualité de leur travail. Elles s'accompagnent fréquemment du versement d'une prime par l'employeur dont le montant est défini :

– par accord (par exemple dans le cadre d'une convention collective) ;

– ou en regard des usages applicables dans l'entreprise (obligation implicite).

B) Traitement comptable

La recommandation CNC 2003-R-01 exclut les médailles du travail du champ d'application des engagements de retraite, en ne les considérant pas comme des avantages similaires. Les médailles du travail apparaissent comme des « autres avantages à long terme » (comme les jubilés et les autres avantages liés à l'ancienneté). Elles tombent dès lors dans le champ d'application du règlement CRC 2000-06 relatif aux passifs.

Les médailles du travail répondent bien à la définition d'un passif, les trois conditions de constatation d'un passif étant respectées :

– obligation à l'égard d'un tiers à la date de clôture : l'obligation est liée à la convention collective ou aux usages de l'entreprise ;

– probabilité de sortie de ressources : elle est déterminée statistiquement en fonction de l'ancienneté et du *turnover* du personnel ;

– absence de contrepartie au moins équivalente : la gratification récompense un travail passé rendu par les salariés, sans contrepartie future.

La comptabilisation d'une provision pour médailles du travail est donc obligatoire.

C) Évaluation

La recommandation n° 2003-R-01 du 1er avril 2003 du CNC reste d'application en matière d'avantage à long terme (section 7 non abrogée par la recommandation ANC 2013-02). Elle impose une méthode simplifiée de comptabilisation des autres avantages à long terme.

En pratique, l'évaluation de la provision est effectuée :

– sur la base des salariés présents dans l'entreprise à la date du calcul ;

– au fur et à mesure du temps de présence des salariés, en tenant compte de la probabilité que ceux-ci remplissent les conditions d'ancienneté nécessaires à l'obtention d'une médaille (turnover et mortalité) ;

– en intégrant les gratifications susceptibles d'être versées pour l'ensemble des médailles ;

– en tenant compte de la probabilité que les salariés demandent la médaille ;

– de préférence, en actualisant les montants ;

– en comptabilisant les écarts actuariels immédiatement sans appliquer aucun corridor.

Exemple

Une entité ne provisionne pas ses engagements de retraite. Elle évalue la provision pour médailles du travail comme suit :

– montant au 31 décembre N – 1 : 30 000 € ;

– montant au 31 décembre N : 32 000 €.

L'enregistrement comptable au 31 décembre N est le suivant :

	31/12/N		
6815	Dotations aux provisions d'exploitation	2 000	
153	Provisions pour pensions et obligations similaires		2 000

+

Traitement fiscal des médailles du travail

L'administration fiscale admet, dans l'arrêt du Conseil d'État n° 201685 du 24 mai 2000, le principe de la déductibilité de la provision pour médailles du travail, dès lors qu'elle est déterminée de façon précise, en recourant à une méthode statistique appropriée prenant en compte le pourcentage de départs et de décès au sein du personnel.

VI Événements postérieurs à la clôture

A) Définition et liens avec les principes comptables

1. Définition

La notion d'événements postérieurs à la clôture est introduite par le Code de commerce : « Il doit être tenu compte des passifs intervenus au cours de l'exercice ou d'un exercice antérieur, même s'ils sont connus entre la date de la clôture de l'exercice et celle de l'établissement des comptes. » (Code de commerce – article L. 123-20).

Le PCG reprend les mêmes dispositions (article 513-4).

› Voir texte de référence 3

2. Liens avec les principes comptables

a) Indépendance des exercices

Toutes les charges relatives à un exercice doivent lui être rattachées même si elles sont connues après la date de clôture.

b) Prudence

Seuls les événements postérieurs défavorables doivent être pris en compte. En revanche, les produits probables résultant d'événements postérieurs ne peuvent pas être constatés. Une réduction de charge probable implique toutefois une reprise de provision ou de dépréciation.

+

Ce traitement constitue une distorsion par rapport au référentiel IFRS qui traite de manière identique l'ensemble des événements postérieurs, qu'ils soient favorables ou défavorables.

c) Importance relative

L'entreprise ne doit tenir compte que des événements qui ont une importance significative sur les comptes annuels.

d) Continuité d'exploitation

Lorsque l'événement postérieur remet en cause le principe de continuité d'exploitation, une information en annexe est obligatoire même si l'événement n'est pas directement rattachable à l'exercice clos.

B) Traitement comptable

Les modalités d'application du traitement comptable des événements postérieurs à la clôture ont été précisées par deux textes de doctrine :
– la recommandation n° 1-12 « Événements postérieurs à la date de clôture » de l'OEC (1982) ;
– la NEP-560 « Événements postérieurs » de la CNCC (2007).

Deux catégories d'événements postérieurs à la clôture peuvent être identifiées :
– les événements ayant un lien direct et prépondérant avec l'exercice clos ;
– les événements sans lien direct et prépondérant avec l'exercice clos.

1. Événements ayant un lien direct et prépondérant avec l'exercice clos

a) Définition et exemples

Il s'agit des événements qui viennent confirmer ou infirmer une situation qui avait pris naissance avant la clôture de l'exercice et qui fournissent ainsi des informations complémentaires sur l'évaluation des actifs et des passifs de l'entreprise à la clôture de l'exercice.

Exemples

– Révélation de la situation compromise d'un client rendant la créance douteuse.
– Expertises, évaluations, cessions amenant à dégager une valeur inférieure à la VNC d'une immobilisation à la clôture.
– Prix de vente de produits en stock à la clôture : chute de prix conduisant à une valeur de réalisation inférieure à la valeur comptable.
– Jugement intervenu.
– Retours de marchandises livrées avant la clôture.
– Faits ou informations sur l'existence ou le montant d'un risque existant à la clôture.

b) Traitement comptable

Ces événements doivent donner lieu à un ajustement des comptes annuels. Cet ajustement consiste le plus souvent en la constatation d'une dépréciation ou d'une provision en cas d'appauvrissement de l'entité ou, le cas échéant, en la reprise d'une dépréciation ou d'une provision.

Toutefois, dans les cas exceptionnels où l'incidence financière n'est pas mesurable, aucune écriture n'est comptabilisée et une information est fournie en annexe (PCG – articles 322-4 et 831-2-4).

Exemple

La comptabilité auxiliaire clients de la société Transat laisse apparaître au 31 décembre N une créance de 18 000 € TTC sur le client A.

Le 15 février N, la société Transat est informée que ce client est en procédure de redressement judiciaire. Ses comptes annuels ne sont pas encore arrêtés.

La procédure de redressement judiciaire du client A rend douteuse la créance de Transat sur A. Ce fait a un lien direct et prépondérant avec une situation existant à la date de clôture, à savoir la détention de la créance client. Cette dernière doit faire l'objet d'une dépréciation dans les comptes annuels de N de la société Transat.

		31/12/N		
416		Clients douteux ou litigieux	18 000	
	411	Clients		18 000
		31/12/N		
6817		Dotations aux dépréciations des actifs circulants	15 000	
	491	Dépréciations des comptes de clients		15 000

2. Événements sans lien direct et prépondérant avec l'exercice clos

a) Définition et exemples

Il s'agit des événements qui résultent d'une situation ayant pris naissance après la clôture de l'exercice.

Exemples

- Sinistre intervenu après la date de clôture.
- Litige, procès dont la cause est postérieure à l'exercice.
- Ouverture ou fermeture de branches d'activité.
- Évolution significative des cours de Bourse.
- Émission de titres, participations, souscriptions.
- Décisions de gestion importantes annoncées après la clôture de l'exercice.

b) Traitement comptable

« Dans l'hypothèse où un événement n'ayant aucun lien direct prépondérant avec une situation existant à la clôture de l'exercice survient entre la date de clôture et la date d'établissement des comptes, une information est donnée dans l'annexe. » (PCG – articles 832-2-8, 833-2-8, 834-2-8 et 835-2-8).

Cette information doit être fournie dès lors qu'elle est significative, en application du principe d'importance relative.

Exemple

Un incendie a détruit en janvier N l'entrepôt de stockage d'une entreprise. Cet événement n'a aucun lien avec une situation antérieure au 31 décembre N. Les comptes annuels de N ne sont impactés que par une information en annexe si l'incidence financière de cet événement est significative (police d'assurance insuffisante, impact sur activité de l'entreprise en N + 1).

3. Remise en cause du principe de continuité d'exploitation

En application des règles ci-dessus, deux situations doivent être envisagées :

- l'événement postérieur remettant en cause le principe de continuité d'exploitation a un lien direct et prépondérant avec l'exercice clos : les comptes annuels doivent être présentés en valeurs liquidatives ;
- l'événement postérieur remettant en cause le principe de continuité d'exploitation n'a pas de lien direct et prépondérant avec l'exercice clos : les comptes ne sont pas modifiés mais une information en annexe est obligatoire.

+

Les règles françaises diffèrent sur ce point de la norme IAS 10 « Événements postérieurs à la date de clôture » qui prévoit un ajustement obligatoire des comptes annuels en cas de non-respect du principe comptable de continuité d'exploitation, quelle que soit la nature de l'événement postérieur.

Traitement fiscal des événements postérieurs

Fiscalement, la notion d'événement postérieur à la clôture n'existe pas. Seules peuvent être retenues au titre d'un exercice les conséquences d'opérations faites par l'entité avant la date de clôture de l'exercice. En conséquence, les provisions et dépréciations résultant de la prise en compte d'un événement postérieur à la clôture de l'exercice ne sont, en principe, pas déductibles.

Contexte SA Lenoir

Analyser les informations fournies au regard de la notion d'événement postérieur à la clôture.

Correction contexte SA Lenoir

1. Fait générateur et typologie des passifs

Le fait générateur de l'achat de matières premières est la réception de celles-ci, qui est intervenue avant la date de clôture. La sortie de ressource est certaine puisqu'il faudra payer le fournisseur, et sans contrepartie attendue de ce dernier. La facture n'ayant pas encore été reçue à la date de clôture, il s'agit d'une charge à payer (incertitude faible sur le montant et l'échéance).

Concernant la garantie d'un an pièces et main-d'œuvre qui figure dans les contrats de vente, il s'agit d'une obligation juridique de la SA Lenoir qui prend naissance au moment de la vente. La probabilité de sortie de ressources est liée au risque de défaillance des matériels, qui seront alors réparés par la SA Lenoir sans contrepartie au moins équivalente. La garantie client est un passif à constater sous forme d'une provision (montant et échéance non précis).

Concernant le litige prud'homal avec le salarié, le fait générateur est constitué par le licenciement. Il est donc né avant la date de clôture. La probabilité de sortie de ressource dépend du jugement exercé par rapport à l'évaluation du risque. En général, la société s'appuie sur le jugement de l'avocat. Si celui-ci estime qu'il est plus probable qu'improbable que la société sera condamnée à verser des dommages et intérêts au salarié licencié, il s'agit d'un passif (il n'y aura pas de contrepartie au versement des dommages et intérêts) à constater sous forme d'une provision (incertitude sur le montant et l'échéance). Au contraire, si l'avocat estime qu'il est plus probable qu'improbable que la société ne sera pas condamnée, il s'agit d'un passif éventuel (obligation dont il n'est pas probable ou certain qu'elle provoquera une sortie de ressources sans contrepartie au moins équivalente). Ce dernier sera mentionné dans l'annexe (en fonction du principe d'importance relative).

2. Évaluation des provisions

Provision pour garantie : il s'agit d'une obligation multiple qui doit être évaluée selon la méthode de la valeur attendue

Provision au 31/12/N – 1 : 50 000 000 x 6 % x 5 % = 150 000 €

Provision au 31/12/N : 55 000 000 x 6 % x 5 % = 165 000 €

Provision pour litige prud'homal : il s'agit d'une obligation unique qui doit être évaluée en retenant l'hypothèse la plus probable, soit le versement de 15 000 € de dommages et intérêts (80 %). La provision au 31/12/N sera de 15 000 €.

3. Comptabilisation des provisions et impact sur les comptes annuels de l'exercice N

Provision pour garantie :

		31/12/N		
1512		Provisions pour garanties données aux clients	150 000	
	7815	Reprises sur provisions d'exploitation		150 000
6815		Dotation aux provisions d'exploitation	165 000	
	1512	Provisions pour garanties données aux clients		165 000

Provision pour litige prud'homal :

6815		Dotation aux provisions d'exploitation	15 000	
	1511	Provisions pour litiges		15 000

Remarque : la provision pour litige prud'homal peut être également dotée en résultat exceptionnel (décision de gestion).

En l'absence d'autre risque ou litige, les provisions ressortent à 180 000 € au bilan de la SA Lenoir au 31/12/N. L'impact de ces provisions sur le résultat avant impôt est une charge nette de 30 000 € (165 000 – 150 000 + 15 000).

4. Analyse des événements postérieurs à la clôture

La réception de la facture fournisseur le 15/01/N + 1 a un lien direct et prépondérant avec l'exercice clos (la réception des matières premières le 22/12/N). Une charge à payer sous forme de facture non parvenue doit être constatée au 31/12/N.

Le litige prud'homal a un lien direct et prépondérant avec l'exercice clos (le licenciement du salarié en décembre N). Une provision doit être constatée dans les comptes de l'exercice N si la SA Lenoir estime qu'il est plus probable qu'improbable qu'elle aura à verser des dommages et intérêts à son ingénieur.

L'acquisition des titres de la SA Lerouge n'a pas de lien direct et prépondérant avec l'exercice clos. L'acquisition des titres sera enregistrée au 16/02/N + 1. Une information en annexe sera donnée dans les comptes de l'exercice N, si cette information est jugée significative pour le lecteur de l'information financière.

Synthèse

Provisions

« Une provision est un passif dont l'échéance ou le montant n'est pas fixée de façon précise. » (PCG – article 321-5).

Comme pour tout passif, la comptabilisation d'une provision implique le respect de trois conditions cumulatives :

Obligation à l'égard d'un tiers à la date de clôture	+	Probabilité de sortie de ressources	+	Absence de contrepartie au moins équivalente attendue du tiers

Les provisions sont évaluées pour le montant correspondant à la meilleure estimation de la sortie de ressources nécessaire à l'extinction de l'obligation, déterminée comme suit :

- lorsqu'il existe un grand nombre d'obligations similaires : pondération de l'ensemble des hypothèses en fonction de leur probabilité d'occurrence respective ;
- en cas d'obligation unique et en présence de plusieurs hypothèses d'évaluation de la sortie de ressources : le montant à provisionner est, en général, celui qui correspond à l'hypothèse la plus probable (PCG – article 323-2).

Un passif n'est pas comptabilisé dans les cas exceptionnels où le montant de l'obligation ne peut être évalué avec une fiabilité suffisante. Il fait l'objet d'une information dans l'annexe.

Les modalités de constatation et d'évaluation des provisions peuvent être résumées par le schéma suivant :

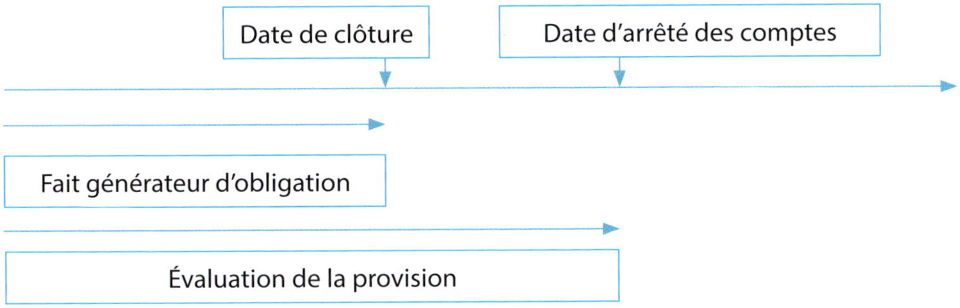

Application à certaines catégories de provisions

Nature de la provision	Règles de comptabilisation et d'évaluation
Coûts de restructuration	– nécessité d'une décision annoncée avant la date de clôture ; – provision limitée aux dépenses nécessairement entraînées par la restructuration et qui ne sont pas liées aux activités futures.
Chèques-cadeaux et cartes de fidélité	– provision constatée sur la base du nombre et de la valeur des droits attribués et de leurs pourcentages de transformation d'une part et de présentation effective d'autre part.
Engagements de retraite	– deux traitements comptables possibles : provision (méthode de référence) ou mention dans l'annexe ; – l'évaluation de l'engagement repose sur une méthode d'évaluation actuarielle.

Événements postérieurs à la clôture

Nature de l'événement	Définition et traitement comptable
Événements ayant un lien direct et prépondérant avec l'exercice clos	– événements qui viennent confirmer ou infirmer une situation qui avait pris naissance avant la clôture de l'exercice et qui fournissent ainsi des informations complémentaires sur l'évaluation des actifs et des passifs de l'entreprise à la clôture de l'exercice ; – ces événements doivent donner lieu à un ajustement des comptes annuels s'ils se traduisent par un risque ou une perte.
Événements sans lien direct et prépondérant avec l'exercice clos	– événements qui résultent d'une situation ayant pris naissance après la clôture de l'exercice ; – information en annexe si l'événement a des incidences financières significatives et si leur connaissance est nécessaire à la bonne information concernant l'activité et la situation financière de l'entreprise.

Références

- Avis CNC 2000-01 relatif aux passifs.
- Règlement ANC 2014-03 relatif au plan comptable général.
- Règlement ANC 2011-04 relatif au traitement comptable du dispositif prévu à l'article 1 de la loi n° 2011-894.
- Avis 2004-E du Comité d'urgence du CNC relatif à la comptabilisation des droits à réduction ou avantages en nature (produits ou services) accordés par les entreprises à leurs clients.
- Avis 00-0a du Comité d'urgence du CNC relatif à la comptabilisation des changements de méthodes portant sur des engagements de retraite et assimilés.
- Recommandation CNC n° 2003-R-01 relative aux règles de comptabilisation et d'évaluation des engagements de retraite et avantages similaires (sections 7 et 8).
- Recommandation ANC 2013-02 relative aux règles d'évaluation et de comptabilisation des engagements de retraite et avantages similaires pour les comptes annuels et les comptes consolidés établis selon les normes comptables françaises.
- Recommandation n° 1-12 « Événements postérieurs à la date de clôture » de l'OEC (1982).
- NEP-560 « Événements postérieurs » de la CNCC (2007).

1 PCG – article 321-1

1. Un passif est un élément du patrimoine ayant une valeur économique négative pour l'entité, c'est-à-dire une obligation de l'entité à l'égard d'un tiers dont il est probable ou certain qu'elle provoquera une sortie de ressources au bénéfice de ce tiers, sans contrepartie au moins équivalente attendue de celui-ci. L'ensemble de ces éléments est dénommé passif externe.
2. Cette obligation peut être d'ordre légal, réglementaire ou contractuel. Elle peut également découler des pratiques passées de l'entité, de sa politique affichée ou d'engagements publics suffisamment explicites qui ont créé une attente légitime des tiers concernés sur le fait qu'elle assumera certaines responsabilités.
3. Le tiers peut être une personne physique ou morale, déterminable ou non.

2 PCG – article 321-5

Une provision est un passif dont l'échéance ou le montant n'est pas fixée de façon précise.

3 PCG – article 513-4

Le résultat tient compte des passifs qui ont pris naissance au cours de l'exercice ou d'un exercice antérieur même s'ils sont connus entre la date de clôture de l'exercice et celle de l'établissement des comptes annuels.

Applications

Comprendre les notions

Application 1 QCM

Retrouvez la ou les réponses exactes.

1. Parmi les éléments suivants, quels sont ceux constitutifs du fait générateur de comptabilisation d'un passif ?
- ☐ l'existence d'une obligation à l'égard d'un tiers à la date de clôture.
- ☐ l'existence d'une obligation à l'égard d'un tiers à la date d'arrêté des comptes.
- ☐ la certitude de sortie de ressources.
- ☐ la probabilité de sortie de ressources.
- ☐ l'absence de contrepartie au moins équivalente.
- ☐ la présence d'une contrepartie inférieure attendue du tiers.

2. Quelle(s) nature(s) de l'obligation de l'entité à l'égard d'un tiers implique(nt) la constatation d'un passif ?
- ☐ une obligation légale.
- ☐ une obligation implicite.
- ☐ une obligation morale.
- ☐ une obligation contractuelle.

3. Un salarié est licencié pour faute grave en novembre N. Il attaque son employeur aux prud'hommes pour licenciement abusif. Dans quel(s) cas de figure l'entreprise doit-elle constater une provision dans ses comptes de l'exercice N dans la mesure où elle estime que le jugement lui sera défavorable ?
- ☐ si la date du recours en justice intervient avant la date de clôture.
- ☐ si la date du recours en justice intervient avant la date d'arrêté des comptes annuels.

4. Les pertes d'exploitation futures sont provisionnables :
- ☐ Vrai
- ☐ Faux

5. Une obligation ne donne lieu à comptabilisation d'un passif que s'il est probable ou certain qu'elle se traduira par une sortie de ressources. À quelle date s'apprécie cette probabilité ?
- ☐ à la date de clôture.
- ☐ à la date d'arrêté des comptes.

6. Les gains latents de change sur la conversion des dettes et créances en devises étrangères sont comptabilisés au passif du bilan :
- ☐ Vrai
- ☐ Faux

7. Une provision est un passif dont l'échéance et le montant ne sont pas fixés de façon précise :
- ☐ Vrai
- ☐ Faux

8. En cas d'obligation unique et en présence de plusieurs hypothèses d'évaluation de la sortie de ressources, le montant à provisionner est évalué :
- ☐ en retenant l'hypothèse la plus probable.
- ☐ en pondérant les différentes hypothèses possibles.

9. Quelles sont les dépenses à prendre en compte dans l'évaluation d'une provision ?
- ☐ les dépenses qui concourent directement à l'extinction de l'obligation de l'entité envers le tiers.
- ☐ les dépenses qui concourent directement et indirectement à l'extinction de l'obligation de l'entité envers le tiers.

10. Les provisions sont évaluées après effet d'impôt sur les bénéfices :

- ☐ Vrai
- ☐ Faux

11. Les événements futurs pouvant avoir un effet sur le montant des dépenses nécessaires à l'extinction de l'obligation doivent être pris en compte dans l'estimation de la provision lorsqu'il existe des indications objectives que ces événements se produiront :

- ☐ Vrai
- ☐ Faux

12. Les profits résultant de la sortie attendue d'actifs doivent être pris en compte dans l'évaluation d'une provision :

- ☐ Vrai
- ☐ Faux

13. Un remboursement attendu de la dépense nécessaire à l'extinction d'une obligation provisionnée minore le montant d'une provision :

- ☐ Vrai
- ☐ Faux

14. Les coûts de restructuration ne peuvent constituer un passif que si :

- ☐ la décision a été prise en interne par la direction avant la date de clôture.
- ☐ la décision a été prise en interne par la direction avant la date d'arrêté des comptes.
- ☐ l'annonce de cette décision aux tiers concernés a été effectuée avant la date de clôture.
- ☐ l'annonce de cette décision aux tiers concernés a été effectuée avant la date d'arrêté des comptes.

15. La constatation des engagements de retraite sous forme de provision constitue une méthode de référence :

- ☐ Vrai
- ☐ Faux

16. Les modalités d'évaluation des engagements de retraite sont fixées par :

- ☐ le Code de commerce.
- ☐ le PCG.
- ☐ un avis du CU de CNC.
- ☐ une recommandation de l'ANC.
- ☐ un avis du CNC.

17. La comptabilisation d'une provision pour médailles du travail est :

- ☐ obligatoire.
- ☐ facultative.

18. Les événements postérieurs à la clôture ayant un lien direct et prépondérant avec l'exercice clos :

- ☐ doivent donner lieu à un ajustement des comptes annuels.
- ☐ doivent faire l'objet d'une information en annexe.

19. Lorsqu'un événement postérieur à la clôture entraîne le non-respect du principe de continuité d'exploitation, les comptes annuels doivent être systématiquement présentés en valeurs liquidatives :

- ☐ Vrai
- ☐ Faux

Applications

Mettre en œuvre les compétences

Application 1 Provision ou pas provision ?

Compétences attendues : C2 et C3

Examinez les situations suivantes et précisez si elles doivent donner lieu à la constatation d'une provision dans les comptes de l'exercice N en respect des dispositions du PCG. Indiquez, le cas échéant, le montant de la provision à comptabiliser.
Vous justifierez votre réponse sur la base des trois critères à réunir simultanément pour pouvoir constater un passif.

1. Une entreprise a décidé en N de réaliser des travaux début N+1. Elle a signé le devis du fournisseur en décembre N.

2. Une entreprise a décidé de licencier pour insuffisance professionnelle un salarié en décembre N L'entretien a lieu le 28/12/N. La lettre de licenciement est adressée le 10/01/ N+1.

3. En novembre N, une entreprise décide le transfert de ses locaux en février N+1. Les coûts de déménagement sont estimés à 10 000 €.

4. En décembre N, une entreprise décide et engage une campagne publicitaire pour l'exercice suivant. Les frais sont estimés à 60 000 €.

5. Une entreprise est contrainte de déménager et résilie le bail envers son bailleur en décembre N. Les coûts supportés par l'entité sont les suivants :

- indemnité de résiliation du bail : 30 000 € ;
- coût de remise en état des locaux laissés : 10 000 € ;
- coût de déménagement des biens qui ne seront plus utilisés : 3 000 € ;
- coût de déménagement des biens qui seront réutilisés : 20 000 €.

6. Une société a accordé une caution au profit d'un tiers pour un emprunt bancaire contracté par ce dernier en avril N. Au 31/12/N, le solde de l'emprunt ressort à 1 million d'euros. À la date d'arrêté des comptes, la mise en jeu de la caution n'est pas probable.

7. Une société a accordé une caution au profit d'un tiers pour un emprunt bancaire contracté par ce dernier en avril N. Au 31/12/N, le solde de l'emprunt ressort à 1 million d'euros. À la date d'arrêté des comptes, étant donnée la situation financière du tiers, la mise en jeu de la caution est certaine mais son échéance non encore connue. Le produit certain attendu du recours intenté par l'entreprise ressort à 200 000 €.

8. Une entreprise a licencié un salarié en novembre. Ce dernier a intenté une action en justice en janvier N+1 en réclamant 20 000 € de dommages et intérêts. Les avocats de l'entreprise estiment qu'il est peu probable que l'entreprise soit condamnée.

9. Une entreprise a licencié un salarié en novembre. Ce dernier a intenté une action en justice en janvier N+1 en réclamant 20 000 € de dommages et intérêts. Les avocats de l'entreprise estiment qu'il est probable à 80 % que l'entreprise soit condamnée à verser 20 000 € et à 20 % que le salarié soit débouté de sa demande.

10. Du fait d'une nouvelle loi promulguée en N relative à la sécurité des matériels, une entreprise devra réaliser d'ici juin N+1 des investissements de mise en conformité à hauteur de 100 000 €. Au 31/12/N, aucune dépense n'a encore été effectuée.

Application 2 Coûts de restructuration

Compétences attendues : C1, C2 et C3

Suite à des difficultés financières importantes, la société Deville a décidé la mise en œuvre d'un plan de restructuration début N+1.
- Les mesures de réorganisation ont été approuvées par un conseil d'administration en date du 10/12/N.
- Les mesures de réorganisation ont été présentées à une réunion du comité d'entreprise le 18/12/N.
- Les salariés licenciés ont reçu un courrier individuel le 2/01/N+1.
- Les éléments prévisionnels de coûts de restructuration sont les suivants :
  - indemnités de licenciement et charges liées : 200 000 € ;
  - coûts de déménagement du matériel réutilisable : 20 000 € ;
  - coûts de mise au rebut du matériel non réutilisable : 3 000 € ;
  - cession de matériels non réutilisables complètement amortis : 5 000 € ;
  - indemnité de rupture de contrat avec un fournisseur : 10 000 € ;
  - dépenses de formation du personnel pour la nouvelle activité : 15 000 € ;
  - indemnité de résiliation du bail : 12 000 € ;
  - perte sur le stock de produits finis au 31/12/N : 14 000 € ;
  - dépenses de modernisation des réseaux de distribution : 80 000 €.

1. Le plan de restructuration constitue-t-il un passif au 31/12/N ?

2. Quel est le fait générateur de comptabilisation d'un passif au titre de ce plan de restructuration ?

3. Quelle est la nature du passif au titre de ce plan de restructuration ?

4. Quel est le montant de la provision pour restructuration à comptabiliser au 31/12/N ? Effectuez l'enregistrement comptable correspondant.

Application 3 Chèques-cadeaux

Compétences attendues : C1, C2, C3 et C4

La société Sephomar a mis en place pour ses clients un système de cartes de fidélité leur accordant des points à chaque achat effectué dans ses parfumeries. Lorsque le total de 150 points est atteint dans un délai de 12 mois, le client reçoit un bon de réduction d'une valeur de 15 € valable 3 mois dans l'ensemble des magasins du réseau.
Le suivi statistique des cartes de fidélité fournit les informations suivantes :
- le nombre de points alloués au cours de l'exercice N : 2 560 400 ;
- le pourcentage et la valeur des droits transformés en chèques réduction et cadeaux ou autres avantages : 87 % ;
- le pourcentage et la valeur des chèques réduction et cadeaux ou autres avantages effectivement présentés : 96 %.
- le coût de revient d'un bon de réduction est de 15 €.

1. Les droits accordés à ses clients par la société Sephomar constituent-ils un passif ? Justifiez votre réponse.

2. Évaluez la provision pour cartes de fidélité à constituer au 31/12/N.

3. Effectuez les enregistrements comptables nécessaires au 31/12/N sachant que la provision au 31/12/N–1 s'élevait à 138 612 €.

4. Déterminez l'impact de la provision pour cartes de fidélité sur les comptes de l'exercice N.

Application 4 Engagements de retraite

Compétences attendues : C1, C2, C3, C4 et C5

La convention collective de l'entreprise Moreau prévoit le versement d'une indemnité de départ en retraite égale à 1 % du salaire par année d'ancienneté.
Mme Simon, salariée de l'entreprise âgée de 54 ans, a été recrutée le 1/01/N–11. Elle partira à la retraite le 31/12/N+6. Les informations suivantes sont connues :
– son salaire annuel au titre de l'année N est de 45 000 € ;
– le taux de progression annuel des salaires est de 2 % ;
– le taux de *turnover* moyen de l'entreprise est de 5 % par an ;
– le taux d'actualisation des dettes à long terme est de 6 % ;
– la table de mortalité donne les chiffres suivants :

Âge	Nombre de survivants pour une population de 100 000 individus
54	91 273
55	91 013
60	89 523

1. **Déterminez l'engagement de retraite de l'entreprise Moreau envers Mme Simon au 31/12/N et au 31/12/N+1 sachant que les hypothèses actuarielles n'ont pas été modifiées d'une période sur l'autre et que la progression effective des salaires a été de 2 % (montant arrondi à l'euro le plus proche).**

2. **Quelle écriture comptable doit être enregistrée au 31/12/N+1 sachant que l'entreprise Moreau provisionne ses engagements de retraite ?**

3. **Quelles sont les conséquences fiscales de cette écriture ?**

4. **Déterminez l'impact de la provision engagements de retraite sur les comptes de l'exercice N + 1 en supposant que les engagements globaux de l'entreprise Moreau ressortent à 60 000 € au 31/12/N et 63 000 € au 31/12/N + 1.**

5. **Quel est l'impact sur les comptes annuels de N + 1 si l'entreprise Moreau n'adopte pas la méthode de référence en matière d'engagements de retraite ?**

Application 5 Événements postérieurs à la clôture de l'exercice

Compétences attendues : C1, C2, C3, C4 et C5

La SA Titan clôture ses comptes avec l'année civile. La réunion de son conseil d'administration en vue de l'arrêté des comptes de l'exercice N est fixée au 20/03/N + 1.
Les événements suivants se sont produits entre les dates de clôture et d'arrêté des comptes de la SA au titre de l'exercice N :

a. La SA Titan disposait de 5 % des titres de la SA Nanty au 31/12/N. Dans le cadre de sa stratégie de développement, la SA Titan a porté sa participation à 48 % suite à un rachat de titres intervenu le 16/02/N+1.

b. Le client Jermy présente les soldes suivants dans la comptabilité auxiliaire clients de la SA Titan :
– au 31/12/N : 0,00 € ;
– au 15/01/N+1 : 21 600 €.

La SA Titan est informée le 15/03/N+1 du dépôt de bilan de son client. Elle estime comme quasi nulle la probabilité de recouvrer tout ou partie de sa créance.

c. La SA Titan dispose de deux terrains hors exploitation dont les valeurs comptables sont les suivantes :
- T1 : 35 000 € ;
- T2 : 63 000 €.

Envisageant la vente de ces actifs non liés à l'exploitation, elle a fait procéder à une expertise dont les résultats communiqués le 30/01/N+1 sont les suivants :
- T1 : 55 000 € ;
- T2 : 60 000 €.

d. Un litige avec un client débuté en N–2 a fait l'objet d'une provision d'un montant de 30 000 €. Le jugement rendu le 5/02/N+1 condamne la SA Titan au versement d'une somme de 28 000 €. Il ne sera pas fait appel de cette décision par l'une ou l'autre partie.

e. Le client Devos a retourné le 3/01/N+1 des produits livrés le 28/12/N par la SA Titan pour défauts de fabrication. Le montant HT de la facture est de 4 500 €.

1. Analysez chacun des événements et déduisez-en leur impact sur les comptes annuels de l'exercice N de la SA Titan.

2. Enregistrez les écritures comptables découlant de votre analyse.

Entraînement à l'examen

Comptabilisation d'un passif

Compétences attendues : C1, C2 et C3

Cet exercice est à réaliser sans calculatrice.

Travail à faire :
À partir de l'annexe, vous traiterez les questions posées.

1. Les éléments relatifs au litige avec la société Carime remplissent-ils les conditions de comptabilisation d'un passif ?
2. Précisez la nature et le montant de ce passif et procédez à l'enregistrement comptable nécessaire au 31/12/N.
3. Indiquez si la société Charaf peut reconnaître comme passif au 31/12/N le montant estimé des honoraires du cabinet d'avocat.

Annexe

En juillet N, la société Charaf est entrée en contact avec la société Carime pour la réalisation d'un site Internet.

Suite à une série de retards et d'erreurs jugés inacceptables, la société Charaf a rompu le contrat signé avec la société Carime en novembre N, après avoir réglé le montant des factures partielles reçues de cette dernière.

En décembre N, la société Carime a porté l'affaire devant le tribunal de commerce pour rupture abusive de contrat et demande le paiement de dommages et intérêts.

Le cabinet d'avocats Werner et associés, conseil de la société Charaf, estime que la société sera probablement condamnée à des dommages et intérêts pour rupture abusive de contrat. Les dirigeants de la société considèrent ce risque comme un élément de nature exceptionnelle.

À la clôture de l'exercice N, le cabinet Werner et associés a fourni une première estimation des dommages et intérêts à verser. Ceux-ci devraient d'établir dans une fourchette comprise entre 5 000 € et 15 000 €, avec les probabilités d'occurrence suivantes :

5 000 €	30 %
12 000 €	60 %
15 000 €	10 %

Par ailleurs, le cabinet Werner et associés a fourni une première estimation d'honoraires pour un montant de 3 000 € HT, pour assurer la défense de la société Charaf lors de ce litige, qui devrait être jugé en N+1.

CHAPITRE

18

Les engagements financiers et passifs éventuels

Compétences attendues	Savoirs associés
– Caractériser les différentes catégories de passif (C1). – Exposer et appliquer les conditions d'inscription au passif (C2). – Évaluer et comptabiliser les opérations portant sur certains passifs à leur entrée et postérieurement à leur entrée (C3). – Analyser les conséquences d'un choix de comptabilisation, notamment sur la présentation des comptes annuels, dans une situation donnée (C4). – Présenter les informations à fournir en annexe (C5).	– Engagements financiers et passifs financiers.

Contexte professionnel

La SA Lenoir dont l'exercice coïncide avec l'année civile est une société industrielle qui fabrique et commercialise du matériel informatique. Les comptes de l'exercice N sont arrêtés le 10/03/N + 1.

Les informations suivantes vous sont communiquées pour la préparation des états financiers de N :

Les effets escomptés non échus au 31/12/N s'élèvent à 510 000 €.

Les engagements de retraite s'élèvent à 625 000 € au 31/12/N. Ils ne sont pas comptabilisés.

Raison sociale	SA Lenoir
Capital social	320 000 €
Siège social et exploitation	10, rue des entrepôts 69004 Lyon
Activité	Fabrication et commercialisation de matériel informatique
Dirigeant	P.-D.G. Monsieur Lefort
Effectif	350 salariés
Données comptables	CA HT exercice N –1 : 50 millions d'€ CA HT exercice N : 55 millions d'€

La SA Lenoir s'est portée caution d'un emprunt bancaire de 150 000 € contracté par la SARL Lerouge. À la date d'établissement des comptes, la mise en œuvre de la garantie donnée n'est pas probable.

Le bilan d'une entité comprend l'ensemble des éléments actifs et passifs résultant des opérations réalisées à la date de clôture. Il tient compte également, par le biais des provisions, de certaines opérations non encore réalisées mais ayant généré une obligation à l'égard d'un tiers à cette même date. D'autres opérations non encore traduites en comptabilité peuvent avoir une influence sur l'appréciation de la situation financière de l'entité. Il s'agit :
– des engagements non comptabilisés (risque éventuel et non probable ou certain) ;
– des passifs éventuels.
Ces éléments doivent figurer en annexe dans la mesure où ils sont significatifs. Ils doivent faire l'objet d'un suivi particulier car certains d'entre eux sont susceptibles de devenir des passifs.

Exemple

Une entité a escompté un effet à recevoir pour un montant de 100 000 €. La créance n'apparaît plus au bilan de l'entité. Elle a été annulée par le débit du compte de trésorerie. Si la traite est impayée à l'échéance, la banque redébitera le compte de son client. Le risque d'impayé est en effet supporté par l'entité et non par la banque.

Les effets escomptés non échus (EENE) constituent des engagements hors bilan qui doivent être mentionnés en annexe.

+

Dans le référentiel IFRS, les effets escomptés sont maintenus au bilan jusqu'à leur échéance. La contrepartie du compte de trésorerie actif est un compte de trésorerie passif. Ce traitement comptable permet à la fois :
– de matérialiser que l'entité supporte le risque de non-paiement de la créance ;
– de calculer directement le ratio crédit client, sans avoir à réintégrer le montant des effets escomptés non échus.

Le traitement comptable des engagements financiers a fait l'objet d'un texte de doctrine, l'avis n° 24 « Les engagements » de l'OEC (1991).

I Les engagements financiers

A) Définition et typologie des engagements

1. Définition d'un engagement

« Les comptes d'engagements enregistrent des droits et obligations susceptibles de modifier le montant ou la consistance du patrimoine de l'entité. Les effets des droits et obligations sur le montant ou la consistance du patrimoine sont subordonnés à la réalisation de conditions ou d'opérations ultérieures. [...] » (PCG – article 948-80).

2. Typologie des engagements

Les engagements comprennent :
– les engagements de garantie donnés ou reçus ;
– les engagements réciproques ;
– les créances et dettes assorties de garanties ;
– les engagements de retraite (voir chapitre 15).

a) Engagements de garantie

Il s'agit :

– des engagements donnés par l'entité, non associés à des éléments figurant au bilan, pour garantir un créancier contre la défaillance éventuelle de son débiteur ;

Exemples

Avals, cautions, garanties données.

– des engagements reçus par l'entité pour la garantir en cas d'insolvabilité d'un tiers ou de mise en cause de la responsabilité de ce dernier.

Exemple

Garantie assurée par les précédents signataires d'un effet de commerce lorsque cet effet a été escompté par l'entité et ne figure plus à son actif.

b) Engagements réciproques

Les engagements réciproques découlent de certains contrats et se décomposent en un double engagement :

– l'engagement donné par l'entité à son cocontractant ;

– l'engagement reçu par l'entité de son cocontractant.

Exemples

Engagements de crédit-bail, découverts consentis ou obtenus ; marchés à livrer.

c) Créances et dettes assorties de garanties

Il s'agit :

– des dettes pour lesquelles l'entité a dû accorder elle-même une garantie (nantissement, gage, hypothèque), un bien étant affecté à la garantie du paiement de cette dette ;

– des créances pour lesquelles l'entité a obtenu en garantie une sûreté réelle (nantissement, gage, hypothèque) ou personnelle (caution) par le débiteur ou par un tiers.

B) Caractéristiques générales des engagements

1. Fait générateur

La naissance de l'engagement est liée à celle de l'obligation contractuelle.

Exemples

Inscription d'une hypothèque, signature d'un engagement de caution.

2. Règles générales d'évaluation

L'avis n° 24 de l'OEC précise les modalités d'évaluation des engagements en distinguant trois cas de figure :

– l'évaluation de l'engagement résulte directement de la convention ;

– l'évaluation de l'engagement n'est pas immédiate mais peut être effectuée ;

– l'évaluation de l'engagement ne peut être effectuée.

a) L'évaluation de l'engagement résulte directement de la convention

L'engagement figure dans l'annexe pour le montant figurant dans la convention.

Exemple

Montant d'une caution.

b) L'évaluation de l'engagement n'est pas immédiate mais peut être effectuée

L'évaluation de l'engagement est faite à la date du bilan, en fonction du montant résiduel de l'engagement.

Exemples

Redevances de crédit-bail restant à payer ; valeur nominale des effets remis à l'escompte non échus.

c) L'évaluation de l'engagement ne peut être effectuée

Une information littéraire est fournie en annexe quant à la nature de l'engagement.

Exemple

Engagement de non-concurrence.

C) Règles de comptabilisation des engagements

La tenue d'une comptabilité des engagements n'est pas obligatoire. Elle est prévue par le PCG par l'utilisation spécifique des comptes de la classe 8.

1. Engagements donnés

Les engagements donnés, qui peuvent être considérés comme des dettes conditionnelles, sont enregistrés au crédit du compte 801. Engagements donnés par l'entité, dans les sous-comptes suivants :
- 8011. Avals, cautions, garanties ;
- 8014. Effets circulant sous l'endos de l'entité ;
- 8016. Redevances crédit-bail restant à courir ;
- 8018. Autres engagements donnés.

La contrepartie est enregistrée au débit du compte 8091. Contrepartie 801.

Exemple

La société A s'est portée caution en garantie d'un emprunt bancaire de 60 000 € contracté par sa filiale F.

La caution constitue pour A un engagement de garantie donné, comptabilisé comme suit :

8091	Contrepartie 801	60 000	
8011	Avals, cautions, garanties		60 000

2. Engagements reçus

Les engagements reçus, qui peuvent être considérés comme des créances conditionnelles, sont enregistrés au débit du compte 802. Engagements reçus par l'entité, dans les sous-comptes suivants :
- 8021. Avals, cautions, garanties ;
- 8024. Créances escomptées non échues ;
- 8026. Engagements reçus pour utilisation en crédit-bail ;
- 8028. Autres engagements reçus.

La contrepartie est enregistrée au débit du compte 8092. Contrepartie 802.

Exemple

La société A s'est portée caution en garantie d'un emprunt bancaire de 60 000 € contracté par sa filiale F.

La caution constitue pour la banque un engagement de garantie reçu, comptabilisé comme suit :

8021	Avals, cautions, garanties	60 000	
8092	Contrepartie 802		60 000

3. Effets escomptés

En ce qui concerne les effets, le PCG prévoit qu'à la date de l'escompte, la comptabilité des engagements enregistre le double engagement :

- au débit du compte 8024 le montant des créances escomptées non échues ;
- au crédit du compte 8014 le montant des effets circulant sous l'endos de l'entité correspondant au financement obtenu.

Les écritures d'annulation des engagements sont passées à une date postérieure à celle de l'échéance des effets, après l'expiration des délais de recours.

En cas de renvoi de l'effet par l'établissement de crédit pour non-paiement ou toute autre cause, notamment réclamation, refus d'acceptation ou irrégularité de l'effet, le remboursement du crédit d'escompte entraîne la contre-passation des écritures d'engagements afférentes à l'effet retourné.

Contexte SA Lenoir

Identifier et comptabiliser les engagements donnés et reçus par la SA Lenoir.

D) Information en annexe en matière d'engagements

1. Principe d'importance relative

Les informations en matière d'engagements sont mentionnées dans l'annexe. Il en résulte qu'elles ne sont à fournir que si elles ont un caractère significatif, en application du principe d'importance relative, et que leur connaissance est nécessaire à l'appréciation de la situation financière de l'entité.

2. Textes de référence

Les informations à fournir en annexe en matière d'engagements sont précisées à la fois par :

- le Code de commerce – articles L. 232-1 et R. 123-195 ;
- le PCG – article 810-8.

›Voir textes de référence 1 et 2

L'article 810-8 du PCG prévoit que le contenu de l'annexe des comptes dépend de la catégorie de l'entité. Ce contenu est précisé au chapitre III – « Contenu de l'annexe des comptes annuels » du titre VIII « Documents de synthèse » du PCG.

On peut résumer les types d'entités et la référence aux informations à fournir dans le tableau qui suit :

Type d'entité	Seuil d'application (déterminé par référence à 2 des 3 critères)	Contenu de l'annexe en matière d'engagements
Microentreprises	• Total du bilan < 350 000 € • Chiffre d'affaires < 700 000 € • Nombre moyen de salariés < 10	Dispense d'annexe mais informations à la suite du bilan (PCG – art. 810-9)
Personnes morales relevant du régime simplifié d'imposition	• Chiffre d'affaires < 789 000 € (vente de marchandises) • Chiffre d'affaires < 238 000 € (prestations de services)	Annexe abrégée (PCG – art. 831-2)
Personnes morales Petites entreprises bénéficiant du régime simplifié de présentation des comptes	• Total du bilan < 6 000 000 € • Chiffre d'affaires < 12 000 000 € • Nombre moyen de salariés < 50	Annexe simplifiée (PCG – art. 832-18)
Autres personnes morales	Dépassant seuils petite entreprise	Annexe normale (PCG – art. 833-18) › Voir texte de référence 3
Personnes physiques bénéficiant du régime simplifié de présentation des comptes	• Total du bilan : 6 000 000 € • Chiffre d'affaires : 12 000 000 € • Nombre moyen de salariés : 50	Annexe simplifiée (PCG – art. 834-13)
Autres personnes physiques	Dépassant seuils petite entreprise	Annexe normale (PCG – art. 835-13)

+

La multiplicité des types d'entités provient, d'une part, de la prise en compte des catégories d'entreprises résultant de la directive comptable du 26 juin 2013, et d'autre part, des catégories d'entreprises existant dans le droit français.

3. Informations à fournir par type d'entité

La liste des informations à fournir en annexe est donc fonction de la taille et de la nature de l'entité (personne physique ou morale). L'information relative aux engagements est dès lors plus ou moins détaillée. Prenons quelques exemples issus de la typologie d'entités définie ci-dessus.

a) Microentreprises

Les Microentreprises peuvent ne pas établir d'annexe à leurs comptes annuels. Dans ce cas, elles mentionnent les informations suivantes à la suite de leur bilan (PCG – article 810-9) :

- le montant global de tout engagement financier, toute garantie ou tous passifs éventuels ne figurant pas au bilan, notamment les engagements de crédit-bail, et une indication de la nature et de la forme de toute sûreté réelle ;
- les engagements en matière de pension, de compléments de retraite, d'indemnités et d'allocations en raison du départ à la retraite ou avantages similaires des membres ou associés de son personnel ou de ses mandataires sociaux ;
- les engagements à l'égard d'entreprises liées ou associées ;

– le montant des avances et crédits alloués aux membres des organes d'administration, de direction ou de surveillance, avec indication des conditions consenties et des remboursements opérés pendant l'exercice, ainsi que du montant des engagements pris pour leur compte.

b) Personnes morales relevant du régime simplifié d'imposition

Les personnes morales placées sur option ou de plein droit sous le régime simplifié d'imposition peuvent présenter une annexe abrégée (PCG – article 831-1).

Le PCG (article 831-2) propose la présentation des engagements sous forme de tableau :

▼ Tableau des engagements financiers

Nature de l'engagement[a]	Montant de l'engagement restant à la clôture de l'exercice
Contrat(s) de crédit-bail	
Retraites ou indemnités assimilées	
Sûretés reçues[b]	
Sûretés données[b]	
Effets de commerce escomptés non échus cessions de créance Dailly, affacturage	

(a) À développer si nécessaire.

(b) Ces rubriques sont développées dans la mesure où celles-ci sont particulièrement significatives (le cas échéant, mettre en évidence, entre autres, les hypothèques, les nantissements, les cautions, les avals, etc.).

▼ Tableau des autres opérations non inscrites au bilan, à détailler par nature en indiquant l'objectif commercial

Opérations non inscrites au bilan	Objectif commercial (description de l'objectif commercial)
Contrats de location longue durée	

c) Petites entreprises et autres personnes morales ne relevant pas de la catégorie petites entreprises

Les petites entreprises bénéficiant du régime simplifié de présentation des comptes et les autres personnes morales ne relevant de la catégorie petites entreprises doivent fournir une information détaillée de leurs engagements concernant à la fois (PCG – articles 832-18 et 833-18) :

– les engagements financiers donnés et reçus : avals, cautions, garanties, engagements de retraite… ;

– les engagements pris en matière de crédit-bail ;

– les autres opérations non inscrites au bilan : constitue une opération non inscrite au bilan toute transaction ou tout accord entre une société et une ou plusieurs autres entités, même non constituées en sociétés, qui présente des risques et des avantages significatifs pour une société, non traduits au bilan et dont la connaissance est nécessaire à l'appréciation de la situation financière de la société.

Contexte SA Lenoir

Quel type d'annexe devra établir la SA Lenoir ? Quelles sont les conséquences en matière d'engagements ?

E) Engagements et passifs

L'avis 2000-01 du CNC relatif aux passifs traite du cas particulier de la mise en jeu d'une caution donnée.

1. Existence d'un passif

L'obligation actuelle résulte d'un engagement de garantie donné avant la date de clôture.

Un engagement de garantie doit donner lieu à la comptabilisation d'un passif lorsque la sortie de ressources sans contrepartie est probable. C'est le cas lorsque les deux conditions suivantes sont réunies :

- la situation financière du cautionné à la clôture de l'exercice risque d'entraîner sa défaillance ;
- la mise en jeu de la caution donnée est probable.

2. Nature du passif

Le montant du passif est connu avec précision.

Si l'échéance de la caution n'est pas fixée, le passif constitue une provision. Si elle est fixée, le passif constitue une dette.

3. Constatation d'un droit de créance

Si l'entité ayant accordé la caution intente un recours, le produit attendu est comptabilisé à l'actif s'il répond aux règles de comptabilisation des actifs.

Cette créance doit, en outre, être dépréciée si l'insolvabilité du débiteur défaillant est probable à la date de clôture.

II Les passifs éventuels

A) Définition

« Un passif éventuel est :

- soit une obligation potentielle de l'entité à l'égard d'un tiers résultant d'événements dont l'existence ne sera confirmée que par la survenance, ou non, d'un ou plusieurs événements futurs incertains qui ne sont pas totalement sous le contrôle de l'entité ;
- soit une obligation de l'entité à l'égard d'un tiers dont il n'est pas probable ou certain qu'elle provoquera une sortie de ressources sans contrepartie au moins équivalente attendue de celui-ci. » (PCG – article 321-6).

Exemple 1

Obligation qui n'est ni probable, ni certaine à la date d'établissement des comptes

Une entreprise confrontée à de graves difficultés financières envisage un plan de restructuration. À la date de clôture, cette restructuration n'a pas encore été annoncée au personnel concerné. L'obligation n'est que potentielle à la date de clôture. Elle ne deviendra certaine qu'en N + 1, au moment de l'annonce aux tiers concernés. Les coûts de restructuration constituent un passif éventuel.

Exemple 2

Obligation pour laquelle la sortie de ressources n'est pas probable

Une caution a été accordée par l'entreprise A à une entité B dans le cadre d'un emprunt contracté par cette dernière. À la date d'arrêté des comptes, la situation financière de B est saine. L'obligation juridique existe, liée à la signature de la caution. En revanche, il n'est pas probable qu'elle se traduira par une sortie de ressources. La caution accordée est un passif éventuel.

B) Traitement comptable

1. Information en annexe

« Un passif éventuel n'est pas comptabilisé au bilan ; il est mentionné en annexe. » (PCG – article 322-5).

L'information à fournir pour chaque catégorie de passif éventuel à la date de clôture est la suivante :

- description de la nature des passifs éventuels ;
- estimation de leurs effets financiers ;
- indication des incertitudes relatives au montant ou à l'échéance de toute sortie de ressources ;
- possibilité pour l'entité d'obtenir remboursement.

Toutefois, ces informations ne seront pas données si la probabilité de sortie de ressources est faible (PCG – articles 832-12, 833-12, 834-9 et 835-9).

2. Suivi ultérieur

Les passifs éventuels nécessitent un suivi ultérieur. En effet, ils peuvent évoluer (caractère certain et non plus probable de l'obligation, ou probabilité de la sortie de ressources) et devenir des passifs à comptabiliser.

3. Lien entre engagements et passifs éventuels

Certains engagements constituent également des passifs éventuels.

Exemple

Engagement de garantie donné (caution, etc.) pour lequel la mise en jeu de la garantie n'est pas probable à la date d'établissement des comptes annuels.

Contexte SA Lenoir

Identifier le ou les passifs éventuels de la SA Lenoir.

Correction contexte SA Lenoir

1. Identification et comptabilisation des engagements

Les effets escomptés non échus constituent un double engagement :

– un engagement donné : engagement de payer le porteur (la banque) en cas de défaillance du tiré (le client) ;

– un engagement reçu : engagement du tiré (le client) d'assurer le paiement de la créance.

		31/12/N		
8091		Contrepartie 801	510 000	
	8014	Effets circulant sous l'endos de l'entité		510 000
		31/12/N		
8024		Créances escomptées non échues	510 000	
	8092	Contrepartie 802		510 000

Les engagements de retraite ne sont pas comptabilisés en tant que passif. Ils constituent un engagement donné par la SA Lenoir.

Il est enregistré comme suit :

		31/12/N		
8091		Contrepartie 801	625 000	
	8018	Autres engagements donnés		625 000

La caution accordée pour l'emprunt bancaire de la SARL Lerouge constitue un engagement de garantie donné par la SA Lenoir.

Il est comptabilisé comme suit :

		31/12/N		
8091		Contrepartie 801	625 000	
	8011	Avals, cautions, garanties		625 000

2. Informations en annexe

La SA Lenoir dépasse deux des trois seuils de la petite entreprise (CA > 12 M€ et effectif > 50 salariés). Elle doit donc présenter une annexe normale. Les autres personnes morales ne relevant pas de la catégorie petites entreprises doivent fournir une information détaillée de leurs engagements concernant à la fois (PCG – article 833-18) :

– les engagements financiers donnés et reçus : avals, cautions, garanties, engagements de retraite… ;

– les engagements pris en matière de crédit-bail ;

– les autres opérations non inscrites au bilan (transaction ou accord entre une société et une ou plusieurs autres entités, même non constituées en sociétés, qui présentent des risques et des avantages significatifs pour une société non traduits au bilan et dont la connaissance est nécessaire à l'appréciation de la situation financière de la société).

3. Passifs éventuels

La caution accordée pour l'emprunt bancaire de la SARL Lerouge constitue un passif éventuel. En effet, il s'agit d'une obligation actuelle résultant d'un événement passé (l'octroi de la garantie), pour laquelle la sortie de ressource n'est pas probable (à la date d'établissement des comptes, la mise en œuvre de la garantie donnée n'est pas probable).

Synthèse

Engagements

Les engagements sont les droits et obligations dont les effets sur le montant ou la consistance du patrimoine de l'entité sont subordonnés à la réalisation de conditions ou d'opérations ultérieures.

Les engagements comprennent :

- les engagements de garantie donnés ou reçus (avals, cautions, garanties, etc.) ;
- les engagements réciproques (engagements de crédit-bail, etc.) ;
- les créances et dettes assorties de garantie (hypothèque, nantissement, etc.) ;
- les engagements de retraite.

La tenue d'une comptabilité des engagements n'est pas obligatoire. Elle est prévue par le PCG par l'utilisation spécifique des comptes de la classe 8 :

– engagement donné :

8091		Contrepartie 801	X	
	801	Engagements donnés par l'entité		X

– engagement reçu :

802		Engagements reçus par l'entité	X	
	8092	Contrepartie 802		X

Les engagements sont mentionnés dans l'annexe en fonction du principe d'importance relative et de la catégorie de l'entité. Le PCG précise pour chaque type d'entité la liste des informations à fournir dans l'annexe.

Information en annexe relative aux engagements	
Par catégories	**Par types de bénéficiaires**
Engagements de garantie donnés ou reçus	Dirigeants
Engagements réciproques	Filiales
Créances et dettes assorties de garantie	Participations
Engagements de retraite	Autres entreprises liées

L'annexe doit en outre mentionner les opérations hors bilan qui présentent des risques et avantages significatifs (opérations de titrisation, d'externalisation…).

Passifs éventuels

Un passif éventuel répond à deux conditions sur les trois critères de définition d'un passif : [1 et 3] ou [2 et 3] :

1. Obligation à l'égard d'un tiers à la date de clôture	+	**2.** Probabilité de sortie de ressources	+	**3.** Sans contrepartie au moins équivalente attendue du tiers

Un passif éventuel n'est pas comptabilisé au bilan. Il est mentionné en annexe.

Références

- Règlement ANC 2014-03 relatif au Plan comptable général.
- Règlement ANC 2015-06 modifiant le règlement ANC 2014-03 relatif au Plan comptable général.
- Avis CNC 2000-01 relatif aux passifs.
- Avis de l'OEC n° 24 « Les engagements » (1991).

1 Code de commerce – article L. 232-1

« I.- À la clôture de chaque exercice, le conseil d'administration, le directoire ou les gérants dressent l'inventaire, les comptes annuels conformément aux dispositions de la section 2 du chapitre III du titre II du livre Ier et établissent un rapport de gestion écrit. Ils incluent dans l'annexe :

1° un état des cautionnements, avals et garanties donnés par la société. Cette disposition n'est pas applicable aux sociétés exploitant un établissement de crédit ou une entreprise d'assurance ;

2° un état des sûretés consenties par elle. [...] »

2 Code de commerce - article R. 123-195

« Outre les informations obligatoires prévues aux articles L. 123-13 à L. 123-21, L. 232-1 à L. 232-23, R. 123-179 à R. 123-89 du présent code et à l'article R. 313-14 du code monétaire et financier et les informations prévues par règlement de l'Autorité des normes comptables, l'annexe comporte toutes les informations d'importance significative sur la situation patrimoniale et financière et sur le résultat de l'entreprise. »

3 PCG – article 833-18

Les entités mentionnent dans l'annexe une information relative aux engagements et aux opérations hors bilan dès lors qu'ils sont significatifs et que leur connaissance est nécessaire à l'appréciation de la situation financière de l'entité. Cette information porte sur les points suivants :

1. Engagements financiers donnés et reçus

Sont notamment à mentionner les montants des engagements financiers suivants :

- les avals, cautionnements et garanties ;
- les créances cédées non échues (dont les effets de commerce escomptés non échus) ;
- les garanties d'actif et de passif ;
- les clauses de retour à meilleure fortune ;
- les engagements consentis à l'égard d'entités liées. Il est précisé qu'une entreprise est considérée comme liée à une autre lorsqu'elle est susceptible d'être incluse par intégration globale dans un même ensemble consolidable ;
- les engagements en matière de pensions ou d'indemnités assimilées ;
- les engagements assortis de sûretés réelles ;

– les engagements pris fermes sur titres de capital et non inscrits au bilan, ainsi que les engagements résultant de contrats qualifiés de « portage » ;

– les engagements consentis de manière conditionnelle.

2. Engagements pris en matière de crédit-bail

Informations particulières à fournir :

– valeur des biens pris en crédit-bail au moment de la signature du contrat ;

– montant des redevances afférentes à l'exercice ainsi que le montant cumulé des redevances des exercices précédents ;

– dotations aux amortissements qui auraient été enregistrées pour ces biens au titre de l'exercice clos s'ils avaient été acquis par l'entité ainsi que le montant cumulé des amortissements qui auraient été effectués au titre des exercices précédents ;

– évaluation des redevances restant à payer ainsi que du prix d'achat résiduel de ces biens stipulé aux contrats.

Les informations prévues aux alinéas précédents sont ventilées selon les postes du bilan dont auraient relevé les biens concernés ; les informations prévues au dernier alinéa sont ventilées selon les échéances à un an au plus, à plus d'un an et cinq ans au plus et à plus de cinq ans.

3. Autres opérations non inscrites au bilan

Outre les éléments ci-dessus, les sociétés mentionnent dans l'annexe une information relative aux autres opérations non inscrites au bilan.

Constitue une opération non inscrite au bilan toute transaction ou tout accord entre une société et une ou plusieurs autres entités, même non constituées en sociétés, qui présente des risques et des avantages significatifs pour une société non traduits au bilan et dont la connaissance est nécessaire à l'appréciation de la situation financière de la société.

Les notions de risques et avantages pour la société sont appréciées selon les critères suivants :

– la société supporte des risques relatifs à une opération lorsqu'elle est potentiellement exposée à une sortie de ressources liée à l'opération ;

– la société a la capacité de bénéficier d'avantages lorsqu'elle a droit directement ou indirectement aux flux de ressources positives générés par l'opération.

Dès lors que l'opération est susceptible d'avoir un impact significatif sur la situation financière de la société, une information est fournie comportant :

– une description de la nature et des objectifs de l'opération ;

– l'indication du montant des risques et avantages attendus de l'opération sur toute la durée de l'accord ;

– l'indication des garanties données dans le cadre de l'opération ;

– toute autre information utile à la bonne compréhension de l'opération.

Applications

Comprendre les notions

Application 1 QCM

Retrouvez la ou les réponses exactes.

1. Quel type d'engagement fait naître pour une entité la signature d'un contrat de crédit-bail ?

- ☐ Un engagement de garantie.
- ☐ Un engagement réciproque.
- ☐ Une créance assortie de garantie.
- ☐ Une dette assortie de garantie.

2. Une société a contracté un emprunt bancaire pour lequel elle a effectué un nantissement sur un fonds de commerce. Il s'agit :

- ☐ d'un engagement de garantie.
- ☐ d'un engagement réciproque.
- ☐ d'une créance assortie de garantie.
- ☐ d'une dette assortie de garantie.

3. Un engagement donné est constaté en débitant le compte 801. Engagements donnés par l'entité :

- ☐ Vrai
- ☐ Faux

4. Les informations relatives aux engagements sont prévues par les textes suivants :

- ☐ Le Code de commerce.
- ☐ Le PCG.
- ☐ L'avis 2000-01 relatif aux passifs.

5. L'information à fournir en annexe relative aux engagements doit répondre au principe comptable :

- ☐ de prudence.
- ☐ d'indépendance des exercices.
- ☐ d'importance relative.

6. À quelle condition un engagement de garantie doit-il donner lieu à la comptabilisation d'un passif ?

- ☐ La situation financière du cautionné à la clôture de l'exercice risque d'entraîner sa défaillance.
- ☐ La mise en jeu de la caution donnée est probable.
- ☐ Les deux conditions précédentes sont réunies.

7. Quel est le traitement comptable d'un passif éventuel significatif ?

- ☐ Comptabilisation systématique au bilan.
- ☐ Comptabilisation sous condition au bilan.
- ☐ Information systématique en annexe.
- ☐ Information sous condition en annexe.

8. Un passif éventuel peut devenir ultérieurement un passif :

- ☐ Vrai
- ☐ Faux

9. La tenue d'une comptabilité d'engagements est obligatoire :

- ☐ Vrai
- ☐ Faux

10. L'information en annexe relative à un passif éventuel doit être fournie :
- ☐ systématiquement.
- ☐ uniquement si la probabilité de sortie de ressources est faible.
- ☐ sauf si la probabilité de sortie de ressources est faible.

Mettre en œuvre les compétences

Application 1 Engagements

Compétences attendues : C1, C2 et C3

La société Roche a contracté au cours de l'exercice N un emprunt de 100 000 € auprès de la société Avent. Les hypothèses suivantes sont envisagées :
a. L'emprunt est cautionné par la société Fourny.
b. L'emprunt est cautionné par un dirigeant de la société Roche.
c. L'emprunt est garanti par la société Roche au moyen d'une hypothèque sur un de ses ensembles immobiliers.

- **Indiquez dans chacune des hypothèses :**
- **la nature de l'engagement et les parties concernées ;**
- **la comptabilisation de l'engagement chez les parties concernées si elles utilisent les comptes spécifiques du PCG.**

Note : on suppose que la situation financière de la société Roche lui permet d'assurer le remboursement de l'emprunt.

Application 2 Caution donnée

Compétences attendues : C1, C2, C3, C4 et C5

Au cours de l'exercice N, la société Lenard s'est portée caution pour un emprunt bancaire de 200 000 € contracté par la société Dutour.
Au 31/12/N, la situation financière de la société Dutour est saine.
Au cours de l'exercice N + 1, suite à la perte de marchés importants, la situation financière de la société Dutour se dégrade considérablement.
Le 2/03/N + 2, la société Dutour dépose son bilan, rendant probable la mise en œuvre de la garantie donnée par la société Lenard.
La société Lenard estime à 140 000 € la somme qu'elle aura à décaisser au titre de son engagement. Elle pense qu'elle pourra raisonnablement récupérer la moitié de cette somme de la société Dutour.

1. **Qualifiez la nature de l'engagement donné par la société Lenard. S'agit-il d'un passif éventuel ? Quel est l'impact sur les comptes de l'exercice N ?**
2. **Comptabilisez l'engagement chez les parties concernées si elles utilisent les comptes spécifiques du PCG. Le solde de l'emprunt ressort à 180 000 € au 31/12/N.**
3. **Quelle est la nature de l'événement du 2/03/N + 2 pour la société Lenard ? Analysez les conséquences comptables de cet événement.**

Application 3 Comptabilisation des engagements

Compétences attendues : C1, C2 et C3

La société Marly vous communique les informations suivantes relatives à l'arrêté des comptes de l'exercice N :

1. Effets escomptés non échus au 31/12/N :

– valeur nominale : 50 000 € ;

– montant net crédité par la banque : 49 000 €.

2. Caution accordée par la société Carroz en garantie d'un emprunt bancaire de 250 000 € contracté par la société Marly.

3. Hypothèque sur siège social donnée en garantie d'un emprunt bancaire de 40 000 €. Le capital restant à rembourser au 31/12/N ressort à 25 000 €.

4. Contrat de crédit-bail à effet au 1/01/N concernant un matériel industriel :

– valeur d'origine de l'immobilisation : 40 000 € HT ;

– modalités d'amortissement par le bailleur : linéaire sur 5 ans ;

– durée du contrat : 5 ans ;

– loyer trimestriel, terme à échoir : 2 400 € HT.

5. Les engagements de retraite de la société Marly s'élèvent à 28 500 €. Ils ne sont pas provisionnés.

- **Pour chacune des opérations ci-dessus :**

– indiquez la nature de l'engagement de la société Marly ;

– procédez à la comptabilisation de l'engagement en utilisant les comptes spécifiques du PCG.

Engagements

Compétences attendues : C1, C2, C3, C4 et C5

Cet exercice est à réaliser sans calculatrice.

Travail à faire :
À partir de l'annexe, vous traiterez les questions posées.

1. Comptabilisez l'emprunt en décembre N dans les comptes des sociétés concernées.
2. Présentez les écritures relatives aux engagements hors bilan des sociétés concernées.
3. Quel principe comptable conduit à fournir ou non une information en annexe en matière d'engagements hors bilan ? Justifiez votre réponse.
4. Quelle information devra figurer dans les comptes annuels de l'exercice N des sociétés concernées ?

Annexe

La SA Dubois a prêté à la SA Norig 150 000 € en décembre N pour l'aider à faire face à des difficultés financières, les dirigeants de ces deux sociétés étant des amis d'enfance.

Les dirigeants de la SA Dubois pensent que la mise à disposition de cette somme sera d'environ quatre ans, le temps pour la SA Norig d'améliorer sa situation.

L'emprunt est cautionné par la SA Evan, filiale de SA Norig, pour la totalité de la somme.

Les trois entités clôturent leurs comptes avec l'année civile. Rien n'indique, au moment de l'arrêté des comptes de N, que la SA Norig ne sera pas à même de rembourser sa dette.

CHAPITRE

19

Les subventions

Compétences attendues	Savoirs associés
– Exposer et appliquer les traitements comptables relatifs au rattachement des charges et des produits. C1 – Évaluer et comptabiliser les opérations citées et plus particulièrement celles se déroulant sur plusieurs exercices. C2 – Analyser les conséquences d'un choix de comptabilisation, notamment sur la présentation des comptes annuels, dans une situation donnée. C3 – Présenter les informations à fournir en annexe. C4	– Aides aux entreprises : subventions, aides à l'emploi, abandons de créance.

Contexte professionnel

La société Laidée, EURL dont l'associé unique est Madame Astrée Hazar, a été constituée le 15 mars 2014 au capital de 10 000 €. Elle a pour activité de conseiller les agriculteurs pour leur permettre d'obtenir des labels environnementaux. Madame Hazar s'est spécialisée dans la recherche de subventions européennes ou régionales. Au cours de l'exercice N, elle en a obtenu trois pour son entreprise : La première est relative à l'acquisition, le 13/02/N, d'un terrain de 180 000 € et s'élève à 45 000 €. L'attribution de la subvention stipule que le terrain ne peut pas être cédé avant le 14/02/N + 15.

Raison sociale	EURL Laidée
Capital social	10 000 € entièrement libérés depuis la constitution 1 associé personne physique
Siège social et exploitation	13, rue de la poste 21850 Saint-Apollinaire (France)
Activité	Conseil en matière agricole
Dirigeant	Gérante Madame Astrée Hazar
Effectif	2 salariés
Exercice comptable N–1	CA HT = 324 000 € en constante progression Résultat fiscal = 87 530 €

La seconde concerne l'achat le 1/07/N, d'un minitracteur électrique de 80 000 € HT amortissable sur 5 ans en linéaire. La subvention obtenue a financé cette acquisition non polluante à hauteur de 25 %.
La dernière, de 6 000 €, a été obtenue en septembre lors de l'embauche, le 1/09/N, en CDI d'un salarié au chômage depuis plus de cinq ans. Les 6 000 € correspondent à 6 mois d'aide, à raison de 1 000 € par mois. Le 1/03/N + 1, elle sera totalement acquise.

Au cours de leur vie, les entreprises peuvent bénéficier d'aides financières de la part de l'État, d'organismes publics ou d'autres entreprises. Ces aides peuvent se présenter sous différentes formes, par exemple des subventions, des exonérations de charges, des étalements de paiement, des crédits d'impôts, des prêts remboursables uniquement sous certaines conditions, des abandons de créances, etc.
La perception d'une subvention enrichit l'entreprise qui en bénéficie, sauf si, exceptionnellement, elle vient à être remboursée. En conséquence, cette subvention doit, à un moment ou à un autre, être enregistrée en résultat.

I Définitions

Le plan comptable expose le traitement comptable des subventions d'investissement et des subventions d'exploitation dans ses articles 213-6, 312-1, 934-1, 941-13, 947-74 et 947-77, sans toutefois définir ces notions au préalable. Dans la liste des comptes de l'article 931-1 figurent également les comptes 7715. Subventions d'équilibre et 777. Quote-part des subventions d'investissement virée au résultat de l'exercice. La réécriture du plan comptable de 1999 ayant été faite à droit constant, il est possible de se reporter aux définitions du plan comptable de 1982, qui ont d'ailleurs été reprises dans le Recueil des normes comptables publié par l'ANC, pour identifier les différents types de subventions :

› Voir texte de référence 1 et 2

– une subvention d'exploitation est « une subvention dont bénéficie l'entreprise pour lui permettre de compenser l'insuffisance de certains produits d'exploitation ou de faire face à certaines charges d'exploitation » ;

Exemple

Subvention attribuée pour l'embauche d'un chômeur de longue durée.

– une subvention d'équilibre est « une subvention dont bénéficie l'entreprise pour compenser, en tout ou partie, la perte globale qu'elle aurait constatée si cette subvention ne lui avait pas été accordée » ;

Exemple

Subvention accordée par l'État pour inciter des agriculteurs à développer des productions écologiques qui ne seront rentables qu'à long terme.

– une subvention d'investissement est « une subvention dont bénéficie l'entreprise en vue d'acquérir ou de créer des valeurs immobilisées (subvention d'équipement) ou de financer des activités à long terme (autres subventions d'investissement) ».

Exemple

Financement de matériels, de constructions, d'activités de recherche à long terme.

La norme IAS 20 « Comptabilisation des subventions publiques et informations à fournir sur l'aide publique » du référentiel IFRS identifie deux types de subventions, celles liées à des actifs (qui correspondent aux subventions d'investissement du PCG) et celles liées au résultat (qui sont les subventions d'exploitation et d'équilibre du référentiel français).

Traitement fiscal

Le droit fiscal distingue les subventions d'équilibre, qui sont à rattacher aux résultats imposables de l'exercice au cours duquel elles sont acquises (CGI – article 38-1) et les subventions d'équipement qui peuvent, sous conditions, bénéficier d'une imposition échelonnée (CGI – article 42 *septies*).

Contexte EURL Laidée

Déterminer la qualification comptable des subventions reçues par la société Laidée (subventions d'investissement ou d'exploitation).

II Les subventions et l'imposition à la TVA

La subvention reçue par une entreprise est soumise à la TVA lorsqu'elle constitue :

- la contrepartie d'une opération effectuée au profit de l'organisme attribuant la subvention, sauf exonération expresse de l'opération à la TVA ;
- ou le complément de prix d'une opération imposable à la TVA.

En dehors de ces situations, la subvention n'est jamais soumise à la TVA.

Exemple

Une mairie verse à une radio locale une subvention en contrepartie d'obligations contractuelles telles qu'une information quotidienne sur les manifestations sportives et culturelles communales. La subvention est soumise à la TVA car elle est reçue en contrepartie d'une prestation de services.

III Le traitement comptable des subventions d'exploitation et d'équilibre

A) Règles générales

Les subventions d'exploitation et d'équilibre ont pour objectif de compenser des éléments qui ont pour effet de réduire immédiatement le résultat. Il est donc logique que ces subventions soient comptabilisées de telle sorte qu'elles contribuent à accroître immédiatement le résultat. C'est ce que prévoit le Plan comptable général :

- le compte 74. Subventions d'exploitation est crédité du montant des subventions d'exploitation acquises à l'entité par le débit du compte de tiers ou de trésorerie intéressé (PCG – article 947-74) ;

› Voir texte de référence 2

- les subventions d'équilibre sont enregistrées au compte 7715. Subventions d'équilibre (PCG – article 931-1).

B) Subventions accordées sous conditions

1. Condition résolutoire

Si l'attribution de la subvention est accordée sous réserve de remplir certaines conditions dans le futur, à défaut de quoi elle devrait être remboursée, la constatation en produit est effectuée dès la signature du contrat. La condition résolutoire ne retarde pas cet enregistrement.

Exemple

La subvention est accordée sous réserve d'avoir recruté au moins 20 salariés domiciliés dans la commune après 9 mois d'activité.

2. Condition suspensive

Si la subvention n'est pas acquise tant que certaines conditions n'auront pas été réalisées, il n'est pas possible de l'enregistrer en produit tant que celles-ci ne sont pas satisfaites. La condition suspensive retarde donc la comptabilisation en résultat. Au cas où une fraction, voire la totalité, de la subvention serait perçue avant la complète satisfaction des conditions requises, cette dernière serait comptabilisée au crédit d'un compte de tiers, par exemple au compte 4419. État – Avances sur subventions.

Exemple

La subvention ne sera accordée que lorsque l'entreprise aura acquis les terrains destinés à la construction de ses unités de production.

+ Traitement fiscal des subventions d'exploitation

Fiscalement, ces subventions sont à rattacher aux résultats imposables de l'exercice au cours duquel elles sont acquises (CGI – article 38-1).

Exemple

La société Viloin, qui a embauché le premier décembre N un jeune chômeur sans qualification pour six mois, reçoit le 12 décembre, par courrier du conseil général de la Côte-d'Or, la confirmation de l'attribution d'une subvention de 3 600 €. Le 31 décembre N, la société reçoit, pour le mois de décembre, 600 € de subvention et enregistre la fiche de paie de décembre N et les charges patronales correspondantes. Le salaire brut s'élève à 1 200 €, dont 250 € de retenues salariales, et les charges patronales à 450 €. Le salaire net est réglé le même jour. L'exercice de la société Viloin coïncide avec l'année civile.

Cette subvention a pour objet de compenser la charge de personnel engendrée par cette embauche et ainsi faciliter le recrutement de jeunes chômeurs sans qualification. Il s'agit d'une subvention d'exploitation.

Comptabilisation de la confirmation d'attribution de la subvention

		12/12/N		
441		État - Subventions à recevoir	3 600	
	74	Subventions d'exploitation		3 600

Enregistrement de la fiche de paie

		31/12/N		
641		Rémunérations du personnel	1 200	
	421	Personnel – Rémunérations dues		950
	43	Sécurité sociale et autres organismes sociaux		250

Enregistrement des cotisations patronales

	31/12/N		
645	Charges de Sécurité sociale et de prévoyance	450	
43	Sécurité sociale et autres organismes sociaux		450

Règlement du salaire net

	31/12/N		
421	Personnel – Rémunérations dues	950	
512	Banque		950

Encaissement de la subvention

	31/12/N		
512	Banque	600	
441	État – Subventions à recevoir		600

La subvention de 3 600 € ne se rapporte pas en totalité à l'exercice N puisqu'elle est attribuée pour les six mois de contrat. En application du principe d'indépendance des exercices, il convient d'enregistrer cinq sixièmes de la subvention en produits constatés d'avance.

	31/12/N		
74	Subventions d'exploitation	3 000	
487	Produits constatés d'avance		3 000

Les charges de personnel s'élèvent à 1 200 + 450 = 1 650 €. Elles sont comptabilisées en charges d'exploitation.

L'impact de la subvention sur le résultat d'exploitation de l'exercice N est de + 600 €.

Le coût net de ce recrutement pour la société Viloin est donc de :

1 200 + 450 – 600 = 1 050 €.

Sans la subvention, le résultat d'exploitation aurait donc été diminué de 1 650 € (charges de personnel).

+

Selon le référentiel IFRS, les subventions liées au résultat peuvent être enregistrées de deux manières :

– comptabilisation au crédit d'un compte de produit ;

– comptabilisation en déduction des charges auxquelles elles sont liées.

Contexte EURL Laidée

Comptabiliser la subvention d'exploitation.

IV Le traitement comptable des subventions d'investissement

A) Règles générales de comptabilisation

1. Principe général

La perception d'une subvention d'investissement enrichit l'entreprise qui en bénéficie, sauf si, exceptionnellement, elle vient à être remboursée. En conséquence, elle doit, comme les subventions d'équilibre ou d'exploitation, transiter par le compte de résultat. Toutefois, contrairement à ces dernières, les subventions d'investissement ne compensent pas un élément qui réduit instantanément le résultat. En effet, les immobilisations acquises ou créées au moyen de la subvention ne sont pas comptabilisées en charge dès leur livraison. Les immobilisations amortissables ont un effet sur le résultat, au fur et à mesure de leur amortissement, et les immobilisations non amortissables uniquement lors de leur sortie du patrimoine. Leur prise en compte immédiate en résultat ne semble donc pas aussi justifiée que pour les subventions d'exploitation ou d'équilibre. Le plan comptable prévoit d'ailleurs des mesures facultatives d'étalement de la prise en compte de la subvention en résultat (PCG – article 312-1).

› Voir texte de référence 1

2. Modalités de constatation de la subvention

Deux modalités de constatation du montant de la subvention en résultat sont donc prévues :
- étalement ;
- comptabilisation immédiate en résultat.

Dans la première situation, la reprise de la subvention en résultat diffère selon que l'immobilisation est amortissable ou non, et dans ce dernier cas, selon qu'il existe ou non, dans la convention d'attribution de la subvention, une clause d'inaliénabilité. Une telle clause a pour objet d'interdire de céder l'immobilisation pendant une certaine durée. En effet, certaines entreprises pourraient éventuellement être tentées d'acquérir des biens subventionnés dans le seul but de les revendre rapidement pour réaliser un gain, alors que le motif initial du subventionnement était tout autre, par exemple, de favoriser le développement économique, l'emploi ou de protéger l'environnement.

B) Étalement de la reprise en résultat de la subvention d'investissement

Trois étapes de comptabilisation doivent être envisagées :
- l'attribution de la subvention ;
- l'étalement de la reprise de la subvention en résultat ;
- la sortie du patrimoine de l'immobilisation financée par la subvention.

1. L'attribution de la subvention

Dès que la subvention est acquise, son montant est comptabilisé en capitaux propres au compte 131. Subventions d'équipement ou 138. Autres subventions d'investissement (PCG – article 941-13), en contrepartie d'un compte de trésorerie, si l'encaissement est immédiat, ou d'un compte de tiers, par exemple 441. État – Subventions à recevoir, si cette dernière est accordée par l'État. En présence de conditions résolutoires ou suspensives, il convient d'appliquer les principes mentionnés au paragraphe III. B. pour déterminer la date à partir de laquelle la subvention est acquise.

2. L'étalement de la reprise de la subvention en résultat

Les comptes utilisés sont identiques, quelle que soit la nature de l'immobilisation subventionnée. Le compte 139. Subventions d'investissement inscrites au compte de résultat est débité du montant de la subvention repris en résultat par le crédit du compte 777. Quote-part des subventions d'investissement virée au résultat de l'exercice.

Pour la présentation du bilan, le solde du compte 139. Subventions d'investissement inscrites au compte de résultat est retranché du solde du compte 131. Subventions d'équipement.

Seul le montant net de la subvention non encore repris au résultat figure au passif du bilan. Dès lors que le solde débiteur du compte 139. Subventions d'investissement inscrites au compte de résultat est égal au solde créditeur du compte 131. Subventions d'équipement, ces deux comptes sont soldés l'un par l'autre. La subvention disparaît alors du bilan.

Les modalités d'étalement varient, toutefois, selon que la subvention finance une immobilisation amortissable ou non :

« Le montant des subventions d'investissement, lorsqu'il est inscrit dans les capitaux propres, est repris au compte de résultat selon les modalités qui suivent.

1. La reprise de la subvention d'investissement qui finance une immobilisation amortissable s'effectue sur la même durée et au même rythme que l'amortissement de la valeur de l'immobilisation acquise ou créée au moyen de la subvention.
2. La reprise de la subvention d'investissement qui finance une immobilisation non amortissable est étalée sur le nombre d'années pendant lequel l'immobilisation est inaliénable aux termes du contrat. À défaut de clause d'inaliénabilité, le montant de la reprise de chaque exercice est égal au dixième du montant de la subvention. [...] » (PCG – article 312-1).

❯Voir texte de référence 1

Depuis l'introduction de la notion de composants (voir le chapitre 5), il convient de distinguer les immobilisations non décomposables de celles qui le sont.

a) Immobilisations non décomposables

Détermination du montant de la subvention à reprendre en résultat

La subvention finance une immobilisation amortie sur une durée et à un rythme uniques. La subvention est reprise au résultat selon les modalités suivantes (PCG – article 312-1) :

❯Voir texte de référence 1

- si la subvention finance 100 % de l'immobilisation, le montant de la subvention repris en résultat est égal au montant de la dotation aux amortissements de l'immobilisation. Le résultat est diminué du montant de la dotation et augmenté du montant de la subvention repris en résultat. Ces deux montants étant identiques, l'impact net sur le résultat est nul. C'est logique car l'immobilisation étant financée en totalité par un tiers, l'entreprise ne supporte aucune perte ;
- si la subvention finance partiellement l'immobilisation, le montant de la subvention repris en résultat égale la dotation aux amortissements de l'immobilisation dans la proportion du rapport existant entre la subvention reçue et le montant de l'immobilisation subventionnée :

$$\text{montant repris} = \text{dotation} \times (\text{subvention}/\text{immobilisation})$$

Le résultat est diminué du montant de la dotation et augmenté du montant de la subvention repris en résultat. En cas de financement partiel, la dotation étant plus importante que le montant de subvention repris en résultat, l'impact net sur le résultat est égal au montant de la dotation dans la proportion du montant de l'immobilisation véritablement financé par l'entreprise. Ceci est logique car l'immobilisation n'étant financée qu'en partie par l'entreprise, cette dernière ne s'appauvrit que dans cette proportion.

+

Traitement fiscal des subventions d'investissement

Le traitement fiscal des subventions d'équipement figure à l'article 42 *septies* du CGI : « Les subventions d'équipement accordées à une entreprise par l'Union européenne, l'État, les collectivités publiques ou tout autre organisme public à raison de la création ou de l'acquisition d'immobilisations déterminées ne sont pas comprises, sur option de l'entreprise, dans les résultats de l'exercice en cours à la date de leur attribution ; dans ce cas, elles sont imposables dans les conditions définies au présent article. Lorsqu'elles ont été utilisées à la création ou à l'acquisition d'une immobilisation amortissable, ces subventions sont rapportées aux bénéfices imposables en même temps et au même rythme que celui auquel l'immobilisation en cause est amortie. Ce rythme est déterminé, pour chaque exercice, par le rapport existant entre la dotation annuelle aux amortissements pratiquée à la clôture de l'exercice concerné sur le prix de revient de cette immobilisation et ce même prix de revient. […] »

Exemple

La société Pommard a acquis un matériel de 60 000 € HT le 1er avril N. Ce matériel fonctionnant à l'énergie solaire, le conseil général de la Côte-d'Or lui a notifié, le 16 mai N, l'attribution d'une subvention de 30 000 €. La subvention est encaissée le 18 septembre N. La société Pommard décide d'étaler, comptablement et fiscalement, la reprise de la subvention au résultat. L'exercice de la société coïncide avec l'année civile. La durée d'utilité du matériel est estimée à 10 ans et la consommation des avantages économiques est linéaire.

Enregistrez toutes les écritures comptables, relatives au matériel et à la subvention, de l'exercice N, sachant que le matériel est amortissable fiscalement en linéaire sur 10 ans.

Présentez un extrait du compte de résultat et du bilan au 31 décembre N.

Écritures comptables

	1/04/N		
2154	Matériel industriel	60 000	
44562	TVA sur immobilisations	12 000	
512	Banque		72 000
	16/05/N		
441	État – Subventions à recevoir	30 000	
131	Subventions d'investissement – Équipement		30 000
	18/09/N		
512	Banque	30 000	
441	État – Subventions à recevoir		30 000
	31/12/N		
681	Dotations aux amortissements	4 500	
28154	Amortissement du matériel industriel		4 500
	4 500 = 60 000 × 10 % × 9 / 12		
	31/12/N		
139	Subventions d'investissement inscrites au compte de résultat	2 250	
777	Quote-part des subventions virées au résultat		2 250
	2 250 = 4 500 × 30 000 / 60 000		

Extrait du compte de résultat au 31/12/N

Compte de résultat au 31/12/N			
Charges		Produits	
Dotations aux amortissements	4 500	Quote-part de subvention virée au résultat	2 250
Totaux	**4 500**	**Totaux**	**2 250**

Un appauvrissement de 2 250 € est constaté par différence entre la charge d'exploitation de 4 500 et le produit exceptionnel de 2 250.

Fiscalement, la subvention a été accordée par une collectivité publique pour l'acquisition d'une immobilisation déterminée. Elle peut donc être imposée de manière étalée. La dotation aux amortissements est déductible et la reprise de subvention est imposable. Il n'y a pas de divergence entre le résultat comptable et le résultat fiscal.

Extrait du bilan au 31/12/N

Bilan au 31/12/N					
ACTIF				PASSIF	
Immobilisations	60 000	4 500	55 500	Subventions	27 750

La subvention figure au passif du bilan pour son montant net (30 000 – 2 250).

Base de calcul du montant de la subvention à reprendre en résultat

Le PCG ne précise pas quelle dotation aux amortissements doit être utilisée pour déterminer le montant de subvention repris en résultat. S'agit-il uniquement de la dotation comptabilisée en exploitation, c'est-à-dire celle qui reflète la diminution de valeur de l'immobilisation due à la consommation des avantages économiques ou la dotation totale comptabilisée en charge, qui peut comprendre pour partie une dotation aux amortissements dérogatoires ?

La réponse à cette question n'est pas neutre car, selon la solution retenue, d'une part le montant repris peut être différent, d'autre part un écart entre le montant repris en comptabilité et le montant imposable fiscalement peut exister et générer des retraitements extracomptables. En effet, l'instruction fiscale du 30 décembre 2005 déclare que « le rythme de référence auquel s'opère l'imposition des subventions d'équipement visées à l'article 42 *septies* du CGI correspond à l'amortissement fiscal de l'immobilisation, et doit donc tenir compte, le cas échéant, de l'amortissement dérogatoire ».

En l'absence de position officielle des autorités comptables, il semble plus simple et, surtout, plus cohérent de retenir la totalité de la dotation enregistrée. En effet, comptabiliser l'excédent de l'amortissement fiscal sur l'amortissement économique par une dotation aux amortissements dérogatoires sans enregistrer en résultat comptable le montant imposable de la subvention repris en résultat fiscal ne nous semble pas homogène. Cela conduirait à accentuer la dégradation du résultat comptable uniquement pour des raisons fiscales.

b) Immobilisations décomposables

L'immobilisation financée par la subvention est constituée de plusieurs composants amortis sur des durées et/ou des rythmes différents. Cette particularité soulève plusieurs interrogations :

- faut-il affecter une quote-part de la subvention à chaque composant identifié et reprendre celle-ci en résultat en fonction des caractéristiques du composant auquel elle se rattache ?

– en cas de remplacement d'un composant, quel traitement effectuer pour la quote-part de subvention non encore reprise ?

L'avis 2004-11 du CNC du 23 juin 2004 relatif aux modalités d'application de la comptabilisation par composants et des provisions pour gros entretien dans les organismes de logement social expose, au paragraphe 7-1, le traitement comptable des subventions relatives à des immeubles décomposés : « Les immeubles faisant désormais l'objet d'une décomposition par composants, les subventions sont ventilées proportionnellement entre les différents composants, sauf si elles ne sont pas significatives. Si leur montant n'est pas significatif ou si la ventilation n'est pas possible, les subventions sont amorties et reprises au même rythme que l'amortissement du composant structure [...]. »

+

Traitement fiscal des subventions finançant des immobilisations décomposables

Fiscalement, l'instruction de décembre 2005 précise que « [...] Pour l'application de ces modalités d'imposition aux immobilisations décomposées, l'entreprise devrait normalement suivre le rythme réel d'amortissement de la structure et de chacun des composants. Toutefois, il sera admis que l'imposition des subventions soit répartie sur la durée moyenne pondérée d'amortissement de l'immobilisation concernée, cette durée étant elle-même calculée à partir de la durée d'amortissement fiscale de chacun des composants et de la structure, pondérée en fonction de la valeur totale de l'immobilisation. [...] En outre, il sera admis que la sortie de la valeur nette comptable d'un composant lors de son remplacement n'entraînera pas l'imposition anticipée de la fraction de la subvention attachée au composant remplacé. »

L'application des principes divergents exposés dans ces textes peut conduire à des retraitements extracomptables.

Exemple

La société Corton, dont l'exercice coïncide avec l'année civile, acquiert le 1er juillet N une construction de 800 000 € destinée à devenir son siège social. Les composants suivants sont identifiés :

– structure : 600 000 HT amortissables en linéaire sur 50 ans ;

– toiture : 120 000 HT amortissables en linéaire sur 20 ans ;

– agencements intérieurs : 80 000 HT amortissables en linéaire sur 10 ans.

Fiscalement, la durée d'usage de la construction est fixée à 40 ans.

Le 18 août, la société Corton reçoit, pour financer cette acquisition, une subvention du conseil régional de Bourgogne de 200 000 €.

Enregistrer les opérations de l'exercice N, sachant que la société Corton a décidé :

– d'étaler la subvention en comptabilité ;

– et d'appliquer en fiscalité la mesure simplifiée qui consiste à retenir la durée moyenne d'amortissement des composants et de la structure.

Remarque : la société Corton souhaite déduire le plus possible les dotations aux amortissements.

	1/07/N		
2131	Construction – Structure	600 000	
2132	Construction – Toiture	120 000	
2133	Construction – Agencements	80 000	
44562	TVA sur immobilisations	160 000	
512	Banque		960 000
	18/08/N		
512	Banque	200 000	
131	Subventions d'investissement - Équipement		200 000

	31/12/N		
681	Dotations aux amortissements	13 000	
687	Dotations aux amortissements dérogatoires	1 500	
28131	Amortissements structure (600 000 × 2 % × 6 / 12)		6 000
28132	Amortissements toiture (120 000 × 5 % × 6 / 12)		3 000
28133	Amortissements agencts (80 000 × 10 % × 6 / 12)		4 000
145	Amortissements dérogatoires [(600 000 × 2,5 % × 6 / 12) – 6 000]		1 500

L'immeuble n'étant pas un immeuble de placement, la structure peut être amortie sur la durée d'usage fiscale applicable à l'immobilisation prise dans son ensemble.

	31/12/N		
139	Subventions d'investissement inscrites au compte de résultat	3 625	
777	Quote-part des subventions virées au résultat		3 625
	3 625 = 14 500 × 200 000 / 800 000		

La quote-part de subvention attribuable à la structure est de 200 000 × 600 000 / 800 000 = 150 000.
D'où une reprise de cette quote-part de subvention en résultat de :
(6 000 + 1 500) × 150 000 / 600 000 = 1 875.
La quote-part de subvention attribuable à la toiture est de : 200 000 × 120 000 / 800 000 = 30 000.
D'où une reprise de cette quote-part de subvention en résultat de : 3 000 × 30 000 / 120 000 = 750.
La quote-part de subvention attribuable aux agencements est de :
200 000 × 80 000 / 800 000 = 20 000.
D'où une reprise de cette quote-part de subvention en résultat de : 4 000 × 20 000 / 80 000 = 1 000.
Soit un total de 3 625 € (1 875 + 750 + 1 000). Ce résultat peut être obtenu également en multipliant la dotation totale par le quotient subvention/immobilisation. Cela ne se vérifie qu'en absence de sortie de composant, celle-ci nécessitant, selon nous, la reprise de la quote-part de subvention le concernant.
La durée moyenne d'amortissement fiscale est de 34 ans, soit :
(600 000 × 40 + 120 000 × 20 + 80 000 × 10) / 800 000.
Le montant de la subvention imposable annuellement est de 5 882,35, soit 200 000 × 1 / 34. Pour l'exercice N, le montant imposable est réduit *prorata temporis* à 2 941,18. Il convient donc de déduire de manière extracomptable 683,82 € (3 625 – 2 941,18).

Immobilisations non amortissables

N'étant pas amortissables, le rythme et la durée de la reprise en résultat de la subvention, relative à de telles immobilisations, ne peuvent être basés sur les mêmes critères que ceux des subventions finançant des immobilisations amortissables. L'étalement de la reprise en résultat s'effectue de manière différente selon que la convention d'attribution comporte ou non une clause d'inaliénabilité.

+

Par définition, les immobilisations non amortissables ne sont pas décomposables. En effet, la décomposition ne se justifie qu'en présence de modalités d'amortissement différentes.

• *En l'absence de clause d'inaliénabilité*

« [...] À défaut de clause d'inaliénabilité, le montant de la reprise de chaque exercice est égal au dixième du montant de la subvention. [...] » (PCG – article 312-1).

› **Voir texte de référence 1**

+

Traitement fiscal des subventions finançant les immobilisations non amortissables

Le traitement fiscal des subventions d'équipement figure à l'article 42 *septies* du CGI : « [...] Les subventions affectées à la création ou à l'acquisition d'une immobilisation non amortissable sont rapportées par fractions égales [...] au bénéfice des dix années suivant celle de l'attribution de la subvention [...] ».

Les traitements comptable et fiscal sont différents. En comptabilité, la reprise en résultat est effectuée dès l'exercice d'attribution alors que fiscalement l'imposition ne débute qu'à compter de l'exercice suivant. Cette divergence conduit à procéder à une déduction la première année et à une réintégration la onzième année.

▸ Exemple

La société Meursot, dont l'exercice coïncide avec l'année civile, acquiert un terrain le 16 octobre N au prix de 100 000 €. Une subvention de 40 000 € lui est attribuée, le 26 octobre N, par le conseil général de la Côte-d'Or.

Enregistrement des opérations de l'exercice N :

	16/10/N		
211	Terrain	100 000	
512	Banque		100 000
	26/10/N		
512	Banque	40 000	
131	Subventions d'investissement - Équipement		40 000
	31/12/N		
139	Subventions d'investissement inscrites au compte de résultat	4 000	
777	Quote-part des subventions virées au résultat		4 000
	4 000 = 40 000 × 1 / 10		

Fiscalement, les subventions affectées à la création ou à l'acquisition d'une immobilisation non amortissable sont rapportées par fractions égales au bénéfice des dix années suivant celle de leur attribution. En conséquence, la quote-part de subvention virée au résultat de l'exercice N n'est pas imposable. La société Meursot effectue une déduction de 4 000 € à la clôture de l'exercice N. De N+1 à N+9, les quotes-parts de subventions virées au résultat étant imposables, aucun retraitement fiscal n'est à effectuer. À la clôture de l'exercice N+9, la totalité de la subvention a été virée au résultat. En N+10, aucune écriture n'est comptabilisée alors que, fiscalement, il reste un dixième de la subvention à imposer. Une réintégration de 4 000 € est à effectuer.

• *Existence d'une clause d'inaliénabilité*

« [...] 2. La reprise de la subvention d'investissement qui finance une immobilisation non amortissable est étalée sur le nombre d'années pendant lequel l'immobilisation est inaliénable aux termes du contrat. [...] » (PCG – article 312-1).

› **Voir texte de référence 1**

Traitement fiscal

Le traitement fiscal des subventions d'équipement figure à l'article 42 *septies* du CGI : « [...] Les subventions affectées à la création ou à l'acquisition d'une immobilisation non amortissable sont rapportées par fractions égales au bénéfice imposable des années pendant lesquelles cette immobilisation est inaliénable aux termes du contrat accordant la subvention [...] ».

Les traitements comptable et fiscal étant identiques, aucun retraitement extracomptable n'est nécessaire.

Exemple

La société Fixin, dont l'exercice coïncide avec l'année civile, acquiert, le 29 avril N, un terrain de 200 000 €, financé, pour partie, par une subvention du ministère de l'Environnement de 80 000 € reçue le 13 juillet N. Une clause d'inaliénabilité de 20 ans figure dans la convention d'attribution de la subvention.

	29/04/N		
211	Terrains	200 000	
512	Banque		200 000
	13/07/N		
512	Banque	80 000	
131	Subventions d'investissement - Équipement		80 000
	31/12/N		
139	Subventions d'investissement inscrites au compte de résultat	4 000	
777	Quote-part des subventions virée au résultat		4 000
	4 000 = 80 000 × 1 / 20		

Remarque : fiscalement, la quote-part de subvention est imposable. Aucun retraitement n'est à effectuer.

Contexte EURL Laidée

Comptabiliser les subventions d'investissement. Si plusieurs possibilités existent, présenter chacune d'elles.

3. La sortie du patrimoine de l'immobilisation financée par la subvention

Une immobilisation subventionnée peut sortir du bilan comptable de l'entreprise avant que la subvention ait été totalement reprise en résultat, par exemple à la suite d'une cession, d'une destruction ou d'une mise au rebut.

Le Plan comptable général ne précise pas le traitement qui doit être effectué dans de telles circonstances. Toutefois, la mise au rebut d'une immobilisation amortissable conduisant à pratiquer une dotation aux amortissements exceptionnelle pour le montant non encore amorti de l'immobilisation (PCG – article 942-28), la fraction de la subvention non encore virée au résultat doit être comptabilisée au crédit du compte 777. Quote-part des subventions d'investissement virée au résultat de l'exercice.

Concernant les autres causes de sortie de l'actif du bilan, il semble logique de procéder de la même manière.

+

Traitement fiscal en cas de cession

Fiscalement, l'article 42 *septies* du CGI prévoit qu'en cas de cession d'immobilisations amortissables ou non, la fraction de la subvention non encore rapportée aux bases de l'impôt est comprise dans le bénéfice imposable de l'exercice au cours duquel cette cession est intervenue.

Exemple

La société Gevret cède, le 1er juillet N, une machine acquise le 1er janvier N – 2 au prix de 100 000 € HT. Elle est amortie comptablement et fiscalement en linéaire sur 10 ans. Le prix de cession est 68 000 € HT. L'entreprise Gevret a bénéficié de la part d'une collectivité locale d'une subvention de 60 000 € pour financer cette acquisition. La subvention a été étalée en comptabilité et en fiscalité. Toutes les écritures relatives à cette opération sont comptabilisées le 1er juillet N.

	1/07/N		
512	Banque	81 600	
44571	TVA collectée		13 600
775	Produits des cessions d'éléments d'actif		68 000
	1/07/N		
681	Dotations aux amortissements	5 000	
28154	Amortissements des matériels		5 000
	5 000 = 100 000 × 10 % × 6 / 12		

	1/07/N		
139	Subventions d'investissement inscrites au compte de résultat	3 000	
777	Quote-part des subventions virée au résultat		3 000
	3 000 = 5 000 × 60 000/100 000		
	1/07/N		
28154	Amortissements des matériels	25 000	
675	Valeurs comptables des éléments d'actif cédés	75 000	
2154	Matériel industriel		100 000
	25 000 = 100 000 × 10 % × 2,5		
	75 000 = 100 000 – 25 000		
	1/07/N		
139	Subventions d'investissement inscrites au compte de résultat	45 000	
777	Quote-part des subventions virée au résultat (1)		45 000
	(1) 60 000 – (25 000 × 60 000 / 100 000)		
	1/07/N		
131	Subventions d'investissement - Équipement	60 000	
139	Subventions d'investissement inscrites au compte de résultat		60 000

Remarque : fiscalement, les quotes-parts de subventions virées au résultat sont imposables. Aucun retraitement n'est à effectuer.

Contexte EURL Laidée

Que se passera-t-il si le tracteur électrique est cédé à la clôture de l'exercice N + 1 au prix de 50 000 € HT ?

C) Comptabilisation immédiate de la subvention en résultat sans transiter par les capitaux propres

L'article 312-1 du PCG envisage l'étalement de la reprise de la subvention en résultat lorsque celle-ci a été préalablement comptabilisée en capitaux propres. En l'absence d'un tel enregistrement, la subvention est immédiatement comptabilisée en résultat exceptionnel par le crédit du compte 777. Quote-part des subventions d'investissement virée au résultat de l'exercice.

› Voir texte de référence 1

+

Traitement fiscal

Fiscalement, l'étalement de l'imposition n'est qu'une option. Il est donc également possible d'y renoncer et de rattacher la totalité de la subvention au résultat imposable de l'exercice de son attribution (CGI – article 42 *septies*).

Deux méthodes de présentation sont proposées par le référentiel IFRS, pour les subventions liées à des actifs :

- constater la subvention en produits différés au passif du bilan et la reprendre en produit sur une base systématique et rationnelle sur la durée d'utilité de l'actif (en général au rythme de l'amortissement) ;
- déduire la subvention de la valeur d'origine de l'actif. La subvention est alors comptabilisée en résultat sur la durée d'utilité de l'actif amortissable par l'intermédiaire d'une réduction de la charge d'amortissement.

V Le remboursement des subventions

Le risque probable de ne pas respecter totalement ou partiellement les conditions requises pour l'acquisition d'une subvention doit conduire l'entreprise qui l'a perçue à enregistrer une provision. Celle-ci est au plus égale au montant de la subvention rapporté aux résultats de l'exercice et des exercices antérieurs. Le remboursement ultérieur, si le risque se confirme, est comptabilisé en charge exceptionnelle compensée, le cas échéant, par la reprise de la provision.

Corrections contexte EURL Laidée

1. Qualification comptable des subventions

La subvention de 45 000 € relative au terrain est une subvention d'investissement (finançant un bien non amortissable).

La seconde subvention de 25 % du prix d'acquisition du tracteur est une subvention d'investissement (finançant un bien amortissable).

La subvention de 6 000 € est une subvention d'exploitation.

2. Comptabilisation des subventions d'exploitation

	01/09/N		
512	Banque	6 000	
74	Subventions d'exploitation		6 000

3. Comptabilisation des subventions d'investissement

Deux modalités de constatation du montant de la subvention en résultat sont possibles :

– étalement :

– étalement sur la durée de la clause d'inaliénabilité pour la subvention relative au terrain :

		N		
441		État – Subventions à recevoir	45 000	
	131	Subventions d'investissement – Équipement		45 000
		N		
512		Banque	45 000	
	441	État – Subventions à recevoir		45 000
		31/12/N		
139		Subventions d'investissement inscrites au compte de résultat	3 000	
	777	Quote-part des subventions virées au résultat		3 000

3 000 = 45 000 × 1/15

– étalement sur la durée d'amortissement de l'immobilisation pour la subvention relative au minitracteur :

		N		
441		État – Subventions à recevoir	20 000	
	131	Subventions d'investissement – Équipement		20 000
		N		
512		Banque	20 000	
	441	État – Subventions à recevoir		20 000
		31/12/N		
139		Subventions d'investissement inscrites au compte de résultat	2 000	
	777	Quote-part des subventions virées au résultat		2 000

2 000 = 20 000 × 1/5 × 6/12

– comptabilisation immédiate en résultat :

		N		
4411		État, subvention à recevoir	65 000	
	777	Quote-part des subventions virée au résultat		65 000

X étant le montant total de la subvention reçue.

Si le minitracteur est cédé, la fraction de la subvention, l'ayant partiellement financé, non encore virée au résultat doit être comptabilisée au crédit du compte 777. Quote-part des subventions d'investissement virée au résultat de l'exercice.

Synthèse

Définition et typologie

Le PCG distingue trois catégories de subventions :

Types de subventions	Définitions
Subvention d'exploitation	« Subvention dont bénéficie l'entreprise pour lui permettre de compenser l'insuffisance de certains produits d'exploitation ou de faire face à certaines charges d'exploitation ».
Subvention d'équilibre	« Subvention dont bénéficie l'entreprise pour compenser, en tout ou partie, la perte globale qu'elle aurait constatée si cette subvention ne lui avait pas été accordée ».
Subvention d'investissement	« Subvention dont bénéficie l'entreprise en vue d'acquérir ou de créer des valeurs immobilisées (subvention d'équipement) ou de financer des activités à long terme (autres subventions d'investissement) ».

Traitement comptable des subventions d'exploitation et d'équilibre

Les subventions d'exploitation et d'équilibre, qui compensent des charges ou des pertes, sont comptabilisées en produit, respectivement par le crédit des comptes 74. Subventions d'exploitation et 7715. Subventions d'équilibre.

Traitement comptable des subventions d'investissement

Le traitement comptable des subventions d'investissement, plus complexe, est résumé dans le tableau ci-dessous :

Immobilisations amortissables	Traitement comptable
Non décomposables	Enregistrement en capitaux propres puis reprise en résultat de manière étalée par le crédit du compte 777 et le débit du compte 139, pour un montant égal à : dotation × subvention / immobilisation ou comptabilisation immédiate en produit (compte 777).

Synthèse

Immobilisations amortissables	Traitement comptable
Décomposables	Enregistrement en capitaux propres puis reprise en résultat de manière étalée par le crédit du compte 777 et le débit du compte 139 : – ventilation proportionnelle de la subvention entre les différents composants, sauf si elle n'est pas significative. – si son montant n'est pas significatif, ou si la ventilation n'est pas possible, la subvention est amortie et reprise au même rythme que l'amortissement du composant structure ou comptabilisation immédiate en produit (compte 777).
Immobilisations non amortissables	**Traitement comptable**
Sans clause d'inaliénabilité	Enregistrement en capitaux propres puis reprise en résultat de manière étalée par le crédit du compte 777 et le débit du compte 139, pour un montant égal à : subvention × 1/10 ou comptabilisation immédiate en produit (compte 777).
Avec clause d'inaliénabilité	Enregistrement en capitaux propres puis reprise en résultat de manière étalée par le crédit du compte 777 et le débit du compte 139, pour un montant égal à : subvention / (durée clause) ou comptabilisation immédiate en produit (compte 777).

Références

- Avis 2004-11 du CNC du 23 juin 2004 relatif aux modalités d'application de la comptabilisation par composants et des provisions pour gros entretien dans les organismes de logement social.
- Règlement de l'ANC 2015-06 modifiant le PCG.

PCG – article 312-1

« Le montant des subventions d'investissement, lorsqu'il est inscrit dans les capitaux propres, est repris au compte de résultat selon les modalités qui suivent.

1. La reprise de la subvention d'investissement qui finance une immobilisation amortissable s'effectue sur la même durée et au même rythme que l'amortissement de la valeur de l'immobilisation acquise ou créée au moyen de la subvention.
2. La reprise de la subvention d'investissement qui finance une immobilisation non amortissable est étalée sur le nombre d'années pendant lequel l'immobilisation est inaliénable aux termes du contrat. À défaut de clause d'inaliénabilité, le montant de la reprise de chaque exercice est égal au dixième du montant de la subvention.
3. Toutefois, des dérogations aux modalités fixées aux 1. et 2. peuvent être admises si des circonstances particulières le justifient, par exemple le régime juridique de l'entité, l'objet de son activité, les conditions posées ou les engagements demandés par l'autorité ou l'organisme ayant alloué la subvention. »

PCG – article 947-74

« Le compte 74 "Subventions d'exploitation" est crédité du montant des subventions d'exploitation acquises à l'entité par le débit du compte de tiers ou de trésorerie intéressé ».

Applications

Comprendre les notions

Application 1 QCM

Retrouvez la ou les réponses exactes.

1. Une subvention dont bénéficie l'entreprise pour lui permettre de compenser l'insuffisance de certains produits d'exploitation ou de faire face à certaines charges d'exploitation, est qualifiée par le plan comptable de :

- ☐ subvention d'équilibre.
- ☐ subvention d'exploitation.
- ☐ subvention d'investissement.
- ☐ subvention liée au résultat.
- ☐ subvention d'équipement.

2. Une subvention dont bénéficie l'entreprise pour compenser, en tout ou partie, la perte globale qu'elle aurait constatée si cette subvention ne lui avait pas été accordée, est qualifiée par le plan comptable de :

- ☐ subvention d'équilibre.
- ☐ subvention d'exploitation.
- ☐ subvention d'investissement.
- ☐ subvention liée au résultat.
- ☐ subvention d'équipement.

3. Une subvention reçue par une entreprise est soumise à la TVA lorsque la subvention constitue la contrepartie d'une opération effectuée au profit de l'organisme attribuant la subvention, sauf exonération expresse de l'opération à la TVA, ou le complément de prix d'une opération imposable à la TVA :

- ☐ Vrai
- ☐ Faux
- ☐ Cela dépend

4. Les subventions d'exploitation ou d'équilibre reçues par une entreprise sont comptabilisées par cette dernière :

- ☐ obligatoirement au crédit du compte 131. Subventions d'investissement.
- ☐ au crédit du compte 131. Subventions d'investissement, sur option.
- ☐ obligatoirement en produit.
- ☐ au crédit d'un compte de produit exceptionnel sur option.

5. Les subventions d'exploitation ou d'équilibre reçues :

- ☐ peuvent être imposées de manière étalée.
- ☐ sont imposables sans possibilité d'étalement de leur imposition.
- ☐ ne sont pas imposables.
- ☐ sont obligatoirement imposées de manière étalée.

6. Les subventions d'investissement reçues :

- ☐ peuvent, sous certaines conditions, être imposées de manière étalée.
- ☐ sont imposables sans possibilité d'étalement de leur imposition.
- ☐ ne sont pas imposables.
- ☐ sont obligatoirement imposées de manière étalée.

7. Les subventions d'investissement reçues par une entreprise sont comptabilisées par cette dernière, dès lors qu'elles sont acquises :
- ☐ obligatoirement au crédit du compte 131. Subventions d'investissement.
- ☐ obligatoirement en produit.
- ☐ au choix au crédit du compte 777. Quote-part des subventions d'investissement virée au résultat de l'exercice ou au crédit du compte 131. Subventions d'investissement.

8. Une subvention d'investissement finançant partiellement une immobilisation amortissable non décomposée, est reprise annuellement en résultat comptable, par l'entreprise qui l'a reçue, pour un montant égal à :
- ☐ la dotation aux amortissements de l'immobilisation.
- ☐ la dotation aux amortissements de l'immobilisation × subvention / immobilisation.
- ☐ un dixième de la subvention, s'il n'y a pas de clause d'inaliénabilité.
- ☐ la subvention divisée par le nombre d'années pendant lequel l'immobilisation est inaliénable.

9. Une subvention d'investissement finançant partiellement une immobilisation non amortissable, est reprise annuellement en résultat comptable, par l'entreprise qui l'a reçue, pour un montant égal à :
- ☐ la subvention divisée par 5, s'il n'y a pas de clause d'inaliénabilité.
- ☐ la subvention divisée par 10, s'il n'y a pas de clause d'inaliénabilité.
- ☐ la subvention divisée par le nombre d'années pendant lequel l'immobilisation est inaliénable.
- ☐ celui de l'immobilisation divisé par le nombre d'années pendant lequel l'immobilisation est inaliénable.

Mettre en œuvre les compétences

Application 1 Subvention d'exploitation ou d'équilibre

Compétence attendue : C1

Cet exercice est à réaliser sans calculatrice.

La société anonyme Duhamel reçoit, le 13 juillet N, un courrier du conseil départemental de la Nièvre l'informant de l'encaissement prochain d'une subvention de 16 000 €. Le 31/08/N, la société reçoit la subvention par virement bancaire.
– hypothèse 1 : il s'agit d'une subvention d'exploitation ;
– hypothèse 2 : il s'agit d'une subvention d'équilibre.

1. Comptabilisez au journal de la société, pour chaque hypothèse, les opérations de l'exercice N.

2. Présentez, pour chaque hypothèse, un extrait du compte de résultat de l'exercice N.

3. Indiquez, pour chaque hypothèse, le traitement fiscal de la subvention.

Application 2 Subvention d'investissement relative à une immobilisation amortissable

Compétence attendue : C1 et C2

Cet exercice est à réaliser sans calculatrice.

La société Robin a acquis et mis en service un matériel de 240 000 € HT le 1er janvier N. Le conseil régional de Bourgogne lui a attribué, le 01/01/N, une subvention d'investissement de 80 000 € en raison de la contribution de ce matériel aux économies d'énergie. La subvention est encaissée le 26 janvier N.

La société Robin décide d'étaler, comptablement et fiscalement, la reprise de la subvention au résultat. L'exercice de la société coïncide avec l'année civile. La durée d'utilité du matériel est estimée à 8 ans et la consommation des avantages économiques est linéaire.

1. **Enregistrez toutes les écritures comptables, relatives au matériel et à la subvention, de l'exercice N.**
2. **Présentez un extrait du compte de résultat et du bilan au 31/12/N.**

Application 3 Subvention d'investissement relative à une immobilisation amortissable décomposée

Compétences attendues : C1 et C2

La société Avril, dont l'exercice coïncide avec l'année civile, acquiert le 1er octobre N une construction de 2 400 000 €, située dans un département peu industrialisé, afin de développer un nouveau produit. Les composants suivants sont identifiés :
– structure : 1 800 000 HT amortissables en linéaire sur 30 ans ;
– toiture : 360 000 HT amortissables en linéaire sur 20 ans ;
– agencements intérieurs : 240 000 HT amortissables en linéaire sur 10 ans.
Fiscalement, la durée d'usage de la construction est fixée à 25 ans.
Le 2 octobre, la société Avril reçoit une subvention de 600 000 € attribuée en septembre par le ministère de l'Aménagement du territoire, qui soutient financièrement toutes les implantations d'unités de production dans des zones économiquement défavorisées.

- **Enregistrez les opérations de l'exercice N, sachant que la société Avril a décidé d'étaler la subvention en comptabilité, et d'appliquer en fiscalité la méthode simplifiée qui consiste à retenir la durée moyenne d'amortissement des composants et de la structure.**

Remarque : la société Avril souhaite déduire fiscalement le maximum de dotations aux amortissements.

Application 4 Subvention d'investissement relative à une immobilisation non amortissable

Compétences attendues : C1, C2 et C3

Cet exercice est à réaliser sans calculatrice.

La société Chasprime, dont l'exercice coïncide avec l'année civile, acquiert, le 26 avril N, au prix de 4 000 000 €, une immense parcelle de terrain pour y implanter une unité de production nécessitant l'embauche de plusieurs centaines de salariés. Pour l'aider à financer cette acquisition, une subvention de 1 000 000 € lui est attribuée et versée le 12 mars par le conseil départemental du Jura.

- **Enregistrez les opérations de l'exercice N, en envisageant successivement les hypothèses suivantes :**

– hypothèse 1 : une clause d'inaliénabilité de 20 ans est prévue par le contrat d'attribution de la subvention.

– hypothèse 2 : aucune clause d'inaliénabilité n'est prévue.

Entraînement à l'examen

1 Enregistrement des écritures

Compétences attendues : C1, C2 et C3

Cet exercice est à réaliser sans calculatrice.

Travail à faire :

- Enregistrez toutes les écritures relatives à l'exercice N.

Annexe

- Le 1er octobre N, l'entreprise Bassetti a acquis une machine de 1 200 000 € HT (TVA à 20 %), amortissable en linéaire sur 10 ans.
- Le 20 décembre, une subvention de 400 000 € est obtenue de l'État et sera étalée en comptabilité.
- Le 19 décembre N, l'entreprise Bassetti a acquis un terrain de 900 000 € (pas de TVA). L'acquisition a été correctement enregistrée.
- Le 27 décembre, une subvention de 150 000 € a été obtenue de l'État lors de cette acquisition et comptabilisée dans le compte 131.
- Aucune clause d'inaliénabilité n'est prévue.

2 Exercice de synthèse

1. **Quelle est la différence entre une subvention obtenue avec une condition résolutoire et une subvention obtenue sous condition suspensive ?**
2. **Quel est le traitement comptable d'une subvention d'exploitation et son impact sur le bilan et le résultat comptables de l'entité qui en bénéficie ?**
3. **Quel est le traitement comptable d'une subvention d'investissement et son impact sur le bilan et le résultat comptables de l'entité qui en bénéficie ?**
4. **Comment peut être étalée une subvention d'investissement finançant un bien non amortissable sur le plan comptable ?**
5. **Comment peut être étalée une subvention d'investissement finançant un bien amortissable sur le plan comptable ?**
6. **Est-il obligatoire d'étaler la reprise en résultat d'une subvention d'investissement ?**
7. **Quel est le traitement comptable d'une subvention d'investissement en cas de cession du bien subventionné ?**

CHAPITRE

20

Les abandons de créances

Compétences attendues	Savoirs associés
– Exposer et appliquer les traitements comptables relatifs au rattachement des charges et des produits. (C1) – Évaluer et comptabiliser les opérations citées et plus particulièrement celles se déroulant sur plusieurs exercices. (C2) – Analyser les conséquences d'un choix de comptabilisation, notamment sur la présentation des comptes annuels, dans une situation donnée. (C3) – Présenter les informations à fournir en annexe. (C4)	Aides aux entreprises : abandons de créance.

Contexte professionnel

La société Bigmother est la société mère d'un groupe composé de 7 sociétés spécialisées dans l'agroalimentaire. Bigmother exerce un contrôle exclusif sur ses 6 filiales. Elle a une activité commerciale et tente depuis quelques mois de développer son chiffre d'affaires en Amérique latine.

Raison sociale	SA Bigmother
Capital social	2 400 000 € entièrement libérés 19 associés personnes physiques
Siège social et exploitation	19, Place Grangier 21000 Dijon (France)
Activité	Négoce de produits agroalimentaires
Dirigeant	Hector CHAMBERTIN
Effectif	102 salariés
Exercice comptable N – 1	CA HT = 18 925 300 € Résultat fiscal = 787 530 €

Au cours de l'exercice N, Bigmother a accordé 3 abandons de créances :

- *le 18/02/N, elle a abandonné une créance de 120 000 € (pas de TVA par hypothèse) à un client argentin pour lui éviter de déposer son bilan. Bigmother espère qu'avec ce geste son client se redressera et lui permettra, à terme, de s'implanter en Argentine. L'abandon de créance est assorti d'une clause stipulant que si le résultat de l'exercice N + 1 ou N + 2 de la société argentine s'élève à plus de 250 000 € ; cette dernière devra finalement rembourser les 120 000 € à Bigmother ;*
- *le 9/07/N, Bigmother a renoncé définitivement au remboursement d'un prêt de 600 000 € qu'elle avait accordé deux ans auparavant à une de ses filiales, la société Lousy, engagée dans une procédure collective en raison d'une situation nette comptable, mesurée le 30/06/N, de – 650 000 € ;*

• *le 21/11/N, Bigmother a renoncé à une créance commerciale de 220 000 € (pas de TVA par hypothèse) sur sa filiale japonaise, à laquelle elle vend des sous-produits que cette dernière adapte pour le marché asiatique. En raison de plusieurs impayés, la filiale risquait de disparaître.*

Une entreprise peut être conduite à renoncer volontairement à encaisser une créance. Dans le langage des affaires, cette opération est qualifiée « d'abandon de créance ».

Exemples

Une société mère abandonne une créance de 1 000 000 € sur une filiale ayant perdu plus de la moitié de son capital, afin de lui permettre de le reconstituer.

Une société industrielle française, dont la stratégie est de conquérir de nouveaux marchés, abandonne une créance de 500 000 € sur un distributeur californien afin de garder des débouchés commerciaux sur le marché américain en lui permettant de poursuivre ses activités.

Ce type d'opération soulève plusieurs interrogations d'ordre juridique, comptable et fiscal :
– La renonciation à la créance ne constitue-t-elle pas un acte anormal de gestion ?
– Quelles en sont les conséquences en matière de TVA et d'imposition des résultats ?
– Comment comptabiliser l'abandon, chez la société qui le consent et chez le bénéficiaire ?
– Que se passe-t-il si l'entreprise bénéficiaire de l'abandon se redresse ?
Les réponses à ces questions dépendent des motifs et des circonstances de l'abandon. Il convient de distinguer les abandons à caractère financier et les abandons à caractère commercial, en différenciant, dans les deux cas, ceux effectués avec ou sans contrepartie et ceux prévoyant ou non une clause de retour à meilleure fortune, cette clause ayant pour objet de contraindre le bénéficiaire de l'abandon à régler sa dette antérieure en cas de redressement financier.

I Les abandons de créances et la TVA

La société qui consent l'abandon peut recevoir de la société bénéficiaire un service en contrepartie. L'abandon peut également constituer le complément de prix d'une opération imposable à la TVA. Cette contrepartie ou ce complément de prix constituent des charges pour la société qui accorde l'abandon et des produits pour celle qui en bénéficie. Dans ces circonstances, l'abandon de créances est soumis à la TVA. Cette dernière sera exigible chez le bénéficiaire de l'abandon et déductible pour la société qui a consenti l'abandon, sous réserve que les conditions de fond et de forme de déductibilité de la TVA soient respectées, en particulier l'existence d'une pièce justificative (facture).

En dehors de ces situations, l'abandon n'entre pas dans le champ d'application de la TVA.

Exemple

La société Capar abandonne, le 01/06/N, une créance de 100 000 € sur la société Enseme. En contrepartie de cet abandon, la société Enseme fait figurer le nom et le logo de la société Capar sur son site Internet et dans ses catalogues publicitaires pendant six mois.

L'abandon consenti par la société Capar lui permet de bénéficier d'un service de publicité, dont la valeur est estimée, par hypothèse, à 100 000 € TTC.

L'abandon est donc soumis à la TVA et se décompose en 83 612,04 € HT et 16 387,96 de TVA. Une facture mentionnant la TVA est établie par la société Enseme.

Enregistrement de l'abandon chez Enseme :

	01/06/N		
401	Société Capar	100 000	
4457	État, TVA collectée		16 667
7788	Produits exceptionnels divers		83 333

Enregistrement de l'abandon chez Capar :

	01/06/N		
6788	Charges exceptionnelles diverses	16 667	
4456	État, TVA déductible	83 333	
411	Société Enseme		100 000

II Traitement comptable des abandons de créances à caractère commercial

A) Détermination du caractère commercial de l'abandon

La détermination du caractère commercial de l'abandon procède de l'examen des motifs et des circonstances qui ont conduit à sa réalisation :

- s'il s'agit uniquement de maintenir des débouchés commerciaux, l'abandon est qualifié d'abandon à caractère commercial ;
- si, une fois la créance abandonnée, les liens unissant les deux sociétés concernées et les motivations de l'abandon sont exempts de toute relation commerciale, l'abandon est qualifié d'abandon à caractère financier ;
- lorsque les deux sociétés ont des relations commerciales et également des liens capitalistiques, en particulier du type société mère et filiale, il convient de déterminer si le caractère commercial est prépondérant. Si tel est le cas, l'abandon est commercial, sinon il est financier.

+

Aspect fiscal des abandons de créances à caractère commercial

Pour le bénéficiaire, l'abandon de créance entraîne un accroissement de son actif net, au sens fiscal. Par conséquent, il est imposable (Code général des impôts – article 38). Du côté de la société qui consent l'abandon, celui-ci est déductible s'il relève d'une gestion normale, c'est-à-dire s'il n'est pas contraire à l'intérêt propre de la société. En revanche, si l'opération procède d'une gestion anormale, sa déductibilité n'est pas admise.

▸ Exemples

Selon la jurisprudence fiscale, relève d'une gestion normale : l'abandon partiel de créance consenti à un locataire pour ne pas avoir à supporter des charges élevées inhérentes à son expulsion et à la recherche d'un autre locataire.

A été considéré en revanche comme un acte anormal de gestion l'abandon d'une créance commerciale consenti par une SARL à une SA constituée entre les mêmes associés, alors qu'elles exerçaient la même activité et qu'il n'a pas été établi que la SA assurait des débouchés commerciaux à la SARL.

Contexte SA Bigmother

Déterminer, en la justifiant, la qualification comptable de chacun des abandons de créances accordés par la société Bigmother.

B) Traitement comptable

La société qui consent l'abandon s'appauvrit. Elle constate une charge exceptionnelle au titre de l'exercice au cours duquel se produit l'abandon. Corrélativement, l'abandon, qui constitue un enrichissement pour son bénéficiaire, est enregistré en produit exceptionnel.

Exemple

Le 05/01/N, la société Charigno vend 100 000 € TTC de produits à la société Favet. Le 27/07/N, la société Charigno, dans le but de maintenir des débouchés commerciaux, abandonne sa créance. Par hypothèse, l'abandon est soumis à la TVA.

Chez Charigno, les écritures suivantes sont comptabilisées :

	5/01/N		
411	Client Favet	100 000	
4457	État, TVA collectée		16 667
701	Ventes de produits finis		83 333
	27/07/N		
6788	Charges exceptionnelles diverses	83 333	
4456	État, TVA déductible	16 667	
411	Client Favet		100 000

L'abandon de créance est déductible. Aucun traitement fiscal n'est à effectuer.

Chez Favet, les écritures suivantes sont comptabilisées :

	5/01/N		
607	Achat de marchandises	83 333	
4456	État, TVA déductible	16 667	
401	Fournisseur Charigno		100 000
	27/07/N		
401	Fournisseur Charigno	100 000	
4457	État, TVA collectée		16 667
7788	Produits exceptionnels divers		83 333

L'abandon de créance est imposable. Aucun traitement fiscal n'est à effectuer.

Contexte SA Bigmother

Comptabiliser le ou les abandons à caractère commercial chez Bigmother puis comptabiliser le ou les abandons à caractère commercial chez le ou les bénéficiaires des abandons.

III Traitement comptable des abandons de créances à caractère financier

A) Détermination du caractère financier

Un abandon de créance à caractère financier ne peut se justifier (sauf cas très particuliers) qu'au sein d'un groupe entre une société mère et une de ses filiales ou une de ses participations. En effet, dans toute autre situation, la société qui consentirait l'abandon n'aurait aucun intérêt propre, hormis éventuellement un intérêt commercial. Il s'agirait alors d'un abandon à caractère commercial, et non pas financier. Toutefois, tout abandon consenti par une société mère à une de ses filiales n'est pas nécessairement financier. Des motivations commerciales peuvent le justifier, par exemple le maintien d'une filiale constituant le débouché principal des produits fabriqués par la société mère. Il convient donc d'examiner précisément les circonstances de l'abandon pour déterminer sa qualification.

Exemples

Ces exemples sont tirés de la jurisprudence fiscale.

Est commercial l'abandon de créance consenti par une société française à une de ses filiales allemandes qui constitue un instrument important de sa stratégie de développement commercial en Allemagne.

Est en revanche financier l'abandon de créance consenti par une société française à une de ses filiales en l'absence de relations commerciales significatives.

+

Aspect fiscal des abandons de créances à caractère financier

Pour rappel, un abandon de créance relevant d'une gestion anormale n'est pas déductible chez la société qui l'a consenti. En revanche, il est imposable au niveau de la société bénéficiaire. Les développements qui suivent se situent dans le cadre d'une gestion normale.

• Traitement au niveau de la société qui consent l'abandon

Principes

Pour les exercices clos à compter du 4 juillet 2012, les aides accordées à une autre entreprise sont exclues des charges déductibles dès lors qu'elles ne présentent pas un caractère commercial, ou qu'elles ne sont pas consenties à une entreprise en difficulté financière soumise à une procédure collective ou de conciliation.

Cas particulier de l'abandon consenti à des entreprises en difficultés financières

– Sont déductibles les aides consenties lors d'une procédure de conciliation en application d'un accord homologué par le juge.

– Sont déductibles les aides accordées dans le cadre d'une procédure de sauvegarde, de redressement ou de liquidation judiciaire ou toute autre procédure d'insolvabilité mentionnée à l'annexe A du règlement CE no 1346/2000 du Conseil du 29 mai 2000.

Dans ces cas, l'aide n'est déductible qu'à hauteur :

– de la situation nette négative de la société bénéficiaire ;

– et de la situation nette positive à proportion des participations détenues par d'autres associés.

En effet, tant que la situation nette de la société bénéficiaire reste négative, en principe, la valeur de la participation de la société qui consent l'abandon n'augmente pas. L'abandon n'est donc pas compensé par un accroissement de la valeur des titres de la société bénéficiaire détenus par la société qui consent l'abandon. Il constitue un véritable appauvrissement, ce qui justifie sa déductibilité totale.

En revanche, si la situation nette est positive avant l'abandon ou le devient grâce à l'abandon, la valeur des titres de la société bénéficiaire détenus par la société, qui consent l'abandon, augmente. L'abandon est compensé, au moins pour partie, par un accroissement de la valeur de ces titres. L'appauvrissement net est alors égal à la différence entre l'abandon et l'accroissement de la valeur des titres. Seul ce montant est déductible, le reste est considéré par l'administration fiscale comme un supplément d'apport non déductible.

Par conséquent, pour déterminer le montant déductible de la créance abandonnée, il convient de déterminer la situation nette de la société bénéficiaire de l'abandon avant puis après ce dernier. Les trois situations suivantes peuvent apparaître :

– la situation nette reste négative après l'abandon ;

– la situation nette négative avant l'abandon devient positive après ;

– la situation nette est positive avant l'abandon.

Détermination de la situation nette

En principe, la situation nette est déterminée à partir des valeurs comptables. Elle est égale au montant des capitaux propres définis par l'article 934-1 du Plan comptable général sous déduction des frais d'établissement. Selon le Conseil d'État, elle est appréciée à la date de clôture de l'exercice de la société qui consent l'abandon (CE, 31 juillet 2009) et à la date à laquelle l'abandon est consenti, selon la doctrine administrative. L'entreprise a donc le choix de la date d'appréciation de la situation nette. S'il existe un écart significatif entre la situation nette comptable et la situation nette réelle (c'est-à-dire celle calculée à partir des valeurs réelles des actifs et des dettes) :

›Voir texte de référence 1

- l'entreprise qui consent l'abandon est autorisée à retenir la situation nette réelle si elle est inférieure à la situation nette comptable ;
- l'Administration peut retenir la situation nette réelle si elle est supérieure à la situation nette comptable.

La situation nette est négative avant et après l'abandon

Dans cette situation, l'abandon consenti par la société constitue un véritable appauvrissement. Il est donc totalement déductible.

- Si la situation nette est négative avant et après l'abandon, celui-ci constitue un véritable appauvrissement. Il est donc totalement déductible.
- Si la situation nette est négative avant et positive après l'abandon, le montant déductible est égal au montant de la situation nette négative avant l'abandon, auquel s'ajoute le montant de la situation nette positive dans la proportion de la fraction du capital appartenant aux autres associés.
- Si la situation nette est positive avant et après l'abandon le montant déductible est égal au montant de l'abandon dans la proportion de la fraction du capital appartenant aux autres associés.

Exemple

La SA Pierdet acquiert 80 % des titres de la SARL Paris en mars N – 3 pour 85 000 €. Les deux sociétés n'ont aucune relation commerciale. À la clôture de l'exercice N – 2, la SARL réalise une perte de 150 000 €, ce qui génère une situation nette négative et entraîne de grosses difficultés de trésorerie conduisant la SA à déprécier ses titres de 85 000 € (leur valeur d'inventaire, constituée ici par leur valeur d'utilité, étant supposée nulle). En janvier N – 1, la société Pierdet, dont l'exercice coïncide avec l'année civile, inquiète pour la survie de sa filiale, lui prête 120 000 €. À la clôture suivante, le 31/12/N – 1, la SARL dégage de nouveau un résultat déficitaire de 90 000 € et est mise en redressement judiciaire. Début janvier N, la SA Pierdet abandonne sa créance.

Le bilan de la SARL Paris, en euros, se présente comme suit le 31/12/N :

ACTIF		PASSIF	
Frais d'établissement	5 000	Capital	100 000
Immobilisations corporelles	35 000	Résultat	(90 000)
Stocks	6 000	Report à nouveau	(150 000)
Créances	13 998	Dette financière	120 000
Disponibilités	2	Autres dettes	80 000
TOTAL	**60 000**	**TOTAL**	**60 000**

Il s'agit d'un abandon de créance à caractère financier car la nature de la créance, les liens unissant les deux sociétés et les motivations de l'opération sont exclusifs de toute relation commerciale. Le fait que la SARL soit placée en redressement judiciaire permet à la SA Pierdet de déduire l'abandon.

Il convient de calculer la situation nette de la SARL avant puis après l'abandon pour déterminer le traitement fiscal de l'abandon. La situation nette comptable apparaissant au bilan comptable du 31/12/N est égale à : 100 000 – 90 000 – 150 000 – 5 000 = – 145 000. Elle est négative, la dépréciation des titres de la SARL est justifiée.

Après l'abandon, la situation nette comptable est égale à – 145 000 + 120 000 = – 25 000. Elle est toujours négative. La dépréciation des titres est toujours justifiée. Leur valeur n'a pas varié.

Pour la SA Pierdet, l'abandon de créance n'est pas compensé par un accroissement de la valeur des titres Paris. L'abandon est totalement déductible.

La situation nette négative avant l'abandon devient positive après

L'abandon est consenti par un seul associé

L'appauvrissement provoqué par l'abandon de créance est compensé, pour partie, par la hausse de la valeur des titres de la société bénéficiaire de l'abandon détenus par la société qui consent l'abandon. Cette hausse se produit dès lors que la situation nette devient positive. En effet, tant que la situation nette est négative, quel qu'en soit le montant, en principe la valeur des titres est nulle. En conséquence, la partie de l'abandon qui contribue à ramener la situation nette négative à zéro est totalement déductible. Le surplus a pour effet d'accroître la valeur des titres à hauteur de ce montant multiplié par le pourcentage de détention de la société qui consent l'abandon dans la société bénéficiaire. L'abandon est déductible à concurrence :

- du montant de la situation nette négative avant l'abandon, auquel s'ajoute
- le montant de la situation nette positive dans la proportion de la fraction du capital appartenant aux autres associés.

Exemple

La SA Goguel détient 75 % des titres de la SA Bolorier. Cette dernière étant placée en redressement judiciaire, bénéficie d'un abandon de créance à caractère financier de 200 000 € de la part de la SA Goguel. La situation nette comptable de la SA Bolorier est égale, par hypothèse, à – 140 000 € avant l'abandon.

Après l'abandon, la situation nette de la filiale de la SA Goguel est égale à 60 000 €. Le montant de l'abandon de créance déductible s'élève à : 140 000 + (60 000 × 25 %) = 155 000 €.

Le reste de l'abandon (45 000 €) n'est pas admis en déduction car il est considéré comme un supplément d'apport.

L'abandon est consenti, simultanément ou à intervalles rapprochés, par plusieurs associés

Chaque associé participant à l'abandon peut déduire :

- le montant de la situation nette négative multiplié par le quotient de son propre abandon sur le montant total de l'abandon, auquel s'ajoute
- la fraction non encore déduite de son propre abandon multipliée par la proportion de la fraction du capital appartenant aux associés qui ne participent pas à l'abandon.

Exemple

La SA Risketou, ayant accumulé de grosses pertes depuis deux exercices, est placée en redressement judiciaire. Elle bénéficie, de la part de ses deux actionnaires principaux la SAS Bicairefoule et la SARL Calmat d'un abandon de créances à caractère financier. La SAS Bicairefoule, qui détient 40 % des actions de la SA, abandonne 200 000 €. La SARL Calmat, actionnaire à hauteur de 25 %, renonce à encaisser une créance de 100 000 €. La situation nette comptable de la SA, avant l'abandon est de – 240 000 €.

La situation nette après l'abandon s'élève à – 240 000 + 300 000 = 60 000 €.

Le traitement fiscal des abandons de créances est le suivant :

L'abandon de Bicairefoule est déductible à hauteur de : (240 000) × 200 000 / 300 000 = 160 000 €
+ (200 000 – 160 000) × (100 % – 40 % – 25 %) = 14 000 €.

Soit un total de 174 000 €. Le reste (26 000 €) n'est pas déductible car il s'agit d'un supplément d'apport.

L'abandon de Calmat est déductible à hauteur de : (240 000) × 100 000 / 300 000 = 80 000 €
+ (100 000 – 80 000) × (100 % – 40 % – 25 %) = 7 000 €.

Soit un total de 87 000 €. Le reste (13 000 €) n'est pas déductible car il s'agit d'un supplément d'apport.

Le total des abandons déductibles s'élève donc à 174 000 + 87 000 = 261 000 €, soit le montant de la situation nette négative avant l'abandon (240 000 €) plus le montant de la situation nette positive, après l'abandon, multiplié par la proportion de la fraction du capital appartenant aux associés qui ne participent pas à l'abandon (60 000 × 35 %).

Il est possible de retrouver la part déductible de chaque associé en multipliant le montant total qui aurait été déductible, si un seul associé à 65 % avait réalisé l'abandon de 300 000 €, soit 240 000 + 60 000 × 35 %, par le quotient du montant abandonné par chaque associé par le montant de l'abandon total :

261 000 × 200 000/300 000 = 174 000 et 261 000 × 100 000/300 000 = 87 000

La situation nette est positive avant l'abandon

L'abandon est consenti par un seul associé

L'appauvrissement provoqué par l'abandon de créance est compensé, pour partie, par la hausse de la valeur des titres de la société bénéficiaire de l'abandon détenus par la société qui consent l'abandon. L'abandon n'est déductible qu'en proportion de la fraction du capital appartenant aux autres associés.

Exemple

La SA Bernard a acquis en N – 4, pour 145 000 €, 70 % des titres de la SARL Gerard. Ces derniers ont été dépréciés de 117 000 € le 31/12/N – 1, suite aux mauvais résultats de la société. Début N, la SARL Gerard placée en redressement judiciaire bénéficie d'un abandon de créance à caractère financier de 100 000 € de la part de la SA Bernard.

La situation nette comptable de la SARL Gerard s'élève, par hypothèse, à 40 000 € avant l'abandon. Après l'abandon, la situation nette de la SARL est égale à 140 000.

Le montant de l'abandon de créance déductible s'élève à : 100 000 × 30 % = 30 000 €.

Le reste de l'abandon (70 000 €) n'est pas admis en déduction car il constitue un supplément d'apport.

L'abandon est consenti, simultanément ou à intervalles rapprochés, par plusieurs associés

Le montant de la créance abandonnée par chaque associé est déductible en proportion du pourcentage de détention des associés qui ne participent pas à l'opération.

Exemple

La SA Tarbaize, placée en redressement judiciaire en raison de graves difficultés de trésorerie, bénéficie d'un abandon de créances de la part de ses deux actionnaires principaux, la SAS Zibery et la SARL Cessy. La SAS Zibery, qui détient 45 % des actions de la SA, abandonne 80 000 €. La SARL Cessy, actionnaire à hauteur de 30 %, renonce à encaisser une créance de 60 000 €. La situation nette comptable de la SA, avant l'abandon est de 50 000 €.

La situation nette après l'abandon s'élève à 50 000 + 80 000 + 60 000 = 190 000 €.

Le traitement fiscal des abandons de créances est le suivant :

L'abandon de Zibery est déductible à hauteur de : 80 000 × (100 % – 45 % – 30 %) = 20 000 €.

Le reste (60 000 €) n'est pas déductible car il s'agit d'un supplément d'apport.

L'abandon de Cessy est déductible à hauteur de : 60 000 × (100 % – 45 % – 30 %) = 15 000 €.

Le reste (45 000 €) n'est pas déductible car il s'agit d'un supplément d'apport.

Le total des abandons déductibles s'élève donc à 20 000 + 15 000 = 35 000 €, soit le montant total des abandons multiplié par la proportion de la fraction du capital appartenant aux associés qui ne participent pas à l'abandon (140 000 × 25 %).

- **Traitement au niveau de la société qui bénéficie de l'abandon**

L'abandon de créance enrichit la société. Il est en principe imposable. Toutefois, lorsque la société bénéficiaire de l'abandon est soumise à l'IS et est détenue par une société mère créancière, la fraction de l'abandon qui n'est pas déductible pour la société qui le consent n'est pas imposable au niveau de la société qui en bénéficie à condition que :

- cette dernière prenne l'engagement d'augmenter son capital pour un montant au moins égal à l'abandon consenti avant la clôture du second exercice suivant celui de l'abandon au profit de la société mère ;
- le montant soit au moins égal à la fraction non déductible (selon l'article 216-A du Code général des impôts).

B) Traitement comptable

1. Traitement au niveau de la société qui consent l'abandon

L'abandon de créance constitue une charge financière, à enregistrer au compte 664. Pertes sur créances liées à des participations. Corrélativement, une reprise de dépréciation des titres doit être effectuée si une dépréciation, précédemment comptabilisée, n'est plus totalement ou partiellement justifiée.

Il semble toutefois possible de comptabiliser le montant déductible de l'abandon en charge et le montant non déductible, le cas échéant, en complément d'apport, c'est-à-dire au débit du compte de titres. Cette dernière solution permet d'éviter d'avoir à effectuer une reprise de dépréciation des titres constitutive, en principe, d'une plus-value à long terme sur le plan fiscal. À compter des exercices ouverts en 2007, les reprises de dépréciation portant sur des titres de participation étant, dans la plupart des cas exonérées d'impôt, l'intérêt d'un tel traitement comptable semble moins pertinent.

Exemple

La SA Bernard a acquis en N – 4, pour 145 000 €, 70 % des titres de la SARL Gerard. Ceux-ci ont été dépréciés de 117 000 € le 31/12/N – 1, suite aux mauvais résultats de cette dernière. Début N, la SARL Gerard, qui est soumise à une procédure collective, bénéficie d'un abandon de créance à caractère financier de 100 000 € de la part de la SA Bernard.

La situation nette comptable de la SARL Gerard s'élève, par hypothèse, à 40 000 € avant l'abandon. Après l'abandon, la situation nette de la SARL est égale à + 140 000.

Le montant de l'abandon de créance déductible s'élève à : 100 000 × 30 % = 30 000 €.

Le reste de l'abandon (70 000 €) n'est pas admis en déduction car il constitue un supplément d'apport.

La comptabilisation de l'abandon de créance chez Bernard est la suivante :

– **première possibilité conforme au PCG :**

	12/01/N		
664	Pertes sur créances liées à des participations	100 000	
267	Créances rattachées à des participations		100 000
	12/01/N		
2961	Titres de participation	70 000	
7866	Reprises sur dépréciations des éléments financiers (1)		70 000

(1) Hypothèse : la valeur d'utilité des titres s'est améliorée de 70 000 €, soit 70 % de l'accroissement de la situation nette de la SARL Gerard. La valeur nette comptable des titres doit être augmentée de 70 000 € par la reprise partielle de la dépréciation antérieurement constatée. La partie non déductible de l'abandon, égale à 70 000 €, doit être réintégrée.

– **deuxième possibilité :**

	12/01/N		
261	Titres de participation	70 000	
664	Pertes sur créances liées à des participations	30 000	
267	Créances rattachées à des participations		100 000

Le débit du compte 261 contribue à accroître la participation de la SA Bernard dans la SARL Gerard de 70 000 €. En conséquence, la valeur nette comptable des titres augmente également. Aucune reprise de dépréciation n'est à effectuer.

Si la société Gérard n'était pas soumise à une procédure collective, l'abandon ne serait pas déductible au niveau de la SA Bernard.

2. Traitement au niveau de la société qui bénéficie de l'abandon

La dette envers la société qui consent l'abandon est réduite du montant de celui-ci par le crédit du compte 7788. Produits exceptionnels divers.

Exemple

La comptabilisation chez Gérard, le bénéficiaire de l'abandon, est la suivante :

	12/01/N		
171	Dettes rattachées à des participations (groupe)	100 000	
7788	Produits exceptionnels divers		100 000

Contexte SA Bigmother

Rappeler les modalités de détermination de la situation nette comptable d'une entreprise.

Comptabiliser le ou les abandons à caractère financier chez Bigmother.

Comptabiliser le ou les abandons à caractère financier chez le ou les bénéficiaires des abandons.

IV Les clauses de retour à meilleure fortune

A) Définition

La clause de retour à meilleure fortune a pour objet de permettre au créancier ayant précédemment abandonné sa créance de contraindre le bénéficiaire de l'abandon à régler sa dette antérieure en cas de redressement financier. En présence d'une telle clause, l'abandon de créance est en fait réalisé sous condition résolutoire.

Contexte SA Bigmother

Comment s'appelle la clause prévoyant qu'en cas de résultat supérieur à 250 000 € le client argentin remboursera l'abandon de créance accordé par Bigmother ?

B) Conséquences comptables

1. De l'existence de la clause

Les schémas comptables étudiés précédemment ne sont pas affectés par l'existence d'une telle convention. Toutefois, la société qui consent l'abandon bénéficie d'un engagement conditionnel de la société bénéficiaire de l'abandon qui peut être mentionné dans l'annexe. Réciproquement, la société bénéficiaire de l'abandon doit obligatoirement porter à la connaissance des tiers l'existence de cet engagement conditionnel par une mention en annexe, s'il est significatif.

2. Du remboursement ultérieur

En comptabilité, le remboursement total ou partiel de la créance précédemment abandonnée est enregistré, chez la société qui a consenti l'abandon, en produit exceptionnel ou financier selon la nature de l'abandon (commercial ou financier) et en charge exceptionnelle chez la société bénéficiaire de l'abandon.

+ Traitement fiscal

Sur le plan fiscal, le produit constaté par la société qui a consenti l'abandon est imposable dans la limite du montant déduit lors de l'abandon, ou en proportion du montant déduit sur le montant total de l'abandon en cas de remboursement partiel. La charge enregistrée par la société bénéficiaire de l'abandon est déductible. Il est important de noter que, selon la jurisprudence fiscale, le remboursement n'est pas déductible en l'absence d'une telle clause.

V La renonciation à des recettes

Une autre manière possible de fournir une aide à un partenaire consiste à renoncer à lui facturer totalement ou partiellement des recettes. Cela peut se traduire, par exemple, par des prêts sans intérêts, une réduction importante, voire une absence de facturation. En comptabilité, le gain réalisé par le bénéficiaire de cet avantage impacte automatiquement son résultat puisque la charge qui aurait dû lui être facturée ne l'a pas été. Il en est de même pour la société qui renonce à ces recettes, son résultat n'augmente pas du fait de la non-comptabilisation de celles-ci.

Exemple

La société Marion consent un prêt sans intérêts de 100 000 € à la société La Fine Harmonie. Le taux habituellement pratiqué pour un prêt de cette nature est de 4,75 % par an.

La conséquence sur le résultat comptable de la société Marion est la suivante : aucun produit financier n'est constaté, alors que 4 750 € d'intérêts auraient pu être facturés et ainsi augmenter le résultat.

En ce qui concerne la conséquence sur le résultat comptable de la société La Fine Harmonie, aucune charge financière n'est enregistrée, alors que 4 750 € d'intérêts auraient pu lui être demandés. Son résultat s'en trouve amélioré d'autant.

+ Traitement fiscal

Fiscalement, il convient d'abord de s'interroger sur la normalité d'une telle opération, puis, lorsqu'elle relève d'une gestion normale, si elle doit être assimilée à un abandon de créance. En effet, dans l'exemple ci-dessus, la société Marion aurait pu facturer les intérêts, puis abandonner la créance née de cette facturation. Les effets d'un abandon de créance sont à rattacher à la renonciation à des recettes lorsque la société ayant renoncé à celles-ci a agi dans son propre intérêt.

Correction contexte SA Bigmother

1. Qualification comptable des abandons de créances

Rappel : La détermination du caractère commercial de l'abandon procède de l'examen des motifs et des circonstances qui ont conduit à sa réalisation. S'il s'agit uniquement de maintenir des débouchés commerciaux, l'abandon est qualifié d'abandon à caractère commercial mais si les liens unissant les deux sociétés concernées et les motivations de l'abandon sont exempts de toute relation commerciale, l'abandon est qualifié d'abandon à caractère financier.

- Abandon du 18/02 : caractère commercial car il n'existe aucun lien capitalistique entre les deux sociétés. Le but de l'abandon accordé au client argentin est purement commercial (conserver des débouchés commerciaux).
- Abandon du 09/07 : caractère financier car Bigmother est la société mère du groupe auquel appartient la société Lousy et il n'y a apparemment pas de liens commerciaux entre ces deux sociétés. Le but de l'abandon est d'éviter que la filiale soit liquidée.

– Abandon du 21/11 : caractère commercial car bien que les deux sociétés aient des liens capitalistiques, le but de l'abandon est de maintenir des débouchés commerciaux pour la société mère du groupe Bigmother.

Comptabilisation des abandons à caractère commercial chez Bigmother.

6788	Charges exceptionnelles diverses	X	
411	Client		X

Pour l'abandon commercial du 18/02 : X = 120 000 € et X = 220 000 € pour le second du 21/11.

Comptabilisation des abandons à caractère commercial chez le ou les bénéficiaires des abandons.

401	Fournisseur Bigmother	Z	
7788	Produits exceptionnels divers		Z

Pour l'abandon commercial du 18/02 : Z = 120 000 € et Z = 220 000 € pour le second du 21/11.

2. Traitement comptable des abandons de créances à caractère financier

La situation nette est déterminée à partir des valeurs comptables. Elle est égale au montant des capitaux propres définis par l'article 934-1 du Plan comptable général sous déduction des frais d'établissement. Selon le Conseil d'État, elle est appréciée à la date de clôture de l'exercice de la société qui consent l'abandon (CE, 31 juillet 2009). Selon la doctrine administrative, elle est déterminée à la date à laquelle l'abandon est consenti.

L'entreprise a donc le choix de la date d'appréciation de la situation nette. S'il existe un écart significatif entre la situation nette comptable et la situation nette réelle (c'est-à-dire celle calculée à partir des valeurs réelles des actifs et des dettes), l'entreprise qui consent l'abandon est autorisée à retenir la situation nette réelle si elle est inférieure à la situation nette comptable et l'Administration peut retenir la situation nette réelle si elle est supérieure à la situation nette comptable.

Comptabilisation des abandons à caractère financier chez Bigmother.

664	Pertes sur créances liées à des participations	600 000	
267	Créances rattachées à des participations		600 000

Comptabilisation des abandons à caractère financier chez le ou les bénéficiaires des abandons.

171	Dettes rattachées à des participations (groupe)	600 000	
778	Produits exceptionnels divers		600 000

3. Les clauses de retour à meilleure fortune

Il s'agit d'une clause de retour à meilleure fortune. Celle-ci contraint, de manière contractuelle, le bénéficiaire de l'abandon à régler sa dette antérieure en cas de redressement financier.

Synthèse

Définition et typologie

Un abandon de créances est, pour une entreprise qui le consent, le fait de renoncer à encaisser une créance.

Il convient de distinguer deux catégories d'abandons de créances :

– les abandons à caractère commercial ;

– les abandons à caractère financier.

La distinction entre ces deux catégories s'effectue selon la nature de la créance abandonnée, selon les liens unissant les deux sociétés concernées et selon les motivations de l'abandon.

La qualification retenue est importante car elle a des incidences comptables et fiscales.

Régime applicable en matière de TVA

Si l'abandon est consenti en contrepartie d'un service ou d'un bien, ou s'il constitue le complément de prix d'une opération imposable à la TVA, il y est également soumis. La TVA sera exigible chez le bénéficiaire de l'abandon et déductible pour la société qui a consenti l'abandon, à condition que les conditions de fond et de forme de déductibilité de la TVA soient respectées, en particulier l'existence d'une pièce justificative (facture).

En dehors de ces situations, l'abandon n'entre pas dans le champ d'application de la TVA.

Traitements comptable et fiscal

Sous réserve que l'abandon de créance relève d'une gestion normale :

	Société bénéficiaire de l'abandon		Société qui consent l'abandon	
	Traitement comptable	Régime fiscal	Traitement comptable	Régime fiscal
Abandon à caractère commercial	Produit exceptionnel	Imposable	Charge financière	Déductible
Abandon à caractère financier	Produit exceptionnel	Imposable Sauf exception prévue par l'article 216-A du CGI (1)	Charge financière et intégration éventuelle pour partie en complément d'apport (2)	La déductibilité est autorisée pour partie à la condition que le bénéficiaire de l'abandon soit soumis à une procédure collective de conciliation (2)

(1) Lorsque la société bénéficiaire de l'abandon est soumise à l'IS et est détenue par une société mère créancière, la fraction de l'abandon qui n'est pas déductible pour la société qui le consent n'est pas imposable au niveau de la

société qui en bénéficie à condition que celle-ci prenne l'engagement d'augmenter son capital pour un montant au moins égal à l'abandon consenti avant la clôture du second exercice suivant celui de l'abandon, au profit de la société mère, d'un montant au moins égal à la fraction non déductible (article 216A du CGI).

(2) Les trois situations suivantes peuvent apparaître si le bénéficiaire est soumis à une procédure collective de conciliation :

a. la situation nette reste négative après l'abandon : l'abandon est comptabilisé en charge financière et est fiscalement totalement déductible ;

b. la situation nette négative avant l'abandon devient positive après : l'abandon est déductible à concurrence :
   - du montant de la situation nette négative avant l'abandon, auquel s'ajoute
   - le montant de la situation nette positive dans la proportion de la fraction du capital appartenant aux autres associés.

   Deux schémas comptables sont, semble-t-il, possibles du côté de la société qui consent l'abandon :
   - l'abandon est enregistré en charge financière et, le cas échéant, une reprise totale ou partielle de la dépréciation des titres, de la société bénéficiaire de l'abandon, détenus par la société qui consent l'abandon, est effectuée ;
   - le montant de l'abandon déductible est comptabilisé en charge financière et le montant non déductible, considéré comme un complément d'apport, au débit du compte de titres. Dans cette configuration, aucune reprise de dépréciation n'est en principe à effectuer.

c. la situation nette est positive avant l'abandon : l'abandon n'est déductible qu'en proportion de la fraction du capital appartenant aux autres associés. Les traitements fiscal et comptable au niveau de la société qui consent l'abandon sont identiques à ceux relatifs au cas précédent.

Remarque

Si le bénéficiaire de l'abandon à caractère financier n'est pas soumis à une procédure collective ou de conciliation, l'abandon n'est pas déductible au niveau de celui qui consent l'abandon à compter des exercices clos à compter du 4 juillet 2012.

Références

- Article 934-1 du Plan comptable général.

1 PCG – article 934-1

[…] Les comptes de la classe 1 regroupent :

les capitaux propres qui correspondent à la somme algébrique :

- des apports : capital, primes liées au capital ;
- des écarts de réévaluation ;
- des écarts d'équivalence ;
- des bénéfices autres que ceux pour lesquels une décision de distribution est intervenue : réserves, report à nouveau créditeur, bénéfice de l'exercice ;
- des pertes : report à nouveau débiteur, perte de l'exercice ;
- des subventions d'investissement ;
- des provisions réglementées. […]

Compétences attendues	Savoirs associés
– Exposer et appliquer les traitements comptables relatifs au rattachement des charges et des produits. (C1) – Évaluer et comptabiliser les opérations citées et plus particulièrement celles se déroulant sur plusieurs exercices. (C2) – Analyser les conséquences d'un choix de comptabilisation, notamment sur la présentation des comptes annuels, dans une situation donnée. (C3) – Présenter les informations à fournir en annexe. (C4)	Aides aux entreprises : abandons de créance.

Applications

Comprendre les notions

Application 1 QCM

Retrouvez la ou les réponses exactes.

1. Un abandon de créance entre deux sociétés appartenant au même groupe :
- ☐ est toujours à caractère commercial.
- ☐ est toujours à caractère financier.
- ☐ peut être qualifié d'abandon commercial ou d'abandon financier selon les motifs et les circonstances qui ont conduit à sa réalisation.

2. Lorsque les deux sociétés ont des relations commerciales et également des liens capitalistiques, en particulier du type société mère et filiale :
- ☐ si le caractère commercial est prépondérant, l'abandon est commercial, sinon il est financier.
- ☐ l'abandon est toujours à caractère commercial.
- ☐ l'abandon est toujours à caractère financier.

3. Un abandon à caractère commercial relevant d'une gestion normale :
- ☐ est imposable pour la société qui en bénéficie.
- ☐ n'est pas imposable pour la société qui en bénéficie.
- ☐ est déductible pour la société qui le consent.
- ☐ n'est pas déductible pour la société qui le consent.

4. Un abandon de créance à caractère commercial relevant d'une gestion normale :
- ☐ est enregistré en charge exceptionnelle dans la comptabilité de la société qui le consent.
- ☐ est enregistré en produit financier dans la comptabilité de la société qui en bénéficie.
- ☐ est enregistré en charge d'exploitation dans la comptabilité de la société qui le consent.
- ☐ est enregistré en produit exceptionnel dans la comptabilité de la société qui en bénéficie.

5. Un abandon de créance commerciale relevant d'une gestion anormale :
- ☐ est imposable au niveau de la société qui en bénéficie.
- ☐ est déductible au niveau de la société qui le consent.
- ☐ n'est pas imposable au niveau de la société qui en bénéficie.
- ☐ n'est pas déductible au niveau de la société qui le consent.

6. Le traitement fiscal d'un abandon de créance à caractère financier accordé à une société soumise à une procédure collective ou de conciliation et relevant d'une gestion normale :
- ☐ varie, au niveau de la société qui bénéficie de l'abandon, selon le montant de la situation nette de la société qui consent l'abandon.
- ☐ varie, au niveau de la société qui consent l'abandon, selon le montant de la situation nette de la société qui bénéficie de l'abandon.
- ☐ n'est jamais totalement imposable pour la société qui en bénéficie.
- ☐ n'est jamais totalement déductible pour la société qui le consent.

7. La situation nette déterminée à partir des valeurs comptables est égale :
- ☐ au montant des capitaux propres définis par le PCG (art. 934-1).
- ☐ au montant des capitaux propres définis par le PCG (art. 934-1) sous déduction des frais d'établissement.
- ☐ au montant total de l'actif sous déduction des frais d'établissement.
- ☐ aucune des réponses précédentes n'est exacte.

8. S'il existe un écart significatif entre la situation nette comptable et la situation nette réelle :

- ☐ l'entreprise qui consent l'abandon est autorisée à retenir la situation nette réelle si elle est inférieure à la situation nette comptable.
- ☐ l'Administration peut retenir la situation nette réelle si elle est supérieure à la situation nette comptable.
- ☐ la situation réelle doit obligatoirement être retenue.

9. Si la situation nette de la société qui bénéficie de l'abandon est négative avant et après l'abandon :

- ☐ l'abandon est totalement déductible pour la société qui l'a consenti si le bénéficiaire est soumis à une procédure collective.
- ☐ l'abandon n'est pas totalement déductible pour la société qui l'a consenti.
- ☐ l'abandon n'est pas du tout déductible pour la société qui l'a consenti si le bénéficiaire n'est pas soumis à une procédure collective ou de conciliation.
- ☐ l'abandon n'est pas imposable pour la société qui en bénéficie.

10. Un abandon de créance à caractère financier relevant d'une gestion normale :

- ☐ est enregistré en charge exceptionnelle dans la comptabilité de la société qui le consent.
- ☐ est enregistré en produit financier dans la comptabilité de la société qui en bénéficie.
- ☐ est enregistré en charge d'exploitation dans la comptabilité de la société qui le consent.
- ☐ est enregistré en produit exceptionnel dans la comptabilité de la société qui en bénéficie.

Mettre en œuvre les compétences

Application 1 Abandon de créance et TVA

Compétences attendues : C1 et C2

Cet exercice et à réaliser sans calculatrice

La société Gianetti, pour conserver un débouché dans le sud-ouest de la France, abandonne une créance commerciale de 20 000 € sur la SARL Grafois. En contrepartie, cette société met un ensemble immobilier inutilisé à disposition de la société Gianetti pendant un an.

1. **L'abandon vous semble-t-il justifié ? Pourquoi ? Si tel n'était pas le cas, quelles en seraient les conséquences fiscales pour la société Gianetti ?**
2. **L'abandon est considéré relever d'une gestion normale. Qualifiez cet abandon de créance.**
3. **L'abandon est-il soumis à la TVA ? Pourquoi ?**
4. **Enregistrez l'abandon dans la comptabilité de chacune des sociétés, en précisant les conditions requises pour déduire la TVA.**

Application 2 Abandon de créance à caractère financier

Compétences attendues : C1 et C2

Cet exercice et à réaliser sans calculatrice

La SA Calbocci détient 80 % des titres de la SARL Alpy. Cette dernière soumise à une procédure collective en raison de ses grandes difficultés financières, bénéficie d'un abandon de créance à caractère financier de 100 000 € de la part de la SA Calbocci. La situation nette comptable de la SARL, avant l'abandon, est égale à :
- hypothèse 1 : – 140 000 € ;
- hypothèse 2 : – 60 000 € ;
- hypothèse 3 : 40 000 €.

1. Déterminez, pour chaque hypothèse, le montant de la situation nette comptable après l'abandon.

2. Indiquez quels sont les traitements comptable et fiscal de l'abandon, selon l'hypothèse retenue, pour la société qui consent l'abandon, puis pour la société qui en bénéficie.

3. La situation nette réelle pourrait-elle être retenue à la place de la situation nette comptable ?

4. Que se passerait-il au niveau fiscal si la SARL Alpy n'était pas soumise à une procédure collective ou de conciliation ?

Application 3 Abandons de créances simultanés

Compétences attendues : C1 et C2

La SARL Kascout, ayant accumulé les déficits depuis trois ans, bénéficie, fin mai N, de la part de ses associés principaux, la SA Cairely et la SARL Jaipur, d'un abandon de créances à caractère financier. La SA Cairely, qui détient 30 % des parts de la SARL Kascout, abandonne 90 000 €. La SARL Jaipur, associée à hauteur de 40 %, renonce à encaisser une créance de 150 000 €. La situation nette comptable de la SARL Kascout, avant l'abandon s'élève à –180 000 €. La société Kascout est soumise à une procédure collective.

1. Déterminez le montant de la situation nette après l'abandon.

2. Le fait que les deux abandons aient lieu simultanément ou de manière rapprochée est-il important ? Pourquoi ?

3. Indiquez le traitement fiscal de l'abandon de créance effectué par chacun des associés.

4. Indiquez le traitement comptable effectué par la SA Cairely.

5. Le fait que la société Kascout soit soumise à une procédure collective a-t-il de l'importance ? Pourquoi ?

Entraînement à l'examen

1 Abandon de créance à caractère financier

Compétences attendues : C1 et C2

Cet exercice et à réaliser sans calculatrice

Travail à faire :
À partir des annexes, vous traiterez les questions posées.

1. L'abandon vous semble-t-il justifié ? Pourquoi ? Si tel n'était pas le cas, quelles en seraient les conséquences fiscales ?
2. Cet abandon est-il à caractère financier ? Pourquoi ? Le fait que la société Delamarche soit soumise à une procédure collective a-t-il de l'importance ?
3. Déterminez la valeur de la situation nette de la SA Delamarche avant, puis après l'abandon.
4. Comptabilisez l'abandon et indiquez son traitement fiscal dans chacune des sociétés, sachant que la valeur d'utilité des titres Delamarche est par hypothèse égale à 97 500 €.
5. Comment appelle-t-on la clause stipulant que, au cas où les capitaux propres atteindraient 300 000 €, la créance redeviendrait exigible ?

Annexe 1

En novembre N – 2, la SARL Goimard acquiert 45 % des titres de la SA Delamarche, pour un montant de 130 000 € et lui accorde un prêt sans intérêts de 120 000 €, remboursable *in fine* deux ans plus tard.

Les deux sociétés n'ont aucune relation commerciale. Distribuant des produits totalement différents au même type de clientèle, sur des zones géographiques différentes, leur rapprochement devrait permettre d'améliorer la rentabilité des services commerciaux de chacune des sociétés.

À la clôture de l'exercice N – 1, la SA Delamarche constate une perte nette comptable de 240 000 €. Sa situation financière est telle qu'elle est placée en redressement judiciaire.

La SARL Goimard, estimant que la valeur d'utilité de ses titres de participation a diminué de 50 %, déprécie ses titres Delamarche de 65 000 €.

Au cours des semaines qui suivent, les fournisseurs suppriment les délais de paiement accordés jusque-là, ce qui entraîne de grosses difficultés de trésorerie et conduit la SARL Goimard à abandonner, début juillet, la totalité du prêt initialement consenti.

La convention d'abandon stipule toutefois que, au cas où les capitaux propres atteindraient de nouveau 300 000 €, la créance redeviendrait exigible.

Annexe 2

La situation de la SA Delamarche établie le 30/06/N se présente comme suit :

ACTIF		PASSIF	
Frais d'établissement	2 000	Capital	300 000
Immobilisations corporelles	201 990	Résultat	(20 000)
Stocks	4 000	Report à nouveau	(240 000)
Créances	12 009	Réserves	42 000
Disponibilités	1	Dette financière	120 000
		Autres dettes	18 000
Total	**220 000**	**Total**	**220 000**

2 Abandons multiples

Compétences attendues : C1 et C2

Travail à faire :
À partir de l'annexe, vous traiterez les questions posées.

1. Déterminer le montant d'abandon déductible au niveau de chaque associé. La situation est-elle fiscalement équitable ?
2. Quels montants les associés auraient-ils dû abandonner pour respecter l'équité fiscale entre eux ?

Annexe

La situation nette d'une filiale en redressement judiciaire s'élève, avant l'abandon de créance, à –120 000 €.

La société mère, qui détient 40 % des titres de la filiale, abandonne une créance sur cette dernière de 200 000 € ; à la même date, un autre associé détenant 30 % abandonne 100 000 €.

3 Exercice de synthèse

Compétences attendues : C1, C2 et C3

La société Jenerousse a accordé deux abandons de créances au cours de l'exercice :

- le 25 janvier N, elle a abandonné une créance de 96 000 € (pas de TVA par hypothèse) à un client espagnol en grande difficulté financière afin de lui éviter un dépôt de bilan. Elle espère qu'il se redressera et que cela préservera les débouchés qu'elle a développés par son intermédiaire en Afrique du nord depuis deux ans ;
- le 31/05/N, elle a renoncé définitivement à recouvrer le prêt de 240 000 € qu'elle avait accordé à une de ses 3 filiales. Celle-ci, ayant subi une perte comptable importante à la clôture de l'exercice clos le 30/06/ N – 1, risquait de perdre plus de la moitié de son capital en cas de résultat déficitaire en N.

1. **Déterminer, en la justifiant, la qualification comptable de chacun des abandons de créances accordés par la société Jenerousse.**
2. **Comptabiliser la ou les abandons à caractère commercial chez Jenerousse et indiquer quels sont leurs impacts sur les états financiers de cette société.**
3. **Comptabiliser la ou les abandons à caractère commercial chez le ou les bénéficiaires des abandons et indiquer quels sont leurs impacts sur les états financiers de cette société.**
4. **Qu'appelle-t-on clause retour à meilleure fortune ?**
5. **Rappeler les modalités de détermination de la situation nette comptable d'une entreprise.**
6. **Rappeler à quelle condition un abandon à caractère financier est déductible chez celui qui l'accorde.**

CHAPITRE

21

Participation et intéressement des salariés

Compétences attendues	Savoirs associés
– Exposer et appliquer les traitements comptables relatifs au rattachement des charges et des produits (C1). – Évaluer et comptabiliser les opérations citées et plus particulièrement celles se déroulant sur plusieurs exercices (C2). – Analyser les conséquences d'un choix de comptabilisation, notamment sur la présentation des comptes annuels, dans une situation donnée (C3). – Présenter les informations à fournir en annexe (C4).	– Dispositifs associant le personnel aux performances de l'entreprise.

Contexte professionnel

La SAS Perfo a mis en place un système d'intéressement de ses salariés. L'accord prévoit que l'intéressement est égal à 10 % du résultat courant avant impôt. Il est réparti uniformément entre les salariés.

L'AGO en date du 20/06/N + 1 a approuvé les comptes de l'exercice N.

À l'issue de la répartition le 30/06/N + 1, 50 salariés souhaitent affecter leur intéressement au PEE et 10 veulent le percevoir immédiatement.

La SAS Perfo effectue à cette date un abondement au PEE de 150 € par salarié.

Raison sociale	SAS Perfo
Capital social	110 000 €
Siège social et exploitation	36 avenue Delcassé 75008 Paris
Activité	Recouvrement de créances commerciales
Dirigeant	Présidente Madame Lebail
Effectif	60 salariés
Données comptables	Résultat courant avant impôt de l'exercice N : 664 450 €

L'épargne salariale est un système d'épargne associant un cadre collectif défini au niveau de l'entreprise et une initiative individuelle du salarié :
- l'intérêt pour le salarié est de se constituer une épargne d'un rendement supérieur à celui dont il pourrait bénéficier à titre individuel, du fait de la contribution de son entreprise et des avantages fiscaux et sociaux rattachés ;
- pour l'entreprise, l'épargne salariale est une forme de rémunération moins onéreuse que le salaire, car elle est exonérée de charges sociales et permet, par ailleurs, de différer le moment du décaissement d'une partie des créances salariales.

L'épargne salariale, qui concerne actuellement plus de la moitié des salariés, a fait l'objet d'importantes réformes au cours des dernières années, car elle est en relation avec des enjeux fondamentaux de notre économie : financement des retraites, répartition des résultats entre entreprises et salariés, actionnariat salarié, etc.

Par opposition aux primes, qui sont accordées individuellement, la participation et l'intéressement constituent des outils de motivation collective des salariés. En outre, ils visent à leur donner un intérêt commun à celui des actionnaires : l'augmentation des résultats (valeur ajoutée, excédent brut d'exploitation et résultat net).

L'épargne salariale comporte deux types d'éléments :
- les dispositifs de participation financière : la participation et l'intéressement ;
- les structures d'accueil des fonds que constituent les plans d'épargne.

Les textes de base traitant de ces problématiques sont codifiés dans le Code du travail.

I La participation des salariés

A) Cadre légal et caractéristiques

1. Cadre légal

Créée en 1967, la participation des salariés aux résultats de l'entreprise est un système obligatoire de distribution aux salariés d'une partie des résultats réalisés. Elle s'applique à toutes les entreprises occupant au moins 50 salariés, quelle que soit leur forme juridique (Code du travail – article L. 3322-2). Elle est facultative pour les autres entreprises. Le montant de la participation peut être égal à celui fixé par le régime de droit commun ou résulter d'un accord dérogatoire plus avantageux pour le salarié.

› Voir texte de référence 1

2. Caractéristiques

a) Accord de participation

La mise en place d'un régime de participation nécessite la conclusion entre les parties intéressées d'un accord déposé à la direction départementale du travail précisant les modalités d'application de ce régime :
- dates de conclusion, de prise d'effet et durée de l'accord ;
- modalités de calcul de la réserve spéciale de participation ;
- modalités de répartition de la réserve entre les bénéficiaires (répartition uniforme, proportionnelle au salaire, proportionnelle à la durée de présence ou mixte) ;
- durée d'indisponibilité des droits pour le salarié ;
- modalités de gestion des fonds de participation pendant la période d'indisponibilité.

Exemple

L'accord de participation peut prévoir l'utilisation suivante des fonds : attribution d'actions de l'entreprise, création d'un fonds dans l'entreprise, versement à des organismes de placement étrangers à l'entreprise, versement au dépositaire du fonds commun de placement dans le cadre du plan d'épargne d'entreprise (PEE), du plan d'épargne interentreprises (PEI) ou du plan d'épargne pour la retraite collective (PERCO).

b) Régime social de la participation

Pour l'entreprise

Les sommes attribuées au titre de la participation sont exonérées de charges sociales (Code du travail – article L. 3325-1).

La loi de financement de la Sécurité sociale 2009 assujettit à un forfait social certaines rémunérations et gains exclus de l'assiette de Sécurité sociale. Les sommes versées au titre de la réserve de participation sont soumises à ce forfait.

Ce forfait social (20 % pour les sommes versées depuis le 1er août 2012) constitue une charge à payer à la clôture de l'exercice au titre duquel les droits des salariés sont nés (compte 6451 – Cotisations à l'URSSAF). L'administration fiscale a précisé que le taux du forfait social applicable est celui en vigueur au moment de la répartition des sommes, qu'elles soient ou non immédiatement disponibles (Circ DSS/5B/2012/319).

+

Pour les sommes versées après le 1er janvier 2019, les employeurs de moins de 50 salariés ne sont plus redevables du forfait social sur la participation aux résultats (loi de financement de la sécurité sociale pour 2019).

Pour le salarié

Les sommes attribuées au titre de la participation sont exonérées de cotisations sociales mais sont soumises à la contribution sociale généralisée (CSG) et à la contribution au remboursement de la dette sociale (CRDS), qui sont des retenues respectives de 9,2 % et 0,5 % des sommes attribuées.

Les produits de la participation sont soumis à la CSG (9,2 % en tant que revenu du patrimoine), à la CRDS (0,5 %) et au prélèvement de solidarité (7,5 %), soit 17,2 % au total.

+

Régime fiscal de la participation

• Pour l'entreprise

« Les sommes portées à la réserve spéciale de participation au cours d'un exercice sont déductibles pour l'assiette de l'impôt sur les sociétés ou de l'impôt sur le revenu exigible au titre de l'exercice au cours duquel elles sont réparties entre les salariés. [...] » (Code du travail – article L. 3325-1).

En conséquence, la participation des salariés au titre de l'exercice N doit être réintégrée extra-comptablement en N et déduite extra-comptablement en N + 1 (du fait du décalage d'un an entre la charge fiscale et la charge comptable).

• Pour le salarié

Les sommes attribuées au titre de la participation sont exonérées d'impôt sur le revenu sous condition d'une indisponibilité des droits pendant 5 ans. L'exonération est réduite de moitié si la durée d'indisponibilité est ramenée à 3 ans.

Le délai d'indisponibilité des droits peut être levé dans des cas limitativement énumérés.

Exemples

Mariage, naissance d'un enfant à partir du troisième, invalidité ou décès du salarié ou de son conjoint, cessation du contrat de travail, accession à la propriété, surendettement, etc.

La loi du 3 décembre 2008 en faveur des revenus du travail prévoit que les salariés puissent demander le versement immédiat de tout ou partie des sommes dues au titre de la participation. Les sommes débloquées sont exonérées de cotisations sociales, mais sont soumises à l'impôt sur le revenu comme salaires. Les produits financiers issus de la participation sont exonérés d'impôt sur le revenu s'ils demeurent indisponibles dans les mêmes conditions que la participation elle-même.

c) Ouverture aux dirigeants

L'ouverture de la participation aux dirigeants est fonction de la taille de l'entreprise :

- entreprise de moins de 50 salariés (accord facultatif) : les dirigeants des entreprises qui ont conclu volontairement un accord de participation peuvent bénéficier de ce régime ;
- entreprise de 1 à 250 salariés : les dirigeants des entreprises qui mettent en place un accord dérogatoire peuvent bénéficier de la fraction de participation excédant le montant qui aurait résulté de l'application de la formule légale.

Les bénéficiaires concernés sont :

- dans les sociétés : le président, le directeur général, les membres du directoire, le gérant ;
- dans les entreprises individuelles : le chef d'entreprise et les personnes dotées du statut de conjoint collaborateur ou associé.

Contexte SAS Perfo

L'existence d'un système d'intéressement peut-elle permettre la SAS Perfo de ne pas avoir d'accord de participation ?

B) Calcul de la réserve spéciale de participation

1. Régime de droit commun

La réserve spéciale de participation (RSP) dans le cadre du régime de droit commun est calculée comme suit :

$$RSP = 1 / 2 (B - 5\ \%\ C) \times S / VA$$

Avec : B = bénéfice net de l'exercice, déduction faite de l'impôt correspondant ; C = capitaux propres ; S = salaires ; V = valeur ajoutée.

Le législateur a lié la participation accordée aux salariés à deux paramètres :

- l'excédent du bénéfice net par rapport à une rémunération des capitaux propres au taux de 5 % ;
- la contribution des salariés à la valeur ajoutée de l'entreprise.

+

- Seule une moitié (50 %) du bénéfice, déterminée selon la formule de participation, est attribuée aux salariés.
- *A contrario*, en cas de perte, les salariés ne supportent aucun risque : ils n'ont rien à reverser.
- La rémunération des actionnaires à hauteur de 5 % intervient avant celle des salariés.

Le contenu de chaque élément de cette formule doit être précisé.

a) Bénéfice net

Le bénéfice net correspond :
– au bénéfice fiscal d'origine française imposable au taux de droit commun ;
– diminué des déficits fiscaux reportables sans limitation de durée ;
– diminué de l'impôt correspondant au taux de droit commun, sans imputation des crédits d'impôt ;

Le Conseil d'État a jugé que l'impôt correspondant au bénéfice réalisé au cours d'un exercice et qui doit être retranché de ce bénéfice ne peut s'entendre que de l'IS au taux de droit commun sans aucune imputation de crédit d'impôt ou de réduction d'impôt (CE 20 mars 2013).

En septembre 2014, l'administration fiscale s'est ralliée à la décision du Conseil d'État.

b) Capitaux propres

Les capitaux propres comprennent les éléments suivants du bilan de clôture :
– capital sous déduction éventuelle de la partie non appelée ;
– primes liées au capital ;
– réserves ;
– report à-nouveau ;
– écart de réévaluation libre ;
– provisions ayant supporté l'impôt (non déductibles) à l'exception de celles dotées au cours de l'exercice (incluses dans le bénéfice imposable) ;
– provisions réglementées constituées en franchise d'impôt par application d'une disposition expresse du CGI.

Sont en revanche exclus des capitaux propres les éléments suivants :
– résultat de l'exercice ;
– subventions d'investissement ;
– capitaux propres investis dans des établissements à l'étranger ;
– réserve de réévaluation légale et provision spéciale de réévaluation légale de 1976 ;
– amortissements dérogatoires (ils ne constituent pas des provisions réglementées au sens fiscal).

> **+**
> En cas d'augmentation ou de réduction de capital en cours d'exercice, le montant du capital et des primes liées est pris en compte *prorata temporis*.

c) Salaires

Il s'agit des salaires bruts versés au cours de l'exercice.

d) Valeur ajoutée

La valeur ajoutée est déterminée selon les règles du Code du travail, différentes de celles du PCG. Elle correspond à la somme des éléments suivants du compte de résultat :
– résultat courant avant impôt ;
– charges de personnel ;
– impôts, taxes et versements assimilés, à l'exclusion des taxes sur le chiffre d'affaires ;
– dotations aux amortissements, aux dépréciations et aux provisions à caractère d'exploitation ;
– charges financières.

2. Régime dérogatoire

Les régimes dérogatoires sont ceux qui prévoient une modalité de calcul permettant aux salariés de bénéficier d'avantages plus importants.

Exemple

La société Goin a conclu un accord de participation selon le régime de droit commun avec ses 60 salariés.

Les informations relatives à l'exercice N sont les suivantes (en €) :
- bénéfice fiscal taxable au taux de droit commun : 277 778 ;
- capital (dont versé 200 000) : 250 000 ;
- réserves : 35 000 ;
- subventions d'investissement : 40 000 ;
- provision pour hausse de prix : 15 000 ;
- amortissements dérogatoires : 6 500 ;
- provision pour engagements de retraite : 42 000 (dont dotation de 4 000 en N) ;
- salaires bruts : 2 100 000 ;
- valeur ajoutée : 3 134 000 ;
- taux d'IS : 28 %.

Déterminons le montant de la participation afférent à l'exercice N.

B = bénéfice fiscal taxable au taux de droit commun – IS correspondant
= 277 778 – 77 778 = 200 000.

Capitaux propres =

– capital libéré :	200 000	
– réserves	35 000	
– provision pour hausse de prix	15 000	
– provision pour engagements de retraite	38 000	(42 000 – 4 000)
Total	**288 000**	

Seule la fraction appelée du capital est à retenir.

Les subventions d'investissement et les amortissements dérogatoires sont exclus du calcul des capitaux propres.

La provision pour engagements de retraite est à prendre en compte car elle n'est pas déductible, sous déduction de la dotation de l'exercice N.

Participation de N = [1 / 2 (200 000 – 5 % × 288 000)] × 2 100 000 / 3 134 000 = 62 183 € (arrondi à l'euro le plus proche).

C) Comptabilisation de la participation des salariés

Plusieurs étapes sont à distinguer en termes de comptabilisation :
- la clôture de l'exercice au cours duquel les salariés ont travaillé ;
- l'approbation des comptes annuels par l'Assemblée générale ordinaire (AGO) ;
- l'utilisation des fonds ;
- la disponibilité et le versement des fonds.

1. Clôture de l'exercice au cours duquel les droits des salariés sont nés

Comptablement, les droits des salariés sont acquis au titre de la période au cours de laquelle ils ont travaillé. Le montant du passif n'est pas fixé de façon précise, mais l'incertitude est moindre que pour une provision. Le passif constitue donc une charge à payer (voir chapitre 17).

« [...] À la clôture de l'exercice au titre duquel les droits des salariés sont nés, la participation est inscrite au crédit du compte 4284. Dettes provisionnées pour participation des salariés aux résultats, par le débit du compte 691. Participation des salariés aux résultats. [...] » (PCG – article 946-69).

+

Traitement fiscal de la participation des salariés

La participation n'étant déductible qu'au titre de l'exercice au cours duquel elle est répartie entre les salariés, la charge comptable doit être réintégrée extra-comptablement lors de la détermination du résultat fiscal.

Le forfait social de 20 % donne également lieu à une charge à payer comptabilisée en 4386. Organismes sociaux – Autres charges à payer.

La charge à payer au titre du forfait social étant déductible du résultat de l'exercice auquel elle se rattache, la réserve de participation doit faire l'objet d'un calcul « en dedans ».

Mise en pratique

Soit R le montant de la réserve de participation avant prise en compte du forfait social ;

Soit R' le montant de la réserve de participation après prise en compte du forfait social ;

Soit *Taux*, le taux du forfait social.

On a :

R = 1/2 (B – 5 % C) S/VA

R'= 1/2 (B'– 5 % C) S/VA

La charge à payer au titre du forfait social ressort à « Taux × R'» et constitue une charge déductible.

On a donc B'= B – 0,72 (Taux × R'), avec un taux d'IS unique de 28 %.

On en déduit :

R'= 1/2 (B'– 5 % C) S/VA

R'= 1/2 (B – 0,72 *Taux* × R'– 5 % C) S/VA

R'= 1/2 (B – 5 % C) S/VA – 1/2 × 0,72 *Taux* × R'× S/VA

R'= R – 1/2 × 0,72 *Taux* × R'× S/VA

R = R'+ 1/2 × 0,72 *Taux* × R'× S/VA

R = R'(1 + 0,36 *Taux* × S/VA)

D'où R'= R / (1 + 0,36 *Taux* × S/VA).

2. Approbation des comptes annuels par l'AGO

« [...] Lorsque le montant de la participation a été approuvé par l'assemblée générale des actionnaires, ou à la date de validité du contrat si elle est postérieure à celle de l'assemblée générale, la dette envers les salariés est constatée en tant que réserve spéciale au crédit du compte 424. Participation des salariés aux résultats :

- soit par le débit du compte 428. Personnel – Charges à payer et produits à recevoir. Les ajustements nécessaires sont effectués par le débit ou le crédit d'une subdivision particulière du compte 691 ;
- soit par le débit du compte 691 pour le montant total de la participation, lorsqu'on a procédé à la contre-passation de la dette provisionnée au titre de l'exercice précédent. [...] » (PCG – article 946-69).

Par ailleurs, le compte 431. Sécurité sociale est crédité du montant de la CSG et de la CRDS précomptées.

+

Traitement fiscal de la participation des salariés

Fiscalement, la participation devient déductible. L'entité doit donc déduire extra-comptablement la charge comptabilisée à la clôture de l'exercice N.

3. Utilisation des fonds

Lors de l'utilisation des fonds, en fonction de la nature des emplois retenue dans le contrat de participation, le compte 424. Participation des salariés aux résultats est débité par le crédit des comptes suivants :

- en cas d'attribution d'actions ou de coupures d'actions de la société par incorporation de la réserve spéciale de participation au capital : 101. Capital social et 104. Primes liées au capital social ;
- en cas d'attribution d'actions rachetées par la société : 502. Actions propres, compte au débit duquel les actions ont été enregistrées lors du rachat ;
- en cas de création d'un fonds dans l'entité : 1662. Fonds de participation ;
- en cas de versement à des organismes de placement étrangers à l'entité : compte de trésorerie concerné ;
- en cas d'achat d'actions de sociétés d'investissement à capital variable (SICAV) ou versement au dépositaire du fonds commun de placement dans le cadre du plan d'épargne entreprise (PEE), du plan d'épargne interentreprises (PEI) ou du plan d'épargne pour la retraite collective (PERCO) : compte de trésorerie concerné.

L'éventuel reliquat de fonds non attribué, par suite de l'existence d'un plafond pour chaque bénéficiaire, est maintenu au compte 4246. Réserve spéciale.

Lorsque les fonds ne sont pas utilisés, par suite d'absence d'accord entre les employeurs et les salariés, le compte 424. Participation des salariés aux résultats est débité par le crédit du compte 1661. Comptes bloqués.

La prise en charge par l'entreprise des frais de gestion de l'organe de placement gérant les fonds déposés dans le cadre de la participation est enregistrée au débit du compte de charges externes 628. Divers.

4. Disponibilité des fonds

Lorsque les fonds deviennent disponibles, la dette inscrite au compte 166. Comptes bloqués au titre des comptes bloqués ou des fonds de participation est transférée au compte 4248. Comptes courants.

5. Versement des fonds

Lors du versement des fonds aux salariés, le compte 4248. Comptes courants est débité par le crédit d'un compte de trésorerie et du compte 442. État – Impôts et taxes recouvrables sur des tiers pour le montant des prélèvements sociaux (CSG, CRDS, prélèvement social et contribution additionnelle au prélèvement social précomptés sur les produits financiers de la participation).

Exemple

Reprenons l'exemple de la société Goin.

Nous avons déterminé une participation de 62 183 € au titre de l'exercice N avant prise en compte du forfait social.

La prise en compte du forfait social laisse apparaître une participation R'= R / (1 + 0,36 taux × S/VA) soit R'= 62 183 / (1 + 0,36 × 20 % × 2 100 000 / 3 134 000) = 59 321.

L'AGO a approuvé les comptes annuels le 25 juin N + 1.

L'accord de participation prévoit la gestion des fonds par un organisme bancaire extérieur. Le versement est effectué le 28 juin N + 1. Les frais de gestion du fonds, prélevés le 1er juillet N + 1, s'élèvent à 2 600 € HT.

Les écritures à comptabiliser concernant la participation de l'exercice N sont les suivantes :

– au 31 décembre N : constatation de la charge de participation afférente à l'exercice N.

	31/12/N		
691	Participation des salariés aux résultats	59 321	
4284	Dettes provisionnées pour participation des salariés aux résultats		59 321
	31/12/N		
6451	Cotisations à l'URSSAF 59 321 x 20 %	11 864	
4386	Organismes sociaux - Autres charges à payer		11 864

Pour la détermination du résultat fiscal de N, la somme de 59 321 € doit être réintégrée extra-comptablement.

– après l'approbation des comptes par l'AGO, la participation est constatée en réserve spéciale. La société Goin précompte la CSG et la CRDS qui sont reversées à l'URSSAF.

	25/06/N+1		
4284	Dettes provisionnées pour participation des salariés aux résultats	59 321	
4246	Participation des salariés – Réserve spéciale		59 321
	25/06/N+1		
4246	Participation des salariés – Réserve spéciale	5 754	
4386	Organismes sociaux – Autres charges à payer	11 864	
431	Sécurité sociale (*)		17 618

(*) 59 321 × 20 % = 11 864 € + 5 754 € = 17 618 €

Ces deux écritures peuvent être condensées en une seule :

	25/06/N+1		
4284	Dettes provisionnées pour participation des salariés aux résultats	59 321	
4386	Organismes sociaux – Autres charges à payer	11 864	
4246	Participation des salariés – Réserve spéciale		53 567
431	Sécurité sociale		17 618

Pour la détermination du résultat fiscal de N + 1, la somme de 59 321 € doit être déduite extra-comptablement :

– les fonds sont versés conformément à l'accord de participation à un organisme bancaire extérieur.

	28/06/N+1		
4246	Participation des salariés – Réserve spéciale	53 567	
512	Banque		53 567

– la société Goin prend à sa charge les frais de gestion du fonds.

	1/07/N+1		
628	Divers	2 600	
44566	TVA déductible sur autres biens et services	520	
512	Banque		3 120

D) Cas particulier : versement d'un complément de réserve spéciale de participation

Selon l'article L. 3324-9 du Code du travail, le conseil d'administration, le directoire, ou à défaut, l'employeur, peuvent décider de verser un supplément de participation à leurs salariés, au vu des résultats de l'entreprise.

Ce supplément bénéficie du même traitement fiscal et social que la participation. Il n'est envisageable que pour les entreprises ayant conclu un accord de participation, et son montant ne peut excéder un certain plafond.

L'avis 2008-16 du CNC précise les conditions de comptabilisation d'un passif au titre de ce supplément de participation. Le fait générateur de comptabilisation d'un passif à la clôture d'un exercice donné ne peut résulter que d'un engagement pris par l'entreprise à la date de clôture. Cette obligation peut être de nature juridique ou implicite :

- versement prévu dans l'accord de participation ;
- pratique constante de l'entreprise créant une attente de la part des salariés (modalités de détermination fiables) ;
- annonce de la direction avant la date de clôture (formule déterminée ou déterminable).

Si l'entreprise n'a pas d'engagement envers ses salariés à la date de clôture, les conditions de comptabilisation d'un passif ne sont pas réunies. Le supplément de participation est alors une charge de l'exercice de son versement.

II L'intéressement des salariés

A) Cadre légal et caractéristiques

1. Cadre légal

Créé en 1959, l'intéressement des salariés est un système facultatif, indépendant de la participation des salariés. Il peut être mis en œuvre dans toute entreprise qui satisfait aux obligations lui incombant en matière de représentation du personnel, quelles que soient la nature de son activité et sa forme juridique (Code du travail – articles L. 3311-1 et 3312-2).

› Voir texte de référence 2

2. Caractéristiques

Pour ouvrir droit aux exonérations afférentes bénéficiant à l'entreprise et au salarié, l'accord d'intéressement doit instituer un intéressement collectif des salariés présentant un caractère aléatoire et résultant d'une formule de calcul liée aux résultats ou aux performances de l'entreprise.

a) Accord d'intéressement

La mise en place d'un régime d'intéressement nécessite la conclusion entre les parties intéressées d'un accord déposé à la direction départementale du travail, qui doit préciser notamment :

- la période pour laquelle il est conclu ;
- les établissements concernés ;
- les modalités d'intéressement retenues ;
- les modalités de calcul de l'intéressement et les critères de répartition de ses produits (répartition uniforme, proportionnelle au salaire, proportionnelle à la durée de présence ou mixte) ;
- les dates de versement des montants liés.

b) Formule d'intéressement

Contrairement à la participation, la formule de calcul de l'intéressement est librement fixée par l'entreprise tout en respectant les critères suivants :
- la formule de calcul est liée aux résultats ou aux performances de l'entreprise au cours d'une année ou d'une durée inférieure ;
- la période de calcul ne peut être inférieure à trois mois ;
- le montant global est limité à 20 % des salaires bruts.

c) Régime social de l'intéressement

Pour l'entreprise

Les sommes attribuées au titre de l'intéressement n'ont pas le caractère d'élément de salaire pour l'application de la législation du travail. Elles sont donc exonérées de charges sociales, mais soumises au forfait social de 20 % résultant de la loi de financement de la Sécurité sociale.

+

Pour les sommes versées après le 1er janvier 2019, il n'y a plus de forfait social sur l'intéressement pour les entreprises de moins de 250 salariés. (loi de financement de la sécurité sociale pour 2019).

Pour le salarié

Les sommes attribuées au titre de l'intéressement sont exonérées de cotisations sociales. Elles sont cependant soumises à la contribution sociale généralisée (CSG) et à la contribution au remboursement de la dette sociale (CRDS), retenues respectives de 9,2 % et 0,5 % des sommes attribuées.

+

Régime fiscal de l'intéressement

- **Pour l'entreprise**

L'intéressement est une charge déductible dès l'exercice au titre duquel il est attribué. Il n'y a donc pas de décalage comptabilité/fiscalité comme dans le cadre de la participation des salariés.

- **Pour le salarié**

Les sommes reçues au titre de l'intéressement sont soumises à l'impôt sur le revenu dans la catégorie « Traitements et salaires ».

Toutefois, ces sommes sont exonérées de l'impôt sur le revenu dans la limite d'un montant égal aux trois quarts du plafond annuel moyen retenu pour le calcul des cotisations de sécurité sociale si le salarié qui a adhéré à un plan d'épargne entreprise affecte à la réalisation de ce plan tout ou partie des sommes qui lui sont attribuées au titre de l'intéressement.

Contexte SAS Perfo

La formule de calcul de l'intéressement retenu par la SA Perfo est-elle acceptable ?

La SAS Perfo est-elle soumise au forfait social sur l'intéressement ?

B) Comptabilisation de l'intéressement des salariés

La comptabilisation de l'intéressement s'effectue en trois étapes :
- la clôture de l'exercice au cours duquel les droits des salariés sont nés ;
- l'exercice suivant lors de la fixation définitive de l'intéressement ;
- le versement des fonds.

1. Clôture de l'exercice au cours duquel les droits des salariés sont nés

Comptablement, les droits des salariés sont acquis au titre de la période au cours de laquelle ils ont travaillé. Le montant du passif n'est pas fixé de façon précise mais l'incertitude est moindre que pour une provision. Le passif constitue donc une charge à payer.

La charge est inscrite au débit du compte 6414. Indemnités et avantages divers par le crédit du compte 4286. Personnel – Autres charges à payer.

Le forfait social de 20 % donne également lieu à une charge à payer comptabilisée en 4386. Organismes sociaux – Autres charges à payer.

2. Au cours de l'exercice suivant

Lorsque le montant de l'intéressement a été définitivement fixé par l'organe chargé d'approuver les comptes, la dette envers les salariés est constatée : le compte 4286. Personnel – Autres charges à payer est soldé par le crédit des comptes 421. Personnel – Rémunérations dues (montant de l'intéressement à verser) et 431. Sécurité sociale (CSG et CRDS précomptées).

3. Lors du versement des fonds

Le salarié a le choix entre l'encaissement de son intéressement et son affectation à un plan d'épargne (PEE, PEI ou PERCO) :

- encaissement par le salarié : le compte 421. Personnel – Rémunérations dues est soldé par le crédit d'un compte de trésorerie ;
- affectation à un plan d'épargne : le compte 421. Personnel – Rémunérations dues est soldé par le crédit du compte 4247. Personnel – Plan d'épargne.

Exemple

La société Lucas qui a plus de 250 salariés a mis en place un système d'intéressement. Les performances de l'exercice N permettent d'attribuer aux salariés un intéressement global de 80 000 €.

L'AGO a approuvé les comptes de l'exercice N le 15 juin N + 1.

À l'issue de la répartition le 30 juin N + 1 et des souhaits émis par les salariés, il ressort que 80 % de la somme sera affectée au PEE et 20 % seront versés directement aux salariés.

Déterminons les enregistrements comptables relatifs à l'intéressement de l'exercice N.

Les écritures à comptabiliser concernant l'intéressement de l'exercice N sont les suivantes :

- au 31 décembre N : constatation de la charge d'intéressement afférente à l'exercice N et du forfait social de 20 %.

	31/12/N		
6414	Indemnités et avantages divers	80 000	
6451	Cotisations à l'URSSAF	16 000	
4286	Personnel – Autres charges à payer		80 000
4386	Organismes sociaux. Autres charges à payer		16 000

L'intéressement provisionné est déductible fiscalement.

- après l'approbation des comptes par l'AGO, l'intéressement est constaté en dettes vis-à-vis des salariés. La société Lucas précompte la CSG et la CRDS qui sont reversées à l'URSSAF.

	15/06/N+1		
4286	Personnel – Autres charges à payer	80 000	
431	Sécurité sociale (*)		23 760
4386	Organismes sociaux. Autres charges à payer	16 000	
421	Personnel – Rémunérations dues		72 240

(*) 80 000 × 9,7 % = 7 760 € + 16 000 = 23 760.

– le versement des fonds est ensuite réalisé.

	30/06/N+1		
421	Personnel – Rémunérations dues	72 240	
512	Banque		14 448
4247	Personnel – PEE		57 792

Contexte SAS Perfo
Comptabiliser les écritures relatives à l'inventaire, à l'approbation des comptes de l'exercice N et à l'affectation de l'intéressement.

III Les plans d'épargne

A) Cadre légal, typologie et caractéristiques

1. Cadre légal

« Le plan d'épargne entreprise est un système d'épargne collectif ouvrant aux salariés la faculté de participer, avec l'aide de celle-ci, à la constitution d'un portefeuille de valeurs mobilières. » (Code du travail – article L. 3332-1).

❯ Voir texte de référence 3

Les sommes recueillies par un plan d'épargne d'entreprise (PEE) peuvent être affectées à l'acquisition :
- de titres émis par des sociétés d'investissement à capital variable ;
- de parts de fonds communs de placement ;
- de titres émis par l'entreprise lors d'une augmentation de capital réservée aux salariés adhérents du plan d'épargne.

Un plan d'épargne entreprise peut être établi dans toute entreprise à l'initiative de celle-ci ou en vertu d'un accord avec le personnel. Le règlement d'un plan d'épargne entreprise, déposé à la direction départementale du travail, détermine les conditions dans lesquelles le personnel est informé de son existence et de son contenu.

2. PEI et PERCO

a) Plan d'épargne interentreprises (PEI)

Le plan d'épargne interentreprises (PEI) a été créé par la loi sur l'épargne salariale du 19 février 2001 pour développer l'épargne dans les PME. Il permet à plusieurs entreprises de se regrouper pour mettre en place un plan d'épargne.

Le PEI peut concerner plusieurs entreprises prises individuellement, une branche d'activité au niveau national, un bassin d'emploi ou une profession au niveau local.

b) Plan d'épargne pour la retraite collectif (PERCO)

Le plan d'épargne pour la retraite collectif (PERCO) résulte de la loi Fillon du 21 août 2003. Il est destiné à favoriser l'épargne salariale en vue de la retraite.

Il ne peut être mis en place que si les participants ont la possibilité d'opter pour un plan de durée plus courte (PEE ou PEI).

Les sommes ou valeurs inscrites aux comptes des participants doivent être détenues jusqu'au départ à la retraite sauf possibilités limitatives de déblocage anticipé. La délivrance des sommes ou valeurs inscrites aux comptes des participants s'effectue sous forme de rente viagère ou en capital.

Comme le PEE, le PERCO peut être conclu entre plusieurs entreprises : il s'agit des PERCOI (plan d'épargne pour la retraite collectif interentreprises).

3. Modalités d'alimentation

L'alimentation d'un plan d'épargne peut être effectuée par les salariés et par l'entreprise.

a) Alimentation par les salariés

Elle résulte :

- de versements volontaires, leur montant étant limité annuellement au quart de la rémunération annuelle ;
- de l'affectation des sommes attribuées au titre de la participation ou de l'intéressement.

b) Alimentation par l'entreprise

Elle résulte :

- au minimum de la prise en charge des frais de fonctionnement du plan (frais de gestion du portefeuille) ;
- de versements complémentaires, appelés abondements, limités à 8 % du montant annuel du plafond de la sécurité sociale pour les versements à un plan d'épargne d'entreprise et à 16 % du montant annuel dudit plafond pour les versements à un plan d'épargne pour la retraite collectif, sans pouvoir excéder le triple de la contribution du bénéficiaire.

4. Aspect social

a) Régime social pour l'entreprise

L'abondement n'est pas pris en considération pour l'application de la législation du travail et de la Sécurité sociale. Il est donc exonéré de charges sociales, mais soumis au forfait social de 20 %.

\+

Pour les abondements versés après le 1er janvier 2019, les employeurs de moins de 50 salariés ne sont plus redevables du forfait social (loi de financement de la sécurité sociale pour 2019).

Pour les entreprises de plus de 50 salariés, le forfait social passe de 20 % à 10 % sur les abondements des employeurs au PEE qui majorent la contribution des salariés à l'acquisition de titres de l'entreprise.

b) Régime social pour le salarié

Les sommes affectées au plan sont exonérées de cotisations sociales mais sont soumises à la contribution sociale généralisée (CSG) et à la contribution au remboursement de la dette sociale (CRDS), retenues respectives de 9,2 % et 0,5 % des sommes attribuées.

\+

Régime fiscal des plans d'épargne

- **Pour l'entreprise**

L'abondement est une charge déductible.

- **Pour le salarié**

Les versements volontaires ne sont pas déductibles du revenu imposable.

> Les sommes attribuées au titre de l'intéressement et de la participation sont exonérées de l'impôt sur le revenu sous réserve d'indisponibilité des fonds pendant cinq ans (PEE, PEI), voire jusqu'à la retraite (PERCO).
> Les revenus du portefeuille sont exonérés s'ils sont réemployés dans le plan.

Contexte SAS Perfo
La SAS Perfo est – elle redevable du forfait social au titre de son abondement ?

B) Comptabilisation des opérations relatives aux plans d'épargne

La comptabilisation des opérations relatives aux plans d'épargne concerne : les versements des salariés ; l'abondement de l'entreprise ; et l'emploi du plan.

1. Versements des salariés

Les versements effectués par les salariés sont portés au crédit du compte 4247. Personnel – PEE, PEI ou PERCO par le débit d'un des comptes suivants :
- 4246. Réserve spéciale, pour les sommes provenant de la participation ;
- 421. Personnel – Rémunérations dues pour les sommes provenant de l'intéressement ou prélevées sur le salaire ;
- 512. Banque, pour les versements directs des salariés.

2. Abondement de l'entreprise

« La participation de l'employeur au plan d'épargne entreprise en un versement complémentaire appelé « abondement » constitue une charge de personnel inscrite au compte 647. Autres charges sociales » (PCG – article 944-42).
La contrepartie de cette charge est enregistrée au crédit des comptes :
- 4247. Personnel – PEE, PEI ou PERCO pour la part nette revenant au salarié ;
- 431. Sécurité sociale pour la CSG et la CRDS précomptées.

3. Emploi du plan

Lorsque le plan est affecté à l'achat de titres d'organismes extérieurs, le compte 4247. Personnel – PEE, PEI ou PERCO est soldé par le crédit d'un compte de trésorerie. Les frais de gestion de l'organe de placement sont enregistrés au débit du compte de charges externes 628. Divers.

▶ Exemple

M. Marceau, salarié de la société Lucas, a effectué un versement de 1 000 € sur son PEE en décembre N, par prélèvement sur son salaire. La société Lucas a effectué un abondement de 500 € au profit de M. Marceau à la même date. La société Lucas a plus de 50 salariés.
Déterminons les enregistrements comptables relatifs à ces opérations :
- versement volontaire de M. Marceau.

		31/12/N		
421		Personnel – Rémunérations dues	1 000	
	4247	Personnel – PEE (compte de M. Marceau)		1 000

Ce versement a déjà été soumis à la CSG et la CRDS.

Pour son abondement, la société Lucas précompte la CSG et la CRDS qui sont reversées à l'URSSAF. Le forfait social de 20 % à la charge de la société Lucas est également recouvré par l'URSSAF.

	31/12/N		
647	Autres charges sociales	500	
6451	Cotisations à l'URSSAF	100	
431	Sécurité sociale (*)		148
4247	Personnel – PEE (compte de M. Marceau)		452

(*) [500 × 20 % = 100 €] + [500 × 9,7 % = 48 €].

Contexte SAS Perfo

Comptabiliser l'abondement effectué par la SAS Perfo.

Correction contexte SAS Perfo

1. Participation des salariés

L'existence d'un système d'intéressement ne se substitue pas à un accord de participation. La SAS Perfo a plus de 50 salariés, elle doit donc mettre en place un régime de participation.

2. Caractéristiques de l'intéressement

La formule de calcul de l'intéressement est acceptable, car elle est bien fondée sur la performance de l'entreprise au cours de l'année ou d'une durée inférieure : pour la SAS Perfo 10 % du résultat courant avant impôt de l'année.

La SAS Perfo n'est pas soumise au forfait social sur l'intéressement, car son effectif est inférieur à 250 salariés.

3. Comptabilisation de l'intéressement

Les écritures à comptabiliser au titre de l'intéressement de l'exercice N sont les suivantes :

– au 31 décembre N : constatation de la charge d'intéressement afférente à l'exercice N.

	31/12/N		
6414	Indemnités et avantages divers	66 445	
4286	Personnel – Autres charges à payer		66 445

L'intéressement provisionné est déductible fiscalement ;

– après l'approbation des comptes par l'AGO, l'intéressement est constaté en dettes vis-à-vis des salariés. La SAS Perfo précompte la CSG et la CRDS qui sont reversées à l'URSSAF.

	20/06/N + 1		
4286	Personnel – Autres charges à payer	66 445	
431	Sécurité sociale (*)		6 445
421	Personnel – Rémunérations dues		60 000

(*) 66 445 × 9,7 % = 6 445 €.

– le versement des fonds est ensuite réalisé selon les souhaits des salariés.

	30/06/N + 1		
421	Personnel – Rémunérations dues	60 000	
512	Banque		10 000
4247	Personnel – PEE		50 000

4. Abondement

La SAS Perfo est redevable du forfait social au titre de son abondement, dans la mesure où son effectif est supérieur à 50 salariés.

5. Comptabilisation de l'abondement

Pour son abondement, la SAS Perfo précompte la CSG et la CRDS qui sont reversées à l'URSSAF. Le forfait social de 20 % à la charge de la SAS Perfo est également recouvré par l'URSSAF.

	30/06/N + 1		
647	Autres charges sociales	9 000	
6451	Cotisations à l'URSSAF	1 800	
431	Sécurité sociale (*)		2 673
4247	Personnel – PEE		8 127

(*) [9 000 × 20 % = 1 800 €] + [9 000 × 9,7 % = 873 €].

Synthèse

Définitions

A) Participation

La participation des salariés aux résultats de l'entreprise est un système obligatoire de distribution aux salariés d'une partie des résultats réalisés. Elle s'applique à toutes les entreprises occupant au moins 50 salariés, quelle que soit leur forme juridique.

La réserve spéciale de participation (RSP) dans le cadre du régime de droit commun est calculée comme suit :

$$RSP = 1/2\,(B - 5\ \%\ C) \times S\,/\,VA$$

La participation des salariés est une charge comptable de l'exercice au cours duquel les salariés ont travaillé.

B) Intéressement

L'intéressement des salariés est un système facultatif, indépendant de la participation des salariés. Il peut être mis en œuvre dans toute entreprise qui satisfait aux obligations lui incombant en matière de représentation du personnel. L'accord d'intéressement doit instituer un intéressement collectif des salariés présentant un caractère aléatoire et résultant d'une formule de calcul liée aux résultats ou aux performances de l'entreprise.

C) Plans d'épargne

Un plan d'épargne entreprise (PEE) est un système d'épargne collectif offrant aux salariés la possibilité de participer, avec l'aide de leur entreprise, à la constitution d'un portefeuille de valeurs mobilières.

Un plan d'épargne interentreprises (PEI) permet à plusieurs entreprises de se regrouper pour mettre en place un plan d'épargne.

Un plan d'épargne pour la retraite collectif (PERCO) est destiné à favoriser l'épargne salariale en vue de la retraite. Les sommes ou valeurs inscrites aux comptes des participants doivent être détenues jusqu'au départ à la retraite sauf possibilités limitatives de déblocage anticipé.

Articulation entre les différents systèmes

L'articulation entre les différents systèmes de l'épargne salariale peut être schématisée comme suit :

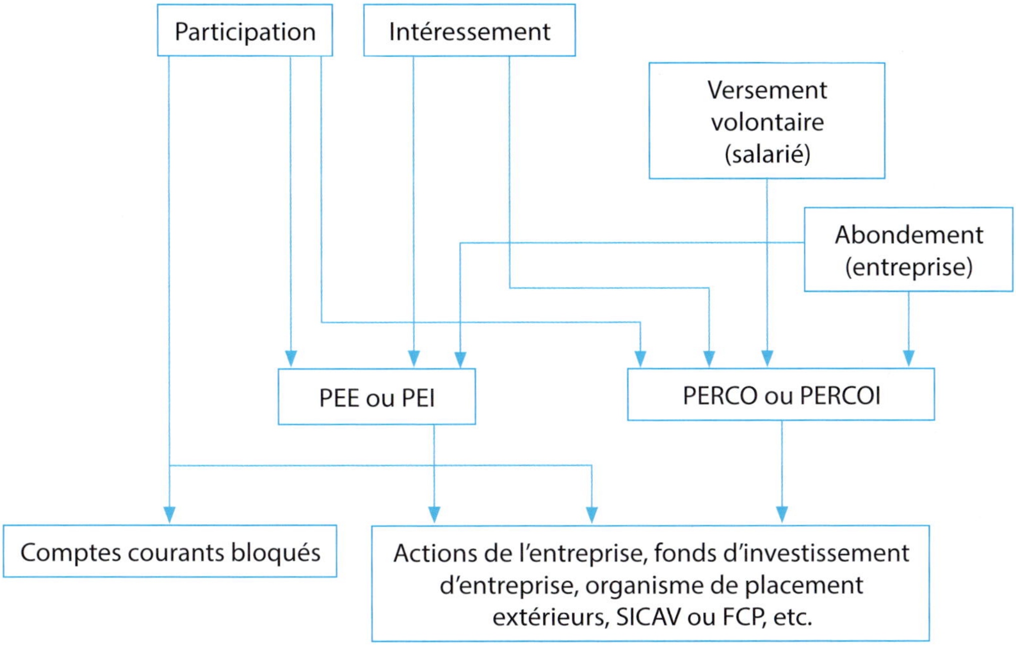

Forfait social applicable à compter du 1er janvier 2019

Forfait social	Effectif		
	< 50 salariés	Entre 50 et 249 salariés	> 250 salariés
Participation	NON	20 %	20 %
Intéressement	NON	NON	20 %
Abondement employeur au PEE	NON	20 %	20 %

Références

- Code du travail – articles :
  - L. 3321-1 à 3326-2 : participation des salariés ;
  - L. 3311-1 à 3315-5 : intéressement des salariés ;
  - L. 3332-1 à 3334-16 : plans d'épargne.
- Avis CNC 2008-16 relatif à la comptabilisation du supplément de réserve spéciale de participation prévu à l'article L. 3324-9 du Code du travail.

1 Code du travail – articles L. 3322-2 à L. 3322-4

Article L. 3322-2

Les entreprises employant habituellement cinquante salariés et plus garantissent le droit de leurs salariés à participer aux résultats de l'entreprise. Il en va de même pour les entreprises constituant une unité économique et sociale mentionnée à l'article L. 2313-8 et composée d'au moins cinquante salariés.

La base, les modalités de calcul, ainsi que les modalités d'affectation et de gestion de la participation sont fixées par accord dans les conditions prévues par le présent titre. [...]

Article L. 3322-3

Lorsqu'une entreprise ayant conclu un accord d'intéressement vient à employer au moins cinquante salariés, les obligations prévues à la présente section ne s'appliquent qu'au troisième exercice clos après le franchissement du seuil d'assujettissement à la participation, si l'accord est appliqué sans discontinuité pendant cette période.

À cette date, un accord de participation peut être conclu dans les conditions de l'article L. 3324-2 sur une base de calcul et de répartition reprenant celle de l'accord d'intéressement ayant expiré.

Article L. 3322-4-1

Pour l'appréciation du seuil de cinquante salariés, l'effectif des salariés employés habituellement par les entreprises de portage salarial mentionnées aux articles L. 1254-1 et suivants est calculé en ajoutant au nombre des salariés permanents de l'entreprise de portage salarial le nombre moyen par jour ouvrable des salariés qui ont effectué des prestations de portage salarial dans le cadre d'un contrat de travail conclu avec cette entreprise au cours de l'exercice.

2 Code du travail – articles L. 3312-2 et L. 3312-5

Article L. 3312-2

Toute entreprise qui satisfait aux obligations incombant à l'employeur en matière de représentation du personnel peut instituer, par voie d'accord, un intéressement collectif des salariés. [...]

Article L. 3312-5

Les accords d'intéressement sont conclus pour une durée de trois ans, selon l'une des modalités suivantes :

1° par convention ou accord collectif de travail ;

2° par accord entre l'employeur et les représentants d'organisations syndicales représentatives dans l'entreprise ;

3° par accord conclu au sein du comité social et économique ;

4° à la suite de la ratification, à la majorité des deux tiers du personnel, d'un projet d'accord proposé par l'employeur. Lorsqu'il existe dans l'entreprise une ou plusieurs organisations syndicales représentatives ou un comité social et économique, la ratification est demandée conjointement par l'employeur et une ou plusieurs de ces organisations ou ce comité.

3 Code du travail – articles L. 3332-1 à L. 3332-3

Article L. 3332-1

Le plan d'épargne d'entreprise est un système d'épargne collectif ouvrant aux salariés de l'entreprise la faculté de participer, avec l'aide de celle-ci, à la constitution d'un portefeuille de valeurs mobilières.

Article L. 3332-2

Les anciens salariés ayant quitté l'entreprise à la suite d'un départ à la retraite ou en préretraite peuvent continuer à effectuer des versements au plan d'épargne d'entreprise.

Dans les entreprises employant au moins un salarié et moins de deux cent cinquante salariés, peuvent également participer aux plans d'épargne d'entreprise :

1° les chefs de ces entreprises ;

2° les présidents, directeurs généraux, gérants ou membres du directoire, s'il s'agit de personnes morales ;

3° le conjoint ou le partenaire lié par un pacte civil de solidarité du chef d'entreprise s'il a le statut de conjoint collaborateur ou de conjoint associé [...].

Article L. 3332-3

Le plan d'épargne d'entreprise peut être établi dans l'entreprise à l'initiative de celle-ci ou par un accord avec le personnel [...], notamment en vue de recevoir les versements effectués en application des titres Ier et II relatifs à l'intéressement et à la participation des salariés aux résultats de l'entreprise.

Applications

Comprendre les notions

Application 1 QCM

Retrouvez la ou les réponses exactes.

1. La participation des salariés est un système :
- ☐ obligatoire pour toutes les entreprises.
- ☐ obligatoire pour les entreprises au-delà d'une certaine taille.
- ☐ facultatif.

2. La formule de calcul de la participation des salariés est :
- ☐ librement fixée par l'entreprise.
- ☐ identique pour toutes les entreprises.
- ☐ fixée par la loi, mais constitue une base minimum.

3. La participation des salariés est une charge comptable de l'entreprise de :
- ☐ l'exercice au cours duquel les salariés ont travaillé.
- ☐ l'exercice au cours duquel le résultat et la participation sont approuvés par l'AGO.

4. Les sommes attribuées aux salariés dans le cadre de la participation sont soumises :
- ☐ à la CSG.
- ☐ à la CRDS.
- ☐ aux cotisations sociales.

5. Le bénéfice retenu pour le calcul de la participation est un bénéfice :
- ☐ comptable.
- ☐ fiscal.

6. La participation des salariés est enregistrée :
- ☐ à un compte de charges d'exploitation.
- ☐ à un compte de charges financières.
- ☐ à un compte de charges exceptionnelles.
- ☐ à un compte spécifique.

7. L'intéressement est un système :
- ☐ obligatoire pour toutes les entreprises.
- ☐ obligatoire pour les entreprises au-delà d'une certaine taille.
- ☐ facultatif.

8. La formule de calcul de la participation des salariés est :
- ☐ librement fixée par l'entreprise.
- ☐ identique pour toutes les entreprises.
- ☐ fixée par l'entreprise en étant liée aux résultats ou aux performances de celle-ci.

9. L'abondement constitue pour l'entreprise :
- ☐ une charge de personnel déductible.
- ☐ une charge de personnel non déductible.
- ☐ une charge externe déductible.
- ☐ une charge externe non déductible.

10. Les sommes affectées par un salarié à un PERCO sont bloquées en principe :

- ☐ pendant 3 ans.
- ☐ pendant 5 ans.
- ☐ jusqu'au départ en retraite du salarié.

Mettre en œuvre les compétences

Application 1 Participation des salariés

Compétences attendues : C1, C2 et C3

La société Gondellier a conclu un accord de participation selon le régime de droit commun avec ses 25 salariés. Les informations relatives à l'exercice N sont les suivantes (en €) :
- bénéfice fiscal taxable au taux de droit commun : 500 000 ;
- crédit d'impôt apprentissage : 1 600 € ;
- capital : 250 000 à l'ouverture de l'exercice ;
- augmentation de capital au 01/06/N intégralement libérable à la souscription : nominal : 50 000, prime d'émission : 10 000 ;
- réserves : 45 000 ;
- report à-nouveau créditeur : 2 000 ;
- subventions d'investissement : 40 000 ;
- provision pour hausse de prix : 8 000 ;
- provision pour litige (déductible) : 5 000 ;
- amortissements dérogatoires : 6 500 ;
- provision pour engagements de retraite : 82 000 (dont dotation de 6 500 en N) ;
- salaires bruts versés : 950 000 ;
- provision pour congés payés : 98 000 ;
- résultat d'exploitation : 820 000 ;
- charges financières : 10 800 (dont dotations aux amortissements, dépréciations et provisions à caractère financier : 3 500) ;
- produits financiers : 23 000 ;
- charges de personnel : 1 430 000 ;
- impôts et taxes : 152 000 ;
- dotations aux amortissements, dépréciations et provisions d'exploitation : 33 000.

1. Déterminez et comptabilisez le montant de la participation au titre de l'exercice N en retenant un taux d'IS de 28 %.

2. Enregistrez l'écriture consécutive à l'AGO ayant approuvé les comptes le 14/06/N + 1.

3. Comptabilisez l'affectation de la participation au fonds de participation créé par l'entreprise.

Application 2 Participation des salariés

Compétences attendues : C1, C2 et C3

La société Arwind a conclu un accord de participation selon le régime de droit commun avec ses 80 salariés. La participation relative à l'exercice N s'élève à 132 890 € après prise en compte de la déduction fiscale du forfait social.

La valeur d'une action de la société Arwind est estimée à 125 € (valeur nominale : 100 €).
Différentes possibilités d'utilisation de la réserve spéciale de participation sont envisagées :
- hypothèse 1 : création d'actions nouvelles par une augmentation de capital ;
- hypothèse 2 : attribution d'actions préalablement rachetées par la société Arwind le 15/04/N + 1 au prix de 130 € ;
- hypothèse 3 : création d'un fonds d'investissement dans la société Arwind. Les sommes affectées au fonds portent intérêt au taux de 6 % ;
- hypothèse 4 : versement à un organisme étranger à l'entreprise ;
- hypothèse 5 : absence d'accord de participation.

1. Comptabilisez le montant de la participation au titre de l'exercice N.

2. Enregistrez l'écriture consécutive à l'AGO ayant approuvé les comptes le 31/05/N + 1.

3. Comptabilisez l'affectation de la participation dans les différentes hypothèses envisagées.

4. Dans l'hypothèse 3, enregistrez les intérêts dus au titre de la participation au 31/12/N + 1 et les écritures liées au déblocage des fonds le 31/05/N + 6, sachant que les produits de la participation ont été réinvestis dans le fonds.

5. Dans l'hypothèse 4, comptabilisez les frais de gestion du fonds débités par l'organisme financier le 30/05/N + 1 pour 2 400 € TTC.

Application 3 Intéressement des salariés

Compétences attendues : C1, C2 et C3

La société Rimbault a mis en place un système d'intéressement de ses salariés. Les performances de l'exercice N permettent d'attribuer aux salariés un intéressement global de 271 032 €.
L'AGO a approuvé les comptes de l'exercice N le 25/05/N + 1.
L'accord d'intéressement prévoit une répartition uniforme à l'ensemble des salariés.
À l'issue de la répartition le 30/05/N + 1 et des souhaits émis par les salariés, il ressort que 20 salariés souhaitent affecter leur intéressement au PEE et 5 souhaitent le percevoir directement.

1. La société Rimbault est-elle soumise au forfait social ?

2. Déterminez les enregistrements comptables relatifs à l'intéressement de l'exercice N.

Application 4 PEE – PERCO

Compétences attendues : C1, C2 et C3

La société Jacquin a mis en place un système d'intéressement de ses 185 salariés. Ces derniers bénéficient également d'un plan d'épargne entreprise (PEE) et d'un plan d'épargne retraite collectif (PERCO). Les fonds portés sur ces plans sont investis en parts de fonds commun de placement.
M. Étienne, salarié de la société Jacquin, a alimenté son PEE de la manière suivante le 30 juin N :
- affectation de son intéressement au titre de N : 3 000 € ;
- contribution volontaire payée par chèque : 1 500 € ;
- abondement de l'entreprise Jacquin : 2 500 €.

M. Serge, autre salarié de la société Jacquin, a alimenté son PERCO de la manière suivante à la même date :
- affectation de son intéressement au titre de N : 4 000 € ;
- contribution volontaire par prélèvement sur son salaire : 2 500 € ;
- abondement de l'entreprise Jacquin : 3 500 €.

1. **Rappelez la principale différence entre l'alimentation d'un PEE et celle d'un PERCO. L'abondement de l'entreprise est-il soumis au même régime social pour l'entreprise et pour le salarié dans les deux cas ?**

2. **Déterminez les enregistrements comptables relatifs au PEE de M. Étienne et au PERCO de M. Serge.**

Entraînement à l'examen

Intéressement – PEE-PERCO

Compétences attendues : C1, C2 et C3

Cet exercice est à réaliser sans calculatrice.

Travail à faire :
À partir de l'annexe, vous traiterez les questions posées

1. À quel exercice comptable l'intéressement doit-il être rattaché ? Sous quelle forme doit-il être constaté ?
2. La société Mendès est-elle soumise au forfait social sur l'intéressement ? Sur l'abondement ?
3. Quel niveau de résultat est impacté par l'intéressement ? Qu'en est-il pour la participation des salariés ?
4. Déterminez les enregistrements comptables relatifs à l'ensemble de ces opérations dans les comptes des exercices N et N + 1.

Annexe

La société Mendès a mis en place un système d'intéressement de ses dix salariés.

Ces derniers bénéficient également d'un plan d'épargne entreprise (PEE) et d'un plan d'épargne retraite collectif (PERCO).

Les fonds portés sur ces plans sont gérés par un organisme bancaire extérieur à l'entité.

- Les performances de l'exercice N font ressortir un intéressement global de 110 742 €, réparti uniformément entre les membres du personnel.
- L'AGO du 18 juin N+1 a approuvé les comptes de l'exercice N.
- Quatre salariés ont choisi l'affectation de leur intéressement au PEE, cinq au PERCO, un seul salarié ayant opté pour le versement immédiat.
- La société Mendès effectue parallèlement un abondement de 100 € par salarié sur leur PERCO.
- Les frais de gestion du PEE et du PERCO, prélevés par l'organisme bancaire le 20 juin N+1, s'élèvent à 1 200 € TTC.

CHAPITRE

22

Les contrats à long terme

Compétences attendues	Savoirs associés
– Exposer et appliquer les traitements comptables relatifs au rattachement des charges et des produits. (C1) – Évaluer et comptabiliser les opérations citées et plus particulièrement celles se déroulant sur plusieurs exercices. (C2) – Analyser les conséquences d'un choix de comptabilisation, notamment sur la présentation des comptes annuels, dans une situation donnée. (C3) – Présenter les informations à fournir en annexe. (C4)	Aides aux entreprises : abandons de créance.

Contexte professionnel

Raison sociale	**SA Bigboat**
Capital social	120 000 € entièrement libérés 7 associés personnes physiques
Siège social et exploitation	666, rue du flibustier borgne 35 400 Saint Malo (France)
Activité	Construction navale
Dirigeant	Madame Laure Relaille
Effectif	52 salariés
Exercice comptable N–1	CA HT = 6 527 520 € Résultat fiscal = 257 530 €

La société Bigboat, installée à Saint-Malo, est spécialisée dans la rénovation et la construction de bateaux haut de gamme sur mesure en bois, capables de traverser l'Atlantique. Elle emploie de nombreux charpentiers de marine et d'ébénistes passionnés de construction des bateaux en bois. Elle a su faire le lien entre les savoir-faire ancestraux et les exigences modernes lui permettant d'intervenir aussi bien en charpente navale classique que sur des constructions modernes en bois, en ébénisterie de pont qu'en agencement intérieur, ou la réalisation de mâts et espars en bois.

Elle travaille sur commande débouchant sur un contrat. Selon la taille et les spécificités du bateau à réaliser, le chantier peut, en général, durer entre 8 mois et 3 ans. Bigboat dispose d'un service de contrôle de gestion très performant lui permettant de mesurer avec fiabilité l'avancement de ses fabrications.

Depuis le début de l'exercice N, Bigboat s'est lancée dans la fabrication d'une centaine de petites embarcations « Liliboat » qui pourraient être vendues à des parcs d'attractions. Un commercial a été embauché pour trouver des clients solvables. Cette référence devrait coûter 9 000 € HT et être cédée aux environs de 15 000 € HT.

Le 15/01/N, le client Rivat a commandé un « 27 mètres » au prix de 180 000 € HT. La société Bigboat estime que le coût de revient de celui-ci s'élèvera à 120 000 €. La fabrication devrait se terminer en 09/N+1.

Le 21/02/N, le milliardaire John Cartier a commandé un voilier de grand luxe de 78 mètres. Le prix de vente fixé par le contrat s'établit à 2 400 000 € HT. Bigboat espère avoir terminé la réalisation en

N+3 pour un coût de revient de 1 720 000 €, sous réserve que le client ne demande pas trop souvent de modifications.
En N–1, un contrat a été signé avec la société Barberousse, qui organise des croisières en Méditerranée pour une livraison fin N+1. Le bateau devait coûter 1 350 000 € et être vendu au prix de 1 850 000 €, malheureusement le prix des matériaux désirés par la société Barberousse a flambé au cours de l'exercice alors que le contrat ne prévoyait pas de clause de réévaluation du prix de vente. Le coût de revient devrait finalement s'établir à 2 100 000 €. À la clôture N–1, les coûts engagés s'élevaient à 337 500 €. À la clôture N, ils s'établissent à 1 365 000 €.

Le chiffre d'affaires et le résultat comptable constituent deux indicateurs importants de la performance économique et financière des entreprises. Ces dernières pourraient donc être tentées de comptabiliser prématurément des ventes de biens ou de services afin de les améliorer. L'application du principe de prudence, rendue obligatoire par le Code de commerce (articles L. 123-20 et L. 123-21) et le PCG (article 121-4), restreint fortement ce risque de manipulations. Le principe de prudence consiste, notamment, à établir les comptes annuels en se basant sur des appréciations prudentes et en n'enregistrant que les bénéfices effectivement réalisés à la clôture de l'exercice. Ce dernier point, conforme à l'adage « Il ne faut pas vendre la peau de l'ours avant de l'avoir tué », correspond à la méthode comptable dite « à l'achèvement », qui consiste à attendre la livraison des biens ou la fin de la prestation de services pour enregistrer la vente. Cette règle de prudence peut toutefois nuire à la fourniture d'une information comptable fidèle à la réalité économique lorsqu'elle se rapporte à des opérations spécifiquement négociées dont les résultats à terminaison peuvent être estimés de manière fiable. Ces opérations sont qualifiées de « contrats à long terme » par l'article 622-1 du PCG. La norme IFRS 15 « Produits des activités ordinaires tirés des contrats avec des clients » qui remplace IAS 11 « Contrats de construction » à compter de 2018, traite des contrats qui transfèrent le contrôle d'un bien ou d'un service progressivement.

›Voir texte de référence 1

Exemple

Une entreprise de BTP remporte un appel d'offres relatif à la construction d'un barrage hydroélectrique sur une période de cinq ans. Le prix de vente initialement fixé ne sera facturé qu'après la livraison de l'ouvrage. L'application du principe de prudence conduit à ne constater aucun chiffre d'affaires, ni aucun bénéfice pendant la durée de la construction et à les enregistrer en totalité au titre de l'exercice de livraison. Ce mode de comptabilisation donne naissance à des variations de chiffre d'affaires et de résultat, d'un exercice à l'autre, non conformes à la réalité économique puisque la réalisation des travaux se déroule progressivement au cours de la période de construction.

Dans ce type de situation, ne conviendrait-il pas d'étaler l'enregistrement du chiffre d'affaires et du résultat sur la période de réalisation de l'opération en fonction du travail effectivement effectué ?

L'article L. 123-21 du Code de commerce et l'article 622-2 du PCG autorisent cette alternative, sans toutefois l'imposer, pour les contrats à long terme par application de la méthode dite « à l'avancement ».

›Voir textes de référence 1 et 2

Deux méthodes de comptabilisation sont donc possibles selon les règles françaises. La méthode à l'avancement ne fait plus partie des méthodes de référence (anciennement préférentielles) (Règlement ANC 2018-01du 20 avril 2018).

Le référentiel IFRS (IFRS 15) exige, quant à lui, la comptabilisation à l'avancement, lorsque les conditions requises pour l'appliquer sont satisfaites.

› Voir texte de référence 2

I Principes essentiels des contrats à long terme

A) Définition

Selon l'article 622-1 du PCG : « Est appelé contrat à long terme, un contrat d'une durée généralement longue, spécifiquement négocié dans le cadre d'un projet unique portant sur la construction, la réalisation ou, le cas échéant, la participation en qualité de sous-traitant à la réalisation d'un bien, d'un service ou d'un ensemble de biens ou services fréquemment complexes, dont l'exécution s'étend sur au moins deux périodes comptables ou exercices. Le droit de l'entité à percevoir les revenus contractuels est fonction de la conformité au contrat du travail exécuté. »

La notion de négociation spécifique résulte du contrat dont l'objet définit le travail à réaliser sur la base de spécifications et de caractéristiques uniques requises par l'acheteur ou, au moins, substantiellement adaptées aux besoins de ce dernier. Cette définition exclut la vente de biens en série et la vente de biens assortie de choix d'options dans le cadre d'une gamme à partir d'un modèle de base. La vente en l'état futur d'achèvement, régie par l'article 1601-3 du Code civil, est un contrat à long terme.

› Voir texte de référence 1

1. Caractéristiques des contrats à long terme

Les éléments caractéristiques des contrats à long terme sont les suivants :

- leur réalisation généralement complexe ne s'effectue pas sur une seule période comptable. La complexité résulte de la mise en œuvre de phases techniques successives, de savoir-faire divers. Elle a un impact sur la durée d'exécution du travail. Dans le cas où le début et la fin de l'opération ont lieu dans le même exercice, le chiffre d'affaires et le résultat sont nécessairement comptabilisés au cours de celui-ci. Le choix de la méthode ne se pose donc pas ;
- ils sont spécifiquement négociés ;
- la perception des revenus ne dépend que de la conformité du travail exécuté.

Ces deux derniers points sont fondamentaux. La réalisation de ces contrats reposant sur un accord préalable fixant notamment la nature du bien ou du service à réaliser et le prix de vente auquel il sera échangé, l'engagement du cocontractant, consécutif à la négociation, permet d'envisager avec une quasi-certitude la cession du bien ou du service fabriqué « sur mesure » et par conséquent le résultat de l'opération, sous réserve d'avoir la capacité d'estimer son coût de revient.

Exemple

Les constructions de bâtiments, de barrages, de ponts, d'autoroutes, de navires, les réalisations sur mesure de programmes informatiques, de plans architecturaux constituent des contrats à long terme si leur réalisation, négociée préalablement avec un cocontractant, se déroule sur plus d'un exercice.

En revanche, la fabrication ne résultant pas d'un contrat préalable et l'achat pour revente de biens ne remplissent pas les conditions requises pour être qualifiés de contrats à long terme.

2. Les types de contrat

L'avis 99-10 du CNC, qui a précédé le règlement CRC 99-08 modifiant les dispositions du Plan comptable général relatives au traitement comptable des contrats à long terme, distingue par ailleurs les contrats à forfait des contrats en régie.

a) Le contrat à forfait

Un contrat à forfait est une convention par laquelle une entreprise accepte la réalisation d'un travail sur la base d'une rémunération fixe, arrêtée dès la conclusion du contrat et assortie, le cas échéant, d'une clause de révision ou d'intéressement. Lorsque la rémunération est fixée par référence à une estimation du nombre d'unités d'œuvre et à un prix unitaire fixe, le contrat à forfait est qualifié de « contrat en bordereaux de prix ».

b) Le contrat en régie

Un contrat en régie est un contrat pour lequel l'entreprise accepte la réalisation d'un travail sur la base d'une rémunération égale au remboursement des dépenses acceptées, majorée d'un pourcentage de ces dépenses ou d'une rémunération fixe. L'avis stipule que ce type de contrat ne constitue généralement pas un contrat à long terme.

Contexte SA Bigboat
Indiquer quelles fabrications peuvent être qualifiées de contrats à long terme.

B) Choix de méthode de comptabilisation

L'article L. 123-21 du Code de commerce et l'article 622-2 du PCG laissent le choix aux entreprises entre deux méthodes de comptabilisation des contrats à long terme, la méthode à l'achèvement et la méthode à l'avancement, En application du principe de permanence des méthodes (Code de commerce – article L. 123-17), ce choix, qui doit être précisé en annexe des comptes sociaux, est le même pour tous les contrats et ne peut être remis en cause que dans des circonstances particulières. La décision d'adopter la méthode à l'avancement porte sur tous les contrats en cours à cette date. L'effet du changement de méthode est calculé de façon rétrospective à l'ouverture de l'exercice du changement de méthode (voir le chapitre 23 « Les changements comptables »).

› Voir textes de référence 1 et 2

C) Les enjeux de la comptabilisation de ces contrats

Le choix de la méthode de comptabilisation a des conséquences non neutres.

Le chiffre d'affaires et le résultat sont constatés soit à la fin de l'opération (méthode à l'achèvement), soit progressivement (méthode à l'avancement). Dans le premier cas, la rentabilité constatée en comptabilité est nulle tant que la livraison du bien ou du service n'est pas réalisée ; les états financiers présentent alors une situation plutôt pessimiste et relativement éloignée de la réalité économique. Dans le second cas, la prise en compte de la rentabilité est étalée sur la période de production ; la vision donnée par les documents comptables permet une meilleure appréciation de la performance de l'entreprise. Toutefois, la fiabilité de l'évaluation des chiffres d'affaires et des résultats intermédiaires se pose, ainsi que le risque de donner une image trop optimiste de la situation économique.

+

Conséquences fiscales
Les résultats intermédiaires constatés dans le cadre de la méthode à l'avancement sont, en principe, imposables immédiatement (CGI – article 38-2).. Toutefois certains arrêts de jurisprudence récents ont remis en cause l'application de cette méthode d'un point de vue fiscal.

Exemple

L'entreprise Bétaipet doit réaliser la construction d'un pont pour le conseil général de Saône-et-Loire. Le contrat prévoit sa réalisation sur trois exercices (N, N + 1 et N + 2) et un prix de vente de 3 000 000 € HT. Selon les études prévisionnelles très précises de la société Bétaipet, le coût de production de l'ouvrage devrait s'élever à 2 100 000 €. Le résultat prévisionnel s'établit donc à 900 000 € (3 000 000 – 2 100 000).

À l'issue de l'exercice N, 25 % du travail est effectué et accepté par le conseil général de Saône-et-Loire. 525 000 € de charges ont été engagés (soit 25 % des charges totales prévisionnelles).

Par hypothèse, la société Bétaipet est bénéficiaire et soumise à l'impôt sur les sociétés au taux de 33,1/3 %.

Application de la méthode à l'achèvement : aucun chiffre d'affaires, ni aucun résultat ne sont constatés. Les charges sont compensées par la constatation de l'encours de production. Les travaux réalisés au cours de l'exercice ne donnent lieu à aucune imposition.

Application de la méthode à l'avancement : le travail a été réalisé à hauteur de 25 %, par conséquent 25 % du chiffre d'affaires (750 000 €) et 25 % du résultat sont constatés (225 000 €). Cela donne lieu à une imposition de 75 000 € (225 000 × 33,1/3 %).

II La méthode à l'achèvement

Cette méthode est applicable, sans condition particulière, aux opérations partiellement exécutées de ventes de biens et de services. Le chiffre d'affaires et le résultat sont comptabilisés lorsque la livraison du bien ou l'achèvement de la prestation a eu lieu. À la clôture des exercices qui précèdent, les travaux en cours sont constatés à hauteur des charges de production qui ont été engagées depuis le début des opérations.

Les avances et acomptes versés par le client au cours de la période d'exécution du contrat sont, le cas échéant, enregistrés au crédit du compte 4191. Clients – Avances et acomptes reçus sur commandes.

Dans le cas où une perte à terminaison est envisagée, le principe de prudence (Code de commerce – article L. 123-20) impose la constatation totale de cet appauvrissement probable par la comptabilisation de dépréciations et/ou de provisions (voir le § IV de ce chapitre : Le cas particulier des contrats déficitaires).

Il convient donc d'estimer systématiquement le résultat global du contrat à la clôture de chaque exercice afin d'être en mesure d'identifier, le cas échéant, une perte à terminaison.

Exemple

L'entreprise Bétaipet doit réaliser la construction d'un pont pour le conseil général de Saône-et-Loire. Le contrat prévoit sa réalisation sur trois exercices (N, N + 1 et N + 2) et un prix de vente de 3 000 000 € HT. Selon les études prévisionnelles très précises de la société Bétaipet, le coût de production de l'ouvrage devrait s'élever à 2 100 000 €. Le résultat prévisionnel est bénéficiaire. Il s'établit donc à 900 000 € (3 000 000 – 2 100 000).

À l'issue de l'exercice N, 25 % du travail est effectué et accepté par le conseil général de Saône-et-Loire. 525 000 € de charges ont été engagés (soit 25 % des charges totales prévisionnelles).

À la clôture de l'exercice N + 1, 75 % du travail est réalisé et accepté par le conseil général de Saône-et-Loire. 1 575 000 € de charges ont été engagés depuis le début des travaux (soit 75 % des charges totales prévisionnelles).

Le 31 décembre N + 2, le pont est terminé et cédé au conseil général de Saône-et-Loire au prix initialement prévu, alors qu'en raison de problèmes techniques ayant provoqué des surcoûts, 620 000 € de charges ont été nécessaires en N + 2 pour terminer la construction. Le coût de production du pont s'élève finalement à 2 195 000 €.

Remarque : le contrat étant bénéficiaire, aucune perte latente n'est à enregistrer.

Écritures comptables à enregistrer en application de la méthode à l'achèvement :
– exercice N :

	31/12/N		
335	Travaux en cours	525 000	
71335	Variation des stocks – Travaux en cours		525 000
	Constatation du stock d'en-cours		

Ce produit de 525 000 € compense les 525 000 € de charges engagées et comptabilisées dans l'exercice. Aucun résultat n'est constaté au titre du chantier.
Le stock d'en-cours figure à l'actif du bilan de l'entreprise Bétaipet.

Compte de résultat N			
Charges		**Produits**	
Charges de production	525 000	Production stockée	525 000

– exercice N + 1 :

	31/12/N + 1		
335	Travaux en cours	1 575 000	
71335	Variation des stocks – Travaux en cours		1 575 000
	Constatation du stock d'en-cours		
	31/12/N + 1		
71335	Variation des stocks – Travaux en cours	525 000	
335	Travaux en cours		525 000
	Annulation du stock initial		

Ces deux écritures ont un impact positif de 1 050 000 € (1 575 000 – 525 000) sur le résultat N + 1, ce qui compense les 1 050 000 € (1 575 000 – 525 000) de charges engagées et comptabilisées pour construire le pont au cours de cet exercice. Aucun résultat n'est constaté au titre du chantier.
Le stock d'en-cours figure à l'actif du bilan de l'entreprise Bétaipet.

Compte de résultat N + 1			
Charges		**Produits**	
Charges de production	1 050 000	Production stockée	1 050 000

– exercice N + 2 : le pont est terminé, livré et facturé au conseil général de Saône-et-Loire.

	31/12/N + 2		
411	Clients	3 600 000	
44571	TVA collectée		600 000
704	Travaux		3 000 000
	Vente du pont		

	31/12/N + 2		
71335	Variation des stocks - Travaux en cours	1 575 000	
335	Travaux en cours		1 575 000
	Annulation du stock initial		

Ces deux écritures ont un impact positif de 1 425 000 € (3 000 000 – 1 575 000) sur le résultat N + 2. Les charges comptabilisées au cours de l'exercice N + 2, pour un montant de 620 000 € conduisent à dégager un résultat de 805 000 €. Celui-ci correspond à la différence entre le prix de vente du pont (3 000 000 €) et son coût de revient (525 000 + 1 050 000 + 620 000).

Compte de résultat N + 2			
Charges		**Produits**	
Charges de production	620 000	Production vendue	3 000 000
Résultat	805 000	Production stockée	(1 575 000)

Conclusion : cette méthode d'enregistrement des contrats à long terme donne l'impression que :
- l'entreprise Bétaipet n'a réalisé aucune activité commerciale en N et N + 1, puisque le chiffre d'affaires de ses exercices est nul ;
- l'activité des exercices N et N + 1 n'a pas contribué à enrichir la société car aucun résultat n'est constaté ;
- l'exercice N + 2 est particulièrement bénéfique. L'entreprise vend des biens ou des services et dégage enfin du résultat.

La réalité est différente : le contrat a été conclu en N. Sa réalisation s'est déroulée sur N, N + 1 et N + 2 respectivement à hauteur de 25 %, 50 % et 25 %. Par ailleurs, en N + 2, des surcoûts ont réduit le résultat prévisionnel.

III La méthode à l'avancement

Le Code de commerce (article L. 123-21) restreint la comptabilisation des bénéfices à l'avancement aux opérations partiellement exécutées et acceptées par le cocontractant lorsque leur réalisation est certaine et qu'il est possible d'évaluer ces bénéfices avec une sécurité suffisante. Cela suppose la réunion simultanée des conditions suivantes :

› Voir texte de référence 2

- réalisation d'un inventaire ;
- acceptation par le cocontractant des travaux exécutés ;
- certitude de réaliser l'opération ;
- capacité d'évaluer avec une sécurité suffisante le bénéfice global au moyen de documents comptables prévisionnels.

Il est à noter que ce texte ne vise que les contrats bénéficiaires.

L'article 622-2 du PCG envisage deux applications différentes de cette méthode selon que l'entité est, ou non, en mesure d'estimer de manière fiable le résultat à terminaison. Il prévoit également le traitement des contrats déficitaires (voir le § IV Le cas particulier des contrats déficitaires).

A) L'entité est en mesure d'évaluer le résultat à terminaison de manière fiable

1. Le principe

Le chiffre d'affaires et le résultat sont comptabilisés au fur et à mesure de l'avancement des travaux. Le résultat est déterminé en appliquant le pourcentage d'avancement au résultat à terminaison.

Cette possibilité de déroger à la rigueur imposée par le principe de prudence est toutefois compensée par l'exigence d'une évaluation fiable.

2. Détermination de la capacité à évaluer de manière fiable

Selon l'article 622-5 du PCG, cette capacité est obtenue à condition que les trois critères suivants soient réunis :

- la possibilité d'identifier clairement le montant total des produits du contrat ;
- la possibilité d'identifier clairement le montant total des coûts imputables au contrat ;
- l'existence d'outils de gestion, de comptabilité analytique et de contrôle interne permettant de valider le pourcentage d'avancement et de réviser, au fur et à mesure de l'avancement, les estimations de charges, de produits et de résultat liées.

L'avis CNC 99-10 relatif aux contrats à long terme précise, qu'en raison de la nature même des opérations entrant dans le cadre des contrats à long terme, l'entreprise doit exercer son jugement et faire des hypothèses pour la détermination des charges et des produits prévisionnels (et par conséquent du résultat à terminaison). Cela ne signifie pas pour autant qu'elle n'a pas la capacité à évaluer de manière fiable.

3. Détermination du pourcentage d'avancement

Les entreprises disposent d'une certaine liberté pour estimer le pourcentage d'avancement des travaux. En effet, comme le précise l'avis CNC 99-10, ce pourcentage ne peut être mesuré à partir des seuls éléments juridiques issus du contrat (réceptions partielles, transfert de propriété, etc.) ou à partir des seuls éléments financiers (facturations partielles, avances, acomptes, etc.) car ils ne reflètent pas nécessairement la réalité de l'avancement des travaux.

En conséquence, les entreprises utilisent « [...] la ou les méthodes qui mesurent de façon fiable, selon leur nature, les travaux ou services exécutés et acceptés. [...] » (PCG – article 622-3).

› Voir texte de référence 1

La mesure de ce pourcentage peut être effectuée, par exemple, par :

- le rapport entre les coûts des travaux exécutés et acceptés à la date de clôture de l'exercice et le total prévisionnel des coûts d'exécution du contrat ;
- ou des études ou des mesures physiques permettant d'évaluer le volume des travaux et services exécutés.

Des mesures physiques peuvent parfois, notamment en cas de dépassements budgétaires importants, améliorer la fiabilité du degré d'avancement. Elles ont néanmoins l'inconvénient d'être coûteuses et plus complexes à mettre en place.

4. Inventaire des produits et charges relatifs au contrat à long terme

Le résultat à terminaison est déterminé en prenant en considération plusieurs éléments (CNC – avis 99-10).

a) Produits

Produits estimés à la juste valeur des contreparties reçues ou à recevoir :

- les produits initialement fixés par le contrat, y compris les révisions de prix ;
- les produits issus des changements dans les conditions d'exécution des biens ou services, dès lors que le client a approuvé la modification ou qu'il est raisonnablement certain qu'il l'approuvera, et qu'il est possible d'évaluer de façon fiable le montant des produits correspondants ;
- les réclamations qui ont été acceptées par le client ou pour lesquelles l'état d'avancement des négociations ou des procédures en cours (contractuelles, arbitrales ou contentieuses) rend raisonnablement certaine leur règlement par le client et dont le montant accepté ou susceptible d'être accepté peut être évalué de façon fiable ;

- les primes incitatives (liées par exemple à l'achèvement anticipé du contrat) dès lors que les niveaux de performance ont été atteints ou qu'il est raisonnablement certain qu'ils le seront et qu'il est possible d'évaluer de façon fiable le montant de ces primes ;
- les produits financiers, directs ou indirects, résultant de conditions financières contractuelles se traduisant par des excédents significatifs de trésorerie pendant tout ou partie de la durée du contrat (le résultat dégagé à l'avancement en étant exclu) ainsi que les différences de change et résultats d'opérations de couverture liés.

b) Charges

- Les coûts directement imputables à ce contrat (main-d'œuvre, sous-traitance, matériaux, amortissement du matériel, coûts d'approche, de repliement et de remise en état, location des équipements, conception et assistance technique, impôts et taxes, frais de commercialisation, honoraires, garantie, etc.).
- Les coûts indirects, rattachables aux contrats en général, pour la quote-part susceptible d'être affectée à ce contrat (assurance, conception et assistance technique générale, frais généraux d'exécution des contrats, etc.).
- Les provisions correspondant aux dépassements des charges directement prévisibles que l'expérience de l'entreprise, notamment statistique, rend probables.

Sont exclus tous les coûts qui ne peuvent être imputés aux contrats en général ou à un contrat donné (par exemple : frais administratifs d'ordre général, frais de recherche et développement, et frais de commercialisation non imputables à un contrat donné, etc.).

Les charges relatives à un contrat à long terme peuvent comprendre les charges financières résultant de conditions financières contractuelles se traduisant par des besoins ou insuffisances significatifs de trésorerie pendant tout ou partie de la durée du contrat, les différences de change ainsi que les résultats d'opérations de couverture.

5. L'acceptation du contrat

L'acceptation du cocontractant, prévue par ce texte, ne repose pas nécessairement sur un accord formel. L'entreprise dispose, là aussi, d'une certaine liberté pour apprécier le caractère raisonnablement certain des conditions d'acceptation prévues par le contrat. Elle peut notamment faire référence aux usages professionnels.

6. Modalités de comptabilisation

Les écritures relatives aux contrats à long terme sont constatées au cours de l'exercice puis donnent lieu, le cas échéant, à des régularisations à la clôture de l'exercice comptable.

Au cours de l'exercice :

- les charges concourant à l'exécution du contrat sont enregistrées dans les comptes appropriés : achats de matières premières, frais de personnel, etc. ;
- les produits contractuels sont comptabilisés en résultat, le cas échéant.

À l'inventaire, il convient de :

- porter en stock, travaux en cours ou comptes de régularisation les charges qui ne correspondent pas à l'avancement et qui sont donc rattachables à une activité future (par exemple les achats livrés qui ne sont ni consommés, ni mis en œuvre) ;
- régulariser, le cas échéant, à la hausse comme à la baisse les produits contractuels constatés au cours de l'exercice de telle sorte que, après déduction des charges ayant concouru à l'exécution du contrat, la quote-part du résultat à terminaison correspondant au pourcentage d'avancement soit bien prise en compte dans le résultat de l'exercice.

Exemple 1

L'entreprise Bétaipet doit réaliser la construction d'un pont pour le conseil général de Saône-et-Loire. Le contrat prévoit sa réalisation sur trois exercices (N, N + 1 et N + 2) et un prix de vente de 3 000 000 € HT. Selon les études prévisionnelles très précises de la société Bétaipet, le coût de production de l'ouvrage devrait s'élever à 2 100 000 €. Le résultat prévisionnel est bénéficiaire. Il s'établit donc à 900 000 € (3 000 000 – 2 100 000).

À l'issue de l'exercice N, 25 % du travail est effectué et accepté par le conseil général de Saône-et-Loire. 525 000 € de charges ont été engagés (soit 25 % des charges totales prévisionnelles).

À la clôture de l'exercice suivant, 75 % du travail est réalisé et accepté par le conseil général de Saône-et-Loire. 1 575 000 € de charges ont été engagés depuis le début des travaux (soit 75 % des charges totales prévisionnelles).

Le 31 décembre N + 2, le pont est terminé et cédé au conseil général de Saône-et-Loire au prix initialement prévu, alors qu'en raison de problèmes techniques ayant provoqué des surcoûts, 620 000 € de charges ont été nécessaires en N + 2 pour terminer la construction. Le coût de production du pont s'élève finalement à 2 195 000 €.

Les écritures comptables à enregistrer en application de la méthode à l'avancement sont les suivantes :

- exercice N : le pourcentage d'avancement, mesuré par le quotient entre les coûts des travaux exécutés et acceptés à la date de clôture de l'exercice et le total prévisionnel des coûts d'exécution du contrat s'élève à 25 % (525 000 / 2 100 000). Aucune facturation n'ayant été effectuée au cours d'exercice, il convient de constater un chiffre d'affaires tel que, après déduction des charges ayant concouru à l'exécution du contrat, la quote-part du résultat à terminaison correspondant au pourcentage d'avancement soit bien prise en compte dans le résultat de l'exercice.

La quote-part du résultat à terminaison s'établit à 225 000 € (900 000 × 25 %). Les charges engagées et comptabilisées dans l'exercice s'élèvent à 525 000 €, il faut donc constater un chiffre d'affaires de 750 000 € (525 000 + 225 000) afin d'obtenir un accroissement du résultat de l'entreprise du montant de cette quote-part :

	31/12/N		
4181	Clients – Factures à établir	900 000	
44587	Taxes sur le CA sur factures à établir		150 000
704	Travaux		750 000
	Constatation du chiffre d'affaires à l'avancement		

Ce produit de 750 000 € et les 525 000 € de charges engagées dans l'exercice génèrent bien un résultat de 225 000 € au titre du chantier. Aucun stock d'en-cours ne figure, dans ce cas, à l'actif du bilan de l'entreprise Bétaipet.

Compte de résultat N			
Charges		**Produits**	
Charges de production Résultat	525 000 225 000	Production vendue	750 000

- exercice N + 1 : le pourcentage d'avancement, mesuré par le quotient entre les coûts des travaux exécutés et acceptés à la date de clôture de l'exercice et le total prévisionnel des coûts d'exécution du contrat s'élève à 75 % (1 575 000 / 2 100 000). Aucune facturation n'ayant été effectuée au cours d'exercice, il convient de constater un chiffre d'affaires tel que, après déduction des charges ayant concouru à l'exécution du contrat, la quote-part du résultat à terminaison correspondant au pourcentage d'avancement soit bien prise en compte dans le résultat de l'exercice.

La quote-part du résultat à terminaison, réalisée depuis le début du contrat, s'établit à 675 000 € (900 000 × 75 %). Une partie de cette quote-part (225 000) a déjà été constatée dans le résultat de l'exercice N. Il convient donc de ne prendre en compte que 450 000 € (675 000 – 225 000) au titre de l'exercice N + 1.

Les charges engagées et comptabilisées dans l'exercice s'élèvent à 1 050 000 €, il faut donc constater un chiffre d'affaires de 1 500 000 € (1 050 000 + 450 000) afin d'obtenir un accroissement du résultat de l'entreprise du montant de cette quote-part.

En supposant que l'écriture d'inventaire de l'exercice N n'ait pas été extournée, l'enregistrement suivant est effectué à la clôture N + 1 :

	31/12/N + 1		
4181	Clients – Factures à établir	1 800 000	
44587	Taxes sur le CA sur factures à établir		300 000
704	Travaux		1 500 000
	Chiffre d'affaires à l'avancement		

Ce produit de 1 500 000 € et les 1 050 000 € de charges engagées dans l'exercice génèrent bien un résultat de 450 000 € au titre du chantier. Aucun stock d'en-cours ne figure, dans ce cas, à l'actif du bilan de l'entreprise Bétaipet.

Compte de résultat N + 1			
Charges		**Produits**	
Charges de production	1 050 000	Production vendue	1 500 000
Résultat	450 000		

– exercice N + 2 : le pont est terminé, livré et facturé au conseil général de Saône-et-Loire. En supposant que les écritures d'inventaire des exercices N et N + 1 n'aient pas été extournées, les enregistrements suivants sont effectués à la clôture N + 2 :

	31/12/N + 2		
411	Clients	3 600 000	
44571	TVA collectée		600 000
704	Travaux		3 000 000
	Vente du pont		
	31/12/N + 2		
704	Travaux	2 250 000	
44587	Taxes sur le chiffre d'affaires sur factures à établir	450 000	
4181	Clients - Factures à établir		2 700 000
	Annulation du stock initial		

Les charges engagées et comptabilisées dans l'exercice s'élèvent à 620 000 €. Le compte 704 est créditeur de 750 000 € (3 000 000 – 2 250 000). Le résultat de l'exercice N + 2, relatif à ce contrat à long terme, s'élève à 130 000 € seulement en raison du surcoût supporté en N + 2.

Compte de résultat N + 2			
Charges		**Produits**	
Charges de production	620 000	Production vendue	750 000
Résultat	130 000		

Conclusion : la méthode à l'avancement a permis d'étaler la constatation du chiffre d'affaires et du résultat, relatifs à ce contrat sur chacun des exercices de réalisation.

Exercices	Chiffre d'affaires	Résultat
N	750 000	225 000
N + 1	1 500 000	450 000
N + 2	750 000	130 000
Totaux	**3 000 000**	**805 000**

Exemple 2

L'entreprise Laifage réalise la construction d'un logiciel pour une entreprise publique de transport de biens permettant de réserver des volumes de livraisons et de suivre celles-ci. La production du logiciel doit s'effectuer du 1er juillet N au 31 décembre N + 1. Le contrat prévoit une facturation intermédiaire le 31 octobre N pour un montant forfaitaire de 250 000 € HT.

À la clôture de l'exercice N, le service de contrôle de gestion de la société Laifage établit le document suivant :

	Situation au 31/12/N	Situation prévisionnelle au 31/12/N + 1 (à la fin du contrat)
Produits facturés hypothèse 1 Produits facturés hypothèse 2	250 000 330 000	810 000 810 000
Coûts des travaux effectués	200 000	600 000

La société utilise la méthode à l'avancement pour comptabiliser ses contrats à long terme et détermine le pourcentage d'avancement des travaux par le ratio entre le coût des travaux exécutés et acceptés à la date de clôture de l'exercice et le total prévisionnel des coûts d'exécution du contrat.

- exercice N (hypothèse 1) : le 31 octobre, l'entreprise comptabilise la facture intermédiaire. Le 31 décembre, le pourcentage d'avancement s'élève à 33,33 % (200 000 / 600 000). La quote-part de résultat à rattacher à l'exercice N s'établit à 70 000 € [(810 000 – 600 000) × 33,33 %]. Les charges relatives aux travaux effectués au cours de l'exercice s'élevant à 200 000 €, il convient de constater 270 000 € de chiffre d'affaires dans le résultat N. La facturation intermédiaire ayant conduit à en comptabiliser 250 000 €, un complément de 20 000 (270 000 – 250 000) est nécessaire.

		Débit	Crédit
	31/10/N		
411	Clients	300 000	
44571	TVA collectée		50 000
706	Prestations de services		250 000
	Vente du logiciel		
	31/12/N		
4181	Clients - Factures à établir	24 000	
44587	Taxes sur le chiffre d'affaires sur factures à établir		4 000
706	Prestations de services		20 000

Le compte de résultat se présente ainsi :

Compte de résultat N			
Charges		**Produits**	
Charges de production Résultat	200 000 70 000	Production vendue	270 000

– exercice N (hypothèse 2) : le 31 octobre, l'entreprise comptabilise la facture intermédiaire. Le 31 décembre, le pourcentage d'avancement s'élève à 33,33 % (200 000 / 600 000). La quote-part de résultat à rattacher à l'exercice N s'établit à 70 000 € [(810 000 – 600 000) × 33,33 %]. Les charges relatives aux travaux effectués au cours de l'exercice s'élevant à 200 000 €, il convient de constater 270 000 € de chiffre d'affaires dans le résultat N. La facturation intermédiaire ayant conduit à en comptabiliser 330 000 €, une partie de ce chiffre d'affaires, égale à 60 000 € (270 000 – 330 000) a donc été constatée en avance.

	31/10/N		
411	Clients	396 000	
44571	TVA collectée		66 600
706	Prestations de services		330 000
	Vente du logiciel		
	31/12/N		
706	Prestations de services	60 000	
487	Produits constatés d'avance		60 000

Le compte de résultat se présente ainsi :

Compte de résultat N			
Charges		**Produits**	
Charges de production	200 000	Production vendue	270 000
Résultat	70 000		

Contexte SA Bigboat

Sachant que, le 31/12/N, la fabrication du bateau du client Rivat est réalisée à 40 % et que ce dernier est ravi de ce qu'il a vu le 29/12 lors de sa venue à Saint-Malo, déterminer le montant du chiffre d'affaires puis du résultat pris en compte en N si Bigboat applique :
- la méthode à l'achèvement ;
- la méthode à l'avancement (après avoir vérifié que les conditions requises pour son application sont satisfaites).

Remarque : le coût des travaux réalisés s'établit à 48 000 € HT.

B) L'entité n'est pas en mesure d'évaluer le résultat à terminaison de manière fiable

Lorsque l'entreprise ne peut pas estimer de manière fiable le résultat à terminaison, la prudence l'emporte et aucun profit n'est constaté (PCG – article 622-4). Les charges ayant concouru à l'exécution du contrat au cours de l'exercice sont alors compensées par l'enregistrement d'un chiffre d'affaires limité au montant de celles-ci.

› Voir texte de référence 1

Exemple

Le 31 décembre N, l'entreprise Nauchoure, qui a débuté depuis quatre mois la construction d'un barrage pour une collectivité publique, est dans l'incapacité de mesurer de manière fiable le résultat à terminaison de ce contrat à long terme. Celui-ci devrait toutefois être bénéficiaire. Les charges engagées depuis le début des travaux s'élèvent à 720 000 € et aucun produit contractuel n'a été enregistré.

Le 31 décembre N, l'entreprise enregistre un chiffre d'affaires de 720 000 € HT. Celui-ci permet de compenser les charges engagées sans dégager de profit.

Le compte de résultat se présente ainsi :

Compte de résultat N			
Charges		**Produits**	
Charges de production Résultat	720 000 0	Production vendue	720 000

C) Changements de situation et changement de prévision à terminaison

En raison de la durée relativement longue de réalisation des contrats à long terme et des difficultés d'établissement de prévisions, en particulier en début de contrat, les entreprises peuvent :

- se trouver tout d'abord dans l'impossibilité d'évaluer de manière fiable le résultat à terminaison puis être en mesure de le faire ;
- avoir la capacité d'évaluer de manière fiable le résultat à terminaison pendant une période puis perdre cette capacité ;
- avoir à modifier l'estimation du résultat à terminaison.

L'avis 99-10 du CNC relatif aux contrats à long terme précise que s'agissant d'un changement d'estimation, la modification est enregistrée de manière prospective (voir chapitre 23) dans la période au cours de laquelle elle se produit.

Exemple

Le 31 décembre N, l'entreprise Nauchoure, qui a débuté la construction d'un barrage pour une collectivité publique depuis quatre mois, est dans l'incapacité de mesurer de manière fiable le résultat à terminaison de ce contrat à long terme. Celui-ci devrait toutefois être bénéficiaire. Les charges engagées depuis quatre mois s'élèvent à 720 000 € et aucun produit contractuel n'a été enregistré.

Le 31 décembre N, l'entreprise enregistre un chiffre d'affaires de 720 000 € HT. Celui-ci permet de compenser les charges engagées sans dégager de profit.

Le 31 décembre N + 1, la visibilité de l'entreprise s'améliore car elle est en mesure de déterminer de manière fiable le résultat à terminaison et le pourcentage d'avancement en fonction des coûts déjà engagés.

Le tableau suivant fournit les informations relatives à la construction et à la livraison du barrage :

	Situation au 31/12/N + 1	Situation prévisionnelle au 31/12/N + 2 (à la fin du contrat)
Produits contractuels facturés	1 500 000	4 000 000
Coût cumulé des travaux effectués et acceptés	1 908 000	3 180 000
Résultat à terminaison		820 000

Le pourcentage d'avancement, mesuré par le quotient entre les coûts des travaux exécutés et acceptés à la date de clôture de l'exercice et le total prévisionnel des coûts d'exécution du contrat s'élève à 60 % (1 908 000 / 3 180 000).

La quote-part du résultat à terminaison, réalisée depuis le début du contrat, s'établit à 492 000 € (820 000 × 60 %). Aucun profit n'ayant été constaté à la clôture de l'exercice N, il convient d'enregistrer la totalité de cette quote-part dans l'exercice N + 1.

Les charges engagées et comptabilisées dans l'exercice s'élèvent à 1 188 000 € (1 908 000 – 720 000). Il faut donc constater un chiffre d'affaires de 1 680 000 € (1 188 000 + 492 000) afin d'obtenir un accroissement du résultat de l'entreprise du montant de cette quote-part. 1 500 000 € de produits contractuels ont déjà fait l'objet d'une écriture au cours de l'exercice N + 1. En conséquence, 180 000 € de chiffre d'affaires complémentaire doivent être enregistrés :

	31/12/N + 1		
4181	Clients – Factures à établir	216 000	
44587	Taxes sur le CA sur factures à établir		36 000
704	Travaux		180 000
	Chiffre d'affaires à l'avancement		

Le chiffre d'affaires total de l'exercice N + 1 s'élève à 1 680 000 € et les charges engagées à 1 188 000 €. Le résultat généré par le contrat est de 492 000 €.

Compte de résultat N + 1			
Charges		**Produits**	
Charges de production	1 188 000	Production vendue	1 680 000
Résultat	492 000		

Depuis le début du contrat, le total du chiffre d'affaires constaté en comptabilité est de 2 400 000 € (720 000 + 1 680 000) et le montant des charges de 1 908 000 € (720 000 + 1 188 000).

On peut vérifier que ces 2 400 000 € de chiffre d'affaires correspondent bien au degré d'avancement du contrat : (4 000 000 × 60 % = 2 400 000).

En revanche, les 492 000 € de résultat, qui ont été réalisés sur N et N + 1, figurent en totalité dans le résultat comptable N + 1.

IV Le cas particulier des contrats déficitaires

Un contrat, qui devait être bénéficiaire à l'origine, peut s'avérer finalement déficitaire pour diverses raisons. Il peut s'agir de hausses imprévues du coût des matières premières ou encore, de la survenance de difficultés techniques nécessitant l'engagement de frais supplémentaires non pris en charge par le client.

En application du principe de prudence énoncé à l'article 121-4 du PCG et à l'article 123-20 du Code de commerce, la perte totale prévisionnelle doit être provisionnée, indépendamment du degré d'avancement, sous déduction des pertes déjà constatées, quelle que soit la méthode de comptabilisation retenue, achèvement ou avancement (PCG – article 622-6).

› Voir texte de référence 1

Les modalités de comptabilisation de cette perte globale varient toutefois en fonction de la méthode choisie.

Le premier paragraphe qui suit présente les modalités propres à la méthode à l'achèvement et le deuxième celles relatives à la méthode à l'avancement. Le troisième paragraphe traite des situations dans lesquelles l'entreprise est en présence de plusieurs hypothèses de calcul de la perte à terminaison ou n'est pas en mesure de l'évaluer de manière fiable.

A) Modalités propres à la méthode à l'achèvement

L'article 622 du PCG et l'avis 99-10 du CNC ne fournissent aucune précision quant à la manière de comptabiliser la perte à terminaison (perte totale relative au contrat). Une recommandation de l'Ordre des Experts-Comptables (recommandation OEC 1-11) suggère de décomposer cette perte probable en deux parties :

– une dépréciation de stock d'en-cours, à hauteur de la perte subie sur les travaux déjà réalisés ;
– et une provision pour le complément.

Ce texte propose également des formules de détermination de ces deux éléments :

Dépréciation de stock = perte totale × pourcentage d'avancement des travaux

Provision = perte totale – dépréciation du stock d'en-cours

Cette provision respecte les critères prévus pour la comptabilisation d'un passif (PCG – article 322-1), à savoir l'obligation envers un tiers et la probabilité de sortie de ressources sans contrepartie équivalente (voir le chapitre 17 « Les rattachements obligatoires »).

+

Aspect fiscal

Sur le plan fiscal, si le coût de revient des travaux exécutés, évalués comme les encours de production, excède la valeur de vente de ces travaux, la provision (au sens fiscal) est déductible à hauteur de cet écart (CGI – article 39-1-5). Le prix de vente doit être déterminé à partir du prix de vente global de l'opération et des produits qui lui sont directement rattachables. À titre de règle pratique, l'administration admet que le prix de vente des travaux réalisés soit déterminé en appliquant au prix de vente global le ratio suivant :

$$\frac{\text{Coût des travaux réalisés}}{\text{Coût total prévisionnel}}$$

Les éléments de cette formule doivent être évalués comme les en-cours de production.

Exemple

Le 31 décembre N, l'entreprise Badeleuk constate qu'un contrat à long terme conclu le 12 février N devrait très probablement se solder par une perte totale de 3 000 000 € en raison d'une hausse très importante du coût des matières premières.

Le tableau ci-dessous récapitule tous les éléments nécessaires aux opérations d'inventaire :

	Situation au 31/12/N	Situation prévisionnelle à la fin du contrat
Produits contractuels facturés	Néant	17 000 000
Coût cumulé des travaux effectués et acceptés	5 000 000	20 000 000
Résultat à terminaison		(3 000 000)

Le 31 décembre N, l'entreprise enregistre son stock d'en-cours et constate la perte à terminaison en comptabilisant une dépréciation du stock et une provision pour le complément.

	31/12/N		
335	Travaux en cours	5 000 000	
71335	Variation de stock – Travaux en cours		5 000 000
	31/12/N		
68173	Dotations aux dépréciations des stocks et en-cours	750 000	
3935	Dépréciations du stock de travaux en cours		750 000
	31/12/N		
6815	Dotations aux provisions d'exploitation	2 250 000	
1518	Autres provisions pour risques		2 250 000

Le pourcentage d'avancement étant de 25 % (5 000 000 / 20 000 000) la dépréciation du stock est égale à 750 000 € (3 000 000 × 25 %). La provision de 2 250 000 € correspond à la différence entre la perte à terminaison (3 000 000) et la dépréciation de stock (750 000).

B) Modalités propres à la méthode à l'avancement

Dans le cadre de cette méthode, la perte réalisée en raison des travaux déjà effectués et acceptés est prise en compte lors de la constatation du chiffre d'affaires relatif à ces travaux. En effet, ce chiffre d'affaires est déterminé de telle sorte que le résultat comptabilisé soit égal au résultat à terminaison (perte dans ce cas) multiplié par le pourcentage d'avancement.

Le complément de perte, qui correspond aux travaux non encore réalisés, obtenu par la différence entre la perte totale et la perte déjà constatée, fait l'objet d'une provision.

+

Des en-cours correspondant à des travaux non encore acceptés peuvent figurer en stock. Dans ce cas, ils font l'objet d'une dépréciation.

+

Traitement fiscal

Le traitement est le même que dans le cas de l'achèvement (CGI – article 39-1-5). Le prix de vente doit être déterminé à partir du prix de vente global de l'opération et des produits qui lui sont directement rattachables. À titre de règle pratique, l'Administration admet que le prix de vente des travaux réalisés soit déterminé en appliquant au prix de vente global le ratio suivant :

$$\frac{\text{Coût des travaux réalisés figurant en stock}}{\text{(Coût total prévisionnel des travaux n'ayant pas encore affecté le résultat)}}$$

Exemple

Le 31 décembre N, l'entreprise Badeleuk constate qu'un contrat à long terme conclu le 12 février N devrait très probablement se solder par une perte totale de 3 000 000 € en raison d'une hausse très importante du coût des matières premières.

Le tableau ci-dessous récapitule tous les éléments nécessaires aux opérations d'inventaire :

	Situation au 31/12/N	Situation prévisionnelle à la fin du contrat
Produits contractuels facturés	Néant	17 000 000
Coût cumulé des travaux effectués et acceptés	5 000 000	20 000 000
Résultat à terminaison		(3 000 000)

Il n'y avait pas de stock d'en-cours le 31 décembre N – 1.

Le 31 décembre N, l'entreprise enregistre le chiffre d'affaires correspondant aux travaux réalisés et acceptés de telle sorte que la quote-part de la perte constatée soit égale à la perte totale multipliée par le pourcentage d'avancement des travaux.

La perte à terminaison s'élève à 3 000 000 €.

Le pourcentage d'avancement est de 25 % (5 000 000 / 20 000 000).

La quote-part à rattacher à l'exercice s'établit donc à 750 000 (3 000 000 × 25 %).

Par conséquent, le chiffre d'affaires à comptabiliser est égal à 4 250 000 € (5 000 000 – 750 000).

Le reste de la perte à terminaison (3 000 000 – 750 000) donne lieu à une provision de 2 250 000 €.

	31/12/N		
4181	Clients – Factures à établir	5 100 000	
44587	Taxes sur le CA sur factures à établir		850 000
704	Travaux		4 250 000
	31/12/N		
6815	Dotations aux provisions d'exploitation	2 250 000	
1518	Autres provisions pour risques		2 250 000

Contexte SA Bigboat

À la clôture de l'exercice N–1, l'avancement du contrat Barberousse était de 25 % et constaté selon la méthode à l'avancement. Le 31/12/N, l'avancement s'établit à 65 %. Indiquer quelles écritures comptables doivent être constatées en N. Vous supposerez que tous les coûts de production sont constitués de matières premières (à titre de simplification).

C) Difficultés ou impossibilité d'évaluer la perte de manière fiable

L'entreprise confrontée à un risque de perte relatif à un contrat à long terme peut éprouver des difficultés à le valoriser et envisager plusieurs hypothèses de calcul. Dans cette situation, « [...] la perte provisionnée est la plus probable d'entre elles ou à défaut la plus faible. Dans ce cas, l'article 831-2/24 (27) prévoit une description appropriée dans l'annexe du risque additionnel mesuré par rapport à l'hypothèse de perte la plus faible. [...] » (PCG – article 622-1).

› Voir texte de référence 1

Elle peut même se trouver dans l'incapacité de la chiffrer. Dans cette situation, la perte « [...] ne donne lieu à aucune provision mais à une information dans l'annexe [...] » (PCG – article 622-1).

› Voir texte de référence 1

Le lecteur des états financiers doit donc être informé du risque d'appauvrissement probable total, soit par une inscription en résultat, soit par une mention dans l'annexe si l'évaluation de la perte à terminaison n'est pas fiable.

Corrigé contexte SA Bigboat

1. Principes essentiels des contrats à long terme

Selon l'article 622-1 du PCG : « Est appelé contrat à long terme, un contrat d'une durée généralement longue, spécifiquement négocié dans le cadre d'un projet unique portant sur la construction, la réalisation ou, le cas échéant, la participation en qualité de sous-traitant à la réalisation d'un bien, d'un service ou d'un ensemble de biens ou services fréquemment complexes, dont l'exécution s'étend sur au moins deux périodes comptables ou exercices. Le droit de l'entité à percevoir les revenus contractuels est fonction de la conformité au contrat du travail exécuté. »

Les éléments caractéristiques des contrats à long terme sont les suivants :

- leur réalisation généralement complexe ne s'effectue pas sur une seule période comptable. La complexité résulte de la mise en œuvre de phases techniques successives, de savoir-faire divers. Elle a un impact sur la durée d'exécution du travail. Dans le cas où le début et la fin de l'opération ont lieu dans le même exercice, le chiffre d'affaires et le résultat sont nécessairement comptabilisés au cours de celui-ci. Le choix de la méthode ne se pose donc pas ;
- ils sont spécifiquement négociés ;
- la perception des revenus ne dépend que de la conformité du travail exécuté. Ces deux derniers points sont fondamentaux. La réalisation de ces contrats reposant sur un accord préalable fixant notamment la nature du bien ou du service à réaliser et le prix de vente auquel il sera échangé, l'engagement du cocontractant, consécutif à la négociation, permet d'envisager avec une quasi-certitude la cession du bien ou du service fabriqué « sur mesure » et par conséquent le résultat de l'opération, sous réserve d'avoir la capacité d'estimer son coût de revient. La fabrication des petites embarcations « Liliboat » ne résulte pas de contrats préalablement négociés. En revanche, les fabrications Rivat, Cartier et Barberousse satisfont toutes les conditions requises pour être qualifiées de contrats à long terme.

2. La méthode à l'avancement

Si la méthode à l'achèvement est appliquée, aucun chiffre d'affaires, aucun résultat n'est constaté.

La méthode à l'avancement conduit à enregistrer un chiffre d'affaires de 72 000 € (soit 40 % de 180 000 €) et un résultat de 72 000 – 48 000 = 24 000 €.

3. Le cas particulier des contrats déficitaires

En N – 1, un chiffre d'affaires de 462 500 € (1 850 000 × 25 %) et un résultat de 125 000 € (462 500 – 337 500) ont été constatés. Malheureusement en N, les coûts « explosent » et le contrat devient déficitaire de 250 000 € (1 850 000 – 2 100 000). En N, il convient de constater les travaux réalisés selon la méthode à l'avancement et constater la perte à terminaison.

Coûts engagés au cours de l'exercice : 1 365 000 – 337 500 = 1 027 500

Résultats cumulés (N – 1) et (N) : – 250 000 × 65 % = – 162 500

Résultat à constater en (N) : – 162 500 – 125 000 = – 287 500

Chiffre d'affaires (N) : 1 027 500 – 287 500 = 740 000

Provision complémentaire à constater : 250 000 – 162 500 = 87 500

		Débits	Crédits
601	Achats de matières premières	1 027 500	
4456	État, TVA déductible	205 500	
512	Banque		1 233 000
418	Clients, factures à établir	888 000	
44587	État, TVA à régulariser		148 000
701	Ventes de produits finis		740 000
681	Dotation aux provisions	87 500	
1518	Provision pour perte à terminaison		87 500

Synthèse

Définition du contrat à long terme

« Est appelé contrat à long terme, un contrat d'une durée généralement longue, spécifiquement négocié dans le cadre d'un projet unique portant sur la construction, la réalisation ou, le cas échéant, la participation en qualité de sous-traitant à la réalisation d'un bien, d'un service ou d'un ensemble de biens ou services fréquemment complexes, dont l'exécution s'étend sur au moins deux périodes comptables ou exercices. Le droit de l'entité à percevoir les revenus contractuels est fonction de la conformité au contrat du travail exécuté. » (PCG, art. 622-1)

La notion de négociation spécifique résulte du contrat dont l'objet définit le travail à réaliser sur la base de spécifications et de caractéristiques uniques requises par l'acheteur ou, au moins, substantiellement adaptées aux besoins de ce dernier. Cette définition exclut la vente de biens en série et la vente de biens assortie de choix d'options dans le cadre d'une gamme à partir d'un modèle de base. La vente en l'état futur d'achèvement, régie par l'article 1601-3 du Code civil, est un contrat à long terme.

Méthodes de comptabilisation

L'article L. 123-21 du Code de commerce et l'article 622-1 du PCG laissent le choix aux entreprises entre deux méthodes de comptabilisation des contrats à long terme :

– la méthode à l'achèvement ;

– la méthode à l'avancement

›Voir textes de référence 1et 2

La méthode choisie doit être appliquée à l'ensemble des contrats à long terme de l'entreprise et précisée dans l'annexe des comptes sociaux.

A) La méthode à l'achèvement

Cette méthode est applicable sans condition particulière. Le chiffre d'affaires et le résultat sont comptabilisés lorsque la livraison du bien ou l'achèvement de la prestation a eu lieu. À la clôture des exercices qui précèdent, les travaux en cours (stocks) sont constatés à hauteur des charges de production qui ont été engagées depuis le début des opérations.

B) La méthode à l'avancement (voir arbre de décision ci-après)

Le chiffre d'affaires et le résultat sont comptabilisés au fur et à mesure de l'avancement des travaux. Le résultat est déterminé en appliquant le pourcentage d'avancement au résultat à terminaison.

Celui-ci peut être obtenu notamment par :

– le rapport entre les coûts des travaux exécutés et acceptés à la date de clôture de l'exercice et le total prévisionnel des coûts d'exécution du contrat ;

– ou des études ou des mesures physiques permettant d'évaluer le volume des travaux et services exécutés.

Lorsque l'entreprise ne peut pas estimer de manière fiable le résultat à terminaison, la prudence l'emporte et aucun profit n'est constaté (PCG – article 622-1). Les charges ayant concouru à l'exécution du contrat au cours de l'exercice sont alors compensées par l'enregistrement d'un chiffre d'affaires limité au montant de celles-ci.

›Voir texte de référence 1

Cas particulier des contrats déficitaires

La perte totale prévisionnelle doit être provisionnée, indépendamment du degré d'avancement, sous déduction des pertes déjà constatées, quelle que soit la méthode de comptabilisation retenue (achèvement ou avancement) [PCG – article 622-1].

› Voir texte de référence 1

Arbre de décision relatif aux modalités de constatation des charges et des produits

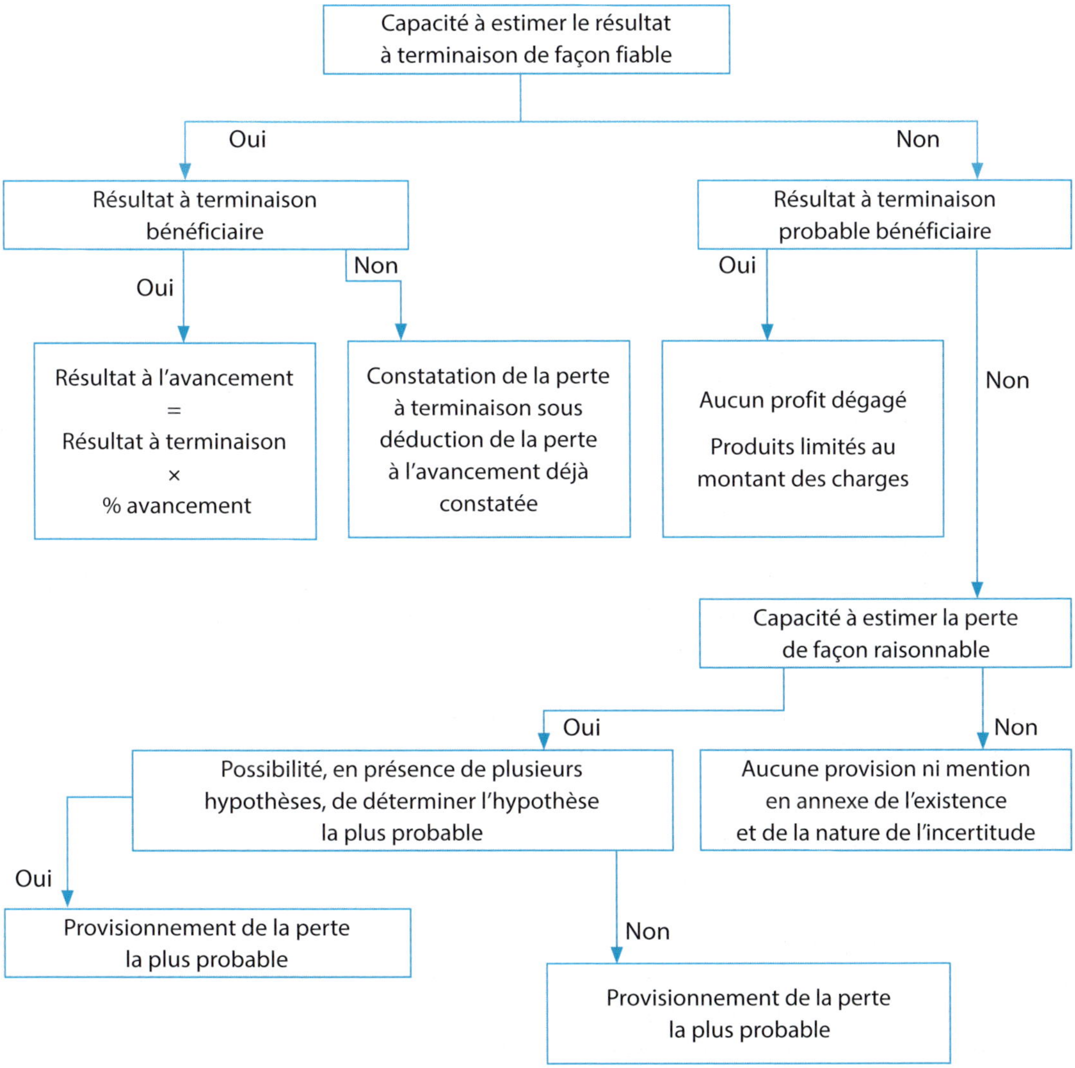

Source : CNC - avis 99-10.

Références

- Code de commerce – articles L. 123-17, L. 123-20 et L. 123-21.
- PCG – articles 121-4, 322-1 et 622-1.
- Règlement ANC n° 2018-01du 20 avril 2018 modifiant le règlement ANC n° 2014-03 relatif au plan comptable général.
- Avis CNC 99-10 « Contrats à long terme ».
- Recommandation OEC 1-11.

1 PCG – article 622

Art. 622-1

Un contrat à long terme est un contrat d'une durée généralement longue spécifiquement négocié dans le cadre d'un projet unique portant sur la construction, la réalisation ou, le cas échéant, la participation en qualité de sous-traitant à la réalisation, d'un bien, d'un service ou d'un ensemble de biens ou services fréquemment complexes, dont l'exécution s'étend sur au moins deux périodes comptables ou exercices. Le droit de l'entité à percevoir les revenus contractuels est fonction de la conformité au contrat du travail exécuté.

La notion de négociation spécifique résulte du contrat dont l'objet définit le travail à réaliser sur la base de spécifications et de caractéristiques uniques requises par l'acheteur ou, au moins, substantiellement adaptées aux besoins de ce dernier.

Cette définition exclut la vente de biens en série et la vente de biens assortie de choix d'options dans le cadre d'une gamme à partir d'un modèle de base. La vente en l'état futur d'achèvement, régie par l'article 1601-3 du Code civil, est un contrat à long terme.

Art. 622-2

Un contrat à long terme est comptabilisé soit selon la méthode à l'achèvement, soit selon la méthode à l'avancement.

La méthode à l'achèvement consiste à comptabiliser le chiffre d'affaires et le résultat au terme de l'opération. En cours d'opération, qu'il s'agisse de prestations de services ou de productions de biens, les travaux en cours sont constatés à la clôture de l'exercice à hauteur des charges qui ont été enregistrées.

La méthode à l'avancement consiste à comptabiliser le chiffre d'affaires et le résultat au fur et à mesure de l'avancement des contrats.

Art. 622-3

Si l'entité retient la méthode à l'avancement et est en mesure d'estimer de façon fiable le résultat à terminaison, le résultat est constaté en appliquant au résultat à terminaison le pourcentage d'avancement.

Ce pourcentage est déterminé en utilisant la ou les méthodes qui mesurent de façon fiable, selon leur nature, les travaux ou services exécutés et acceptés. Peuvent être retenus :

- le rapport entre les coûts des travaux et services exécutés à la date de clôture et le total prévisionnel des coûts d'exécution du contrat ;
- les mesures physiques ou études permettant d'évaluer le volume des travaux ou services exécutés.

Par travaux et services exécutés et acceptés, il y a lieu d'entendre ceux qui peuvent être considérés comme entrant, avec une certitude raisonnable, dans les conditions d'acceptation prévues par le contrat.

À la date de clôture, les produits contractuels sont comptabilisés en chiffre d'affaires puis régularisés le cas échéant, à la hausse comme à la baisse, pour dégager le résultat à l'avancement.

Art. 622-4

Si l'entité retient la méthode à l'avancement mais n'est pas en mesure d'estimer de façon fiable le résultat à terminaison, aucun profit n'est dégagé.

À la date de clôture, le montant inscrit en chiffre d'affaires est limité à celui des charges ayant concouru à l'exécution du contrat.

Art. 622-5

La capacité à estimer de façon fiable le résultat à terminaison repose sur les trois critères suivants :

- la possibilité d'identifier clairement le montant total des produits du contrat ;
- la possibilité d'identifier clairement le montant total des coûts imputables au contrat ;
- l'existence d'outils de gestion, de comptabilité analytique et de contrôle interne permettant de valider le pourcentage d'avancement et de réviser, au fur et à mesure de l'avancement, les estimations de charges, de produits et de résultat.

Art. 622-6

Que l'entité applique la méthode à l'achèvement ou la méthode à l'avancement, la perte globale probable est provisionnée, sous déduction des pertes éventuellement déjà constatées.

En présence de plusieurs hypothèses de calcul, la perte provisionnée est la plus probable d'entre elles ou à défaut la plus faible. Dans ce cas, l'article 831-2/24 prévoit une description appropriée dans l'annexe du risque additionnel mesuré par rapport à l'hypothèse de perte la plus faible.

La perte qui ne peut être estimée de façon raisonnable ne donne lieu à aucune provision mais à une information dans l'annexe prévue à l'article susvisé.

Art. 622-7

La décision d'adopter la méthode à l'avancement porte sur tous les contrats en cours à cette date. L'effet du changement de méthode est calculé de façon rétrospective sur la base du pourcentage d'avancement et du résultat à terminaison estimée à l'ouverture de l'exercice du changement de méthode.

Dans le cas où le résultat à terminaison n'est pas déterminable de façon fiable au début de l'exercice, l'effet du changement de méthode à l'ouverture se mesure en prenant en compte l'estimation du résultat à terminaison à la clôture de l'exercice du changement. L'article 831-2/24 prévoit une description appropriée dans l'annexe de cette modalité de calcul.

2

Code de commerce – article L. 123-21

Seuls les bénéfices réalisés à la date de clôture d'un exercice peuvent être inscrits dans les comptes annuels. Peut être inscrit, après inventaire, le bénéfice réalisé sur une opération partiellement exécutée et acceptée par le cocontractant lorsque sa réalisation est certaine et qu'il est possible, au moyen de documents comptables prévisionnels, d'évaluer avec une sécurité suffisante le bénéfice global de l'opération.

Applications

Comprendre les notions

Application 1 QCM

Retrouvez la ou les réponses exactes.

1. La comptabilisation des contrats à long terme :

- ☐ est possible selon deux méthodes d'après les règles françaises.
- ☐ est possible selon deux méthodes d'après le référentiel IFRS.
- ☐ s'effectue, selon les normes IFRS, obligatoirement d'après la méthode de l'avancement.
- ☐ est possible selon trois méthodes d'après les règles françaises.

2. Un contrat à forfait est une convention par laquelle une entreprise accepte la réalisation d'un travail sur la base d'une rémunération fixe, arrêtée dès la conclusion du contrat et assortie, le cas échéant, d'une clause de révision ou d'intéressement. Lorsque la rémunération est fixée par référence à une estimation du nombre d'unités d'œuvre et à un prix unitaire fixe, le contrat à forfait est qualifié de contrat en bordereaux de prix :

- ☐ Vrai
- ☐ Faux

3. Un contrat en régie est un contrat pour lequel l'entreprise accepte la réalisation d'un travail sur la base d'une rémunération égale au remboursement des dépenses acceptées, majorée d'un pourcentage de ces dépenses ou d'une rémunération fixe. Ce type de contrat ne constitue généralement pas un contrat à long terme :

- ☐ Vrai
- ☐ Faux

4. Les éléments suivants sont caractéristiques des contrats à long terme :

- ☐ leur réalisation est généralement complexe.
- ☐ leur réalisation s'effectue sur au moins trois exercices.
- ☐ ils sont spécifiquement négociés.
- ☐ la perception des revenus ne dépend que de la conformité du travail exécuté.
- ☐ ils correspondent à des fabrications en série.

5. Le PCG autorise la comptabilisation des contrats à long terme selon :

- ☐ la méthode à l'avancement.
- ☐ la méthode des produits nets partiels.
- ☐ la méthode à l'achèvement.

6. Pour constater des bénéfices sur des travaux en cours réalisés selon la méthode de l'avancement, l'acceptation du cocontractant :

- ☐ est nécessaire et repose obligatoirement sur un accord écrit.
- ☐ est nécessaire mais ne repose pas nécessairement sur un accord formel. Elle peut être, notamment, appréciée par l'entreprise en fonction des conditions d'acceptation prévues par le contrat.
- ☐ n'est pas nécessaire, les bénéfices prévisionnels peuvent être constatés sur tous les travaux réalisés.

7. La méthode à l'avancement préconise de comptabiliser :

- ☐ les travaux en cours réalisés et acceptés en stock.
- ☐ les travaux en cours réalisés et non acceptés en stock.
- ☐ les travaux en cours réalisés et acceptés en chiffre d'affaires.
- ☐ les travaux en cours réalisés et non acceptés en chiffre d'affaires.

8. La méthode à l'achèvement préconise de comptabiliser :
- ☐ les travaux en cours réalisés et acceptés en stock.
- ☐ les travaux en cours réalisés et non acceptés en stock.
- ☐ les travaux en cours réalisés et acceptés en chiffre d'affaires.
- ☐ les travaux en cours réalisés et non acceptés en chiffre d'affaires.

9. La méthode à l'avancement :
- ☐ est, selon le PCG, la méthode préférentielle de comptabilisation des contrats à long terme.
- ☐ est, selon le référentiel IFRS, la méthode préférentielle de comptabilisation des contrats à long terme.
- ☐ doit être appliquée à tous les contrats à long terme en cours, si elle est choisie par l'entité.
- ☐ peut n'être utilisée que pour les contrats à long terme bénéficiaires.

10. Quand l'évaluation du résultat à terminaison n'est pas mesurable de manière fiable :
- ☐ il n'est pas possible d'utiliser la méthode à l'avancement.
- ☐ il n'est pas possible d'utiliser la méthode à l'achèvement.
- ☐ le chiffre d'affaires comptabilisé en application de la méthode à l'avancement est limité au montant des charges ayant concouru à l'exécution du contrat au cours de l'exercice.

11. Quand le résultat à terminaison prévisionnel est une perte :
- ☐ il n'est pas possible d'utiliser la méthode à l'avancement.
- ☐ il n'est pas possible d'utiliser la méthode à l'achèvement.
- ☐ une provision du montant total de la perte à terminaison doit être enregistrée, quelle que soit la méthode de comptabilisation retenue.
- ☐ une partie de cette perte est prise en compte lors de la constatation du chiffre d'affaires selon la méthode à l'avancement.
- ☐ cette perte est totalement déductible fiscalement.

12. La méthode à l'avancement :
- ☐ correspond à une application très stricte du principe de prudence.
- ☐ contribue à donner une vision plus pessimiste de la situation économique de l'entreprise que la méthode à l'achèvement.
- ☐ correspond à une vision moins stricte du principe de prudence que la méthode à l'achèvement.
- ☐ contribue à donner une vision plus proche de la réalité économique que la méthode à l'achèvement.

13. La méthode à l'achèvement :
- ☐ contribue à donner une vision plus pessimiste de la situation économique de l'entreprise que la méthode à l'avancement.
- ☐ contribue à donner une vision plus proche de la réalité économique que la méthode à l'avancement.
- ☐ permet une constatation anticipée du chiffre d'affaires de l'entreprise qui réalise des contrats à long terme.

Mettre en œuvre les compétences

Application 1 Comparaison des méthodes à l'avancement et à l'achèvement

Compétences attendues : C1, C2 et C3

À la suite de longues et difficiles négociations, l'entreprise Digwel obtient la commande suivante : creuser un tunnel sous l'Allier pour le conseil régional d'Auvergne. Le contrat prévoit sa réalisation sur trois exercices (N, N + 1 et N + 2) pour un prix de vente de 75 000 000 € HT. Selon les prévisions du bureau d'études de la société Digwel, le coût de production de l'ouvrage devrait s'élever à 69 000 000 € HT.

À l'issue de l'exercice N, 20 % du travail est effectué et accepté par le conseil régional d'Auvergne.
13 800 000 € de charges ont été engagés.
À la clôture de l'exercice suivant, 70 % du travail est réalisé et accepté. Les charges de production consommées depuis le début des travaux s'établissent à 48 300 000 € HT.
Le 31/10/N + 2, le tunnel est terminé et cédé au conseil régional d'Auvergne au prix initialement prévu majoré de 5 % en raison d'exigences complémentaires du client ayant provoqué un accroissement des coûts de 3 500 000 € HT. Le coût de production du pont s'élève finalement à 72 500 000 € HT.

1. Ce contrat est-il un contrat à long terme ?

2. Ce contrat est-il bénéficiaire ?

3. Comptabilisez toutes les écritures relatives à ce contrat en utilisant la méthode à l'achèvement (les charges, soumises en totalité à la TVA, seront comptabilisées au débit du compte 6. Charges, à titre de simplification, et réglées au comptant).

4. Comptabilisez toutes les écritures relatives à ce contrat en appliquant la méthode à l'avancement.

5. Comparez l'impact de ces deux méthodes sur le chiffre d'affaires, le résultat et l'actif du bilan de la société Digwel.

Application 2 Comparaison des méthodes à l'avancement et à l'achèvement

Compétences attendues : C1, C2 et C3
Le vendredi 13/01/N, l'entreprise Lousy signe un contrat à long terme (portant sur des prestations de services) qui doit lui permettre de réaliser 500 000 € HT de bénéfice. Malheureusement, quelques mois plus tard, des complications techniques imprévues et des hausses inattendues du coût des matières premières bouleversent ces anticipations.
Le directeur du service de contrôle de gestion de l'entreprise établit le document suivant le 31/12/N :

	Situation au 31/12/N	Situation prévisionnelle à la fin du contrat
Produits contractuels facturés	Néant	5 700 000
Coûts cumulés des travaux effectués et acceptés	1 500 000	6 000 000

La société utilise la méthode à l'avancement du PCG pour comptabiliser ses contrats à long terme et détermine le pourcentage d'avancement des travaux par le ratio entre le coût des travaux exécutés et acceptés à la date de clôture de l'exercice et le total prévisionnel des coûts d'exécution du contrat.

1. Ce contrat est-il bénéficiaire ?

2. Comptabilisez toutes les écritures relatives à ce contrat en utilisant la méthode à l'avancement, et présentez un extrait du compte de résultat au 31/12/N (les charges seront comptabilisées au compte 60. Achats à titre de simplification et soumises à la TVA).

3. Présentez les écritures qui auraient été enregistrées si l'entreprise avait utilisé la méthode à l'achèvement. Le résultat aurait-il été identique ?

Entraînement à l'examen

1 Contrat avec facturations intermédiaires

Compétences attendues : C1 et C2

Cet exercice est à réaliser sans calculatrice.

Travail à faire :
À partir des annexes, vous traiterez les questions posées.

1. Ce contrat est-il bénéficiaire ? Pourquoi faut-il le vérifier ?

2. Comptabilisez toutes les écritures relatives à ce contrat en utilisant la méthode à l'avancement, et présentez un extrait du compte de résultat au 31/12/N, 31/12/N + 1 et 31/12/N + 2 (les charges, non soumises à la TVA, seront comptabilisées au compte 64. Charges de personnel à titre de simplification, et réglées au comptant).

Annexe 1

L'entreprise Cybergame conçoit un simulateur informatique pour le ministère de l'Intérieur. Celui-ci a pour but de permettre aux services de police de s'entraîner.

Un cahier des charges très précis doit être respecté.

La production du logiciel doit s'effectuer du 01/03/N au 31/05/N+2.

Deux facturations intermédiaires ont lieu le 31/10/N et le 31/10/N+1 pour des montants respectifs de 500 000 € HT et 1 500 000 € HT.

La société utilise la méthode à l'avancement pour comptabiliser ses contrats à long terme et détermine le pourcentage d'avancement des travaux par le ratio entre le coût des travaux exécutés et acceptés à la date de clôture de l'exercice et le total prévisionnel des coûts d'exécution du contrat.

Annexe 2

À la clôture de l'exercice N, le service de contrôle de gestion de la société Cybergame établit le document suivant (1/6 des travaux prévisionnels ont été acceptés) :

	Situation au 31/12/N	**Situation prévisionnelle à la fin du contrat**
Produits facturés	500 000	3 000 000
Coûts des travaux effectués	800 000	2 400 000
Coûts des travaux acceptés	400 000	

Annexe 3

À la clôture de l'exercice N + 1, le service de contrôle de gestion de la société Leproc.com établit le document suivant (70 % des travaux prévisionnels ont été acceptés) :

	Situation au 31/12/N	**Situation au 31/12/N+1**	**Situation prévisionnelle à la fin du contrat**
Cumul des produits facturés	500 000	2 000 000	3 200 000
Coûts cumulés des travaux effectués	800 000	2 000 000	2 700 000
Coûts cumulés des travaux acceptés	400 000	1 890 000	

Annexe 3

Le client a accepté une hausse du prix de vente du logiciel à la suite de ses demandes de perfectionnement.

Les charges de personnel ayant augmenté plus que ce qui était prévu initialement, le coût de production final a été révisé à la hausse.

Le logiciel est terminé, livré et facturé avec quatre mois de retard, le 30/09/N+2, au prix de 3 400 000 € HT.

Le coût total de réalisation s'élève finalement à 3 000 000 € HT.

2 Exercice de synthèse

Compétences attendues : C1, C2 et C3

Soit une entreprise de travaux publics devant construire un pont au profit d'une collectivité. La durée de réalisation de cet ouvrage est estimée à 3 ans.
Le tableau ci-dessous récapitule les données financières essentielles de ce contrat :

Exercices	1	2	3
Revenu initial prévu	100 000	100 000	100 000
Variation de prix prévue	0	20 000	20 000
Coût de revient prévisionnel	70 000	100 000	108 000
Coûts cumulés engagés	21 000	70 000*	108 000

(*) Dont 10 000 qui se rapportent à des travaux qui ne seront effectués qu'en exercice 3.

Lecture du tableau : à la clôture de l'exercice 1, le prix de vente prévu s'élève à 100 000 €. Il n'y a pas de variation de prix prévue car les coûts de fabrication ne sont pas susceptibles d'augmenter à cette date. Le coût de revient prévisionnel s'établit à 70 000 € et les coûts effectivement engagés à la fin de l'exercice 1 sont égaux à 21 000 €.

Remarque : les montants ont été déterminés de manière qu'il soit facile d'effectuer des calculs sans calculette.

1. **Déterminer le degré d'avancement des travaux à la clôture des exercices 1 et 2.**
2. **Déterminer le montant cumulé des produits et des charges à la clôture de chacun de ces deux premiers exercices puis le montant cumulé du résultat à la clôture de chacun de ces deux premiers exercices.**
3. **Déterminer le montant des charges, des produits puis du résultat à rattacher à de chacun de ces deux premiers exercices.**
4. **Enregistrer les écritures des exercices 1 et 2 en supposant que tous les coûts sont constitués de matières premières réglées par chèques (compte 601).**

CHAPITRE

23

Les changements comptables

Compétences attendues	Savoirs associés
– Exposer et appliquer les traitements comptables relatifs au rattachement des charges et des produits (C1). – Évaluer et comptabiliser les opérations citées et plus particulièrement celles se déroulant sur plusieurs exercices (C2). – Analyser les conséquences d'un choix de comptabilisation, notamment sur la présentation des comptes annuels, dans une situation donnée (C3). – Présenter les informations à fournir en annexe (C4).	– Changements comptables.

Contexte professionnel

Le chef comptable de la SARL Malin est parti à la retraite courant N. C'est lui qui préparait auparavant les états financiers annuels. M. Lambry décide de faire appel à un expert-comptable, Mme Lebrun, pour réviser les comptes de l'exercice N et présenter les états financiers. Au cours de sa mission, Mme Lebrun relève les éléments suivants :

Raison sociale	SARL Malin
Capital social	30 000 € entièrement libérés
Siège social et exploitation	8, allée Gutemberg 21 800 Quetigny
Activité	Installation, entretien, dépannage de systèmes de chauffage
Dirigeant	Gérant Monsieur Lambry
Effectif	15 salariés
Exercice comptable N–1	CA HT = 1 500 000 € Stock de marchandises = 32 000 € Engagements de retraite = 18 000 € (en annexe)

- *les engagements de retraite au 31/12/N ressortent à 19 600 € ;*
- *la SARL Malin a créé pour la première fois au cours de l'exercice N un site internet permettant aux clients de commander des pièces détachées. Les coûts de création de ce site sont de 6 000 € ;*
- *sur la base de l'examen du recouvrement des créances antérieures, les créances échues de plus de 6 mois ont 80 % de risque de ne pas être encaissées. Au cours des années précédentes, ces créances étaient dépréciées à hauteur de 50 %. Sur la base d'un taux de 50 %, les dépréciations à constater au 31/12/N ressortent à 10 500 €, sur la base d'un taux de 80 %, elles s'élèvent à 16 800 € ;*

– *le stock de marchandises au 31/12/N ressort à 28 000 €. Celui au 31/12/N–1 s'élevait en fait à 36 000 € (erreur de formule dans le fichier Excel du chef comptable).*

La comparabilité dans le temps de l'information financière publiée par une entité exige le respect du principe comptable de permanence des méthodes d'évaluation et de présentation. La dérogation à ce principe doit demeurer exceptionnelle. C'est pourquoi le normalisateur a encadré strictement :
– les conditions d'un changement comptable ;
– l'information à fournir en cas de changement comptable.

I Permanence des méthodes et changements comptables

A) Définition d'une méthode comptable

Le plan comptable général définit les méthodes comptables comme les principes, règles et pratiques appliqués par une entité lors de l'établissement de ses comptes annuels (PCG art. 121-5). Les méthodes comptables s'appliquent :
– aux méthodes d'évaluation et de comptabilisation ;
– aux méthodes de présentation des comptes.

Le PCG précise que les méthodes comptables peuvent être :
– explicites : elles résultent d'une disposition spécifique définie par l'Autorité des normes comptables (ANC) ;
– ou implicites : en l'absence de texte, elles résultent d'une pratique conforme aux principes d'établissement des comptes annuels (image fidèle, continuité d'activité, régularité et sincérité, prudence et permanence des méthodes).

Par ailleurs, l'adoption initiale d'une méthode comptable n'a pas à être justifiée.

Exemple

Une société vient d'être constituée. Elle n'a pas à justifier le choix de méthode de comptabilisation de ses frais de constitution entre la comptabilisation en charges ou l'activation en frais d'établissement.

B) Le principe de permanence des méthodes

La permanence des méthodes, qui permet d'assurer la comparabilité de l'information dans le temps, est un principe comptable fondamental affirmé par le Code de commerce (article L. 123-17) et le Plan comptable général (PCG – article 121-5).

› Voir textes de référence 1 et 2

Dans certaines circonstances, un changement de méthode comptable peut toutefois s'avérer nécessaire. Le Code de commerce détermine que les conditions d'un changement de méthode sont prévues par l'ANC.

Dans son règlement 2018-01, l'ANC a donc modifié le PCG concernant à la fois les changements de méthode, les changements d'estimation et les corrections d'erreurs. Le normalisateur souhaite que le changement de méthode reste limité à des cas exceptionnels, afin d'éviter un abus des entreprises qui pourrait conduire à une manipulation des résultats.

C) Typologie des changements comptables

Il convient de distinguer trois types de changements comptables :
- les changements de méthodes comptables ;
- les changements d'estimations comptables ;
- les corrections d'erreurs.

La traduction de ces changements dans les comptes annuels diffère selon leur nature.

> **Contexte SARL Malin**
> Les méthodes comptables concernant les coûts de création de site Internet sont-elles explicites ou implicites ? La SARL Malin doit-elle justifier en annexe la méthode retenue ?

II Les changements de méthodes comptables

Les changements de méthodes comptables sont de deux ordres :
- changements de méthodes d'évaluation et de comptabilisation ;

Exemple

Comptabilisation à l'actif par une entreprise de ses frais de développement alors qu'ils étaient auparavant constatés en charges.

- changements de méthodes de présentation des comptes.

Exemple

Présentation du compte de résultat en liste alors qu'il était auparavant présenté sous forme de tableau.

A) Circonstances d'un changement de méthode comptable

Les changements de méthodes comptables résultent de deux circonstances :
- les changements de méthodes choisis par l'entreprise lorsque plusieurs méthodes comptables existent pour un problème comptable donné. Il est justifié si la nouvelle méthode conduit à fournir une meilleure information financière ;
- les changements de méthodes subis par l'entité : nouvelle réglementation comptable.

› Voir texte de référence 3

1. Changement de méthode comptable à l'initiative de l'entité

a) Conditions du changement de méthode comptable

Le changement de méthode comptable est conditionné par deux conditions cumulatives :
- il existe un choix entre plusieurs méthodes comptables conformes aux principes d'établissement des comptes annuels ;
- le changement de méthode conduit à fournir une meilleure information financière (PCG – article 122-2).

› Voir texte de référence 4

b) Choix de méthodes comptables

Le choix peut résulter d'une option explicite prévue par le PCG, ou de l'existence de plusieurs méthodes implicites pour traduire une même opération ou information.

Les règles comptables comportant des options entre différentes méthodes explicites (hors méthodes de référence) prévues par le PCG sont les suivantes :

- coûts d'emprunt pour financer l'acquisition ou la production d'un actif éligible : incorporation dans le coût de l'actif ou comptabilisation en charges (voir chapitre 4 sur la définition et les règles générales d'évaluation des actifs) ;
- évaluation des titres des sociétés contrôlées de manière exclusive : évaluation par équivalence (hors programme DCG) ou à la valeur d'utilité ;
- subventions d'investissement : prise en compte immédiatement en produits ou étalement du produit sur plusieurs exercices ;
- évaluation des stocks : méthode du coût moyen pondéré ou du « premier entré, premier sorti » (PEPS) ;
- programmes pluriannuels de gros entretien ou de grandes révisions : composant de 2e catégorie ou provision ;
- amortissement des primes de remboursement d'emprunt : en linéaire ou au prorata des intérêts courus ;
- frais d'émission d'emprunt : charge ou étalement en fonction des modalités de remboursement ou en linéaire ;
- contrats à long terme : méthode à l'avancement ou à l'achèvement :
- frais d'augmentation de capital, de fusion, de scission, d'apport : frais d'établissement ou imputation sur les primes d'émission et de fusion ;
- primes d'option : en résultat ou étalées sur la période de couverture ;
- report/déport du change à terme : étalé sur la durée de la couverture en linéaire ou en résultat au même moment que la transaction couverte.

c) Circonstances justifiant un changement de méthode comptable

La décision de changer de méthode comptable n'est pas discrétionnaire, elle résulte de circonstances qui justifient ce changement, car l'adoption d'une autre méthode conforme au PCG fournit une meilleure information financière. La nouvelle méthode conduit à une meilleure information financière lorsqu'elle reflète de façon plus adaptée et plus pertinente la performance ou le patrimoine de l'entité au regard de son activité, sa situation et son environnement.

Le changement peut ainsi être opéré :

- pour adopter une méthode comptable de référence (voir infra e) ;
- pour adopter une méthode parmi celles les plus généralement reconnues dans le secteur d'activité concerné ;
- pour harmoniser les méthodes comptables entre les comptes individuels et les comptes consolidés ;
- ou pour adapter les méthodes aux modes de suivi interne de gestion de la performance ou du patrimoine, dont l'évolution a été rendue nécessaire par une modification de l'activité, de la situation ou de l'environnement de l'entité.

Exemple

Les sociétés dont les titres sont admis pour la première fois à la négociation sur un marché réglementé peuvent procéder à des changements de méthodes en vue d'adopter des règles plus généralement acceptées dans le secteur d'activité concerné.

Les sociétés entrant dans un groupe peuvent modifier leurs méthodes comptables pour adopter celles de leur nouvel actionnaire en situation de les contrôler, à condition que cela ne les conduise pas à abandonner une méthode améliorant l'information.

Le PCG précise par ailleurs que dans un même contexte et pour une même opération ou information, une méthode qui a été considérée par l'entité comme fournissant une meilleure information financière ne peut être ultérieurement remise en cause. Le caractère irréversible d'un changement de méthode est donc affirmé.

d) Circonstances ne constituant pas un changement de méthode comptable

Les circonstances suivantes ne constituent pas un changement de méthode comptable :
- l'adoption d'une méthode comptable pour des événements ou opérations qui diffèrent sur le fond d'événements ou opérations survenus précédemment ;

Exemple

Choix de la méthode de l'avancement pour la comptabilisation de contrats à long terme alors que l'entité n'avait pas traité jusqu'alors de tels types de contrats.

- l'adoption d'une nouvelle méthode pour des événements ou opérations qui étaient jusqu'alors sans importance significative (changement d'estimation, voir infra III) ;
- l'adoption d'une nouvelle méthode faisant suite à un changement d'intention.

Exemple

Changement de destination d'un bien : un actif précédemment comptabilisé à sa valeur d'usage doit être déprécié, s'il y a lieu, à sa valeur de marché si l'entité a décidé de le vendre. Il s'agit d'une décision de gestion.

Enfin, en cas de difficulté à qualifier un changement de changement de méthode comptable ou de changement d'estimation, il s'agit d'un changement d'estimation.

e) L'adoption d'une méthode de référence

Les méthodes comptables qualifiées de méthodes de référence sont celles considérées par l'ANC comme conduisant à une meilleure information car répondant aux principes généraux des normes de comptabilité privée.

L'adoption par l'entité d'une méthode comptable considérée comme de référence par le normalisateur n'a pas à être justifiée dans la mesure où elle conduit par définition à une meilleure information financière. Toutefois, l'adoption d'une méthode de référence est irréversible (PCG art.121-5).

Les méthodes comptables identifiées comme de référence par le PCG sont les suivantes :

Thème	Méthode de référence	Autre(s) méthode(s)
Engagements à l'égard des membres du personnel actif et retraité	Constatation de provisions	Information dans l'annexe
Coûts de développement	Comptabilisation à l'actif	Comptabilisation en charges
Frais de création de sites Internet	Comptabilisation à l'actif	Comptabilisation en charges
Frais de constitution, de transformation et de premier établissement	Comptabilisation en charges	Comptabilisation à l'actif en frais d'établissement
Droits de mutation, honoraires ou commissions, frais d'acte liés à l'acquisition d'un actif	Comptabilisation à l'actif	Comptabilisation en charges

Exemple

Comptabilisation d'une provision pour engagements de retraite par une entité qui mentionnait auparavant ces engagements dans l'annexe. Ce changement de méthode comptable n'a pas à être justifié puisqu'il constitue une méthode de référence selon le PCG. *A contrario*, le changement inverse ne sera plus possible pour l'entité puisque la mention en annexe fournit une moins bonne information financière que la provision inscrite au bilan.

+

La notion de méthode de référence a été introduite dans le PCG par le règlement ANC 2018-01. Elle se substitue à la notion de méthode préférentielle. La méthode de référence choisie par le normalisateur est toujours la seule méthode admise par le référentiel international IFRS. Par exemple, la norme IAS 19 « Avantages du personnel » impose la constatation d'une provision relative à ces engagements. Ainsi, l'adoption d'une méthode de référence du PCG conduit également à être compatible avec la normalisation internationale.

2. Changement de réglementation comptable

Un changement de réglementation est décidé par une autorité compétente. En conséquence, il n'a pas à être justifié. Les principaux changements de réglementation comptable sont constitués par les règlements de l'ANC qui viennent modifier le PCG.

Exemple

Règlement ANC 2015-06 pris dans le cadre de la transposition de la directive comptable européenne du 26 juin 2013 et modifiant le règlement ANC 2014-03 relatif au PCG. Les entités soumises au PCG doivent effectuer les changements comptables induits par ce nouveau règlement, notamment concernant l'évaluation des actifs corporels, incorporels et du fonds commercial postérieurement à leur date d'entrée, sans avoir à les justifier.

Lors d'un changement de réglementation comptable, l'ANC peut prévoir des modalités particulières de première application.

Contexte SARL Malin

M. Lambry pose à Mme Lebrun la question suivante : Comment améliorer l'information financière fournie par ses états financiers ? Quelles sont les conséquences de cette volonté sur la méthode comptable concernant la comptabilisation du site Internet ? Quel changement de méthode est envisageable au cas particulier ?

B) Traitement comptable d'un changement de méthode comptable

1. Règles générales

Afin d'assurer la bonne lisibilité de l'information financière future, il convient de calculer l'effet, après impôt, de la nouvelle méthode de façon rétrospective, comme si elle avait toujours été appliquée (PCG – article 122-3). L'impact du changement déterminé à l'ouverture, après effet d'impôt, est alors imputé en « report à nouveau » sauf si, en raison de l'application de règles fiscales, l'entité est amenée à comptabiliser l'incidence du changement de méthode comptable dans le compte de résultat. Dans ce dernier cas, l'impact net d'impôt est comptabilisé en dehors du résultat courant.

› Voir texte de référence 5

Dans la pratique, trois cas de figure peuvent être distingués en fonction de l'impact fiscal du changement :

- la nouvelle méthode comptable n'a pas d'impact fiscal car elle porte sur une charge ou une provision non déductible : l'intégralité de l'impact du changement à l'ouverture est imputée en report à nouveau (voir exemple 1 ci-dessous) ;
- la nouvelle méthode comptable a pour effet d'augmenter les capitaux propres à l'ouverture : l'impact du changement est comptabilisé net d'impôt en report à nouveau, l'effet d'impôt étant constaté au crédit du compte 695. Impôt sur les bénéfices (voir exemple 2 ci-dessous) ;
- la nouvelle méthode comptable a pour effet de diminuer les capitaux propres à l'ouverture : l'impact du changement est comptabilisé en résultat. En effet, pour être déductible fiscalement, une charge doit être constatée par le biais du compte de résultat (CGI – article 39-1) (voir exemple 3 ci-dessous).

Exemple 1

L'entreprise Velar décide de comptabiliser ses engagements de retraite à compter de l'exercice N au lieu de les mentionner dans l'annexe. L'évaluation de ces engagements est la suivante :

- engagements au 31 décembre N–1 : 156 000 € ;
- engagements au 31 décembre N : 161 000 €.

S'agissant de l'adoption d'une méthode de référence, ce changement de méthode comptable n'a pas à être justifié par l'entreprise Velar.

L'entreprise Velar doit appliquer le changement de méthode comptable de manière rétrospective, c'est-à-dire faire comme si elle avait toujours comptabilisé ses engagements de retraite. L'impact du changement de méthode à l'ouverture, soit 156 000 €, est imputé sur les capitaux propres au débit du compte 119. Report à nouveau. La provision pour engagements de retraite n'étant pas déductible, il n'y a pas d'effet d'impôt lié au changement de méthode. Le compte de résultat de l'exercice N n'est impacté que de la variation de l'engagement au titre de l'exercice N.

L'impact du changement de méthode comptable est comptabilisé à l'ouverture de l'exercice N :

	1/01/N		
119	Report à nouveau	156 000	
153	Provisions pour pensions et obligations similaires		156 000

L'enregistrement comptable au 31 décembre N est la constatation en charges de l'accroissement de l'engagement de retraite de l'entreprise Velar, soit : 161 000 – 156 000 = 5 000 €.

	31/12/N		
6815	Dotations aux provisions d'exploitation	5 000	
153	Provisions pour pensions et obligations similaires		5 000

Exemple 2

La société Logis vient de prendre courant N le contrôle de la société Gemeaux. Afin d'être homogène avec les méthodes d'évaluation du groupe, la société Gemeaux qui évaluait ses stocks de marchandises selon la méthode du coût moyen pondéré (CMP) va passer à la méthode du premier entré, premier sorti (PEPS). Le taux d'impôt sur les sociétés est de 28 %.

Les informations communiquées sont les suivantes :

	31/12/N–1	31/12/N
Stocks de marchandises évalués selon la méthode du CMP	100 000	105 000
Stocks de marchandises évalués selon la méthode du PEPS	112 000	118 000

Il s'agit d'un changement de méthode comptable justifié par l'harmonisation des méthodes retenues dans les comptes individuels avec celles retenues dans les comptes consolidés.

Le stock de marchandises figure au bilan de la société Gemeaux au 31 décembre N–1 pour un montant de 100 000 € (méthode CMP) et au bilan au 31 décembre N pour un montant de 118 000 € (méthode PEPS). La variation entre ces deux valeurs doit être scindée en deux parties :

- impact du changement de méthode à l'ouverture net d'impôt en report à nouveau : le changement de méthode a pour conséquence une augmentation des capitaux propres de 112 000 – 100 000 = 12 000. Cet enrichissement est taxable. Il doit faire l'objet d'une réintégration extra-comptable. L'impact du changement net d'impôt (12 000 × 72 %) est comptabilisé au crédit du compte Report à nouveau, l'effet d'impôt étant constaté au crédit du compte 695. Impôt sur les bénéfices ;
- impact de la variation de stocks selon la nouvelle méthode en résultat : 112 000 – 118 000 = – 6 000 (en diminution des charges d'exploitation).

	1/01/N		
37	Stocks de marchandises	12 000	
695	Impôt sur les bénéfices		3 360
110	Report à nouveau		8 640
	31/12/N		
6037	Variations de stocks de marchandises	112 000	
37	Stocks de marchandises		112 000
	Annulation du stock initial		
	31/12/N		
37	Stocks de marchandises	118 000	
6037	Variations de stocks de marchandises		118 000
	Constatation du stock final		

Remarque

Lors de la détermination du résultat fiscal, les 12 000 € réintégrés extra-comptablement vont générer une charge d'impôt de 3 360 €, incluse dans la charge d'impôt de l'exercice N. Cette charge va être compensée par l'écriture de sens inverse enregistrée au 1er janvier N. Ainsi, l'impact du changement comptable sur la charge d'impôt de l'exercice N est bien nul.

Exemple 3

Reprenons les données de l'exemple précédent en modifiant les éléments de valorisation.

Les informations communiquées sont les suivantes :

	31/12/N–1	31/12/N
Stocks de marchandises évalués selon la méthode du CMP	100 000	98 000
Stocks de marchandises évalués selon la méthode du PEPS	95 000	91 000

Le stock de marchandises figure au bilan de la société Gemeaux au 31 décembre N–1 pour un montant de 100 000 € (méthode CMP) et au bilan au 31 décembre N pour un montant de 91 000 € (méthode PEPS). La variation entre ces deux valeurs doit être scindée en deux parties :

- impact du changement de méthode à l'ouverture net d'impôt : le changement de méthode a pour conséquence une diminution des capitaux propres de 95 000 – 100 000 = – 5 000. Cet appauvrissement doit être constaté en charges et non en diminution du compte Report à nouveau pour pouvoir être déduit fiscalement. Le PCG requiert la comptabilisation de l'impact net d'impôt en dehors du résultat courant, ce qui implique l'utilisation d'un compte de charges exceptionnelles ;
- impact de la variation de stocks selon la nouvelle méthode en résultat : 95 000 – 91 000 = 4 000 (en charges d'exploitation).

		Débit	Crédit
	1/01/N		
6718	Autres charges exceptionnelles sur opérations de gestion	3 600	
695	Impôt sur les bénéfices	1 400	
37	Stocks de marchandises		5 000
	31/12/N		
6037	Variations de stocks de marchandises	95 000	
37	Stocks de marchandises		95 000
	Annulation du stock initial		
	31/12/N		
37	Stocks de marchandises	91 000	
6037	Variations de stocks de marchandises		91 000
	Constatation du stock final		

2. Cas particulier

Le cas particulier résulte de l'impossibilité de déterminer l'impact rétrospectif de la nouvelle méthode comptable.

« [...] Si l'effet à l'ouverture ne peut être calculé de façon objective, en particulier lorsque la nouvelle méthode est caractérisée par la prise en compte d'hypothèses, le changement est appliqué de manière prospective. [...] » (PCG – article 122-3).

› Voir texte de référence 5

Cette situation vise le cas exceptionnel où l'entité n'est pas capable d'appliquer la nouvelle méthode de manière rétrospective. Le traitement comptable du changement est alors prospectif avec impact sur le compte de résultat.

▶ Exemple

Une entité décide d'adopter la méthode de référence d'activation des frais de développement au lieu de leur comptabilisation en charges. Elle n'est toutefois pas capable de déterminer pour les projets de développement antérieurs au changement de méthode à quelle date les conditions d'activation de ces projets ont été réunies. Elle appliquera la nouvelle méthode d'activation des coûts de développement aux projets à compter de la date du changement de méthode.

3. Informations à fournir dans l'annexe

Les changements de méthodes comptables doivent être décrits et, le cas échéant, justifiés dans l'annexe, avec toutes les informations nécessaires à leur compréhension. Ainsi, pour les petites entreprises bénéficiant du régime simplifié de présentation des comptes, l'annexe doit indiquer (PCG — article 832-2) :

- pour un changement de réglementation comptable : l'impact du changement de réglementation déterminé à l'ouverture en précisant les postes concernés ;
- pour un changement de méthode à l'initiative de l'entité : la mention et la justification du changement de méthode, ainsi que l'impact du changement de méthode déterminé à l'ouverture en précisant les postes concernés.

Contexte SARL Malin

Comptabiliser le changement de méthode comptable de la SARL Malin concernant les engagements de retraite et proposer l'information à fournir en annexe.

III Les changements d'estimations comptables

A) Définition

« Les estimations comptables sont le résultat de l'exercice du jugement et de la mise en œuvre d'hypothèses dans l'application d'une méthode comptable » (PCG art. 122-4).

L'application des méthodes et principes comptables passe par la mise en œuvre de modalités pratiques choisies au cas par cas par l'entreprise. Ces modalités peuvent, dans le cadre d'une même méthode, différer d'une entreprise à une autre et, pour une même entreprise, dans le temps.

En raison des incertitudes inhérentes à la vie des affaires, de nombreux éléments des états financiers ne peuvent être évalués avec précision et ne peuvent faire l'objet que d'une estimation. La procédure d'estimation dépend de jugements fondés sur les dernières informations disponibles à la date d'établissement des comptes.

Exemple

Les taux de dépréciation des créances douteuses varient d'une entité à l'autre en fonction de l'ancienneté des créances et de leur taux d'irrécouvrabilité.

Pour déterminer la valeur d'usage d'un actif, l'entité met en œuvre des modalités pratiques qui peuvent évoluer dans le temps afin d'obtenir une meilleure évaluation en fonction des informations à sa disposition. Ces éléments de calcul sont des estimations.

Modalités retenues pour l'avancement d'un contrat à long terme.

B) Circonstances d'un changement d'estimation

Les changements d'estimation peuvent résulter de trois circonstances, soit :
- d'un changement de circonstances sur lesquelles l'estimation était fondée ;
- de nouvelles informations ou ;
- d'une meilleure expérience.

› Voir texte de référence 6

Exemples

Une immobilisation fait l'objet d'une nouvelle estimation de sa durée d'utilisation. Cette nouvelle estimation va conduire à modifier le plan d'amortissement futur.

Une marque précédemment non amortie peut commencer à être amortie sur sa durée d'utilisation résiduelle si l'entité a programmé l'arrêt de son exploitation.

Un nouvel outil de gestion permettant de suivre de manière plus fiable les coûts de garantie par produit, peut conduire l'entité à changer les modalités d'évaluation de sa provision pour garantie antérieurement calculée sur une base forfaitaire.

C) Traitement comptable d'un changement d'estimation et de modalités d'application

1. Traitement comptable prospectif

Les changements d'estimation n'ont, par définition, qu'un effet sur l'exercice en cours et les exercices futurs. En l'absence d'effet rétroactif, la modification ne peut être que prospective. L'incidence du changement sur l'exercice en cours est enregistrée dans le résultat de l'exercice.

Les changements d'estimation peuvent avoir un effet sur différentes lignes du compte de résultat et du bilan (PCG – article 122-5).

› Voir texte de référence 6

Exemple

Un matériel de production d'une valeur HT de 36 000 € est acquis et mis en service le 1er janvier N. Sa durée d'utilisation est de 6 ans. Son mode d'amortissement est linéaire. Sa valeur résiduelle est nulle.

Après 3 ans d'utilisation, il est nécessaire d'augmenter la cadence de production. L'entreprise décide alors d'amortir le bien sur les 2 années qui suivent au lieu des 3 initialement prévues.

La révision du plan d'amortissement au 1er janvier N+3 constitue un changement d'estimation liée à de nouvelles conditions d'utilisation de l'actif.

Le tableau d'amortissement du matériel est le suivant :

Année	Plan initial			Plan révisé	
	Annuité	Amortissements cumulés	VNC	Annuité révisée	Cumul des amortissements révisés
N	6 000	6 000	30 000	–	6 000
N+1	6 000	12 000	24 000	–	12 000
N+2	6 000	18 000	18 000	–	18 000
N+3	6 000	24 000	12 000	9 000 (*)	27 000
N+4	6 000	30 000	6 000	9 000	36 000
N+5	6 000	36 000	0	–	–

(*) La nouvelle annuité d'amortissement est déterminée comme suit : VNC de l'actif au 1er janvier N+3 / durée résiduelle d'utilisation = 18 000 / 2 = 9 000.

Les amortissements cumulés au 31 décembre N+2 ne sont pas modifiés rétrospectivement. La nouvelle annuité d'amortissement a un impact prospectif sur les comptes de résultat des années N+3 et N+4.

		31/12/N+3		
6811		Dotations aux amorts sur immob. incorp. et corp.	9 000	
	28154	Amortissement du matériel industriel		9 000

2. Informations à fournir dans l'annexe

Dès lors qu'il s'agit d'une information significative, la mention et la justification des changements d'estimation doivent être portées dans l'annexe (PCG – articles 832-2, 833-2, 834-2, 835-2).

Contexte SARL Malin

La modification du taux de dépréciation des créances clients constitue-t-elle un changement de méthode ? Pourquoi ? Qualifier et comptabiliser le changement au 31/12/N.

IV Les corrections d'erreurs

A) Définition

Ces corrections résultent d'erreurs, d'omissions matérielles ou d'interprétations erronées. L'adoption d'une méthode non admise constitue également une erreur. Un changement d'estimation ne constitue pas une correction d'erreur, sauf si l'estimation antérieure était fondée sur des données elles-mêmes manifestement erronées compte tenu des informations disponibles à l'époque.

Exemples

Erreur arithmétique portant sur l'état des stocks de l'exercice précédent ayant entraîné une surévaluation ou une sous-évaluation du stock.

Correction d'une méthode comptable non admise retenue pour l'exercice précédent.

Application différée des règlements CRC 2002-10 et 2004-06 sur les actifs par les entreprises (bull. CNCC n° 146, juin 2007).

B) Traitement comptable

1. Traitement comptable rétrospectif avec impact sur le résultat

Les corrections d'erreurs portent sur la comptabilisation des opérations passées. Elles sont comptabilisées dans le résultat de l'exercice au cours duquel elles sont constatées sauf s'il s'agit de corriger une écriture ayant été directement imputée sur les capitaux propres. L'incidence des corrections d'erreurs significatives est présentée sur une ligne distincte du compte de résultat, en dehors du résultat courant (PCG – article 122-6).

› Voir texte de référence 7

+

Ce traitement comptable est incompatible avec celui retenu par la norme IAS 8 « Méthodes comptables, changements d'estimation et erreurs » qui requiert l'imputation sur les capitaux propres de la correction d'erreur, dans la mesure où elle affecte une période passée.

Exemple

En octobre N–1, les services techniques d'une entreprise ont décidé de mettre au rebut une machine dont la VNC ressortait à 10 000 € pour une valeur d'acquisition HT de 85 000 €. Le procès-verbal de mise au rebut n'a pas été établi et le service comptable ne s'est rendu compte de cette omission que le 15 juillet N, lors de la réalisation d'un inventaire physique des immobilisations.

Il s'agit d'une correction d'erreur : le matériel aurait dû être sorti de l'actif au 31 décembre N–1, il ne le sera qu'au moment de la détection de l'erreur.

	15/07/N		
2815	Amortissement des inst. techn., mat. et out. Industriels	75 000	
675	Valeurs comptables des éléments d'actif cédés	10 000	
215	Inst. techn., mat. et out. Industriels		85 000
	Sortie du matériel mis au rebut		

2. Informations à fournir dans l'annexe

Les informations à fournir dans l'annexe en cas de corrections d'erreurs sont les suivantes :
- mention de la nature de l'erreur corrigée ;
- mention de l'impact de la correction d'erreur sur les comptes de l'exercice ;
- présentation des principaux postes des exercices antérieurs présentés, corrigés de l'erreur.

(PCG – articles 832-2, 833-2, 834-2, 835-2).

Contexte SARL Malin

Comment qualifier l'anomalie de chiffrage des stocks de marchandises au 31/12/N–1 ? Quel enregistrement comptable doit être effectué ?

Correction contexte SARL Malin

1. Méthode comptable

Les méthodes comptables concernant les coûts de création de site internet sont explicites. Le PCG prévoit en effet explicitement 2 méthodes comptables : la constatation en charge ou l'activation (phase de développement et de production) (PCG article 612-2).

La SARL Malin doit indiquer en annexe la méthode retenue pour la comptabilisation de ses coûts de création de site internet, mais elle n'a pas à la justifier, dans la mesure où il s'agit de l'adoption initiale d'une méthode comptable.

2. Méthodes de référence

L'information financière de la SARL Malin peut être améliorée par l'adoption de méthodes de référence du PCG. Concernant la comptabilisation du site internet, la SARL Malin doit choisir l'activation plutôt que la constatation en charges. En matière d'engagements de retraite, elle peut changer de méthode comptable en les comptabilisant sous forme de provisions, plutôt qu'une simple mention en annexe.

3. Comptabilisation d'un changement de méthode

L'impact du changement de méthode comptable concernant les engagements de retraite est comptabilisé à l'ouverture de l'exercice N. La provision pour engagements de retraite n'étant pas déductible, il n'y a pas d'effet d'impôt lié au changement de méthode :

	1/01/N		
119	Report à nouveau	18 000	
153	Provisions pour pensions et obligations similaires		18 000

L'enregistrement comptable au 31 décembre N est la constatation en charges de l'accroissement de l'engagement de retraite de la SARL Malin, soit : 19 600 – 18 000 = 1 600 €.

	31/12/N		
6815	Dotations aux provisions d'exploitation	1 600	
153	Provisions pour pensions et obligations similaires		1 600

En annexe, SARL Malin doit mentionner le changement de méthode intervenu en matière d'engagements de retraite. Ce changement de méthode n'a pas à être justifié, dans la mesure où il s'agit de l'adoption d'une méthode de référence. La société doit également indiquer l'impact du changement de méthode déterminé à l'ouverture, soit une diminution du poste « report à nouveau » de 18 000 € et la création du poste «Provisions pour pensions et obligations similaires» pour 18 000 €.

4. Changement d'estimation

La modification du taux de dépréciation des créances clients ne constitue pas un changement de méthode. En effet, il y a bien application du principe de prudence pour tenir compte des incertitudes en matière de recouvrement des créances clients. Il s'agit d'un changement d'estimation basé sur l'expérience acquise et les informations recueillies par l'expert-comptable concernant le recouvrement des créances échues au 31/12/N.

La comptabilisation d'un changement d'estimation est prospective, la constatation des dépréciations de créances clients au 31/12/N doit donc être effectuée selon le nouveau taux, sans modification des dépréciations antérieures.

	31/12/N		
68174	Dotations aux dépréciations des créances	16 800	
491	Dépréciations des comptes de clients		16 800

5. Correction d'erreur

L'anomalie de chiffrage des stocks de marchandises au 31/12/N – 1 est une erreur matérielle, qui doit être traitée comme une correction d'erreur. L'enregistrement comptable est le suivant :

	01/01/N		
37	Stock de marchandises	4 000	
6037	Variation des stocks de marchandises		4 000

Remarque : si l'erreur était jugée significative, elle devrait être présentée sur une ligne distincte du compte de résultat, en dehors du résultat courant, c'est-à-dire au cas particulier en produits exceptionnels.

	01/01/N		
37	Stock de marchandises	4 000	
7719	Autres produits exceptionnels sur opérations de gestion		4 000

Synthèse

La typologie et le traitement comptable des changements comptables peuvent être résumés comme suit :

Nature du changement comptable	Traitement comptable
Changements de méthodes comptables : – changement à l'initiative de l'entité (adoption d'une méthode de référence ou obtention d'une meilleure information financière), – changement de réglementation	– Méthode rétrospective : impact du changement comptabilisé à l'ouverture de l'exercice, après effet d'impôt, en report à nouveau, sauf si en raison de l'application de règles fiscales, l'entité doit comptabiliser l'incidence du changement nette d'impôt en résultat (en dehors du résultat courant). – Information en annexe.
Changements d'estimation	– Méthode prospective : incidence du changement comptabilisée dans le résultat de l'exercice et des exercices suivants. – Information en annexe.
Corrections d'erreurs	– Comptabilisation de la correction de l'erreur dans le résultat de l'exercice, sauf si l'erreur concerne une écriture ayant été directement imputée sur les capitaux propres. En cas d'erreur significative, présentation sur une ligne distincte du compte de résultat, en dehors du résultat courant. – Information en annexe.

Références

- Avis CNC 97-06 relatif aux changements de méthodes comptables, changements d'estimation, changements d'options fiscales et corrections d'erreurs.
- Règlement ANC 2014-03 relatif au Plan comptable général modifié par les règlements ANC ultérieurs.
- Note de présentation du règlement ANC 2018-01 concernant les changements de méthodes, changements d'estimation et corrections d'erreurs.

1 Code de commerce – article L. 123-17

Sauf dans des cas exceptionnels, afin de donner une image fidèle du patrimoine, de la situation financière et du résultat de l'entreprise et dans les conditions prévues par un règlement de l'Autorité des normes comptables, les méthodes comptables retenues et la structure du bilan et du compte de résultat ne peuvent être modifiées d'un exercice à l'autre. Si des modifications interviennent, elles sont décrites et justifiées dans l'annexe et signalées, le cas échéant, dans le rapport des commissaires aux comptes.

2 PCG – article 121-5

La cohérence et la comparabilité des informations comptables au cours des périodes successives reposent sur la permanence des méthodes comptables et de la structure du bilan et du compte de résultat [...].

Une entité doit appliquer de manière cohérente et permanente une méthode comptable aux opérations et informations similaires [...].

3 PCG – article 122-1

Un changement de méthode comptable résulte soit d'un changement de réglementation comptable, soit d'un changement de méthode comptable à l'initiative de l'entité.

Un changement de réglementation s'impose à l'entité et le changement comptable en résultant n'a pas à être justifié.

4 PCG – article 122-2

Un changement de méthode comptable à l'initiative de l'entité n'est possible qu'à la double condition qu'il existe un choix entre plusieurs méthodes comptables conformes aux principes d'établissement des comptes annuels et que le changement de méthode conduise à fournir une meilleure information financière.

Le choix peut résulter d'une option prévue par le PCG, ou de l'existence de plusieurs méthodes implicites pour traduire une même opération ou information.

La nouvelle méthode conduit à une meilleure information financière lorsqu'elle reflète de façon plus adaptée et plus pertinente la performance ou le patrimoine de l'entité au regard de son activité, sa situation et son environnement.

Dans un même contexte et pour une même opération ou information, une méthode qui a été considérée par l'entité comme fournissant une meilleure information financière ne peut être ultérieurement remise en cause.

L'adoption d'une méthode comptable pour des événements ou opérations qui diffèrent sur le fond d'événements ou d'opérations survenus précédemment, ou l'adoption d'une méthode comptable pour des événements, opérations ou éléments qui étaient jusqu'alors sans importance significative, ne constituent pas des changements de méthodes comptables mais des changements d'estimation à traiter conformément à l'article 122-5.

5 PCG – article 122-3

Lors de changements de méthodes comptables, l'effet, après impôt sur le résultat, de la nouvelle méthode est calculé de façon rétrospective, comme si celle-ci avait toujours été appliquée. Si l'effet à l'ouverture ne peut être calculé de façon objective, en particulier lorsque la nouvelle méthode est caractérisée par la prise en compte d'hypothèses, le changement est appliqué de manière prospective.

L'impact du changement déterminé à l'ouverture, après effet d'impôt, est imputé en « report à nouveau » dès l'ouverture de l'exercice sauf si, en raison de l'application de règles fiscales, l'entreprise est amenée à le comptabiliser dans le résultat de l'exercice. Dans ce dernier cas, l'impact net d'impôt est comptabilisé en dehors du résultat courant tel que défini à l'article 821-4.

Lorsque les changements de méthodes comptables ont conduit à comptabiliser des provisions sans passer par le compte de résultat, la reprise de ces provisions s'effectue directement par les capitaux propres pour la partie qui n'a pas trouvé sa justification.

6 PCG – article 122-5

Les changements d'estimation résultent soit :

- d'un changement de circonstances sur lesquelles l'estimation était fondée ;
- de nouvelles informations ou ;
- d'une meilleure expérience.

Les changements d'estimation n'ont un effet que sur l'exercice en cours et les exercices futurs. L'incidence du changement sur l'exercice en cours est enregistrée dans les comptes de l'exercice. Les changements d'estimation peuvent avoir un effet sur les différentes lignes du bilan et du compte de résultat. [...].

7 PCG – article 122-6

Les corrections d'erreurs résultent d'erreurs, d'omissions matérielles, ou d'interprétations erronées. Constitue également une erreur, l'adoption par l'entité d'une méthode comptable non admise.

Les corrections d'erreurs sont comptabilisées dans le résultat de l'exercice au cours duquel elles sont constatées, sauf lorsqu'il s'agit de corriger une écriture ayant été directement imputée sur les capitaux propres. L'incidence des corrections d'erreurs significatives est présentée sur une ligne séparée du compte de résultat, en dehors du résultat courant tel que défini à l'article 821-4 du présent règlement ou, le cas échéant, sur une ligne séparée du report à nouveau.

Applications

Comprendre les notions

Application 1 QCM

Retrouvez la ou les réponses exactes.

1. Il est interdit de déroger au principe comptable de permanence des méthodes :
- ☐ Vrai
- ☐ Faux

2. L'existence d'un choix de méthode comptable peut justifier à lui seul un changement de méthode comptable :
- ☐ Vrai
- ☐ Faux

3. L'adoption d'une méthode de référence doit être justifiée dans l'annexe :
- ☐ Vrai
- ☐ Faux

4. L'enregistrement à l'actif des coûts de développement constitue une méthode de référence :
- ☐ Vrai
- ☐ Faux

5. L'adoption d'une méthode de référence est irréversible :
- ☐ Vrai
- ☐ Faux

6. Un changement de réglementation est un changement de méthode comptable :
- ☐ Vrai
- ☐ Faux

7. Un changement de méthode comptable doit être effectué en règle générale de manière :
- ☐ rétrospective.
- ☐ prospective.

8. Un changement d'estimation comptable doit être comptabilisé de manière :
- ☐ rétrospective.
- ☐ prospective.

9. La modification du plan d'amortissement d'une immobilisation constitue :
- ☐ un changement de méthode comptable.
- ☐ un changement d'estimation.
- ☐ une correction d'erreur.
- ☐ un changement d'option fiscale.

10. La première application d'un règlement de l'ANC est réalisée :
- ☐ systématiquement de manière rétrospective.
- ☐ systématiquement de manière prospective.
- ☐ de manière rétrospective sauf cas particulier.

11. La correction en N d'une méthode comptable non admise retenue l'exercice précédent constitue :
- ☐ un changement de méthode comptable.
- ☐ un changement d'estimation.
- ☐ une correction d'erreur.

12. Une correction d'erreur est enregistrée :
- ☐ systématiquement en résultat.
- ☐ systématiquement en capitaux propres.
- ☐ en résultat sauf si la correction concerne une écriture ayant été directement imputée sur les capitaux propres.
- ☐ en capitaux propres sauf si la correction concerne une écriture ayant été directement imputée en résultat.

13. En cas de changement de méthode comptable à l'initiative de l'entité, l'information en annexe concerne :
- ☐ la mention du changement de méthode comptable.
- ☐ la justification du changement de méthode comptable.
- ☐ l'impact du changement de méthode déterminé à l'ouverture en précisant les postes concernés.

Mettre en œuvre les compétences

Application 1 Changement de méthode d'évaluation de stocks

Compétences attendues : C1, C2, C3 et C4

La société Valo souhaite changer au titre de l'exercice N la méthode comptable de valorisation de ses stocks de matières premières en passant de la méthode du coût moyen pondéré à la méthode du premier entré, premier sorti (PEPS).

Les informations communiquées sont les suivantes (en €) :

	Stock de matières premières évalué selon la méthode CMP	Stock de matières premières évalué selon la méthode PEPS
31/12/N–1	210 000	225 000
31/12/N	208 500	232 000

Le taux d'IS est de 28 %.

1. **Sous quelle condition ce changement de méthode est-il possible ?**

2. **Enregistrez les écritures nécessaires au titre de l'exercice N.**

3. **Quelles informations doivent être fournies en annexe en lien avec ce changement de méthode ?**

4. **Quel est le traitement comptable du changement dans l'hypothèse où le stock au 31/12/N–1 selon la méthode PEPS s'élèverait à 205 000 € ?**

Application 2 Changement de méthode de comptabilisation des contrats à long terme

Compétences attendues : C1, C2, et C3

La société Fontaine est un promoteur immobilier spécialisé dans la construction de pavillons. Jusqu'au 31/12/N–1, la société a utilisé la méthode à l'achèvement pour la comptabilisation de ses chantiers. Elle décide d'utiliser la méthode à l'avancement à compter de l'exercice N. Les éléments chiffrés concernant le chantier « Séquoia » à Dijon sont les suivants :
– coût total de production estimé par le maître d'ouvrage : 3 000 000 € ;
– coût de production engagé à la clôture de l'exercice N–1 : 900 000 € ;
– coût de production engagé à la clôture de l'exercice N : 2 100 000 € ;
– prix de vente prévu : 4 000 000 €.
Le taux d'IS est de 28 %.

1. Quelle est la nature du changement comptable prévu par la société Fontaine ? Ce changement doit-il être justifié ?

2. Enregistrez les écritures nécessaires au titre de l'exercice N.

Application 3 Engagements de retraite

Compétences attendues : C1, C2, et C3

La société Maxime décide de comptabiliser ses engagements de retraite à compter de l'exercice N au lieu de les mentionner dans l'annexe. L'évaluation de ces engagements est la suivante :
– engagements au 31/12/N–1 : 145 000 € ;
– engagements au 31/12/N : 159 000 € ;
– engagements au 31/12/N+1 : 172 500 € ;
– engagements au 31/12/N+2 : 180 000 €.
Lors de la valorisation des engagements de retraite au 31/12/N+1, le comptable remarque que les tables de mortalité utilisées lors de la valorisation de l'exercice N–1 n'étaient pas celles en vigueur à l'époque et que la provision aurait dû s'élever à 148 000 € au 31/12/N–1.
Lors de la valorisation des engagements de retraite au 31/12/N+2, le taux d'actualisation a été majoré de 0,5 % pour tenir compte de l'évolution des taux du marché. À taux d'actualisation identique, l'engagement au 31/12/N+2 se serait élevé à 183 000 €.

1. Quelle est la nature du changement comptable prévu par la société Maxime en N ? Quelles sont les conditions de ce changement ?

2. Enregistrez les écritures nécessaires au titre de l'exercice N.

3. Quelle est la nature du changement comptable relatif à l'exercice N+1 ? Précisez son traitement comptable et comptabilisez l'engagement de retraite au 31/12/N+1.

4. Quelle est la nature du changement comptable relatif à l'exercice N+2 ? Précisez son traitement comptable et comptabilisez l'engagement de retraite au 31/12/N+2.

Application 4 Frais de développement

Compétences attendues : C1, C2, C3 et C4

La société Laser a changé de direction au cours de l'exercice N. Un expert-comptable a été chargé de l'établissement des états financiers au 31/12/N.
Au cours de sa mission, ce dernier a constaté que des frais de développement avaient antérieurement été constatés à l'actif en N–2 alors qu'ils ne répondaient pas aux critères d'inscription à l'actif.
Le bilan au 31/12/N–1 fait apparaître un montant d'amortissement cumulé de 40 000 € pour des dépenses initiales de 100 000 K€.

1. Quelle est la nature de ce changement comptable ?

2. Quel traitement comptable la société Laser doit-elle retenir ?

3. Quelles informations doivent être fournies en annexe ?

Entraînement à l'examen

Changement comptable

Compétences attendues : C1, C2, C3 et C4

Cet exercice est à réaliser sans calculatrice.

La SA Richeteau est spécialisée dans l'installation de parcs aquatiques en France et dans l'Union européenne. Elle décide, au titre de l'exercice N, de passer de la méthode de l'achèvement à la méthode de l'avancement pour la comptabilisation de ses chantiers.

Travail à faire :

À partir de l'annexe, vous traiterez les questions posées.

1. Y a-t-il une méthode de référence du PCG pour la comptabilisation des contrats à long terme ?

2. Quelle est la nature du changement comptable initié par la SA Richeteau ? Le changement pourrait-il être effectué seulement pour la comptabilisation de certains contrats ?

3. Ce changement doit-il être justifié et/ou faire l'objet d'une information dans l'annexe des comptes annuels de l'exercice N ?

4. Présentez les écritures d'inventaire au 31 décembre N – 1 relatives au contrat Ostende.

5. Présentez l'écriture au 1er janvier N relative au changement comptable sur le contrat Ostende (taux d'IS = 28 %).

6. Présentez les écritures d'inventaire au 31 décembre N relatives au contrat Ostende.

7. La SA Richeteau pourra-t-elle revenir ultérieurement à la méthode de l'achèvement ?

Annexe

Les informations suivantes vous sont communiquées concernant le contrat « Ostende » en Belgique.

Ce contrat constitue une prestation de service intracommunautaire exonérée de TVA pour le prestataire, la SA Richeteau.

	31/12/N–1	31/12/N
Prix de vente prévisionnel	2 100 000	2 100 000
Produits contractuels [(a)]	–	150 000
Coût des prestations exécutées pendant l'exercice	400 000	350 000
Coût de revient total prévisionnel	1 200 000	1 500 000 [(b)]

[(a)] Facturation intermédiaire pendant l'exercice.

[(b)] Montant réestimé avec fiabilité, compte tenu des informations disponibles et de l'avancement du contrat.

CHAPITRE

24

L'abonnement des charges et des produits

Compétences attendues	Savoirs associés
– Exposer et appliquer les traitements comptables relatifs au rattachement des charges et des produits. C1 – Évaluer et comptabiliser les opérations citées et plus particulièrement celles se déroulant sur plusieurs exercices. C2 – Analyser les conséquences d'un choix de comptabilisation, notamment sur la présentation des comptes annuels, dans une situation donnée. C3 – Présenter les informations à fournir en annexe. C4	– Abonnement des charges et des produits.

Contexte professionnel

La comptabilité de la société Blindness, dont l'objet est de vendre des montures et des accessoires de lunettes, est effectuée à la vue des pièces comptables. Ainsi une prime annuelle d'assurance, reçue en mars N, donne lieu à l'enregistrement suivant :

616	Primes d'assurance	12 000	
401	Fournisseur Assurtout		12 000

Raison sociale	SARL Blindness
Capital social	50 000 € entièrement libérés depuis la constitution 5 associés personnes physiques
Siège social et exploitation	24, rue du faubourg Reine 21200 Beaune (France)
Activité	Vente de montures et accessoires de lunettes
Dirigeant	Gérante Madame Claire Braille
Effectif	15 salariés
Exercice comptable N–1	CA HT = 3 942 000 € Résultat fiscal = 147 530 €

Les revenus de placements d'un montant de 100 000 €, rémunérés au taux fixe de 2,4 %, sont comptabilisés à terme échu de la manière suivante :

512	Banque	2 400	
76	Produits financiers		2 400

Le Code de commerce impose à toutes les personnes physiques ou morales ayant la qualité de commerçant l'établissement de comptes annuels respectant le principe d'indépendance des

exercices (Code de commerce – articles L. 123-12 et L. 123-13).
À la clôture de l'exercice, la réalisation d'inventaires physiques, d'enregistrement d'écritures d'amortissements, de dépréciations, de provisions et d'ajustement des comptes de gestion, notamment, permet de répondre à cette exigence.
En revanche, au cours de l'exercice, les produits et charges comptabilisés ne se rapportent pas nécessairement à la période comptable relative à leur enregistrement. Le principe d'indépendance n'est donc pas systématiquement respecté tout au long de l'exercice. Cela ne cause pas de préjudice aux tiers qui, sauf exception, n'ont pas accès à la comptabilité au cours de cette période. Néanmoins, cette insuffisance peut nuire à l'information des dirigeants qui souhaitent piloter l'entreprise sur la base de situations comptables intermédiaires établies selon une périodicité inférieure à l'exercice, par exemple tous les mois ou tous les trimestres (une situation intermédiaire est le nom donné à des états financiers établis à une autre date que la clôture de l'exercice). En effet, si celles-ci sont établies sans respecter le principe d'autonomie des exercices, les résultats présentés ne permettent pas d'apprécier la performance économique réelle de l'entité concernée.
Pour pallier cette lacune, les entreprises peuvent procéder dans un premier temps aux opérations effectuées en principe à l'inventaire lors de chaque établissement de situation, puis dans un second temps à leur annulation en début de période suivante. Le PCG permet également, sans que cela soit toutefois obligatoire, de répartir par fractions égales les charges et les produits, dont le montant peut être connu ou fixé d'avance avec une précision suffisante, entre les périodes comptables de l'exercice en pratiquant le système de l'abonnement (PCG – article 944-48).

› Voir texte de référence 1

I Principes et limites du système d'abonnement

A) Principe

« [...] Le compte 488 « Comptes de répartition périodique des charges et des produits » enregistre les charges et les produits dont le montant peut être connu ou fixé d'avance avec une précision suffisante et qu'on décide de répartir par fractions égales entre les périodes comptables de l'exercice. Il s'agit du système de l'abonnement. En cours d'exercice, l'abonnement est modifié, s'il y a lieu, en plus ou en moins, de manière que le total des sommes inscrites au débit ou au crédit des comptes intéressés des classes 6 ou 7 soit égal, en fin d'exercice, au montant effectif de la charge ou du produit. Le compte 488 est soldé à la fin de l'exercice. » (PCG – article 944-48).

› Voir texte de référence 1

Contrairement à l'ajustement obligatoire des comptes de gestion (classes 6 et 7) effectué à la clôture de chaque exercice, la technique de l'abonnement des charges et des produits est facultative. Elle consiste à répartir les produits et les charges prévisibles de telle sorte qu'ils affectent les résultats des différentes périodes comptables de l'exercice. L'intérêt de ce procédé est de respecter, pour chaque période comptable, le principe d'indépendance des exercices pour les produits et charges ainsi étalés.

Exemple

Une prime annuelle d'assurance de 120 000 € est réglée chaque 1er avril par l'entreprise Sécille. Le compte 616. Primes d'assurance est donc débité de 120 000 €, le 1er avril de chaque année. Si l'entreprise contrepasse ses écritures d'inventaire en début d'exercice, dans la balance et le grand-livre de l'entreprise Sécille, ce compte a un solde débiteur de 30 000 € les trois premiers mois de l'exercice, puis un solde débiteur de 150 000 € du mois d'avril au mois de décembre. En réalité, l'entreprise consomme 10 000 € de services d'assurance chaque mois. L'enregistrement des opérations courantes, qui s'effectue au vu des pièces comptables (factures, talons de chèques, etc.) ne permet pas de constater cette consommation mensuelle. Un résultat mensuel cumulé (ou non) déterminé à partir du solde des comptes de gestion figurant à la balance de l'entreprise sera donc biaisé. Seul le résultat cumulé de décembre, après écritures d'inventaire, sera conforme à la réalité économique et aux principes comptables. La technique de l'abonnement va consister à enregistrer 10 000 € chaque mois dans le compte 616. Primes d'assurance et à rétablir ainsi la conformité au principe d'indépendance des exercices.

Les produits et les charges que les entreprises peuvent abonner sont fréquemment encaissés ou décaissés de manière périodique pour un montant fixe ou facilement chiffrable car indépendant du volume d'activité. Il peut également s'agir de charges qui n'entraînent pas de décaissement comme les dotations aux amortissements.

Exemple

Les produits ou charges de location, les redevances de crédit-bail, les primes d'assurance, les produits ou charges d'intérêt peuvent notamment être abonnés. En effet, leurs montants sont connus ou déterminables de manière relativement précise.

Contexte SARL Blindness

La tenue de comptabilité actuelle vous semble-t-elle suffisamment pertinente pour répondre aux attentes du nouveau dirigeant, Madame Braille, qui souhaite avoir des informations pertinentes à la fin de chaque mois ? Pourquoi ? Que pourriez-vous conseiller au comptable ?

B) Limites

Cette technique n'est applicable qu'aux seuls produits et charges dont le montant peut être connu ou fixé d'avance avec une précision suffisante. De ce fait, le résultat de la période n'est pas affecté par son application, par tous les enrichissements ou appauvrissements dont les montants ne sont pas prévisibles de manière fiable.

Exemples

Les ventes de biens et services, les consommations de matières premières, les pertes sur créances douteuses ne sont pas connues ou fixées par avance. Elles ne peuvent donc pas être abonnées. Leur rattachement à la période à laquelle elles appartiennent est pourtant indispensable à la détermination du résultat de la période. La technique de l'abonnement ne permettra pas de corriger, le cas échéant, leur mauvaise affectation.

Il est par conséquent indispensable de compléter les écritures d'abonnement par la prise en compte des estimations des produits et des charges significatifs non prévisibles de manière précise pour déterminer le résultat de la période de façon fiable.

Exemples

Les ventes livrées mais non encore facturées doivent être chiffrées et prises en compte lors de la détermination du résultat de la période. Il en est de même pour les dépréciations, les provisions et les consommations de marchandises ou de matières premières. La détermination de ces dernières nécessite la réalisation d'un inventaire physique. Celui-ci étant, en général, coûteux, les entreprises préfèrent souvent estimer ces consommations par l'utilisation de statistiques (exemple : le prix de vente d'un article acheté puis vendu par l'entreprise Anchar étant égal à 1,5 fois son prix d'achat, la consommation de marchandises est en principe égale au chiffre d'affaires divisé par 1,5).

Le système de l'abonnement réduit le nombre des écritures d'ajustement à effectuer à la fin de chaque période comptable en systématisant l'étalement des produits et des charges prévisibles de manière fiable. Toutefois, il ne permet pas à lui seul d'obtenir un résultat comptable conforme aux principes comptables.

II Schémas comptables

Le PCG prévoit deux comptes de répartition périodique des charges et des produits. Il s'agit des comptes :

- 4886. Charges ;
- et 4887. Produits.

Ces comptes ne doivent pas être confondus avec les comptes 486. Charges constatées d'avance et 487. Produits constatés d'avance ou les comptes de charges à payer et de produits à recevoir, dont les numéros varient selon leur nature. Ces derniers doivent obligatoirement être utilisés à la clôture de l'exercice afin de respecter le principe d'indépendance des exercices.

L'entreprise utilisant la méthode de l'abonnement pour certains éléments de charges ou de produits ne doit enregistrer aucune écriture d'ajustement de ces éléments en mouvementant les comptes des classes 6 et 7 concernés. En effet, comme les exemples suivants le mettent en évidence, la combinaison des deux systèmes conduirait à des incohérences.

A) La répartition des charges

L'objectif de la technique de l'abonnement est de faire en sorte que le solde du compte de charge abonnée soit égal à la consommation cumulée de celle-ci depuis le début de l'exercice. En conséquence :

- à la clôture de chaque période comptable, le compte de charge est débité de la fraction de charge relative à cette période par le crédit du compte 4886. Charges ;
- lorsque la facture est réceptionnée, le compte 4886. Charges est débité du montant facturé par le crédit du compte fournisseur ou du compte de trésorerie si le règlement est immédiat ;
- à la clôture de l'exercice, le compte 4886. Charges est soldé.

+

Le montant de la fraction de charge à comptabiliser peut être modifié au cours de l'exercice si la prévision de charge annuelle évolue, de telle manière que le solde du compte de charge soit égal en fin d'exercice à la charge totale réelle. Le PCG précise qu'en fin d'exercice, le compte 4886. Charges doit être soldé mais n'indique pas comment. Parmi les procédures envisageables, on retiendra ici la position suivante : selon la situation, le compte de contrepartie est le compte de charge concerné ou un compte d'ajustement (charge constatée d'avance ou charge à payer).

Exemple

L'entreprise Micmaque utilise la méthode de l'abonnement pour les charges d'assurance, de location et d'intérêts. Au cours de l'exercice N, l'entreprise a réalisé les opérations suivantes :

- le 1er janvier N, signature d'un contrat d'assurance incendie et règlement des six premiers mois de services pour un montant de 12 000 € : le second règlement, du même montant, est prévu le 30 juin N ;
- le 1er avril N, location d'un entrepôt : le loyer annuel de 72 000 € HT est réglé ce jour ;
- le 1er septembre N, emprunt de 150 000 € sur 5 ans au taux d'intérêt annuel de 5 % : le remboursement de l'emprunt s'effectue par annuité constante chaque 31 août.

Le 30 juin N, la prime d'assurance incendie augmente de 4 %. L'entreprise règle 12 480 €.

On enregistre toutes les écritures de l'exercice N, y compris les écritures du 31 décembre, sachant que l'entreprise enregistre mensuellement ses charges abonnées :

Écritures relatives à l'assurance :

– règlement de la prime d'assurance semestrielle du 1er janvier :

	1/01/N		
4886	Charges	12 000	
512	Banque		12 000
	Paiement de la prime du 01/01 au 30/06		

– de janvier à juin, l'entreprise comptabilise six fois l'écriture suivante :

616	Primes d'assurance	2 000	
4886	Charges		2 000
	Abonnement mensuel d'assurance (12 000/6)		

– règlement de la prime d'assurance semestrielle du 30 juin :

	30/06/N		
4886	Charges	12 480	
512	Banque		12 480
	Paiement de la prime du 01/07 au 31/12		

– de juillet à décembre, l'entreprise comptabilise six fois l'écriture suivante :

616	Primes d'assurance	2 080	
4886	Charges		2 080
	Abonnement mensuel d'assurance (12 480/6)		

Il aurait également été possible de continuer à pratiquer un abonnement de 2 000 € par mois de juillet à décembre, puis de solder le compte 4886. Charges en le créditant de 480 €.

À la clôture de l'exercice, les comptes 616. Primes d'assurance et 4886. Charges se présentent ainsi :

616. Primes d'assurance

Débit	Crédit
24 480	

Le compte est débiteur de 24 480 €, ce qui correspond à la charge d'assurance de l'exercice.

4886. Charges

Débit	Crédit
12 000 12 480	12 000 12 480

Le compte est soldé.

▼ Écritures relatives à la location de l'entrepôt :

– règlement du loyer annuel :

	1/04/N		
4886	Charges	72 000	
44566	TVA sur autres biens et services	14 112	
512	Banque		86 112
	Paiement du loyer du 01/04/N au 31/03/N+1		

– d'avril à décembre, l'entreprise comptabilise neuf fois l'écriture suivante :

613	Locations	6 000	
4886	Charges		6 000
	Abonnement mensuel de loyer		

– lors des opérations d'inventaire, l'entreprise doit solder le compte 4886. Charges et constater la charge constatée d'avance (loyers de janvier N+1 à mars N+1 réglés d'avance) :

	31/12/N		
486	Charges constatées d'avance	18 000	
4886	Charges		18 000
	Loyers payés d'avance		

Cette écriture ne correspond pas à celle qui aurait dû être enregistrée à l'inventaire si l'entreprise ne pratiquait pas l'abonnement des charges et des produits.

À la clôture de l'exercice, les comptes 613. Locations et 4886. Charges se présentent comme suit :

613. Locations

Débit	Crédit
54 000	

Le compte est débiteur de 54 000 €, ce qui correspond aux neuf mois de location de l'exercice N.

4886. Charges

Débit	Crédit
72 000	54 000 18 000

Le compte est soldé.

En début d'exercice N+1, l'écriture du 31 décembre N est extournée. Le compte 4886. Charges se retrouve alors débiteur de 18 000 €. Il sera crédité 12 fois de 6 000 € par les écritures d'abonnement et débité de 72 000 € le 1er avril N+1 lors du règlement de la quittance N+1. À la clôture de l'exercice N+1, ce compte sera viré pour solde (18 000 €) au compte 486. Charges constatées d'avance.

▼ Écritures relatives aux frais financiers :

– encaissement de l'emprunt :

	1/09/N		
512	Banque	150 000	
164	Emprunt auprès des établissements de crédit		150 000
	Réception de l'emprunt		

– de septembre à décembre, l'entreprise comptabilise quatre fois l'écriture suivante :

661	Charges d'intérêt	625	
4886	Charges		625
	Intérêts mensuels abonnés (150 000 × 5 % × 1 / 12)		

– lors des opérations d'inventaire, l'entreprise doit solder le compte 4886. Charges et constater les intérêts courus et non échus de septembre à décembre de 2 500 € (4 × 625) :

	31/12/N		
4886	Charges	2 500	
1688	Intérêts courus		2 500
	Intérêts de septembre à décembre N (150 000 × 5 % × 4 / 12)		

Cette écriture ne correspond pas à celle qui aurait dû être enregistrée à l'inventaire si l'entreprise ne pratiquait pas l'abonnement des charges et des produits.
À la clôture de l'exercice, les comptes 661. Charges d'intérêt et 4886. Charges se présentent comme suit :

661. Charges d'intérêt

Débit	Crédit
2 500	

Le compte est débiteur de 2 500 €, ce qui correspond aux quatre mois d'intérêts de l'exercice N.

4886. Charges

Débit	Crédit
2 500	2 500

Le compte est soldé. L'écriture du 31 décembre N est contrepassée en début d'exercice N+1.

Contexte SARL Blindness
Comment procéder pour la prime d'assurance annuelle (schéma d'écriture) ?

B) La répartition des produits

Les schémas comptables suivent la même logique que celle appliquée lors de l'abonnement des charges :
– à la clôture de chaque période comptable, le compte de produits est crédité de la fraction de produits relative à cette période par le débit du compte 4887. Produits ;
– lorsque la facture est émise, le compte 4887. Produits est crédité du montant facturé par le débit du compte de tiers ou du compte de trésorerie si l'encaissement est immédiat ;
– à la clôture de l'exercice, le compte 4887. Produits est soldé.

Exemple

L'entreprise Berodier utilise la méthode de l'abonnement pour les produits de location et d'intérêts.
Au cours de l'exercice N, l'entreprise a réalisé les opérations suivantes :
– le 1er avril N, prêt de 120 000 € pendant 5 ans au taux d'intérêt de 4 % (remboursement *in fine*). Les intérêts sont encaissés chaque 31 mars ;

– le 1er juillet N, location d'un appartement acquis un mois plus tôt par l'entreprise : le loyer mensuel fixé à 1 000 € (pas de TVA) est réglé à la fin de chaque trimestre civil.

▾ Écritures relatives aux produits financiers :

– placement des 120 000 € :

	1/04/N		
274	Prêts	120 000	
512	Banque		120 000
	Placement des 120 000 €		

– d'avril à décembre, l'entreprise comptabilise neuf fois l'écriture suivante :

4887	Produits	400	
7626	Revenus des prêts		400
	Intérêts mensuels abonnés (120 000 × 4 % × 1 / 12)		

– lors des opérations d'inventaire, l'entreprise doit solder le compte 4887. Produits et constater les intérêts courus et non échus d'avril à décembre pour un montant de 3 600 € (9 × 400) :

	31/12/N		
27684	Autres créances immobilisées sur prêts	3 600	
4887	Produits		3 600
	Intérêts du prêt d'avril à décembre N (120 000 × 4 % × 9 / 12)		

Cette écriture ne correspond pas à celle qui aurait dû être enregistrée à l'inventaire si l'entreprise ne pratiquait pas l'abonnement des charges et des produits.
Écriture des comptes 7626 et 4887 à la clôture de l'exercice :

7626. Revenus des prêts

Débit	Crédit
	3 600

Le compte est créditeur de 3 600 €, ce qui correspond aux 9 mois d'intérêts acquis en N.

4887. Produits

Débit	Crédit
3 600	3 600

Le compte est soldé. L'écriture du 31 décembre N est contrepassée en début d'exercice N + 1.

▾ Écritures relatives à la location de l'appartement :

– de juillet à décembre, l'entreprise comptabilise six fois l'écriture suivante :

4887	Produits	1 000	
752	Revenus des immeubles non affectés à des activités professionnelles		1 000
	Abonnement des revenus de location		

– le 30 septembre N, le locataire règle les loyers de juillet à septembre :

	30/09/N		
512	Banque	3 000	
4887	Produits		3 000
	Chèques locataire loyers de juillet à septembre inclus		

– le 31 décembre N, le locataire règle les loyers d'octobre à décembre :

	31/12/N		
512	Banque	3 000	
4887	Produits		3 000
	Chèques locataire loyers d'octobre à décembre inclus		

À la clôture de l'exercice, les comptes 752 et 4887 se présentent comme suit :

752. Revenus des immeubles non affectés à des activités professionnelles

Débit	Crédit
	6 000

Le compte est créditeur de 6 000 €, ce qui correspond aux six mois de location de l'exercice N.

4887. Produits

Débit	Crédit
6 000	3 000 3 000

Le compte est soldé.

Contexte SARL Blindness

Comment procéder pour les produits financiers (schéma d'écriture) ?

Correction contexte SARL Blindness

1. Tenue de la comptabilité actuelle

La comptabilité tenue en fonction des pièces comptables ne permet pas d'avoir une information suffisamment pertinente sur la gestion de l'entreprise car les produits et charges comptabilisés ne se rapportent pas nécessairement à la période comptable relative à leur enregistrement. Le principe d'indépendance n'est donc pas systématiquement respecté tout au long de l'exercice. Cette insuffisance peut nuire à l'information des dirigeants qui souhaitent apprécier la performance économique réelle de l'entité concernée et piloter l'entreprise sur la base de situations comptables intermédiaires établies selon une périodicité inférieure à l'exercice, par exemple tous les mois ou tous les trimestres.

Pour pallier cette lacune, les entreprises peuvent procéder dans un premier temps aux opérations effectuées en principe à l'inventaire lors de chaque établissement de situation périodique, puis dans un second temps à leur annulation en début de période suivante. Le PCG permet également, sans que cela soit toutefois obligatoire, de répartir par fractions égales les charges et les produits, dont le montant peut être connu ou fixé d'avance avec une précision suffisante, entre les périodes comptables de l'exercice en pratiquant le système de l'abonnement (PCG – article 944-48).

2. Schéma d'écriture de la prime d'assurance annuelle

La prime d'assurance annuelle s'élève à 12 000 €, soit 1 000 € par mois. Afin d'avoir une information comptable mensuelle pertinente il est possible d'abonner cette charge de la manière suivante :

Lors du règlement de la prime annuelle d'assurance du 1er mars :

	1/03/N		
4886	Charges	12 000	
512	Banque		12 000
	Provisions pour pensions et obligations similaires		

– de mars à décembre, l'entreprise comptabilise dix fois l'écriture suivante :

616	Primes d'assurance	1 000	
4886	Charges		1 000
	Abonnement mensuel d'assurance (12 000 / 12)		

3. Schéma d'écriture des produits financier

Les revenus de placements d'un montant de 100 000 €, rémunérés au taux fixe de 2.4 % et perçus à terme échu, rapportent 2 400 € par an soit 200 € par mois.

Il est possible de les abonner mensuellement de la manière suivante :

4887	Produits	200	
7621	Revenus des prêts		200
	Intérêts mensuels abonnés (100 000 × 2.4 % × 1 / 12)		

Synthèse

Principe de l'abonnement des charges et des produits

Le PCG autorise les entreprises qui le souhaitent à répartir, par fractions égales entre les périodes comptables de l'exercice, les charges et les produits dont le montant peut être connu ou fixé d'avance avec une précision suffisante. Cette technique comptable est appelée « système de l'abonnement des charges et des produits ». Elle a pour intérêt de permettre aux entreprises de respecter, pour ces charges et produits abonnés, le principe d'indépendance des exercices tout au long de l'exercice et de faciliter ainsi l'obtention d'un résultat périodique conforme aux principes comptables.

Il s'agit d'une procédure comptable facultative.

Méthodes de comptabilisation

A Abonnement des charges

- À la clôture de chaque période comptable, le compte de charges est débité de la fraction de charge relative à cette période par le crédit du compte 4886. Charges.
- Lorsque la facture est réceptionnée, le compte 4886. Charges est débité du montant facturé par le crédit du compte fournisseur lié ou du compte de trésorerie si le règlement est immédiat.
- À la clôture de l'exercice, le compte 4886. Charges est soldé.

B Abonnement des produits

- À la clôture de chaque période comptable, le compte de produits est crédité de la fraction de produits relative à cette période par le débit du compte 4887. Produits.
- Lorsque la facture est émise, le compte 4887. Produits est crédité du montant facturé par le débit du compte de tiers lié ou du compte de trésorerie si l'encaissement est immédiat.
- À la clôture de l'exercice, le compte 4887. Produits est soldé.

Impact sur les écritures d'inventaire

Les écritures d'ajustement des produits et charges abonnés sont modifiées en raison de l'application de la méthode de l'abonnement.

Références

- Code de commerce – articles L. 123-12 et L. 123-13.
- PCG – article 944-48.

1 PCG – article 944-48

[...] Le compte 488 « Comptes de répartition périodique des charges et des produits » enregistre les charges et les produits dont le montant peut être connu ou fixé d'avance avec une précision suffisante et qu'on décide de répartir par fractions égales entre les périodes comptables de l'exercice. Il s'agit du système de l'abonnement. En cours d'exercice, l'abonnement est modifié, s'il y a lieu, en plus ou en moins de manière à ce que le total des sommes inscrites au débit ou au crédit des comptes intéressés des classes 6 ou 7 soit égal, en fin d'exercice, au montant effectif de la charge ou du produit. Le compte 488 est soldé à la fin de l'exercice.

Applications

Comprendre les notions

Application 1 QCM

Retrouvez la ou les réponses exactes.

1. La méthode de l'abonnement des charges et des produits est :

- ☐ facultative, pour toutes les entreprises.
- ☐ obligatoire, pour toutes les entreprises.
- ☐ facultative pour les entreprises dont le chiffre d'affaires n'excède pas 30 000 000 €.
- ☐ obligatoire pour les entreprises dont le chiffre d'affaires excède 30 000 000 €.

2. En principe, la méthode de l'abonnement des charges et des produits :

- ☐ est applicable à tous les types de charges.
- ☐ est applicable à toutes les catégories de produits.
- ☐ ne peut être utilisée que pour les charges et les produits dont le montant peut être connu ou fixé d'avance avec une précision suffisante.

3. En principe, les charges suivantes peuvent être abonnées :

- ☐ les primes d'assurances.
- ☐ les dépréciations de créances.
- ☐ les redevances de crédit-bail.
- ☐ les locations immobilières.
- ☐ les intérêts d'emprunt.
- ☐ les moins-values de cession.

4. En principe, les produits suivants peuvent être abonnés :

- ☐ les ventes de marchandises.
- ☐ les revenus des locations immobilières.
- ☐ les intérêts de placement.
- ☐ les plus-values de cession.

5. La méthode de l'abonnement a pour conséquence :

- ☐ de supprimer l'obligation d'enregistrer toutes les écritures d'inventaire.
- ☐ de supprimer, pour les produits et charges abonnés, l'utilisation en fin d'exercice des comptes de charges constatées d'avance, de charges à payer, de produits constatés d'avance et de produits à recevoir.
- ☐ de répartir les produits et les charges abonnés entre les périodes comptables de l'exercice.
- ☐ de permettre à l'entreprise qui la pratique de déterminer sans autre opération d'inventaire le résultat de la période.

6. Une entreprise utilisant la méthode de l'abonnement mensuel des charges de location facturées annuellement :

- ☐ enregistre la quittance (facture) annuelle en débitant le compte 613. Locations.
- ☐ enregistre la quittance (facture) annuelle en débitant le compte 4886. Charges.
- ☐ débite chaque mois le compte 613. Locations et crédite le compte 4886. Charges.
- ☐ débite chaque mois le compte 4886. Charges et crédite le compte 613. Locations.

7. **Le compte 4887. Produits utilisé par une entreprise pratiquant la méthode de l'abonnement des produits et des charges :**
   - ☐ figure à l'actif de son bilan de fin d'exercice.
   - ☐ figure au passif de son bilan de fin d'exercice.
   - ☐ est systématiquement soldé en fin d'exercice et ne figure donc pas au bilan.

8. **Le montant mensuel d'un produit ou d'une charge abonné peut être modifié en cours d'exercice si les prévisions concernant ce produit ou cette charge évoluent :**
   - ☐ Vrai
   - ☐ Faux

Mettre en œuvre les compétences

Application 1 Réflexion sur la méthode de l'abonnement des charges et des produits

Compétences attendues : C1 et C3

Mme Pouthier dirige une entreprise de fabrication de meubles et objets en carton. Afin d'avoir une meilleure vision de sa performance économique, un ami lui a parlé de la méthode de l'abonnement des charges et des produits. N'ayant pas très bien compris ses explications, elle vous demande :

1. **de lui expliquer quels sont le principe et l'intérêt de l'abonnement des charges et des produits.**
2. **de lui préciser si toutes les charges et tous les produits peuvent être abonnés et, en cas de réponse négative, de lui donner des exemples d'éléments qui peuvent l'être.**

Application 2 Abonnement de produits et de charges

Compétences attendues : C1 et C2

Mme Pouthier est convaincue de l'intérêt du système d'abonnement et vous demande d'appliquer la méthode de l'abonnement à son premier exercice, qui débute le 01/04/N. Exceptionnellement, cet exercice ne dure que 9 mois car la clôture est fixée au 31/12/N. Les exercices suivants, eux, courront du 01/01 au 31/12.
Les produits et charges à abonner sont les suivants :
- charges d'assurances : 3 000 € réglés tous les 6 mois à compter du 01/04/N ;
- charges d'intérêts : relatives à l'emprunt de 60 000 € effectué le 01/04/N au taux annuel de 6 %. La première annuité sera payée le 31/03/N+1 ;
- produits de location : location d'un hangar à un agriculteur de la région depuis le 01/04/ N. Le loyer semestriel de 6 000 € est encaissé à terme échu les 30/09 et 31/03.

En raison de sinistres importants, Mme Pouthier constate le 01/10/N que sa prime semestrielle passe à 3 300 € à compter de cette date.

- **Enregistrez l'ensemble des écritures relatives à l'exercice N en appliquant la méthode de l'abonnement mensuel.**

Entraînement à l'examen

1 Abonnement des charges et des produits

Compétences attendues : C1, C2 et C3

Cet exercice est à réaliser sans calculatrice.

Jocelyn Barbey dirige un groupe d'entreprises fabriquant du mobilier haut de gamme. Il a découvert la méthode de l'abonnement des charges et des produits lors d'un séminaire organisé par le syndicat professionnel dont il est adhérent.

Afin de maîtriser au mieux la gestion du groupe, il a demandé au directeur comptable de la holding de mettre en place cette méthode dans toutes les entités du groupe.

Il demande au directeur comptable de rédiger une note pour expliquer la méthode et ses avantages afin de la présenter aux chefs comptables des filiales. Il lui demande d'inclure dans cette note un exemple chiffré illustrant le traitement des charges et des produits abonnés.

Travail à faire :

- **Le directeur comptable vous demande de préparer un brouillon en vous inspirant des produits et charges d'une filiale créée le 01/06/N qui clôture ses exercices comme toutes les autres sociétés du groupe le 31/12.**

Remarque : la TVA sera négligée.

Annexe

Les charges et produits prévisionnels sont les suivants :
- Charges annuelles (pour 12 mois) de location de 240 000 € : 80 000 € sont réglés tous les 4 mois à compter du 01/06/N.
- Produits annuels de location d'un immeuble d'habitation 24 000 € : la location débute le 01/06/N.
- Le loyer semestriel de 12 000 € est encaissé à terme échu les 30/11 et 31/05.

2 Exercice de synthèse

La comptabilité de la SARL Veugla, spécialisée dans le négoce de fournitures scolaires, est effectuée à la vue des pièces comptables. Le nouveau dirigeant de la société Veugla souhaite utiliser l'information comptable mensuellement pour mieux piloter l'entreprise.

1. **La tenue de comptabilité actuelle permet-elle d'avoir une image fidèle de la situation en permanence ? Pourquoi ?**
2. **Que pourriez-vous conseiller au comptable ?**
3. **Comment procéder pour une charge fixe annuelle (schéma d'écriture) ?**
4. **Que pourriez-vous également proposer pour que la marge commerciale mensuelle soit pertinente ?**

CHAPITRE

25

Les entités spécifiques

Compétences attendues	Savoirs associés
– Exposer les spécificités propres aux associations et aux collectivités territoriales. (C1) – Citer les principales particularités comptables des associations et des collectivités territoriales. (C2) – Évaluer et comptabiliser les principales opérations. (C3)	– Associations : – cadre légal et réglementaire ; – principales sources de financement et obligations d'information liées ; – principales opérations comptables ; – documents de synthèse. – Collectivités locales : – cadre légal et réglementaire ; – principe de séparation de l'ordonnateur et du comptable public et leurs fonctions ; – notions de budget et d'équilibre budgétaire ; – principales opérations comptables ; – contrôle des comptes.

Contexte professionnel

Raison sociale	Sodex
Forme sociale	SEL
Siège social	18 rue de l'Obélisque 75013 Paris
Activité	Cabinet d'expertise comptable
Dirigeant	Pablo Candito — Gérant
Exercice comptable	Correspond à l'année civile

M. Pablo Candito a créé la Sodex il y a une dizaine d'années sous la forme d'une société d'exercice libéral. Conscient de la forte concurrence existant sur la place de Paris, il s'est investi dès le départ sur des créneaux particuliers qui constituent des niches dans la profession.
Au départ, il a réussi à se constituer une clientèle auprès des associations d'aide à la personne et d'aide humanitaire, soit comme conseiller expert-comptable, soit en tant que commissaire aux comptes. Passionné de « nouveautés », il s'est investi plus récemment dans le conseil et le contrôle des comptes des collectivités territoriales.
Le cabinet comptable compte à présent une vingtaine de collaborateurs (dont vous faites partie), M. Candito tenant à ce que chacun d'entre eux ne se spécialise pas excessivement dans une des domaines d'activité du cabinet.
Vous participez à des missions qui seront décrites dans la suite du chapitre.

On assiste actuellement à un alignement de toutes les formes dérivées de comptabilisation sur un cadre conceptuel unique prenant comme base le Plan comptable général ; la terminologie utilisée par celui-ci fait d'ailleurs toujours appel à la notion d'« entité » et non d'« entreprise ». Cette convergence vers un modèle unique se doit tout de même de tenir compte des spécificités des entités concernées.

I Les associations

A) Le cadre légal et réglementaire

Le contrat d'association est une « convention par laquelle deux ou plusieurs personnes mettent en commun, d'une façon permanente, leurs connaissances ou leur activité dans un but autre que de partager des bénéfices » (loi du 1er juillet 1901). La différence entre une société et une association réside principalement dans la finalité de cette dernière qui n'est pas de réaliser des bénéfices.

1. La diversité des associations

Les associations régies par la loi de 1901 sont pourvues de la personnalité morale ; elles doivent se doter de statuts qui jouent un rôle important dans leur vie. On distingue :
- les associations déclarées dont les objectifs sont très divers ; elles peuvent recevoir des subventions de l'État et des collectivités territoriales ainsi que d'organismes privés et percevoir des cotisations de leurs membres. Elles peuvent posséder des biens et les gérer ;
- les associations reconnues d'utilité publique qui ont pour but exclusif l'assistance et la bienfaisance.

De création beaucoup plus récente (loi du 23 juillet 1987), les fondations ne peuvent exister que par une décision de la puissance publique qui leur accorde la personnalité morale. On distingue principalement :
- les fondations d'utilité publique qui doivent être reconnues par un décret du Conseil d'État ;
- les fondations d'entreprises, créées en vue de favoriser le mécénat d'entreprise, qui peuvent être créées par des sociétés commerciales ou civiles après autorisation donnée par le préfet.

2. Les obligations comptables des associations

La loi de 1901 n'impose aucune tenue de comptabilité aux associations mais de nombreuses autres sources juridiques ont progressivement imposé des obligations comptables à certaines associations.

a) Les associations tenues à des obligations comptables

Les associations tenues d'établir des comptes annuels sont :
- les associations ayant une activité économique et qui dépassent deux seuils sur les trois suivants : 50 salariés, 3 100 000 € de ressources ou 1 550 000 € de total du bilan (Code de commerce – article L. 612-1) ;

› Voir texte de référence 1

- les organismes de formation qui dépassent deux des trois seuils suivants : 3 salariés, 225 000 € de ressources ou 150 000 € de total du bilan ;
- les associations qui doivent solliciter l'agrément d'une autorité publique (fédérations de chasseurs, centres de transfusion sanguine, etc.) ;
- les associations qui émettent des valeurs mobilières ;
- les associations qui bénéficient d'une aide publique annuelle ou d'une subvention au moins égale à 153 000 € (Code de commerce – article L. 612-4) ;

– les associations et fondations reconnues d'utilité publique et les associations qui ont pour but exclusif l'assistance, la bienfaisance, la recherche scientifique ou médicale qui perçoivent un montant de dons supérieur à 153 000 € par an (loi du 1er août 1983 – article 3) ;
– les fondations d'entreprises.

b) La réglementation comptable relative aux associations

Les associations soumises à la production de documents comptables doivent appliquer le règlement ANC 2018-06 du 5 décembre 2018 « relatif aux comptes annuels des personnes de droit privé à but non lucratif », applicable à compter du 1er janvier 2020. Ce règlement a notamment pour objectifs :

– d'améliorer la transparence financière des entités du secteur non lucratif ;
– d'harmoniser et clarifier les diversités d'interprétation des pratiques ;
– de renforcer les informations sur les opérations spécifiques au secteur.

Il fournit les adaptations aux PCG nécessaires à la présentation de l'information comptable des associations.

Le règlement ANC 2018-06 précise d'ailleurs que les règles du plan comptable général sont applicables dès lors qu'il ne prévoit pas de disposition spécifique.

› Voir texte de référence 2

Les associations non tenues à des obligations comptables mais qui produisent tout de même des documents financiers ne sont pas obligées de respecter le règlement ANC 2018-06 mais il est tout de même souhaitable qu'elles s'y conforment.

3. Le contrôle des comptes des associations

Les associations peuvent faire contrôler leurs comptes, de manière contractuelle, par un expert-comptable.

La nomination d'un commissaire aux comptes (et d'un suppléant) est obligatoire dans les associations et fondations tenues d'établir des comptes annuels.

4. L'affectation du résultat des associations

Un résultat positif (appelé « excédent ») ne peut pas être attribué aux adhérents qui n'ont aucun droit sur lui. Il est affecté aux réserves, une partie pouvant être consacrée au projet associatif.

B) Les principales sources de financement et les obligations liées

Le budget cumulé des associations en France dépasse les 100 milliards d'euros par an. Ces sommes proviennent de différentes sources et doivent être récapitulées dans un compte d'emploi annuel des ressources collectées auprès du public.

› Voir texte de référence 3

1. Les dons, donations, legs et adhésions

Les associations font parfois appel à la générosité publique. Selon le type d'association et son objet, sa capacité à recevoir des dons et legs, ainsi que les avantages pour les donateurs, ne sont pas les mêmes.

La donation et le legs sont des dons gratuits, également appelés des « libéralités » ; la donation est réalisée du vivant du donateur ; elle doit faire l'objet d'un acte authentique sous peine de nullité. Le legs peut faire l'objet d'un acte authentique mais peut également faire l'objet d'un simple écrit. La donation et le legs se distinguent du don manuel en cela qu'ils ne peuvent bénéficier qu'à certains types d'associations et sont soumis à une formalité de déclaration auprès de l'autorité administrative.

Toute association régulièrement déclarée peut recevoir un don manuel (c'est-à-dire effectué « de la main à la main ». Un tel don ne comporte aucune contrepartie ; il doit être effectué du vivant du donateur.

Le bien qui fait l'objet du don peut être de nature diverse : numéraire, meubles, titres au porteur, etc. Il peut même s'agir de la mise à disposition gratuite d'un local.

Sont également assimilées à des dons manuels les sommes provenant de collectes ou de quêtes sur la voie publique.

Enfin, les cotisations des membres sont également un élément de financement des associations.

Les associations qui font appel public à la générosité doivent présenter un compte de résultat par origine et destination, défini par l'article 432-2 du règlement ANC 2018-06.

2. Le mécénat et le parrainage

La différence entre mécénat et parrainage n'existe pas du point de vue juridique.

En revanche, du point de vue fiscal, le mécénat doit avoir une certaine discrétion et ne pas comporter de contrepartie publicitaire en faveur de l'entreprise mécène. Il est admis que le nom de l'entreprise versante soit associé aux opérations réalisées par l'association qui bénéficie des dons.

Dans le cas du parrainage, le parraineur ou « sponsor » apporte son soutien à une organisation en vue d'en retirer un bénéfice direct.

3. Les subventions et commandes publiques

Les subventions regroupent les aides de toute nature, justifiées par un intérêt général, attribuées de manière facultative par les administrations et les établissements publics. Ces aides ne peuvent pas constituer la rémunération de prestations individualisées répondant aux besoins des autorités ou organismes qui les accordent.

Toute association peut effectuer une demande de subvention pour :

- réaliser une action ou un projet d'investissement ;
- contribuer au développement d'activités ;
- ou contribuer au financement global de son activité.

Lorsque la subvention dépasse 23 000 €, l'administration ou l'organisme qui l'attribue doit conclure une convention avec l'association définissant l'objet, le montant, les conditions de versement et d'utilisation de la subvention.

Les commandes publiques consistent en des transferts d'activités rémunérés des collectivités aux associations ; elles répondent aux règles strictes des marchés publics.

4. Les recettes d'activités

Les associations peuvent également tirer des revenus de certaines activités facturées : ventes de produits, prestations de services, ventes à consommer sur place.

Elles ont également le droit de placer leurs excédents de trésorerie et d'en tirer des revenus financiers.

C) Les spécificités de la comptabilité des associations

Le plan comptable applicable aux associations suit la même nomenclature que le PCG mais avec quelques adaptations prévues par le règlement ANC 2018-06.

1. Les subventions et les fonds dédiés

Les subventions perçues contiennent généralement des conditions :

- une subvention attribuée avec condition suspensive ne peut pas être enregistrée en produits tant que cette condition n'est pas levée ;
- une subvention attribuée avec une condition résolutoire est enregistrée en produits, mais une provision doit être constatée s'il s'avère que les objectifs fixés ne pourront pas être atteints et que la subvention devra être totalement ou partiellement reversée.

Lorsqu'une subvention de fonctionnement inscrite en produits au cours de l'exercice n'a pas été utilisée en totalité, l'engagement d'emploi envers le financeur est inscrit en charges, au compte 6894. Reports en fonds dédiés sur subventions d'exploitation et au passif du bilan par le compte 194. Fonds dédiés sur subventions d'exploitation. La somme inscrite à ce compte est reprise au cours des exercices ultérieurs à mesure de la réalisation des engagements par le crédit du compte de produits 7894. Utilisation des fonds dédiés sur subventions d'exploitation.

Les fonds dédiés figurent au bilan en rubrique II, après les capitaux propres et avant les provisions. Le report des ressources et les engagements à réaliser sont inscrits en fin de compte de résultat, dans le résultat d'exploitation.

Exemple

Une association a perçu une subvention de 10 000 € durant l'exercice N, inscrite en compte 74. Subventions d'exploitation. Les dépenses relatives au projet pour lequel la subvention a été attribuée ont été de 4 000 € durant l'année, le projet devant être mené à bien au cours de l'année N+1.

Au 31 décembre N, on enregistre l'écriture suivante :

	31/12/N		
6894	Reports en fonds dédiés sur subventions d'exploitation	6 000	
194	Fonds dédiés sur subventions d'exploitation		6 000
	Subvention non encore utilisée		

Si les fonds sont totalement utilisés au cours de l'exercice N+1, on constate à la fin de cet exercice l'écriture suivante :

	31/12/N+1		
194	Fonds dédiés sur subventions d'exploitation	6 000	
7894	Utilisation des fonds dédiés sur subventions d'exploitation		6 000
	Subvention N utilisée en N+1		

2. Les dons et legs

Les dons manuels provenant de personnes physiques ou morales constituent des produits d'exploitation enregistrés en compte 7541. Dons manuels, sous-compte du compte 754. Ressources liées à la générosité du public.

Les legs et donations de biens durables acceptés par le conseil d'administration peuvent être conservés dans l'association ou cédés. Ils sont alors inscrits en comptes d'immobilisations par nature ordinaires.

S'ils sont destinés à être cédés, les opérations de réception puis de cession des biens transitent par le compte 24. Biens reçus par legs ou donations destinés à être cédés.

Si les biens sont conservés, les dons et legs sont considérés comme faisant partie du fonds associatif, la contrepartie de la valeur du bien étant inscrite au passif du bilan, par le compte 102. Fonds propres sans droit de reprise si le testateur a exprimé sa volonté de renforcer les capitaux propres de l'association ou en compte 7543. Legs, donations et assurances vie dans les autres cas.

Exemple

Une association a reçu en legs le 7 juillet N des espèces pour 2 000 € et un immeuble d'une valeur estimée de 80 000 €. Le testateur a précisé que le legs de l'immeuble était destiné à renforcer la structure des capitaux propres de l'association.

	7/07/N		
213	Constructions	80 000	
512	Banque	2 000	
102	Fonds propres sans droit de reprise		80 000
7543	Legs, donations et assurances vie		2 000
	Legs de M. X		

3. Les apports sans ou avec droit de reprise

Les biens durables apportés sont inscrits dans les comptes d'immobilisations concernés avec comme contrepartie le compte 102. Fonds propres sans droit de reprise.

Lorsqu'un bien est apporté avec droit de reprise, il est mis à la disposition de l'association mais repris par l'apporteur soit à la fin du contrat passé avec elle, soit lors de sa dissolution. Le bien est inscrit à l'actif du bilan, la contrepartie étant le compte de capitaux propres 103. Fonds propres avec droit de reprise.

Le montant de l'apport doit être diminué à la clôture de chaque exercice à hauteur des amortissements pratiqués sur le bien par le débit du compte 103. Fonds propres avec droit de reprise et le crédit du compte 7532. Quotes-parts de dotation consomptible virée au compte de résultat.

4. Les contributions volontaires en nature

Les contributions volontaires en nature correspondent au bénévolat mais également à la mise à disposition gratuite de biens, aux prestations en nature offertes ou encore aux dons en nature destinés à être redistribués ou utilisés par l'association. Elles n'entraînent aucun flux financier.

Si l'association a la capacité de valoriser les contributions volontaires, elle les mentionne dans l'annexe. Elle peut également utiliser les comptes de la classe 8 prévus à cet effet et, dans ce cas, mentionner les renseignements au pied du compte de résultat, dans les rubriques « Contributions volontaires en nature » et « Charges des contributions volontaires en nature ». Les comptes à utiliser sont les suivants :

Comptes de charges	Comptes de produits
860. Secours en nature 861. Mise à disposition gratuite de biens 862. Prestations 864. Personnel bénévole	870. Dons en nature 871. Prestations en nature 875. Bénévolat

Exemple

Une association dispense des cours de français langue étrangère dans le cadre de l'éducation populaire. Ils sont assurés par une équipe de bénévoles qui a dispensé au total 150 heures de cours durant le mois de mars. Le taux horaire, charges sociales comprises, d'interventions de personnes rémunérées est estimé à 35 €.

La valorisation des heures de bénévolat pour le mois est de 150 × 35 = 5 250 € ; elle donne lieu à l'écriture suivante :

	31/12/N		
864	Personnel bénévole	80 000	
875	Bénévolat		80 000
	Heures de bénévolat du mois		

D) Les documents de synthèse

Les documents de synthèse sont calqués sur ceux du Plan comptable général, avec des aménagements permettant de s'adapter aux spécificités des associations et fondations.

1. Le bilan

Les modifications les plus importantes concernent les fonds propres ainsi que les fonds dédiés.

› Voir texte de référence 4

2. Le compte de résultat

Les produits d'exploitation sont détaillés de manière à faire apparaître précisément les ressources de l'association.

› Voir texte de référence 5

3. L'annexe

L'annexe reprend les éléments généraux du Plan comptable général complétés par des tableaux spécifiques relatifs à l'utilisation des fonds reçus.

› Voir texte de référence 6

Contexte SEL Sodex

Vous travaillez sur un dossier qui concerne l'association caritative « Enfants du Burkina ». Celle-ci a perçu au cours de l'année des subventions d'exploitation d'un montant de 20 000 € versées par la Région Île-de-France et par la mairie du XIIIe à Paris. Elle est habilitée à recevoir des dons du public ; ceux-ci se sont élevés, pour l'année, 85 000 € grâce à des opérations de collecte et des animations faites par des bénévoles. Les fonds reçus sont utilisés principalement pour aider à l'équipement d'écoles du Nord du Burkina Faso. L'association a bénéficié, en outre, du don d'un véhicule d'occasion d'une valeur de 10 000 € effectué par M. Diallo, artisan peintre, qui lui permet de transporter son matériel lors des animations effectuées.

- Le bureau de l'association s'interroge sur l'obligation de désigner un commissaire aux comptes alors qu'elle ne fait appel, actuellement, au cabinet Sodex que pour une aide à la tenue de ses comptes. Vous informez les membres du bureau.
- Vous indiquez les comptes dans lesquels sont enregistrés les subventions reçues ainsi que les dons.
- Vous comptabilisez la remise du véhicule à l'association sachant que ce don est effectué à titre définitif.

La subvention versée par la Mairie du XIIIe arrondissement s'est élevée à 8 000 € ; elle était destinée exclusivement à la réalisation d'un jumelage entre une école de l'arrondissement et une école burkinabée. Cette subvention n'a été utilisée qu'à hauteur de 6 500 € au cours de l'année.

– Indiquez le traitement de la subvention non encore utilisée à la fin de l'exercice et précisez sa répercussion sur le compte de résultat de l'exercice.

II Les collectivités locales

Les collectivités locales sont constituées par les communes et leurs regroupements. Elles suivent les règles générales de la comptabilité publique. Celles-ci résultent de la Loi organique sur les lois de finance (LOLF) du 1er août 2001 qui rapproche la comptabilité publique de la comptabilité privée, institue une logique de performance dans la gestion publique et recherche une plus grande transparence de l'information fournie.

A) Le cadre légal et réglementaire

Le cadre comptable actuel des collectivités locales résulte d'un long processus de clarification et d'adaptation aux principes comptables adoptés par toutes les entités non publiques tout en conservant les spécificités nécessaires de la comptabilité publique.

1. Les organes d'administration et de décision

Chaque collectivité locale dispose d'une assemblée élue par les citoyens, le Conseil municipal, chargée de voter le budget de l'année à venir et d'approuver les comptes de l'année passée. L'assemblée élit le pouvoir exécutif qui est chargé de gérer les biens et les ressources de la collectivité, de préparer les budgets et d'ordonner les dépenses.

2. La dualité entre ordonnancement et paiement

La séparation des fonctions est très nette dans les collectivités locales :

- l'ordonnateur (le maire) ordonne au comptable le recouvrement des recettes par un titre de recettes et mandate les dépenses par un ordre de payer également transmis au comptable. Il est responsable de la comptabilité administrative ;
- le comptable est un fonctionnaire du Ministère de l'Economie, des Finances, de l'Action et des Comptes publics. Il est chargé du recouvrement des recettes, du paiement des dépenses et de la conservation des fonds et tient une comptabilité financière.

3. L'instruction budgétaire et comptable

La mise aux nouvelles normes comptables des collectivités locales s'effectue progressivement par un rapprochement avec les normes du Plan comptable général mais tout en gardant les règles propres au secteur public :

- règles budgétaires : caractère limitatif des crédits alloués, séparation du budget en deux sections (fonctionnement et investissement) équilibrées ;
- règles de comptabilité publique : séparation des fonctions d'ordonnateur et comptable.

Les règles applicables au cadre budgétaire et comptable des collectivités locales font l'objet de l'instruction budgétaire et comptable M14.

4. Les objectifs de l'instruction budgétaire

Trois objectifs ont été fixés par les pouvoirs publics à l'instruction budgétaire :

- la modernisation : les procédures et les documents budgétaires deviennent des outils de gestion et les approches synthétiques des budgets doivent permettre aux élus locaux de mieux-être informés lors de leurs votes ;
- la consolidation : des développements nouveaux de la comptabilité publique doivent permettre de donner des informations plus complètes en particulier en ce qui concerne les engagements hors bilan et les informations relatives à la dette des collectivités locales ;
- la transparence : les documents de synthèse sont largement inspirés de ceux prévus dans le Plan comptable général et la présentation des budgets est normalisée, ce qui les rend comparables d'une collectivité locale à l'autre.

5. Le contrôle des comptes

a) Le contrôle interne

Le comptable public doit vérifier, avant tout paiement, que les dépenses mandatées par l'ordonnateur sont imputées sur le bon chapitre budgétaire. Il engage sa propre responsabilité, civile et pécuniaire, sur les paiements effectués.

b) Le contrôle externe

Il relève du préfet dont les services doivent effectuer un contrôle de la légalité des documents budgétaires et un contrôle budgétaire. Celui-ci est réalisé en partenariat avec les chambres régionales des comptes qui portent également un jugement sur les comptes fournis par les comptables publics.

c) L'expérimentation du contrôle par les commissaires aux comptes

Des commissaires aux comptes réaliseront des certifications préparatoires sur les comptes de communes pour les exercices 2020, 2021 et 2022. Le choix du commissaire aux comptes relève de la collectivité après appel d'offres. Le cadre et les modalités de ces certifications seront définis par un cahier des charges, compte tenu des enseignements tirés des constatations faites lors de l'accompagnement mis en œuvre de 2017 à 2019. Les lettres de mission signées entre les collectivités et les commissaires aux comptes fixent le niveau d'assurance recherché sur la fiabilité des comptes, et donc les modalités et l'intensité des vérifications réalisées à ce titre. Les honoraires résultent d'une négociation devant permettre aux commissaires aux comptes de réaliser les missions convenues dans des conditions normales et acceptables au regard de leurs normes professionnelles et de critères multiples tels que la taille de l'entité, sa complexité ou le fait qu'elle fasse, ou non, appel public à l'épargne.

B) Les documents budgétaires et comptables

Les comptabilités tenues par l'ordonnateur et le comptable du Trésor sont regroupées en fin d'exercice dans un compte administratif pour l'ordonnateur et dans un compte de gestion pour le comptable. Le compte de gestion comporte une comptabilité en partie double comprenant des comptes de tiers et financiers ainsi qu'un bilan de fin d'exercice. Les budgets locaux s'exécutent en gestion, c'est-à-dire que les comptes décrivent les opérations réalisées au cours d'une seule année.

1. L'outil de base de la comptabilité publique

À la multiplicité des applications informatiques de gestion antérieurement utilisées par les comptables publics pour le secteur public local s'est progressivement substituée une application unique dénommée Hélios.

Grâce à Hélios, la direction générale des Finances publiques (DGFiP) a modernisé son système de gestion informatique des collectivités locales, en rénovant non seulement le service comptable de base mais aussi en proposant des services innovants à ses partenaires.

L'application Hélios permet en particulier :

- de proposer des services mieux adaptés aux besoins spécifiques de chaque collectivité ;
- des avancées notables dans la voie de la dématérialisation des titres de recette, des mandats de paiement et des pièces justificatives ;
- la généralisation des moyens modernes de paiement (prélèvement ou TIP, paiement par Internet) pour le recouvrement des recettes locales ;
- la possibilité donnée aux ordonnateurs de consulter via Internet, en mode sécurisé, les informations budgétaires, financières et comptables détenues pour leur compte par leur comptable public.

2. L'articulation des budgets entre fonctionnement et investissement

a) La section de fonctionnement

La section de fonctionnement retrace les opérations concernant l'exploitation, c'est-à-dire les opérations courantes de l'exercice.

Les produits sont constitués principalement des impôts directs et indirects, de la dotation globale de fonctionnement versée par l'État, des ressources d'exploitation et du domaine et des produits financiers.

Les charges comprennent les achats de fournitures et de services, les frais de personnel, les allocations et subventions versées et les frais financiers, notamment le service de la dette.

b) La section d'investissement

La section d'investissement retrace les opérations en capital, autrement dit les opérations de dépenses et de recettes qui accroissent ou diminuent la valeur du patrimoine de la collectivité territoriale.

Les recettes sont constituées pour l'essentiel par les dotations d'équipement et les emprunts.

Les dépenses concernent les remboursements en capital des emprunts, les prêts accordés, les dépenses d'investissement (acquisitions d'immobilisations, travaux neufs, grosses réparations) et les subventions d'équipement versées.

c) La capacité d'autofinancement

Les budgets locaux doivent être votés en équilibre, les produits de fonctionnement sont donc nécessairement supérieurs ou égaux aux charges de fonctionnement. La section de fonctionnement fait ainsi apparaître un solde qui permet le financement d'une fraction des dépenses d'équipement. Il figure à ce titre sous forme de capacité d'autofinancement dans la section d'investissement.

Les règles budgétaires obligent la collectivité à disposer d'un autofinancement brut, c'est-à-dire d'un excédent des recettes d'exploitation sur les dépenses d'exploitation au moins égal au montant du remboursement de la dette en capital.

3. Comptes par nature et comptes par fonction

La comptabilité est tenue à la fois par nature et par fonction afin de pouvoir disposer d'une information générale et d'une information détaillée par domaines d'intervention des collectivités territoriales.

a) Le plan des comptes par nature

Le plan des comptes par nature est calqué sur le Plan comptable général. Il comprend les mêmes 8 classes de comptes.

La classe 1 comprend les fonds propres, les emprunts, les subventions d'équipement et les provisions ainsi que des comptes spécifiques tels que le fonds de compensation pour la TVA (FCTVA) qui enregistre le reversement par l'État à la collectivité territoriale de la TVA payée sur ses investissements et qu'elle n'a pas pu déduire.

Dans la classe 2, les amortissements des immobilisations doivent être comptabilisés uniquement dans les régions, les départements et les communes de plus de 3 500 habitants et ne concernent pas la voirie et les bâtiments.

Dans la classe 5, les comptes de trésorerie enregistrent les mouvements de valeurs et les opérations faites avec le Trésor public. Les placements de trésorerie sont autorisés et sont gérés par le comptable du Trésor.

b) Le plan des comptes par fonction

La nomenclature fonctionnelle est un instrument d'information prévu dans l'instruction budgétaire M 14, destiné à faire apparaître les dépenses et les recettes par activité. Elle n'est obligatoire que dans les communes de plus de 3 500 habitants. Dans les communes de plus de 10 000 habitants, le budget peut être voté par fonction. Dix fonctions recouvrent les principaux secteurs d'intervention des communes :

0	Services généraux des administrations publiques locales
1	Santé et salubrité publiques
2	Enseignement – Formation
3	Culture
4	Sport et jeunesse
5	Interventions sociales et santé
6	Famille
7	Logement
8	Aménagement et services urbains, environnement
9	Action économique

Ces fonctions sont subdivisées en sous-fonctions à deux ou trois chiffres avec possibilité de créer des sous-fonctions complémentaires selon les besoins.

La ventilation s'effectue au fur et à mesure de l'émission des mandats et des titres de recette. Dans tous les cas, il y a prédominance du classement par nature.

Contexte SEL Sodex

L'activité « Collectivités territoriales » étant récente dans le cabinet, M. Candito vous charge d'effectuer quelques recherches que vous transmettrez aux autres collaborateurs du cabinet lors d'une session de formation.

Pour cela, prenez des informations relatives aux collectivités locales sur le site https://www.collectivites-locales.gouv.fr/
Définissez et commentez les notions suivantes :
– le cycle budgétaire annuel ;
– le budget primitif ;
– les budgets annexes et les budgets autonomes ;
– le compte administratif ;
– le compte de gestion.

Correction contexte SEL Sodex

1. Les associations

- Ni le montant des subventions, ni celui des dons n'atteignent 153 000 € ; l'association n'est donc pas tenue de désigner un Commissaire aux comptes.
- Les subventions reçues sont portées au crédit du compte 74. Subventions d'exploitation (qui n'est pas un compte spécifique aux associations).

Les dons sont portés au crédit du compte 7541. Dons manuels.
L'écriture concernant la remise du véhicule est la suivante :

	en N		
2182	Matériel de transport	10 000	
1024	Autres fonds propres sans droit de reprise		10 000
	remise d'un véhicule à titre de don		

- La subvention non utilisée (8 000 – 6 500 = 1 500 €) est inscrite en Fonds dédiés en contrepartie d'une charge :

	31/12/N		
6894	Reports en fonds dédiés sur subventions d'exploitation	1 500	
194	Fonds dédiés sur subvention d'exploitation		1 500
	subvention de la mairie non encore utilisée		

La charge de 1 500 € vient en déduction de la subvention de 8 000 € comptabilisée en produits ; le produit net est ainsi de 6 500 € et correspond aux charges enregistrées pour constater les dépenses effectuées durant l'année.
Cette technique de comptabilisation permet d'éviter que l'association obtienne un résultat positif du fait d'actions non encore entreprises.

2. Les collectivités locales

– Le cycle budgétaire annuel : il est précisé par le document ci-dessous :

<table>
<tr><td rowspan="4">ANNÉE N</td><td>BUDGET DE L'EXERCICE N</td><td colspan="3">EXÉCUTION</td></tr>
<tr><td>BUDGET PRIMITIF
• voté avant le 1er janvier (adoption possible jusqu'au 15 avril)</td><td colspan="3">• du 1er janvier au 31 décembre en investissement
• du 1er janvier au 31 janvier de l'année suivante en fonctionnement (journée dite ' complémentaire ' du 1er janvier au 31 janvier de N+1)</td></tr>
<tr><td>BUDGET SUPPLÉMENTAIRE</td><td colspan="3">COMPTABILITÉ</td></tr>
<tr><td>• si nécessaire et au moment où sont connus les résultats de l'année précédente.

DÉCISIONS MODIFICATIVES
à tout moment après le vote du BUDGET PRIMITIF</td><td>de l'ordonnateur
à
budgétaire</td><td colspan="2">du comptable/trésorier
à
patrimoniale (trésorerie, tiers)</td></tr>
<tr><td rowspan="3">ANNÉE N+1</td><td>DÉCISIONS MODIFICATIVES</td><td colspan="3">aboutissent à :</td></tr>
<tr><td rowspan="2">Possibles jusqu'au 21 janvier pour ajustement des crédits nécessaires au mandatement des dépenses de fonctionnement engagées et a l'exécution des opérations d'ordre.</td><td>Compte administratif</td><td>Concordance</td><td>Compte de gestion</td></tr>
<tr><td colspan="3">Arrête des comptes après la journée complémentaire</td></tr>
</table>

– Le budget primitif doit être voté par l'assemblée délibérante avant le 15 avril de l'année à laquelle il se rapporte et transmis au représentant de l'État dans les 15 jours qui suivent son approbation.

Par cet acte, l'ordonnateur est autorisé à effectuer les opérations de recettes et de dépenses inscrites au budget, pour la période qui s'étend du 1er janvier au 31 décembre de l'année civile. Ce principe d'annualité budgétaire comporte quelques aménagements pour tenir compte d'opérations prévues et engagées mais non dénouées en fin d'année.

D'un point de vue comptable, le budget se présente en deux parties, une section de fonctionnement et une section d'investissement. Chacune de ces sections doit être présentée en équilibre, les recettes égalant les dépenses.

Schématiquement, la section de fonctionnement retrace toutes les opérations de dépenses et de recettes nécessaires à la gestion courante des services de la collectivité. L'excédent de recettes par rapport aux dépenses, dégagé par la section de fonctionnement, est utilisé en priorité au remboursement du capital emprunté par la collectivité, le surplus constituant de l'autofinancement qui permettra d'abonder le financement des investissements prévus par la collectivité.

La section d'investissement présente les programmes d'investissements nouveaux ou en cours. Ces dépenses sont financées par les ressources propres de la collectivité, par des dotations et subventions et éventuellement par l'emprunt. La section d'investissement est par nature celle qui a vocation à modifier ou enrichir le patrimoine de la collectivité.

– Les budgets annexes doivent être établis pour certains services locaux spécialisés (eau, assainissement, etc.). Ces budgets permettent d'établir le coût réel d'un service et de déterminer avec précision le prix à payer par ses seuls utilisateurs pour équilibrer les comptes.

Les budgets autonomes sont établis par les établissements publics locaux gérant certains services (centre d'action sociale, caisse des écoles, par exemple), ainsi que les établissements publics de coopération intercommunale (syndicats, communautés de communes, communautés d'agglomération, etc.) : ils sont votés par les instances responsables de l'établissement.

– L'ordonnateur rend compte annuellement des opérations budgétaires qu'il a exécutées. À la clôture de l'exercice budgétaire, qui intervient au 31 janvier de l'année N+1, il établit le compte administratif du budget principal ainsi que les comptes administratifs correspondant aux différents budgets annexes.

Le compte administratif :

  – rapproche les prévisions ou autorisations inscrites au budget (au niveau du chapitre ou de l'article selon les dispositions arrêtées lors du vote du budget primitif) des réalisations effectives en dépenses (mandats) et en recettes (titres) ;
  – présente les résultats comptables de l'exercice ;
  – est soumis par l'ordonnateur, pour approbation, à l'assemblée délibérante qui l'arrête définitivement par un vote avant le 30 juin de l'année qui suit la clôture de l'exercice.

– Le compte de gestion retrace les opérations budgétaires en dépenses et en recettes, selon une présentation analogue à celle du compte administratif.

Il comporte :

– une balance générale de tous les comptes tenus par le trésorier (comptes budgétaires et comptes de tiers notamment correspondant aux créanciers et débiteurs de la collectivité) ;
– le bilan comptable de la collectivité, qui décrit de façon synthétique l'actif et le passif de la collectivité ou de l'établissement local.

Le compte de gestion est également soumis au vote de l'assemblée délibérante qui peut constater ainsi la stricte concordance des deux documents (compte administratif et compte de gestion). Ce premier examen est suivi d'un second contrôle effectué par le juge des comptes.

Au vu des pièces justificatives, jointes en accompagnement du compte de gestion, le juge des Comptes est à même d'apprécier la qualité de gestion du trésorier de la collectivité et peut, si des négligences sont constatées, engager la responsabilité personnelle et pécuniaire de celui-ci.

Synthèse

Règlement comptable 2018-06 (associations)

Subventions		
Avec condition suspensive	**Non enregistrée en produits**	
Avec condition résolutoire. Risque de reversement.	512 6815	13 ou 74 1518
Subvention d'exploitation à utiliser sur l'exercice suivant (fonds dédiés).	512 6894 Montant non utilisé en N. 194	74 194 7894 Montant utilisé en N+1.
Dons et legs		
Dons manuels.	512	7541 Dons manuels.
Legs et donations destinés à être cédés.	24 Valeur du legs ou du don. 24 Frais. 512 Prix de cession du bien.	7541 512 24
Legs et donations de biens durables conservés.	2… Compte d'immobilisation	102 Augmentation des fonds propres.
Apports de biens durables		
Sans droit de reprise.	2… Compte d'immobilisation.	102 Augmentation des fonds propres.
Avec droit de reprise. À hauteur des amortissements annuels :	2… Compte d'immobilisation. 103 Diminution des fonds propres.	103 Augmentation des fonds propres. 7532 Quote-part virée au résultat.
Contributions volontaires en nature		
Bénévolat.	864 Estimation du coût du travail.	875
Prestations en nature.	860 et 862 Valeur des prestations.	870 et 871
Mise à disposition de biens.	861 Valeur locative estimée.	871

Budget d'une collectivité territoriale

Fonctionnement	
Dépenses	**Recettes**
Charges à caractère général. Charges de personnel. Charges financières. Charges exceptionnelles.	Excédent antérieur reporté. Produits des services et du domaine. Travaux en régie. Impôts et taxes. Dotations reçues. Produits financiers.
Virement à l'investissement.	Produits exceptionnels

Investissement	
Dépenses	**Recettes**
Remboursement des emprunts. Opérations d'investissement : – travaux ; – acquisitions ; – constructions.	Fonds de compensation de la TVA. Subventions reçues, fonds européens. Emprunts. Virement de fonctionnement.

Références

Associations

- Code de commerce articles L. 612-1 à L. 612-5.
- Règlement 2018-06 du 5 décembre 2018 :
  https://www.associations.gouv.fr/IMG/pdf/reglt_2018-06_association.pdf

Collectivités locales

- Instructions budgétaires M 14.

1 Code de commerce – article L. 612-1

Les personnes morales de droit privé non commerçantes ayant une activité économique dont le nombre de salariés, le montant hors taxes du chiffre d'affaires ou les ressources et le total du bilan dépassent, pour deux de ces critères, des seuils fixés par décret en Conseil d'État, doivent établir chaque année un bilan, un compte de résultat et une annexe. Les modalités d'établissement de ces documents sont précisées par décret.

Ces personnes morales sont tenues de nommer au moins un commissaire aux comptes et un suppléant. […]

2 Règlement ANC 2018-06 – article 111-2

À défaut de dispositions spécifiques prévues au présent règlement, les dispositions du règlement

ANC n° 2014-03 relatif au plan comptable général s'appliquent.

3 Règlement ANC 2018-06 – article 432-17

Le compte d'emploi annuel des ressources collectées auprès du public conformément à la loi n° 91-772 du 7 août 1991 est établi selon le modèle présenté page 754.

4 Règlement ANC 2018-06 – article 421-1

Extrait du passif, rubriques I et II, présenté page 755.

5 Règlement ANC 2018-06 – article 422-1

Extrait du compte de résultat, produits d'exploitation, présenté page 756.

6 Règlement ANC 2018-06 – article 431-6

Tableau de variation des fonds dédiés, page 757.

COMPTE D'EMPLOI ANNUEL DES RESSOURCES COLLECTEES AUPRES DU PUBLIC (LOI n° 91-772 DU 7 AOÛT 1991)

EMPLOIS PAR DESTINATION	EXERCICE N	EXERCICE N-1	RESSOURCES PAR ORIGINE	EXERCICE N	EXERCICE N-1
EMPLOIS DE L'EXERCICE 1 – MISSIONS SOCIALES 1.1 Réalisées en France - Actions réalisées par l'organisme - Versements à un organisme central ou d'autres organismes agissant en France 1.2 Réalisées à l'étranger - Actions réalisées par l'organisme - Versements à un organisme central ou d'autres organismes agissant à l'étranger 2 – FRAIS DE RECHERCHE DE FONDS 2.1 Frais d'appel à la générosité du public 2.2 Frais de recherche d'autres ressources 3 – FRAIS DE FONCTIONNEMENT			RESSOURCES DE L'EXERCICE 1 – RESSOURCES LIEES A LA GENEROSITE DU PUBLIC 1.1 Cotisations sans contrepartie 1.2 Dons, legs et mécénats - Dons manuels - Legs, donations et assurances-vie - Mécénats 1.3 Autres ressources liées à la générosité du public		
TOTAL DES EMPLOIS			TOTAL DES RESSOURCES		
4 - DOTATIONS AUX PROVISIONS ET DEPRECIATIONS 5 - REPORTS EN FONDS DEDIES DE L'EXERCICE EXCEDENT DE LA GENEROSITE DU PUBLIC DE L'EXERCICE			2 - REPRISES SUR PROVISIONS ET DEPRECIATIONS 3 - UTILISATIONS DES FONDS DEDIES ANTERIEURS DEFICIT DE LA GENEROSITE DU PUBLIC DE L'EXERCICE		
TOTAL			TOTAL		
			RESSOURCES REPORTEES LIEES A LA GENEROSITE DU PUBLIC EN DEBUT D'EXERCICE (HORS FONDS DEDIES)		
			(+) Excédent ou (-) insuffisance de la générosité du public (-) Investissements et (+) désinvestissements nets liés à la générosité du public de l'exercice		
			RESSOURCES REPORTEES LIEES A LA GENEROSITE DU PUBLIC EN FIN D'EXERCICE (HORS FONDS DEDIES)		

PASSIF	Exercice N	Exercice N-1
FONDS PROPRES		
Fonds propres sans droit de reprise		
Fonds propres statutaires		
Fonds propres complémentaires		
Fonds propres avec droit de reprise		
Fonds statutaires		
Fonds propres complémentaires		
Ecarts de réévaluation		
Réserves		
Réserves statutaires ou contractuelles		
Réserves pour projet de l'entité		
Autres		
Report à nouveau		
Excédent ou déficit de l'exercice	x	x
Situation nette (sous total)		
Fonds propres consomptibles		
Subventions d'investissement		
Provisions réglementées		
Total I	**X**	**X**
FONDS REPORTES ET DEDIES		
Fonds reportés liés aux legs ou donations		
Fonds dédiés		
Total II		

COMPTE DE RESULTAT	Exercice N	Exercice N-1
PRODUITS D'EXPLOITATION		
Cotisations		
Ventes de biens et services		
Ventes de biens		
dont ventes de dons en nature		
Ventes de prestations de service		
dont parrainages		
Produits de tiers financeurs		
Concours publics et subventions d'exploitation		
Versements des fondateurs ou consommations de la dotation consomptible		
Ressources liées à la générosité du public		
Dons manuels		
Mécénats		
Legs, donations et assurances-vie		
Contributions financières		
Reprises sur amortissements, dépréciations, provisions et transferts de charges		
Utilisations des fonds dédiés		
Autres produits		
Total I	X	X

VARIATION DES FONDS DEDIES ISSUS DE	A L'OUVERTURE DE L'EXERCICE	REPORTS	UTILISATIONS		TRANSFERTS	A LA CLOTURE DE L'EXERCICE	
			Montant global	Dont remboursements		Montant global	Dont fonds dédiés correspondant à des projets sans dépense au cours des deux derniers exercices
Subventions d'exploitation (1)							
Contributions financières d'autres organismes (1)							
Ressources liées à la générosité du public (1)							
TOTAL							

(1) les lignes sont à ventiler par projet ou catégorie de projet

Applications

Comprendre les notions

Application 1 QCM

Répondez par « Vrai » ou par « Faux » aux affirmations ci-dessous en donnant toutes explications utiles.

1. Le comptable d'une collectivité locale est nommé par l'assemblée élue.
   - ☐ Vrai
   - ☐ Faux

2. L'instruction budgétaire M 71 est l'instruction qui définit les principes et modes de fonctionnement de la comptabilité des communes.
   - ☐ Vrai
   - ☐ Faux

3. Le contrôle externe des comptes des collectivités locales relève du préfet et des cours régionales des comptes.
   - ☐ Vrai
   - ☐ Faux

4. La section de fonctionnement du budget d'une commune ne peut pas dégager d'excédent.
   - ☐ Vrai
   - ☐ Faux

5. Les communes de moins de 3 500 habitants ne sont pas obligées de pratiquer des dotations aux amortissements de leurs immobilisations.
   - ☐ Vrai
   - ☐ Faux

6. Les associations sont pourvues de la personnalité morale au même titre que les sociétés.
   - ☐ Vrai
   - ☐ Faux

7. La création de fondations d'entreprises est soumise à autorisation administrative du préfet du département dans lequel elles se situent.
   - ☐ Vrai
   - ☐ Faux

8. Les associations qui bénéficient d'une aide publique annuelle au moins égale à 153 000 € sont tenues d'établir des comptes annuels.
   - ☐ Vrai
   - ☐ Faux

9. Les fonds dédiés sont constitués des montants des subventions attribuées au cours d'un exercice mais qui ne seront utilisés que durant l'exercice ou les exercices suivants.
   - ☐ Vrai
   - ☐ Faux

10. Les apports avec droit de reprise de biens durables amortissables ne font pas l'objet de dotations aux amortissements puisque l'association les restitue au terme du contrat.
    - ☐ Vrai
    - ☐ Faux

Mettre en œuvre les compétences

Application 1 Comptabiliser des opérations et affecter le résultat dans une association

Compétences attendues : C1 et C3

L'association Réussir intervient dans le domaine social. Le président de cette association vous interroge sur deux difficultés comptables. Il désire bien évidemment respecter les règles comptables en vigueur et souhaite appliquer le règlement 2018-6 du 5 décembre 2018 relatif aux modalités d'établissement des comptes annuels des associations et fondations. La date de clôture de l'exercice comptable est le 31 décembre.
L'association a perçu le 10 avril N une subvention du conseil départemental d'un montant de 70 000 € pour son fonctionnement normal. Cette subvention a été attribuée le 20 janvier N pour l'exercice N. La convention d'attribution ne contient aucune condition suspensive ou résolutoire. Le comptable de l'association a enregistré les écritures suivantes :

	20/01/N		
441	État Subventions à recevoir	70 000	
471	Compte d'attente		70 000
	Attribution de subvention du conseil départemental		
	10/04/N		
512	Banque	70 000	
441	État Subventions à recevoir		70 000
	Encaissement de subvention du conseil général		

Cette subvention n'a pu être utilisée en totalité au cours de l'exercice. Le montant utilisé sur l'exercice est de 61 600 €. Il existe un engagement d'emploi de cette subvention pris par l'association envers le conseil général.
L'association avait affecté 3 600 € à un projet associatif conforme à l'objet social et clairement identifié à la clôture de l'exercice N–1. Ce projet a été complètement réalisé en N. Elle envisage un nouveau projet associatif pour l'année N+1 qui doit nécessiter un budget de 4 400 €.
Le report à nouveau après affectation du résultat de l'exercice N–1 s'élève à 500 €. Le résultat comptable de l'exercice N est de 5 000 €. L'affectation du résultat s'effectue conformément aux statuts.
Les statuts de l'association prévoient l'affectation suivante : « Après constitution d'une réserve statutaire de 5 % du résultat de l'exercice, le solde peut être affecté au projet associatif. L'excédent disponible après affectation au projet associatif sera réparti pour 80 % au fonds associatif et 20 % en report à nouveau ». L'assemblée générale qui approuve les comptes de l'exercice N se tient le 31 mars N+1.
Extrait du plan des comptes de l'association :
– 102. Fonds propres sans droit de reprise ;
– 10681N. Réserves pour projet de l'entité à réaliser en N ;
– 110N–1. Report à nouveau N–1 ;
– 120N. Excédent de l'exercice N ;
– 194. Fonds dédiés sur subventions d'exploitation ;
– 6894. Reports en fonds dédiés sur subventions d'exploitation.

1. **Enregistrez toutes les écritures nécessaires au 31 décembre N.**
2. **Présentez et comptabilisez l'affectation du résultat de l'exercice N.**

Application 2 Exposer les règles relatives aux associations et comptabiliser les opérations

Compétences attendues : C1, C2 et C3

Cet exercice est à réaliser sans calculatrice.

L'association Les Alizés gère une maison de retraite. Propriétaire de ses locaux, elle possède un patrimoine foncier de plus de 2 000 000 € sur la commune de La Rocca (06). Ses recettes s'élèvent en N à 1 100 000 €, provenant de ses pensionnaires, mais également de subventions publiques (160 000 € en N). Elle emploie actuellement 24 personnes.

Parmi les opérations sur subventions de l'année N, il reste à résoudre les cas suivants :

- Une subvention de fonctionnement S1 de 30 000 € a été attribuée par la commune de La Rocca début N–1 pour trois exercices. Les versements correspondants sont réalisés en début d'année. L'attribution de la subvention et les versements ont été correctement comptabilisés. Aucune autre écriture n'a été constatée en N.
- Une subvention de fonctionnement S2 de 45 000 € a été reçue de la commune de La Rocca en N–1. Elle concerne l'animation culturelle et est assortie d'une condition résolutoire, à savoir la réalisation d'un programme de spectacles pour les retraités. Cette subvention a fait l'objet fin N–1 d'une provision du total de son montant et il s'avère fin N que le programme est définitivement annulé.
- Une subvention S3 de 26 000 € du conseil régional Provence Alpes Côte d'Azur (PACA), dédiée à un programme d'activités manuelles adaptées, a été encaissée en N–1. 18 000 € seulement ont été dépensés en N–1 dans le cadre de ce projet, le solde a été utilisé en N. Fin N–1, un compte de « fonds dédiés » a été doté.

1. Indiquez si l'association Les Alizés est tenue de recourir aux services d'un commissaire aux comptes.

2. Présentez les écritures de régularisation et d'inventaire concernant les subventions d'exploitation.

3. Indiquez l'intérêt de la prise en compte des fonds dédiés par le système d'information comptable des associations.

Entraînement à l'examen

Comptabilité d'une collectivité locale

Compétences attendues : C1, C2 et C3

Cet exercice est à réaliser sans calculatrice.

Soucieuse de renforcer la compétitivité des entreprises et de développer le tissu économique local, la commune de Metz (57) a mis en place plusieurs dispositifs d'aide aux entreprises. La commune tient une comptabilité, conformément aux dispositions de l'instruction M14.

On raisonne sur trois opérations, en négligeant les aspects relatifs à la TVA :

- **Opération 1 :** le 30 juin N, la commune verse à la SA Hubert une subvention d'équipement d'un montant de 30 000 €, pour le financement d'une installation nouvelle, qui lui permettra de produire ses nouvelles pièces en thermoplastique. Le mandat de paiement a été transmis au préalable au comptable public, par l'ordonnateur. La commune retient les durées maximales d'amortissement pour les subventions ; l'amortissement retenu est linéaire et se calcule *prorata temporis* sur une durée d'amortissement de 15 ans.
- **Opération 2 :** le 1er octobre N, la commune encaisse un loyer de 1 800 € pour la location d'un immeuble. Le loyer couvre le dernier trimestre N. Le titre de recette n'a été émis que le 10 octobre N.
- **Opération 3 :** le 30 novembre N, la commune cède diverses installations de voirie pour un prix de 3 000 € (paiement comptant). Le titre de recette a été transmis au préalable au comptable public. Ces installations avaient été acquises en N–5 pour une valeur de 60 000 € et amorties, en date de cession, à hauteur de 55 000 € (y compris l'amortissement N, déjà enregistré).

Vous disposez d'extraits de l'instruction budgétaire et comptable M14 et du plan de comptes applicable aux communes.

Travail à faire :
À partir des annexes, vous traiterez les questions posées.

1. Les collectivités territoriales élaborent deux sortes de documents : les budgets et les comptes.

a. Rappelez la définition du budget. Quelles sont les deux sections prévues dans les budgets des collectivités locales ?

b. Pourquoi peut-on dire que le budget est à la fois un outil de prévision et un outil d'autorisation ?

c. Précisez le nom et le rôle des personnes chargées de la tenue des comptes des collectivités locales.

2. Quelles sont les deux structures chargées du contrôle externe de la comptabilité des collectivités locales ?

3. Enregistrez, dans la comptabilité de la commune de Metz, opération par opération, toutes les écritures nécessaires en N, y compris les écritures d'inventaire.

Annexe 1

Extrait de l'instruction budgétaire et comptable M14

- **Compte 192 – Plus ou moins-values sur cessions d'immobilisations**

Le compte 192 retrace, les différences sur cessions d'immobilisations afin que le prix de cession soit affecté au financement de la section d'investissement conformément aux dispositions de l'article L 2331-8 1° du CGCT. Ce compte est : — crédité du montant des plus-values de cessions par le débit du compte 676 « Différences sur réalisations (positives) transférées en investissement » (opération d'ordre budgétaire) ; — débité du montant des moins-values de cessions par le crédit du compte 776 « Différences sur réalisations (négatives) reprises au compte de résultat » (opération d'ordre budgétaire). [...]

- **Compte 204 – Subventions d'équipement versées**

Le compte 204 enregistre :

- les subventions d'équipement versées aux organismes publics (compte 2041 subdivisé par type de bénéficiaire) ;
- les subventions d'équipement versées à des personnes de droit privé (compte 2042) ;
- les subventions d'équipement en nature (compte 2044). [...]

Les subventions d'équipement versées sont amorties sur une durée maximale de :

a) Cinq ans lorsqu'elles financent des biens mobiliers, du matériel ou des études auxquelles sont assimilées les aides à l'investissement consenties aux entreprises, non mentionnées au b) et c) ;

b) Quinze ans lorsqu'elles financent des biens immobiliers ou des installations ;

c) Trente ans lorsqu'elles financent des projets d'infrastructures d'intérêt national (exemples : logement social, réseaux très haut débit...).

Lorsqu'une subvention d'équipement est totalement amortie, elle est sortie du bilan. Le comptable crédite le compte 204 par le débit du compte 2804 par opération d'ordre non budgétaire. [...]

- **Compte 47 – Comptes transitoires ou d'attente**

Les opérations qui ne peuvent être imputées de façon certaine ou définitive à un compte déterminé au moment où elles doivent être enregistrées, ou qui exigent une information complémentaire ou des formalités particulières, sont inscrites provisoirement au compte 47. Ce compte doit être apuré dès que possible, par imputation au compte définitif. [...]

Le compte 4713. Recettes perçues avant émission des titres est crédité par le débit du compte au Trésor. Ces recettes sont portées sur le relevé P 503.

- **Compte 515 – Compte au Trésor**

En application de l'article 47 du décret du 7 novembre 2012 relatif à la gestion budgétaire et comptable publique, les fonds des établissements publics sont déposés au Trésor. Tous les décaissements et encaissements, quel que soit leur mode sont constatés au compte 515. [...]

•••

•••

- **Compte 675 – Valeurs comptables des immobilisations cédées**

Le compte 675 est débité de la valeur nette comptable des immobilisations cédées ou devenues sans valeur, à l'exception des valeurs mobilières de placement (cf. compte 667), par le crédit des comptes 21, 26 ou 27. Le prix de cession est inscrit au compte 775. […]

- **Compte 775 – Produits des cessions d'immobilisations**

Le compte 775 est crédité du prix des cessions d'actif figurant aux comptes 21, 26 et 27 (à l'exception des valeurs mobilières de placement : cf. compte 767), par le débit du compte de tiers intéressé. […]

Annexe 2

Extrait du plan de comptes applicable aux communes

19 – NEUTRALISATIONS ET RÉGULARISATIONS D'OPÉRATIONS
192 – Plus ou moins-values sur cessions d'immobilisations
193 – Autres neutralisations et régularisations d'opérations
194 – Provisions pour risques sur emprunts — Stock à la date de première application
198 – Neutralisations des amortissements des subventions d'équipement versées
20 – IMMOBILISATIONS INCORPORELLES
204 – Subventions d'équipement versées
2041 – Subventions d'équipement aux organismes publics
2042 – Subventions d'équipement aux personnes de droit privé
2044 – Subventions d'équipement en nature
21 – IMMOBILISATIONS CORPORELLES
215 – Installations, matériel et outillage techniques
2152 – Installations de voirie
28 – AMORTISSEMENTS DES IMMOBILISATIONS
280 – Amortissements des immobilisations incorporelles
28041 – Subventions d'équipement aux organismes publics
28042 – Subventions d'équipement aux personnes de droit privé
28044 – Subventions d'équipement en nature
281 – Amortissements des immobilisations corporelles
28152 – Installations de voirie
47 – COMPTES TRANSITOIRES OU D'ATTENTE
471 – Recettes à classer ou à régulariser
4711 – Versements des régisseurs
4712 – Virements réimputés
4713 – Recettes perçues avant émission des titres
4714 – Recettes à réimputer

•••

•••

4715 – Recettes à ventiler (cartes – multiservices)
4717 – Recettes relevé Banque de France
4718 – Autres recettes à régulariser
51 – TRÉSOR, ÉTABLISSEMENTS FINANCIERS ET ASSIMILÉS
515 – Compte au Trésor
67 – CHARGES EXCEPTIONNELLES
675 – Valeurs comptables des immobilisations cédées
676 – Différences sur réalisations (positives) transférées en investissement
68 – DOTATIONS AUX AMORTISSEMENTS, AUX DÉPRÉCIATIONS ET AUX PROVISIONS
681 – Dotations aux amortissements, aux dépréciations et aux provisions – Charges de fonctionnement courant
6811 – Dotations aux amortissements des immobilisations incorporelles et corporelles
75 – AUTRES PRODUITS DE GESTION COURANTE
752 – Revenus des immeubles
77 – PRODUITS EXCEPTIONNELS
775 – Produits des cessions d'immobilisations
776 – Différences sur réalisations (négatives) reprises au compte de résultat

Index

A

B

C

Index

Index

j

L

M

N

O

P

Index

IMPRIM'VERT
Votre imprimeur agit pour l'environnement

FSC
www.fsc.org
MIXTE
Papier issu de sources responsables
FSC® C022030

N° projet : 10262493 - Dépôt légal : Août 2020
Achevé d'imprimer en Italie par L.E.G.O. S.p. A., Lavis (TN)